（注）重要事項の黒字は西洋・中東地域、赤字は東洋・日本を示す。●●●は本文関連ページ。

| | 5 | 500 | 6 | 600 | 7 | 700 | 8 | 800 | 9 | | | 11 | 1100 | 12 | 1200 | 13 | 1300 | 14 | 1400 | 15 |

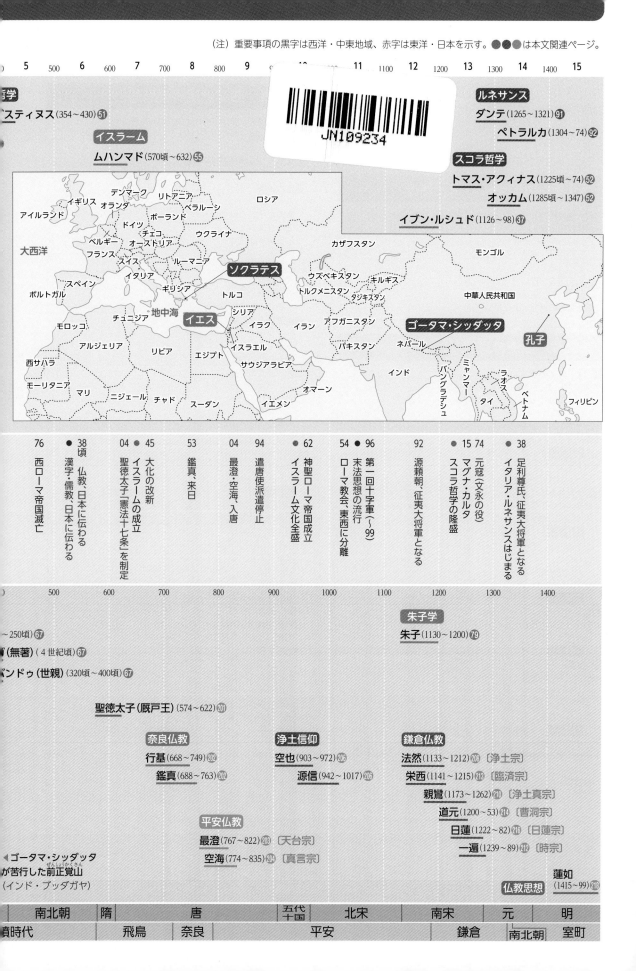

ルネサンス

ダンテ(1265～1321)⑨

ペトラルカ(1304～74)⑨

イスラーム

ムハンマド(570頃～632)⑤

スコラ哲学

トマス・アクィナス(1225頃～74)㊲

オッカム(1285頃～1347)㊲

イブン・ルシュド(1126～98)㊲

ステイヌス(354～430)⑤

主な国名・地名（地図中）
アイルランド／イギリス／デンマーク／リトアニア／ロシア／オランダ／ベラルーシ／ポーランド／ドイツ／チェコ／ウクライナ／ベルギー／オーストリア／フランス／スイス／ルーマニア／カザフスタン／モンゴル／スペイン／イタリア／ギリシア／ウズベキスタン／キルギス／中華人民共和国／ポルトガル／トルコ／トルクメニスタン／タジキスタン／大西洋／地中海／チュニジア／シリア／イラク／イラン／アフガニスタン／モロッコ／エジプト／イスラエル／パキスタン／ネパール／バングラデシュ／ミャンマー／ラオス／アルジェリア／リビア／サウジアラビア／インド／タイ／ベトナム／西サハラ／スーダン／オマーン／フィリピン／モーリタニア／マリ／ニジェール／チャド／イエメン

ソクラテス／イエス／ゴータマ・シッダッタ／孔子

76	● 38頃	04	● 45	53	04	94	● 62	54	● 96	92	● 15 74	● 38
西ローマ帝国滅亡	仏教、日本に伝わる 漢字・儒教、日本に伝わる	大化の改新	イスラームの成立 聖徳太子「憲法十七条」を制定	鑑真、来日	最澄・空海、入唐	遣唐使派遣停止	神聖ローマ帝国成立 イスラーム文化全盛	末法思想の流行 ローマ教会、東西に分離	第一回十字軍(～99)	源頼朝、征夷大将軍となる	元寇(文永の役) マグナ・カルタ スコラ哲学の隆盛	足利尊氏、征夷大将軍となる イタリア・ルネサンスはじまる

| | 500 | 600 | 700 | 800 | 900 | 1000 | 1100 | 1200 | 1300 | 1400 |

朱子学

朱子(1130～1200)⑳

～250頃)㊋

(無著)(4世紀頃)㊋

バンドゥ(世親)(320頃～400頃)㊋

聖徳太子(厩戸王)(574～622)㉑

奈良仏教
行基(668～749)㉒

鑑真(688～763)㉒

浄土信仰
空也(903～972)㉖

源信(942～1017)㉖

鎌倉仏教
法然(1133～1212)㉘〔浄土宗〕

栄西(1141～1215)㉝〔臨済宗〕

親鸞(1173～1262)㉚〔浄土真宗〕

道元(1200～53)㉞〔曹洞宗〕

日蓮(1222～82)㊱〔日蓮宗〕

一遍(1239～89)㉜〔時宗〕

平安仏教
最澄(767～822)㉓〔天台宗〕

空海(774～835)㉔〔真言宗〕

◀ゴータマ・シッダッタ
が苦行した前正覚山
（インド・ブッダガヤ）

仏教思想
蓮如(1415～99)㉔

南北朝	隋	唐	五代十国	北宋	南宋	元	明
墳時代	飛鳥	奈良		平安	鎌倉	南北朝 室町	

JN109234

目　次

本書の特色と使い方

本文の基本的な構成は、思想家のプロフィール→解説資料→原典資料です。

思想家のプロフィール 思想家の生涯を丁寧にまとめました。略伝、略年表の他に、出身国・出身地、キャッチコピー、名言も紹介しています。写真の左にある★は、これまでのセンター試験と大学入学共通テストでの出題頻度を5段階で示しました。大学入試問題での重要度の目安としています。

ベーコンの思想 特に重要な思想家(47人)には、設問形式の思想のポイントを設けました。設問とその答えで重要事項を押さえ、学習を進めることができます。関連する解説資料、原典資料も示しています。

解説資料 思想のキーポイントとなる内容について、その意味や背景、思想の全体の中での位置づけなどをわかりやすく解説しました。タイトル番号を青色数字 ① で示しています。

学習内容のまとめ

要点の整理 本文の学習内容を整理。センター試験、共通テスト頻出の用語を**入試重要用語**として示し、その他の重要用語は赤色太字としました。右上には、思想登場の背景や思想家のつながりをまとめた「思想の流れ図」を掲載しました。

テツガクで読む (第5章 現代の諸課題と倫理)花村先生、生徒の理生と倫子の3人が登場。思想家の考えをもとに、現代の倫理課題について話し合います。

りお
理生

りんこ
倫子

花村先生

思想家の考え方をもとにして、倫理の学習内容から現代の様々な課題について考えてみましょう。

---

(2) 経験論と合理論
新しい学問をめざした経験論の祖 ★★★★★
ベーコン (Francis Bacon)
イギリス出身
1561〜1626

諸学の真のまた正当な目標とは、人間生活が新たな発見と力とによって、豊かにされること以外にはない

年(年齢)	生涯
1561(0)	ロンドンに誕生
1573(12)	ケンブリッジ大学に入学が、のちに退学
1576(15)	グレイズ・イン法学院に入学
1582(21)	弁護士資格を取得
1584(23)	庶民院議員に選出。以降、国政に参加
1605(44)	「学問の発達」出版
1620(59)	「ノヴム・オルガヌム」出版
1626(65)	ロンドン北郊で風邪により死去

略伝 イギリスのロンドンで、貴族の家系に生まれた。父は王宮で国璽尚書を務めていた。のちにベーコン自身も大法官、国璽尚書を歴任する。ケンブリッジ大学に入学したが学位を取らずに退学し、グレイズ・イン法学院に入学。その後、代議士、貴族院議員となり、政治家、法律家として名声を高めた。しかし、出世の道のりは必ずしも順調ではなく、18歳で父を亡くした彼は独力で道を開かなければならなかった。親しくしていた有力者エセックス伯は失脚して処刑され、彼自身も最後は汚職の嫌疑をかけられ、一時ロンドン塔に幽閉されて出獄は許されたものの、職に雪を詰めるといった寒空下での死体の硬化・保存の実験によって風邪を引き、それがもとで亡くなった。

主著『ノヴム・オルガヌム』

ベーコンの思想

❶「知は力なり」とはどのような意味だろうか。

自然に従うことにより自然を征服し、人間の幸福を増大させる新しい科学的な学問観をいう。→ 原典資料❹、❺

❷ 4つのイドラはなぜ取り除くべきなのだろうか。

新しい学問を出発させるためには、従来、学問の弊害となってきたものを取り除く必要があるから。→❷

❸ 帰納法とはどのような探究方法だろうか。

観察から得られた個別的事柄から普遍的な法則や定義を導き出す学問方法。→❸、原典資料❹

① 「知は力なり」
フランシス・ベーコンは、機械的技術が日々進歩していくのに対し、従来の学問は停滞しており、「大革新」が必要であると感じていた。人間が機械技術や道具の発展によって多くの仕事を行い、自然から多くの成果を引き出せるようになったのと同様に、学問も自然を知(学問)によって征服し、その豊かな力を自分の物として獲得すべきであると彼は考えた。その意味で彼は、「知は力なり」という。人間は、観察・分析においては、現象をありのままにとらえるなど従順な態度で自然に従い、そこから得た学問で自然を征服し、活用するべきなのである。彼にとって学問は、人間の生活を豊かで安全なものとし、幸福を増大させる力である。

② 4つのイドラ
ベーコンは、人間が正しく自然を認識するのを妨げる幻影や偏見を**イドラ**(idola)と呼び、特に**4つのイドラ**を指摘した。彼によれば、人間の精神は、すでに深く根を下ろしてしまったこれらのイドラに支配されており、新しい学問(科学)を確立するためには、イドラを排除しなければならないという。

◆ 4つのイドラとその例 ※赤字がイドラの例

種族のイドラ	人間という種族に染みついた先入観による偏見。例えば実際よりも明るく輝いたり明るく見えたりするままに人間の尺度でとらえてしまうと真実を歪める偏見。 太陽と月の大きさは同じと思い込む
洞窟のイドラ	個人のくせや経験に基づく個人的な先入観による偏見。個人的な思い込みで、目を閉まれば洞窟の中に暮らすように、目の前にあるものしか見ることができず、普遍性のない個別的な判断をしてしまう。あの人が来るなら明日も雨→雨雨
市場のイドラ	言葉のやりとりから生じる偏見。日常の言葉は学問的真理を表現するには不完全で、その曖昧さから誤りが生じる。「ひかげ」という場合、「日陰」は日の当たらない所、「日陰」は日の光を意味する
劇場のイドラ	学説・理論から生じる先入観。知っている学説・理論(劇場で演じられる物語に例えられている)を真実と思い込み、それに反するものを受け入れられない。天動説(○p.102)を真実と思い込み、地動説を受け入れない

入試○×チャレンジ 『ノヴム・オルガヌム』を著し、事実に基づいた知識を獲得する方法として、経験のなかから…帰納法を見いだす帰納法を重視した。(2015年本試)

思想家から考える

テツガクで読む 代理出産は認められるべきなの？

ベンサムとカントから読む

生殖技術が進歩し、人工授精が世界的に広がる中、自分たちで妊娠・出産できない夫婦が、他の女性に妊娠・出産してもらう代理出産が技術的に可能となり、認められている国もある。代理出産を依頼する夫婦や、代理出産、そしてその双方の間にはどのような問題があるのだろうか。

代理出産を依頼する夫婦は、自分たちの子どもがほしいと強く願い、代理出産を希望している。みんなの幸福につながる行為を善とする功利主義の考え方に立てば、認めていいんじゃないかな。

倫子 視点● ベンサムらの功利主義

代理母には命の危険もあるため、代わりに妊娠・出産した赤ちゃんは、依頼した夫婦の子どもになんだよね。それは、自分たちの目的のために代理母を手段として扱うことではないかな。

理生 視点● カントの目的の国

代理出産は認められるか

花村先生:代理出産は、日本では自主規制がされている段階だけれど、今後、認められるべきだろうか？ イギリスでは代理母がボランティアである場合に限って認められています。アメリカでは州によって異なっています。ドイツやフランスは全面禁止です。

理生:代理母となる人が頼んだことだとしても、代理母に妊娠や出産に伴う負担を引き受けさせるのなら、代理母を子どもを産む手段として扱うことになるんじゃないかな。たしかにカントは、人格を手段として扱うべきではないと言っていたよね(○p.122)。

倫子:相手を決して単に手段としてのみ扱わないように、常に同時に目的として尊重すべきだということだね。

理生:そう。それが大切な考え方のように思えるよ。

花村先生:二人に知ってほしいのは、現実に、代理母による出産が法的に認められている国に行って、高額な代理母への謝礼などを支払って、出産を依頼する夫婦もいるということです。

理生:そうなんですか！そうなるとお金のために、仕方なく代理出産をする女性がいるかもしれないということ。

倫子:確かにそうですわね。でも、たとえお金のためだとしても、望んだお金が得られるのであれば、代理母の希望は満たされているわけじゃないのかしら？

理生:僕は、少なくともお金のためには認めない方がいいと思うな。それでも代理母を、本当に手段としてのみ扱うことになるのだろうか。実際に日本で代理出産を認める法律が…

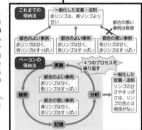

思想家の思想を、適宜、図にして示しました。視覚的に思想を理解することができます。

原典資料の着眼点で、原典資料を読む際に着目すべき内容を示しました。対応する箇所を赤色太字で示しています。

出題 **頻出** センター試験、共通テストに出題された内容に関連する資料に、出題と頻出のマークを付けています。

＊ わかりにくい言葉や歴史事項などを注で説明しています。

メモ 思想家のエピソード、学習内容のこぼれ話などを紹介しています。

コラム 思想家や学習内容に関連する読み物を設けました。

入試に○×チャレンジ 左ページ下の欄外に、センター試験の過去問を、○×形式で取り入れました（答えは次の見開き右ページ）。

BOOK **インフォメーション** 右ページ下の欄外に、テーマに関連する書籍や映画などの情報を紹介しました。

重要用語 巻末重要用語で解説している用語をあげました。通し番号で対応を示しています（ここにあげていない用語もあります）。

原典資料 タイトル番号は青色白ヌキ数字**4**としています。着眼点を設け、対応する部分を赤色太字で示しています。原典資料を理解するため、右欄で丁寧に解説しました。

重要用語

全部で615の用語を解説。用語集として使えます。チェック欄で学習の進み具合が確認できます。★はセンター試験、共通テストでの出題頻度を5段階で示しました。

小論文対策

本書 p.306～307では、小論文が上達するための7つのポイントを解説。それをふまえ、第5章の倫理課題を題材に小論文の書き方の具体例をまとめた「小論文にチャレンジ」（「プラスウェブ」に収録）で実力アップ。

プラスウェブ

紙面にある二次元コードを読みとることで、関連リンクやオリジナルコンテンツを掲載したウェブサイト「**プラスウェブ**」にアクセスすることができます。

- ●「要点の整理」の穴埋め問題
- ●共通テスト○×
  共通テストやセンター試験の過去問を、選択肢単位の○×問題にして掲載。解答解説付。
- ●用語解説
- ●小論文にチャレンジ　など

https://dg-w.jp/b/7f80002

＊インターネットの使用については、先生の指示に従ってください。
＊利用にあたっては、一般に通信料が発生します。

倫理を学ぶ意義

あらゆることに倫理的な問題が存在する。例えば、「今この場で私はどのような振る舞いをすべきか」であるとか、「○○することは許されるのか。どこまでが許され、どこからがすべきではないことなのか」といった問いは、倫理的な問いである。これらは、人間が行動を選択することに関わっている。人生は選択の連続で、その選択の背景には何らかの判断基準がある。その判断基準に関わるのが倫理で学ぶ内容である。自分にとって、そして世界にとって、自分はどのような選択をすればよりよい生き方を実現することができるのかを考える材料が、倫理という科目にはあふれている。では、その材料にはどのようなものがあるのかをいくつか紹介しよう。

倫理が扱うこと

倫理の定義を様々な書籍で調べ、共通点を整理すると、「人間の生き方や行為に関わる価値規範」が倫理だということになる。ここには「人間」「生き方・行為」「価値」「規範」という4つのキーワードがある。倫理を学ぶことは、これらのキーワードを追究することだと言い換えられる。では、これらのキーワードを追究するための基本的な問いを紹介しつつ、倫理で学ぶことを明らかにしていこう。

①「人間」

「人間とはどういう存在なのか」「人間と他の動物との違いは何か」といった問いが基本になる。「人間」を「自分」に置き換えて考えることもある。倫理という科目において最初に扱う「人間の心と自己形成」というテーマは、これらの問いに深く関わっている。先人たちは人間をどのように定義してきたのか、感情や思考能力など「人間らしさ」とは何か、そして今この資料集を手に取っている高校生の皆さんは、他の世代の人々と比べてどのような特徴があるのか、といったことを、倫理という科目では学んでいく。

②「生き方・行為」

これは「どのような生き方・行為を選択するか」ということである。「人間はどのような生き方・行為を選択しがちなのか」という人間に共通する傾向を考える問いもあれば、「どのような生き方・行為を選択すべきなのか」といった問いもある。後者は「生き方・行為」だけでなく、「価値」や「規範」の問いでもある。倫理という科目では、行為の背景にある感情や欲求、価値観を学んでいく。

③「価値」

「よいこととは何か、悪いこととは何か」「ある行為は時としては善、時としては悪ということがあるのか（善悪は絶対的なのか、相対的なのか）」など、様々な問いがある。「生き方・行為」と不可分なものが「価値」である。人間が何かをすると、必ず何らかの形で「よい／悪い」という価値判断が出てくる。自分にとって「よい／悪い」を考えることもあるが、生きるということは他者と関わることである以上、他者との関係を考えつつ「よい／悪い」を考えることが必要になる。様々な思想家たちが、様々な時代背景や問題意識をもとに、「価値」について思考を続けてきた。倫理という科目では、その内容を学んでいく。

④「規範」

「今ここで、私は何をなすべきなのか」「人として何をなすべきなのか」というように、「～べき」に関わる、ルールのようなものを考える問いが基本になる。これは「価値」と不可分だが、人類共通の事柄を考えること、善悪の価値判断を下すための基準を考えること、ととらえればよい。「価値」と同様に、「規範」についても様々な思想家たちが思考を続けてきた。その内容を倫理という科目では学んでいく。

ここまでは、倫理学の世界で「規範倫理学」と呼ばれ

る内容になる。これをもとに、現代社会の具体的な課題、生命の問題や情報通信技術の問題などを考える「応用倫理学」と呼ばれる内容について、倫理という科目では学んでいく。

答えが出ない問題を考えるための倫理

うそをつくという行為を考えてみよう。例えば、「人生で一度もうそをついていない人は存在しない」ということが事実だとする。では、それを根拠に「皆うそつきなのだから、少しぐらいならうそをついてもよい」という価値基準を導くことは正しいのだろうか。このように、事実から安易に価値基準や規範を導き出し、それが本当に正しいかどうか丁寧に検証せずにいることは、倫理学的には自然主義的誤謬といって誤りとされる。自然主義的誤謬を放置しておくと、例えば、「戦争はなくならないのだから、少しぐらい人を攻撃して傷つける程度のことはしかたがない」というよう

なことも認めざるをえない。様々な事実を、倫理的な視点で検証することは大切なことである。

では、うそは絶対についてはならないものなのだろうか。他者を不用意に傷つけないようにするための「やさしいうそ」は悪いことなのだろうか。よいうそと悪いうそがあるのだろうか。その線引きは可能なのだろうか。可能でないならば、そもそもうそをつくという行為そのものを悪だと考える必要があるのではないだろうか。人間は、なぜうそをついてしまうのだろうか。うそをつかなくてもよいようにするためには、どうすればよいのだろうか。

このように、うそをつくという行為には簡単に答えが出ない問題が数多く横たわっている。このような簡単に答えが出ない問題を一つひとつクリアすることが、「よりよい生き方、よりよい社会」の実現につながる。自分なりの考えや答えを見つけるために、倫理という科目を自分の人生に結びつけながら学んでほしい。

Q. 次のようなうそは「よいうそ」だろうか、「悪いうそ」だろうか。自分なりに考えてみよう。

1. カラオケに行くためのお金が欲しいが、今月のお小遣いは使い切ってしまった。そこで、「参考書を買いたい」とうそをついて、親にお金をもらった。

参考書を買いたいからお金ちょうだい！（このお金でカラオケに行こう…）

参考書ならいいよ

2. 友達がサプライズで誕生日ケーキを用意してくれたけど、実は甘いものが苦手。しかし、せっかく用意してもらったものに文句をつけるのは気が引けるので「ありがとう！嬉しい！」とうそをついた。

誕生日おめでとう！ケーキを用意したよ！

ありがとう！（甘いものは苦手なんだけど…）

3. 闘病中の父親について、医師から「治る見込みはなく、余命3か月です」と聞かされた。しかし、父は完治の見込みがあると信じて治療をがんばっている。余命について告げれば父はショックを受けるだろうと考えたため、父には余命を告げず「きっと治るよ！」とうそをついた。

治療をがんばって病気を治すぞ！

うん、きっと治るよ！（余命3か月と宣告されてしまったけど…）

うそは、絶対についてはならないものなのだろうか。それとも、やむを得ないものなのだろうか。3つの事例について考えた上で、自分の考えをまとめてみよう。また、自分の考えがまとまったら他者の考えを聞き、自分の考えが適切かどうか考えてみよう。

教室で哲学してみよう！〜哲学対話マニュアル〜

〈哲学〉というと、洞窟や書斎などの静かな場所で、瞑想と思索の中から生まれてくる、難しそうなイメージがあるかもしれない。もちろん、哲学には個人の思考の深まりがなくてはならない。しかしそれだけではなく、古代ギリシアでは市民たちがアゴラ（広場）に集まって、対話によって自由に哲学を行っていた。対話を通して、いろいろな人々の意見を確認しながら、探究の共同体の思考を深める営みも、哲学のもう一つの側面である。それでは、倫理の授業の中では、どのようにして哲学的な対話で探究活動を行うことができるのだろうか。哲学と対話の基本的な考え方を学びながら、この「哲学対話マニュアル」を参考に教室で哲学してみよう！

▶「アテネの学堂」（⊙p.37）

哲学対話とは何だろう？

哲学とは、ロゴス（言葉・論理・理性）による原理の探究であるといわれる。1人で行う探究はモノロゴス（モノローグ：独り言）にすぎないが、人々と協働して行う探究はディアロゴス（ダイアローグ：対話）となる。古代ギリシアの哲学者ソクラテスは、対話による哲学を実践して後世に大きな影響を残した。1960年代にアメリカのマシュー・リップマンらが哲学対話による教育を始め、「子どもたちの哲学（Philosophy for Children）」、略して「P4C（ピーフォーシー）」と呼んだ。また、1990年代のフランスではマルク・ソーテがパリの街角で「哲学カフェ」を始めて、普通の人々が哲学対話を楽しむようになった。現在の日本でも、学校では「P4C」が、街中では「哲学カフェ」が広く行われるようになってきている。

議論というと、相手を論破するものだという考え方をす

る人もいるが、それはディベートの発想であり哲学対話とは異なる。ディベートは敵と味方に分かれて討論し、弁論の技術によって勝敗を競うものである。しかし、哲学対話では、他者の意見を完全に否定することはしない。むしろ、互いに協働して考え方を深めながら、自他の意見が変化すること自体を楽しむことができるような、探究の共同体を作ることが目的の一つとなっている。

「哲学対話マニュアル」では、倫理など学校の授業中や放課後に実践できる哲学対話を、目的別に3つ紹介する。気軽に哲学対話をしてみよう。

哲学対話マニュアル ❶ P4C（哲学カフェ）型

目的

哲学対話によるグループの探究の深まりを楽しみながら、対話と思索を深めるための方法を身につける。

準備

● **グループを作る**

40人のクラスの場合、全員で一つのグループでもよいし、各10人や20人のグループに分けてもよい。グループの中のお互いの顔が見えるように輪を作って座る（二重の輪になってもよい）。

● **コミュニティボールを準備する**

コミュニティボールとは、毛糸などを使って作ったボールで、これを持っている人が発言する。柔らかいボールやぬいぐるみなどで代用することも可能。

● **ファシリテーターを準備する**

ファシリテーターとは哲学対話の進行役のことである。グループが一つだけなら教員が行うが、参加する生徒の中から選ぶこともできる。哲学対話に慣れたら、ファシリテーターなしで対話を進めてもよい。

ルール

● コミュニティボールを持っている人が発言する

● 人の話をよく聞き、よく考える

● 他の人の意見を全否定しない

● 途中で自分の意見を変えてもかまわない

● 結論が出なくても、話がまとまらなくてもよい

展開

● **問いを決める**

これから行う哲学対話のテーマを、グループのメンバーで話し合って決める。メンバーが話したい内容や、日頃から疑問に思っていることを選ぶとよい。テーマは問いの形とする。時間があまりない場合は、あらかじめテーマを決めておいてもよい。〔例：なぜ人は学ぶのだろうか〕

● **コミュニティボールを使って対話する**

発言者を明らかにしてメンバーが話をよく聞くことができるように、ファシリテーターも含めてコミュニティボールを持っている人だけが発言する。発言したい人は挙手してコミュニティボールを受け取る。挙手がない場合は、コミュニティボールを持っている人がメンバーを選んで渡すが、話したくない場合は受け取った人がそのまま別の人に渡すこともできる。

哲学対話の時は自分の意見を言うだけでなく、お互いに問いかけることも大切である。問いを深める中で、自分の考え方が変わったり深まったりすることもある。

● **振り返る**

哲学対話の後は、振り返りワークシートなどを利用して、対話と思考の深まりについて自己評価を行う。対話を楽しむことができたか、考えを深めることができたかなどを、3〜5段階程度の指標で評価するとよい。また、哲学対話の前と後で、自分の考えにどのような変化があったか、他の人の意見を聞いて学んだり気づいたりしたことなどを記述によって振り返ることも大切である。

哲学対話 マニュアル ② 原典資料活用型

目的

古今東西の先哲の原典や、日本語訳、口語訳を読んで自分の思索を深めるとともに、原典に関する問いを立てて哲学対話を行うことによって、批判的思考、自律的思考、協働的思考や創造的思考の方法を身につける。

準備

◉ 原典資料を準備する

全員共通で読んで考えを深めることが期待できる、先哲の原典や日本語訳、口語訳からの短い引用文を準備する。この資料集の中から選ぶのもよい。
〔例：「隣人愛──よきサマリア人」（◯p.48）〕

◉ グループを作る

40人のクラスの場合、それぞれ6～7人で6つほどのグループか、10人で4つのグループを作って、机を向き合わせて座る。哲学カフェよりも少人数単位の方が効果的である。

◉ コミュニティボールを準備する

コミュニティボールを使うことで、話を聞くことに集中して対話を行うことができる。発言者の話を途中でさえぎるようなことがなく、スムーズに対話ができるなら、コミュニティボールを使わなくてもよい。

◉ ファシリテーターと発表役を準備する

対話に参加しながら進行を行うファシリテーターとともに、それぞれのグループの対話の様子をクラス全体に報告する発表者をあらかじめ決めておく。発表者も対話に参加する。

展開

◉ 原典資料を読解して思考を深める

原典資料の文章をじっくり読んで、先哲と対話をするように内容を理解してから、資料について自分が共感したこと、批判的に考えたこと、疑問に思ったこと、気になったことや対話のテーマになりそうな問いをワークシートに記入する。

◉ 哲学対話の問いを設定する

グループの中で、ワークシートに記入したことを発表しながら、哲学対話の問いを話し合いによって決める。
〔例：人間にとって隣人愛とは何か〕

◉ 原典資料をふまえながら問いについて対話を行う

先哲の思想と対話しているつもりで、各自の考えを述べるとともに、問いをさらに広げることで、テーマについての思索を深めていく。内容が原典から離れたり、批判的になってしまってもかまわない。哲学的な対話と思考をゆっくりと深めることを味わおう。

◉ 振り返る

哲学対話が終わった後、各グループの発表者はその内容の概要をクラス全体に簡単に報告する。全体の発表を聞いた後、他の人の意見を聞いて考えたこと、この対話の中で深まった自分の思索、原典についての理解の変化などについてワークシートに記述する。

哲学対話 マニュアル ③ 問題解決型

目的

特定のテーマの概念について、対話を行うことによって定義を与えたり、分類したりすることによって、批判的思考、自律的思考、協働的思考や創造思考を使って問いに対して答えを見いだす技能を身につける。

準備

◉ 定義や分類を考えるテーマを疑問文で準備する

メンバー全員が考えられるような、誰もが知っていて授業の単元に関連するような用語を準備する。
〔用語例：ギリシア哲学→知恵、幸福、キリスト教→信仰、愛、仏教→苦しみ、慈悲、儒家思想→礼、徳など〕
用語を使って疑問文の共通テーマを設定する。
〔テーマ例：人間にとって幸福とは何か〕。

◉ グループを作る

対話しながら作業を行うグループなので、4～7人程度の少人数が望ましい。

◉ ファシリテーターと発表役を準備する

展開

◉ テーマの本質について思索を深めて記述する

テーマに対して「～とは何か」という観点から、その本質が何かを考えて、ワークシートに記入する。まずは具体例をできるだけたくさんリストアップし、それらに共通するものは何かを抽象度を上げて考える。
〔例：幸福の具体例に共通する快楽や満足や自信など〕
なぜ、誰が、どのように、いつから、など疑問文の形で自分に問いかけて答えを探る。

◉ グループで対話を行うことで思索を深める

テーマについてワークシートに記入した自分の考えをグループに発表した後、他の人の発表を聞いて気づいたことなどをグループの中で話し合う。

◉ グループの対話をまとめて定義や分類を考える

対話を参考にして、テーマの問いについて、それぞれのグループで定義や分類をまとめる。
〔例：幸福を身体的・精神的・利己的・社会的の4つに分類〕

◉ 振り返る

哲学対話が終わった後、発表者は各グループでまとめた定義や分類の答えをクラス全体に簡潔に報告する。全体の発表を聞いた後、他の人の意見を聞いて考えたこと、この対話の中で深まった自分の思索、テーマの問いについての理解の変化、今回身につけることのできた技能などについてワークシートに記述する。

BOOK 『哲学カフェのつくりかた』（鷲田清一監修、カフェフィロ編、大阪大学出版会）
『こども哲学ハンドブック』（こども哲学おとな哲学アーダコーダ著、アルパカ）
『ゼロからはじめる哲学対話』（河野哲也編、ひつじ書房）

第1章　人間の心と自己形成

1 人間の特質

私たちは人間として生まれてきた。人間については様々な考えが提起されてきたが、人間とは何なのだろうか、どのような特質を持つ生き物だろうか。

▶二人の赤ちゃん

要点の整理　　　は入試重要用語、1〜2は資料番号

1 様々な人間観 1

- 自分と人間の社会のあり方を問い続ける……「ポリス的動物」（アリストテレス）
- 人間としての自分を問い続ける……「考える葦」（パスカル）
- 自分と自分以外の人間、他者との関係を問い続ける……「間柄的存在」（和辻哲郎）

2 人間とは何か

- 人間についての様々なイメージ→「人間らしい」、「人間的」とは何を意味するか
  ホモ・サピエンス（知恵のある人）、ホモ・ファーベル（工作する人）などの定義が存在 1

1 様々な人間観　　　頻出

いったい、私たち人間の特質とは何だろうか。人間については、古くはアリストテレスが**ポリス（社会）的動物**と言った。近代にはパスカルが**考える葦**であると説いた。和辻哲郎は、**間柄的存在**であるという。

私たちが、一度しかない人生を自分らしく生きたいと願う時、それは人間としてどう生きるか、さらに人間らしさとは何かを考えることになる。

人間とは何かを考えることが、人間だけがする人間らしいことともいえるだろう。また、それを研究することは、哲学や倫理学など、人間に関する学問の大きな課題である。先人の知恵を参考にしながら考えよう。

様々な人間観

ポリス（社会）的動物	アリストテレス（◆p.38）（ギリシアの哲学者） 「人間は自然本性的にポリス的動物である」
自由意志に従って自らの本性を決定する存在	ピコ・デラ・ミランドラ（◆p.91）（イタリアの思想家）　人間は神に与えられた**自由意志**で自分の本性を決められる特別な存在
考える葦 偉大と悲惨の中間者	パスカル（◆p.99）（フランスの思想家） 人間は弱いが、人間だけが思考できる
類的存在	マルクス（◆p.140）（ドイツの思想家） 人間は労働を通じ他者と結びつく存在
間柄的存在	和辻哲郎（◆p.266）（日本の倫理学者） 世の中自身であり、世の中における「人」

人間の定義

ホモ・サピエンス （知恵のある人）	リンネ（スウェーデンの植物学者） 生物を分類する上で人類に与えた名前
ホモ・ファーベル （工作する人）	ベルクソン（◆p.166）（フランスの哲学者） 道具を作る、人間の創造性に着目
ホモ・ルーデンス （遊ぶ人）	ホイジンガ（オランダの歴史家） 人間の文化は「遊び」から生まれた
アニマル・シンボリクム （象徴を操る動物）	カッシーラー（ドイツの哲学者） 現実を象徴によって意味づける
ホモ・エコノミクス （経済人）	アダム・スミス（◆p.131）（イギリスの経済学者） 経済活動で合理的な行動をとる存在
ホモ・レリギオースス （信じる人、宗教人）	エリアーデ（ルーマニアの宗教学者） 聖なるものを考える

2 人間は裸のサル？

われわれはまず人間を、彼にもっとも近縁だと考えられる動物と比較することから出発しよう。歯、手、眼、その他たくさんの解剖学的特徴から見ると、彼が明らかにある種の、しかしたいへん奇妙な霊長類であることがわかる。……肢は長すぎるし、腕は短すぎ、足先は奇妙でさえある。明らかにこの種は特別な移動方法を発達させ、それが彼の基本的な体形を変えたのである。だがもう一つの特徴も忘れてはならない。それは皮膚が事実上裸（無毛）だということである。

（『裸のサル』デズモンド・モリス　日高敏隆訳　角川文庫）

解説　**動物としての人間**　イギリスの動物行動学者デズモンド・モリス（1928〜）は、著書『裸のサル』で、生態学を適用した大胆な人間論を展開して話題となった。人間を生物界における優れたものとしてではなく、一種の体毛のない「裸のサル」であるという観点で観察し、動物としての人間のあり方を説くとともに、人間本位の価値観に警鐘を鳴らした。

コラム　映画「猿の惑星」

光速を超える宇宙船が、何か月もの旅（地球では700年以上経過）を経て墜落した惑星で宇宙飛行士たちが見た光景は、信じられないものだった。猿が言葉をしゃべり、人間を支配していたのである。一方の人間は、ほとんど裸で、手足をついて走っていた……。

フランスの作家ピエール・ブールのSF小説を映画化した「猿の惑星」は、様々な問題を描き出して大反響を呼び起こした。この映画に出てくる人間は、「人間」といえるのだろうか。改めて私たちに人間とは何か、人間らしさとは何かを考えさせる作品である。

◀映画「猿の惑星」
（1968年製作、アメリカ）　猿に支配された人間は、檻に入れられてしまっている。

入試に○×チャレンジ　1 リンネは、人間が言葉や記号によって現実の世界を捉えることに注目し、人間を「象徴を操る人（ホモ・シンボリクス）」、「象徴を操る動物（アニマル・シンボリクム）」と定義した。（2017年追試）

2 青年期とは

私たちは青年期の真っただ中にいる。親から精神的に自立し、一人の人間として独立するこの時期には、どのような特徴があるのだろうか。

▶成人式

要点の整理
　　は入試重要用語、**1**～**9**は資料番号

1 青年期とは

- **青年期**……親からは精神的に独立し、自立するための力を養う準備期間　→自分を、自分自身で作り直す時期
　　第二の誕生1（フランスの思想家**ルソー**の言葉）
　　疾風怒濤の時代（アメリカの心理学者ホールが提唱）
　　境界人2（ドイツの心理学者**レヴィン**）……子どもから大人への過渡期を表す
- **青年期の特徴**
　　第二次性徴3……青年期に生じる身体の性的な変化　**→発達加速現象**
　　第二反抗期……自我のめざめによる自立への欲求の高まり
　　心理的離乳……親から精神的に自立しようとする
- 思春期（青年期初期）・青年期→**通過儀礼（イニシエーション）**→成人期

2 アイデンティティ（自我同一性）4 とアイデンティティの危機5

- **アイデンティティの確立**……アイデンティティの確立は青年期の発達課題（エリクソン）
- **アイデンティティの3つの特徴**……①自己の斉一性、②時間的な連続性と一貫性、③帰属性
- **アイデンティティの危機**……本当の自分がわからない、自己を見失う　例：**アイデンティティの拡散**

3 青年期の延長とモラトリアム

- 青年期の出現と延長6……産業社会の発展により、心理・社会的な準備が必要となり青年期が延長する傾向
- **モラトリアム**（猶予期間）7……大人としての責任や義務を猶予され、試行錯誤を繰り返し、自分の生き方を探る**役割実験**の時期
- **モラトリアム人間**8……一人前の人間として自立することを避けて大人になろうとしない青年期の人間
　　（小此木啓吾）
- 自立の遅い青年たち9……ピーターパン・シンドローム、シンデレラ・コンプレックス、青い鳥症候群、スチューデント・アパシーなど

1 第二の誕生 1～4は右表に対応　出題▶

　わたしたちは、いわば、二回この世に生まれる。一回目は存在するために、二回目は生きるために。はじめは人間に生まれ、つぎには男性か女性に生まれる。……まえには素直に従っていた人の声も子どもには聞こえなくなる。……子どもは**1指導者をみとめず、指導されることを欲しなくなる。**

　気分の変化を示す精神的なしるしとともに、**2顔かたちにもいちじるしい変化があらわれる。**容貌が整ってきて、ある特徴をおびてくる。頬の下のほうにはえてくるまばらな柔かい毛はしだいに濃く密になる。声が変わる。というより声を失ってしまう。かれは、**3子どもでも大人でもなく、そのどちらの声も出すことができない。**……**4燃えはじめた情熱が目に生気をあたえ、**いきいきとしてきたそのまなざしにはまだ清らかな純真さが感じられるが、そこにはもう昔のようにぼんやりしたところがない。

　……**これがわたしのいう第二の誕生である。**ここで人間はほんとうに人生に生まれてきて、人間的ななにものもかれにとって無縁のものではなくなる。

（『エミール』ルソー　今野一雄訳　岩波文庫）

◆青年期の特徴を読み解こう　頻出

1第二反抗期	親や教師などの身近な大人に対して、その考え方を否定したり反抗的な態度をとったりすること。**自我にめざめ**、自立への欲求が高まることによる。3～4歳頃の**第一反抗期**に対してこう呼ばれる。
1心理的離乳	親へ依存したい気持ちを離れ、精神的に自立しようとすること。アメリカの心理学者**ホリングワース**が提唱。
2第二次性徴（◯p.10）	青年期に生じる身体の各部の性的な変化。青年は自分の性を強く意識するようになる。
3境界人（◯p.10）	もう子ども集団にいることを望まないが、まだ大人集団にも受け入れられていない状態。
4自我のめざめ	自己に対する意識が高まり、内面に目を向け、外の世界や他の人とは異なる自分（**自我**）を自覚するようになる。こうして、**アイデンティティの確立**へと歩み始める。シュプランガー（◯p.16）が強調した青年期の徴候。

解説　**青年期の特徴　ルソー**（◯p.116）は『エミール』の中で、人間が教育を受け、成人となる過程を5つの時期に区分しながら論じた。この**第二の誕生**の箇所には、誰にでも思い当たることのある青年期の特徴がよく表現されている。

▲ルソー（1712～78）

2 境界人（マージナル・マン） 頻出

解説 **子どもから大人への過渡期** 青年期は子どもから大人への過渡期である。ドイツの心理学者**レヴィン**（1890〜1947）は、場の理論*の立場から、過渡期である青年期を**境界人（マージナル・マン、周辺人）**としている。これは、青年が子ども集団と大人集団の重なる領域に属しているということである。このことは、青年は両集団に属しているとも、いずれにも属していないともいえる。このような境界人としての青年は、緊張と葛藤に追い込まれたり、矛盾した行動をしたりする。

*場の理論 人間は、その置かれた場所に影響を受けるというレヴィンの考え方。

3 第二次性徴 出題

青年期（思春期）に入ると、男女とも身体的特徴が現れてくる。男子では精通、声変わりがあり、筋肉質な体つきとなる。女子では、初潮があり、乳房のふくらみや腰幅の増大などが起こる。生まれつきみられる第一次性徴に対して、この身体的な変化のことを**第二次性徴**という。第二次性徴とともに、青年は自分が大人へと向かいつつあることに気づく。また、自分の性を強く意識するようになり、喜びやおびえなど様々な感情を経験する。

性的成熟の発現への心理的な受容度

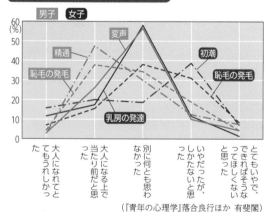

（『青年の心理学』落合良行ほか 有斐閣）

解説 **発達加速現象** 現代では、親の世代に比べて第二次性徴の発現が早く、身長や体重も増加傾向にある。これは、成長が加速化しているという意味で**発達加速現象**と呼ばれる。

◀**ムンク「思春期」** どこか無垢で、内気で、恥ずかしげだが、そのまなざしは生命感に満ちている。自我にめざめ、子どもと大人の間で揺れる思春期の少女の内面がうかがえる。

4 アイデンティティ 頻出

アメリカの精神分析学者エリクソン（●p.21）は、「自分らしさ」、「自分が自分であること」を**アイデンティティ（自我同一性）**と呼び、青年期の課題を「アイデンティティの確立」であるとした。アイデンティティは次の3つの特徴を持つ。

①自己の斉一性
この自分はまぎれもなく独自で固有な自分であって、いかなる状況においても同じその人であると他者からも認められ、自分でも認めること。

> 自分は自分だし、これこそほかならない自分。この自分が好きだし、自分らしさでもある！

②時間的な連続性と一貫性
以前の自分も今の自分も、一貫して同じ自分であると自覚すること。

> この自分でいいって自己肯定感があるし、これからもこの自分でやっていけるという自信もある！

③帰属性
自分は何らかの社会集団に所属し、そこに一体感を持つとともに、他の成員からも認められていること。

> 自分は周りから受け入れられているし、社会にとって意味がある人間！

（氏原寛ほか編『心理臨床大事典』培風館より作成）

5 アイデンティティの危機

解説 **本当の自分はどれ？** アイデンティティを確立しようとしている青年期には、劣等感や葛藤（●p.13）など様々な心理的な困難や苦闘がある。これをエリクソンは**アイデンティティの危機**と呼んだ。特に、「自分が何なのかわからない」と感じたり、「どれが本当の自分かわからない」といった意識を持ち、将来への展望がなく、何となく生きている状態を**アイデンティティの拡散**という。アイデンティティの危機には、拡散のほか、モラトリアムや、ひとまず与えられた生き方に従って生きる早期完了などもある。さらに、自分らしさを主張しようとして、社会的に否定される価値観を取り入れて非行などの行動をとる、否定的アイデンティティを形成する場合もある。

入試に○×チャレンジ 2 アリエスは、自立を図ろうとするあまり自己主張が強くなって大人と軋轢を起こすような青年期の人間を、「小さな大人」と呼んだ。（2017年本試）

6 青年期の延長

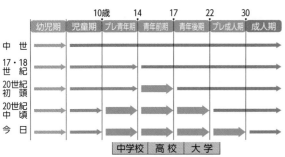

（『青年の精神病理』笠原嘉ほか 弘文堂）

解説 **青年期の延長** 近代以前には、子どもは元服などの**通過儀礼**を経るとすぐに大人として認められた。フランスの歴史学者**アリエス**は、中世ヨーロッパでは子どもは「**小さな大人**」として扱われ、今日的な意味での子どもの誕生は17世紀頃としている。近代以降、工業化が進む中で、生きるために必要な知識を学習する期間が長くなったことや、社会の変化が激しくなったことに対する心理・社会的な準備の必要から、青年期が求められるようになった。今日、青年期の始まりは**発達加速現象**（●p.10）により早まっているため、青年期の延長が進む傾向にある。社会に出る準備期間として青年期は必要だが、延長しすぎると、いつまでも自立できないといった問題が起こる。

7 モラトリアム 〔出題〕

青年期は、試行錯誤しながら自分の生き方を模索するために、社会的責任や義務を猶予される**モラトリアム**であると、エリクソン（●p.21）は指摘した。本来、モラトリアムとは、緊急時に国家が預金の払い戻しなどを一時的に猶予して、金融危機を回避することをいう。青年期は言わば見習い期間であり、未熟なまま現代の社会に巻き込まれて自分を見失わないように、社会の側が社会的責任や義務を果たすことを猶予している。青年は、この猶予期間の間に様々な**役割実験**（エリクソン）を繰り返し、自分らしさ、これからの自分の生き方など、アイデンティティを模索することができる。

アイデンティティ模索中

8 モラトリアム人間 〔出題〕

モラトリアム人間の、もっとも基本的な特質は、国家・社会・歴史の流れといった、自己を超えて存在する「より大きなもの」への帰属意識の稀薄さ、である。そもそもモラトリアム（猶予期間）とは、そのような、「より大きな、自己を超えた何か」に対する同一化によって獲得されるアイデンティティ（同一性）を確立するまでの準備・猶予の時期という意味であるが、モラトリアム人間とは、いつまでも、この準備・猶予の状態に居つづけ、アイデンティティを確立しない人々のことである。

（『モラトリアム人間の心理構造』小此木啓吾 中央公論社）

解説 **生き方を決められない** モラトリアム期間にある青年が、既存の社会に関心を持たず、真剣に自己を見つめて探求することなく、ただ自由で心地よい状況に居続けることがある。精神科医の小此木啓吾は、このような青年のことを**モラトリアム人間**と規定した。青年期が誕生する近代以前は、人は生まれながらに何になるのかが決められていたが、現在のように「何にでもなれる」社会では、逆に何になったらよいのかわからなくなる。これも、自分がどのように生きたいのかわからなくなり、青年がモラトリアム状態に安住する原因の一つといえる。

9 自立の遅い青年たち

ピーターパン・シンドローム	現実への自信がなく、どこにも所属せず孤独であり、いつまでも大人社会へ入ることを拒否する青年
シンデレラ・コンプレックス	いつか、誰かに自分の人生を任せて、守られていたいという依存傾向を内面に持つ青年
青い鳥症候群	現実の自分や周りの環境が受け入れられず、夢や理想を求め、進路の選択などの自己決定ができない青年

解説 **大人になろうとしない青年** 今日の青年には、心理的に自立できなかったり、自立しようとしない傾向がある。高学歴化の中、親の強い保護のもとで、青年は心理的に独立できずに、社会や異性に対しても自信が持てないままとなる。そのためいつまでもアイデンティティを確立できず、社会に参加する意識が持てない、大人になろうとしない青年が増えている。

コラム COLUMN
ひょっとして「五月病?」スチューデント・アパシー

4月に希望に満ちて進学、進級したものの、5月からすっかり意欲を失ってしまう友達を見たことがないだろうか。俗に「五月病」といわれ、5月頃にやる気がでない、ふさぎ込むといった場合をいうが、これは正式な病名ではない。実際に起こるのは、秋頃だったりもする。また、すべてに意欲を失うのではなく、勉強など特定のことについて無気力や空虚感にとらわれており、アルバイトなど他のことには熱心に取り組み、周りから驚かれたりする。こうした学生特有の無気力な状態を**スチューデント・アパシー**という。この時、彼らが考えているのは、つきつめると自分が何をしたいのか、何になりたいのかわからないというアイデンティティの問いなのである。

BOOK 『アイデンティティの心理学』（鑪幹八郎、講談社現代新書）エリクソンの自己形成をふまえ、自分とは何かを考える。

答 p.8 ① ×

重要用語 5 境界人、6 第二次性徴、7 発達加速現象、8 アイデンティティ、9 劣等感、10 モラトリアム

3 適応と自我の形成

私たちは不安や葛藤にどのように向き合えばよいだろう。他者とのかかわりのなかで、自我はどのように形成されるのだろうか。
▶映画「リンダ・リンダ・リンダ」

要点の整理
■ は入試重要用語、**1**～**6**は資料番号

1 欲求と防衛機制
- **適応**（1）……欲求を満たすために環境（対人関係など）に対して適切な働きかけを行うこと→**適応状態**
- **欲求**（2）……行動の原動力。動機→行動へつながる

  人間が持つ基本的欲求……**生理的欲求**（一次的欲求）と**心理社会的欲求**（二次的欲求）

  マズローの欲求階層説（2）……欲求は基礎的欲求から高いレベルの欲求へ移行する
- **欲求不満（フラストレーション）**→欲求不満を回避する働き→**防衛機制**

  欲求不満に対しては、**合理的解決、近道反応、防衛機制**の三つの適応がある
- **葛藤（コンフリクト）**（3）……複数の欲求があり、選び、行動できない状態。三つのタイプがある
  - →**防衛機制**（5）……欲求不満に陥ると、その状態を抜け出そうとして無意識的にとる行動
    - →抑圧・合理化・同一視・投射（投影）・反動形成・逃避・退行・置き換え（代償・昇華）

2 自我の形成と他者（6）
- **知る主体としての自己（Ｉ）と知られる客体としての自己（me）**（アメリカの心理学者ジェームズ）
  - …自己の二重性
- **鏡映的自己**（アメリカの社会学者クーリー）……他者という鏡に映し出された自己
- **一般化された他者**（アメリカの社会心理学者 G.H. ミード）……共同体や社会の規範

1 適応

　適応状態とは、自らの欲求を満たすために環境、特に対人関係や組織などの社会的環境に対して適切な働きかけを行うことができ、それに対して環境から肯定的な反応や評価が与えられ、結果として情緒的に安定し、自らの働きかけが有効であったという感覚を持てる状態である。

　逆に、環境に対して有効な働きかけができず、周囲から否定的な評価を受けている状態が不適応である。この場合には**欲求不満**となり、心理的な不全感や不安定感を持つことが多い。

送信！
何このLINE返信するのが面倒

解説　**欲求不満（フラストレーション）**　私たちの日常生活は、いつも思い通りうまくいくとは限らない。このように**欲求が何らかの理由で妨げられ満たされずにいる状態**を、**欲求不満（フラストレーション）**という。欲求不満に陥ると、不安になったり、いらいらしたりすることがある。さらに、長く続くと心身に不調をきたすこともある。そこで、欲求を満たせない状況から自我を守り、欲求不満を回避するための無意識的な心の働きがある。それが**防衛機制**（● p.13）である。

2 欲求－欲求は段階的に成長する？ 頻出

マズローの欲求階層説

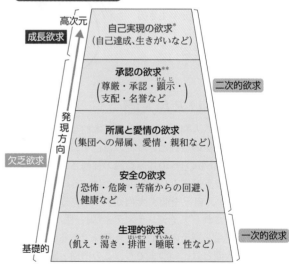

高次元　成長欲求

| 自己実現の欲求* （自己達成、生きがいなど） |
| 承認の欲求** （尊厳・承認・顕示・支配・名誉など） | 二次的欲求 |
| 所属と愛情の欲求 （集団への帰属、愛情・親和など） |
| 安全の欲求 （恐怖・危険・苦痛からの回避、健康など） |
| 生理的欲求 （飢え・渇き・排泄・睡眠・性など） | 一次的欲求 |

発現方向　欠乏欲求

基礎的

＊**自己実現の欲求**　自己の能力を最大限に発揮して、成長を果たしたいという欲求。
＊＊**承認の欲求**　他者に認められたい、尊敬されたいという欲求。

解説　**マズローの欲求階層説**　人の内部にあって行動を引き起こすものを**欲求**という。欲求の中でも食欲、睡眠欲、排泄欲などの**生理的欲求**は、人間にとって基本的で、生存に不可欠なものであり、**一次的欲求**とも呼ばれる。これが満たされることによって生じるのが**心理社会的欲求**であり、**二次的欲求**と呼ばれる。アメリカの心理学者**マズロー**（1908～70）は、図のように欲求を分類し、人の欲求は基礎的なものが満たされると、より高いレベルのものへと移行し、最も高いレベルの**自己実現の欲求**を満たすように**段階的に成長していく**という、**欲求階層説**を提唱した。

入試に○×チャレンジ　**3**「部活動が苦痛になってきた生徒が、普段は何ともないのに部活動の時間が近づくと体調を崩し、このところ部活動を休んでいる。」というのは、防衛機制としての逃避に当てはまる事例である。（2017年本試）

3 葛藤(コンフリクト) 出題▶

心の中に、同じくらいの欲求が複数ある時、人はどちらを満たそうかと迷い、なかなか行動に踏み出せなくなる。このような状態を**葛藤(コンフリクト)**という。レヴィン(◯p.10)は葛藤を次の三つのタイプに分類している。

①接近—接近型	②回避—回避型	③接近—回避型
⊕←👤→⊕	⊖←👤→⊖	⊕→👤 ⊖→
二つの誘因がほぼ同じくらいの魅力を持ち、どちらにも決められない状態	逃れたいものが二つあるが、どちらからも簡単には逃れられない状態	求めるものは一つだが、それには魅力的な面と避けたい面がある状態
レストランで食べたいものが二つ以上ある	試験勉強をするのは嫌だが、試験に失敗するのも嫌だ	憧れの先輩のいるクラブに入りたいが、練習が厳しい

4 心の構造

フロイトによる心の構造

知覚=意識

超自我／前意識／自我／抑圧されたもの／無意識エス(イド)

フロイト(◯p.164)は心を、意識の水準から**意識**、**前意識**、**無意識**に分けた。また、心の働きには、欲望の源泉である**エス(イド)**、しつけや社会規範を内面に取り入れて作り上げた良心である**超自我**、エスと超自我を調停する**自我**の三つがあると考えた。

ユングによる心の構造

意識／個人的無意識／集合的無意識(普遍的無意識)／元型

ユング(◯p.165)は、無意識のさらに深い部分に、個人を超えて、人類に共通の普遍的な領域である**集合的(普遍的)無意識**があるとして、人は心の底で他人とつながっていると考えた。また、集合的無意識の中にあるものを**元型**と呼んだ。

解説 **心とは何か** 心とは何かについては古来より様々に考えられてきたが、**フロイト**が無意識を発見して以降、この問いはおもに心理学が扱うようになった。一方、最近では脳の研究が進み、心理学で扱われてきた怒り、喜び、快や不快などの情動は、脳の大脳辺縁系の働きと関係しているのではないかとされている。今後、脳の研究が進むことで、心理学の実験や調査との関係が明らかにされ、心とは何かがさらに解明されることが期待されている。

5 防衛機制 頻出

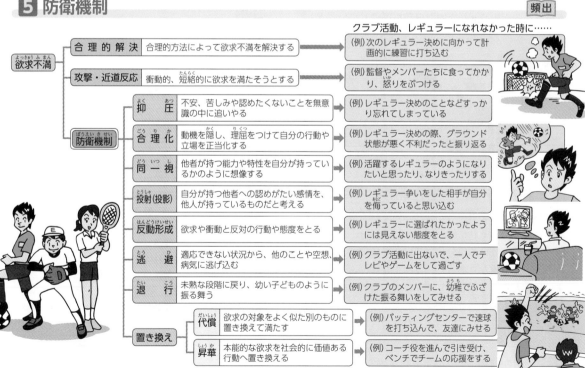

クラブ活動、レギュラーになれなかった時に……

欲求不満

- **合理的解決** 合理的方法によって欲求不満を解決する
  → (例)次のレギュラー決めに向かって計画的に練習に打ち込む
- **攻撃・近道反応** 衝動的、短絡的に欲求を満たそうとする
  → (例)監督やメンバーたちに食ってかかり、怒りをぶつける
- **防衛機制**
  - **抑圧** 不安、苦しみや認めたくないことを無意識の中に追いやる
    → (例)レギュラー決めのことなどすっかり忘れてしまっている
  - **合理化** 動機を隠し、理屈をつけて自分の行動や立場を正当化する
    → (例)レギュラー決めの際、グラウンド状態が悪く不利だったと振り返る
  - **同一視** 他者が持つ能力や特性を自分が持っているかのように想像する
    → (例)活躍するレギュラーのようになりたいと思ったり、なりきったりする
  - **投射(投影)** 自分が持つ他者への認めがたい感情を、他人が持っているものだと考える
    → (例)レギュラー争いをした相手が自分を侮っていると思い込む
  - **反動形成** 欲求や衝動と反対の行動や態度をとる
    → (例)レギュラーに選ばれたかったようには見えない態度をとる
  - **逃避** 適応できない状況から、他のことや空想、病気に逃げ込む
    → (例)クラブ活動に出ないで、一人でテレビやゲームをして過ごす
  - **退行** 未熟な段階に戻り、幼い子どものように振る舞う
    → (例)クラブのメンバーに、幼稚でふざけた振る舞いをしてみせる
  - **置き換え**
    - **代償** 欲求の対象をよく似た別のものに置き換えて満たす
      → (例)バッティングセンターで速球を打ち込んで、友達にみせる
    - **昇華** 本能的な欲求を社会的に価値ある行動へ置き換える
      → (例)コーチ役を進んで引き受け、ベンチでチームの応援をする

解説 **自我を守る防衛機制** 人は、欲求不満(◯p.12)やそこから生じる不安などを解消したり、乗り越えたりするために様々な行動をとる。まず**現実的・合理的な考え方や行動(合理的解決)**をしようとするが、それができない場合など、**衝動的・攻撃的な反応(攻撃や近道反応)**や、問題から**逃避**することもある。さらに、自分では意識しないままに、欲求不満によって生じる不安から自我を守ろうとする反応をすることもある。この自我の働きはジグムント・フロイト(◯p.164)により発見され、その娘でイギリスの精神分析家アンナ・フロイト(1895〜1982)は、これを**防衛機制**と呼んだ。

6 自我の形成と他者 　出題▶

アメリカの心理学者ジェームズ（●p.160）は、「自己」には「知る主体としての自己（I）」と「知られる客体としての自己（me）」という2つの側面があると考えた（自己の二重性）。ジェームズはさらに、客体としての自己を物質的自己（身体・衣服・家族など）、精神的自己（意識状態・心的傾向など）、社会的自己（仲間が持つイメージや認識）の3つの構成要素に分けた。

他者の観点に関して、私たちは自分が周りからどう見られているのか、どう評価されているのかを、他者の言動から想像している。アメリカの社会学者クーリー（1864〜1929）は、他者の反応に映し出される自分の姿から形成された自己像のことを鏡映的自己と呼んだ。私たちは他者を鏡として自分のことを眺めている。他者とのコミュニケーションとそこでの反応を通して自己を形成しているとした。

また、アメリカの社会心理学者G.H.ミード（1863〜1931）は、一般化された他者という概念を提案している。人間は、自分の立場から他者の行動を読み解くだけでなく、他者の立場から自分の行動を読み解こうともする。この場合の他者は一般化された他者であり、親や仲間といった身近な他者、さらに自分を取り巻く多様な他者まで総合したものである。私たちはこれらを取り入れ、言わば社会が自分に期待していると考える役割を内面化し、社会的な自我を形成していくとした。

多様な他者　親　仲間　一般化された他者　自我　対話

G.H.ミードは自我を2側面、すなわち他者の視点を取り入れ形成される客我（me）と、これに検閲を受けつつも支配し尽くされることのない自分の視点からの主我（I）との緊張に満ちた対話のメカニズムととらえた。

7 君たちはどう生きるか

コペル君は妙な気持ちでした。見ている自分、見られている自分、それに気がついている自分、自分で自分を遠く眺めている自分、いろいろな自分が、コペル君の心の中で重なりあって、コペル君は、ふうっと目まいに似たものを感じました。コペル君の胸の中で、波のようなものが揺れて来ました。いや、コペル君自身が、何かに揺られているような気持ちでした。

（『君たちはどう生きるか』吉野源三郎　岩波文庫）

解説　自分の中の目　「コペル君」とは、主人公潤一の鋭い視点に感心した叔父が、天文学者のコペルニクスからとった呼び名である。コペル君はデパートの屋上から街を見下ろしているとき、自分は社会とつながっていることを初めて実感した。自分や社会に対していくつもの目を持つことは重要である。

8 ヤマアラシのジレンマ 　頻出▶

1　ぶるぶる　寒いね…
2　近づいて暖めよう　そうしよう　ズリズリ
3　ケガをしたよ　イタッ！
4　これならいいね

解説　ほどよい距離とは　「ヤマアラシのジレンマ」とは、「自己の自立」と「相手との一体感」という二つの欲求によるジレンマのことである。寒空のもとにいる2匹のヤマアラシが互いに身を寄せ合って暖め合いたいが、針が刺さるので近づけないという、哲学者ショーペンハウアー（●p.151）の寓話に由来する。ただし、心理学的には、否定的な意味だけでなく、「紆余曲折の末にちょうど良い距離に気づく」という肯定的な意味として使われることもある。

▲ショーペンハウアー

メモ　実際は仲良し　実際のヤマアラシは、針のない頭部を寄せ合って体温を保ったり、睡眠をとったりしている。

コラム　アドラーから学ぶ劣等感の克服

誰でも劣等感を持っており、それが人間の努力と成長の刺激になっていると考えたのはオーストリアの心理学者アルフレッド・アドラー（1870〜1937）である。

アドラーの説く劣等感は、他者との比較からではなく、理想の自分との比較から生じるものであった。

たしかに私たちは、知らないと感じるからもっと知りたいと願う。無力だと思うから、何とかして抜け出したいと考える。そこでおのずと建設的に、理想に向かって努力したり、成長できたりするのである。

ただしアドラーによれば、この劣等感が強すぎると、言い訳ばかりして、困難から逃げる劣等コンプレックスの状態になる。また、自分を優秀だと思い込むあまり、優越コンプレックスが生じ、実際よりも自分を優れているように見せるため、相手の価値を落とそうとする人もいる。

劣等感を克服するには、ありのままの自分を認め、劣等感を次の行動につなげることが大切である。

入試に○×チャレンジ　4 マズローが考えた欲求の理論では、生理的欲求、安全の欲求などの欠乏欲求が満たされると、自己実現の欲求という、より高次の欲求が生じるようになる。（2018年本試）

感情

私たちの心は、どのようなしくみで成り立っているのだろうか。人は生まれてから乳児・幼児・児童期から青年期、さらには老年期に至るまで、様々な心の働きを営んでいる。個性（◆p.16）、認知（◆p.18）、発達（◆p.20）と同様に重要な心の働きとされる感情について、現在ではどのようなことがわかっているのだろうか。

感情

私たちは日々、楽しい、悲しい、といった様々な感情を経験している。**感情(feeling)**とは、人間の気持ちを表す言葉であり、外部からの刺激や内的な経験により生じる快―不快の意識のことである。特に、一過性の強い感情のことを**情動**とか情緒ということもある。他にもある程度の長さが持続する、安定した感情を気分（楽しい気分、憂うつな気分など）、文化的なものに対する感情を情操ということもある。これらは広い意味で感情ということができる。

さて、私たちは、努力して欲求を実現したときには「幸せ」を感じ、どうしても欲求が満たされないときには「悲しみ」がわいて思わず泣くこともある。また、自分が不正を受けたり、目撃したりしたときに「怒り」や「嫌悪」といった感情を抱くことがある。感情は、私たちを行動へと駆り立てる原動力となる心の働きである。

▲**基本的な6つの感情** アメリカの心理学者エクマンは、様々な文化に属する人の表情の研究から、怒り・嫌悪・恐怖・喜び・悲しみ・驚きという6つの基本的な感情を表す普遍的な表情があると指摘した。

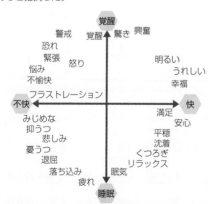

▲**感情円環モデル** アメリカの心理学者ラッセルは、基本感情という考え方に対して、すべての感情は「快―不快」「覚醒―睡眠」の軸の2次元上に配置されるという円環モデルを提唱した。

感情の生起

①末梢起源説（ジェームズ＝ランゲ説）

刺激によって身体反応が喚起され、それが脳に伝達されることで感情が生じると主張

「悲しいから泣くのではなく、泣くから悲しい」

熊に出くわした場合……

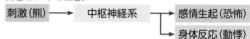

②中枢起源説（キャノン＝バード説）

脳が刺激を知覚することで、感情と身体反応が同時に喚起されると主張

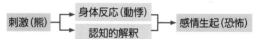

③二要因理論（シャクターとシンガー）

身体反応とそれに対する認知的な解釈で感情体験が生じると主張

刺激(熊) → 身体反応(動悸) / 認知的解釈 → 感情生起(恐怖)

動機づけ

人間が何かの目標に向かい行動を始め、それを続ける現象を**動機づけ**（モチベーション）という。また、その人の内部からわき起こり行動を引き起こす心的エネルギー（動因・動機）には欲求や感情などがある。

動機づけには、おもに以下のものがあげられる。なお、アメリカの心理学者**マズロー**は、一次的欲求と二次的欲求の関係を表した**欲求階層説**（◆p.12）を提唱したが、生理的欲求から承認の欲求までは「欠乏動機づけ」、自己実現の欲求は「成長動機づけ」とも呼ばれる。

生理的動機づけ	飢え、睡眠、排泄などの一次的欲求によって生じる動機づけ
達成動機づけ	高水準の目標を達成しようとする欲求によってもたらされる動機づけ
内発的動機づけ	知的好奇心、有能さと自己決定の欲求によってもたらされる動機づけ
外発的動機づけ	誘因（インセンティブ）となる報酬や罰などによってもたらされる動機づけ。行動が持続しにくい

File 2

個性

私たちには、容姿だけでなく心の働きや行動の仕方にも大きな違い（個人差）がある。このことを個性、人となり、人柄、その人らしさと呼んだりするが、心理学では人格、パーソナリティ、性格、気質などの用語で説明される。私たちの個性は、どのように形づくられるのだろうか。

■ 性格とパーソナリティと個性

性格は、**キャラクター**（character）の訳である（語源はギリシア語の「刻み込まれたもの」）。その人の行動に表れる意志や感情の特徴のことであり、その人に安定してみられる行動傾向のことを意味している。また、似た用語である**パーソナリティ**（personality、語源は「仮面」を意味するラテン語のペルソナ）は、知能や記憶、価値観などを含むより包括的な意味を持っている。パーソナリティは、環境から影響を受けるだけでなく、それに働きかけながら変化していくと考えられている。このように性格には、比較的変わりにくい特徴という意味が、パーソナリティには、社会的に形成された役割的な意味が込められている。ただ両者を厳密に区別することは難しく、実際には、パーソナリティを含む広義の性格が用いられていることが多い。

個性という用語は、性格あるいはパーソナリティと同じような意味で用いられることもあるが、分割できない、他のものに置き換えられないものという意味も含んでおり、他の人と異なっている、個別的で目立つ全体としての特徴、その人らしさを強調する時に用いられる。例えば、個性的な人という場合、その容姿だけでなく、そのふるまい方から、他の人と異なり目立っている特徴をいうことがある。

■ 類型論と特性論

心理学では、性格やパーソナリティについて様々な分類が行われている。**類型論**は、性格の際立った特徴を取り上げ、いくつかの典型的な型に当てはめて説明するので、大まかに人をとらえ、全体像を伝えることができる。一方の**特性論**は、それぞれの特性（行動の傾向）を比較するなどして量的に把握しながら説明することで、実際の個人的な特徴を正確にとらえることができる。

特性という概念を初めて用いたのはオルポート（→p.21）である。彼は特性を、多くの人に共通してみられる共通特性と、その人だけにみられる個人特性の2つに分類した。

類型論
・クレッチマーの体型別類型
・シュプランガーの文化価値的類型
・ユングの8パターンの性格類型　など

特性論
・オルポートの特性論
・アイゼンクの特性論
・**ビッグファイブ**

◆ クレッチマーの体型別類型

細長型	肥満型	闘士型
非社交的、静か、無口、控えめ、内気	社交的、親切、温厚、開放的	根気強い、頑固、几帳面

解説 ドイツの精神医学者クレッチマー（1888〜1964）は、多くの患者を面接した経験から、体型と気質・性格には一定の相関関係があるとして、それを3つの類型に分けた。批判が多く現在では支持されていない。

◆ シュプランガーの文化価値的類型

理論型	真理の探究に最大の価値を置く。物事を客観的に扱い、筋を通して理論的に考えようとする
経済型	物事を損得で考える傾向が強く、金や財産への関心が強い。功利的で、効率を考えて行動する
審美型	美的なものにひかれ、美の探究に価値を置いている。物事を感情的にとらえる傾向がある
権力型	人を支配することに喜びを感じる傾向がある。権力を持つことや、人を説得することへの関心が強い
宗教型	聖なるもの、清らかなことを求め、生きがいにしている。宗教への関心が強い
社会型	人を愛することや、誰かの役に立つことに喜びを見いだし、それに生きがいを感じる

解説 ドイツの哲学者・心理学者シュプランガー（1882〜1963）は、人生において価値や興味を何に置いているかにより、性格を6つに類型化した。

◆ ユングの8パターンの性格類型

	外向型	内向型
思考型	❶外向思考タイプ 客観的な事実に基づいて、筋道を立てて考える	❷内向思考タイプ 自分の心の中に浮かぶ考えを、筋道を立てて追う
感情型	❸外向感情タイプ 協調的、友好的で、思いやりのある社交家	❹内向感情タイプ 自分の内部の基準に従い、理想的で几帳面でまじめ
感覚型	❺外向感覚タイプ 自分の経験を尊重し、観察力が豊かで現実派	❻内向感覚タイプ 忍耐力、集中力があるとともに、感受性も強い
直観型	❼外向直観タイプ 独創的、個性的で、チャンスと可能性を見逃さない	❽内向直観タイプ 極めて個性的で、意志が強く、洞察力がある

解説 ユングは、人間は関心（心的エネルギー）が外界の物事や人に向かう人（**外向型**）と、自分自身あるいは心の世界に向かう人（**内向型**）とに分けられると考えた。

入試に○×チャレンジ 5 ユングは精神分析の理論に基づき、パーソナリティを心のエネルギーや関心の方向性に応じて、内向型と外向型の2つに分類した。（2021年第1日程）

◆アイゼンクの特性論

イギリスで活躍した心理学者アイゼンク(1916〜97)は、人の性格を向性(外向－内向)と神経症傾向(安定－不安定)でとらえようとした。それぞれの特性の強さが人の性格をつくりだしていくと考えた。この理論をもとに開発されたのが、モーズレイ性格検査(MPI)である。

◆ビッグファイブ

現在の心理学では特性論が主流であり、その中で注目されるのがビッグファイブである。これは、**外向性**、**協調性**(調和性)、**勤勉性**(誠実性)、**情緒不安定性**(神経症傾向)、**開放性**の5つの因子の組み合わせで性格を理解しようという立場である。ビッグファイブは、文化の差や民族の差を超えた普遍性を持つものとして、1990年代からパーソナリティ研究の中心的位置を占めるようになっている。

◆ビッグファイブの下位次元

外向性	温かさ、群居性、断行性、活動性、刺激希求性、よい感情
協調性	信頼、実直さ、利他性、応諾、慎み深さ、優しさ
勤勉性	コンピテンス、秩序、良心性、達成追求、自己鍛錬、慎重さ
情緒不安定性	不安、敵意、抑うつ、自意識、衝動性、傷つきやすさ
開放性	空想、審美性、感情、行為、アイデア、価値

この5因子モデルに基づいて、NEO-PI-R という心理検査が開発されている。そこでは、5因子(特性)はさらに6つの下位特性から構成されている。

▨ ビッグファイブに基づく性格診断をやってみよう

ビッグファイブのそれぞれの因子にみられる形容詞について、自分に当てはまるかどうか、「はい」、「いいえ」のどちらかに〇を入れてみよう。

	形容詞	はい	いいえ
外向性	活動的な		
	積極的な		
	意欲的な		
	陽気な		
	話し好きな		
協調性	やさしい		
	寛大な		
	温和な		
	協力的な		
	親切な		

	形容詞	はい	いいえ
勤勉性	計画的な		
	勤勉な		
	几帳面な		
	責任感のある		
	礼儀正しい		
情緒不安定性	悩みがち		
	心配性		
	くよくよしやすい		
	いらいらしやすい		
	不安になりやすい		
開放性	臨機応変な		
	趣味の多い		
	好奇心が強い		
	独創的な		
	美的感覚の鋭い		

ビッグファイブの各要素の説明
※「はい」が多いと前者の傾向が強い

・**外向性**(Extraversion):他者との関わりを好む傾向が強いか、一人の時間を好む傾向が強いか
・**協調性**(Agreeableness):他者に合わせることを重視するか、自分の判断を重視するか
・**勤勉性**(Conscientiousness):粘り強く集中力が高いタイプか、直感的でアドリブに長けるタイプか
・**情緒不安定性**(Neuroticism):繊細で感受性が強いか、外部からの圧に強いか
・**開放性**(Openness):新しい経験への関心が高く好奇心旺盛か、安定志向で保守的か

解説 ビッグファイブ理論は、性格・特性分析として主流となっている理論であり、この理論をベースにして様々な心理テストがつくられている。心理テストは自己・他者理解の助けになるだけでなく、企業において人員配置等に活用されている。

File 3

認知

私たちは、見たこと、聞いたこと、読んだことなどを頭の中で整理し、考えたことを記憶したり、話したり、書いたりする。心理学では、こうした一連の心の働きが認知と呼ばれる。認知にはどのような要素があり、どのようなしくみになっているのだろうか。

認知

認知とは、理解・判断・論理などの知的機能を含んだ心的過程であり、心理学的には知覚・学習・推論・問題解決・記憶といった様々な要素が含まれる。メタ認知とは、一段高いところから自己の認知活動を客観的にとらえる認知の働きのことである。

知覚

眼や耳などの感覚器官が受容した刺激(情報)を、人間が解釈する働きを知覚というが、私たちが受容した刺激の客観的な性質と、それを解釈した性質とが食い違っている場合のことを錯覚という。視覚に関わる錯覚のことを錯視という。左下の絵は、直線の長さは同じだが、矢羽根の形によって長さが異なって見える。

◀ミュラー・リヤー錯視

▲ルビンの杯

▶若い女性と老女

左上の絵は何に見えるだろう。これは「ルビンの杯」と呼ばれる反転図形で、黒い領域を背景とすれば、白い杯に見え、白い領域を背景とすれば、向かい合った顔が浮かび上がる。白い杯を意識すると、もう一方を形として認識できないのがわかるだろう。同じように、右上の絵は女性を描いているが、注視する場所を変えることで若い女性に見えたり、年老いた女性にも見えたりする。私たちは形をそのまま受けとっているわけではなく、多くの情報のなかから必要なものを選択して知覚しているのである。

学習

心理学における学習とは、教室や自宅での勉強の意味だけではなく、人間や動物が過去の経験を通して比較的永続的に行動を変容させていく心的過程という意味で用いられる。

学習の原理には、条件づけによる学習がある。条件づけには以下の2つのタイプがある。また、他者の行動を見て学習すること(観察学習)もある。

(1) 古典的条件づけ

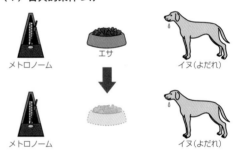

メトロノーム　エサ　イヌ(よだれ)

メトロノーム　イヌ(よだれ)

イヌにメトロノームを聞かせた後にエサを与えることを繰り返すと、メトロノームの音だけでエサがもらえると学習し、よだれを出すようになった。

(2) オペラント条件づけ

ネズミは箱の中を走り回るなかで、たまたまレバーを押すとエサが出る経験をし、同じ経験を繰り返すうちに、頻繁にレバーを押すようになった。

(3) 観察学習

私たちは、日常生活においてネットやSNS、テレビなど様々なメディアを通して他者の行動を学んでいることがよくある。直接的な経験がなくても、モデルとなる人を観察し、模倣することで行動を学ぶことを観察学習(モデリング)と呼ぶ。プロ野球選手の打撃フォームを観察・模倣することもモデリングである。

入試に○×チャレンジ　6　意味記憶とは、「日本の都道府県の数は47である」というような、一般的な知識に関する記憶である。(2018年社会福祉士国家試験)

推論と問題解決

問題を適切に解決するためには、正しい推論・思考が必要である。そもそも人間はどのように推論・思考するものなのか、どう推論・思考することが適切なのかについて、先哲たちは様々に分析をしてきた。この分析の代表が、**帰納的推論**と**演繹的推論**である（◯p.105、108）。

私たちは「こうやったらよいのではないか？」「こう考えたら説明できるのではないか？」と考え、いわば仮説を立て、仮説を観察や実験で検証していく。仮説は安易につくられるものではなく、ある事象を説明できる根拠に基づいてつくられる。このことを**アブダクション**（仮説推論）と呼んで世に広めたのが、**プラグマティズム**の創始者**パース**（◯p.159）である。

私たちは必ずしも正確な推論・思考をしているとは限らないことも理解する必要がある。私たちが陥りやすい誤りとは、どういうものなのだろうか。

問題解決のために**意思決定**を行う際、論理的なプロセスを経ずに、直観的判断をもとに短時間で結論を得る方法を**ヒューリスティック**と呼ぶ。日常生活のなかで頻繁に使用されているが、非合理的な判断をしてしまう**認知バイアス**（認知の歪み・偏り）が働き、必ずしも正しい結論に達するわけではない。ヒューリスティックには様々な種類がある。

代表性ヒューリスティック
代表的なイメージ（ステレオタイプ）を過大に評価
→ブラジル人はみんなサッカーがうまい
利用可能性ヒューリスティック
思い出しやすい情報から頻度や確率を判断して評価
→食事をする際、口コミサイト上位の店を選択する
係留と調整ヒューリスティック
最初に与えられた情報を基準として評価
→最初から500円の商品より、1000円が50％オフとなった商品を得だと感じる

不確実性下の意思決定のメカニズムを説明する行動経済学の代表的な理論に**プロスペクト理論**がある。アメリカの心理学者・行動経済学者カーネマン（1934〜）らによって提唱されたこの理論は、人間は得をした時の喜びよりも、損をした時の失望を強く感じるという傾向があり、これを**損失回避性**と呼び、意思決定の多くが損失回避的な感情によって下されているとする。

コイン投げに参加 　　　コイン投げに不参加

【表が出る】2万円失う　【裏が出る】支払わない　確実に1万円支払う

1万円の損失を避けるため、多くの人がコイン投げに参加する。

記憶と忘却

記憶とは、心の働きの一つで、過去に経験したことを保持して、後でそれを思い出し利用する機能である。記憶は**記銘・保持・想起**という３つのプロセスから構成される。例えば、世界史の授業で習った事件の年号を覚え込むことが記銘、覚えたたくさんのものを試験まで持ち続けることが保持、後で覚えた年号を思い出すのが想起である。

経験したことは、先ず短い時間保持され、様々な情報処理に用いられる（**短期記憶**）。しかし短期記憶できる量は少なく、数十秒しか保持できない。そこで、何回も反復して思い出すこと（維持リハーサル）で保持する時間を延ばす。大切な情報を長く、たくさん記憶しておくことができれば、いずれ思い出し利用できて便利である。意味に注目して覚えたり、すでに持っている知識と結びつけて覚えたりすること（精緻化リハーサル）で、**長期記憶**として残りやすくなる。

記憶の忘却の原因について、時間の経過とともに記憶が失われていく減衰説や、他の記憶が干渉して記憶が妨害されて失われる干渉説などが考えられている。

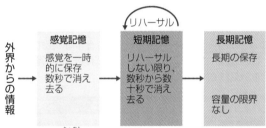

▲**記憶の二重貯蔵モデル**　せっかく調べて予約したお店の電話番号が、しばらく経つとなかなか思い出せなくても、自分の携帯電話の番号ならすぐに思い出せるのは、この番号を長期記憶として保持しているからである。

記憶の種類

長期記憶は、異なるタイプの記憶が貯蔵されている。言葉で説明できる記憶である「宣言的記憶」と、言葉で説明できない記憶である「手続き的記憶」である。そして、宣言的記憶は、「エピソード記憶」と「意味記憶」に分かれる。エピソード記憶は、「広島カープが25年ぶりに優勝した夜は、塾で英語の勉強をしていた」といった自分自身の出来事に関わる記憶である。意味記憶は、「鎌倉幕府を開いたのは源頼朝である」のように、一般的な事柄としての記憶である。

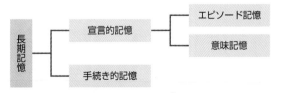

発達

私たちの心の機能は、生まれてから生涯を通じて、どのように発達し、成長していくのか。それはどのような要因によるのか。心理学では、人間の一生における心の成長過程が研究されてきた。私たちの心の機能は他者との相互作用の中でどのように発達していくのだろうか。

アタッチメント（愛着・社会的絆）

人間は他の哺乳類と同様に、乳幼児期において、養育者（養育個体）との直接的な身体接触なしには生存できない。乳幼児期におけるそうした他者との身体接触は**アタッチメント（愛着・社会的絆）**と呼ばれ、その後の脳と心の発達に直接的に影響することが明らかになっている。他者は「心地よさ」をもたらしてくれるという記憶は、他者と円滑に関係を築いていくための土台となる。アタッチメントの形成は、人格形成や人間関係の構築に欠かせないものなのである。

ピアジェの認知の発達段階

スイスの心理学者**ピアジェ**（1896～1980）は、子どもの行動を観察することを通して、誕生から青年期の認知発達を4つの段階に分類した。また、善悪の判断である道徳性の発達が認知発達と関連するとした。

発達段階年齢	特徴
感覚運動期 0～2歳	身体の動きに応じて変化する感覚を通して世界を認識する
前操作期 2～7歳	イメージや言語により物事をとらえるようになるが、自己中心的で論理的思考ができない（自己中心性）
具体的操作期 7～11歳	自己中心的な立場から離れ、客観的・多面的な見方ができるようになる。具体的な物事を扱い、論理的思考ができるようになる（脱中心化）
形式的操作期 11歳以降	抽象的な概念や知識を獲得できるようになり、具体的な物事だけでなく、抽象的な概念についても論理的思考ができるようになる

解説 ピアジェによれば、幼児期の道徳性は、親や先生などに罰せられるかどうかが基準となるが、青年期になると動機に基づいて自ら善悪を判断できるようになるとした。

▶ピアジェ

◀**自己中心性** 自分の視点から考え、相手の視点で考えることができないため、相手からは自分が見えていないと思う。

もういいよ〜

コールバーグの道徳性の発達段階 出題▶

アメリカの心理学者**コールバーグ**（1927～87）は、ピアジェの理論をふまえ、道徳性は段階的に発達していくものととらえた。彼は、子どもに道徳的ジレンマが生じる課題（下の「ハインツのジレンマ」が代表例）を与え、その回答と理由を分析し、3つの水準と6つの段階の発達理論を示した。

前慣習的な水準：自分の欲求を満たすか否かによって善悪を判断	
第1段階	罰と服従への志向 　　他者から罰せられるかどうか
第2段階	素朴な自己本位志向 　　自分の利益が守られるかどうか
慣習的な水準：道徳的な慣習を受け入れてそれに従って行動	
第3段階	他者への同調、あるいは「よい子」志向 　　他者から好かれるかどうか
第4段階	法と秩序の維持への志向 　　与えられた規則に合っているかどうか
脱慣習的な水準：慣習のレベルを超えて自律的に判断	
第5段階	社会契約的な遵法への志向 　　関係者と合理的に定められたルールかどうか
第6段階	普遍的な倫理的原理への志向 　　普遍的な良心に基づくかどうか

ハインツのジレンマ

ヨーロッパで、一人の女性がたいへん重い病気のために死にかけていた。その病気は特殊なガンだった。彼女の命をとりとめることができると医者が考えている薬がただ一つあった。それはラジウムの一種であり、同じ町に住む薬屋が最近発見したものだった。その薬は作るのに200ドルかかったが、薬屋はその10倍の2000ドルの値を付けていた。病気の女性の夫であるハインツは、すべての知人からお金を借りようとした。しかし、その値段の半分の1000ドルしか集まらなかった。彼は、薬屋に妻が死にかけていることを話し、もっと安くしてくれないか、それでなければ後払いにしてくれないか、と頼んだ。しかし、薬屋は「だめだ。私がこの薬を見つけたのだし、それでお金を儲けるつもりだからね」といった。ハインツは絶望的になり、妻の命を救うために薬を盗みに彼の薬局に押し入った。
ハインツはそうすべきだったろうか。その理由は？

解説 この課題には正解はなく、どういう理由づけをするかがポイントになる。ハインツの立場で考えてみよう。

入試に×○チャレンジ ７エリクソンは、人間が自己を確立していく過程は人生において8段階あり、各段階には達成すべき心理的・社会的課題が設定されていると考えた。（2013年本試）

ギリガンが用いたジレンマ課題

　厳しい寒さを凌ぐため、1匹のヤマアラシがモグラの家族に、冬の間だけ一緒に洞穴の中に入らせてほしいとお願いしました。モグラたちはヤマアラシのお願いを聞き入れました。けれどもその洞穴はとても狭かったので、ヤマアラシが洞穴の中を動き回るたびに、モグラたちはヤマアラシの針に引っ掻かれてしまうことになったのです。ついにモグラたちはヤマアラシに洞穴から出ていってほしいとお願いしました。ですが、ヤマアラシはこのお願いを断りました。そして言ったのです。「ここに居るのが嫌なら、君たちが出て行けばいいじゃないか。」

（北村世都「社会性の発達」内藤佳津雄・北村世都・市川優一郎編『発達と学習』弘文堂）

解説 コールバーグの発達理論について、アメリカの心理学者ギリガン（1936〜、●p.175）は、注目している道徳性が正義や公平に偏っており、他者との関係性や配慮を重視するべきだと指摘している。

人間の発達課題 　出題▶

　アメリカの教育学者ハヴィガースト（1900〜91）は、人間の成長の過程を乳幼児期から老年期までの6つの発達段階に分け、**人生にはそれぞれの発達段階において達成しなければならない課題がある**という**発達課題**の概念を提唱した。そして青年期の発達課題として、次の10項目をあげた。

❶同年齢の男女との洗練された新しい交際を学ぶこと
❷男性として、また女性としての社会的役割を学ぶこと
❸自分の身体の構造を理解し、身体を有効に使うこと
❹両親や他の大人から情緒的に独立すること
❺経済的な独立について自信を持つこと
❻職業を選択し、準備すること
❼結婚と家庭生活の準備をすること
❽市民として必要な知識と態度を発達させること
❾社会的に責任のある行動を求め、それを成し遂げること
❿行動の指針としての価値や倫理の体系を学ぶこと

（荘司雅子監訳『人間の発達課題と教育』玉川大学出版部）

解説 ハヴィガーストの青年期の発達課題を大きく分けると、仲間集団に関すること（❶、❷）、情緒的・経済的な自立に関すること（❸〜❽）、人生観の発達に関すること（❾、❿）の3つとなる。互いに協力して現代の社会や将来の職業について考えること、社会にある価値観を理解し、自分なりの人生観を探すことは、私たちが日々、学校生活で体験していることそのものである。なお、ジェンダー平等の観点に照らすと問題がある課題も含まれる点には注意が必要である。

エリクソンのライフサイクル論 　頻出

　アメリカの精神分析学者 E.H. エリクソン（1902〜94）は、人生を8つの発達段階を持つ**ライフサイクル**（人生周期）ととらえ、各段階の**発達課題**を達成し、次の段階へ発達することで、自己実現していくと考えた。

人生周期		発達課題	失敗の状態
8	老年期	**統合性** 生涯を受け入れ、人類への関心を持つ	絶望
7	壮年期	**世代性** 子を育て、次の世代への関心を持つ	停滞性
6	成人期	**親密性** 家族を作る親密さを異性間で作る	孤立
5	青年期	**アイデンティティの確立** 自分は何者か、何になりたいのかつかむ	アイデンティティの拡散
4	学童期	**勤勉性** 欲求に従い自分なりに学ぶ喜びを得る	劣等感
3	幼児後期	**自発性** バランスを保ち自分なりの行動をする	罪悪感
2	幼児前期	**自律性** しつけなどの枠組みを受け入れ内在化する	恥・疑惑
1	乳児期	**基本的信頼感** 母親など、身近な人を通して信頼感を得る	不信感

解説 エリクソンは、青年期の発達課題は**アイデンティティの確立**であるとし、モラトリアム（●p.11）などの言葉を用いて青年期の心理的特質を明らかにした。上の表は、エリクソンが人間の心理的、社会的な発展の過程を図式化したものをもとにしている。

▲エリクソン

オルポートの成熟した人格 　出題▶

　アメリカの心理学者オルポート（1897〜1967）は、成熟した人格になるための基準として、自分以外の他者や事物に対する関心を広げ、現実や自己を客観的に見ることなど、6つの特徴をあげている。

❶社会的領域への自己意識の拡大
❷他者との温かい人間関係
❸情緒的安定と自己受容
❹現実世界と接触する知覚と技能
❺自己の客観視（自己洞察）とユーモア
❻人生を統一する人生哲学

解説 青年期にこの6つの基準を満たすことは困難に思われるが、これらを生涯にわたって発達させることが大切だとした。なお、オルポートは『偏見の心理』を著し、偏見を「誤った、柔軟性のない一般化に基づいた反感」と定義している。

4 社会への参加と生きがい

社会参加することにどのような意味があるのだろう。自分にとっての生きがいや、生きることの意味について考えてみよう。
▶高校生のボランティア活動

要点の整理

は入試重要用語、**1**～**4**は資料番号

1 大人になりにくくなった若者たち**1**

- **フリーター**、パラサイト・シングル、**ニート（NEET）**……自立できていない若者 ← 現代の経済システムや親子関係の問題
- 自由の中で精神的に孤立し、何者かに頼って安心を求めたい現代の若者たち

2 社会への参加**2**

- **ボランティア3**……自己の利益を目的とせず、人のために尽くす活動。欧米諸国ではキリスト教に基づく伝統
  →公共的な世界の中で他者と交わる活動 → **アイデンティティの確立**へ
- 「ボランティア元年」……1995年の阪神・淡路大震災の際に、多くの市民が災害ボランティアとして活動

3 生きがい・生きる意味**4**

- **生きがい**……自分が生きていることの喜びや意味を実感させてくれるもの（**神谷美恵子**、[主著]『生きがいについて』）
- **生きる意味**……人間は自分が生きていることの意味を求めようとする（**フランクル**、[主著]『夜と霧』）

1 大人になりにくくなった若者たち [出題]▶

フリーター	15〜34歳で、正社員としてではなく、アルバイトやパートタイマーとして働く人。または働く意志のある無職の人。一般的に低賃金であり、雇用も安定しないといった問題がある。
パラサイト・シングル	親と同居する未婚の若者。パラサイトとは寄生虫という意味で、転じて居候を意味するようになった。年収が低くても、家賃や光熱費などを親に依存できるので、一人暮らしよりも豊かな生活ができることが多い。
ニート（NEET）	仕事に就かず、教育も受けておらず、職業訓練も受けていない若者。イギリスの労働政策から出てきた用語。日本では若年無業者ともいう。仕事ができない事情を抱えていることも多い。

フリーター・若年無業者の推移

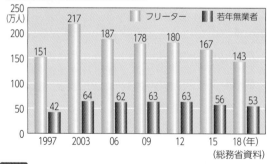

```
250
(万人)
217
200     187
  151        178  180
            167
150              143

100

50   42  64  62  63  63  56  53

  1997 2003 06  09  12  15  18(年)
              （総務省資料）
```
（凡例）フリーター／若年無業者

[解説] **実態は多様** フリーター、パラサイト・シングル、ニート（NEET）は、親に依存するなど自立できていなかったり、青年期の発達課題を達成できていなかったりする点で、「大人になりたくない」若者ととらえられたり、「怠け者」や「甘えている」と評価されたりすることもある。しかし、近年は雇用情勢が悪化しているために、正社員を希望したものの、それが難しいためフリーターになったり、働いていても低賃金で一人暮らしができないため、親と同居しているといったように、「やむをえず」こうした地位に甘んじている人も多い。そのため、フリーター、パラサイト・シングル、ニートといっても、ひとくくりにはできなくなっている。

2 生きることの意味と社会参加

『フリーター、家を買う』のあらすじ（有川浩著）

主人公の武誠治は大学卒業後、就職した会社になじめず3か月で辞めてしまった。その後、再就職ができずフリーター生活を送っていたが、母親の病気をきっかけに、このままではいけないと考えるようになった。当面の目標を就職と100万円の貯蓄と定め、家族のためにアルバイト、就職活動、母の看病と奔走する。そうした中、バイト先の建設会社社長から信頼を得て、正社員となるよう求められる。……

ドラマ化もされたこの小説には、フリーター生活を送る主人公の若者が成長する様子が描かれている。

定職に就かない、就いてもすぐ辞める、そもそも就職の意志がない、働くための勉強もしていない若者がいる。その中には、人付き合いなど社会生活をうまくやる自信を持てない者もいる。しかし一方で、20代の若者は他の年齢層と比べて、社会貢献活動に対する意識が高いという調査結果もある（NTTアド「社会貢献活動に関する調査」2011.1実施）。この調査からはほかに、日本の若者が、個人的な目標に対してだけでなく、社会的な目標にも強い達成意欲を持ち、そこに生きがいを見いだそうとしていることがわかる。

今の若者たちには、この主人公のように家族や職場のために何かをしたい、社会貢献や社会的事業に参加したいという情熱があるのではないだろうか。

◀「銀の匙 Silver Spoon」（荒川弘、小学館） 高校受験で挫折した八軒勇吾は、寮生活ができるというだけで進学した農業高校で、夢や目標を持つ仲間に揺さぶられ、自分なりに選択し、汗と涙を流し行動するうちに人生の意味をつかんでいく。

入試に○×チャレンジ [8]「フリーターやニートと呼ばれる人たちのなかにも様々な人がいるが、共通する傾向として多かれ少なかれ甘えがある。」というのはステレオタイプ的な発言である。（2010年本試）

③ ボランティア活動 出題

ボランティア活動に興味がある理由

2018年調査

理由	日本	韓国	アメリカ	イギリス	フランス
困っている人の手助けをしたい	57.1	68.9	65.3	54.9	60.4
地域や社会をよりよくしたい	54.8	37.0	61.7	49.5	47.4
いろいろな人と出会いたい	36.0	31.6	33.4	31.4	26.3
新しい技術や能力を身につけたり経験を積んだりしたい	34.7	29.6	43.6	49.3	33.6
自分のやりたいことを発見したい	33.9	28.8	32.7	32.1	17.3
進学、就職などで有利になるようにしたい	20.4	21.8	29.4	31.9	15.0

（「我が国と諸外国の若者の意識に関する調査」2019年6月　内閣府）

解説　若者のボランティア活動に対する意識　ボランティア活動とは、自己の利益を目的とせず、個人の自発的な意志で人のために尽くす活動のことである。もともとボランティアとは、志願者、有志を意味する。ボランティア活動に興味を持つ日本の青年は増えている。ボランティア活動への参加は、自己を見つめ、アイデンティティを確立することにもつながる。

▶**阪神・淡路大震災の避難所で炊き出しを行うボランティア**（1995年）　数多くの一般の市民がボランティア活動を行い、「ボランティア元年」と呼ばれた。

◀**東日本大震災の被災地で洗浄した個人の記念品などを整理する高校生のボランティア**（2011年）　全国から多くの高校生や大学生のボランティアが被災地に駆けつけた。若者のボランティアに対する意識は高くなってきている。

④ 生きがい・生きる意味とは？ 頻出

▲**神谷美恵子** *★

　……生きがい感と幸福感とはどういう風にちがうのであろうか。たしかに生きがい感は幸福感の一種で、しかもその一ばん大きなものともいえる。けれどもこの二つを並べてみると、そこにニュアンスの差があきらかにみとめられる。……生きがい感には幸福感の場合よりも一層はっきりと未来にむかう心の姿勢がある。
　……どういうひとが一ばん生きがいを感じる人種であろうか。自己の生存目標をはっきりと自覚し、自分の生きている必要を確信し、その目標にむかって全力をそそいで歩いているひと──いいかえれば使命感に生きるひとではないであろうか。

（『生きがいについて』神谷美恵子　みすず書房）

　人生というのは結局、人生の意味の問題に正しく答えること、人生が各人に課する使命を果すこと、日々の務めを行うことに対する責任を担（にな）うことに他ならないのである。
　この日々の要求と存在の意味とは人毎に変るし、また瞬間毎に変化するのである。従って人生の生活の意味は決して一般的に述べられないし、この意味についての問いは一般的には答えられないのである。

（『夜と霧』V.E.フランクル　みすず書房）

◀**フランクル** **★

*神谷美恵子（1914〜79）　精神医学者。当時、厳しい差別を受けていたハンセン病患者の療養所で診察を続けた。
**フランクル（1905〜97）　オーストリアの精神科医、哲学者。ナチスの強制収容所で目の当たりにした「極限状態における人間の姿」を冷静な筆致で描き、苦悩を乗り越える人間の偉大さを明らかにした作品『夜と霧』の著者。

解説　人間として生きる意味　神谷美恵子は、最も生きがいを感じるのは使命感に生きる時であるとした。またフランクルは、生きる意味を人生に対して問うのではなく、人生から問われてくる問いに責任をもって答えなくてはならないと説いた。生きる意味は一人ひとり異なっており、その答えは自分で見つけなければならないのである。

人間の心と自己形成

コラム　よりよく生きるために

　アメリカの心理学者ロジャーズは、クライエント中心療法という新たな心理療法を確立した。ペイシェント（患者）ではなくクライエント（来談者・依頼者）という言葉を用い、クライエントの話に耳を傾け共感することなどを通して、クライエントが自分自身の力で自分自身を変えることに重きを置いた。
　ロジャーズは、話し手の体験をあたかも自分の体験であるかのように感じ、相手を全面肯定して受け止める姿勢を重視した。それは、真意を見いだす前に「こうすべきなのに」「この点に問題や責任があるのでは」と批判したり、「きっとこういうことが言いたいのだろう」と先回りして勝手な解釈をしたりしないことを意味する。自己理解に応用すれば、自分が自分の素直な思いを受け入れ、ありのままの自分でいさせることになる。ロジャーズにとっては、それがよりよく生きることなのである。

▲**ロジャーズ**（1902〜87）　自己実現や主体性を重視する人間性心理学の中心となった。

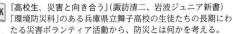

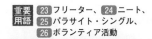

1 ギリシア思想

エーゲ海のミコノス島(ギリシア)

概観 紀元前6世紀頃、小アジアの植民市で生まれた自然哲学が、ギリシア各地に形成されていたポリスに伝えられた。ポリスの一つ、アテネで民主制が成立すると、弁論術を教えるソフィストが活躍した。彼らを批判したソクラテスは、普遍的な真実を求める思索を行い、彼の生き方と徳についての思想を出発点に、ギリシアでは哲学としての倫理思想が展開された。その後、ポリスが衰退してヘレニズム時代に入ると、個人的な幸福を考える思想家たちも登場した。

源流の思想

1

ギリシア思想

要点の整理　　　は入試重要語

```
神話的      ロゴスの  → 先進地域との交流 → 自然哲学
世界観  →  自覚
                     → 民主制の確立   → ソフィストの活躍
ペロポネソス戦争における  → ソクラテス      ↑批判
アテネ敗戦と混乱            └→ プラトン → アリストテレス
```

❶神話から哲学へ ⊙ p.26
- 神話……神々の営みにより世界を説明＝**神話的世界観**
  - ホメロス『イリアス』『オデュッセイア』
  - ヘシオドス『神統記』
- **閑暇(スコレー)**……労働を奴隷に任せることで市民が得た時間のゆとり→討論や学問→哲学が誕生
- **フィロソフィア**……「知恵を愛する」という意味。哲学(フィロソフィー、philosophy)の語源
  - **理性(ロゴス)**……本来、言葉という意味。論理、理性、法則などという意味にまで深められた
  - **テオーリア(観想)**……「観る」という意味。感覚の目ではなく、理性の目で物事の本質や真理を「観る」

❷自然哲学者 ⊙ p.27
- ギリシア植民市ミレトス(小アジアのイオニア地方)の**タレス**から始まる→最初の哲学者
  自然界の**アルケー(根源・原理)**の探究を始める。アルケーを何であると考えるかで立場が異なる
- ◆アルケーの探究の方向 ※青字が自然哲学者

アルケーを素材の方向に探究		アルケーを理想の形の方向に探究	
人物	主張したアルケー	人物	主張したアルケー
タレス	水	ピタゴラス	数
アナクシマンドロス	無限なるもの(ト・アペイロン)		
アナクシメネス	空気		
ヘラクレイトス	火		
エンペドクレス	火・土・水・空気		
デモクリトス	原子(アトム)	プラトン	イデア

探究　　　　　　　　　　　　　探究

アリストテレスが統合

質料(ヒュレー) ＝＝＝＝＝＝＝＝ **形相(エイドス)**

❸ソフィスト ⊙ p.28
アテネにおける民主制の確立の時期に登場。**徳(アレテー)**、**弁論術**を教える職業教師
- 自然哲学者……哲学の対象は**ピュシス(自然・本性)**
- **ソフィスト**……哲学の対象は**ノモス(人為的なもの)**→法・制度など
- **プロタゴラス**(前490頃～前420頃)……**「万物の尺度は人間である」** ┐→価値の**相対主義**
- **ゴルギアス**(前483頃～前376頃) ……弁論術を教える ┘

❹ソクラテス(前469頃～前399) ⊙ p.30
- **「汝自身を知れ」**……デルフォイのアポロン神殿に掲げられていた言葉。ソクラテスの哲学の出発点
- **デルフォイの神託**……「ソクラテス以上の知者はいない」→確かめるために問答→反発を招き告発される
- **問答法**……問答(対話)を重ねて物事を探究。助産術ともいう。「**無知の知**」→真の知を引き出す
- **よく生きる**……ソクラテスの思想の中心テーマ
  - 魂(プシュケー)のよさこそ徳、徳は幸福に不可欠(福徳一致)、「**徳は知である**」(知徳合一)
  - →魂への配慮を求める
  - →ソクラテスの倫理の中心。裁判でこの重要性を陪審員に語る
- **ソクラテスの死** 「**ただ生きるのではなく、よく生きることこそ大切である**」
  - プラトンの著作(『**ソクラテスの弁明**』『クリトン』)により伝えられる

入試に○×チャレンジ ⑨ 「怒りを歌え、女神よ、ペレウスの子アキレウスの」。これは**ヘシオドス**の『**イリアス**』冒頭を飾る言葉である。(2007年本試)

❺ プラトン（前427〜前347）**○p.34**　主著『饗宴』『パイドン』『国家』

ソクラテスの弟子。ソクラテスの思想を受け継ぎ**イデア論**として発展させた

- **イデア**……生成消滅しない真の存在。感覚ではなく理性（知性）によってとらえられる。プラトンの思想の中心
    感覚によってとらえられる現象界　←→　イデアからなる**イデア界**（真理の世界）
- **想起説**……思い起こすこと（**アナムネーシス**）。真理を学ぶこと＝知っているイデアを思い起こすこと
- **エロース**……真理の世界であるイデア界を恋い慕う心。哲学の原動力
- **魂の三部分説**と国家の三階級　　（国家の三階級）　統治者　防衛者　生産者

四元徳	知恵	勇気	節制	⇒ 正義
（魂の三つの部分）	理性	気概	欲望	

- **哲人政治**……プラトンが説いた理想の政治のあり方。善のイデアを認識する哲学者が統治する

---

❻ アリストテレス（前384〜前322）**○p.38**　主著『形而上学』『ニコマコス倫理学』

プラトンの学園**アカデメイア**で学ぶ。幅広い学問を修める

- 本質は現実の物事に内在（**形相（エイドス）**……事物に内在している本質 ／ **質料（ヒュレー）**……事物の素材
- **最高善**……人間の行為の目的である「よきもの」
    →最高善を真理の追究とする**観想（テオーリア）的生活**こそ幸福
- 徳 ── **知性的徳** ── 知恵（ソフィア）
　　　　　　　　　　└ 思慮（フロネーシス）
　　　└ **性格的徳**（倫理的徳、習性的徳）　⇒性格的徳の基準として、**中庸（メソテース）**を主張
- **正義** ── 全体的正義
　　　　　└ 部分的正義 ── 配分的正義と調整的正義
- **友愛（フィリア）**……動機によって三つに分類（有用性、快楽、卓越性）→卓越性に基づくのが真の友愛

---

❼ ヘレニズムの思想家 ○p.41

- **ヘレニズム時代**……ギリシア文化が各地に伝わり、その地の文化と融合し独自のヘレニズム文化が成立
    →コスモス（世界）の中で生きる市民という意識
    ⇒**世界市民（コスモポリテース）**
- **エピクロス**（前341頃〜前270頃）　エピクロス派の祖
    快楽主義に立ち、**アタラクシア**（心の平静）を説く。
    「隠れて生きよ」
- **ゼノン**（前334頃〜前262頃）　**ストア派**の祖
    禁欲主義に立ち、**アパテイア**（情念に支配されない
    状態）を説く。「**自然に従って生きよ**」
    人間の自然（＝本性）は理性（ロゴス）
- ローマ時代の思想家……**キケロ、セネカ、
    プロティノス**（新プラトン主義）

アテネのアクロポリスとアゴラ

パルテノン神殿

アクロポリス

アゴラ

列柱廊

▲アクロポリスの麓にあるアゴラ（広場）は、列柱廊や役所などが並び、市民の集会や商取引などが行われる公共の場であった。

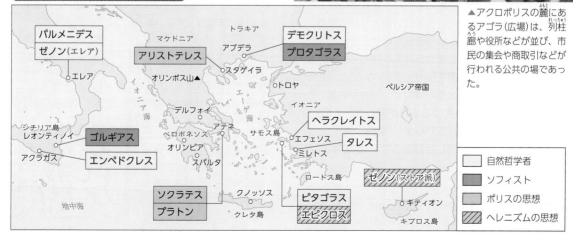

古代ギリシアのおもな哲学者の出身地

パルメニデス
ゼノン（エレア）

マケドニア

トラキア

デモクリトス
プロタゴラス

アリストテレス

アブデラ

スタゲイラ

エレア

オリンポス山▲

トロヤ

ペルシア帝国

シチリア島
レオンティノイ

デルフォイ

イオニア

ゴルギアス

アテネ
ペロポネソス
オリンピア
スパルタ

サモス島

ヘラクレイトス

アクラガス

エンペドクレス

地中海

ロードス島

ソクラテス
プラトン

クノッソス

クレタ島

ピタゴラス
エピクロス

エフェソス
ミレトス

タレス

ゼノン（ストア派）

キティオン

キプロス島

		自然哲学者
		ソフィスト
		ポリスの思想
		ヘレニズムの思想

神話的世界と自然哲学者たち

◆神話の世界 —— 古代ギリシアの神々

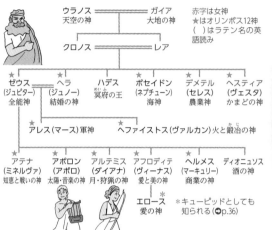

```
ウラノス ════════ ガイア          赤字は女神
天空の神        大地の神          ★はオリンポス12神
                                  (  )はラテン名の英
    クロノス ════════ レア          語読み
```

★ゼウス ═ ★ヘラ   ハデス   ★ポセイドン ★デメテル ★ヘスティア
(ジュピター) (ジュノー) 冥府の王 (ネプチューン) (セレス) (ヴェスタ)
全能神   結婚の神   海神   農業神   かまどの神

★アレス(マース)軍神   ★ヘファイストス(ヴァルカン)火と鍛冶の神

★アテナ ★アポロン ★アルテミス ★アフロディテ ★ヘルメス ★ディオニュソス
(ミネルヴァ) (アポロ) (ダイアナ) (ヴィーナス) (マーキュリー) 酒の神
知恵と戦いの神 太陽・音楽の神 月・狩猟の神 愛と美の神 商業の神

エロース   *キューピッドとしても
愛の神   知られる(○p.36)

古代ギリシアの人々は、人間の姿をし、人間と同じように喜怒哀楽の感情を持つ神々を信仰していた。主神のゼウスを中心に、それを取り巻く数多くの神々が存在した。

神々はたびたび人間の世界に関わり、人生や、時には歴史を動かすこともあると信じられた。

◀**アテナ女神像** アテナは知恵と戦いの女神で、アテネの守護神としてパルテノン神殿に祀られた。父であるゼウスの額から、成人し、武装した姿で生まれたという。

> **メモ** **芸術の源泉** ギリシア神話はのちのヨーロッパの人々にも大きな影響を与えた。特に芸術の題材として好まれ、多くの傑作が生み出されている。

1 ポリスの誕生と神話的世界観 出題

　ギリシア本土や小アジアのイオニア地方では、紀元前8世紀頃からギリシア人により**ポリス**(都市国家)が形成された。ポリス同士の争いは絶えなかったものの、彼らは共通の**神話(ミュトス)**を持っていた。ギリシアの人々は、季節が巡ること、昼と夜があること、雷が鳴ることなどの自然現象や、人間の運命は、こうした神話に登場する神々のしわざと考えた(**神話的世界観**)。ギリシアの人々が語り継いできた神話は、**ホメロス**の英雄叙事詩『**イリアス**』や『**オデュッセイア**』、ヘシオドスが神々の系譜を語った『**神統記**』などによって、今日に伝えられている。

2 神話から哲学へ —— アルケーの探究

　紀元前6世紀頃、イオニア地方のギリシア植民市のポリスは、地中海での交易などで栄えた。ポリスの市民たちは生活のための労働のほとんどを奴隷に任せたため、**閑暇(スコレー)**という時間のゆとりが生まれ、討論を行ったり学問を深める時間を得た。そして彼らの中から、目に見える世界や自然の多様な姿、その変化も、さかのぼれば世界を作り出す「一つの何か」に行き着くと考え、神々の物語ではなく、理性が納得できる形で自然や世界を探究する人々が現れた。その「一つの何か」はギリシア語で**アルケー**(根源・原理)といい、アルケーの探究を通して最初の哲学(**自然哲学**)が誕生した。

> **メモ** **schoolの語源** 英語のschoolはラテン語のスコラ(学校)からきている。そのスコラは、ギリシア語のスコレー＝閑暇から生まれた言葉といわれる。

3 哲学(フィロソフィア)とは

　哲学(フィロソフィア)とは、ギリシア語のフィレイン(愛する)とソフィア(知恵)からできた言葉で、「**知を愛すること**」を意味する。また、哲学は**テオーリア(観想)**の姿勢でもある。テオーリアは「観る」という意味で、**理性(ロゴス*)**の目で「観る」ことで、物事の本質や真理を客観的に考察することをさす。**自然哲学者**たちはテオーリアの姿勢で、アルケーを探究した。

*ロゴス　本来ギリシア語で「言葉」を意味した。言葉は、論理的に話さなければ相手を納得させられないから、そこから論理という意味になり、また論理で納得し何かを知る能力が理性であるから、理性という意味にもなったといわれる。

> **コラム** COLUMN **最も美しい女神は誰？ ——「パリスの審判」**
>
> 　ギリシアの神々の人間っぽさを示す神話に、「パリスの審判」がある。ある時、神々の結婚式に一人だけ招待されなかったことを恨んだ不和と争いの女神エリスが、式場に「最も美しい女神に与える」と彫られた黄金のリンゴを投げ込んだ。するとヘラ、アテナ、アフロディテが、「もらうのは私！」と争いを始め、これに手を焼いたゼウスは、トロイア王の息子パリス(人間)に、誰が最も美しいか判定させることにした。女神たちはそれぞれ、選んでくれたら贈り物をしようとパリスに約束した。ヘラは世界の支配権、アテナは戦いの勝利と知恵、アフロディテは世界最高の美女との結婚を示した。そこでパリスが選んだのがアフロディテで、世界最高の美女はスパルタの王妃ヘレネであったため、これがトロイア戦争の発端となったという。

源流の思想

1

ギリシア思想

26

入試に○×チャレンジ **10** パルメニデスは、論理的思考に基づいて、在るものは常に在ると説き、世界における変化や生成は見かけだけの現象にすぎず、存在するものはただ一つであって、生成も消滅もしないと主張した。(2017年本試)

1 タレス（前624頃〜前546頃）　★　ミレトス学派

　イオニア地方のギリシア植民市ミレトスの市民。ギリシアの七賢人の一人に数えられる。タレスは、アルケーを水と規定した。アリストテレス（→p.38）によれば、すべてのものの栄養物は湿気を含んでいるため、そのように考えたのではないかという。神話的な世界観から脱却し、目に見える「栄養物」からアルケーを水と考えたことから、タレスは**哲学の祖**といわれている。　【万物の根源は水】

＊ミレトス学派　ギリシア植民市の中でも特に栄え、学問が発達していたミレトスで活躍した初期の自然哲学者たちをこう呼ぶ。タレス、アナクシマンドロス、アナクシメネスらがいる。

 博学タレス　タレスは天文学や数学にも通じており、日食を予言したり、影の長さからピラミッドの高さを測ったりしたという。しかしある日、星空の観察に夢中になるあまり、足元の溝に気づかずはまったこともあったと伝えられている。

2 アナクシマンドロス（前610頃〜前540頃）　ミレトス学派

　タレスの弟子といわれる。万物の根源は、**「無限なるもの（ト・アペイロン）」**あるいは**「無規定的なもの」**であると考えた。タレスが言うように水がアルケーだとしたら、なぜ有限な水から万物が無限に生成するのか、また水からどうやって水ではないもの、例えば火ができるのか説明できない。そのため、無限であり無規定的なもの（＝何ものでもないもの）こそがアルケーであると考えた。
【万物の根源は「無限なるもの」、「無規定的なもの」】

3 アナクシメネス（前585頃〜前525頃）　ミレトス学派

　アナクシマンドロスの言う「無限なるもの」「無規定的なもの」を**空気**と考えた。空気が薄まると火になり、濃くなると水になる。さらに濃くなると土になり、岩になるというように、具体的なものの生成を空気の希薄化と濃厚化によって説明した。
【万物の根源は空気】

4 ピタゴラス（前570頃〜前490頃）

　ミレトスの対岸のサモス島に生まれた。ミレトスがペルシアによって占領されたため、南イタリアに移ったといわれる。そこで宗教教団を組織し、魂の不死と輪廻を唱えた。宇宙・生命はすべて均衡と調和を持っており、数によって表すことができるとして、アルケーは**数**であると考えた。数学の「ピタゴラスの定理」でも知られている。　【万物の根源は数】

 輪廻を信じるがゆえ　輪廻（生まれ変わり）を信じていたピタゴラスは、道ばたで叩かれている犬を見て、「その犬は友人の生まれかわりだからやめてくれ」と止めに入ったことがあるという。止められた方も驚いただろう。

5 ヘラクレイトス（前540頃〜前480頃）

　小アジアのエフェソスに生まれた。隠棲して孤高の生涯を送ったとされ、「暗い人」と呼ばれた。**「万物は流転する（パンタ・レイ）」**と唱え、変化と流動そのもののうちに秩序と調和があると考えた。そして、火がすべてを破壊し変化させる力を持つことから、絶えず流転する世界の背後にあるアルケーを**火**と考えた。変化のうちに真実があると考えたところから、ヘーゲル（→p.125）はヘラクレイトスを弁証法の祖として高く評価している。　【万物の根源は火】

6 パルメニデス（前515頃〜前450頃）　★　エレア学派

　南イタリアのギリシア植民市エレアに生まれた。この街のために国法を作ったといわれる。一元論を唱えたエレア学派の祖。「有る」という言葉を「決して有らぬことがない」と解釈し、真の「**有るもの（存在）**」は生まれることもなく消えることもない、不動のものであると考えた。この考えをもとに、ヘラクレイトスの言う万物の流転は「有らぬもの」を前提としていると批判した。　【万物の根源は「有るもの（存在）」】

 パルメニデスの弟子　「アキレスは亀に追いつけない」などの逆説で有名なエレアのゼノンは、パルメニデスの弟子。同じ「ゼノン」だが、ストア派のゼノン（→p.42）とは別人。弟子のゼノンはパルメニデスの同性の恋人であったともいわれている。

7 エンペドクレス（前492頃〜前432頃）　★　多元論者

　シチリア島のアクラガスに生まれた。宗教的予言者としても知られ、自分は神で不死であるといい、エトナ火山に身を投げて死んだともいわれる。彼は不変不滅の「有るもの（存在）」として、**火・水・土・空気の4元素**をあげた。万物はこれらが愛によって結合することで生まれ、憎しみによって分離することで消滅すると説いた。存在するものの様々な姿は、4元素の混合の割合の違いによって現れると説明した。
【万物の根源は火・水・土・空気】

8 デモクリトス（前460頃〜？）　★　多元論者

　ギリシア北東部のアブデラに生まれた。エジプト、バビロン、ペルシアに旅行し、のちにアテネに移った。それ以上分割することのできない存在を**アトム（原子）**と名づけ、それがアルケーだと考えた。アトムはすべて同質で、アトムが運動し、結合することで世界にある様々なものが生まれると考えた。こうした考え方は後世に大きな影響を与え、デモクリトスは近代科学につながる**原子論**を確立した人物といわれている。
【万物の根源はアトム（原子）】

☕コラム　タレスの商才

　タレスは政治や天文学、航海術や測量術と、多様な才能を持った人であり、商才にも長けていた。アリストテレスが伝えるところによると、天候についての知識も豊富だったタレスは、ある年、「今年は晴れ続きだ」と予測した。そして、好天だと豊作となるオリーブの油を絞る機械を買い占めた。果たしてその予測は的中し、大勢がその機械を借りに来て、タレスは賃料で大もうけしたという。これは、現在、金融で行われているデリバティブ取引の最初の事例と考える人もいる。

 映画「トロイ」（2004年製作、アメリカ）　ホメロスの叙事詩「イリアス」を映画化。トロイの王子パリスとスパルタの王妃ヘレンの恋を口実に戦争が起こる。（→p.26コラム）

答 p.24　9　×　

重要用語　**27** 哲学、**28** 自然哲学者、**29** ロゴス、**30** アルケー（根源・原理）

27

源流の思想

説得における言葉の力に注目した人々

ソフィスト (Sophist)

▶古代ギリシアの劇場

★☆☆☆☆

> それ（言論によって説得する能力）は、最大の善いものなのだ。
> ……他人を支配することができるようにする（ゴルギアス）

年（年齢）	生涯
紀元前	
500	◆ペルシア戦争（～449）
490頃	プロタゴラス誕生
483頃	ゴルギアス誕生
469頃	◆ソクラテス誕生
443	◆ペリクレス時代（～429）
431	◆ペロポネソス戦争（～404）
420頃	プロタゴラス死去
376頃	ゴルギアス死去

メモ マネしたいゴルギアス流　ゴルギアスは演説の名手だった。彼の言い回しは独特で、当時、ゴルギアス流に話すのが流行したといわれる。

略伝 ◆プロタゴラス（前490頃～前420頃）

　ギリシア北東部のトラキア地方のアブデラに生まれた。デモクリトス（◆p.27）の弟子だとも、また、職業教師として報酬のために教えた最初の人物だともいわれる。多くのソフィストと同じように各地を遍歴する生活を送り、アテネにも2度訪れて有力な政治的グループと関係を持ったという。著作の中で神々を冒瀆したとして告発されて逃亡する途中、船の難破によって命を落としたとされる。

◆ゴルギアス（前483頃～前376頃）

　シチリア島のレオンティノイで生まれ、109歳まで生きたともいわれる。優れた演説者であり、紀元前427年、アテネに外交使節として派遣された時、アテネの民会で演説し、祖国への救援を得ることに成功した。晩年はテッサリアで過ごし、そこで生涯を閉じたという。

ソフィストの思想

❶民主制の確立期にはどのような力が必要とされたのだろうか。

民会や陪審制での裁判など、相手を説得する言葉の力が必要な状況が生まれ、そのための知識や技術が求められた。　→1

❷ソフィストとはどのような人々だろうか。

言葉で人を説得する技術である弁論術を教える人々。価値の相対主義を説いた。

→2、原典資料4、5、6、7

❸ソフィストが思想史上に持つ意味とは何だろうか。

それまでの哲学が自然を対象としたのに対し、初めて人間や社会の問題を哲学の対象として取り上げた。　→3

1 時代背景 ── 民主制の確立

　紀元前5世紀前半、アテネはペルシア戦争*にギリシア側の中心として参戦して勝利を収め、発展した。政治的には、この戦争で活躍した市民の発言権が増し、紀元前5世紀中頃に民主制が完成した。民主制においては、市民であれば誰でも民会で演説し国政に参加することができ、**政治における言葉の力が認識された。**また、裁判では陪審制が確立し、**訴訟に勝つための言葉の力も重視される**ようになった。このような時代状況において、言葉による説得の技術である**弁論術**を教える職業教師として登場したのが、**ソフィスト**たちであった。彼らは紀元前5世紀中頃から紀元前4世紀にかけて活躍した。

＊ペルシア戦争（前500～前449）アケメネス朝ペルシアとギリシア諸ポリスとの前後3回にわたる戦争。その都度、ギリシア側はペルシア軍を退けた。

◀民会での討論　アテネの民主制では家柄が問われることはなく、弁論の能力によって出世することも夢ではなかった。ただ、女性や奴隷は政治に参加できなかった。

2 ソフィストとは

　ソフィストとはもともと知者・学者という意味で、ポリスを巡りながら、裕福な家庭の子弟に対し、**徳（アレテー）**＊として**弁論術をはじめとする立身出世に役立つ知識を教え、多額の報酬を得た職業教師**である。彼らは、法や習慣が場所や時代によって異なるように、**絶対的な正義や真理のような、客観的で普遍的な価値の基準は存在しない**とする**相対主義**の立場をとった。ソフィストが活躍した初期には**プロタゴラスやゴルギアス**などの優れた思想家も現れたが、しだいに相対主義をもとに、弁論に勝つことのみを重視する者が増えたため、ソフィストは詭弁＊＊論者であるという批判を受けることとなった。

＊徳（アレテー）　ギリシア語で、様々なものの最もよいあり方、優秀性のこと。ナイフなら切れ味のよさがアレテーであるなど、人間以外に対しても用いられるが、人間の最もよいあり方としても使われた。
＊＊詭弁　一見正しいように思えるものの、実は誤っている議論のこと。こじつけ、屁理屈。

メモ アテネのその後　民主制の欠点は、場合により衆愚政治に陥る危険性があることである。アテネはその後、民衆を扇動して権力を握ろうとする扇動政治家によって大混乱に陥り、結局ペロポネソス戦争でスパルタに敗北してしまった。

入試に〇×チャレンジ　11 プロタゴラスは、最高の真実在である善そのものを万物の尺度とみなし、それを認識した哲学者が国家を支配すべきであると説いた。（2012年本試）

源流の思想

1

ギリシア思想

③ ピュシスとノモス

ピュシス	**自然・本性**。自然哲学者たちが探究。人の手や判断の加わらない、ありのままの本性を意味する。自然哲学者たちは、このピュシスの背後のアルケー（根源）を探究した。

↕

ノモス	法・制度・習慣・道徳といった、**人為的なもの**。ソフィストは自然の世界（ピュシス）と、人間の世界である社会（ノモス）を明確に区別し、ノモスは国や時代によって変化するものであると考えた。

解説 **ソフィストの功績と限界** ソフィストの功績は、彼ら以前の自然哲学者（●p.27）がピュシスを哲学の対象としたのに対し、ノモスを対象とし、人間そのものや人間の世界の具体的な法律・政治制度などを考察したことにある。しかし彼らは、**人間に関する事柄は相対的なものである**と考え、人間の生き方や世界のあり方に、自然のような必然性や客観的真理を求めなかった。これに異を唱えたのがソクラテス（●p.30）である。

 メモ **プラトンのソフィスト評** ソクラテスの弟子プラトン（● p.34）は、ソフィストを「真実でないことを真実であるかのように語る者」と評している。師のソクラテスの論敵であったソフィストたちに対し、プラトンは厳しい目を向けていたようである。

（●p.27）（●p.30）（● p.34）

コラム プロタゴラスの授業料裁判

プロタゴラスはある若者に、最初の訴訟に勝った時に授業料をもらうという契約で弁論術を教えた。ところが若者はいっこうに訴訟事件を扱おうとする様子がないので、プロタゴラスは授業料の不払いだとして彼を訴えた。裁判所でプロタゴラスが言うには、「もし彼がこの訴訟に勝ったなら、契約により私に対する支払い義務が生じます。逆に負けても裁判所の裁きに従い、私に対する支払い義務が生じます」。一方、若者は次のように自らを弁護した。「もし彼が訴訟に勝ったとしたら、私は最初の訴訟で負けたのですから支払いは免除されます。逆に彼がこの訴訟に負けても、裁判所の裁きに従い、私には支払いの義務がありません」。自らの主張を通すため言葉を駆使する。弁論術とはまさにこのようなものであった。

原典資料

④ 万物の尺度（プロタゴラス） **出題**

> 相対主義の立場を主張している。

万物の尺度は人間である。有るものどもについては、有るということの、有らぬものどもについては、有らぬということの。

『初期ギリシア哲学者断片集』山本光雄訳 岩波書店

解説 **各人の物差し** プロタゴラスは、同じ物でも見る人によって見え方は違うし、まして目に見えない**真理の尺度（物差し）は、人それぞれ異なる**と主張した。そしてこの**人間尺度論**に基づき、すべての人に共通して通用する普遍的な真理の存在を否定した。

⑤ 神は不可知（プロタゴラス）

> 神の存在に懐疑的な立場をとっている。

神々については、彼等が存在するということも、存在しないということも、またその姿がどのようなものであるかということも知ることは出来ない。何故なら、それを知ることを妨げるものは多いから、すなわちそれは知覚することが出来ないのみならず、人間の生命も短いから。

『初期ギリシア哲学者断片集』同上

解説 **神を冒瀆** 知識は感覚から得られると主張したプロタゴラスは、神は感覚ではとらえることができないため知ることはできないとして、神の存在に懐疑的な立場をとった。これが伝統的な信仰を揺るがす、神を冒瀆する考え方として告発されることとなった。

⑥ 何ものもない（ゴルギアス）

> 絶対的真理を否定する懐疑論を主張している。

……何ものも有らぬ。有るにしても、何ものも知り得ない。たとい知り得るにしても、それを何人も他の人に明らかにすることは出来ないであろう。それは事物が言葉ではないためであり、また何人も他の人と同一のものを心に考えぬからである。

『初期ギリシア哲学者断片集』同上

解説 **知識否定論** プロタゴラスが感覚から得た知識を真実であると考えたのに対し、ゴルギアスは人間は何も知りえないと主張した。ここで示されているのは、相対主義に基づく、何ものも他人と共有することはできないという徹底的な懐疑論である。

⑦ 言葉の力（ゴルギアス）

> ゴルギアスが言葉の持つ力をどう考えていたかみてみよう。

ヘレネを説得して、彼女の魂を欺いたものが言論であるならば、またこのことに対しても、次の如く弁明して、彼女の罪を解消するのは、困難ではない。すなわち、**言論は偉大な有力者**であって、それは非常に小さな、**全く眼につかない身体を以て、非常に神的な仕事を完成する**。何故なら、それは恐怖を止めさせ、苦痛を取除き、快楽を作り出し、憐憫を増さしめる力を有しているからである。

『初期ギリシア哲学者断片集』同上

解説 **ヘレネを弁護** ヘレネがスパルタの王妃でありながら、トロイアの王子と駆け落ちをしたことが、トロイア対ギリシア連合軍の戦争を招いたとされる（●p.26コラム）。ヘレネは古来より評判が悪いが、資料はゴルギアスが彼女を言葉によって弁護する場面である。ヘレネを弁護するとともに、言葉による説得の力を称えている。

（●p.26コラム）

BOOK 『史上最強の哲学入門』（飲茶、SUN-MAGAZINE BOOK）「真理」「国家」などのテーマについて哲学者たちが議論を繰り広げる。

 答 p.26 [10] ○

よき生き方を追究した倫理学の創始者

ソクラテス (Sōkratēs)

★★★ ★ ★

ギリシア出身
前469頃～前399

魂の探究なき生活は、人間にとり生甲斐なきものである

年(年齢)	生　涯
紀元前	
500	◆ペルシア戦争(～449)
469頃(0)	アテネで誕生
449頃(20)	自然哲学の研究を始める
431 (38)	◆ペロポネソス戦争始まる(～404)
429 (40)	デルフォイの神託
427 (42)	◆プラトン誕生
419 (50)	この頃クサンチッペと結婚
407 (62)	プラトンと出会う
399 (70)	刑死

＊ペロポネソス戦争(前431～前404)　アテネとスパルタの間の戦争。アテネが敗北しスパルタの支配を受けることとなった。

略伝　石工(彫刻家)の父と助産師の母の間にアテネで生まれた。アテネに民主制が完成した黄金時代に成人し、ペロポネソス戦争＊などに従軍した。青年時代は自然哲学を研究したが、**デルフォイの神託**をきっかけに、人間の生き方に関わる独自の思想に到達した。ペロポネソス戦争の時代、アテネは政治的に混乱し、絶対的な正義などないとする相対主義に立つソフィスト(◐p.28)たちがもてはやされ、市民の倫理が混乱していた。こうした中、ソクラテスは、誰もが認めうる人間としての「よい生き方」を問い続けた。そのため彼は、倫理学の創始者ともいわれる。しかし、アテネの政治抗争に巻き込まれ、国家の神々を否定して青年を堕落させたとして裁判にかけられて死刑を宣告され、毒杯を仰いで刑死した。彼は一冊の著作も残していないが、その思想は、弟子のプラトン(◐p.34)の著作によって知ることができる。

メモ　神霊の声を聞く　ソクラテスは、神霊的な存在であるダイモニオンの声が聞こえるとして、しばしばどんな場所であろうと、何時間も瞑想にふけっていたという。

ソクラテスの思想

❶ ソクラテスはどのような真理を求めたのだろうか。

相対主義の立場に立つソフィストを批判し、人間の生き方についての普遍的な真理を求めた。
→ 1、原典資料 7

❷ ソクラテスの言う哲学の出発点とはどのようなものだろうか。

哲学の出発点は無知の自覚(無知の知)であるとした。そして問答法により、他人にも無知を自覚させようとした。
→ 2、3、原典資料 6、7

❸ ソクラテスはアテネ市民に何を訴えたのだろうか。

人間の徳は魂のよさだと主張し、富や名誉よりも、よい魂を持ち「よく生きる」ことが大切だと説いた。
→ 4、原典資料 8、9

1 デルフォイの神託

ある日ソクラテスは友人のカイレフォンから、デルフォイのアポロン神殿で「**ソクラテス以上の知者はいない**」という神託を受けたことを告げられた。自分を知者とは思っていなかったソクラテスは不思議に思い、これをきっかけに自分自身や人間のあり方について探究を始めた。これは、人が生きる上で大切なものを探すことであり、相対主義的な見方をして真理を否定するソフィストたちとは、まったく異なる方向をめざすものであった。

◀デルフォイのアポロン神殿
太陽神アポロンが祀られていた。ここでは巫女を通して神の神託(お告げ)が下されると信じられており、当時ギリシア中から多くの人々が神託を受けに訪れた。

原6 2 無知の知

頻出

ソクラテスは、神託(◐ 1)の意味を知るため、知者といわれる人々を訪ね、人が生きる上で最も大切な善や正義、勇気や美といった価値(**善美の事柄**)について問いを投げかけ、問答を始めた。しかし彼らは、ソクラテスが納得する答えを導くことができなかった。ソクラテスはこの問答を通じて、知者といわれる人々は単に自分が物事を知っていると思い込んでいるだけにすぎず、**自分が無知であることを自覚している点において、自分の方が彼らよりも賢いことを知った。この認識を無知の知**という。

▶「汝自身を知れ」(ローマのモザイク画)　デルフォイの神殿には「汝自身を知れ」という言葉が彫られていた。ソクラテスはこれを、自らの無知の自覚から始まる哲学の出発点とした。

入試に○✕チャレンジ　12 ソクラテスは対話相手に自らの無知を自覚させるために、相手との問答を通して、相手の考えの矛盾を明らかにするという方法を用いた。(2012年本試)

原7 3 問答法

ソクラテスの**問答法**とは、まず相手に考えを述べさせ、**問答（対話）を重ねる中で、その不十分さを指摘し、相手に相手自身の無知を自覚させることで、より根本的な知の探究に導こうとする方法**である。この方法は、相手に知識を授けるのではなく、自ら気づくように手助けして導いたため、ソクラテスの母の職業にちなんで**助産術（産婆術）**とも呼ばれる。

解説 エイロネイア（皮肉） ソクラテスは問答法を行う際、自分が何も知らないことを告白しつつ相手の矛盾点を突き、無知を自覚させた。そのため、これを**エイロネイア（皮肉）**という。

◆ゴルギアスとソクラテス —— 問答法

▲**ゴルギアスとソクラテス**（『不思議な少年』山下和美、講談社） 言葉で相手を説き伏せようとするゴルギアス（◯p.28）と、それに質問を返しながら「真実はどうでもよいのですか」とただすソクラテスの違いが現れているシーンである。

原典資料

6 無知の知

 ソクラテスはデルフォイの神託の意味をどのように理解したのだろうか。

……その人物を相手に問答しながら仔細に観察しているうちに……この人は他の多くの人たちに知恵のある人物だと思われているらしく、また、とくに自分自身でもそう思いこんでいるらしいけれども、じつはそうではないのだとわたしには思われるようになったのです。……

……わたしは、彼と別れて帰る途で、自分を相手にこう考えたのです。この人間より、わたしは知恵がある。なぜなら、この男も、わたしも、おそらく善美のことがらは何も知らないらしいけれど、この男は、知らないのに何か知っているように思っているが、わたしは、知らないから、そのとおりにまた、知らないと思っている。だから、つまり、このちょっとしたことで、わたしの方が知恵があることになるらしい。つまり、**わたしは、知らないことは知らないと思う、ただそれだけのことで、まさっているらしいのです。**

そして、その者のところから、また別の、もっと知恵があると思われている者のところへも行ったのですが、やはりまた、わたしはそれと同じ思いをしたのです。　（『**ソクラテスの弁明**』田中美知太郎訳「世界の名著6」中央公論社）

原8 4 魂への配慮

頻出

ソクラテスが大切にすべきだとしたのは、人間としての生き方のよさであった。彼はアテネの人々に「**単に生きるのではなく、よく生きる**」ことを説き、そのために**魂（プシュケー）をよいものにすること（魂への配慮）**を求めた。魂のよさこそ、彼の考える**徳（アレテー）**である。彼によれば、富や健康、名誉などは、それだけでは人に幸福をもたらさず、魂のよさがあって初めて、それらは幸福につながる（**福徳一致**）。

5 徳は知である

徳はすべての人に通用する普遍的なものでなければならないとソクラテスは言う。徳は、本当によいこと、正しいことが何かを知ることで得られる。これを彼は「**徳は知である**」という（**知徳合一**）。彼が人々との問答を通じて求めたのは、こうした誰もに共通する真の知（真理）であった。さらに彼は、徳を持っている、つまり、本当によいことや正しいことを知っていることにより、初めて人は正しい行為ができると考えた（**知行合一**）。例えば人は、正義とは何かを知らずに正しい行為をすることはできない。反対に悪い行為は、正義という徳についての無知や、不十分な知識によって起こるという。

◆ソフィストとソクラテスの哲学の比較

	ソフィスト	ソクラテス
テーマ	人間・社会の問題	価値や生き方の問題
出発点	知識がある	無知の自覚（無知の知）
真理	相対的・主観的な真理	普遍的・客観的な真理
目的	弁論に勝利すること	よく生きること
ロゴスのあり方	弁論術	問答法
徳	弁論の能力	魂のよさ

解説 思い込みと真の知 人は自分が何かを知っていると思っているが、問いかけられて答えられなかった時、実は知っているのではなく思い込み（**ドクサ**）を持っていたにすぎないということを自覚する。ソクラテスは政治家には正義とは何か、将軍には勇気とは何か、詩人には美とは何かと問うたが、彼らは答えることができなかった。もしここで彼らが自分の無知に気づき、真の知に向けて思索を始めるなら、それは「知を愛し求める」ことであり、哲学の始まりとなる。自らの「知識」を反省するという哲学のあり方は、その後の哲学史においても重要な意味を持つ。

源流の思想

BOOK 『ソクラテスの弁明（マンガで読む名作）』（プラトン、日本文芸社） 無知の知、魂の不死など、ソクラテス哲学の真髄を描く。

答 p.28 ⑪ ×

重要用語 37 デルフォイの神託、38 無知の知、41 問答法、44 魂への配慮、45 徳（アレテー）、46 知徳合一

31

コラム
哲学者になるためには悪妻と結婚せよ⁉

ソクラテスの妻クサンチッペは、悪妻として有名である。しかし、ソクラテスはあまり気にしていなかったようで、クサンチッペとケンカをし、さんざん小言を言われた挙句に頭から水をかけられた時にも、「ほら、雷(小言)の後には雨が降るんだ」などと言っていたという。

また、結婚を迷った青年から相談を受けた時には、「是非結婚しなさい。よい妻を持てば幸せになれるし、悪い妻を持てば哲学者になれる」との名言(迷言?)を残している。しかし、ソクラテスの方にも原因はあった。彼には弟子がいたが、当時のソフィストと違い、報酬を取らなかったため、いつも家計は火の車だったのである。こういう夫がいたら、小言を言いたくなってしまうのも仕方がないかもしれない。

7 問答法 —— 勇気について

> ソクラテスの問答法の一連の流れを確かめてみよう。

ソクラテス では、ラケス、……「勇気とは何であるか」ということを、言ってみてください。

ラケス ゼウスに誓って、ソクラテス、そんなことを言うのはわけのないことです。つまり、もし誰かが戦列にふみとどまって敵を防ぎ、逃げようとしないとすると、よろしいか、その人は勇気のある人である、ということになるでしょう。

ソクラテス あなたのおっしゃることは、ラケス、たしかにそれで正しいのです。しかし、……あなたのお答は、私がいま質問しようと考えたことの答には、なっていないのです。

ラケス それはどういう意味ですか、ソクラテス?

ソクラテス ……さて、あなたのおっしゃるように、戦列にふみとどまって敵と戦う人も、おそらく勇気のある人でしょう。
……しかし、それでは、ふみとどまって、ではなくて、逃げながら、敵と戦う人のばあいは、どうですか。

ラケス 逃げながらというのはどういう意味ですか。

ソクラテス それはつまり、こういう意味です。……

ソクラテス さて、……私のあなたにお訊きしたいと思ったのは、重甲戦において勇敢な人たちだけでなく、騎馬戦その他あらゆる種類の戦いにおいて勇敢な人々、また、戦いだけでなく、海難において勇敢である人々、さらには、病に対して、貧乏に対して、あるいはまた政治上の事件に対して、勇敢なすべての人々、さらにはまた、苦痛や恐怖に対して勇敢な人々だけでなく、欲望や快楽に対してりっぱに戦うことのできる人々 —— ふみとどまるにせよ、あとで向きなおるにせよ、—— それらの人々も含めてのことなのです。このようなことにも、勇敢な人々が、いるでしょうからね、ラケス。

ラケス そうですとも、ソクラテス。

ソクラテス ところで、この人たちはみな、勇敢ではあるのですが、それぞれ、或る人々は快楽に、他の人々は苦痛に、また或る人々は欲望に、他の人々は恐怖に関して勇気をもっているのです。他方では、同じそれらのことに関して、臆病をもっている人々があるのだと思います。

ラケス まったくそうです。

ソクラテス そのときもっている、その勇気と臆病とは、それぞれいったい何なのでしょうか。それを私は尋ねていたのです。それではもう一度、これらのすべてのばあいにおいて、同じものとして存在するその〈勇気〉とは何であるか、をまず言ってみてください。それとも、私の言う意味が、まだよくおわかりになりませんか。

ラケス どうもよくはね。 (『ラケス』生島幹三訳「プラトン全集7」岩波書店)

解説 **問答法の流れ** 『ラケス』はプラトンの初期対話篇である。ラケスとニキアスという対照的な二人の将軍が登場し、ソクラテスとの間で「勇気とは何か」について問答する。資料はソクラテスとラケスとの問答の一部で、問答法の一連の流れが次のように読み取れる。

ソクラテスはラケスに「勇気とは何であるか」問いかける。それに対しラケスは、具体的なケースをあげて答える。しかし、ソクラテスはすぐさま当てはまらないケースをあげ、その場合はどうかと問いかける。ソクラテスはあらゆるケースに通じる勇気の本質とは何であるかを述べるよう促す。この資料の続きで、ラケスは結局答えられず、無知を自覚する。

解説 **プラトンの対話篇とは** プラトンの著作は、ほぼすべて対話形式で書かれているため、「対話篇」と呼ばれる。基本的に、ソクラテスが主人公となって対話相手と問答するという構成である。プラトンの師ソクラテスは、善美の事柄について、それが「何であるか」をめぐり、様々な人々と対話を試みた。特に倫理的な徳については、単に事例を並べるのではなく、「〇〇とは××である」という形で表すことのできる普遍的な定義(真理)を求めて問い続けた。初期対話篇は、ソクラテスのそうした問いの形を比較的、忠実に写し取っているといわれる。

メモ **裁判にかけられた原因** ソクラテスの問答法の相手には、著名なソフィストや政治家もいた。ソクラテスの問いかけは、彼らの無知を暴くことになり、恨みを買ってしまった。このことが、裁判にかけられた原因の一つともいわれる。

入試に○×チャレンジ 13 ソクラテスによれば、脱獄して不正な者と国家にみなされれば、ただ生きても、よく生きることはできない。人々に正しいと思われることが正義であり、善だからである。(2016年本試)

8 魂を優れたものに

> ソクラテスは裁判でアテネ市民に何を訴えようとしたのかを理解しよう。

場面は、ソクラテスの裁判における第一弁論の最終局面で、被告人のソクラテスが陪審員に対してこの言葉を述べている。

　世にもすぐれた人よ、君は、アテナイという、知力においても武力においても最も評判の高い偉大な国都（ポリス）の人でありながら、ただ金銭をできるだけ多く自分のものにしたいというようなことにばかり気をつかっていて、恥ずかしくはないのか。**評判や地位のことは気にしても思慮や真実のことは気にかけず、魂（いのち）をできるだけすぐれたものにするということに気もつかわず心配もしていないとは。**

　……諸君のうちのだれかがこれに異議をさしはさみ、自分はそれに心を用いていると主張するならば、わたしは、……これに問いかけて、しらべたり、吟味したりするでしょう。そしてその者が、すぐれたもの（徳）をもっているように主張しているけれども、じつはもっていないと思われたなら、わたしは、いちばん大切なことをいちばんそまつにし、つまらないことを不相応に大切にしていると言って、その者を非難するでしょう。

（『ソクラテスの弁明』田中美知太郎訳「世界の名著6」中央公論社）

9 よく生きる

> ソクラテスが追究したのは、単に生きることではなく、よく生きることであった。

裁判で死刑が確定したソクラテスを友人のクリトンが訪問し、ソクラテスに対して脱獄を勧める。しかし、ソクラテスはクリトンの提案を拒否する。

ソクラテス　そこで、こんどは、もう一つ、こういうのは、ぼくたちにとって、依然として動かないか否かということを、よく見てくれたまえ。それはつまり、**大切にしなければならないのは、ただ生きるということではなくて、善く生きるということなのだ**というのだ。

クリトン　いや、その原則は動かないよ。

ソクラテス　ところで、その「善く」というのは、「美しく」とか「正しく」とかいうのと同じだというのは、どうかね？　動かないだろうか、それとも動くだろうか。

クリトン　動かないよ。

ソクラテス　……ぼくたちの主張では、……とにかく**不正というものは、善いものでもなければ美しいものでもない**、それは、これまでに何度もわれわれが同意したとおりだ、ということになるのかね？……

クリトン　それだ、ぼくたちの主張は。

ソクラテス　それなら、どんなにしても、不正をおこなってはならないということになる。

クリトン　むろん、そうだ。（『クリトン』田中美知太郎訳「世界の名著6」中央公論社）

解説　**倫理学の創始者**　人間がいかに**生きるべきかを哲学の対象とした点で、**ソクラテスは**倫理学の創始者**といわれる。彼が批判したソフィスト（○p.28）の弁論術がめざしたのは、裁判の場面では勝訴することであり、政治の場面では国政を自分の望む方向に仕向けることであった。それに対し彼は、裁判においても勝利とは別の倫理的価値である**徳＝魂のよさ**に目を向け、金銭や地位、名誉や出世ばかりに気を遣う人々に対し、魂への配慮を訴え続けた。彼がめざしたのは、アテネ市民たちに再び倫理を確立することであった。

大切なのはよく生きるということだ

解説　**知行合一**　資料では、不当な判決だと訴えるクリトンに対して、ソクラテスは人間としてよりよく生きる大切さを説いている。たとえ法や判決に誤りがあったとしても、脱獄は不正であり、そのことがわかっていながら脱獄することは、知行合一を説くソクラテスの求めたよい行為でも、美しい行為でもなかった。彼にとってはよい、美しいといった徳が、命をかけるに値するものだったのである。

メモ　**何の毒？**　ソクラテスの処刑に使われたのは、毒ニンジンの絞り汁である。ソクラテスはこの絞り汁を飲み、毒が体の隅々に回るまで部屋の中を歩き回り、歩くのが辛くなって体を横たえ、死に至った。

源流の思想

コラム　ソクラテスの死

出題▶

　ソクラテスの最期は、弟子のプラトンの著書『パイドン』に描かれている。ソクラテスの死刑は、通常どおりなら判決の翌日に執行されるはずであったが、聖地とされる島に向かう祭祀の船がアテネに戻るまでは街が血で汚れることを避けるとして、彼は30日もの間、牢に監禁されていた。そこで友人のクリトンは、彼に脱獄を勧めたのである。しかしソクラテスは、首を縦には振らなかった。確かに判決は不当であるが、その判決は、アテネの法にのっとって下されたものである。そのため、脱獄することは不正であり、アテネ市民として法には従わなければならないとして、自ら毒杯を仰いだ。ソクラテスは不正をしないという「正義」を実践し、最期まで「よく生き」たのである。

▲「ソクラテスの死」（ダヴィド筆、メトロポリタン美術館）

BOOK　『崇高なるソクラテスの死』（ジャン・ポール・モンジャン、ディスカヴァー・トゥエンティワン）『ソクラテスの弁明』が絵本になった。絵で読むソクラテス。

　答 p.30 12 ○　　**重要用語** 48 知行合一、49 普遍的な定義（真理）

イデア論を説いた理想主義の元祖

プラトン (Platōn)

★★★★★

ギリシア出身
前427〜前347

美そのものを観るに至ってこそ、人生は生甲斐があるのです

年（年齢）	生　涯
紀元前	
431	◆ペロポネソス戦争（〜404）
427(0)	アテネの名門貴族の家に誕生
407(20)	ソクラテスと出会う
399(28)	ソクラテスの裁判と刑死
389(38)	シチリア島に旅行
387(40)	学園アカデメイアを創設
367(60)	シチリア島に旅行
361(66)	シチリア島に旅行
347(80)	死去

メモ **あだ名** プラトンはとても体格がよかったという。「プラトン」も実は「肩幅が広い」という意味のあだ名で、本名はアリストクレスである。

略伝 名門貴族の家に生まれた。ソクラテス（◎p.30）がペルシア戦争後のアテネの全盛期に生まれ成長したのに対し、プラトンはペロポネソス戦争というポリス同士の戦いの最中に誕生して成長し、敗北後のアテネの混乱や衰退を体験した。最初は、周囲も本人も政治家になることを望んでいたが、20歳でソクラテスと出会い、28歳の時に経験したソクラテスの裁判と刑死をきっかけに、哲学者の道を歩んだ。しかし、政治に対する情熱は生涯持ち続け、のちに理想の国家として**哲人政治**を説くこととなった。三度にわたるシチリア旅行も、その地に理想の政治を実現することが目的だったといわれる。また、彼はアテネ郊外の**アカデメイア**に学園を設立した。これは、ヨーロッパの大学の起源だといわれる。師のソクラテスが一切著作を残さなかったのに対し、彼はソクラテスが登場する多くの対話篇を書き残した。80歳で死んだ時も、執筆しながらであったという。

主著『ソクラテスの弁明』『クリトン』『饗宴』『パイドン』『国家』

プラトンの思想

❶イデアとはどのような存在なのだろうか。

現実にある一つひとつの存在の原型となる完全な存在。理性（知性）によってとらえることができる。　→①、原典資料⑤、⑥

❷エロースとイデアはどのような関係にあるのだろうか。

エロースとは、完全なもの・価値あるものを求める愛で、人間の魂の、イデアへの憧れである。　→②、原典資料⑦

❸プラトンが説く理想の国家とはどのようなものだろうか。

最高のイデアである「善のイデア」を認識した哲学者が統治することによって正義の徳が実現した国家である。　→④、原典資料⑨

原⑤ ① イデア論

頻出

（1）二元論（二世界論）

ソクラテスの弟子プラトンは、師の探究を継承し、イデア論に基づく理想主義の哲学を説いた。プラトンによれば、生まれては消え、変化を繰り返す不完全な現実の世界（現象界）とは別に、**永遠に変わることのない理想のイデア界（真理の世界）が存在するという（二世界論）**。このように、現実の世界と理想の世界（別の世界）という二つの世界があるという考え方は、のちにキリスト教などにも大きな影響を与えた。

（2）イデア

イデア論とは、プラトンの哲学の中心的な考え方で、**現実にある一つひとつの存在の原型として、理性（知性）によってのみ把握することができるイデアが存在する**というものである。例えば、ノートに描く三角形は完全な三角形ではなく、線がゆがんでいたり角が丸かったりする。しかし私たちはそれを三角形と認識し、頭の中に完全な三角形を描くことができる。それは、イデア界にある完全な三角形（三角形のイデア）を理性で認識しているからである。**イデアとは完全な存在（真の存在）**であり、現実にある一つひとつの存在は、イデアの影にすぎないという。イデア界には、他にも多くのイデアが存在するが、プラトンが最高のイデアと考えたのが、イデアを統一する**善のイデア**である。

三角形のイデアと想起

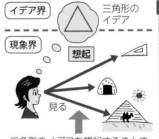

三角形のイデアを想起することですべて「三角形」と認識

解説 **想起説** プラトンによれば、人間の魂は地上に誕生する以前にイデア界におり、その記憶をとどめている。そのため、現象界でイデアに似たものを見たり聞いたりすると、イデアの記憶が呼び覚まされるという。プラトンはこれを**想起（アナムネーシス）**と呼んだ。

入試に○×チャレンジ ［14］プラトンは「愛（エロース）」を、個々の美しいものや善いものを超えて、善美そのものを追い求めようとする情熱であるとした。（2005年追試）

◆洞窟の比喩

善のイデア

現象界の物事

解説 **人間は囚人、世界は影絵** プラトンは現象界とイデア界を、洞窟の中とその外の世界に例えた。人間は現象界である洞窟の壁に映る影絵を本物だと思い込み、外にあるイデア界の存在を知らない。しかし、呪縛を解いて振り返れば、自分たちが見ていたものは影絵だったことや、外には太陽（善のイデア）をはじめ様々なイデアがあることを知ることができる。

原7 2 エロース

エロースとは、**完全なもの・価値あるものを求める愛**であり、真の知恵を愛し求める哲学の原動力である。人間は、魂がもともといた場所であるイデア界で見た完全なイデアを想起し、イデアに憧れる。こうした**魂のイデアへの憧れがエロース**であり、人間は最高のイデアである善のイデアを思い出すことによって、最高の生活を送ることができるとプラトンはいう。

3 魂の三部分説と四元徳 頻出

プラトンは、ソクラテスと同様に、徳を魂の問題として論じた。彼は人間の魂の働きを**理性、気概、欲望**という三つの部分に分けた（**魂の三部分説**）。理性的部分が**知恵**を、気概的部分が**勇気**を、欲望的部分を含む三つの部分が**節制**を、それぞれ身につけることによって、魂は調和した状態となり、魂の全体に**正義**の徳がそなわると説いた（◯図「国家の三階級と四元徳」）。この知恵、節制、勇気に正義を加えた4つの徳は**四元徳**と呼ばれ、西洋倫理思想の原型となった。

原9 4 理想の国家 —— 哲人政治 頻出

もともと政治家になることを望んでいたプラトンにとって、国家の問題こそ、最終的に哲学の対象として考えなければならないものであった。彼は国家を大きな魂であるととらえ、個人の魂における三つの部分とその徳は、国家とその階級にも同様に当てはまると考えた。彼は、**統治者階級が知恵の徳を、防衛者階級が勇気の徳を、そして生産者階級を含む三つの階級が節制の徳を**、それぞれそなえることによって、国家の全体に**正義の徳**がそなわると主張した。そして、理想の国家を実現するためには、善のイデアを認識し、知恵の徳をそなえた哲学者が統治者になるか、または統治者が哲学者となる**哲人政治**を唱えた。

◆国家の三階級と四元徳

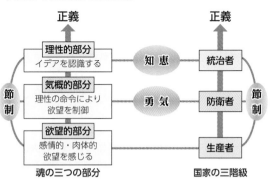

源流の思想

コラム 幾何学必須！哲人王養成学校

プラトンがアテネ郊外に作った学園アカデメイアは、英語の「アカデミー」の語源でもあり、ビザンツ帝国のユスティニアヌス帝によって529年に閉鎖されるまで、約900年間も続いた。この学園は、哲人政治を説いたプラトンが政治を担わせるにふさわしい人材を育成するために設立したもので、哲学だけでなく算術、幾何学、天文学など、幅広い学問を教え、その名をとどろかせるエリート学校であった。学園の門には、「幾何学を知らざる者は入るべからず」という言葉が掲げられていたという。さて、あなたは入学できるだろうか？

原典資料

5 イデア

🔍 イデアとは、現実にある一つひとつの存在の原型となる「○○そのもの」である。

純粋な美そのもの、善そのもの、大そのもの、その他、すべてそのようなものがあるという前提だ。……

ぼくの考えでは、もし美そのもの以外になにか美しいものがあるとすれば、それが美しいのは、かの美にあずかるからであって、ほかのいかなる原因によるのでもない。……

すなわち、ものを美しくしているのは、ほかでもない、かの、美の臨在と言うか、共有と言うか、その他その関係はどのようなものであってもかまわない。……ただ、ぼくの断言するのは、すべての美しいものは美によって美しいということだ。 （『パイドン』池田美恵訳『世界の名著6』中央公論社）

解説 **イデアは分有されている** 美のイデアは一つであるが、現実の世界には不完全ながら美しいものが多数存在する。それは、美しいものが美のイデアを分有*しているからである。

＊分有 部分的に持つこと。

美のイデアを分有

美しいものを見る

イデア 美

想起する

6 想起（アナムネーシス）

🔍 想起とはイデア界にいた時の記憶を思い出すことである。

「……思うに、もし生まれるまえに知識を得て、生まれるときにそれを失ってしまい、あとになって感覚を用いて、これらのものについて以前にもっていたあの知識をとりもどすのであれば、**われわれが学ぶということは、もともと自分のものであった知識を再把握することなのではないか**。そしてこれを、想起と呼んで正しいのではないか」

（『パイドン』池田美恵訳「世界の名著6」中央公論社）

解説 **学ぶことは思い出すこと** プラトンによれば、魂は人がこの世（現象界）に生まれる際、**肉体という牢獄**に閉じ込められ、イデア界を忘れてしまう。しかし、学ぶことにより、魂の故郷（イデア界）で知っていたが忘れている知識（ものの本質）を思い出すという。

7 よきものを求める愛

🔍 エロースとはどのようなものだろうか。

『……知は最も美しいものの一つであり、しかも、エロスは美しいものへの恋なのです。だからエロスは、必然的に知を愛する者であり、知を愛する者であるゆえに、必然的に知ある者と無知なる者との中間にある者なのです。……』

『……それにしても、わたしたちにこう質問する者があるとしましょう。《……美しいものを恋する人は、もちろん恋をしているわけですが、その恋い求めているものは何なのでしょうか》とね』……

『それ（美しいもの）が自分のものになるということをです』……

『でも、そこで使われている言葉をとりかえて、美しいものと言うかわりに善きものという言葉を使って、こうたずねられたばあいと違わないのですよ。《……善きものを恋する人は、もちろん恋しているわけですが、何を恋い求めているのですか》と』

『それが自分のものになることをです』

『それにしても、善きものを手に入れるその人には、何が授かりますか』

『……それは、幸福になる、ということです』

（『饗宴』鈴木照雄訳「世界の名著6」中央公論社）

解説 **エロースという愛** ギリシア神話でエロースは、アフロディテ（⊙p.26）の息子で愛の神であり、ローマ神話ではクピド（英語読みではキューピッド）にあたる。プラトンはこのエロースを、善のイデアを頂点とする完全なもの、価値あるものを求める愛ととらえ直した。人はイデアに憧れ、不完全な自分自身を完全なものに近づけるため、上昇しようと努める。エロースは、キリスト教のアガペー（神が人間に無差別平等に与える愛）と対比される。

▲ 弓を引き絞るキューピッド

8 魂の三部分

🔍 プラトンは魂をどのような部分に分けて考えているのだろうか。

「そうするとそれ*は、〈思惟的部分〉とも別のものなのだろうか。それとも、思惟的なものの一種であり、したがって魂のうちには三つではなくて二つの品種、── 思惟的なものと欲望的なものとがある、ということになるのだろうか。それとも、ちょうど国家のばあいに、金儲けを主とする者・補助する者・政務を審議する者という三つの種族が国家を構成していたように、魂にも、この意気地というものが、第三のものとしてあって、悪い養育を受けてめちゃくちゃにされてさえいなければ、その素質からして〈思惟的部分〉を補助する、ということになるのだろうか」

（『国家』田中美知太郎訳「世界の名著7」中央公論社）

解説 **魂の三部分説** 古来、魂を理性と欲望の部分に二分割する考え方はよくある。しかし、プラトンはそれに理性（思惟的部分）の命令によって欲望を制御する**気概**（意気地）を加え、**魂の三部分説**を唱えた。

＊それ 魂の気概的部分をさす。

理性が欲望と気概を指導

▲二頭立ての馬車の例え プラトンは、魂を二頭立ての馬車に例える。理性が、御者が馬を御すように気概と欲望を正しく指導する時、魂の正義が完成すると考えた。

9 哲人政治

🔍 プラトンは理想国家実現のために、哲学する人が政治を行う哲人政治を説いた。

そしてついには、現今の国家という国家を見て、それがことごとく悪政下におかれている事実を否応なく認識させられる……とともに、国事も、個人生活も、およそその正しいありようというものは、哲学からでなくしては見定められるものではないと、正しい意味での哲学をたたえながら、言明せざるをえなくなったのでした。要するに、〈正しい意味において真に哲学しているような部類の人たちが、政治的支配の地位につくか、それとも現に国々において政治的権力をもっているような部類の人たちが、神与の配分とも言うべき条件を得て、真に哲学するようになるかの、いずれかが実現されないかぎりは、人間のもろもろの種族が、禍から免れることはあるまい〉と。

（『第七書簡』長坂公一訳「世界の名著7」中央公論社）

解説 **哲人が政治を行う理想国家** プラトンは、ペロポネソス戦争敗戦後のアテネの政治的混乱とソクラテスの処刑を目の当たりにし、当時のアテネの政治に失望していた。そこから理想の政治とは何かを考え続けた彼は、哲学の必要性を述べ、哲学による理想の政治を唱えた。

入試に⭕❌チャレンジ 15 プラトンは、イデアは生成消滅しない真の存在であり、感覚ではなく、知性だけがそれを捉えることができるとした。（2010年本試）

アテネの学堂 —— ギリシアの哲学者たち 出題▶

ヴァチカンの教皇庁の中には多くの壁画がある。そのうち、「署名の間」の壁画の一つが画家ラファエロの手による「アテネの学堂」であり、古代ギリシアの時代を中心とした哲学者や科学者が、一堂に会した場面が描かれている。彼らはそれぞれ何をし、何を言っているのだろうか。

⑦アレクサンドロス　①ソクラテス　②プラトン　③アリストテレス　ラファエロ
⑨イブン・ルシュド
⑧エピクロス
⑥ディオゲネス
④ピタゴラス　⑤ヘラクレイトス

①ソクラテス（⊙p.30）

アテネの哲学者。倫理を哲学の主題とし、問答によって真理を求めたソクラテスは、他の人物と議論を交わしている。

「ただ生きるということではなく、よく生きることが重要なのだ！そのための哲学であり、その方法が問答法なのだ。」

②プラトン（⊙p.34）

ソクラテスの弟子。彼は、永遠不変の世界である天上のイデア界を指さしている。

「アリストテレス君、イデアこそが真に存在するものなのだよ。我々の肉体は現象界にあっても、その魂はイデアの世界を恋い焦がれているのだ。」

③アリストテレス（⊙p.38）

プラトンの弟子。事例を収集して正しく分類する現実主義的な哲学を発展させた彼は、腕を前に出し、地上の世界を示している。

「プラトン先生、お言葉を返すようですが、この世界で我々が出会う個々の事物を離れて、哲学はありえません。」

④ピタゴラス（⊙p.27）

ピタゴラスの定理で有名。小黒板にはどうやら音楽理論が示されているらしい。ピタゴラスの一団にとって、美しいものは音楽も建築も宇宙もその本質は整数の比によって表現されると確信していた。

「美しいものは、調和あるものであり、調和は数の比例関係で表される。我々は、魂の調和のために数学を研究している！」

⑤ヘラクレイトス（⊙p.27）

自然哲学者。謎めいた言葉が多く、傲慢な人だったとも、暗い人だったともいわれる彼は、一人で何か考えこんでいる。

「万物は流転する…」「同じ河に二度入ることはできない…」（独り言）

⑥ディオゲネス（⊙p.41）

奇行で有名なヘレニズム時代初期の哲学者。生涯1枚の衣と1本の杖と袋だけを持って暮らしたという彼は、衣を着崩してだらしなく階段に寝そべっている。

「人がどう思うかなどどうでもよい。世間の価値にとらわれずに生きるのだ。」

⑦アレクサンドロス（⊙p.41）

マケドニアの王子だったアレクサンドロス少年は、家庭教師のアリストテレスから哲学を学んだ。しかし哲学よりも世界征服の情熱に燃え、東方遠征を開始した。以後ヘレニズム時代となる。今彼は、直接の師ではないソクラテスの話に聴き入っている。

「私は、アリストテレス先生から哲学を学んだが、哲学よりも世界統一をめざした。しかし哲学はやっぱり面白い…。」

⑧エピクロス（⊙p.41）

ヘレニズム時代に思索した彼は、ポリスにおける市民としての生き方よりも、コスモス（宇宙）の中での個人の魂の平安（アタラクシア）を求めた。他の学者たちの討論の輪に加わらず、一人著述に専念している。

「人との議論は心を煩わせるだけだ。目立たずに隠れて生きるのがいい…。」

絵の中心部分では、プラトンとアリストテレスという哲学の二大巨人が、師弟の垣根を越えて対等に議論をしている。またプラトンの師のソクラテスは、時代とは無関係にアレクサンドロスらの若者たちを相手に問答をしかけているようだ。その他いくつもの小グループが議論を深めている。彼らの白熱した議論の様子がまるで聞こえてくるようである。これこそ古代ギリシア以来の哲学の王道なのであろう。しかしその一方で、数名の孤立した人物の特徴的な様子も興味を引く。ディオゲネス、ヘラクレイトス、エピクロス…。周囲の討論の輪から離れ何か一人思うところがあるようだ。これもまた哲学のスタイルの一つに違いない。

＊⑦の人物はソクラテスの弟子アルキビアデスだという説もある。

⑨イブン・ルシュド（1126〜98）

イスラーム支配下のイベリア半島で活躍したアラブの哲学者で、ヨーロッパではアヴェロエスの名で知られる。彼はピタゴラスらの一団がやっていることを興味深くのぞき込んでいる。12世紀には、イベリア半島などでギリシアの古典がアラビア語からラテン語に翻訳され、ヨーロッパにもたらされた。

「ギリシアの学問を受け継いで深め、数学も科学も哲学も、ヨーロッパ人に伝えてやったのは、我々アラブの学者なのさ…。」

あらゆる学問を修めた万学の祖

アリストテレス (Aristotelēs)

★★★★★

ギリシア出身
前384〜前322

わたしは師プラトンを愛する。しかし、それにもまして真理を愛する

年(年齢)	生　涯
紀元前	
384(0)	スタゲイラで、マケドニア王の侍医の子として誕生
367(17)	プラトンの学園アカデメイアに入学
347(37)	プラトン死去。アカデメイアを去る
342(42)	マケドニア王に招かれ、王子アレクサンドロスの家庭教師となる
336(48)	◆父王が暗殺され、アレクサンドロスが王位につく
335(49)	アテネにリュケイオンを創設
334(50)	◆アレクサンドロス東方遠征開始
323(61)	◆アレクサンドロス死去
322(62)	死去

＊逍遙　気ままに歩くこと。

略伝 ギリシア植民市のスタゲイラに生まれた。父はマケドニア王の侍医であった。若くして父母を亡くし、17歳でプラトン(◯p.34)の学園アカデメイア(◯p.35)に入学。秀才と評判で、「学園の心臓」と呼ばれた。プラトンの死後、マケドニア王フィリッポス2世の招きにより、当時13歳の王子アレクサンドロスの家庭教師となった。アレクサンドロスが王位につくと、その援助を受け、アテネ郊外に学園**リュケイオン**を設立した。午前中は親しい弟子たちと学園周辺の並木の散歩道(ペリパトス)を散歩しながら議論したといわれ、そこから彼の学派は逍遙＊(ペリパトス)学派と呼ばれる。アレクサンドロスが死去すると、アテネに反マケドニア感情が起こった。そのため訴追されそうになった彼は母の生地カルキスに移り、その翌年に62歳で死去した。彼の死後、弟子たちがその著作や論文を整理した。その分野は論理学、倫理学、政治学、文学論、自然学、形而上学などに及び、**万学の祖**と呼ばれている。

主著『自然学』『形而上学』『ニコマコス倫理学』『政治学』

アリストテレスの思想

❶アリストテレスは事物の本質をどのように考えたのだろうか。

事物の本質は、現実の個物(質料)に形相として内在していると考えた。
→**1**、原典資料**5**

❷人間にとって「最高に善なるもの」とは何だろうか。

最高善とは幸福であり、それは人間の卓越性(徳)＝理性によって真理を求める観想的生活である。
→**2**、原典資料**6**

❸アリストテレスは人間と国家(ポリス)をどうとらえたのだろうか。

「人間は自然本性的にポリス的動物である」と述べ、理想の国家実現のために徳や国制を考察した。
→**3**、**4**、原典資料**6**、**7**、**9**

原1 形相と質料　　　頻出

プラトンが事物の本質は感覚でとらえられる現実の世界を超越したイデアにあるとしたのに対し、弟子のアリストテレスは、**本質は現実の事物に内在している**と考えた(一元論)。彼によれば、現実に存在する物は、本質である**形相(エイドス)**と、素材である**質料(ヒュレー)**によって成り立っている。また事物は何らかの目的を前提として生成していると考えた(**目的論的自然観**)。例えば種子の中には樹木という形相を実現する可能性が内在し、それは種子の目的でもある。

可能態と現実態

大理石(質料)

ミロのヴィーナス(もの)

可能態

現実態

ミロのヴィーナス(形相)

神殿(形相)　大理石は神殿の柱などの形相も持つ。

◀アリストテレスは**可能態**(デュナミス)と**現実態**(エネルゲイア)という考え方も提示する。可能態は形相が質料の中に可能性として含まれた状態、現実態は、形相が質料をもとに形を現した状態をさす。物の製作や生物の成長は、可能態が現実態になる過程である。

原2 最高善 ── 観想的生活　　　出題

アリストテレスは、すべての人間のあらゆる行為は何らかの「善きもの」を目的としていると考えた。彼にとって**最高善**は他の目的の手段となることがない人間にとって最高の目的であり、**それこそが彼の考える幸福**である。最高善を何と考えるかによって、幸福な生活は以下の三つに分けられる。

①最高善は快楽
　⇒享楽的生活が幸福

②最高善は名誉
　⇒政治的生活が幸福

③最高善は真理の追究
　⇒観想的生活が幸福

アリストテレスは、人間のよさとは人間のみが持つ徳(アレテー)を魂が発揮すること、つまり理性によって真理を求めることだとして、この三つの中で、**観想(テオーリア)的生活**こそが幸福だと考えた。

入試に◯✕チャレンジ　**16** アリストテレスの説く真の友愛(フィリア)は、すべての人のためにすべての人にとっての善を願い、その実践へと向かわせる愛である。(2013年本試)

原7 ③ 徳と中庸

（1）知性的徳と性格的徳　　　頻出

アリストテレスは人間の徳として、**知性的徳**と**性格的徳（習性的徳・倫理的徳）**を考えた。**知性的徳**は教育や学習によってそなわり、**知恵（ソフィア）**や**思慮（フロネーシス）**に分けられる。知恵は理性で物事の真理を認識する徳である。思慮は性格的徳の形成に関わる徳で、善悪を鑑み行為の適切さを判断する。

一方、**性格的徳**は、知性的徳である思慮と深くつながった徳である。性格的徳は、現実生活の様々な場面で失敗を繰り返しながら、思慮によって**中庸**を判断して最適な行動を選びとり、それを**習慣**とすることでそなわるとされる。

知性的徳と性格的徳の関係

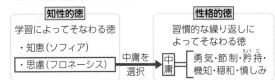

（2）中庸　　　頻出

中庸（メソテース）とは、**人間が行動において過度や不足という両極端を避け、適切にその間の行動（性格的徳）を選ぶ判断の基準**である。アリストテレスは中庸として具体的に、勇気や節制、矜持、穏和、慎しみなどをあげている。中庸は過度と不足の単純な平均ではなく、現実の場面に合わせて判断されるべきものであり、その時々に性格的徳となる行動は変わる。

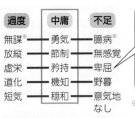

過度	中庸	不足
無謀※	勇気	臆病
放縦	節制	無感覚
虚栄	矜持	卑屈
道化	機知	野暮
短気	穏和	意気地なし

名誉を求める場合、その気持ちが多すぎれば虚栄につながり、悪。少なすぎれば卑屈につながり、悪。適度に名誉を求める気持ちがある状態が矜持（プライド）である。

※図は、勇気を平然さの中庸であるとみなす場合を示す。もし勇気を恐怖の中庸であると考えるなら、臆病と無謀の位置は逆になる。

原8 ④ 友愛（フィリア）と正義　　　頻出

「**人間は自然本性的にポリス的動物である**」と述べたアリストテレスは、最高の生活は国家という枠組みの中での生活で実現されると主張し、**友愛（フィリア）と正義**を重視した。彼にとって、友愛は情意の面で、正義は理性の面で人々を結びつけ、ポリスという社会を成り立たせる必要不可欠な性格的徳であった。彼は友愛と正義を鋭く考察し、友愛をその動機によって三つに分け、正義も**全体的正義**と**部分的正義（配分的正義と調整的正義）**に分類した。また、彼はポリスにおいて友愛があれば正義は不要であると述べ、友愛を正義よりも重視した。

アリストテレスによる正義の分類

全体的正義		ポリスの法を守る
部分的正義		特定の場面で公平という性格的徳を実現する
	配分的正義	地位や能力に応じて名誉や利益を公平に配分する（同じ地位・能力なら配分も同じ）
	調整的正義	不当に与えた損害はそれによって得た利益で償い、利害得失を調整し均等にする

解説　現在でも生きるアリストテレスの正義　例えば配分的正義は、プロ野球選手の年俸を決める場合に考慮される。また、調整的正義は裁判において、被害者が受けた損害に対し、加害者がどれだけの賠償を行うか、損害と賠償額が均等になっているかどうかを考える際に問われる。

コラム　理系哲学者アリストテレス

のちに「万学の祖」といわれたアリストテレスは、哲学や政治学といった現代の日本で「文系」とされている学問のほかに、物理学や生物学など「理系」の領域にもマルチな才能を発揮した。彼は「生物学の祖」ともいわれ、著書『動物誌』では、500以上の生き物を鋭く観察した成果を書き残している。ちなみに現在、ウニの口は「アリストテレスの提灯」と呼ばれているが、これはアリストテレスがウニを観察し、『動物誌』にウニの口が「ランタン（提灯）に似ている」と記述していることに由来する。

原典資料

⑤ イデア論批判　　　出題

アリストテレスは、どのように師プラトンを批判しているのだろうか。

……もし感覚される諸実体の他にそれらとは離れて、なお別に或る実体が存在しているとすれば、いったいいかなる感覚的な実体の場合に、それらから離れてなお別の実体があるとすべきであろうか。……

ところでしかし、いまわれわれが求めている原理（始源）が、もしも感覚物から離れては存在しないとすれば、ひとは、「質料」以外の何をよりふさわしい原理（始源）として立てることができようか。しかしながら、この質料なるものは現実態においては存在しないものであり、ただ可能態においてのみあるものなのである。そこでそれよりも、「**形相**」とか「**型式**」のほうがより主導的な原理であるとも思われるであろう。

（『**形而上学**』川田殖・松永雄二訳「世界の名著8」中央公論社）

解説　変化・運動の四原因　アリストテレスによれば、現実に存在する物（**現実態**）に形を与えているのは、質料（**可能態**）に内在する形相であり、別の世界に本質があるのではないとして師のプラトンのイデア論を批判した。また、彼は物の変化や運動を**質料因**、**形相因**、**起動因**、**目的因**の四原因から説明した。建築に例えれば、①木材や土が材料となる質料因、②家の設計図があるべき姿を示す形相因、③大工が質料から形相への変化をもたらす起動因、④そこで生活する、住むということが実際の目的である目的因となる。

BOOK　『アリストテレス入門』（山口義久、ちくま新書）　2300年を経た現在も生き続けるアリストテレスの思考法の入門書。

答 p.36 15 ○

重要用語 **59** 形相（エイドス）、**60** 質料（ヒュレー）、**61** 観想（テオーリア）、**62** 知性的徳、**63** 性格的徳、**64** 中庸、**67** 正義

源流の思想

39

6 幸福とは何か

最高善とは幸福であり、それは人間の卓越性（徳）に基づく、真理を求める観想的生活であるとしている。

……幸福とは、卓越性に即しての活動であるとするならば、当然それは、最高の卓越性に即しての活動でなくてはならぬ。最高の卓越性とは、しかるに、「われわれのうちにおける最善の部分」の卓越性でなくてはならない。……その固有の卓越性に即しての活動が、究極的な幸福でなくてはならない。それが観照（テオーリア）という活動であることは既に述べられた。

……なぜかというに、この活動はわれわれの最高の活動である。理性はわれわれのうちに存するもののうち最高のものであり、理性のかかわるところのものは知識されるものの最高のものなのであるから──。

（『ニコマコス倫理学』高田三郎訳「世界の大思想2」河出書房出版社）

解説 **観想的生活を支えたもの** 観想的生活は最高の善・幸福だが、その実現のためには経済的余裕や時間が必要である。古代ギリシアは奴隷制の社会であり、市民は肉体労働を奴隷に担わせていたため、十分な閑暇（●p.26）をもって政治談議や学問を行うことができた。

7 知性的徳と性格（倫理）的徳

知性的徳と性格的徳はそれぞれどのようにそなわるのだろうか。

かくして卓越性には二通りが区別され、知性的卓越性（ディアノエーティケー・アレテー）と倫理的卓越性（エーティケー・アレテー）とがすなわちそれであるが、知性的卓越性はその発生をも成長をも大部分教示に負うものであり、まさしくこのゆえに経験と歳月とに俟つ必要があるのである。これに対して、倫理的卓越性は習慣づけに基づいて生ずる……。

……これら倫理的卓越性ないしは徳は、だから、本性的に生れてくるわけでもなく、さりとてまた、本性に背いて生ずるのでもなく、かえって、われわれは本性的にこれらの卓越性を受けいれるべくできているのであって、習慣づけによってこのようなわれわれが完成されるときにこういった卓越性がわれわれのものとなるのである。（『ニコマコス倫理学』同上）

解説 **習慣づけから生まれる徳** 性格的徳（習性的徳・倫理的徳）は、思慮によって中庸を判断し、最もよい行動をとろうとする試行錯誤を続け、それを習慣とすることでそなわる。例えば狼に家畜を荒らされた時、丸腰で何とかしようとするのは「無謀」だが、怖がって何もしないのも「臆病」といわれるだろう。適切な中庸の徳が「勇気」であるが、それは武器を用意したり罠を仕掛けたりといった対応の経験を繰り返す中で、思慮によって導かれ習慣となる。

メモ **ethicsの語源** ギリシア語で習慣を意味するエートスは、英語のethics（倫理）の語源といわれる。

8 友愛（フィリア）

3種類の友愛はそれぞれどのようなものか、その特徴を理解しよう。

いま、有用のゆえにお互いを愛するひとびとは、……自己にとっての或る善が相手かたから与えられるかぎりにおいて相手かたを愛している。快楽のゆえに愛するひとびともまた、これと同様である。……すなわち、親愛の相手の「ひととなり」のゆえにではなく、かえって相手が有用であり快適であるかぎりにおいて愛しているのである。……このような性質の親愛は、それゆえ、解消しやすき親愛である。……

だが、究極的な性質の親愛は、善きひとびとの、すなわち卓越性において類似的なひとびとのあいだにおける、親愛である。というのは、かかるひとたちのいずれもひとしく願望するところは、「善きひとびとであるかぎりにおける相手かたにとっての善」なのであり、また彼らが善きひとびとであるのは彼ら自身に即してである。（『ニコマコス倫理学』同上）

解説 **友愛の三つの動機** アリストテレスは、友愛とは一方通行ではなく相互的なものであり、互いに相手の自分への好意を認識している関係だという。さらに彼は、友愛の動機を三つに分ける。そのうち、人間の卓越性（徳）に基づく友愛が、真の友愛であるという。

友愛の動機

有用性	役に立つから付き合う
快楽	快適で楽しいから付き合う
卓越性（徳）	互いの徳に基づいて付き合う

9 正しい国制とは

正しい国制、逸脱した国制とは、何によって決められるのだろうか。

ところで、国制（ポリーテイアー）という言葉と国務遂行機関・政府（ポリーテウマ）という言葉では同じものを意味しており、また政府というのは国家において最高の権限をもつものである。そして最高の権限は一人か少数者か多数者かのいずれかの手にゆだねられなければならない。とすると一人または少数者または多数者が公共の福利のために統治を行なうならば、その場合にそのような国制は必然的に正しい国制であり、これに対して一人であれ少数者であれ大衆（多数者）であれ、とにかく私利私欲のために支配を行なう国制は邪道にそれた国制といわなければならない。

（『政治学』田中美知太郎他訳「世界の名著8」中央公論社）

解説 **国制を分類して分析** プラトンが哲人政治（●p.35）を理想としたのに対し、アリストテレスは、現実の政治体制（国制）を支配者の数によって三つに分類し、それぞれの国制がめざすものが、公共の福祉かそれとも私利私欲かによって、正しい状態と逸脱した状態を考えた。この考え方は、現代にも通用するものである。

正しい国制	支配者	逸脱した国制
王制	1人	僭主・独裁制
貴族制（最優秀者による支配）	少数	寡頭制（富裕者による支配）
共和制（国制）	多数	民主制（貧者による支配）

入試に○×チャレンジ 17 加害者を裁いて罰を与え、被害者に補償を与えて公平にすることは、アリストテレスのいう「調整的正義（矯正的正義）」にあたる。（2009年本試）

ヘレニズムの思想家

▼アレクサンドロス大王とダレイオス３世の戦いを描いたモザイク画

アレクサンドロス大王の東方遠征開始（前４世紀後半）から約300年間を**ヘレニズム時代**という。アレクサンドロス大王が巨大な帝国を築く一方、ポリスは相次ぐ抗争で衰退した。また、ギリシア文化はオリエント文化と融合し、ヘレニズム文化として帝国の各地に広がった。ギリシアの人々は、ポリスを超えた巨大な世界国家の一員、**世界市民（コスモポリテース）**であるという意識を持つようになった。しかし一方で、ポリスの繁栄と自らの幸福を重ねていた彼らはよりどころを失い、個人の内面的な自由と平安を幸福と考えるようになった。このような時代を代表するのが、**エピクロス派**と**ストア派**の思想である。

ダレイオス３世

アレクサンドロス大王

エピクロス　Epikouros
（前341頃〜前270頃）

略伝 エーゲ海のサモス島で生まれた。父はサモス島に移住したアテネ市民であった。18歳の時、アテネに来て兵役についた。この年、アレクサンドロス大王が病没したため、マケドニアの勢力下の各地で反マケドニア運動が起こったが失敗した。この失敗を目の当たりにしたエピクロスは政治に対して失望し、公共生活から遠ざかって思索の世界へと向かった。各地を遍歴したのち35歳でアテネに戻り、**エピクロスの園**と呼ばれる学園を創設し、**エピクロス派**が形成された。この学園では、身分や出自に関わらず学ぶことができ、女性や奴隷にも聴講が許された。

1 アタラクシア ── エピクロス派の理想 出題

エピクロスは、人生の目的として追求すべき**最高善（幸福）は、快楽を得ること**だと説いた（**快楽主義**）。ここでいう快楽とは肉体的なものではなく、精神的な快楽であり、身体に苦痛がなく精神に動揺がないことである。この状態を**アタラクシア（心の平静）**という。アタラクシアを賢者の理想としたエピクロスは、心を乱されることが多くアタラクシアを保つことが難しい公共の場から離れ、**「隠れて生きる」**ことをモットーとした。

アタラクシア

解説 **死の恐怖からの解放** エピクロスは、アタラクシアに関して死についても語った。デモクリトス（◯p.27）の原子論を継承した彼は、死は原子の分散にすぎず、「私たちが存在している間は、死は存在しない。死が訪れたときは、私たちは存在しない。そのため、生きている者にとっても、死んだ者にとっても、死は存在しない。何ものでもないものを恐れる必要はない」として、死の恐怖からの解放を説いた。

源流の思想

原典資料 ●●●●●●●● エピクロス

2 真の快

それゆえ、快が目的である、とわれわれが言うとき、われわれの意味する快は、──一部の人が、われわれの主張に無知であったり、賛同しなかったり、あるいは、誤解したりして考えているのとはちがって、──道楽者の快でもなければ、性的な享楽のうちに存する快でもなく、じつに、**肉体において苦しみのないことと魂において乱されない〔平静である〕**こととにほかならない。

（『メノイケウス宛の手紙』岩崎允胤訳「人類の知的遺産10」講談社）

コラム COLUMN 住所は樽、反権威の哲学者ディオゲネス

ヘレニズム初期の哲学者ディオゲネス（前404頃〜前323頃）（◯p.37）は、数々の変人エピソードで有名である。通貨を偽造して国外追放になったり、神殿や倉庫で寝たり、樽の中に住んでいたこともあるという。プラトン（◯p.34）とは同時代人で、ある時、プラトンが人間を「二本足の羽のない生き物」と定義して評判となったところ、羽をもぎ取った鶏を持ってきて、「これがプラトンのいう人間だ」と言ったという。そのほか有名なのが、アレクサンドロス大王との会話である。ディオゲネスが日向ぼっこをしていたところ、アレクサンドロス大王が彼を訪ねてきた。そこで「何か欲しいものはあるか」と聞かれ、「ちょっとどいてくれ。日向ぼっこの邪魔だ」と答えたという。権威に全くこびない姿勢からか、彼は民衆にとても愛されていたという。

何が欲しいものは？

ちょっとどいてくれ!!

★★ ゼノン （前334頃〜前262頃） Zēnōn

略伝 キプロス島のキティオンに生まれた。民族はフェニキア系だといわれる。もともと染料の商人であったが船が難破し、30歳頃、アテネにたどり着いたという。そこでソクラテスの弟子クセノフォンの『ソクラテスの思い出』を読み、感激して哲学の研究を志した。最初、犬儒派*のクラテスから学んだ。紀元前300年頃、アテネのストア・ポイキレ（壁面に絵のある回廊）に学校を開いて講義をしたため、彼のもとに集まった人々は**ストア派**と呼ばれた。ある日、ストアから帰る途中に転倒して怪我をし、それを神の招きと考え、自分で自分の首を絞めて生命を絶ったといわれる。

*犬儒派 ディオゲネス（◎p.37、41）に代表される。何も所有しない無一物をよしとした。

メモ どちらのゼノンさま？ ストア派のゼノンと、パルメニデス（◎p.27）の弟子のゼノンは別人。区別のためにストア派のゼノンは、出身地から「キプロスのゼノン」とも呼ばれる。

③ アパテイア ── ストア派の理想 頻出

ゼノンに始まる**ストア派**の人々もエピクロス派と同様に、人生の目的は幸福であると考えた。ストア派では、人間が喜怒哀楽といった**情念**（パトス）から自由になり、完全に情念に支配されない状態である**アパテイア**に達することによって、幸福が得られるとする。そのために、情念を抑える働きを持つ人間の**自然**（本性）、**理性**（ロゴス）と一致して生きる必要があると説いた。非理性的に生きることは不徳であり、健康・名誉・財産だけでなく生命でさえ、追求するに値しないものと考えた。こうしたストア派の思想と生活態度は、**禁欲主義**と呼ばれた。

解説 世界市民主義（コスモポリタニズム） ストア派のモットーは「**自然に従って生きよ**」であり、彼らによれば人間の自然は理性（ロゴス）である。彼らは、この理性を持っている限り人間は平等で、民族や階級の違いを超えた世界市民であると主張した（**世界市民主義、コスモポリタニズム**）。この考え方は、のちに自然法思想（◎p.111）などにつながっていった。

メモ 「ストイック」「禁欲的」という意味の英語 stoic（ストイック）は、禁欲主義に基づく生活を送ったストア派の「ストア」に由来する。

◆エピクロス派とストア派の比較

	エピクロス派	ストア派
開祖	エピクロス	ゼノン
主張	**快楽主義** （精神的な、生涯続く快楽こそ幸福）	**禁欲主義** （禁欲的生活で情念を抑制した状態こそ幸福）
理想の状態	**アタラクシア** （心の平静）	**アパテイア** （情念に支配されない状態）
信条（モットー）	「隠れて生きよ」	「自然（本性）に従って生きよ」

④ ローマ時代のヘレニズムの思想家

ローマ帝国は、イタリア半島の小さな都市国家から出発し、地中海周辺世界を統一する大帝国となった。そこでもヘレニズム時代に展開した哲学が共通の文化として共有され、発展した。 頻出

キケロ（前106〜前43） ★ ストア派

ローマの政治家、弁論家、哲学者。終身独裁官カエサルの暗殺後の政治的混乱の中、彼も暗殺された。ラテン語の散文を得意とし、ギリシア哲学をラテン語でローマの人々に伝えた。

セネカ（前4頃〜後65） ★ ストア派

コルドバ（現、スペイン南部）に生まれ、ローマで弁論学、哲学を修めた。のちにローマ皇帝となるネロの教育係を務めたが、ネロが皇帝に即位した後は政治から遠ざけられ、謀反の疑いをかけられて死を命じられた。ストア派の哲学者にふさわしい、平静な最期だったと伝わる。人生の短さや怒りなどを論じた『怒りについて』など、哲学的・倫理学的な著作が残されている。

エピクテトス（55頃〜135頃） ストア派

奴隷であったが、のちに解放された。様々な出来事に煩わされず、理性的な意志の力によって心の自由を得ることこそ幸福であると説いた。死後に弟子がまとめた講義集録『綱要』などが今日に伝わっている。

マルクス・アウレリウス（121〜180） ストア派

ローマ皇帝で、五賢帝の5人目。皇帝在位中は辺境での戦争が多く、特にゲルマン諸部族との戦いのため、戦地に赴いた。そこで、自己との対話の形式で哲学的な思索を綴った『自省録』を著した（◎原典資料⑤）。

プロティノス（205〜270） ★ 新プラトン主義

新プラトン主義の実質的創始者とされる。エジプト人ともいわれ、アレクサンドリアで学んだ。ローマ皇帝のペルシア遠征に参加し、ペルシアとインドの知識を得たという。ローマに戻ったのち、40歳で学校を開いて哲学を教えた。

解説 新プラトン主義 新プラトン主義は、3世紀後半から6世紀にかけて広まったプラトン主義の一種である。ピタゴラス（◎p.27）、ストア派など様々な思想の影響を受け、神秘主義の要素も持つ。プラトンの二世界論（◎p.34）を発展させ、様々な階層の世界が、すべてのもととなる一者から生まれたと考えた。これは一神教と結びつきやすい考え方であり、アウグスティヌス（◎p.51）を通してキリスト教にも影響を与えた。

原典資料 ‥‥‥‥‥‥‥‥ マルクス・アウレリウス

⑤ 世界市民

もし叡智が我々に共通なものならば、我々を理性的動物となすところの理性もまた共通なものである。であるならば、我々になすべきこと、なしてはならぬことを命令する理性もまた共通である。であるならば、法律もまた共通である。であるならば、**我々は同市民である**。であるならば、**我々は共に或る共通の政体に属している**。であるならば、宇宙は国家のようなものだ。なぜならば人類全体が他のいかなる政体に属しているといえようか。であるから**我々はこの共同国家から叡智的なもの、理性的なもの、法律的なものを与えられているのである**。 （『自省録』神谷美恵子訳 岩波書店）

入試に◯✕チャレンジ [18] ストア派のアパテイアとは、苦しみや悲しみなどが取り除かれて、心のうちに快楽が得られることによって、魂が浄化された平穏な状態である。（2013年本試）

2 キリスト教

サン・ピエトロ広場と大聖堂（ヴァチカン市国）

概観 キリスト教は、古代イスラエルの宗教、ユダヤ教を基盤に、その律法主義を批判して神の愛を説いたイエスの教えから成立した。イエスの処刑後、その弟子たちは教えを伝道し、キリスト教は地中海世界に広がり、4世紀にはローマ帝国の国教となった。その後、キリスト教は古代ギリシアの哲学と接触し、教父たちはそれをもとにキリスト教思想を確立した。その後、中世のスコラ学では、特にアリストテレス哲学を基盤としたスコラ哲学が発展した。

要点の整理

　　　　　は入試重要用語

```
ユダヤ教        批判                      →教父哲学
→律法主義 ←イエス  愛の教え        →スコラ哲学
         ↓パウロ                    ↑影響
      伝道、世界宗教へ        古代ギリシアの哲学
```

❶『旧約聖書』の思想 ⇒ p.44

- ●『旧約聖書』……ユダヤ教の聖典。キリスト教、イスラームでも聖典と位置づけられる。「約」……神との契約のこと
- ●神との契約……神（ヤハウェ）が人間と結ぶ約束。神の授けた**律法（トーラー）**を守ることにより救われる。モーセの「**十戒**」
- ●選民思想……イスラエルの民は神によって特別に選ばれたとする考え方。**救世主（メシア）**を待望

❷イエス（前4頃～後30頃）⇒ p.46

30歳の頃、洗礼者ヨハネから洗礼を受ける→伝道活動を開始

- ●神の国……罪を悔い改め、互いに愛し合う人々の間に実現する国→全人類に対する「**福音**」（喜びの知らせ）
- ●神の愛（**アガペー**）……すべての人に注がれる無償で無限の愛。「神の国」における愛の形
- ●隣人愛……「**隣人を自分のように愛しなさい**」。「自分のしてもらいたいことを人にしなさい」←**黄金律**と呼ばれる
- ●4つの**福音書**（マタイ・マルコ・ルカ・ヨハネによる福音書）……イエスの生涯と言葉を記す→イエスは神が遣わした**救い主（キリスト）**であり、処刑後に復活したと信じる→キリスト教の成立

❸パウロ（？～62/65頃）⇒ p.50…イエスの教えを広める

ユダヤ教徒→キリスト教に劇的に**回心**。キリスト教をイスラエルの民以外の民族へ布教

- ●原罪……人間が生まれながらに持つ罪
神は人間の原罪をあがなう（**贖罪**）ために、ひとり子であるイエスを遣わす
- ●**キリスト教の三元徳**……信仰、希望、愛

なぜ私を迫害するのか

❹アウグスティヌス（354～430）⇒ p.51　主著『神の国』『告白』『三位一体論』

「最大の教父」。**教父**……教会の教えを明らかにした思想家

- ●恩寵……神の恵み・無償の愛。人間は、神からの恩寵によってのみ救われる
- ●神の国……神の愛に基づく共同体。その平和と正義を地上で実現するため尽力するのが教会
- ●三位一体……「父なる神」、「子なるイエス」、「聖霊」は、「一なる神」であり一つの本性である

❺トマス・アクィナス（1225頃～74）⇒ p.52　主著『神学大全』

中世**スコラ哲学**の完成者
アリストテレス哲学を基盤としてキリスト教信仰を体系化

- ●信仰と理性の調和……信仰の下に理性があるとする。「哲学は神学の侍女」……哲学的真理は神学的真理に奉仕するもの

オッカム（1285頃～1347）⇒ p.52
キリスト教信仰の真理、神学から哲学（イデア論、形而上学など）を切り離す
「**オッカムの剃刀**」（オッカムの節約的な思考法）

（地図）
トルコ　エジプト　地中海
ティルス　フェニキア　プトレマイス（アッコ）　ガリラヤ　ゲネザレ湖　ナザレ　デカポリス　カエサレア　サマリア　ヨルダン川　サマリア　オリーヴ山　エリコ　エルサレム　ベツレヘム　ユダヤ　ヘブロン　ガザ　イドマヤ　死海　モアブ

後27頃 ガリラヤ各地で布教（30歳頃）
後30頃 エルサレムで刑死（33歳）
イエス生誕地『新約聖書』
ヘロデ王の領土（前37～前4）

イエスの時代のパレスチナ

源流の思想

『旧約聖書』の思想

▶モーセが神から十戒を授かったシナイ山

年	事 項
紀元前	
13世紀	モーセに率いられて出エジプト
10世紀	ヘブライ王国、ダビデ王、ソロモン王の治世
922頃	王国の分裂 →イスラエル王国とユダ王国成立 ●預言者たちの活躍
586～538	バビロン捕囚 ●捕囚から解放後、ユダヤ教成立
63	ローマの支配
4頃	イエス誕生
紀元後	
70	ローマからの独立を求める戦いに敗北 エルサレム神殿崩壊、祖国喪失(ディアスポラ)

＊旧約　キリスト教の側からの表現

『旧約*聖書』は、古代イスラエルの歴史の中で、長い年月をかけて成立した**ユダヤ教の聖典**である。神(**ヤハウェ**)は、人類からアブラハムを選んで**契約**を結び、その子孫から**神を中心とする新しい共同体(イスラエル)**が生まれた。イスラエルの民はその後エジプトに入ったが、壮絶な迫害を受けたため、神は彼らを救うために**モーセ**を選び、エジプトから彼らを脱出させた(**出エジプト**)。厳しい荒野の旅の中、神は彼らと改めて契約を結び、シナイ山でモーセに**十戒**を授けた。その後、神との約束の地**カナン(パレスチナ)**に入り王国を立て、ダビデ(→p.91)やソロモンが王となったが、周辺諸国に侵略され、人々は新バビロニア**に集団強制移住させられる(**バビロン捕囚**)。捕囚の苦難の中で**預言者**は人々に神を信じて生きることを説き、神が**救世主(メシア)**を遣わすと告げた。捕囚から解放されたのち、人々は律法を中心とする宗教共同体を再生し、律法主義的な**ユダヤ教**が生まれた。

＊＊新バビロニア　メソポタミア(現在のイラク)南部のバビロンを都とする王国。

源流の思想

2

キリスト教

1 契約と選民思想 　頻出

　神(**ヤハウェ**)は**諸民族の中からイスラエルの民を選び、契約を結んだ**とされる。契約とは愛と信頼の約束を意味し、イスラエルの民が律法を守り神に忠実に生きることで救済されるというものである。

　イスラエルの民が**契約を結ぶべき民族として神に特別に選ばれた**という考え方を、**選民思想**という。彼らは迫害などの数々の苦難にさらされたが、それは選ばれた民の試練だと考えた。また、預言者は神と人間の関係を、結婚や男女間の愛に例え、神の深い愛情と誠実さを説いた。

2 預言者 　出題

　預言者とは**神の言葉を預かる人**のことであり、神の意志を人々に取り次ぎ、告げ、知らせる者である。そのため、ただ未来を占い、予告する「予言者」とは異なる。**アブラハム、モーセ、イザヤ、エレミヤ、エゼキエル**らが代表的な預言者である。神との契約を忘れてしまったイスラエルの民に対して、預言者は神の教え、神の愛と誠実さを思い起こさせた。彼らの言葉は『旧約聖書』にまとめられ、後世に伝えられた。

神(ヤハウェ)
↓言葉
預言者
↓言葉を伝える
イスラエルの民

> **メモ**　**嘆きの壁**　現在のイスラエルで、ユダヤ教徒が祈りをささげている「嘆きの壁」(→p.53)は、もともとローマ軍に破壊されたエルサレム神殿を取り巻いていた外壁の一部とされる。ローマの植民都市時代のエルサレムでは、ユダヤ教徒は月に一度しか祈りをささげることが許されていなかった。

3 律法(トーラー) 　出題

　律法(トーラー)とは、預言者を通じイスラエルの民に**神から授けられた教え**である。なかでも**出エジプト**時にモーセを通じて授けられた**十戒**は全律法の核心として重視された。授けられた様々な律法は、「**モーセ五書**」にまとめられ、共同体の規範となった。ユダヤ教は律法を厳格に守る律法主義の宗教とされるが、それは、律法に従って生きることが、神の意志や神の愛に応えることであると考えられたからである。

原典資料 ……………………

4 十戒 　頻出

1　あなたには、私をおいてほかに神々があってはならない。
2　あなたは自分のために彫像を造ってはならない。
3　あなたは、あなたの神、主の名をみだりに唱えてはならない。
4　安息日を覚えて、これを聖別しなさい。
5　あなたの父と母を敬いなさい。
6　殺してはならない。
7　姦淫してはならない。
8　盗んではならない。
9　隣人について偽りの証言をしてはならない。
10　隣人の家を欲してはならない。

(『出エジプト記』「聖書協会共同訳」日本聖書協会)

> **解説**　**モーセに示された教え**　神はシナイ山でモーセに姿を現し、十戒を与えた。十戒は「十の言葉」という意味で、前半が神に、後半が共同体に関する教えとなっている。民を選んだ神の愛に応えるために民が守るべき戒めである。

入試に○×チャレンジ　19 ユダヤ教やキリスト教の聖書では、預言者イザヤが当時の王国のあり方を**賞賛**し、民衆に神の言葉を伝えた姿が描かれており、彼の言行はあるべき信仰の模範とされている。(2018年本試)

倫理eye ② 『旧約聖書』の物語

『旧約聖書』では、世界の創造から人類の誕生、イスラエル民族の歴史など、様々な物語が語られている。これらの物語にみられる考え方はキリスト教の土台となり、ヨーロッパの思想にも多大な影響を与えている。『旧約聖書』の物語の世界をのぞいてみよう。

天地創造

『旧約聖書』の最初、「創世記」では、7日間の世界の創造が描かれている。神は言葉によってすべてを創造した。「初めに神は天と地を創造された」。神が「光あれ」と言うと、「光」が生まれた。これが創造の1日目である。

7日間につくられたのは、①1日目「光」、②2日目「空と大地」、③3日目「植物」、④4日目「天体」、⑤5日目「魚と鳥」、⑥6日目「動物、人間」である。7日目には、世界の創造を終えた神が安息したため、聖なる安息日とされ、十戒はこの日の労働を禁じている。1週間に1度の休みということから日曜のようにも思うが、現在イスラエルで安息日とされるのは土曜である。

ノアの箱舟

楽園を追われたアダムとエヴァは地上で暮らし、多くの子孫が生まれた。しかし、その人間たちは欲望のまま生きるようになり、堕落しきったため、神は一度、大洪水を起こして生物をすべて滅ぼすことに決めた。ただ、神に忠実であったアダムの10代目の子孫ノアとその家族、さらに一つがいの動物たちは救うことにした。神は大洪水を逃れるための箱舟を作るようノアに命じる。やがて大洪水が起き、その他のすべての生き物は滅んだが、40日間の洪水ののち、ノアは再び地上に降り立った。

神に選ばれて契約を結んだアブラハムは、このノアの子孫とされる。

旧約聖書と歴史

旧約聖書に出てくるエピソードには、実際の歴史に題材をとったと考えられているものも多い。例えば、ノアの箱舟はメソポタミアで実際に起こった洪水、バベルの塔は、古代メソポタミアで数多く建設されていた「ジッグラト」(聖塔)がモデルではないかと考えられている。

▶復元された
ジッグラト
(イラク・ウル)

楽園追放

神は、6日目に神に似せて人間アダムをつくり、そのあばら骨から妻となるエヴァも誕生させた。2人は神のつくった楽園「エデンの園」で多くの生き物と平和に暮らしていたが、邪悪な蛇にそそのかされ、神の禁に背いて「善と悪を知る木の実」を食べてしまう。この罪により2人は楽園を追放される。それ以降、人間は死すべき存在となり、男は労働の苦しみ、女は出産の苦しみを負うこととなった。

「禁断の木の実を食べること」は、自分の意志や欲望を優先させ、神に背く根源的な罪の象徴である。この罪はアダム以来の全人類が持つとされ、キリスト教では原罪(→ p.50)と呼ばれる。

▲「原罪と楽園追放」(ミケランジェロ筆)

バベルの塔

地上で豊かな文明を築いたノアの子孫たちは、天に届く高い塔を作り始める。この時、人々は一つの同じ言葉を話しており、一致団結して巨大な建造物を作ることが可能であった。さらに人々は「名を上げよう。そして全地の面に散らされることのないようにしよう」と考えたため、神はこの塔の建設を神の名が忘れられることを招く悪い企みと考え、人間が様々な言葉を話すようにして、意志の疎通ができないようにしてしまった。そのため、塔の建設は放棄され、人々は世界中に散らばっていった。現在、人間が世界各地に住み、様々な言葉を話しているのは、このためであるとされる。

▶「バベルの塔」
(ブリューゲル筆、オーストリア・ウィーン美術史美術館)

BOOK 『謎解き 聖書物語』(長谷川修一、ちくまプリマー新書) 旧約聖書をわかりやすく解説。

答 p.42 18 ✕

重要用語 75 ユダヤ教、76 『旧約聖書』、77 ヤハウェ、78 選民思想、79 預言者、80 十戒、81 律法(トーラー)

45

イエス (Jesus)

★★★☆☆

前4頃〜後30頃

あなたがたの父が慈しみ深いように、あなたがたも慈しみ深い者となりなさい

年(年齢)	生涯
紀元前 4頃(0頃)	イエス誕生
紀元後 27頃(30頃)	ヨハネから洗礼を受ける ●ガリラヤ各地で布教
30頃(33頃)	エルサレムで十字架刑に処せられる

＊ナザレ 福音書でイエスは出身地に基づいてナザレのイエスと呼ばれている。同じく福音書でマリアがイエスを出産したのは、ベツレヘムであったとされる。

＊＊洗礼者ヨハネ 世の終わりと「神の裁き」が迫っているとし、ヨルダン川で人々に、水による悔い改めの洗礼を授けた預言者。

＊＊＊洗礼 水に入ることで、これまでの罪深い生活を捨て、正しい信仰生活に入る再生の儀式。

略伝 ガリラヤ地方のナザレ＊の町で大工をしていたヨセフの妻、マリアの子として生まれた。当時のパレスチナは、ローマの支配を受け、宗教的にも政治的にも抑圧され、激しい抵抗や独立運動が起きていた。その中で、イエスは**洗礼者ヨハネ**＊＊から洗礼＊＊＊を受け、神の教えを説き始めた。彼の教えと活動は、当時のユダヤ教の枠組みに収まらず、ユダヤ教では差別されていた罪人、病人、異邦人(ユダヤ人でない人)と交流し、**神の愛(アガペー)は無償の愛**であり、すべての人に注がれていると教えた。そのため、ユダヤ教の指導者層の反感を買い、ローマ皇帝に対する反逆者として訴えられ、ローマ総督ピラトに引き渡されて十字架刑に処せられた。しかし、弟子たちはイエスがその3日後に死からよみがえり(復活)、彼らの前に現れたと確信した。そして迫害を受けながらも、復活したイエスが**救い主(メシア)**であるという信仰を広めた。これがのちにキリスト教となった。

源流の思想

2

キリスト教

イエスの思想

❶イエスはなぜ律法主義を批判したのだろうか。

律法主義は独善的、偽善的であり、罪人や弱者、異邦人を認めないため。
→**1**、原典資料**7**、**8**

❷イエスとはどのような人だったのだろうか。

律法により差別され苦しんでいる人々とともに生きることで、神の愛を身をもって示した。
→**1**、**2**、**3**、原典資料**5**、**6**、**7**

❸イエスの教えとはどのようなものだろうか。

神の国は分け隔てない愛の国であり、神を愛し、隣人を愛すべきだと教えた。
→**2**、原典資料**6**、**7**

原7 1 ユダヤ教の律法主義とイエス 頻出

イエスが生まれた時代、ユダヤ教では、神の律法を忠実に守る限られた人間だけが、神により、律法を守った報いとして救われると考えられていた(**律法主義**)。律法に反した「罪人」や「汚れ」とされた「病人」、律法を知らない「異邦人」(ユダヤ人でない人)は、接触・交際してはならない存在とみなされて差別され、また、徴税人、娼婦、障害者なども差別されていた。こうして律法は、人と人を分け隔てる分裂の原因になってしまった。しかし、イエスは差別された人々と交流し、彼らを慰め、癒し、ともに食事をし、罪の許しを与えた。そして、**神の愛は無差別にすべての人に注がれるもの**で、どのような人でも神の愛を信じるならば、神の国に受け入れられると教えた。このことを、イエスは自らの言葉と行いによって示した。

解説 **律法主義に対する批判** イエスは、律法を守りさえすれば救われるとする律法主義を批判した。重要なのは、外面的・形式的に律法を守ることではない。実際に、神の愛と隣人愛による正しい行いを実行することこそ必要であるとした。

原5 2 神の愛(アガペー)と福音 出題

イエスの中心的な教えは**神の愛(アガペー)**である。アガペーは、**慈しみ溢れる神が罪人も含めたすべての人に対して注ぐ愛**で、見返りを求めない**無償の愛**である。イエスは、律法も本来、愛の教えであるとし、律法に記されている「**心を尽くし、魂を尽くし、力を尽くし、思いを尽くして、あなたの神である主を愛しなさい**」という神の愛の掟と、「**隣人を自分のように愛しなさい**」という隣人愛の掟が重要であるとした。

またイエスは、心の中に神の愛を持ち、神や隣人に対して愛に基づいて生きる人の心の中には、**神の国**がすでに実現していると教えた。この神の国にはすべての人が招かれている。このことが、全人類にとっての**福音**(喜ばしい知らせ)であるとする。

メモ **福音書の意味** 福音書は、「○○による福音書」という形で、弟子の名前を冠して残されている。イエスが言葉と行いにより人々に伝えた、神の愛に関する喜びの知らせの書物という意味である。

入試に◯×チャレンジ [20] 新約聖書は、従来の律法に代わって、人類に無償の愛を注ぐ神への応答として「神を愛し、隣人を愛せ」という新たな愛の掟を教え、その掟を全うすることによって罪を贖う者は救われるという、福音を説いている。(2015年本試)

原7 3 隣人愛と黄金律　　　頻出

　隣人愛の考え方は、神の愛が無差別で無償の愛であることに基づく。神の愛は分け隔てなく、自分だけでなく隣人にも注がれている。そのように、自分も神に倣（なら）って隣人を分け隔てなく愛すべきであると考えられ、隣人愛が重視された。これは、すべての人が神の前において平等であるという考え方につながり、のちにキリスト教が世界宗教として広がる土台となった。隣人愛の実践について、イエスは「**人にしてもらいたいと思うことを、人にもしなさい**」と言う。この言葉はのちに「**黄金律（the golden rule）**」と呼ばれ、倫理思想の中心的テーマとなっていった。

◆ユダヤ教・キリスト教・イスラームの比較　頻出

	ユダヤ教	キリスト教	イスラーム
神	ヤハウェ 正義と熱情の神 （怒り裁く神）	父なる神、子なるイエス、聖霊 →三位一体の神	アッラー （唯一・絶対の神 →三位一体は否定
聖典	聖書（『旧約聖書』） 旧約＝神とイスラエルの民との契約 （契約は信頼や友情も意味する）	『旧約聖書』と『新約聖書』 新約＝イエスの死と復活によって結ばれた、新しい救いの約束	コーランのほか、『旧約聖書』の「モーセ五書」と「詩篇」、『新約聖書』の「福音書」を敬うべき聖典とする
聖地	エルサレム	エルサレム	メッカ、メディナ、エルサレム

右縦書き：源流の思想

コラム　イエス・キリストってどういう意味？

　「イエス」という名は、「救いは神にあり」という意味である。また、「キリスト」とはギリシア語で「救い主」を意味し、ヘブライ語では「メシア」と呼ばれる。「メシア」とは「油を注がれた者」という意味で、『旧約聖書』では、神と特別な関係を持つ者をさす。つまり、「イエス・キリスト」とは、「救い主（メシア）であるイエス」という意味である。英語では、「Jesus Christ！」は「Oh my God！」と同じような意味も持ち、驚きなどを表す。映画などのセリフにも使われるが、宗教的に敬意を欠いた使い方と考える人もいるので、マネをしてはいけない。

Jesus Christ!

原典資料

4 荒野（あれの）の誘惑

🔍 イエスが一人の人間として悪魔から地上的誘惑を受けたことに注目しよう。

　さて、イエスは悪魔から試みを受けるため、霊に導かれて荒れ野に行かれた。そして四十日四十夜、断食（だんじき）した後、空腹を覚えられた。すると、試みる者が近づいて来てイエスに言った。「神の子なら、これらの石がパンになるように命じたらどうだ。」イエスはお答えになった。「『人はパンだけで生きるものではなく、神の口から出る一つ一つの言葉によって生きる』と書いてある。」次に、悪魔はイエスを聖なる都に連れて行き、神殿の端に立たせて、言った。「神の子なら、飛び降りたらどうだ。……」イエスは言われた。「『あなたの神である主を試してはならない』とも書いてある。」さらに、悪魔は……世のすべての国々とその栄華を見せて、言った。「もし、ひれ伏して私を拝（おが）むなら、これを全部与えよう。」すると、イエスは言われた。「退け、サタン。『あなたの神である主を拝み、ただ主に仕えよ』と書いてある。」そこで、悪魔は離れ去った。すると、天使たちが近づいて来て、イエスに仕えた。

（『マタイによる福音書』「聖書協会共同訳」日本聖書協会）

解説　この世の栄光を求めない態度
　悪魔の誘惑は、地上の栄光・成功を求めた当時のユダヤ人宗教指導者（祭司、律法学者）が取り込まれていた誘惑を意味している。イエスはそうした栄光や成功は求めず、支配者たちに苦しめられている人々、悲しんでいる人々、惨（みじ）めな人々とともにあろうとした。そして、彼らに喜びを与える教え（福音）として、神の愛を説いた。その一つが、「山上の説教」（●原典資料5）である。

メモ　右の頬（ほお）を打つなら…　律法は復讐（ふくしゅう）の連鎖（れんさ）を断つため「目には目を、歯には歯を」と限度を教えたが、イエスの山上の説教は「誰かがあなたの右の頬を打つなら、左の頬をも向けなさい」とし、復讐のかわりに、ゆるしと愛を説く。

5 山上の説教　　出題 →

🔍 イエスは虐（しいた）げられていたり辛（つら）い立場にある人たちに向け、彼らは幸せなのだと語りかける。

　心の貧しい人々は、幸い（さいわ）である、天の国はその人たちのものである。
　悲しむ人々は、幸いである、その人たちは慰（なぐさ）められる。
　へりくだった人々は、幸いである、その人たちは地を受け継ぐ。
　義に飢（う）え渇（かわ）く人々は、幸いである、その人たちは満たされる。
　憐（あわ）れみ深い人々は、幸いである、その人たちは憐れみを受ける。
　心の清い人々は、幸いである、その人たちは神を見る。
　平和を造る人々は、幸いである、その人たちは神の子と呼ばれる。
　義のために迫害された人々は、幸いである、天の国はその人たちのものである。

（『マタイによる福音書』同上）

解説　神の福音　これは、イエスのもとに集まった人々のために、イエスが山上で行った説教である。「貧しい人」、「飢えている人」、「泣いている人」は、社会の中で抑圧され、見捨てられた人々である。イエスは、そうした人々に寄り添い、神からの慰め、助けが来ると語った。イエスは彼らとともにいて、喜びの知らせ（福音）を告げる。イエスを通じて神の愛、神の国を信じることで、彼らは喜びとともに立ち上がることができるようになった。

6 放蕩息子

> 罪人も、そうでない人も同じように神に愛されていることに注目しよう。

イエスは、神の愛、神の国をわかりやすく語るために、例え話を用いた。身近な事柄を使った例え話は多くの人々の心に響いた。この「放蕩息子」は、父である神の愛が、すべての人に注がれることを伝えるものである。

　また、イエスは言われた。「ある人に息子が二人いた。弟のほうが父親に、『お父さん、私に財産の分け前をください』と言った。それで、父親は二人に身代を分けてやった。何日もたたないうちに、弟は何もかもまとめて遠い国に旅立ち、そこで身を持ち崩して財産を無駄遣いしてしまった。何もかも使い果たしたとき、その地方にひどい飢饉が起こって、彼は食べるにも困り始めた。……彼は、豚の食べるいなご豆で腹を満たしたいほどであったが、食べ物をくれる人は誰もいなかった。そこで、彼は我に返って言った。『……ここをたち、父のところに行って言おう。「……もう息子と呼ばれる資格はありません。雇い人の一人にしてください。」』そこで、彼はそこをたち、父親のもとに行った。ところが、**まだ遠く離れていたのに、父親は息子を見つけて、憐れに思い、走り寄って首を抱き、接吻した**。息子は言った。『お父さん、私は天に対しても、またお父さんに対しても罪を犯しました。もう息子と呼ばれる資格はありません。』しかし、父親は僕たちに言った。『……肥えた子牛を引いて来て屠りなさい。食べて祝おう。この息子は、死んでいたのに生き返り、いなくなっていたのに見つかったからだ。』そして、祝宴を始めた。……兄は怒って家に入ろうとはせず、父親が出て来てなだめた。……父親は言った。『子よ、お前はいつも私と一緒にいる。私のものは全部お前のものだ。だが、お前のあの弟は死んでいたのに生き返った。いなくなっていたのに見つかったのだ。喜び祝うのは当然ではないか。』」

(『ルカによる福音書』「聖書協会共同訳」日本聖書協会)

7 隣人愛 —— よきサマリア人

> イエスが律法に基づいて教えた愛と正義の行いとは何だろうか。

この例え話は、律法に基づいた隣人愛の正しい実践を教えるものである。イエスの教える隣人愛は、愛によって他者の隣人に「なる」ことである。そして、隣人愛においてユダヤ人とサマリア人（外国人）の区別がないように、愛と正義の律法は、誰にでも通ずる普遍的なものだと教えている。

　すると、ある律法の専門家が立ち上がり、イエスを試そうとして言った。「先生、何をしたら、永遠の命を受け継ぐことができるでしょうか。」イエスは言われた。「律法には何と書いてあるか。あなたはそれをどう読んでいるか。」彼は答えた。「『**心を尽くし、魂を尽くし、力を尽くし、思いを尽くして、あなたの神である主を愛しなさい、また、隣人を自分のように愛しなさい**』とあります。」イエスは言われた。「正しい答えだ。それを実行しなさい。そうすれば命が得られる。」しかし、彼は自分を正当化しようとして、「では、私の**隣人とは誰ですか**」と言った。イエスはお答えになった。「ある人がエルサレムからエリコへ下って行く途中、追い剝ぎに襲われた。追い剝ぎたちはその人の服を剝ぎ取り、殴りつけ、瀕死の状態にして逃げ去った。ある祭司がたまたまその道を下って来たが、その人を見ると、反対側を通って行った。同じように、レビ人も……その人を見ると、反対側を通って行った。ところが、旅をしていたあるサマリア人は、その場所に来ると、その人を見て気の毒に思い、近寄って傷にオリーブ油とぶどう酒を注ぎ、包帯をして、自分の家畜に乗せ、宿屋に連れて行って介抱した。……この三人の中で、誰が追い剝ぎに襲われた人の隣人になったと思うか。」律法の専門家は言った。「その人に憐れみをかけた人です。」イエスは言われた。「**行って、あなたも同じようにしなさい**。」

(『ルカによる福音書』同上)

解説　無差別に注がれる神の愛　この話の「父」は神、「兄」は律法を忠実に守るユダヤ人を表し、「弟」は罪人を表す。ユダヤ教の律法学者は、イエスが罪人をはじめ、差別された人々と交わり、教え、食事をともにすることを非難した。それに対しイエスは、この話で父である神の愛が罪人にも注がれていることを示した。父は、自らの罪を悔い改めた息子を抱きしめ、暖かく迎え入れる。これは、神が人間に注ぐ愛が、過ちを犯した人間でも受け入れる、父の愛であることを示している。さらに、ずっと真面目に働いていたため怒った兄に対しても愛が注がれ、すべてを与えると約束されている。

解説　共通の基盤　イエスと律法の専門家（律法学者）は、一見、対立しているように見える。しかし両者には、共通の基盤として、神への愛と隣人愛を大事にすることが記された律法がある。イエスはこの律法に基づいて正しく生きることを求めている。

解説　隣人とは誰か？　イエスと律法学者の違いは、愛についての律法をどのように「実行」するかを考える時に明らかになる。律法学者は、「隣人とは誰ですか」と問うことで、「隣人」（ユダヤ人）と「非隣人」（ユダヤ人でない人）の間に壁を作り、隣人ならば愛するが、隣人でなければ愛する必要はないと考えている。

解説　神の愛の実践　祭司、レビ人（神殿の役務・警備を担う人々）は「ある人」と同じユダヤ人である。しかし、傷ついた同胞を助けようとしなかった。一方、「サマリア人」はユダヤ人と敵対関係にあった民族であるが、「ある人」を助ける。このように、憐れみによって動かされ、他者の隣人と「なる」時、隣人愛は実現する。隣人愛は、ユダヤ人の枠組みを超えた神の愛の実践である。イエスは、**敵を愛し、迫害する者のために祈りなさい**とも説き、自分の敵をも愛する愛の実践を求めた。

入試に〇×チャレンジ　[21] イエスは、当時の社会で差別されていた者たちと食卓をともにし、神の愛がそうした人々にも差別なく与えられるものであることを示した。(2013年追試)

8 律法の内面化

🔍 イエスはなぜパリサイ派を批判したのだろうか。

「なるほど、あなたがたファリサイ派*の人々は、杯や大皿の外側は清めるが、自分の内側は強欲と悪意で満ちている。……あなたがたファリサイ派の人々に災いあれ。あなたがたは、……あらゆる野菜の十分の一は献げるが、公正と神への愛をおろそかにしている。これこそ行うべきことである。もっとも、十分の一の献げ物もなおざりにはできないが。あなたがたファリサイ派の人々に災いあれ。あなたがたは、会堂では上席に着くこと、広場では挨拶されることを好んでいる。あなたがたに災いあれ。あなたがたは、人目につかない墓（汚れ）のようなものである。その上を歩く人は気付かない（まま汚される）。」……「あなたがた律法の専門家にも災いあれ。あなたがたは、人には背負いきれない重荷を負わせながら、自分ではその重荷に指一本も触れようとしない。……あなたがた律法の専門家にも災いあれ。あなたがたは、知識の鍵を取り上げ、自分が入らないばかりか、入ろうとする人々まで妨げてきた。」

（『ルカによる福音書』「聖書協会共同訳」日本聖書協会）

解説 パリサイ派への批判 イエスによれば、単なる外面的な清さを追求する律法の遵守は、内面的な汚れを覆い隠してしまう。律法の本質は愛と愛に基づく行いにあると説くイエスは、パリサイ派が律法を守ることにとらわれ、律法の本質である愛を忘れて人々を分裂させていると批判した。

解説 律法主義とユダヤ教諸派 イエスが生まれた時代、ユダヤ教には大きく分けて、サドカイ派、パリサイ派、エッセネ派の三つのグループがあった。サドカイ派やパリサイ派の人々は『新約聖書』の中で、イエスの論争相手として登場する。エッセネ派は荒野で共同の修行生活を送る派で、イエスが一時期、参加していたともいわれる。

＊**ファリサイ派** パリサイ派のこと。「モーセ五書」のほか、口伝律法も認める立場の人々。厳格な律法主義者。

コラム ☕ イエスの生涯（『新約聖書』による）

① 受胎告知

大天使ガブリエルが、マリアが神の子を宿していることを伝える。
（フラ・アンジェリコ筆、マドリード、プラド美術館）

② 誕生

ベツレヘムの馬小屋で誕生したとされる。

③ 洗礼

洗礼者ヨハネから洗礼を受ける（●p.51写真）。

④ 荒野の誘惑

40日間、荒野で断食と祈りの生活に入る。悪魔に誘惑されるが、それを退ける（●原典資料④）。

⑤ 宣教・様々な奇跡

ガリラヤで弟子たちと宣教を開始。宣教を行う中、各地で病人を癒す、死者を復活させる、水をぶどう酒に変える、湖の上を歩くなど、様々な奇跡を起こす。

⑥ 最後の晩餐

イエスの弟子の中で、伝道を命じられた12人を十二使徒と呼ぶ。イエスは処刑される前日、十二使徒と食事をともにし、その席上で自分を裏切ろうとする者がいることを指摘した。この絵画では、そのイエスの言葉に騒然とする弟子たちが描かれている。裏切り者のユダは、イエスを裏切って得た銀貨の入った金袋を右手で握りしめた姿となっている。
（レオナルド・ダ・ヴィンチ筆、ミラノ、サンタ・マリア・デレ・グラツィエ修道院食堂壁画）

⑦ 復活

十字架刑に処せられるが、3日後に復活し、弟子たちの前に姿を現した。この復活により、イエスが神の子であるという信仰が生まれ、原始キリスト教が成立した。現在でも、復活の日には復活祭（イースター）が行われている（写真はイースター・エッグ）。

📖 BOOK 『日本とイエスの顔 井上洋治著作選集1』（日本キリスト教団出版局） 日本人の心に響く言葉でキリスト教を語る良著。

答 p.46 [20] ✕

重要用語 83 律法主義、84 神の愛（アガペー）、87 隣人愛、91 パリサイ派、92 復活

源流の思想

身をもって信仰を生きた伝道者　★★★★★

パウロ (Paulos)

？～後62/65頃

私たちは、キリストと共に死んだのなら、キリストと共に生きることにもなると信じます

年(年齢)	生　涯
紀元前後	キリキヤのタルソスで誕生
	パリサイ派の律法主義を学ぶ
33	キリスト教徒を迫害していた
	が、キリスト教への回心を体験
34～36	ダマスカスで伝道活動開始
45～48	第1回伝道旅行
49～52	第2回伝道旅行
53～58	第3回伝道旅行
60～61	エルサレムで捕らえられ、
	ローマへ(第4回)
62/65頃	ローマで斬首刑

＊ネロ　ローマ帝国第5代皇帝。キリスト教徒を大規模に迫害した。ストア派の哲学者セネカ(◯p.42)は、ネロの家庭教師だった。

略伝 キリキヤ(現在のトルコ南部のタルソス)に生まれた。ヘブライ名はサウロ(サウル)。エルサレムの高名な律法学者からパリサイ派の律法主義を学び、聖書に精通するなど熱心なユダヤ教徒であったパウロは、イエスの死後に各地で広まったキリスト教を敵視して迫害した。しかし、シリアのダマスカス近郊で、イエスに「サウル、サウル、なぜ、私を迫害するのか」と突然呼びかけられ、回心してキリスト教徒となり、以後、パウロと名のった。当初は、危険な迫害者として他のキリスト教徒たちから警戒されたが、イエスの弟子の一人、ペトロがとりなした。生涯を伝道にささげ、厳しい迫害の中、各地に命がけの伝道旅行に出かけ、キリスト教が**世界宗教**となる礎を築いた。しかし、最後はローマ皇帝ネロ＊の迫害によりローマで処刑された。

パウロの思想

❶ パウロはなぜイエス・キリストを信じたのだろうか。
❷ キリスト教の信仰とはどのようなものだろうか。

1 贖罪 —— 十字架上の死の意味　頻出

パウロは、イエスの十字架上での死は、全人類の**原罪**(◯p.45)を贖う贖罪のための「犠牲」の意味を持つと説いた(贖罪思想)。人間はアダム以来、**生まれながらに原罪という「神に対する根源的な罪」を背負っている。** それは「神を疑い、神に背き、神を否定する傲慢な心」であり、人類はこの原罪を自らの手で消すことはできない。そこで、神は愛する子イエスを地上に人間として遣わし、イエスは自分を十字架の上で犠牲とすることで、その血によってすべての人を罪から清め、神と和解させた。ここに、神の愛が「最愛の子」を犠牲にするほど大きいことが示されたとパウロは説いた。

2 信仰義認説　頻出

パウロによれば、人間は、律法を守り善行を行う自分の努力によって義(ただしい)と認められるのではない。人間は、神の愛と恩寵(恵み)により与えられる「信仰」によって、イエスを信じることで「義とされる」(神の前で義なる者と認められる)とパウロは教えた(**信仰義認説**)。

解説 ▶ **キリスト教の信仰を確立**　パウロは信仰義認説をはじめとして、イエスの十字架や復活を中心に、キリスト教の信仰を明らかにした。ほかにパウロが語った信仰や恩寵の問題は、その後のキリスト教思想において、重要問題として論じられた。

パウロの伝道路

▲パウロは回心したのち、地中海世界に伝道に出かけ、キリスト教は、民族の枠組みを超えた世界宗教となっていった。

原典資料

3 信仰、希望、愛　頻出

　信仰と、希望と、愛、この三つは、いつまでも残ります。その中で最も大いなるものは、愛です。

(『コリントの信徒への手紙』『聖書協会共同訳』日本聖書協会)

解説 ▶ **キリスト教の三元徳**　パウロは、信仰によってすべてのキリスト教徒は一つであり、**ユダヤ人も異邦人(外国人)も男性も女性も皆、区別なく信仰によって救われる**とした。キリスト教徒にとって大切なことは、救世主(キリスト)であるイエスによって救われるという**希望**を持つこと、そして、キリストが示した**愛(アガペー)** を大切にして、喜んで実践することであるとした。こうして、信仰、希望、愛が、キリスト者の三つの大切な徳、**三元徳**と呼ばれるようになった。

三元徳と四元徳

　古代ギリシアでは、知恵・勇気・節制・正義を四元徳(◯p.35)として重んじた。その後のキリスト教倫理では、キリスト教の三元徳を四元徳の上に位置づけ、合わせてキリスト教の七元徳とした。

入試に◯×チャレンジ　22 罪深い人間が義とみなされるのは、イエスの贖罪に示された神の愛への信仰によるのみである。(2013年本試)

真理を探究した「最大の教父」

アウグスティヌス (Augustinus)

★★★★★

354～430

もし、深淵が深さを意味するならば、人間のこころが深淵であるだろう。その深さほど深いものがあろうか

年(年齢)	生　涯
354(0)	北アフリカのタガステに誕生
370(16)	カルタゴに遊学。女性と同棲生活に入る
372(18)	マニ教徒になる。息子誕生
373(19)	キケロの哲学書を読む
374(20)	タガステで文法学教師となる
376(22)	カルタゴで修辞学教師となる
384(30)	ミラノで修辞学教授となる
386(32)	ミラノでキリスト教に回心
388(34)	タガステに帰る
391(37)	ヒッポの司祭となる
396(42)	司教となる
430(76)	死去

＊マニ教　3世紀、ササン朝ペルシアに興った宗教。当時は世界宗教であった。

＊＊教父　教会の教えを確立した哲学者・神学者。古代ギリシア・ローマの思想文化とキリスト教信仰を対決・融合させた**教父哲学**は、その後のヨーロッパ精神の基盤となった。

略伝 354年、北アフリカのタガステに生まれた。母は敬虔なキリスト教徒であった。青年期には快楽に溺れる生活を送ったが、キケロ（◆p.42）の哲学書にふれたことや、親友の死などの様々な出来事を経て、本当の生き方を求めるようになる。その中で、マニ教＊、占星術、ストア派の哲学を知るが、そのすべてに失望した。しだいにキリスト教に近づき、パウロの書簡を熱心に読んだ。その後も迷いの中にあったが、「取りて読め」という子どもの声を聞いて聖書を読んだ時、キリスト教への決定的回心が生じた。当時、キリスト教を国教としたローマ帝国は、カトリック教会の教義論争や異端問題を解決したいと考えていた。アウグスティヌスは、**新プラトン主義**（◆p.42）をキリスト教思想に取り入れながら教会の正しい教え（**正統教義**）の確立に尽力し、のちに最大の**教父**＊＊といわれた。アフリカに進出したゲルマン民族の一派にヒッポの街が包囲される中、当時ヒッポの司教だった彼は、76年の生涯を終えた。

主著『告白』『神の国』『三位一体論』

アウグスティヌスの思想

❶恩寵とはどのようなものなのだろうか。
❷アウグスティヌスは「神の国」をどのようなものととらえたのだろうか。

歴史であり、戦いは最後の審判まで終わることなく続き、最終的には神の国が勝利を収めるという。

解説 **神の国と教会** 教会は神の国の担い手であり、神の国の平和と正義を地上で実現するために尽力すべきであるとされた。また、独自の言語や習慣を持つ様々な民族を神の救いへと導くことも、教会の使命であるとされた。

1 神の恩寵　　　　　頻出

アウグスティヌスは、人間は**恩寵**によって救われると考えた。恩寵とは神の注ぐ恵みであり、本来、原罪により愛される資格がない人間に与えられる、神の無償の愛である。自らの罪深さに苦悩し続けたアウグスティヌスは、人間は原罪の重荷を負っており、**自らよいことをする自由が損なわれている**と考えた。人間は自らの意志で、善悪を区別できるという考え方に反対したのである。人間は、理性や自由意志をどれほど厳しく鍛えても、ついには悪に引き込まれてしまう。この弱さは神の恩寵によってのみ癒されるという。

2 神の国　　　　　出題▶

アウグスティヌスは著書『神の国』に、歴史観、人間観を記した。全人類の歴史は**神による創造**から始まり、**終末（最後の審判）**で終わる。その中で人間は、神の愛に基づく共同体である**神の国**と、自己愛に基づく**地の国**の二つの国の間に生きている。全人類の歴史は、神の国と地の国の戦い、つまり神の愛と自己愛の戦いの

3 三位一体

キリスト教の神は、父と子と聖霊の、**三位一体**の神である。「三位」の三は「父なる神」と「子なるイエス」と「聖霊」の区別を意味し、「一体」の一は、「一である神」の本性を意味する。アウグスティヌスは『三位一体論』で、父と子と聖霊の関係を説明した。父なる神は子であるイエスを同じ「神」として生む。イエスは「神の創造物」ではなく、「神」から生まれた「神」である。また、父は子を愛し、子は父を愛する。この「愛」が聖霊である。聖霊は父と子の両者から出る「愛」なる「神」であるとした。

▶**ヨハネの洗礼を受けるイエス**
（ヴェロッキオ筆）　イエスの頭上に二つの手と鳩が描かれ、二つの手は「父なる神」、鳩は「父なる神」から贈られた「聖霊」を表している。この時、「父と子と聖霊」の「三位一体」が公に示されたとされる。

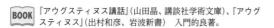

信仰と理性を調和したスコラ哲学の完成者

トマス・アクィナス (Thomas Aquinas)

★☆☆☆☆

1225頃～74

人間にとっての究極的な幸福は、人間最高の働きである知性の働きのうちに成り立つ

年(年齢)	生　涯
1225頃	ナポリ近郊のアクィノで誕生
1230(5)	修道院に預けられる
1239(14)	ナポリ大学に入学
1243(18)	ドミニコ会入会(翌年パリへ)
1256(32)	パリ大学神学部教授となる
1265(40)	『神学大全』の執筆を開始
1274(49)	公会議に向かう旅の途中で病没

略伝 貴族の末子として南イタリアに生まれた。中世の貴族には末子を聖職者とする慣習があったため、幼くしてベネディクト会*のモンテ・カッシーノ修道院に預けられた。その後、ナポリ大学で学び、ドミニコ会を知り入会を決意する。ドミニコ会は、イエス・キリストが教えた清貧を実践する修道会で、説教のために学問研究を重視した。入会後、トマスは哲学、神学、聖書に関する膨大な書物を著したが、死の3か月前には一切の執筆活動をやめ、主著の『神学大全』も第三部途中で未完のまま残された。執筆を促す人に対して、トマスは、「私に新たに啓示されたことに比べるならば、これまで私が書いたものはすべてわら屑のように見える」と述べたという。 主著『神学大全』

メモ 誘惑にも負けず　トマスの家族は彼のドミニコ会入会に反対し、一族の城に幽閉した。彼の決心を揺るがすため魅力的な美少女を雇い誘惑させたが、トマスは彼女をただちに追い出したという。

*ベネディクト会　6世紀に修道者ベネディクトゥスが開いた、カトリック教会で最も古い修道会。ベネディクトゥスの定めた戒律は西欧修道制の基礎となった。

トマス・アクィナスの思想

❶スコラ哲学はどのように成立したのだろうか。
❷信仰と理性をトマスはどうとらえたのだろうか。

1 スコラ哲学

スコラとは「学校」を意味する。**スコラ哲学**は、中世の西ヨーロッパで、修道院や教会の付属学校における教育の中で確立された研究方法に基づく哲学である。ギリシア哲学を取り入れ、キリスト教の教義の哲学的な基盤を確立した。そこでは、人間の理性に知られる事柄から出発する哲学は、聖書と信仰に基づく神学の基礎科目であり、神学に仕える学問として「**哲学は神学の侍女(婢)**」ともいわれた。

2 神学とアリストテレス哲学 出題

トマス・アクィナスは、キリスト教の教義を研究する神学にアリストテレス(◯p.38)の哲学を取り入れ、スコラ哲学を完成させた。アリストテレス哲学はキリスト教の教義と相容れない内容を持っていたが、トマスはアリストテレス哲学を厳密に研究し、その意味を積極的に評価した。彼は、キリスト教の信仰に基づく神学的真理と、理性に基づく哲学的真理が別々のものであるという考え(二重真理説)を退け、真理は一つであるとし、信仰と理性が根本的には矛盾しないことを明らかにした。人間の理性は限界を持つが、信仰がそれを補い完成させるのであり、**哲学的真理の上に神学的真理を置く**ことで、**信仰と理性が調和する**とした。

アリストテレス哲学の影響

信仰 キリスト教 →神学的真理

相容れない二つの真理(二重真理説)

理性 アリストテレス哲学 →哲学的真理

地中海・イベリア半島経由で流入

スコラ哲学
信仰と理性の調和
真理は一つ

信仰 神の創造と救いによる人間の完成 信仰

理性 理性的根拠に基づき信仰について究明 理性

解説 **新しい学問** プラトン哲学(◯p.34)は中世西ヨーロッパに教父哲学(◯p.51)を通して伝えられたが、アリストテレス哲学はほとんど伝えられなかった。しかし12世紀になると、イスラーム世界経由でギリシアの古典がもたらされ、アリストテレス哲学も受容された(◯p.37)。それをもとにトマス・アクィナスが完成したスコラ哲学は、当時、とても新しい考え方であった。

オッカム William of Ockham (1285頃～1347)

略伝 イギリスのスコラ哲学者。フランシスコ修道会士。当時のイギリスで発展した論理学に精通していたオッカムは、キリスト教信仰を哲学から切り離そうとした。彼は、物事を考える際に必要以上の問題や理由を述べるべきではないと考え、プラトンのイデアやアリストテレスの形相のような複雑な哲学的議論を持ち込まずに、聖書に基づく限られた原理によって、信仰の真理を論じるべきであるとした。こうした節約的思考法はアリストテレスまでさかのぼれるものであるが、オッカムが多用したために**オッカムの剃刀**と呼ばれる。

入試に○×チャレンジ [23] トマス・アクィナスは、信仰も理性も等しい価値をもつが、信仰によって得られる真理と、理性によって得られる真理とは異なると考え、両者を分離する二重真理説を説いた。(2017年追試)

三つの宗教の聖地エルサレム

出題

　エルサレムは、ユダヤ教、キリスト教、イスラームの聖地である。この三つの宗教はすべて聖書（『旧約聖書』）を聖典とし、同じ唯一の神を信じている。エルサレムにはそれぞれの宗教にとって重要な聖跡が遺され、世界遺産にも指定されている。どのような街か見てみよう。

▲岩のドーム　青はイスラームで「聖なる青」と呼ばれ、壁面のタイルに使われることが多い。

岩のドーム ── ムハンマド昇天の地

　古代イスラエルでは神殿が建っていた丘の上に、岩のドームがある。ムハンマドは天使ジブリール（ガブリエル）に連れられ、翼を持った霊馬に乗って「夜の旅」に出かけてエルサレムに着き、この地に立ったという。岩のドームの内部にある巨岩からムハンマドが天界巡りに向かったといわれており、岩にはその時のムハンマドの足跡が残るとされる。現在、ムスリムはメッカに向かって礼拝するが、イスラームの最初期にはエルサレムに向かって礼拝していた。

▶岩のドーム内部での礼拝を描いた絵画

地図：
ユダヤ教徒地区　0　500m
イスラームのモスク
嘆きの壁
アルメニア人地区
岩のドーム
聖墳墓記念聖堂
十字架の道
キリスト教徒地区
ムスリム地区

◀エルサレム旧市街　城壁に四方を囲まれており、城壁の全長は約4km、高さは約12m、厚さは約2.5mある。約1km四方の城壁内では宗教ごとに居住区が分けられている。

嘆きの壁 ── 破壊を免れた神殿の壁

　神殿の丘に建っていた神殿のうち、第二神殿が紀元後70年にローマ軍の侵略によって破壊された際、神殿西側の壁だけが破壊を免れた。はじめユダヤ教徒たちはエルサレムへの立ち入りを禁じられていたが、のちに月に1度だけ、壁での礼拝が許されるようになった。その時、彼らが祖国を失ったことを嘆く姿から、この壁は「嘆きの壁」と呼ばれるようになった。

◀「嘆きの壁」で祈るユダヤ教徒

聖墳墓記念聖堂 ── イエス復活の舞台

　エルサレムはイエスが活動し、最後には十字架に架けられた街である。聖墳墓記念聖堂は、イエスが十字架に架けられたというゴルゴタの丘に、紀元後372年、ローマのコンスタンティヌス帝により建てられた。ここにはイエスが処刑された3日後に復活したといわれる墓や、遺体に油を塗った石などが残されている。

▶聖墳墓記念聖堂の内部　現在でも、巡礼者や観光客が絶えない。

ユダヤ教徒の生活

　ユダヤ教徒は、現代も律法に従って生きている。その中で安息日と食事について、具体的に見てみよう。

●安息日を守るユダヤ教徒

　律法で安息日とされている土曜には、ユダヤ教徒は基本的に労働を禁じられている。そのため、現代でも敬虔なユダヤ教徒は、車にも乗らず、電気のスイッチにも触れない。

●ユダヤ教徒が食べられないものって？

　律法には、食べ物に関する禁忌も記されている。食べてはいけないものは、動物ならまず肉食獣。さらに、草食獣でもひづめが割れていて反芻をするもの以外は食べてはいけない。また、海や湖の生き物ならば、鱗とひれがあることが条件であり、日本人の好きなエビ、カニ、タコなどは駄目である。

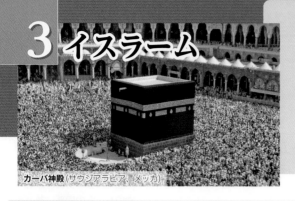

3 イスラーム

カーバ神殿（サウジアラビア、メッカ）

概観 ムハンマドに啓示された神の教えは、アラビア半島に新しい宗教共同体を成立させた。神の言葉はムハンマドの口を通して語られ、ムハンマドの死後、聖典『クルアーン』にまとめられた。その後イスラームは、ムスリム（イスラームの信徒）がイベリア半島からインダス川沿岸に至るまでその勢力を拡大するのに伴い、地中海世界やアジアへと広がった。現在では世界人口の4分の1に近い数の信徒を擁し、イスラームの教えに基づく生活が営まれている。

ムハンマドへの啓示
└ 一神教的な新しい宗教共同体
　部族・地域を超えた世界宗教へ

要点の整理　■■■は入試重要用語

❶イスラーム
唯一の人格神（**アッラー**）を信仰。**偶像崇拝の禁止**。
世界人口の4分の1に近い数の信徒を持つ。中東地域を中心に政治や社会情勢にも大きな影響

❷ムハンマド（570頃〜632）● p.55
● 40歳頃に神の使徒と自覚、伝道を始める。**厳格な一神教**→部族社会に根づいていた多神教（部族神）を否定
　偶像崇拝の禁止→カーバ神殿には最大で800を超える偶像神が置かれていたがすべて破壊
　神の前での人間の平等→部族社会の階級や権利・義務が取り消される→新しい宗教的共同体の形成
● 聖典『**クルアーン（コーラン）**』……ムハンマドに啓示された神の教えをまとめる。クルアーンは「読誦」という意味
● ムスリム……絶対的帰依者という意味。イスラームの信徒のこと
● **六信**……『クルアーン』に示されたムスリムの信じるべきもの
　　　　→「神」、「天使」、「聖典」、「預言者」、「来世」、「天命」に関する6つの教え
● **五行**……5つの宗教実践（儀礼的規範）。一人ひとりのムスリムが神に負う義務
　　　　→**信仰告白**（シャハーダ）、**礼拝**（サラート）、**喜捨**（ザカート）、**断食**（サウム）、**巡礼**（ハッジ）
● **ウンマ**……イスラーム法に従う、宗教と政治が一体となった、部族的・血縁的集団の垣根を越えた宗教的共同体
　┌ シャリーア（イスラーム法）……ムスリムの実践すべきこと
　├ ハディース……ムハンマドの言行の「伝承」のこと（**イスラーム法の一部をなす**）
　└ スンナ……預言者の示した模範となる言行
● ムハンマドの後継者をめぐる対立
　スンナ派（初代カリフ以降の後継者を認める）と**シーア派**（預言者の血筋を重視）

イスラームの成立と発展

イスラームの成立
ムハンマドが登場する以前のアラビア半島には、全域を統治する勢力はなく、多くの部族による群雄割拠の状態であった。しかし、メッカに広まっていた多神教を否定するムハンマドが登場すると、唯一神アッラーへの信仰を基盤とする、部族社会を越えたイスラームの共同体が誕生した。

中世イスラームの文化
イスラーム圏の拡大に伴い、ギリシア・ローマのヘレニズム文化の遺産が受け継がれ、アラビア語への翻訳が進んだ。医学、幾何学、天文学などの実用的学問だけでなく、神学、哲学、論理学などの理論的学問も取り入れられた。のちにこれらは西洋にももたらされた。

現代のイスラーム
イスラームは、唯一神アッラーの前ですべての人が、人種、民族、身分にかかわらず平等であると教える世界宗教である。全世界のムスリムは、相互扶助を重視するイスラームの戒律に従って生活している。

◀**スペイン・アルハンブラ宮殿のアラベスク**
偶像崇拝禁止のため、肖像画は避けられ、抽象的な装飾文様が好まれた。

イスタンブルの天文台▶

◀**ヒジャブ**（頭にかぶるベール）を着用したムスリム（マレーシア）

入試に○×チャレンジ 24 ムスリムは五行の一つとして、毎日5回メッカの方向を向いて跪き、カーバ神殿にあるアッラーの肖像画を称えなくてはならない。（2013年本試）

（左余白）源流の思想　3　イスラーム

▲ヒラー山の洞窟

人々に警告する最後の預言者

ムハンマド (Muḥammad) ★★★★★

570頃〜632

天が裂ける時、幾多の星が飛び散る時、海洋があふれでる時、
……魂は、すでになしたこと、あとに残したことを知る

年(年齢)	生　涯
570頃(0)	クライシュ族に誕生
595(25)	ハディージャと結婚
610(40)	神の啓示を受け、預言者となる
622(52)	メディナ移住(ヒジュラ)
630(60)	和平協定を結んでメッカに入り、カーバ神殿内の偶像を打ち壊す
632(62)	メッカに正式に巡礼。死去。『クルアーン』編纂開始

メモ 山ごもり　ムハンマドは山ごもりの際、神からの啓示を受けた。山ごもりは当時のシリア・キリスト教の修道者、一般信者が行っていた宗教実践でもあった。

略伝 メッカ(現、サウジアラビア)に生まれた。幼くして父母を亡くし、祖父、叔父に養育された。メッカの大商人ハディージャのもとで働き、寡婦だった彼女に結婚を申し込まれる。40歳頃、ヒラー山の洞窟で神の啓示を受けて**預言者**となる。メッカで神の言葉を語るものの、人々に受け入れられず、**メディナ**に移住した(**ヒジュラ、聖遷**)。そこで**ウンマ**と呼ばれる信仰共同体を発展させた。自らの勢力を堅固にしたムハンマドは、周辺敵対勢力を抑えて主導権を奪い、和平協定を結んだ。当時のアラビア半島は多神教の社会であり、偶像崇拝が行われていたが、メッカ帰還を果たしたムハンマドはカーバ神殿の偶像を打ち壊し、その終わりを宣言した(**偶像崇拝の禁止**)。まもなくムハンマドは亡くなったが、**カリフ***と呼ばれる後継者の指示で聖典『**クルアーン(コーラン)**』の編纂が進められた。

*カリフ　神の使徒の代理人のこと。正しくは「ハリーファ」。神の使徒であるムハンマドの代理人・後継者をさす。

源流の思想

イスラームの思想

❶ムハンマドとはどのような存在なのだろうか。

使徒であり、預言者であり、警告者であるとされる。　→①、原典資料⑤

❷六信五行とはどのようなものだろうか。

信者の信じるべき6つの教えと、行うべき5つの実践。　→②、③

❸ムスリムと他の啓典の民の共通性とは何だろうか。

ムスリムも他の啓典の民(ユダヤ教、キリスト教)も唯一の神を信じる。　→原典資料⑥

原① 使徒・預言者・警告者ムハンマド 頻出

　ムハンマドは、40歳頃から宗教的体験が現れ、1年の一定期間をヒラー山の洞窟で過ごすようになる。その中で、天使ジブリール(ガブリエル)が降臨し神の言葉を与えた。彼はこの体験に恐れおののいたが、妻ハディージャの励ましによって、神の使徒(預言者)に選ばれたことを受け入れ、神の言葉を語り始めた。それは、多神教(偶像)を信仰し、また商業主義に陥ったメッカの人々に対する「警告」の言葉であった。

イスラームの聖地

解説 **使徒・預言者** イスラームの場合、使徒(ラスール)は同時に預言者(ナビー)であるとされる。モーセ(◔p.44)やイエス(◔p.46)は、ムハンマドに先立って神に選ばれた使徒、預言者である。そして、ムハンマドは彼らに続く**最後の預言者・使徒**であるとされる。

② 六信 ── イスラームの信仰 頻出

　六信とは『**クルアーン**』に示された、**神、天使、聖典、預言者、来世、天命**に関する6つの教えである。

神	唯一神(アッラー)。神の偶像を作ることは禁止。
天使	神のために働く霊的・知性的実体。「聖霊」とも同一視される。
聖典(啓典)	神が人類に下した啓示の書。『クルアーン』とともに『旧約聖書』(創世記からサムエル記までと詩編)、『新約聖書』の『福音書』が含まれる。
預言者(使徒)	神の言葉を預かり伝える者(◔p.44)。ムハンマドだけでなく、モーセやイエスら『旧約聖書』、『新約聖書』の預言者たちも含まれる。
来世(終末の日)	天国と地獄に関する教え。人間は最後の審判(終末)を迎えた時、生前の生き方を厳しく裁かれる。だからこそ、今すぐ神の道に戻り、正しく生きなければならないという。
天命(予定、定命、運命)	神の意志の唯一絶対性に関する教え。生も死も、罪も救いもすべて、人間の意志に関係なく、神の意志一つで決まっている。しかし同時に、慈悲深い神は、悔い改める人間を受け入れて恵みを与えるという。

BOOK 『一冊でわかる　イスラーム』(マリーズ・リズン、岩波書店)現代の問題をふまえて基本的知識を解説。

答 p.52 ✕ 23

重要用語 **99** イスラーム、**100** メッカ、**101** アッラー、**102** 『クルアーン』、**103** ヒジュラ(聖遷)、**104** カリフ、**105** 六信

③ 五行 — イスラームの宗教実践 頻出

イスラームの宗教実践では、**五行（五柱）**と呼ばれる5つの行為が、宗教的務めとして定められている。それは、ムスリム一人ひとりが神に負う義務であり、**信仰告白、礼拝、喜捨、断食、巡礼**がある。

信仰告白（シャハーダ）

「アッラーのほかに神はなし」と「ムハンマドはその使徒なり」という二つの最も根本的な信条の宣言。

▶**サウジアラビアの国旗** イスラーム国家であるサウジアラビアの国旗には、信仰告白の言葉の文字がアラビア語で描かれている。

礼拝（サラート）

1日5回、特定の時間に、メッカに向かってひざまずき、額を地面につけて平伏すること。根本は神の恵みに対する感謝。

●礼拝の方法（1回20分程度かかる）

①メッカの方角を向き、②神を讃え、③コーランの章句を唱え、④〜⑧おじぎや平伏を繰り返し、⑨神を讃え、⑩信仰告白と⑪⑫挨拶を行う。

喜捨（ザカート）

所得に応じたイスラームの救貧税。『クルアーン』は困窮者、孤児などに富を分け、互いに助け合う相互扶助を行うよう教えている。

断食（サウム）

イスラームのヒジュラ暦9月（**ラマダーン月**）に、日の出から日没まで飲食を断つこと（病気、妊娠中、授乳中、旅行中などの人は後日断食する。子どもは除外）。老人や断食の無理な人は貧者に施しをして埋め合わせる。写真は日没後の食事。

巡礼（ハッジ）

カーバ神殿と周辺の聖所への大巡礼。一生に一度、ヒジュラ暦12月に行う。行う余裕のある人の義務とされる。

④ イスラームと共同体（ウンマ） 頻出

イスラームとは、アラビア語で自分自身を相手にすべて委ねることを意味する。**ムスリム**はイスラームと同じ語源を持ち、**絶対的帰依者**という意味である。キリスト教では神と人間の関係は父と子の愛として理解されるが、イスラームでは主従の絶対的従属関係として理解される。ムハンマドの登場以前、アラビアの部族社会は、部族ごとに神がいる多神教的世界であった。しかし、絶対的唯一神（アッラー）への絶対帰依は、部族的・血縁的集団の垣根を越え、**神の前に万人が平等**とされる信仰共同体を作る。**ウンマ***と呼ばれるこの共同体では、実際に多神教時代の部族社会内の階級特権や権利・義務関係のすべてが取り消された。

*ウンマ イスラームの信仰共同体。部族や血族によらず、神への信仰のみをよりどころとし、宗教と政治が一体となった新しい共同体。戦死者の遺族を他の家に迎え入れるなど、相互扶助の役割も果たした。

イスラームの規範

ハディース（ムハンマドの言行の伝承）もイスラーム法の一部をなす

第一の規範	第二の規範
クルアーン	**シャリーア**（イスラーム法）

↑ 根拠づける

ムハンマドら預言者による模範となる言行＝**スンナ**と呼ばれる

解説 共同体の法 『クルアーン』のもとで生きるムスリムの実践を明らかにするため、**シャリーア***と呼ばれるイスラーム法が生まれた。イスラーム法は神と人間との関係や人間同士の関係を規定しており、婚姻や相続などの規範も含んでいる。その解釈は、イスラームが**スンナ派、シーア派**などに分派**した後は、派によって異なる。

*シャリーア 水場に至る道を意味する。つまり、救い・生命に至る道ということ。
**分派 スンナ派はスンナに従う人々であり、初代から4代目のカリフを認める人々。一方シーア派は、初代から3代目のカリフを認めず、4代目のカリフでムハンマドの娘婿であるアリーを支持する人々。預言者ムハンマドの後継者を誰と考えるかをめぐって分裂した。

入試に○×チャレンジ 25 ムハンマドは、神から啓示を与えられた唯一の預言者であり、彼の受けた啓示の言葉がクルアーン（コーラン）である。（2017年追試）

源流の思想

3

イスラーム

5 警告者ムハンマド

> 終末の場面はどのようなものだろうか。
> ムハンマドの警告内容を確認しよう。

……いざ我ら（アッラー自称）が彼らを、あの疑いの余地もない日（最後の審判の日）のために喚び集めたら、一体どのようなことになるであろうか。一人一人の魂が、それぞれ自分の（現世で）獲た稼ぎ高だけきっちり支払って戴き（賞罰ともに自分が現世でなした仕業の善悪の額によって正確に与えられ）、不正を受け取ることなど全然ないあの日には。

（『クルアーン』井筒俊彦訳「コーラン（上）」岩波文庫）

いや、いや、どかんどかんと大地が砕かれ（天地の終末の光景）、
主が臨御し給い、諸天使また隊伍堂々入場し、
そこへジャハンナム（ゲヘナ）＊が持ち込まれて来る（地獄を巨大な釜にみたてている）、その日、
その日こそ、さすがの人間もはっと気がつく。が、さて、（今ごろ）気がついたとてなんになる。
「ああ、こうと知ったら（来世の）生命のためにはじめから（現世にいたころから）備えておくのであったに」と。なにしろその日には、（アッラーが）他の誰にも真似のできない罰をお下しになる。

（『クルアーン』井筒俊彦訳「コーラン（下）」岩波文庫）

＊ジャハンナム（ゲヘナ）　地獄のこと。

6 クルアーンと啓典の民 出題

> ムスリムは、イエスやアブラハムをどう位置づけていたのだろうか。

（その神様が）お前がたの信仰としてお定めになったのは、かつてヌーフ（ノア）に託し給うたのと同じもの。我ら（ここで急に一人称に変わる。同じくアッラー）が汝（マホメット＊）に啓示したもの、またかつてイブラーヒーム（アブラハム）やムーサー（モーセ）やイーサー（イエス）に託したものと同じこと。すなわち、「この宗教をしっかと打ち建てよ。この点については決してばらばらになるな」という（お言葉）。だが、多神教徒にして見れば、まったくとんでもない話なのだ、汝が勧めるようなもの（一神教の信仰）は。アッラーは御心のままに誰でも選び出して御自分の方に引き寄せ給う。改悛＊＊する者は誰でも導いてお手元に引き寄せ給う。

ところが彼ら（ユダヤ教徒やキリスト教徒など「啓典の民」）は、こうして教えて戴いておりながら（唯一の宗教を守るべきであるというお告げを戴いておきながら）、お互い同士の張合いから遂にばらばらになってしまった。主があらかじめ一定の時限をきめておかれなかったなら、とうに彼ら片がついてしまったことであろう（天罰を被ってしまったろう）。……

このような次第ゆえ、汝はみなを（正しい唯一の宗教に）誘い、自分はひたすら命じられた通りに真直ぐな道を進むがよい。

（『クルアーン』井筒俊彦訳「コーラン（下）」岩波文庫）

＊マホメット　ムハンマドのこと。　＊＊改悛　自らの行いや過ちを悔い改めること。

解説　最後の審判（終末論）　神の啓示を受けたムハンマドは、メッカの人々に神の言葉を告げた。それは最後の審判の日を告げるものであり、神に立ち返り、神の前に正しい行いをするように呼びかけるものであった。最後の審判の日という考え（終末論）は、ペルシア起源のゾロアスター教にみられる思想であり、ユダヤ教、キリスト教にも影響を及ぼしている。

解説　弱者・貧者の救済　ムハンマドは迫りくる最後の審判を豊かな視覚的表現を用いて鮮やかに伝え、人生の意味が、今この瞬間に問われていると警告する。そして、「タクワー」と呼ばれる神への怖れ、唯一の神に帰依する信仰（イスラーム）と、喜捨などの正しい行いを教える。ムハンマドが幼くして両親を亡くしているためか、『クルアーン』には孤児への言及も多い。

解説　ムスリムと啓典の民の関係　イスラームではユダヤ教徒やキリスト教徒を、同じ書物を聖典とすることから啓典の民と呼んだ。啓典の民の身分はムスリムよりも低い「被保護者（ジンミー）」であり、人頭税を支払う必要があったが、信仰は守ることができた。『クルアーン』では改宗の強制は禁じられており、また啓典の民の支払う人頭税は重要な財源でもあった。

メモ　ジハード　聖戦と訳されるが、本来「神の道のために努力すること」を意味する。『クルアーン』が課す戦いの義務は、不信仰者からの迫害に対抗し、信仰共同体を守る努力であり、無用な敵意や攻撃は戒めている。

▶「アダムとイブの楽園追放」を描いたミニアチュール（トルコ、トプカプ宮殿博物館）『クルアーン』には『旧約聖書』と同じ楽園追放のエピソードもある。

コラム　クルアーン（コーラン）　頻出

『クルアーン（コーラン）』に記された言葉は、約20年にわたってムハンマドに神（アッラー）から啓示されたもので、神がムハンマドを訪れ、彼の口を通じて語った言葉、アラビア語で記録されたものである。「クルアーン」は「読誦」という意味で、それは声に出して朗誦するものとされた。神の言葉を記したものであるため書物自体も大切にされ、美しい様々な書体があり、宗教的な芸術品でもある。『クルアーン』の内容には、『旧約聖書』（特に、創世記からサムエル記までと詩編）や『新約聖書』の「福音書」に似た話も多い。

▲美しい装飾が施された『クルアーン』

イスラーム世界の広がりと生活

ムスリムと呼ばれるイスラームの信徒の人口は、世界人口の4分の1近くを占める。彼らは現在でも信仰と一体となった生活を営みながら、新しいものも取り入れ、発展を続けている。現代のイスラーム世界を見てみよう。

ムスリムの多く居住する地域

世界に広がるイスラーム

イスラームといえば多くの人は、日本から離れた、アラビア半島や北アフリカの国々を思い浮かべるかもしれない。しかし、日本に近いアジアにも、東南アジアを中心に、多くのムスリムが暮らしている。中でもインドネシアは、人口の9割近くがムスリムであり、世界最大のイスラーム国家である。イスラームが世界的に広がっている理由は、すべての人間が唯一神アッラーの前において、人種、民族、身分に関係なく平等であると説く点にあると考えられる。

▲ブルジュ・ハリファと周辺のビル群（アラブ首長国連邦・ドバイ）　ブルジュ・ハリファは高さ828mの世界一高い超高層ビルである。ムスリムの多い中東地域には産油国が多く、石油がもたらすオイル・マネーにより開発が急速に進められている。

▶ハラール・フードが並ぶ棚（ハラール・エキスポ、2010年、フランス）

▲ムスリム向けのツアーでハラール・フードを食べる人々（2012年、沖縄）　イスラームでは豚肉や酒の飲食が禁止されるなど、食品についても厳しい戒律がある。そのため、ムスリムが食べられる「ハラール・フード」に対応した沖縄へのツアーが企画された。ムスリムの人々との交流も深まっている現在、異文化を受け入れるための対応が必要とされている。

▶ムスリム女性のファッションショー（インドネシア）　女性は顔と手以外の肌や髪を出してはいけないというイスラームの戒律を守りつつ、よりお洒落な服を着たいというムスリムの女性たちの思いに応えて、華やかな服装を提案するファッションショーが開かれている。

◀スーフィの旋舞と観賞する観光客（トルコ）　13世紀に現在のトルコで神秘主義者（スーフィ）によって結成されたメヴレヴィー教団は、旋舞によって神との合一をめざした。現在のトルコでは、彼らの旋舞は観光客向けとしてのみ認められている。

出題▶

イスラーム金融とは？

イスラームの聖典『クルアーン』ではお金を貸して利息を取ることが禁じられている。そのため、イスラーム世界ではシャリーア（イスラーム法）に基づいて独特のしくみで金融が行われている。例えば企業が工場を建設したい場合、銀行が建築の資金を企業の代わりに支払って工場を建て、その企業に販売する。その際、販売の価格を工場建設の価格よりも高く設定し、その差額を利益とする。こうして、実質的にお金の貸し借りを行っている。ほかにも、銀行は豚肉やアルコールなど、イスラームの教えで禁じられているものに関係する人を取引の相手にすることができない、といった決まりもあり、取引相手は事前にシャリーア（イスラーム法）に照らして適切かどうかを審査される。

▶ドバイのイスラーム銀行（アラブ首長国連邦・ドバイ）

入試に○×チャレンジ　26 イスラーム教では、あらゆるものは究極的には神の所有物とされるが、人にはそれを用いる権利が与えられており、貸した金から利子を得ることも広く認められていた。（2017年本試）

4 仏教

仏教寺院の大塔(インド・ブッダガヤ)

概観 古代のインドでは、苦しいこの世界に生まれ変わりを繰り返す輪廻(りんね)から解放される、解脱(げだつ)を求める思想が深められていった。解脱は学問や苦行などで可能となると考えられた。それに対し、紀元前5世紀に生まれた仏教の開祖ゴータマ・シッダッタは、苦行を否定し、執着を捨てることで解脱できるとしてその実践方法を説いた。ゴータマの教えは弟子(でし)たちに受け継がれ、その後、教団の分裂などを経ながらも、おもに東・東南アジアに広がっていった。

要点の整理
　　　　　　　　　　　は入試重要用語

```
バラモン教 → 都市の発達 → 仏教は苦行を否定
仏教
ジャイナ教 ← 民間信仰 → ヒンドゥー教 / 密教
```

❶仏教以前のインド思想 ●p.60

●バラモン教(ヴェーダの宗教)

ヴェーダ……バラモン教の聖典。最古のヴェーダは『リグ・ヴェーダ』

ヴァルナ制……4つの身分による身分制度。カースト制度と呼ばれる厳しい身分制度のもととなる
　　　　バラモン(司祭者)・クシャトリヤ(王族・武人)・ヴァイシャ(庶民)・シュードラ(隷属民)

●ウパニシャッド

ウパニシャッド哲学……ヴェーダの真意、呪術の秘法などが体系化された『ウパニシャッド』に基づく哲学

輪廻……生前の行為(業(ごう)・カルマ)により次の生存がどのようなものか決まるという考え方
自業自得、因果応報……過去世・現世・来世という形で、人の一生が連鎖する
解脱……苦しみに満ちた、輪廻する世界からの脱却→インド思想の基底
梵我一如(ぼんがいちにょ)……世界の原理である**ブラフマン(梵)**と自己の本質である**アートマン(我)**は一体であること
　　　　両者が一体であることを体得すれば解脱できる

●ジャイナ教(開祖:ヴァルダマーナ)

厳密に戒律を守り、苦行を行う。特に**不殺生(アヒンサー)**という戒律を重視

❷ゴータマ・シッダッタ(前463頃~前383頃)●p.62

出家して悟りを得る→初転法輪(しょてんぼうりん)で初めて仏教教義(おもに四諦、中道、八正道)を説く
●四苦八苦……**生老病死(四苦)**+怨憎会苦・愛別離苦・求不得苦・五蘊盛苦
●四法印……世界の4つの真理を悟り、無知(無明・煩悩)からの解放をめざす
　　諸行無常、諸法無我、一切皆苦、涅槃寂静
●縁起説……すべては相互依存の関係、何らかの因縁。例:無知(無明)が原因で一切皆苦
●四諦……苦諦、集諦、滅諦、道諦の4つの真理を因果関係で説く
●中道……極端の否定。八正道として具体的に示され、煩悩から自由になるための修行法となった
●慈悲……命あるものへの慈しみ、憐れみ。与楽・抜苦

❸仏教の展開 ●p.66

上座仏教……出家者が自力で修行の完成をめざす→めざす修行者の姿は**阿羅漢(あらかん)**
大乗仏教……一切衆生の救済をめざす→利他を重視。めざす修行者の姿は**菩薩(ぼさつ)**
　　利他という修行法が**六波羅蜜(布施・持戒・忍辱・精進・禅定・智慧)**として説かれる
●空の思想……**ナーガールジュナ(竜樹)**が確立。万物は確定・限定ができず、**無自性**であるとする
●唯識思想……**アサンガ(無著、無着)・ヴァスバンドゥ(世親)**が確立。すべての事物は、心の働きである識の作用がもたらしたもので、実在するものではないとする

■インド思想の比較

	バラモン教・ヒンドゥー教	ジャイナ教	仏教(ゴータマ・シッダッタ)
共通点	この世は苦に満ちており、輪廻からの解脱が究極の救いであると考える		
アートマン	認める。存在の根拠	認める。存在の根拠、霊魂	認めない。諸法無我・諸行無常
解脱の方法	苦行を行う 梵我一如	厳格な戒律の下で苦行を行う 特にアヒンサー(不殺生)を重視	苦行は行わない　中道 八正道により真理に至る
ヴァルナ制	肯定	否定 特にヴァイシャ層に広まる	否定 特にクシャトリヤ層に広まる

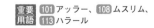

源流の思想

仏教以前のインド思想

1 バラモン教（ヴェーダの宗教）出題

バラモン教（ヴェーダの宗教）は多神教で、聖典『ヴェーダ』と祭式儀礼を通じて神々とつながる**バラモン**（ブラーフマナ）を中心とした宗教である。その特徴は、バラモンを頂点とする身分秩序と呪術性の高さである。「ヴェーダ」はもともと「知識」という意味で、特に神聖な知識を表し、神聖な知識が集められた聖典もさすようになった。

この宗教をもたらしたアーリヤ人は、北インドを征服して**ヴァルナ制**という身分制度を作り、氏族制農村社会を築いた。この制度は、バラモン教に民間信仰などを取り込んで形成された**ヒンドゥー教**にも引き継がれ、身分ごとに権利・義務（**ダルマ**）が定められている。

解説 ヴェーダ 広義のヴェーダはインド哲学における文献の大半をさすが、通常はその中の『リグ・ヴェーダ』、『サーマ・ヴェーダ』、『ヤジュル・ヴェーダ』、『アタルヴァ・ヴェーダ』という4つのヴェーダをいう。この中で最古の『リグ・ヴェーダ』は、紀元前1000年頃には成立していたとされる。

2 ヴァルナ制

ヴァルナ制とは、アーリヤ人が北インドを征服したことを契機に形成されていった身分秩序で、バラモン、クシャトリヤ、ヴァイシャ、シュードラの4つのヴァルナが存在する。この身分秩序はバラモン教と密接に関係することから、仏教やジャイナ教など、バラモン教を否定して生まれた宗教は、ヴァルナ制も否定している。インドにはヴァルナのほかに職業や地縁によるジャーティという世襲の社会集団が存在し、ジャーティ集団をヴァルナ制の大枠の中に位置づけた**ヴァルナ・ジャーティ制**が、10世紀前後に成立した。これがのちに**カースト制度**と呼ばれるものである。

ヴァルナ制

- バラモン（司祭者）
- クシャトリヤ（王族・武人）
- ヴァイシャ（庶民）
- シュードラ（隷属民）
- アヴァルナ（不可触民）

解説 ジャーティ ジャーティは、「壺作りのジャーティ」など職業に対応したものが多く、その数は数千ともいわれ、異なるジャーティの者との飲食、結婚は原則的に禁止されていた。現在、インド憲法でカースト制度に基づく差別は廃止され、近代化や都市化に伴って生活様式が変化し、特定のジャーティと関係しない職業も増えているが、結婚の際に考慮されるなど、一部では根強く残っている。

原6 3 『ウパニシャッド』

『**ウパニシャッド**』とは、『ヴェーダ』の真意、呪術の**秘法**などが体系化され、それが口伝で引き継がれた哲学書である。「ウパニシャッド」はもともと「近くに坐る」という意味で、そこからバラモンの師弟の間に口伝された秘密の教えを意味するようになった。バラモンの中には、現世利益の呪術によって王侯貴族に取り入り、権勢を拡大する者もいたが、前8〜前7世紀頃になると、祭式中心主義を批判し、哲学的思索や精神的幸福、宇宙と自分の意味などを追究する者が現れ、**ウパニシャッド哲学**が構築されていった。

『ウパニシャッド』のおもな内容
❶ブラフマンとアートマンが実在すること
❷ブラフマンとアートマンは永遠不滅で万物の本質であること
❸ブラフマンとアートマンはもともと一つであること（梵我一如）
❹輪廻と解脱

4 輪廻 出題

輪廻とは、人は生まれ変わりを繰り返し、生前の行為が次にどのような境遇で生まれるかの根拠となるという考え方である。現在の状態は、過去の行為である**業**（**カルマ**）の結果であり、また、今の自分の状態によって、来世の自分の状態が変化するとされる。現世でいかに生きるかが来世のあり方を決めるということは、**自業自得**＊、あるいは**因果応報**＊＊を意味する。

たとえ優れたバラモンでも、その命には限りがあるし、何かのはずみで悪業を犯し、来世で身を堕とすかもしれない。輪廻が続く限り、その恐怖や苦しみはなくならない。そのため、**輪廻するこの世界は苦しみの世界**であり、迷いの世界であるととらえられ、輪廻からの解放である**解脱**の探究が進められた。

解説 インド思想の特徴 限りない生と死の連続である輪廻を苦しみと考えるのは仏教だけではなく、インド思想に共通する思想である。そのため、インド思想は輪廻から解放される解脱を求める思想だといえる。

＊**自業自得** 自分の行為の報いを自分自身が受けること。
＊＊**因果応報** 過去の行いが原因となって、現在に過去の行いの結果がもたらされること。

メモ **インドの言葉ではない** インド思想に関してよく知られている「カースト」、「ヒンドゥー教」などの用語は、ヨーロッパ人がつけた呼称であり、インドの言葉ではない。また、「バラモン」は、漢字に音写された「婆羅門」をカタカナにしたもの。

入試に○×チャレンジ 27 ウパニシャッド哲学では、人間を含むあらゆる生きものが行った行為、すなわち業（カルマ）の善悪に応じて、死後、種々の境遇に生まれ変わると考えられた。（2017年本試）

5 梵我一如 出題▶

梵はブラフマン、我はアートマンの漢訳で、この二つが一体となることを梵我一如という。ブラフマンとは本来、**世界の原理で世界の永遠不変な本質である**から、人間には誰でもブラフマンが内在する。一方、アートマンはもともと呼吸という意味であったが、生命の本質・魂を表すようになり、他と自分を区別する本質という意味になった。この二つが実は一体であり、**自己の本質（我）は唯一無二で永遠不変な世界の原理（梵）と同一（梵我一如）である**ことを体得すれば、自己の本質は輪廻するこの世を超越していることにも気づくことができる。そうすれば、輪廻の苦しみという泥沼から解放され、自由になれる。『ウパニシャッド』においては、**学問や苦行などを通じて梵我一如を体得することで、解脱が可能となる**と考えられた。

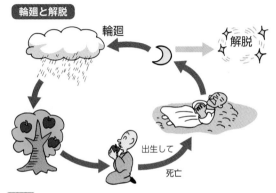

輪廻と解脱

輪廻　解脱　出生して　死亡

解説　**二つの道**　上の図は『ウパニシャッド』で説かれた輪廻思想を図化したものである。死者は火葬されて月に行き、生前の行いに従って解脱への道と輪廻への道の二つに振り分けられる。輪廻の場合、雨となってこの世に戻り、大地の一部となって食物に取り込まれ、それを食べた男性の精子となり、女性の胎内に入って転生を遂げると考えられた。

コラム　ジャイナ教のアヒンサー 頻出

ジャイナ教はヴァルダマーナ（マハーヴィーラ）を開祖とする宗教で、苦行を通じて真理を体得することと、霊魂の不滅を説くことを特徴とする。ヴァルナ制を否定し、おもに都市の商人に広がった。戒律を徹底的に守っており、万物に霊魂があると考えるため、特に**不殺生（アヒンサー）**という戒律を重視している。アヒンサーを守る最も良い方法は断食で、最も理想的な死は断食死とされる。アヒンサーは言葉にも当てはめられ、人を傷つける言葉はアヒンサーに反する。

また、ジャイナ教徒の大半は、宝石商や金融業など生き物を直接扱わない職業についている。また、アヒンサーに基づき、肉や魚はもちろん卵も食べてはいけない。根菜や球根類は植物の卵だと考えるので、これも食べてはいけない。厳格な信徒は、誤って空中の虫を口に入れてしまわないようにマスクをし、座る前にその場の虫をよける必要があり、そのために幕を持って外出する。この徹底ぶりがジャイナ教の特徴である。

▲マスクをし、幕を肩にかけて歩くジャイナ教徒の女性

原典資料

6 ウパニシャッド

🔍 アートマンの存在を、どのように説明しているだろうか。

　（ウッダーラカ*はいった。）「この塩を水のなかに入れて、あすの朝わしのところへ来なさい」

　彼（シヴェータケートゥ**）はそのとおりにした。彼に父がいった。「おまえが晩に水のなかに入れておいた塩を、さあ、もって来なさい」

　彼はそれを捜したが、見つからなかった。（塩は）溶けてしまったようであった。

　「では、その水を（こちらの）端から啜ってみなさい。どのようだ」

　「塩からいです」……

　「それを捨てて、わしのそばにすわりなさい」

　そこで、彼はそのとおりにした。（塩は見えなくなっても）それはずっと続けて水のなかに存在するのである。父は彼にいった。

　「まことに、愛児よ、おまえはここ（身体）に有を認めないが、（それは）まさしくここにあるのだ。

　この微細なもの、——この世にあるすべてのものはそれを本質としている。それは真にあるもの、それはアートマンである。シヴェータケートゥよ、おまえはそれである」

（『ウパニシャッド』服部正明訳「世界の名著1」中央公論社）

解説　**目に見えないが確かにある**　水に溶けた塩は目には見えないが、塩水をなめれば塩辛い。そのため、見えないほど小さくなってはいるものの、塩は水の中に実在していると考えられる。我（アートマン）の本質も水の中に溶けた塩と同じであり、何もせずに水が塩辛くなることはないように、無から有は生まれず、有から有が生まれると考えられた。そこですべてを生み出す源である根源的な有とされたのが、梵（ブラフマン）である。我が有である以上、我は根源的な有であるブラフマンから生み出されたということになる。そのため、もともとは梵我一如である。

＊ウッダーラカ　前8世紀頃のインド哲学者。初期のウパニシャッドに登場し、「有の哲学」で知られる。

＊＊シヴェータケートゥ　ウッダーラカの子。

源流の思想

犀の角のようにただ独り歩んだ「ブッダ」

ゴータマ・シッダッタ

前463頃〜前383頃

★★★★★

他人の間違いに目を向けるな。他人がした事、しなかった事に目を向けるな。ただ自分がやった事、やらなかった事だけを見つめよ

年(年齢)	生涯
紀元前	
463頃(0)	現ネパールのルンビニーで、シャカ族の王子として誕生
447(16)	ヤショーダラらと結婚
434(29)	カピラヴァストゥを脱出して出家、修行者となる
428(35)	ブッダガヤにて悟りを開くサールナートにて初転法輪、仏教教団が成立
427(36)	祇園精舎などの寄進を受け、教団発展の基礎を築く
383頃(80)	クシナガラで入滅

＊シッダッタ ゴータマ・シッダッタはパーリ語で、サンスクリット語だとガウタマ・シッダールタとなる。

＊＊禅定 心が散乱せず安定した一定の状態になること(→p.213)。

略伝 現ネパールのルンビニーで、シャカ族の王子として生まれた。シッダッタ＊という名前は、すべてのことがみな成就するという意味である。生後7日目に母マーヤーが病死し、その妹に育てられた。何不自由ない青春時代を送り、3人の妃を持った。そのような中でも思索を好み、自分も老い、病み、死ぬことを思い、快楽を避け修行して静寂の境地に至りたいと考えるようになった。29歳の時、妻子を捨てて出家し、断食などの苦行に励んだものの、苦悩の根本的解決という目的は達成できず、悟りを得ることもできなかったため、苦行を中止した。さらに修業を続けたのち、ついに禅定＊＊により、独力で真理を悟った。そしてサールナート(鹿野苑)(→p.65地図)へ向かい、初めて教えを説いた(**初転法輪**)。その後、各地を遍歴して説法を続け、多くの修行者が弟子入りした。80歳の時、クシナガラ(→p.65地図)の沙羅双樹の下で入滅＊＊＊した。

＊＊＊入滅 釈迦や高僧が死に、涅槃に入ること(→p.65)。

ゴータマ・シッダッタの思想

❶四法印とは何だろうか。

この世は苦しみに満ち、永遠不変なものなどないことを理解し、執着を捨てれば、解脱できるということ。
→②、原典資料⑥

❷縁起説と四諦とは、どのような考え方だろうか。

この世は因果・相互依存の関係で成り立っており、煩悩という原因を絶つ八正道の実践によって苦という結果が消滅する。
→③、④、原典資料⑦、⑧

❸苦しみから救われる方法とはどのようなものだろうか。

極端な方法を捨て、八正道を実践して欲望や執着から離れ、真理を獲得する。
→④、原典資料⑧

1 四苦八苦 [頻出]

インドの思想では、この世は苦しみに満ちたものと考えられている。ゴータマは、その現実の苦しみを四苦八苦という形で説いた。

四苦	生老病死	誰もが体験する、人生の根本的な苦しみ
八苦	愛別離苦	愛する者と別れる苦しみ
	怨憎会苦	恨み憎む者に出会う苦しみ
	求不得苦	求めるものが得られない苦しみ
	五蘊盛苦	心身が活動するだけで生じる苦しみ

ゴータマの思想の全体像

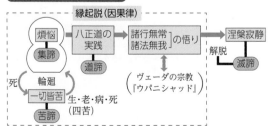

原⑥ 2 四法印 [頻出]

四法印とは仏教の教えを特徴づける4つの考え方である。法印とは法の特徴・真理(ダルマ)のエッセンスをさし、以下のように4つあるとされる。

❶一切皆苦	さまよう凡夫にとって、現実はすべて(一切皆)究極的には苦しみである(苦)
❷諸行無常	すべての現象(諸行)は生滅変化する(無常)
❸諸法無我	一切のもの(諸法)は永遠不変な本質(我、アートマン)を持たない
❹涅槃寂静	煩悩の火がすべて吹き消されたなら(涅槃、ニルヴァーナ)、無苦安穏の境地に至れる(寂静)

すべては無常であるにもかかわらず、永遠不変な本質(アートマン)を持つと誤解するために、苦しみが生まれる(❶〜❸の内容)。それを悟ることができれば、心安らかに、最高の楽である❹の涅槃寂静が可能になるとされる。

入試に○×チャレンジ 28 縁起の法を理解すれば執着を離れることができるのは、ものはいずれも、永遠の実体をもたず、他のものを原因や条件にして生じたり消滅したりするが、それと同じように、執着する心も永遠ではなく、時間の経過とともに静まっていくのが定めであると分かるから。(2017年追試)

原7 ③ 縁起説 出題▶

縁起とは「縁りて起こること」であり、様々な条件によって生じる現象の起こり方の原理、つまり変化の法則という意味である。この世の様々な現象は常に変化し続けるが、その変化は偶然ではなく、一定の条件のもとでは一定の変化を起こすとされた（**縁起説**）。様々な現象には必ず何かの**因縁***があるということは、**必ず何かに依存している**といえるため、完全に独立して存在するアートマンはないと考えられた（**諸法無我**）。また、縁起説によれば、無知（**無明**）が原因となって、最終的な結果として苦しみが生じることになる。

***因縁** 因とは直接的な原因。縁とは環境要因や条件のような間接的な原因。「縁起」は「因縁生起」を略したもの。

> **メモ** 縁起がいい、悪いって何？　縁起は原因や条件とその結果の関係を示す概念だから、もともとは「いい」も「悪い」もない。しかし、のちに日本では、神社仏閣などの由来という意味に変わり、さらに幸せ・不幸の原因・前兆という意味にも使われるようになった。

原7 ④ 初転法輪

初転法輪*とは、ゴータマが初めて仏教教義を説いたことをさす。初転法輪で説かれたのは、おもに四諦、中道、八正道といった真理（**ダルマ**）であった。

***転法輪** 「法輪」とは仏教の教義のことで、それを伝えることを「転」という。

（１）四諦 出題▶

四諦とは、４つの真理という意味である。これらは因果関係（縁起）にあり、**集諦**における煩悩から**苦諦**における苦しみが生まれる。また、八正道を行うと（**道諦**）、その結果として苦しみが消滅する（**滅諦**）。この世は諸行無常・諸法無我であるが、そうではないと思っているから**煩悩**が消えず、苦しみはなくならない。八正道（➡ 原典資料 ⑧ (2)）の実践を通じてこの世の真理を悟れば、苦しみが自然と消滅するとされた。

苦諦 この世のすべては苦しみである（＝一切皆苦）という真理	**集諦** 苦の原因は欲望（煩悩）であるという真理

果　病気の症状　因　病気の原因

滅諦 執着を捨てることが苦の消滅であるという真理	**道諦** 八正道の実践が煩悩を除き苦を消滅させる道であるという真理

果　病気の回復　因　病気の治療

※四諦は病気の治療に例えて説明される。

（２）中道 頻出

中道とは、快楽主義（現世利益の追求）と、苦行主義（苦行の徹底）という両極端を否定し、適切な実践・修行を行うことである。この適切な実践・修行は、**正見**（正しい見解）、**正思**（正しい判断）、**正語**（正しい言葉）、**正業**（正しい行為）、**正命**（正しい生活）、**正精進**（正しい努力）、**正念**（正しい配慮）、**正定**（正しい精神集中）という、８つの正しい修行法である**八正道**（➡p.65）として説かれた。ここで言う「正しい」とは、快楽主義にも苦行主義にも偏らない中道であるという意味である。

最も根本的な**煩悩**は、**貪・瞋・癡***の三つとされ、あわせて**三毒**といわれる。この三毒を打ち消し煩悩から解放されることを目的とするのが中道であり、その具体的な実践例が八正道である。八正道により、自分も他者もともに大事にする中道こそが、平安をもたらす方法であると考えられた。

***貪・瞋・癡** 貪とは欲望を抑制せずむさぼること、瞋とは感情を抑制せず怒り憎むこと、癡とは真理に対する無知のことである。

⑤ 慈悲

ゴータマは、生きとし生けるものすべて（一切衆生）に対する**慈悲**を、母親が我が子を命がけで護りたいという思いになぞらえて説いた。慈悲の「**慈**」とは「**いつくしみ**」で、**生けるものすべてに平安を与える**（**与楽**）ということである。一方、「**悲**」は「**あわれみ**」で、苦しみを取り除くこと（**抜苦**）である。このように、生けるものすべてを対象とした無差別性に、仏教が世界宗教となる理由がある。

> **メモ** ゴータマの尊称　釈迦（シャカ）は釈迦牟尼の略で、シャカ族の聖者という意味。仏陀（ブッダ）はサンスクリット語で「目覚めた人」「悟った人」を意味する尊称。

コラム　出家できない人はどうするか？

仏教では、出家して修行し、苦悩から解脱することをめざす。しかし、すべての人が出家できるわけではない。そこで、現在の生活を捨てて出家することができない人は、少しでも悟りを開こうとする意志を示せばよいとされた。その「意志」は、仏陀に敬礼するという形式をとることで表す。このように、仏教を信仰するにあたって出家まで求められないことで、より信者の裾野が広がったといえる。これが、仏教の世界的な普及につながった。

悟りへの意志を示すための敬礼は、サンスクリット語で「namas」という。これは、現在のインドの挨拶「ナマステ」ともとは同じ語である。

▲「ナマステー」の挨拶をするインドの子ども

6 諸行無常

> 諸行無常や諸法無我といった四法印はどのように説かれているだろうか。

「師よ……世尊*にお目にかかりに行けるだけの体力が、もうわたしの身体には残っておりません」

「ヴァッカリ**よ、もうそういうことはよしなさい。おまえが、（わたしのやがては）腐敗してゆくこの肉身を見たからといって、それがいったい何になろう。ヴァッカリよ、ものごとの理法を正しく見る者は、わたしを見るのであり、わたしを見る者は、ものごとの理法を正しく見ることになるのです。ヴァッカリよ、ものごとの理法を正しく見ている者は、（結局その理法にほかならない、この）わたしを見ていることになり、わたしを見ている者は、（結局のところ）ものごとの理法を正しく見ていることになるからです。

ヴァッカリよ、ものは、永遠に不変のものなのか、それとも無常なのか、おまえはこのことをどう考えるか」

「師よ、無常です」

「感受、想念、因果的存在、心は永遠に不変なのか、それとも無常なのか」

「師よ、（それらはすべて）無常なものです」

「こういうわけだから、このように（すべてのものが無常であることを）みて、再びこの（苦の）世界に生をうけることはないと知るのである」

（『大蔵経　相応部経典』長尾雅人・工藤成樹訳「世界の名著1」中央公論社）

7 縁起説

> すべては過去・現在・未来に連なる、因果関係・相互依存の連鎖によって成り立っている。この連鎖を断ち切ることが解脱への手段である。

これあるとき、かれあり、これの生じることによって、かれが生じる。これなきとき、かれなく、これの滅することによって、かれが滅する。
── すなわち、迷い（無明）を条件（縁）として生成のはたらき（行）があり、生成のはたらきを条件として識知（識）があり、識知を条件として個体存在（名色）があり、個体存在を条件として六つの知覚の場（六処）があり、六つの知覚の場を条件として経験（触）があり、経験を条件として感受（受）があり、感受を条件として欲望（渇愛）があり、欲望を条件として（身体への）執着（取）があり、（身体への）執着を条件として生存（有）があり、生存を条件として誕生（生）があり、誕生を条件として老・死があり、憂愁・悲嘆・苦・憂悩・苦悶が生じる。このように、このあらゆる苦悩のかたまりがおこるのである。── それに反して、迷いがあますところなく滅し去られることによって、生成のはたらきが寂滅し、生成のはたらきの寂滅によって、識知が寂滅し、……欲望の寂滅によって、（身体への）執着が寂滅し、（身体への）執着の寂滅によって、生存が寂滅し、生存の寂滅によって、誕生が寂滅し、誕生の寂滅によって、老・死・憂愁・悲嘆・苦・憂悩・苦悶が滅する。このようにして、このあらゆる苦悩のかたまりが寂滅する。

（『大蔵経　中部経典』同上）

8 悟りへの実践法

> 極端な物事は、苦しみを生む。だから、極端な方法は苦しみを滅ぼす解脱の道につながらない。

（1）中道

比丘*たち、出家した者はこの二つの極端に近づいてはならない。二つとは何か。

第一にさまざまの対象に向かって愛欲快楽を追い求めるということ、これは低劣で、卑しく、世俗の者のしわざであり、とうとい道を求める者のすることではなく、真の目的にかなわない。また、第二には自ら肉体的な

解説 　**四法印**　物質的なものも、「感受、想念、因果的存在、心」といった非物質的なものも、ともに無常であるという部分は、**諸行無常と諸法無我を示している**。それを理解すれば、解脱してこの世に生まれ変わることはなく、涅槃寂静に至ることができると説かれている。「法を見る者は仏を見る。仏を見る者は法を見る」というのは仏教において有名な定型句で、仏陀と真理（法）との関係を示す重要な考え方である。先入観や固定観念は、想念や心が永遠不変だという**我執**から生じる。我執を捨てることが、心を自由にし、真理に目覚める手だてであるという。

＊世尊　福徳ある者、世に尊敬されるべき者という意味で、仏の敬称。
＊＊ヴァッカリ　高名な仏弟子の1人。ここでは重い病を患っており、世尊に会いに行きたかったが果たせなかったため、逆に世尊がヴァッカリを訪れて会話している。

解説 　**十二縁起**　**縁起説**を説く部分である。無明から老死に至る12の要素を**十二縁起**という。無明→行→識→名色→六処→触→受→愛→取→有→生→老・死の順に因果関係でつながっている。過去、現在、未来に連なる苦しみがどうやって生まれるかを具体的に説いている。四諦・四法印を実践できれば、因果の始まりである無明が消滅するため、それが連鎖して最終的に苦である老・死が消滅する。

▲苦行するゴータマ

解説 　**初転法輪**　資料は**初転法輪**の一部である。ここでは、ゴータマ自らを如来**と称している。如来とは「真如（真理）から来るもの、真如へと去っていくもの」という意味である。

＊比丘　出家した男性。
＊＊如来　仏陀の尊称。解脱前の菩薩とは区別される。

解説 　**中道**　仏教における**中道**とは、極端に快楽や欲望を追求する生活と、極端に苦行的な生活の両方を避けるという意味で、実践と切り離せない思想である。

入試に○×チャレンジ　**29** もろもろの煩悩は苦しみや悲しみを引き起こすが、その根本原因は、無常や無我に関する無知にある。それゆえ、この世を貫く理法を正しく悟ることによって、煩悩から解放されることになる、とブッダは説いた。（2013年本試）

疲労消耗を追い求めるということ、これは苦しく、とうとい道を求める者のすることではなく、真の目的にかなわない。**比丘たち、如来**＊＊はそれら両極端を避けた中道をはっきりとさとった。これは、人の眼を開き、理解を生じさせ、心の静けさ・すぐれた知恵・正しいさとり・涅槃（ねはん）のために役だつものである。

（2）四諦（したい）・八正道（はっしょうどう）

　比丘たち、とうとい真実としての苦（苦諦（くたい））とはこれである。つまり、生まれることも苦であり、老いることも苦であり、病むことも苦である。悲しみ・嘆き・苦しみ・憂い・悩みも苦である。憎いものに会うのも苦であり、愛しいものと別れるのも苦である。欲求するものを得られないのも苦である。要するに、人生のすべてのもの —— それは執着をおこすもとである五種類のものの集まり（五取蘊（ごしゅうん））として存在するが —— それがそのまま苦である。

　比丘たち、とうとい真実としての苦の生起の原因（集諦（じったい））とはこれである。つまり、迷いの生涯を繰り返すもととなり、喜悦と欲情とを伴って、いたるところの対象に愛着する渇欲（かつよく）である。すなわち、情欲的快楽を求める渇欲と、個体の存続を願う渇欲と、権勢や繁栄を求める渇欲である。

　比丘たち、とうとい真実としての苦の消滅（滅諦（めったい））とはこれである。つまり、その渇欲をすっかり離れること、すなわちそれの止滅である。それの棄捨（きしゃ）であり、それの放棄であり、それから解放されることであり、それに対する執着を去ることである。

　比丘たち、とうとい真実としての苦の消滅に進む道（道諦（どうたい））とはこれである。つまり、八項目から成るとうとい道、すなわち、正しい見解・正しい思考・正しいことば・正しい行為・正しい暮らしぶり・正しい努力・正しい心くばり・正しい精神統一である。

（『大蔵経　相応部経典』桜部建訳「世界の名著１」中央公論社）

解説　八正道

八正道（以下の８つ）とは中道を具体的に示したもので、四諦のうち道諦（◯p.63）にあたる。

正見	無常を認めること
正思	離欲・慈悲に基づく意志
正語	言葉で人を傷つけないこと
正業	生活・命を傷つけないこと
正命	人のために役目を果たすこと
正精進	至らないところを克服すること
正念	自分を見失わないこと
正定	ありのままを見つめること

解説　五取蘊

五取蘊とは五蘊のことで、人間の肉体と精神を５つの集まり（蘊）とみなしている。解脱すればこうした心身の働きを離れられ、執着は発生せず、苦しみも生まれなくなるという。

色	色・形を持つすべての物質的存在	リンゴ
受	認識対象にふれて感受すること	「何かあるな」
想	感受したものをイメージすること	「リンゴだ」
行	イメージで心が動機づけられること	「おいしそう、食べたい」
識	色・受・想・行の４つを統一して事物を識別すること	おいしそうなリンゴなので食べたいと思った

源流の思想

コラム　ゴータマ・シッダッタの生涯

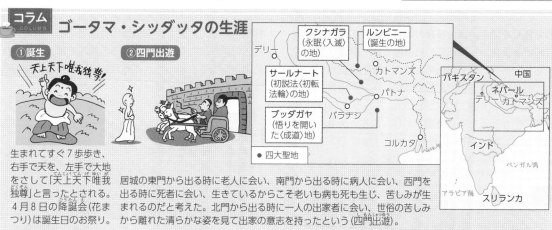

①誕生
生まれてすぐ７歩歩き、右手で天を、左手で大地をさして「天上天下唯我独尊（てんじょうてんげゆいがどくそん）」と言ったとされる。４月８日の降誕会（こうたんえ）（花まつり）は誕生日のお祭り。

②四門出遊
居城の東門から出る時に老人に会い、南門から出る時に病人に会い、西門を出る時に死者に会い、生きているからこそ老いも病も死も生じ、苦しみが生まれるのだと考えた。北門から出る時に一人の出家者に会い、世俗の苦しみから離れた清らかな姿を見て出家の意志を持ったという（四門出遊）。

クシナガラ（永眠〈入滅〉の地）
ルンビニー（誕生の地）
デリー
サールナート（初説法〈初転法輪〉の地）
ブッダガヤ（悟りを開いた〈成道〉地）
カトマンズ
パトナ
バラナシ
コルカタ
パキスタン
中国
ネパール
デリー　カトマンズ
インド
ベンガル湾
アラビア海
スリランカ
●四大聖地

③出家
29歳で出家し、苦行を続ける。断食をやめた際、最初に食べたのはスジャータという女性からもらった乳粥（ちちがゆ）。

④成道
ブッダガヤの菩提樹（ぼだいじゅ）の下で悟りを開く。12月８日の成道会（じょうどうえ）は、悟りを開いた日のお祭り。

⑤初転法輪
サールナートの鹿野苑（ろくやおん）で初めての説法を行う。

⑥入滅
クシナガラで激しい腹痛の末、北を枕にして入滅した。のちに遺骨を納めた仏塔（ストゥーパ）が各地に作られた。

仏教の展開

▶托鉢する僧侶（タイ）

◆仏教の伝播

五体投地　チベット仏教で行われる祈り。

モンゴル
敦煌　雲崗　4C
ガンダーラ　朝鮮
日本 6C
チベット　1C　竜門　4C　奈良
ラサ　仏教の誕生　中国
前5C
ブッダガヤ　パガン
アジャンター　前3C
アラビア海　アユタヤ
アンコール・ワット
0　1000km　マレー半島
セイロン
→ 大乗仏教
→ 上座仏教
→ チベット仏教　スマトラ　ボロブドゥール
数字は伝播の世紀（C）

▶敦煌莫高窟（中国）

◀涅槃仏（タイ）　▶ボロブドゥール遺跡（インドネシア）

源流の思想

4

仏教

1 教団分裂と上座仏教　頻出

　ゴータマ・シッダッタ（●p.62）の死から100年ほど経ったアショーカ王*治世の紀元前300年頃、戒律の解釈などを原因として、仏教教団（サンガ）は保守派の**上座部**と改革派の**大衆部**に分裂し、その後もさらに細かい派に分かれていった。この頃の仏教を**部派仏教**という。このうち上座部は、出家者（比丘・比丘尼）が**自力で悟りを開き、自分自身の解脱をめざす修行である自利行**を重視し、修行者の最高位である**阿羅漢**をめざすものであった。上座部の流れからは上座仏教が生まれ、おもに東南アジアに広がった。一方、大衆部は戒律の細かい規則にはこだわらず、ゴータマの精神を現実に生かそうとする立場であり、のちに**大乗仏教**につながっていった。

＊アショーカ王　インド亜大陸をほぼ統一した古代インドの王。仏教に帰依し、国外への布教活動も行った。

解説 阿羅漢　阿羅漢は古代インドのサンスクリット語でアルハットといい、尊敬や施しを受けるに値する聖者をさす。修行者の最高位を表すが、**利他**を積極的に行うとは限らないことから、利他行を中心とする大乗の立場から批判された。

◀大乗と小乗　大乗は大きい乗り物、小乗は小さい乗り物という意味である。小乗は、大乗の立場から上座仏教を批判した呼び方である。大きい乗り物には、自分だけでなく他者も乗せることができるが、小さい乗り物には自分しか乗れないということである。

2 大乗仏教の成立　頻出

　大乗仏教とは、**輪廻の泥沼に苦しむすべての生き物（一切衆生）の救済**をめざす仏教である。ここで求められた出家者の姿は**菩薩**であり、他者に対する慈しみと他者の苦しみに同情し救済しようとする心（**慈悲**）をもって、一切衆生のために行動する存在であるとされた。**自らの成仏よりも衆生救済を優先させるあり方が利他**であり、菩薩と大乗仏教の特徴である。**利他行**は成仏の条件にもなっており、その意味では、自らのための自利行でもあった。こうした成仏のための修行法は具体的に、**六波羅蜜**という形で説かれた。

六波羅蜜

- **布施**……財物を与え、真理を教え、安心を与える
- **持戒**……戒律を遵守する
- **忍辱**……堪え忍び、怒りを捨て慈悲心を持つ
- **精進**……絶えず努力を続ける
- **禅定**……散乱する心を集中させ、安定させる
- **智慧**……智慧を開き真相に至る。般若ともいう

解説 菩薩　菩薩はサンスクリット語で**ボーディサットヴァ**といい、「悟りを求める人」あるいは「悟りをそなえた人」を意味する。菩薩は仏となる（成仏する）ための修行者であるから煩悩を絶とうとするが、「一切衆生を救いたい」という願望は残っている。しかし、この願望も煩悩ということになるので、それを持ち続ける限り菩薩は仏にはなれない。そのため、菩薩は自らの成仏を捨ててまで衆生のために行動する慈悲あふれる存在とされ、多くの信仰を集め続けている。

メモ 身近な菩薩　道のところどころにある可愛らしい「お地蔵さま」も、「地蔵菩薩」という菩薩である。

入試に○×チャレンジ　30　アサンガやヴァスバンドゥによって確立された唯識思想では、すべての事物は、心によって生み出された表象にほかならないと説かれた。（2015年追試）

ナーガールジュナ(竜樹) ★★ (150頃〜250頃)

略伝 南インドに生まれた。若くして学問を修め、当時盛んになりつつあった大乗仏教に賛同し、その理論的根拠を生み出して論理学的に仏教理論を整え、のちの大乗仏教全般に決定的な影響を及ぼした。このことから、「大乗八宗の祖」とされる。　**主著**『中論』

ヴァスバンドゥ(世親) ★ (320頃〜400頃)

略伝 ガンダーラ地方のプルシャプラ(現、パキスタン・ペシャワール)に生まれた。兄は**アサンガ**(無著、無着)。初め部派仏教の学者として高名をはせたが、のちに大乗仏教に傾倒し、アサンガとともに**唯識思想**を体系化した。　**主著**『倶舎論』『唯識三十頌』

3 空の思想　　　　頻出

　ナーガールジュナが確立した**空**の思想は、大乗仏教の根本とされている。彼によれば、万物は自らを成り立たせる本質など持たず、他から成り立たせられるものであるにすぎない。そのため、ある物体をさし、「これは壺だ」と限定して万人を納得させることはできない。なぜなら、壺という本質がない以上、それは壺かもしれないし、花瓶かもしれないからである。このように、**固有の本質を持たず確定・限定ができないことを無自性**という。この**無自性が空**であり、それが世界の本質だという。

在家信者と五戒　　　頻出

　出家せず、世俗での生活を続けながら仏・法・僧の三宝に帰依する人々を在家信者という。彼らは、不殺生・不偸盗(窃盗)・不邪淫(不倫)・不妄語(嘘)・不飲酒という**五戒**を守らなければならないとされた。

4 唯識思想　　　　出題

　唯識思想とは、**外界の事物は本当は実在せず、すべて心の働き(識の作用)**(●p.65)**によって実在するように思われるものにすぎないとする考え方**である。アサンガとヴァスバンドゥの兄弟が、この考え方を大成した。**唯識**というのは、ただ(唯)一つ、識の作用がすべてのあらわれの源であるという意味である。識には視覚、聴覚、嗅覚、味覚、触覚の五感と意識、そしてマナ識とアーラヤ識という無意識の精神作用(潜在意識)があるとされ、**それらはすべて究極的には空であるとされる**。唯識派は、ナーガールジュナの流れをくんですべてを空と考える**中観派**の思想を受け継ぎながらも、心の作用はとりあえず仮に存在するとして、心をヨーガの行・実践を通じて変化させ、悟りを得ようとした。この点が、中観派とは異なる。

原典資料

5 般若心経(はんにゃしんぎょう)

🔍 すべては空であるとはどういうことだろうか。

観自在菩薩。行深般若波羅蜜多時。照見**五蘊皆空**。度一切苦厄。舍利子。色不異空。空不異色。**色即是空**。空即是色。受想行識亦復如是。舍利子。是諸法空相。不生不滅。不垢不浄。不増不減。

〔訳〕 求道者にして聖なる観音は、深遠な智慧の完成を実践していたときに、存在するものには五つの構成要素があると見きわめた。しかも、かれは、これらの構成要素が、その本性からいうと、実体のないものであると見抜いたのであった。

シャーリプトラよ。

この世においては、物質的現象には実体がないのであり、実体がないからこそ、物質的現象で(あり得るので)ある。

実体がないといっても、それは物質的現象を離れてはいない。また、物質的現象は、実体がないことを離れて物質的現象であるのではない。

(このようにして、)およそ物質的現象というものは、すべて、実体がないことである。およそ実体がないということは、物質的現象なのである。

これと同じように、感覚も、表象も、意志も、知識も、すべて実体がないのである。

シャーリプトラよ。

この世においては、すべての存在するものには実体がないという特性がある。生じたということもなく、滅したということもなく、汚れたものでもなく、汚れを離れたものでもなく、減るということもなく、増すということもない。

(『般若心経』中村元・紀野一義訳『般若心経・金剛般若経』岩波文庫)

解説　**般若心経**　般若心経という有名な経典は、空の理論を簡潔にまとめ、大乗仏教の根幹の部分を最小限の言葉で説いている。**世界を構成する5つの構成要素はすべて空であり(五蘊皆空)、あらゆるものは実体を持たない(諸法無我)**としている。

解説　**色即是空**　般若心経には「色即是空 空即是色」という有名なフレーズがある。この「色」は存在という意味で、認識の対象となる物質的現象のすべてをさす。「色」を「車」に置き換えて考えると、車は空で、空だから車だ、となる。車を分解して各部分を見ても車の実体は見いだされない。つまり、車とは部品の集まりとその相互関係のまとまりが、車という現象として認識されているにすぎない。たくさんの部品が組み立てられて車という現象が成立するだけで、車を分解すれば、車という現象は成立していないことになり、車は存在しているとも存在していないとも確定できない。これがナーガールジュナの言う空である。

BOOK　『仏教、本当の教え』(植木雅俊、中公新書)　現代仏教のルーツをたどると、目から鱗が落ちる。

答 p.64 ❌
29

重要用語 140 自利・利他、142 六波羅蜜、143 部派仏教、144 上座部、145 大衆部、148 阿羅漢、149 五戒、150 無自性・空、151 唯識思想、152『般若心経』

源流の思想

宗教の国インド

仏教の生まれたインドには、数多くの人々が暮らしている。古くから外来の民族や文化との交流によって、言語や民族、宗教の多様で複雑な社会が形成された。では、インドにはどのような宗教があるか見てみよう。

ジャイナ教（◎p.61コラム）

ジャイナ教は、仏教から見た異端という意味の六師外道に含まれる。不殺生などの厳しい戒律と苦行を特徴とする。現在、西インドと南インドを中心に信者がいるが、人口の1％に満たない。商才に長けたジャイナ商人が有名。

◀**インドの国旗** サフラン色（オレンジ）は無欲、緑色はインドへの結びつき、白色は真実を表し、中央にはダルマ（真理）の象徴である法輪が描かれている。

仏教

インドに興った仏教は、4世紀にヒンドゥー教を国教とするグプタ朝の誕生により衰退していった。現在、仏教徒の数も人口の1％に満たない。

▲ブッダガヤの大菩提寺

▼**街中を歩く牛** ヒンドゥー教では牛は神聖視されている。

▲**ヒンドゥー教の神ガネーシャを祝う祭り（ムンバイ）**

ヒンドゥー教

仏教や六師外道の隆盛から変化を迫られたバラモン教は、民間宗教と同化しながらヒンドゥー教となっていった。宇宙の創造を司るブラフマー神、宇宙の維持を司るヴィシュヌ神、宇宙の破壊と再生を司るシヴァ神に対する信仰を基礎とする。ヒンドゥー教の神や祭祀は密教などに影響を与え、日本の仏教にもその影響を見ることができる。信者は人口の約8割を占める。

現代インドの仏教 —— アンベードカルの活動

アンベードカルは不可触民出身で、インド憲法の草案を作成した反カースト運動・仏教復興運動の指導者である。この運動は1930年頃に活発化し、数十万人が仏教に改宗した。近年は、佐々井秀嶺という日本人僧によって運動が継続されており、仏教遺跡の発掘や世界遺産登録などを通して、仏教復興のための活動が続けられている。

▼**ターバンを巻いたシク教徒**

▲**アムリトサルの黄金寺院**

シク教

教祖ナーナクがヒンドゥー教とイスラームを融合させ、16世紀に成立。イギリス統治下で官吏や軍人を務めた者が多く、海外に積極的に進出したことから、インド人の典型というイメージが定着した。信者は北西部のパンジャーブ地方を中心に人口の2％弱である。

◀**タージ・マハル廟（アグラ）**

イスラーム

7世紀にインドに伝わり、以後ムガル帝国をはじめとするイスラーム王朝が数多く成立した。ヒンドゥー文化と融合した絵画や建築などが数多く残されている。ムスリムの人口はインドの人口の約15％である。

ゾロアスター教

現在のイランに興ったゾロアスター教の信徒の一部はイスラーム勢力に追われて西インドに定住し、パールシーと呼ばれた。経済や芸術の分野で活躍する人も多く、自動車で有名なタタ財閥の創業者はゾロアスター教徒である。インドの信者は6万人に満たない。

入試に○×チャレンジ ③１ ヴァルダマーナが創始したジャイナ教では、古代インド社会に根ざしたバラモン教の伝統が批判され、解脱を得るために、断食をはじめとする厳しい苦行と不殺生の戒めが説かれた。（2017年追試）

5 中国の思想

概観 紀元前8世紀頃、周の封建制が崩れ始め、紀元前5世紀から、諸侯が対立抗争を繰り返す下克上の時代となった。諸侯は乱世における国のあり方を説く有能な人材を求め、優れた見識を持つ諸子百家と呼ばれる思想家が活躍した。その中には人為を否定し、あるがままに道（タオ）に従うことを説く道家の人々もいた。1世紀頃には儒教が最重要視されるようになったが、仏教が流入し、道家の思想に影響を受けた道教ものちに広まった。その後、12世紀になると、朱子が登場し儒教は再び興隆を迎えた。

黄河(中国)

源流の思想

要点の整理　■■■ は入試重要用語

春秋時代	戦国時代	新しい秩序の必要性	諸子百家の活躍
共同体 →	共同体崩壊		
封建制 →	封建制崩壊		

1 諸子百家 ●p.70

春秋戦国時代、国の政治のあり方を説く思想家たちやその集団が登場
→儒家・墨家・道家・法家・縦横家・名家・陰陽家・兵家・農家

❶韓非子(？〜前233) ●p.70、78　**法治主義**……政府が定めた普遍的な法に基づく刑罰などの強制力で秩序を守る

2 儒家と墨家

❶孔子(前551頃〜前479) ●p.71　主著『論語』(弟子らが編纂)『春秋』
- **仁**……家族的な親愛の情を基本とする愛　→**忠恕**(まごころ、思いやり)や
  孝悌(親・祖先、兄弟に対する情愛)
- **克己復礼**……感情や欲望を抑えて、仁が外面に表れ出た**礼**(社会規範)に従うこと──人を愛すること
- **徳治主義**……為政者自らが徳を身につけて模範となり、人々を道徳的に感化させることで秩序が生まれる

▲孔子の像(中国)

❷墨子(前480頃〜前390頃) ●p.75　主著『墨子』
- **兼愛・非攻**……自分を愛するのと同様に他者を愛する愛(兼愛)・正義に反する侵略戦争の否定(非攻)

❸孟子(前372頃〜前289頃) ●p.76　主著『孟子』
- **性善説**……人は**四端**という善の素質を生まれながらに持ち、それを育てると**四徳**が完成する

　　四端：**惻隠の心・羞悪の心・辞譲の心・是非の心**
　　　　　⇩　　　　⇩　　　　⇩　　　　⇩
　　四徳：　仁　・　義　・　礼　・　智　→**浩然の気**(道徳の実践に向かう心)に満ちる

- **五倫**(親・義・別・序・信)→人間関係に関する5つの徳目
- **王道政治**……徳に基づく仁政 ⟷ **覇道政治**(武力による統治)　● **易姓革命**……王朝交替の理論　**禅譲と放伐**

❹荀子(前298頃〜前235頃) ●p.78　主著『荀子』
- **性悪説**……人の本性は悪である→利己的で、嫉妬心を持ち、勝手気ままで本能的
- **礼治主義**……礼という社会規範を教育することにより人の内面に訴えかけ、悪である本性を矯正→社会正義を実現

3 朱子学と陽明学

❶朱子(1130〜1200) ●p.79　主著『四書集注』『近思録』
- **理気二元論**……万物は理と気の二つの原理で構成される。学問によって理を獲得できる(**格物致知**)
- **性即理**……人間の本性は理そのもの　⇒万物を貫く理を極めれば理想的な人間になれる(**居敬窮理**)

❷王陽明(1472〜1528) ●p.80　主著『伝習録』(弟子らが編纂)
- **心即理**……理は事物にはなく、各人の心にこそ理が存在する
- **知行合一**……知と実践は一体。正しさを判断する能力(良知)を発揮し(**致良知**)、実践に移せば善は実現する

4 道家

❶老子(生没年不詳) ●p.82　主著『老子』(『老子道徳経』)
- **道**(タオ)……万物がそこから生まれ、そこへと帰っていく根源、無限の可能性　＝無
- **無為自然**……自然の道に素直に従う生き方→**柔弱謙下**(謙虚さとしなやかさ)・**上善如水**(「上善は水の如し」)
- **小国寡民**……自給自足の生活を営む少数の人が作る、範囲も狭い小さな農村のような世の中を理想とする

❷荘子(前4世紀頃) ●p.84　主著『荘子』
- **万物斉同**……すべては善悪などの対立・差別を超えた一つで斉しいもの
- **真人**……**逍遙遊**という何にも束縛されない自由の境地に至った人　←**心斎坐忘**により真人となる

諸子百家

▶万里の長城(中国)

◆春秋戦国時代の中国と諸子百家の学派

春秋時代の諸侯
戦国の七雄
秦代の長城

春秋時代(前770〜前403)
戦国時代(前403〜前221)

⑤縦横家

蘇秦(そしん)、**張儀**(ちょうぎ)

巧みな弁舌と思いもよらない発想を武器に諸侯を説き伏せ、立身出世をめざす者を縦横家といった。秦の臣下となるのではなく諸国が連合して秦に対抗すべきだという**合従策**を唱えた蘇秦と、秦と個別に同盟すべきだという**連衡策**を唱えた張儀が有名。

⑥名家

公孫竜(こうそんりゅう)、恵施(けいし)

名(言葉)と実(実体)の分析を徹底的に行い、弁論術や説得術に応用した。最も有名なのが「白馬非馬」で、白は色、馬は動物の概念だから、両者をくっつけた白馬は動物の概念とは別物だという。これは詭弁の代名詞となった。

①儒家(⊙p.71〜74、76〜80)

孔子(こうし)、孟子(もうし)、荀子(じゅんし)

古の君子を理想とし、**仁・義・礼**の道を実践し、地縁・血縁に基づく秩序をめざした。

③道家(⊙p.82〜85)

老子(ろうし)、荘子(そうし)

自然に道(法則・原理)を見いだし、従うべきだと説く。形式的な儀礼や制度を否定。

⑦陰陽家

鄒衍(すうえん)

天地・男女など、すべては陰と陽に対応する二つの原理が交わり調和して成り立ち、陰と陽から五行(木火土金水の五種の元素)が生じ、五行の変化・推移により世界は変化するという**陰陽五行説**を提唱。

五行説

→ 相生(和合)
⇢ 相剋(対立)

②墨家(⊙p.75)

墨子(ぼくし)

兼愛・非攻(侵略戦争の否定)を説き、自己利益の優先が紛争の源だと説いた。

④法家

韓非子(かんぴし)

法治主義を説き、信賞必罰の原理に基づく社会秩序の維持・形成を提唱。

⑧兵家

孫子(そんし)、呉子(ごし)

軍略・戦術とともに、国家や集団経営の手法を説く。『孫子』には「智者は必ず物事の裏表両面を見る」などの格言が多く、人生哲学と客観的合理性にあふれている。

⑨農家

許行(きょこう)

上下貴賤の区別なく万人が農業に従事して自給自足すれば、物価は安定し盗みや詐欺はなくなり、皆が平等となるとし、社会改革の推進を提唱した。

1 諸子百家登場の背景

(1) 戦国時代とはどのような時代か

諸子百家が活躍した戦国時代は、大きな社会変動の時代であった。封建制により中国を治めていた周王朝がしだいに衰えたため、多くの諸侯が王を名乗って天下の覇権を争う群雄割拠の時代が到来した。また、鉄製農具の普及により生産力が増大し、商工業も発達して人口が急増するとともに人の移動が活発になった。そのため、血縁を基礎とした伝統的秩序の枠組みに代わる、新たな民衆統治の枠組みが求められた。

(2) 諸子百家の登場

こうした変動の中で諸侯たちは、国を存続させていくためにどのような外交を行うべきか、また、民衆を統治する枠組みをどう作るべきかなどについて、**新たな指針を示す有能な人材を必要としていた**。こうした**要請に応えて登場したのが諸子百家の思想家たちである**。彼らは様々な国を訪れ、国の政治のあり方を説き、現実の政治のあり方や、乱世に対処する人々の処世術を中心に思想を展開することとなった。

2 法家の思想 『頻出』

法家思想の大成者である**韓非子**は、荀子(⊙p.78)のもとで儒学を学び、やがて秦の宰相であった**商鞅**らの法思想を取り入れて、**厳格な法律と刑罰による国家統治**を説く**法治主義**を提唱した。人間は仁義などでは動かず、「利」という原理に動かされ、利己的で常に打算的だというのが法家の人間観である。そのため、**法や刑罰など、外面的な強制によって社会秩序を維持しなければならない**と考えた。人間は利己的だから、臣下といえども完全には信用できない。そのため、**信賞必罰**が必要であるとした。戦国時代には人口が急増し、多くの戦乱が起こった。そのような背景のもと、人間を冷徹にとらえたのが韓非子の思想である。

> **メモ** 自らの定めた法で処刑された商鞅 法家の代表的人物である商鞅は、法家思想に基づいて秦の国政改革を行い(商鞅の変法)、天下統一の礎を築いた。しかし、この改革で過酷な法を施行して反対派に恨まれ、最終的には自ら定めた法に背いたとして、車裂きの刑に処せられてしまった。

入試に○×チャレンジ 32 韓非子は、厳正な法に基づく信賞必罰によって利己的な本性を抑止すれば、国民は罰を恐れて悪事をなさず、安定した国家統治が実現できると説いた。(2010年本試)

源流の思想

5

中国の思想

君子は人の美を成す —— 東洋に影響を与え続ける儒家の祖　★★★★★

孔子（こうし）

前551頃〜前479

朝に道を聞かば、夕べに死すとも可なり

年（年齢）	生　涯
紀元前	
551頃(0)	魯国に、貴族の次男として誕生
549(2)	孤児となり、貧窮する
538(13)	学問に志す
532(19)	結婚し、息子の鯉が誕生
	●20代前半にして弟子をとり、その後、魯の下級官吏となる
517(34)	君主昭公が三桓氏に追放され斉に亡命。その後に続く
501(50)	魯に仕え、外交官となる
499(52)	魯の大司寇となる
497(54)	政争に敗れ、魯を去る。以後、諸国を巡り徳治主義を説くが、受け入れられず
482(69)	最愛の弟子、顔淵が死去
479(72)	死去

略伝 儒家の祖である孔子は、魯国に貴族の次男として生まれた。幼い時に両親を失い、貧窮のうちに暮らしたようである。10代初めに学問に志し、『詩経』と『書経』を学んだ。20代半ばに魯の下級官吏となる。春秋時代末期の魯では貴族の専横が激しく、三桓氏によって主君の昭公が追放された。孔子は天下の礼の秩序が乱れた国を離れ、亡命した主君に続いて斉の国へ向かった。40歳頃に魯に帰国し、弟子の育成に尽力する。その後、再び魯に仕え、52歳で大司寇（法務大臣のような役職）となった。徳治主義の立場で政治改革を行うが、貴族の専横を排除するものであったため、様々な妨害にあい失敗した。そのため国政に失望し、弟子とともに諸国巡遊の旅に出た。各国で徳治主義を説くが受け入れられず、祖国へ戻った。その後は弟子の育成に専念し、72歳でこの世を去った。孔子と弟子たちの言行は、のちに『論語』としてまとめられ、四書（●p.79）の一つとして重視され、日本でも広く読まれている。

主著 『論語』（弟子らが編纂）『春秋』

孔子の思想

❶ 孔子の説いた仁とはどのような徳目なのだろうか。

家族的な親愛の情を基本とする愛。
→ ②、③、原典資料 ⑥

❷ 克己復礼によって、なぜ秩序の回復ができるのだろうか。

礼に従うことは、他人を愛する仁に等しいから。
→ ④、原典資料 ⑦

❸ 徳治主義の政治とは何だろうか。

為政者が自ら徳を身につけ、周囲の模範となって人々を教化すること。
→ ⑤、原典資料 ⑨

① 道

もともと**道**とは、人や物が行き通う所という意味であった。この言葉は中国思想の中では、宇宙の普遍的・根源的法則、自然の根源、道徳的規範、美の根源というように、様々な意味で用いられてきた。

孔子は、「**朝に道を聞かば、夕べに死すとも可なり**（朝に道を聞くことができれば、その日の夕方に死んでも後悔しない）」と言った。ここでの道は、**あらゆる事物に関する真理**という意味である。一時、政治家としても活躍した孔子は、現実に理想を実現すべく道を求めた。儒教において道というと、道徳的規範という意味で理解することが多く、この意味で道という言葉を初めて用いたのは孔子だといわれている。

解説　孔子が理想とした君主たち　孔子が理想としたのは聖人君子である。『論語』には堯・舜・禹という神話上の君主が、理想的な君主としてよく登場する。また、孔子の生まれた魯は、周公旦を開祖とする国である。周公旦は、血縁を基礎とする周の統治体制や規範を、『周礼』という形で整えた。孔子はこの周の体制と周公旦を理想としていた。

原⑥ ② 仁　　　　頻出

仁とは、**人間関係の基本で、自然に発生する親愛の情**といった意味である。孔子が理想としたのは、血縁集団を基礎とした周の統治体制であった。彼の説いた徳目は、血縁集団を背景とする人間関係のあるべき姿に関するものである。その中で最高の徳目が、**仁**という**家族的な親愛の情を基本とする愛**であるとした。

仁の具体的な内容には、自分がここに存在する源である親への尊崇と、自分のルーツである祖先への崇拝である**孝**、兄弟の間の自然な情愛である**悌**がある。**この親兄弟に対する内なる愛情を外の人間関係に広げることで、世の中の乱れを正そうと考えたのである。**

解説　孝　「**身体髪膚これを父母に受く、敢えて毀傷せざるは、孝の始めなり**」という『孝経』（孔子の言行録）の一節がある。これは、自分の身体は両親から授かったものだから、傷つけず大事にするのは孝行の始めである、という意味である。自分の生命は、父母、さらには祖先から代々長くつながってきた生命の連鎖のうちにあり、孔子は、この**生命の連鎖に対する畏敬の念**を「孝」という形で表し、「仁」の基礎とした。

原6 ③ 忠恕 〔ちゅうじょ〕 〔出題〕

仁は儒家思想の根幹ともいえる徳目であるが、『論語』に明確な定義はなく、孔子は対話の内容や相手に合わせて様々に仁について語っている。その中で注目すべきは、仁の内容を、**忠恕**という形で説いているところである。

孔子は偽りのない誠実なまごころを**忠**、他人を心から思いやることを**恕**といい、このような心のあり方に基づいて実践を志す**君子***のあり方を追求した。また、自分を欺かないことでもある忠は、他者に対して誠実である心を表す信とともに説かれ、仁の実現のためにはこの二つを合わせた忠信が必要だとした。そして、君子の中でも特に優れた人格者を**聖人**と呼び、一方で仁を伴わない人間を**小人**と呼んだ。

*君子　学識・人格ともに優れ、徳がそなわった人のこと。「君子は人の美を成す（君子は、他者の美徳を高めて達成させる）」など、『論語』において様々に説かれた。君子の反対が小人で、よく対比される。

原7 ④ 克己復礼 〔こっきふくれい〕 〔頻出〕

克己復礼とは、感情や欲望を抑え他人を尊重する態度をとって社会規範に従うことは、他人を愛することと等しいという意味である。孔子は、伝統的な法制度や共同体のしきたりなどを秩序の基本とした。政治や社会の混乱は、礼を欠いたり、礼が廃れているために発生する。礼が廃れるのは、仁による裏づけがなくなるからである。**仁という内面のあり方が外面に表れ出たものが礼**であり、敬意と思いやりの心があれば、自然に挨拶をし、お辞儀をするように、自然と誰にでも礼をつくすことができるという。

「礼」という字の成り立ち

「**高坏**」という、神に供物をささげるための台

神への供物

偏と同じ高坏。つくりの「豊」は、高坏に形よく供物を並べた様子

〔解説〕　礼　礼は「禮」の略字体で、形よく整えられた祭式儀礼を意味する。ここから、祭式儀礼において、人知を超えた霊力を持つものと交感する際の禁忌という意味になった。そして、人間関係において犯してはならないタブー、守るべき事柄という意味に転じた。この意味の変化から、祖先や自然の神を祀る共同体的な習慣が重視されていたことがわかる。

原9 ⑤ 徳治主義 〔とくち〕 〔出題〕

徳治主義とは、為政者自らが徳を身につけ、周囲の模範となって徳を周囲に及ぼすことにより、人々を道徳的に感化させ、仁や礼といった人間関係の根本を回復させて、その力で統治を行おうとする政治思想である。これは、のちに『大学』*の中で**修己治人**（己を修めて人を治む）というかたちで強調された。統治者は、人々を従わせる存在ではなく、人々が自ら従おうとする、目標とされる存在であるべきだということである。権力によって人々を抑圧して秩序を維持する方法は、人々が仁や礼を身につけなくても可能である。しかしそれでは、人間の内面は変わらなくてもよいため、自己修養の必要性がなくなってしまうという。

*『大学』　『礼記』の一篇を取り上げ、儒学入門として朱子が注釈をつけたもの。『中庸』も同様である。

◆孔子の思想

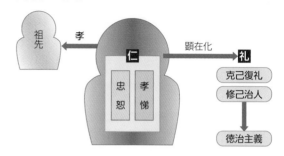

〔コラム COLUMN〕 孔子ってどんな人？

孔子の身長は約220cmもあり、人々から「長人」と呼ばれたという説がある。若い頃から音楽好きで、宮廷楽団の古典音楽の演奏を聞いて、感激のあまりすっかり心を奪われ、3か月間、肉を食べても味がわからなかったという。美しいものとよいものは人の心を感化する点で一致している。中国では古来、礼楽（礼節と音楽）は、社会の秩序を保ち、人の心を感化するものとされてきた。孔子も同様に、音楽にも道徳的価値を見いだし、礼楽の学習を重視したのである。

また、孔子は料理にうるさく、味つけだけでなく食べ物の切り口まで気にし、食事中に会話をしないなど、こだわりを持っていたという。

◆愛についての考えの比較

	儒家	墨家	プラトン	アリストテレス	キリスト教	仏教
キーワード	仁、忠恕、孝、悌	兼愛・交利（◯p.75）	エロース（◯p.35）	フィリア（◯p.39）	アガペー（◯p.46）	慈悲（◯p.63）、煩悩
特徴	親近者に対して自然に発生する親愛の情。家族、血縁、地縁を優先する。	自分への愛と他者への愛との間に区別を設けない。互いの利害を調整する交利が、兼愛を支える。	ギリシア語で愛のこと。人間の魂が、イデア界を慕い追い求めること。哲学の原動力ともなる。	友愛・友情のようなもので、人々を結びつけ、ポリスという社会を成り立たせるもの。	神の人間に対する愛。無差別、無償、無限の愛。広い意味で隣人愛も含まれる。	慈悲は、無差別、無償、利他の愛。自己中心的な愛は、煩悩・執着であるため否定される。

〔入試に◯×チャレンジ〕　33 孔子は、天下に秩序をもたらす道徳的な道を説いたが、老子は、それを作為的なものだと批判し、万物を生み育てる自然の根源としての道を説いた。（2011年本試）

◆中国古代の政治思想の比較

	徳治主義	礼治主義	法治主義
提唱者	孔子、孟子（●p.76）	荀子（●p.78）	韓非子（●p.70）
人間観	仁義によって動く、道義的存在	利に動かされる、利己的存在	利に動かされる、利己的存在
特徴	仁徳ある統治者が模範となり、人々を感化させる。「修己治人」	礼によって人間の本性（内面）を矯正し、未然に争いを防ぐ。	法律や臣下を操る術策など、外からの強制を重んじる。「信賞必罰*」

＊信賞必罰　功績のあった者には必ず賞を与え、罪を犯した者は必ず罰すること。

メモ　泣いて馬謖を斬る　信賞必罰の実践例としてよくあげられるのが、『三国志演義』に出てくる諸葛亮と馬謖のエピソードである。馬謖は諸葛亮の愛弟子であったが、命令に背いたため、諸葛亮の命により処刑された。秩序を保つためには、自分の愛弟子だからといってえこひいきせず、「必罰」とすることが必要とされたということである。

コラム　日本における儒教的風習

盆や彼岸に墓参りに行き、「ご先祖さま」に手を合わせたことはないだろうか。その際、経を唱えたりもするが、実は日本の寺にある一般的な墓は祖先崇拝のためのもので、仏教ではなく、儒教にルーツがあるとされる。

「ご先祖さま」とは祖先の霊だが、これが存在するとなると、それぞれの人の不変の根源であるアートマン（●p.61）が存在することになってしまうので、原始仏教は祖先崇拝を認めない。また、死後は解脱するか輪廻して再生するかなので、手を合わせる相手はそこにいないことになり、墓など意味がないのである。祖先崇拝は孝の精神に通ずるもので、生命の連鎖を重んじる儒教が重視するものである。

原典資料

6　仁と忠恕

🔍 孔子が一生をかけて行うべきことだと説いているのは何だろうか。

子貢問いて曰く、一言にして以て終身之を行なう可き者有りや、と。子曰く、其れ恕か。己の欲せざる所は、人に施すこと勿れ、と。（衛霊公篇）

〔訳〕子貢が質問した。「生涯、行なうべきものを、一文字で表わせましょうか」と。老先生はお答えになられた。「それは、〈恕〉だな。自分が他人から受けたくないことは、他人にもしないことだ」と。

子曰く、弟子入りては則ち孝、出でては則ち悌たれ。謹みて信、汎く衆を愛して仁に親づけ。行ないて余力有らば、則ち以て文を学べ。（学而篇）

〔訳〕老先生の教え。青少年は家庭生活にあっては孝を行ない、社会生活にあっては目上の人に従え。常に言行を謹み、言行を一致させ、世人を愛することに努め、他者を愛するありかたに近づけ。それらを行なって、なおまだ余裕があるならば、古典を学ぶことだ。

（『論語』加地伸行「ビギナーズ・クラシックス 中国の古典 論語」角川書店）

解説　恕　孔子は、一生かけて続けるべきことを、他人を思いやることである恕だと述べている。人の生きる道とは、他人への思いやりである。恕は仁の内容であるから、家族的な親愛の情をいかに他人に広げるかが、一生の課題ともいえる。このことは、青少年に対しても強調され、学問よりもまず他者を愛することを優先するよう説いている。

メモ　黄金律　『論語』にある「己の欲せざる所は、人に施すこと勿れ」は、キリスト教の黄金律である「人にしてもらいたいことを人にしなさい」（●p.47）とよく似ている。

7　克己復礼

🔍 仁と礼は不可分であり、礼に従う生き方は他人の模範となり、仁を広めていくことにつながる。

顔淵　仁を問う。子曰く、己に克ちて礼に復するを、仁と為す。一日己に克ちて礼に復すれば、天下　仁に帰す。仁を為すは己に由る。人に由らんや、と。（顔淵篇）

〔訳〕顔淵が仁とは何でしょうか、と質問した。老先生はこう教えられた。「利己を抑え、〔人間社会の〕規範（礼）に立つことが仁である。ひとたび利己を抑え、規範を実行するならば、世の人々はみな、〔それを見習って、忘れていた〕仁（人の道）を実践することになるであろう。人の道を実践するのは、己の覚悟しだいなのであって、他人に頼ってできるものではない」と。

（『論語』同上）

解説　仁が礼として表れる　孔子は様々な形で仁を説いている。ここでは礼と関連づけ、利己心を抑え、社会規範に従うことが仁であると述べている。しかも、外部からの指導や強制ではなく、自己修養によらなければ、人の道は実践できないという。仁という内面の徳が、礼という形で外面に表れるのだという、孔子の考え方をよく示している部分である。

8　孔子の生涯　出題 ▶

🔍 志を持ち、研鑽を積んでいくと、自然と仁の心が生まれ、無理なく礼に従うことができるようになることを、孔子が自身を例に述べている。

子曰く、吾　十有五にして学に志す。三十にして立つ。四十にして惑わず。五十にして天命を知る。六十にして耳順う。七十にして心の欲する所に従いて、矩を踰えず。（為政篇）

〔訳〕老先生のことば。私は十五歳になったとき、学事に心が向かうようになった。三十歳に至って独りで立つことができた。やがて四十歳のとき、自信が揺る

解説　年齢を示す言葉　これは、孔子が人生を振り返って語る有名な一節である。ここから、以下のような、年齢を示す様々な言葉が生まれた。

15歳	志学	50歳	知命
30歳	而立	60歳	耳順
40歳	不惑	70歳	従心

がず、もう惑うことがなくなった。五十歳を迎えたとき、天が私に与えた使命を自覚し奮闘することとなった。〔その後、苦難の道を歩んだ経験からか、〕六十歳ともなると、他人のことばを聞くとその細かい気持ちまで分かるようになった。そして、七十歳のこの歳、自分のこころの求めるままに行動をしても、規定・規範からはずれるというようなことがなくなった。

子曰く、学びて時に之を習う。亦説(悦)ばしからずや。朋 遠方自り来たる有り。亦楽しからずや。人 知らずして慍らず。亦君子ならずやと。（学而篇）

〔訳〕 老先生の教え。〔不遇のときであっても〕学ぶことを続け、常に復習する。〔それは、いつの日か世に立つときのためである。〕なんと心が浮きたつではないか。突然、友人が〔私を忘れずに〕訪れてくれた。おう、あんなに遠いところから。なんと楽しいではないか。他人が私の才能を知らないとしても、不満を抱かない。それが教養人というものではないか。

（『論語』同上）

9 徳治主義

🔍 統治者自らが人々の模範となるように行動すれば、人々の内面に訴えかけることになり、自然に従うようになる。

子曰く、之を道(導)くに政を以てし、之を斉うるに刑を以てすれば、民免れて恥無し。之を道くに徳を以てし、之を斉うるに礼を以てすれば、恥有りて且格(正)し。（為政篇）

〔訳〕 老先生の教え。行政を法制のみに依ったり、治安に刑罰のみを用いたりするのでは、民はその法制や刑罰にひっかかりさえしなければ何をしても大丈夫だとして、そのように振る舞ってなんの恥じるところもない。〔しかし、その逆に、〕行政を道徳に基づき、治安に世の規範を第一とすれば、心から不善を恥じて正しくなる。

季康子 政を孔子に問いて曰く、如し無道を殺して、以て有道を就さば、何如、と。孔子対えて曰く、子 政を為すに、焉んぞ殺を用いん。子 善を欲すれば、民 善なり。君子の徳は風なり。小人の徳は草なり。草 之に風を上うれば、必ず偃す、と。（顔淵篇）

〔訳〕 季康殿が政治について孔先生にこう質問した。「もし〔見せしめのためも含めて〕無道な連中はみな殺しに〔するなど、きれいに始末〕してしまって、世の中の正しい規範を完成するというのは、どうだろうか」と。孔先生はお答え申し上げた。「貴台は、為政者でありますならば、〔たとい無道な連中とはいえ〕どうして殺すなどいたしますのか。貴台が良き生きかたをと願われますならば、人々もそうなりまする。為政者の品位（身分）は風のようなもの、民衆の品位（身分）は草のようなものです。草に風が吹きますれば、草は必ず〔靡いて〕仆れます」と。

（『論語』同上）

10 孔子の言葉

🔍 現代に生き続ける『論語』の中の孔子の言葉にふれてみよう。

○子の曰わく、学んで思わざれば則ち罔し。思うて学ばざれば則ち殆うし。（為政篇）

〔訳〕 先生がいわれた、「学んでも考えなければ、〔ものごとは〕はっきりしない。考えても学ばなければ、〔独断におちいって〕危険である。」

○子の曰わく、君子は和して同ぜず、小人は同じて和せず。（子路篇）

〔訳〕 先生がいわれた、「君子は人と調和するが雷同はしない。小人は雷同するが調和はしない。」

○子の曰わく、過ちて改めざる、是を過ちと謂う。（衛霊公篇）

〔訳〕 先生がいわれた、「過ちをしても改めない、これを〔本当の〕過ちというのだ。」

（『論語』金谷治訳 岩波文庫）

メモ 年齢を表すそのほかの有名な言葉 20歳の「弱冠」は『礼記』、70歳の「古稀」は杜甫の「曲江」という詩に由来する。

▲孔子廟大成殿（中国・山東省曲阜） 孔子を祀る孔子廟は、世界各地に存在する。曲阜の孔子廟はその最初のものであり、現在、世界遺産となっている。

解説 徳治主義 秩序の乱れに対し、法律や厳しい刑罰によって対処するという方法があるが、これは対症療法にすぎず、根本的な解決にはならないという考え方が示されている。人間の内面を変えなければ、秩序の乱れはなくならないという考え方は、荀子の礼治主義（◯p.78）に通じるものである。

孔子の考えに基づけば、為政者が行うべきことは、法や厳罰によって外面から人々を縛るのではなく、徳を身につけて人々の模範となり、人々の内面を変えていくことだといえる。

メモ 為政者は天の中心 孔子は、為政者を北辰という天の中心に例えている。北辰は北極星付近にある一点（空間）で、これを中心として周囲の星々が動く様子が、君主を中心として周囲が従う様子のようだからだという。孔子の考える理想的な政治は、一つの中心から整然とすべてが自然に自発的に動くような政治である。現在の日本の政治を、孔子ならどう評価するだろうか。

解説 現代にも生きる孔子の教え 『論語』は東洋だけではなく世界中で長く読まれてきた文献で、17世紀にフランスでシノワズリという中国ブームが起こった頃、フランス語に翻訳されている。日本では奈良時代から管吏にとって必読の書となり、江戸時代には盛んに研究され、寺子屋のテキストにもなった。今でも私たちの身の回りに生き続けており、人生観や人としての心構えに始まり、社会に対する考え方などに大きな影響を与え続けている。

入試に◯×チャレンジ ▶ 34 墨子の説く兼愛は、社会の構成員が自利に囚われず互いに利益を与え合う関係を作り上げることを伴うものである。（2008年追試）

兼愛を説く墨家の創始者 ★☆☆☆☆

墨子 (ぼくし)

前480頃～前390頃

天下兼ねて相愛すれば則ち治まり、交相悪まば則ち乱る

年(年齢)	生　涯
紀元前	
480頃	魯国に生まれる
403	◆戦国時代（～前221）
400頃	◆この頃から、戦国の七雄が激しく争う
390頃	死去

メモ **兵器も開発** 墨家は大規模な軍事組織でもあり、侵略の危機にさらされた小国の救援要請に応えて城を守る活動もしていた。そのために、守城兵器の開発なども行っていたという。

略伝 戦国時代の思想家で、魯（現在の河南省）の出身とされ、名は翟、出生など多くが謎に包まれている。墨という姓は中国でも珍しいので、本当の姓ではないのではともいわれ、墨を頻繁に使う工匠、あるいは罪人だった（当時の罪人は顔に入れ墨を施された）など諸説あるが、詳しいことは分かっていない。低い身分の生まれだともいわれているが、『墨子』という言行録からは非常に高い学問的素養と高度な技術を見て取れることから、相応の家柄の出身だったとも考えられる。

墨家は、戦国時代にあって強力な集団を形成し、鉄の規律のもとに強固な結束を示したことが知られている。儒家と並び大きく勢力を拡大したが、秦による中国統一（前221年）ののち、衰亡した。 **主著**『墨子』

墨子の思想

❶兼愛・非攻説とはどのような考え方だろうか。
❷なぜ儒家と対立したのだろうか。

1 兼愛・非攻 　　**出題**

兼愛とは、「兼く愛せよ」という意味で、**自分を愛するように他者を愛すること**をさす。墨子の説く愛は、しばしば利害と結びつけて説明される。墨子は、人々が対立するのは、自分の利益を優先するためだと考え、心情的なものを超えて相手を尊重し、互いの利害を調整する**交利**を重視した。また、**節用**（質素倹約）を重んじて、利害の対立を回避すべきであると説いた。

また、墨子は侵略戦争を否定する**非攻**を提唱したことでも知られる。殺人が罪ならば、戦争はなぜ肯定されるのかと述べ、侵略戦争の不義を説いた。

◆墨家の視点から見た儒家との違い

儒家	墨家
儒家の説く仁は家族が最優先で、続いて親近者、他人へと徐々に差がつく**別愛**（差別的な愛）であり、偏愛（限定的な愛）である。	自分の利益を優先するように、愛する対象に優先順位や差をつけることは紛争の原因となるので、**兼愛（自分と同様に他者を愛する愛）**が正しい。

解説 **墨守** 墨子の非戦論は非武装論ではなく、専守防衛の考え方に近い。戦国時代において、各国は利益を追求して戦い争った。そのような中で、墨家集団は、各地からの要請を受けて防衛戦を担う専門家集団でもあった。墨子は宋の城を楚の侵略から9回も守り、そこから**墨守**という故事成語が生まれた。現在では墨守という言葉は、自己の習慣や主張を堅く守って変えないという意味で用いられている。

原典資料 ‥‥‥‥‥‥‥‥‥‥‥

2 兼く愛せよ

……社会的な混乱が何を原因として起こるのかを考察してみると、それは他人を愛さないことから起こっている。君主や父親に対して臣下や子供が無礼を働くのが、いわゆる混乱である。子はわが身を愛して父を愛さないから、父を犠牲にしてわが利益をはかり、弟はわが身を愛して兄を愛さないから、兄を犠牲にしてわが利益をはかり、臣はわが身を愛して君を愛さないから、君を犠牲にしてわが利益をはかる。これがいわゆる混乱である。ところがまた逆に、父が子に無慈悲であり、兄が弟に無慈悲であり、君が臣に無慈悲であるというのも、やはりひろくいわれている混乱である。父がわが身を愛して子を愛さないから、子を犠牲にしてわが利益をはかり、兄がわが身を愛して弟を愛さないから、弟を犠牲にしてわが利益をはかり、君がわが身を愛して臣を愛さないから、臣を犠牲にしてわが利益をはかる。これはどうしたことか。みな他人を愛さないことから起こっているのである。

（『墨子』金谷治訳「世界の名著10」中央公論社）

解説 **儒家 vs. 墨家** 孔子の思想を引き継いだ孟子は、**兼愛**は父をなき者にする野獣に等しい振る舞いであり、人が互いの肉に食らいつく無秩序をもたらすとまで言って批判している。それに対して墨家は、世の中の利益は平等から生まれ、別愛からは損害しか生まれないと説く。また、儒家は音楽や儀礼を重視するが、墨子は、音楽や儀礼の重視は結果として、礼楽にお金をかけられる貴族と一般庶民との格差を生んで紛争の火種となるという。これに関して、墨子は葬式にお金をかけることを無駄と考える**節葬**を説いている。このように、墨家は非常に現実的な思想を持ち、それに基づいて行動した。

インフォメーション 映画「墨攻」（2006年製作、中国・日本・香港・韓国）「非攻」の精神で弱小国救済に奮闘する姿を描く戦国アクション。

答 p.72 33 ○

重要用語 171墨家、172兼愛、173交利、174節用、175非攻

源流の思想

(1) 儒家と墨家

75

孟子（もうし）

人の善を信じた思想家

★★★★☆

前372頃～前289頃

天の時は地の利に如かず、地の利は人の和に如かず

年(年齢)	生 涯
紀元前	
372頃(0)	鄒の国に誕生
353頃(20)	魯の国に行き、孔子の孫にあたる子思の門人となる
322(50)	梁(魏)国の恵王に王道政治の実現を説く
318(54)	斉国の宣王に仕え、最高顧問となる。
	●晩年になって故郷へ帰り、弟子とともに『孟子』を編纂する
289頃(83)	死去

略伝 戦国時代中期、鄒(現、山東省)出身で、姓は孟、名を軻、父母はともに不明であり、祖先は魯の没落貴族らしい。幼くして父をなくし、母の手一つで育てられたといわれる。20歳の頃、親元を離れて孔子(○p.71)の孫にあたる子思の門人となった。その後、多くの思想家と交流し、諸子百家の思想を学んだ。やがて50代になると諸国を遍歴して王道政治の思想を説いたが、ほとんど受け入れられなかった。一度、斉の宣王に採用されたものの、孟子の思想は時流に合わず、結局、受け入れられなかった。晩年は郷里に戻って弟子の育成に努め、その弟子とともに『孟子』七編を編纂した。戦国時代中期は、墨子の考え方が主流であったが、これに対して孟子は、孔子の「仁」を中心とする思想を再興しようとした。

主著『孟子』

孟子の思想

❶性善説や四端とはどのような考え方だろうか。

人は生まれながらに善の素質を持ち、これを育てていけば徳が身について理想的人間になれるとする。

→ 1、2、原典資料4

❷王道とはどのようなもので、なぜそれが可能なのだろうか。

徳に基づく仁政で、統治者が仁政を行えば、人々は自分の父母のように慕って従うから。

→ 3、原典資料4、5

❸易姓革命とはどのような考え方だろうか。

統治者が徳を失うことで、人々の支持を失えば、天命が革まって王朝が交替すること。

→ 3

1 性善説

性善説とは、人間には生まれながらにして善の素質がそなわっているという考え方であり、孟子の思想の核となっている。孟子は、孔子が説いた仁を重視し、人間の内面から自然と溢れ出る親愛の情を基礎として、人間の本性は善であると考えた。それは、水が低いところに向かって流れるのと同じであるという。つまり、人間は自然と善へと向かうように、生まれながらに決まっているのだと考えた。

仁義は、孟子が道徳の中心とした徳目である。**仁は他人を思いやる親愛の情、義は世の中の道理・正義の**ようなものである。義は、人を愛する仁の心が、世の中の人間関係に応じて具体化したもので、仁と義は切り離せないと孟子は考えた。

◆孟子と荀子の比較

孟子
人間には四端があり、性は善だ。徳治主義がよい。王道政治が正しく、覇道政治は認めない。

荀子
人間は利己的で、性は悪だ。礼治主義がよい。王道政治だけでなく、覇道政治も認める。

原4 2 四端

頻出

四端とは徳を身につける際のきざしとなる道徳的な感情のことで、具体的には惻隠の心、羞悪の心、辞譲の心、是非の心がある。これらは善の端緒であって、この心を育てていけば**仁、義、礼、智の四徳が完成**すると孟子は説いた。また、心を育てる中で、道徳の実践へ向かう強い意志が生まれ、人生のどの局面でも動じない心が生まれる。これを**浩然の気***といい、この気を充実させた人物を**大丈夫**と呼んで理想の人物像とした。

*浩然の気 「浩」は、水が豊かな様子を表す言葉で、「浩然」で心が広くゆったりとしている様子という意味。

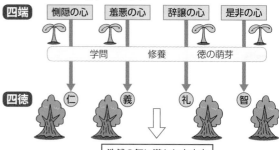

四端	惻隠の心	羞悪の心	辞譲の心	是非の心
	学問 修養 徳の萌芽			
四徳	仁	義	礼	智

浩然の気に満ちた大丈夫

76

入試に○×チャレンジ 35 孟子は他者の苦しみや悲しみを見過ごすことのできない心を辞譲の心と呼び、これを養い育てることによって仁徳は完成されると説いた。(2013年本試)

原③ 王道政治と易姓革命　頻出

　人々の意志や福利を最優先に考えれば、人心をつかんで安定した統治を行うことができるというのが、**王道政治**という考え方である。孟子は、王が仁政を行えば、人々は自分の父母のように尊敬して従うとして、「**仁者敵無し**」と説いた。統治者が人々の意志や福利を実現することは世の道理だとし、徳に基づく仁政を理想とした。人々も性は善であるから道理に感じ入る心を持っており、必ず従うという。一方、武力によって天下を治めようとする**覇道政治**は、道理に合わない部分があり、破綻するという。

　中国には、統治者は天から命を与えられて統治しているという考え方がある。天命に従っているかどうかは人々の支持に現れる。孟子は、「**恒産無くして恒心無し**」*というように、天子（統治者）が人々の生活を苦しめて支持を失った場合、天命は革まり（**革命**）、新たな天子が誕生し、王朝の姓が易わる（**易姓**）と説き、王道政治と関連づけて王朝交替を論じた。

解説　**易姓革命**　孟子自身は「革命」という言葉を用いていないが、まさに革命について説いていた。孟子は易姓、つまり王朝交替は、天子にふさわしい有徳者へ、武力を用いることなく平和に位が譲られる**禅譲**によって行われるべきだとしたが、場合によっては武力で暴君を打倒する**放伐**も認めた。儒教は日本にも大きな影響を与えているが、江戸時代には、幕府の正統性が揺らぐおそれがあるため、こうした考え方は避けられた。

＊**恒産無くして恒心無し**　安定した財産を持たないと、心が動揺して安定した精神状態を保つことができないということ。孔子の「衣食足りて礼節を知る」という言葉と同様の意味である。

原典資料

4 四端と理想的な統治者

なぜ人は生まれながらに善であるといえるのだろうか。四端と徳の関係はどうなっているのだろうか。

　……人皆、人に忍びざるの心あり。先王、人に忍びざるの心ありて、斯ち人に忍びざるの政あり。人に忍びざるの心を以て、人に忍びざるの政を行なわば、天下を治むること、これを掌上に運らすべし。**人皆、人に忍びざるの心ありと謂う所以の者は、今、人乍に孺子の将に井に入らんとするを見れば、皆怵惕・惻隠の心あり。交わりを孺子の父母に内れんとする所以にも非ず、誉れを郷党・朋友に要むる所以にも非ず、その声を悪みて然るにも非ざるなり。**……惻隠の心は、仁の端なり。羞悪の心は、義の端なり。辞讓の心は、礼の端なり。是非の心は、智の端なり。人の是の四端あるは、猶その四体あるがごときなり。

〔訳〕　……人間はだれでも、他人の悲しみを見すごすことのできない同情心をもっている。昔のりっぱな王様は、他人の悲しみに同情する心をもつばかりでなく、他人の悲しみに同情する政治をもたれた。他人の悲しみに同情する心で、他人の悲しみに同情する政治を実行することができたならば、天下を治めるのは、まるで手のひらの上でころがすように、自在にできるであろう。人間はだれでも、他人の悲しみに同情する心をもっているというわけは、今かりに、子供が井戸に落ちかけているのを見かけたら、人はだれでも驚きあわて、いたたまれない感情になる。子供の父母に懇意になろうという底意があるわけではない。地方団体や仲間で、人命救助の名誉と評判を得たいからではない。これを見すごしたら、無情な人間だという悪名をたてられはしないかと思うからでもない。……このいたたまれない感情は、仁の端緒である。羞恥の感情は、義の端緒である。謙遜の感情は、礼の端緒である。是非の感情は、智の端緒である。人がこういう四つの端緒をそなえていることは、人間が四肢をそなえているようなものである。

（『孟子』貝塚茂樹訳「世界の名著3」中央公論社）

5 王道政治

なぜ統治者が人々の模範となる王道政治を行わなければならないのだろうか。

　「王様、どうして利益のことなぞ仰せになるのですか。王様はただ仁義のことだけお気にかけられたらよろしいと私は存じます。今かりに、王様がどうしたらわが国に利益になるかといわれ、大夫（家老）たちはどうしたらわが家に利益になるかといい、役人や庶民たちはどうしたらわが身に利益になるかといい、上も下もかってがってに利益を求めると、国家は危機に陥るでしょう。……王様はただ仁義だけをお気にかけられたらよろしい。どうして利益のことなぞ仰せになることがありましょうか」（『孟子』同上）

メモ　**孟子の母**　孟子の母は教育熱心で知られる。教育環境を重視して三度転居し（孟母三遷）、勉強を投げ出して帰省した孟子に対し、機織りの布を断ち切って、学問を中断するのはこれと同じだといって戒めた（孟母断機）。ただし、いずれも実話ではないとされる。

解説　**孟子の理想**　孟子は、理想的な統治者は、利害得失ではなく、人として自然に生まれる心をそのまま政治に反映させられるということも、ここで説いている。

解説　**五倫五常**　孟子が人間関係を考える上で重んじたのが、基本的な人間関係を規定する、**五倫**と呼ばれる以下の5つの徳目である。

父子の親	親愛の情
君臣の義	相互の慈しみ
夫婦の別	役割分担
長幼の序	上下の序列
朋友の信	信頼関係

　董仲舒＊は、仁・義・礼・智の四徳に「信」（誠実であること）を加えて**五常**とし、五行説（◯p.70）と関連させて精神修養を説いた。これと五倫を合わせて**五倫五常**と呼ぶ。

＊**董仲舒**（前176頃〜前104頃）　前漢の儒学者。武帝の時代、儒学を国家教学とするよう献策。為政者の行いを原因に天の災異・瑞祥が現れるとする天人相関説を説いた。

解説　**王道政治のエッセンス**　これは、『孟子』の冒頭部分にあたる。君主が覇道をめざし利益を求めて争うことを望んだなら、臣下から民に至るまでそれを真似して秩序が壊れる。人と人をつなぐ根本は利益ではなく仁義なのだという王道政治のエッセンスが、逆説的に論じられている。

人間を冷徹に分析した法家の源流　★★★★★

荀子（じゅんし）

前298頃～前235頃

青は、これを藍より取りて、しかも藍より青し。氷は、水これをなして、しかも水より寒し

年(年齢)	生　涯
紀元前	
298頃(0)	趙の国に誕生
248頃(50)	斉の国に遊説し、祭酒(教育長)を3度務める。 ●各地を遊説し、楚の国で宰相の春申君に登用される
238頃(60)	この頃、韓非子・李斯が荀子の門人となる
235頃(63)	官職を辞し、まもなく死去

略伝 戦国時代末期の思想家で、名は況、荀卿とも呼ばれる。趙の国に生まれ、儒教を中心に諸子百家を学んだ。50歳の頃、当時文化の中心地であった斉に遊説し、襄王に仕えて祭酒(教育長)に3度任ぜられた。しかし、周囲の妬みによって職を辞し、他国へ遊説した。楚の宰相(王を補佐する高官)である春申君に登用されて地方長官となった。春申君の死後に職を解かれたが、そのまま楚に留まって多くの門人を指導した。彼の門下には、法治主義思想の大成者である韓非子(➡p.70)、秦の始皇帝の宰相となった李斯がおり、荀子の思想は法家思想につながっていった。

主著『荀子』

荀子の思想

❶性悪説とはどのような考え方だろうか。
❷性悪説と礼の重視はどのような関係にあるのだろうか。

1 性悪説

性悪説とは、**人間の本性は悪であるという考え方**で、孟子(➡p.76)の性善説と対比される。荀子によれば、人間は利己的で、嫉妬心を持ち、勝手気ままな傾向がある。荀子は、人間の本能や欲望を無視せず、人間の本性はそこにあると考える。そして、「**人の性は悪にして、その善なるものは偽なり**」と説いた。

解説 **悪**　荀子は、絶対的な悪というものを考えていたわけではない。**悪なのは人間の本能的な部分であり、規範やいわゆる型によって、その悪しき状態を矯正していくべきだと考えた。**つまり荀子は、規範によって人はよくなれると考えたのである。そのため、人間を信頼していないというわけではない。

2 礼治主義　出題

礼治主義とは、**礼を学び、教育の力によって、悪である人間の本性を後天的に矯正**していくことで、**欲望を抑え、よい人間関係や社会正義を実現できるという考え方**である。人々を治めるために、君主は日常生活における上下の別などの規範や、法などの強制力を持つ外的な形式を整えなければならない。これらの形式が荀子のいう礼であり、その強制力によって人々を矯正すれば、天下は治まると考えられた。

荀子は**王道政治**(➡p.77)を支持するとともに、**覇道政治**(➡p.77)も容認した。なぜなら、真の覇者は同盟国を獲得するため、諸侯に対して礼を尽くし、対等な交際を求める。また、国内政策においては、国を富ませ、賞罰を厳格に実施して秩序を守るからである。

◆**礼治主義と法治主義**

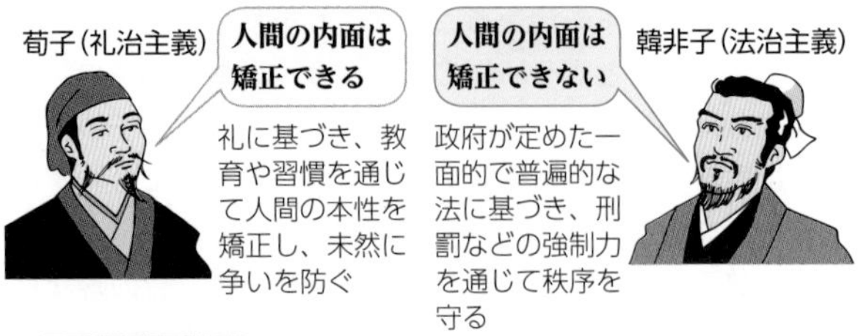
荀子(礼治主義)
人間の内面は矯正できる
礼に基づき、教育や習慣を通じて人間の本性を矯正し、未然に争いを防ぐ
人間の内面は矯正できない
政府が定めた一面的で普遍的な法に基づき、刑罰などの強制力を通じて秩序を守る
韓非子(法治主義)

原典資料

3 悪を矯正する　出題

人間の本性すなわち生まれつきの性質は悪であって、その善というのは偽すなわち後天的な作為の矯正によるものである。さて考えてみるに、人間の本性には生まれつき利益を追求する傾向がある。この傾向のままに行動すると、他人と争い奪いあうようになって、お互いに譲りあうことがなくなるのである。また、人には生まれつき嫉んだり憎んだりする傾向がある。この傾向のままに行動すると、傷害ざたを起こすようになって、お互いにまことを尽くして信頼しあうことがなくなるのである。また、人には生まれつき耳や目が、美しい声や美しい色彩を聞いたり見たりしたがる傾向がある。この傾向のままに行動すると、節度を越して放縦になり、礼義の形式や道理をないがしろにするようになるのである。

……だから、必ず先生の教える規範の感化や礼義に導かれて、はじめてお互いに譲りあうようになり、礼義の形式や道理にかなうようになり、世の中が平和に治まるのである。

（『**荀子**』沢田多喜男・小野四平訳「世界の名著10」中央公論社）

入試に○× チャレンジ　36 人は先王によって定められた礼を身に付ければ争いを未然に防ぐことができ、各自が社会規範を守れば社会秩序は維持されると、荀子は説いた。（2010年本試）

朱子学の確立者 —— 儒教の再興

朱子（しゅし）　★★★★★

1130〜1200

天地の間、理有り気有り。理なる者は形而上の道なり。物を生ずるの気なる者は形而下の器なり。物を生ずるの具なり本なり

年（年齢）	生　涯
1130（0）	現在の福建省に誕生
1138（8）	『孟子』を読破
1148（18）	科挙に合格
1151（21）	泉州同安県の帳簿係となる
1170（40）	社倉を設け、難民の救済にあたる
1194（64）	皇帝の政治顧問に抜擢されるが、政争に巻き込まれて罷免
1196（66）	「偽学の禁」により著書が発禁
1200（70）	死去

略伝 南宋時代の儒学者で、本名は朱熹。父も官吏で有能な学者だった。18歳で科挙に合格。社倉*を設けて難民の救済にあたったり、任地で自ら民衆の教育に励み学問所の復興に尽力したりするなど、長きにわたり政治家として活躍した。晩年、皇帝の政治顧問に抜擢されるが、政争に巻き込まれてわずか40日あまりで罷免された。さらに「偽学の禁」という弾圧によって著書がすべて発禁とされるなどの不遇の内に、70歳でこの世を去った。　**主著**『四書集注』『近思録』『資治通鑑綱目』

＊**社倉**　凶作による窮乏から人々を救うために収穫物を貯蔵しておく倉。

朱子の思想

❶ 理気二元論とはどのような世界観・人間観だろうか。
❷ 居敬窮理とはどのような考え方だろうか。

1 理気二元論

万物は理と気の二つの原理により構成されるとする朱子の理論を**理気二元論**という。**理**はこの世の中のすべての物や道徳規範の根拠・原理である。一方、**気は具体的な物の素材や要素**で、常に運動し、変化を起こしている。常に運動・変化する気に対して、理が働きかけ秩序を与えることにより、万物が成り立っているとされる。理と気はまったく異なる原理であるが、互いに独立して存在することはできないという。

2 性即理　**出題**▶

朱子は、理気二元論を人間に当てはめ、**人間の心の本性は天が授けた理そのものである**という**性即理**を説いた。心には理が生まれながらにそなわっており（**本然の性**）、それが仁・義などの五常（●p.77）となって具体化する。しかし、ひとたび物質的要素である気にふれると情や欲が発生し、心は霧に覆われてしまう（**気質の性**）ので、常に心を本然の性に戻す努力が必要だと説いた。その努力のあり方が**格物致知**である。朱子はこれを「知を致すは物に格（至）るに在り」と読み、物の理を突き詰めてそれに到達すれば（格物）、知を完成させることができるとする。そのためには、情や欲を抑え慎み（居敬）、気を秩序づけている物事の理を学問によって窮め（窮理）、天の理を体得する必要があるとした（**居敬窮理**）。そして、この方法に徹すれば、**修身・斉家・治国・平天下**の道が開けると説いた。

解説▶　**修身・斉家・治国・平天下**　修身は心を正すこと、斉家は家を整えて家庭円満にすること、治国は国を統治すること、平天下は平和な世を築くことである。**格物致知**を極めれば、修身が成立し、斉家が成立し、治国が成立し、平天下が実現するという連鎖を意味している。

原典資料 ......

3 居敬窮理　**出題**▶

……物の理を明らかにしなければ、正しい性命に順って、事物のあるべきようには、対処できません。ですから必ず、物についてその存在の根拠を求め、その理を求めるべきことを知るのです。そして物の極致に至らなければ、物の理が十分にきわめられず、己れの知も不十分です。ですから必ず、その極致に至るまで、やめないのです。これが（程子の）いわゆる「理を窮めて事物に至ると、事物の理がきわめ尽くされる」ことなのです。**物の理がすっかりきわめ尽くされますと、己れの知識は、迷いがとれ（万物に）一貫して、さまたげられることがなく、意はきっと誠となり、心はきっと正しくなります。**

（『朱子文集・語類抄』荒木見悟訳「世界の名著続4」中央公論社）

解説▶　**朱子の理**　この世の中には様々な椅子があるが、それらにはすべて「椅子の理」が内在しているから、場合によってはバケツのような形であっても、腰かけられる「椅子」という言葉で統一的に表現できる。それは、プラトンのいうイデア（●p.34）のようなものであり、個々の椅子に内在する理を追究して集めていくことで、普遍的な椅子の理がわかってくる。つまり、個々の事物を探究して理に至れば、普遍的な秩序原理を体得できることになるという。

◆四書・五経

五経（儒教の基本経典）	四書（儒教入門）
『易経』『詩経』	『論語』『孟子』
『書経』『春秋』『礼記』	『大学』『中庸』

朱子が注釈 →

◀朱子は、『礼記』の中の「大学」と「中庸」に『論語』と『孟子』をあわせた四書をまとめて詳細な注釈を施し、経書の整理を行った。

BOOK 『中国思想を考える』（金谷治、中公新書）　現実主義者とされる中国人を理解するために。

答 p.76 35 ✕

重要用語 186性悪説、187朱子学、188理気二元論、189理、190気、191性即理、192格物致知、193居敬窮理、194四書、195五経

実践を重視した行動する思想家

王陽明 (おうようめい)

★☆☆☆☆

1472～1528

君子は行を以て言い、小人は舌を以て言う

年(年齢)	生 涯
1472(0)	浙江省に誕生
1499(27)	3度目にして科挙に合格
1506(34)	政治批判の上奏文を皇帝に提出するが、皇帝側近の劉瑾に恨まれ、貴州省へ左遷される。のちに劉瑾が追放されると、高官に任じられる
1519(47)	寧王の乱を鎮圧する
1528(56)	病におかされつつも反乱討伐に赴き、その帰途、船中で病没

略伝 明の時代の人で、名は守仁。浙江省の生まれで、父の王華は科挙に首席で合格した秀才であった。父にならい、あらゆるものに関心を持ち、仏教、武芸など様々な分野に通じたが、ある時から儒学を志すようになった。27歳になって3度目の正直で科挙に合格し、官職を得た。34歳の時に宦官の劉瑾の専横を批判して皇帝に上奏文を提出したが、逆恨みにあって都から遠い貴州(雲南省の隣)へ左遷された。この間、厳しい生活に耐えながら思索を続け、瞑想して心即理に到達し、新たに陽明学を生み出した。その後、高官となってからは反乱鎮圧に奔走し、最期は反乱討伐の帰途、船中において結核で病没した。

主著『伝習録』(王陽明の言葉と書簡を弟子がまとめたもの)

源流の思想

5

中国の思想

王陽明の思想

❶心即理とはどのような考え方だろうか。
❷王陽明は、なぜ知行合一という考え方に至るのだろうか。

① 心即理

出題▶

　心即理とは、理は事物にはなく、心にこそ理があり、心の外に求めるべきではないという考え方である。人間は生まれながらにして理と一体であり、情や欲を含む人間の心がそのまま理であるとし、朱子学のように心と性(本性)を分離せず、理は主体的な心の活動から生じるものであると説いた。また、心に立ち現れたものを実践に移し、その実践の場に応じて理が生まれると考えた。「親孝行しなければならない」と思うだけでは意味がなく、親が望み喜ぶことを時と場合に応じて実践してはじめて「孝」は達成されるという。

解説 **知行合一** 王陽明は、知識・認識といった心の作用は、それが表面に現れたものとしての行為や実践と切り離すことができない、つまり、知と行とは表裏一体であるという**知行合一**を説いた。規範を外に求めるのではなく、自らの心の作用と実践を重視した点が朱子学との違いである。

② 致良知

　王陽明は、人間は皆、先天的に正しさを判断する能力である**良知**を持ち、良知にこそ理が存在すると説いた。そして良知を完全に発揮することである**致良知**(良知を致す)によって、理すなわち善を実現できるとした。良知は万人にそなわっている以上、「**満街の人皆是れ聖人**(学問のない庶民でもすべて聖人たり得る)」と説いて、儒学を庶民に広めるきっかけをつくった。

◆朱子学と陽明学

朱子学(朱子)	陽明学(王陽明)
性即理：心の本性が理	**心即理**：情や欲を含む心が理
居敬窮理：精神統一(居敬)と窮理によって本来の善性を発揮	**致良知**：良知の発揮で善が実現
	知行合一：心と実践は不可分
「知を致すは物に格(至)るにあり」	「知を致すは物を格(正)すにあり」

原典資料

③ 王陽明の思想

　「知は心の本体である。だから、心はおのずからに知るはたらきをもつ。父を見ればおのずと孝を知り、兄を見ればおのずと悌を知り、子供が井戸に落ちるのを見ればおのずと惻隠を知る。このおのずからなる知こそが良知で、外に求める要のないものだ。この良知が発揮され、……いわゆる惻隠の心が充つれば、仁はありあまる、というものである。しかし常人は、どうしても私意によって(その良知が)さまたげられがちであるから、致知格物の功夫につとめ、私に勝ち理に復るようにしなくてはならない。この、心の良知がさまたげられることが全くなく、全面的にはたらきをとげるというまさにこのこと、それが(『大学』にいう)『その知を致す』ことなのであり、そのように『知が致れば意は誠となる』というものである」

(『伝習録』溝口雄三訳「世界の名著続4」中央公論社)

解説 **陽明学** 朱子学では、学問の研鑽と静坐(瞑想のようなもの)によって真理を体得するべきであるといわれる。一方、王陽明は、理は心の内にあり(**心即理**)、良知によりおのずと現れると説く。この心即理説は人間の心のありようのすべてを肯定するものだと理解され、のちに欲望をも積極的に肯定する理論へとつながっていった。

入試に○×チャレンジ 37 王陽明は、朱子の説が世界を貫く規範である理を心の内に求める傾向にあると批判し、理は事物の内にあると唱えた。(2013年本試)

『三国志』に見る中国思想

『三国志』の魅力は、後漢末の時代、新たな時代の創造をめざして活躍した人々の人物活劇にあり、日本でもとても人気がある。後漢末の時代には、人々の間に儒教道徳が定着し深化していた。一方、道教の源流も登場した。『三国志』から、中国の思想を感じてみよう。

『三国志』とは？

『三国志』は、中国の後漢末から魏・呉・蜀の三国時代にかけての歴史書である。西晋の時代に、魏を正統とする立場で陳寿によって著された。のちに民間伝承が取り入れられて群雄の争いを描く説話が広まり、元の末期、羅貫中により『三国志演義』にまとめられた。演義では蜀の劉備を主人公とし、劉備を王道の人、曹操を覇道の人と明確に分けて描いているところに特徴がある。

他にも数多くの個性溢れる魅力的な登場人物が、物語を彩っている。

◀▶『三国志』に題材をとった小説・漫画・ゲーム
特に横山光輝の漫画はよく知られている。

『三国志演義』の登場人物

- **曹操**……後漢末の丞相、魏王。魏の基礎を築く
- **夏侯惇**……曹操が挙兵して以来付き随う古参で、武勇に優れた名将
- **荀彧**……曹操の名参謀として活躍。荀子（◯p.78）の子孫ともいわれる

- **劉備**……諸葛亮の天下三分の計*に基づき、蜀の初代皇帝となる
- **関羽**……張飛とともに劉備と義兄弟となる。忠義の人で、のちに神として祀られた
- **諸葛亮**……三顧の礼で迎えられ、蜀の基礎を確立した宰相

- **孫策**……中国南東部の覇者として躍進。周瑜の義兄弟。孫子（◯p.70）の子孫ともいわれる
- **周瑜**……文武に優れた名将。美しい容姿から美周郎と呼ばれた
- **孫権**……孫策の弟で、呉の初代皇帝。巧みな外交で魏や異民族の侵攻を防いだ

＊天下三分の計　魏・呉・蜀の三国が中国に並び立つようにする策。

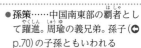

『真・三國無双 Empires』 ©2012コーエーテクモゲームス All rights reserved.

▲▶桃園での誓い
『三国志演義』を題材としたゲームの一場面。上の写真は、左から関羽、張飛、劉備。杯を交わし、義兄弟の契りを結んだ（右）。

桃園の誓い

三国志には劉備・関羽・張飛の三兄弟をはじめ、「義兄弟」がたくさん出てくる。なぜ義兄弟になるのだろうか。儒教の考え方だと、親族が最優先で血縁・地縁のある人がその次、他人はいつも後回しになるため、他人を優遇したいなら義兄弟の契りを結び、親族に昇格させることが必要となるのである。『三国志演義』には桃園での宴会において、長兄を劉備、次兄を関羽、弟を張飛とする義兄弟の誓いが立てられ、3人が生死をともにすると宣言するシーンが描かれている。

黄巾の乱

黄巾の乱は、太平道*という道教の源流の一派が起こした、中国史上最大規模の農民反乱である。当時は国政の乱れや天災などにより社会情勢が悪化しており、新たな生活基盤や精神的なよりどころを求めて、太平道を信じる人々が増えた。このように三国時代は、新たな宗教・思想が登場してきた時代であった。

＊太平道　懺悔による罪からの解放と、呪術による病気治療を通じて多数の信者を獲得した、道教の源流の一つともいえる組織。184年に黄巾の乱を起こした。

▲『蒼天航路』
（©王欣太／講談社）

▶横浜中華街の関帝廟
忠誠心、義侠心に厚い関羽は、歴代王朝から神として扱われ、常に弱者の味方であったため民衆にも慕われて、関羽を祀った関帝廟が各地に造られた。

破格の人、曹操

漢の丞相・曹操は人材発掘に心血を注いだ人物であり、出身地や家柄、犯罪歴などを問わず、才能ある者なら誰でも登用した。これは血縁・地縁・礼を重視した儒教的な人材登用とは、正反対の方法である。彼は兵法家としても知られ、『孫子』（◯p.70）の編纂・注釈を行い、実践でも優れた戦略家であった。また、息子の曹丕・曹植とともに、老荘思想の流れをくむともいわれる自由な作風の建安文学を生み出した。このように、曹操は既成の価値観に挑み続けた破格の人であった。

©王欣太／講談社

▲▲『蒼天航路』（王欣太著、李學仁企画・原案、講談社）　演義では悪役とされる曹操を主人公とし、「最も人に興味を示した英雄」として描いている。

「理想の最高指導者が何の作為もなく天下に変革をもたらすのである」そういう社会の真ん中で

（3）道家の思想

自然に従って素直に生きることを説く謎多き思想家 ★★★★★

老子
（ろうし）

生没年不詳

> 弱の強に勝ち、柔の剛に勝つは、天下知らざる莫きも、能く行う莫し

年（年齢）	生涯
紀元前 560頃	この頃、楚の国に誕生したとする説
519	孔子が老子を訪れ、礼について尋ねたという伝説がある
424	この頃、誕生したとする説
350	秦の君主に面会した、周の太史という人物を老子とする説

*『史記』 司馬遷（前145頃～前86頃）が著した中国の歴史書。

略伝 老子は生没年不詳で、実在の人物かどうかも定かではない。司馬遷の『史記』によれば、姓は李、名は耳、諡は耼といい、楚の国の苦県（現、河南省）の出身で、周の書庫の記録官を努めていたが、周の衰えを悟り、いずことも知れず立ち去った。老子は道徳修養を重んじた大人物で、世間から隠れて暮らす隠遁者であったとも考えられている。『史記』*の老子・韓非列伝には、孔子が老子のもとを訪れて礼を学んだ話があるが、事実かどうかは不明である。謎の多い人物ではあるが、老子の思想は様々に変化を遂げながら、現代にも脈々と受け継がれている。

主著 『老子』（『老子道徳経』）

老子の思想

❶ 老子が説いた「道」とはどのようなものだろうか。

万物が生まれる根源で、無限の可能性を持つもの。

→ 1、原典資料 5

❷ なぜ無為自然という生き方が理想なのだろうか。

無為は人間による余計な人為を排すことで、それは道にかなう生き方だから。

→ 1、2、3、原典資料 5、7

❸ 小国寡民とはどのような政治思想だろうか。

人工的な社会規範を必要としない、無為自然にかなった牧歌的な社会こそが理想的であるという考え方。

→ 4、原典資料 6

原 1 道家の道 出題

道とは万物がそこから生まれ、そこへと帰っていく根源のことで、道という文字自体がその意味を持っている。部首のうち、「首」は始まりを、「しんにょう」は終わりを意味しているから、始めであり終わりでもあるものということになる。例えば、家と学校を結ぶ道を考えてみると、家は通学する時の始点であり、帰宅する時の終点でもある。つまり、始まりと終わりの区別は人間の都合にすぎない。

人間は道自体を見て確認することができないから、道は無であるといわれる。この無は、存在しないという意味ではなく、器の中の空洞のような無であり、様々なものを入れることができ、無限の可能性を持っているものだという。このような無という性質を持った万物の根源、すべての可能性の源が道で、これを何より大切なものと考える思想集団を道家という。

解説 道家 道家の思想家には、春秋戦国時代に老子、荘子、列子などがいたとされるが、老子や列子は実在したかどうか不明な点が多い。戦国時代の末期から法家に接近して政治性を強め、老子と黄帝*を崇拝する黄老思想が生まれた。

*黄帝 古代中国の伝説上の帝王。中国医学の始祖ともいわれている。

2 無為自然 出題

老子は、何事にも作為を加えず自然の道に素直に従う無為自然という生き方が、人間として最も理想的だとした。すべては道を根源とするので、人間も道に従わなければならない。道、そして自然は人間が生まれる前にすでに存在しており、人間の作為は後から付け加えられた余計なものであるという。そのため、人為を捨てて（無為）自然に従って生きる無為自然という生き方が正しいとされた。

◀ **老子騎牛図**（台北故宮博物院） 周の衰えを悟り退去する際に、老子は水牛に乗っていたとされる。関所に着くと、尹喜という関守に請われて『老子』（『老子道徳経*』）を著し、いずことも知れず立ち去ったという。この絵はこのことを描いたものである。

*道徳経 「道徳経」は道徳に関する経典という意味ではなく、上巻の道経と下巻の徳経を合わせた名称。

入試に ○× チャレンジ 38 老子は、万物を利し、常に人が嫌う低い地に行き、いかようにも対応することのできる水のような生き方をすべきだと説いた。（2009年本試）

原7 ③ 柔弱謙下

風にも雨にも逆らわず、ただなされるままにある柳のように、しなやかに柔らかい様子が**柔弱謙下**である。老子は、この柔弱謙下が無為自然の道に従う生き方の理想だとした。「**道は常に為す無くして、而も為さざる無し**（道はいつも自分から何もしないが、道によってなされないようなことは何もない）」というように、**自然に任せてなされるままにあることが、道にかなう生き方**である。我を張って意志を曲げないと、相手とぶつかり、紛争の種になる。そのため、謙虚でしなやかな生き方こそが、互いを育むと説いた。

④ 小国寡民　　頻出

老子は、牧歌的に自給自足を営む少数の人々が作る小さな国を**小国寡民**として、理想的な社会と考えた。国家には秩序が必要であるが、小さな共同体は「おのずから」秩序が形成される。子どもたちが誰の命令でもなく、遊びながらルールに基づく秩序を作っていくことと同じである。そのため小国寡民の社会では、人工的に秩序を作る必要がなく、無為自然にかなう社会となるという。

原典資料

5 道（タオ）

🔍 老子の説く道とはどういうものだろうか。

道の道とすべきは、常の道に非ず。名の名とすべきは、常の名に非ず。
名無きは天地の始め、名有るは万物の母。
故に常に無欲にして以て其の妙を観、常に有欲にして以て其の徼を観る。

〔訳〕　これこそが理想的な「道」だといって人に示すことのできるような「道」は、一定不変の真実の「道」ではない。これこそが確かな「名」だといって言いあらわすことのできるような「名」は、一定不変の真実の「名」ではない。

「名」としてあらわせないところに真実の「名」はひそみ、そこに真実の「道」があって、それこそが、天と地との生まれ出てくる唯一の始源である。そして、天と地というように「名」としてあらわせるようになったところが、さまざまな万物の生まれ出てくる母胎である。

だから、人は常に変わりなく無欲で純粋であれば、その微妙な唯一の始源を認識できるのだが、いつも変わりなく欲望のとりこになっているのでは、差別と対立にみちたその末端の現象がわかるだけだ。

（『老子道徳経 上篇』金谷治 講談社学術文庫）

解説　道と名前

道は、無差別で形がないものである。名前は何かを限定して分別する作用を持つから、道はそもそも、「道」と名づけることさえできないものである。万物の根源である「道」とは、仮の名前にすぎない。

人の欲は何かを対象とし、その対象は名前を持つ。名前を持たないものは、欲しいと思うこともできない。そのため、欲を抑えるために、名づけるという行為に象徴される人為を捨てることが道にかなうあり方とされ、このことが老子の道論論につながっていく。

儒家と道家の「道」の違い

儒家	道家
人の道・道徳という場合の道で、人間・社会に関する道理	自然・宇宙が出発点。天地自然の法則

6 老子の儒家批判　　頻出

🔍 なぜ道家は儒家と対立したのだろうか。

大道廃れて、仁義有り。智慧出でて、大偽有り。六親和せずして、孝慈有り。国家昏乱して、貞臣有り。

〔訳〕　すぐれた真実の「道」が衰えて、そこで仁愛と正義を徳として強調することが始まった。人の知恵とさかしらがあらわれて、そこでたがいにだましあうひどい偽りごとが起こった。身内の家族が不和になって、そこで子供の孝行と親の慈愛が徳として強調されるようになった。国家がひどく乱れて、そこで忠義な臣下というものがあらわれた。

（『老子道徳経 上篇』同上）

解説　人為の否定と儒家批判

老子は、儒家が説く仁義など本来は必要がないのに、道に従った自然な生き方を捨てたから、そのようなものを重視すべきだとする考え方が出てくるとした。また、情報や知識を重んじると、それを悪用して詐欺などがはびこるという。これに対し、老子は小国寡民といった牧歌的な世の中のあり方を示すことで、人為のむなしさを説いた。

7 柔弱謙下と不争の徳

🔍 自らへりくだる「不争の徳」は、目的を達成するための処世術である。

善く士たる者は武ならず。善く戦う者は怒らず。善く敵に勝つ者は与にせず。善く人を用うる者はこれが下と為る。是れを不争の徳と謂い、是れを人の力を用うと謂い、是れを天に配すと謂う。古えの極なり。

〔訳〕　りっぱな武士というものはたけだけしくはない。すぐれた戦士は怒りをみせない。うまく敵に勝つものは敵と争わない。じょうずに人を使うものは人にへりくだっている。こういうのを「争わない徳」といい、こういうのを「人の力を利用する」といい、こういうのを「天とならぶ」ともいって、古くからの法則である。

（『老子道徳経 下篇』同上）

解説　上善如水

「**上善は水のごとし。水は善く万物を利して而も争わず、衆人の悪む所に処る。故に道に幾し。**」という『老子』の有名な一節がある。水は自然に低い方へ流れて逆らわず、しかも万物を育みつつ、争わず謙虚に人の嫌がる低いところに流れていく。この言葉は柔弱謙下と同じような意味であり、これを道にかなう生き方とした。

BOOK 『タオ』（加島祥造、ちくま文庫）　悩める現代人の心に響く、『老子』の親しみやすい翻訳。

答 p.80 37 ✕

重要用語 201道家、202道（タオ）、203黄老思想、204無為自然、205柔弱謙下、206小国寡民

荘子 (そうし)

前4世紀頃

★★★☆☆

敬を以て孝するは易く、愛を以て孝するは難し

年(年齢)	生　涯
紀元前	
370頃(0)	この頃、宋に誕生
335頃(34)	楚の威王から宰相として招かれるが、拒絶する
333頃(37)	魏の恵王に面会する
300頃(70)	この頃、死去したと伝えられる

是非宰相に
No!
楚

略伝 荘子は戦国時代に生き、孟子と同じ世代だと考えられているが、定かではない。宋の出身といわれ、司馬遷の『史記』によれば、名は周、字は子休といい、漆園の役人を務めていた。荘子は世に出ることを嫌い、反権力主義の考え方で栄達を拒否し、自由人として風の吹くままに悠然と生活することを求めた。

　ある時、曹商という人が宋王の使者として秦に赴き、秦王にいたく気に入られ、多くの車をもらった。これを荘子に自慢したところ、「秦王は病の腫れ物があり、それをなめると車五台をもらえるという。君は王の痔でもなめたのか」といってあざ笑ったという。徹底した反権力主義の人で、他人に生き方を左右されることを嫌い、常に自由であろうとした。

主著『荘子』

荘子の思想

❶道の思想から、なぜ万物斉同という考え方が生まれるのだろうか。

道は人為的な対立や差別を越えており、すべてのものに道が宿るということはすべての価値が等しいということだから。　→①、原典資料④

❷万物斉同を体得するための心斎坐忘とはどうすることだろうか。

心の動きを統一して雑念を去り、人間の画一的な価値観を打破すること。　→②、原典資料⑤

❸理想的な生き方である逍遙遊・真人とは何だろうか。

何ものにも束縛されない、絶対に自由な人間のあり方。　→③、原典資料⑤

原4 ①万物斉同　　　　頻出

　この世の中にあるすべてのものは、善悪といった対立や美醜のような差別を越えた、本来**一つで斉しいものであるという考え方が万物斉同**である。これらの対立や差別は、人間が勝手に作り上げた相対的なものにすぎず、人間以外の何ものかにとっては、善悪も美醜もないかもしれない。同じ人間でさえ、文化が違えば何を美しいと思うかは違うのである。

　荘子は、すべてのものの変化のうちに道があると考えていた。変化することに物事の本質を見いだしたからこそ、人為的に作り上げた基準が画一的で疑わしいものとなるのである。すべてのものに道が宿っているという見方は、万物は本来、価値が等しいという考え方へとつながり、万物斉同という世界観を生み出した。

解説 **道のとらえ方**　荘子の言う道と老子(○p.82)の言う道とは、少し意味合いが異なる。老子は道を、天地万物の根源としての実在ととらえた。一方、荘子は刻一刻と流転していく変化そのものを道ととらえた。そして、老子は本来のあり方へ戻ることを強調して処世の智恵を説いたが、荘子は道、つまり変化のうちに身を置いて遊び、自由になることを強調した。こういった点が老子と荘子の違いである。

原5 ②心斎坐忘　　　　頻出

　万物斉同を見いだし、**真人**(○③)となるための方法が**心斎坐忘**である。心斎*とは、心の動きを統一して雑念を去り、思考を交えず直観的に物事を把握することである。また、坐忘とは一切を忘れ去り、画一的な価値観など、身体や心を縛るすべての束縛を離れることである。荘子は、無価値なもの(無用)と一般的に判断されるものに、真の価値(用)がある(**無用の用**)とした。存在するものにはすべて何らかの価値があるということは、万物斉同につながる。万物斉同は画一的な価値観にとらわれた思考によっては見いだせないから、心斎坐忘が必要となると説いた。

*斎　でこぼこがなく、そろっていて整っている様子を意味する。そのため、心斎は、心の平静さという意味になる。

◆老子と荘子の比較

	老子	荘子
世俗への態度	小国寡民など、世俗へ強い関心がある	世俗を超え、自然との合一をめざす
道	道＝天地万物の根源	道＝変化そのもの
思想の中核	**柔弱謙下**：争いを避ける態度・保身	**逍遙遊**：我を忘れること・捨身

入試に○×チャレンジ 39 荘子によれば、「道」とは、差別がなく万物が等しい境地であり、自己の心身を忘れることで体得されるものである。そのためには、偏見に囚われずに、心をむなしくする修養を通じて、天地と一体になることが必要である。(2015年本試)

逍遙遊とは「逍遙として遊ぶ」と読み、心任せ（逍遙）の遊びのことであり、**何ものにも束縛されることのない自由な人間のあり方**を意味する。戦国の乱世を離れ、作為を越えた自然の働きに身を任せ、自由の境地に遊べば、しがらみや限定から解放されることになる。しがらみや限定から自身を解放するための方法が心斎坐忘である。荘子はこれによって心を清くし、心身ともに自然、つまり道と一体化して自由を得た人間を、究極的な人間という意味で**真人**と呼び、人間の最高のあり方だとした。

コラム COLUMN **妻を亡くしても泣かない訳** _{わけ}

荘子の妻が死んだ時に弔問客が家を訪ねると、荘子は両足を投げ出して盆を叩き、歌を歌っていたという。客が「苦楽をともにして添い遂げた仲なのに、泣かないのはまだしも、盆を叩いて歌うとは、酷すぎやしないか」と問うと、荘子は「最初は当然悲しんだが、よく考えると、妻は天地自然に帰っただけで、人間の生死なぞ春夏秋冬の循環と同じ繰り返しに過ぎないと気づいた。妻の死を嘆くことは運命を悟っていないことになるから、泣くのをよしたのだ」と答えたという。ありのままを受け入れることに徹した荘子らしいエピソードである。

原典資料

④ 胡蝶の夢 —— 万物斉同 _{こ ちょう ばんぶつせいどう}

🔍 胡蝶の夢という体験談を、荘子の思想で読み解いてみよう。

昔者荘周夢に胡蝶と為る。栩栩然として胡蝶なり。自ら喩しみて志に適えるかな。周たるを知らざるなり。俄然として覚むれば、則ち蘧蘧然として周なり。知らず、周の夢に胡蝶と為れるか、胡蝶の夢に周と為れるかを。周と胡蝶とは、則ち必ず分有らん。此を之れ物化と謂う。

〔訳〕 以前のこと、わたし荘周は夢の中で胡蝶となった。栩栩然と胡蝶になりきっていた。自分でも楽しくて心ゆくばかりにひらひらと舞っていた。荘周であることはまったく念頭になかった。俄然と目が覚めると、蘧蘧然まあ荘周ではないか。ところで、荘周である私が夢の中で胡蝶となったのか、自分は実は胡蝶であって、いま夢を見て荘周となっているのか、いずれがほんとうか私にはわからない。荘周と胡蝶とには確かに（形の上では）区別があるはずだ。（しかし主体としての自分には変わりない。）これが物の変化というものである。

（『荘子』野村茂夫訳「ビギナーズ・クラシックス 中国の古典 老子・荘子」角川書店）

解説 **胡蝶の夢** 今見ているのは、夢なのか現実なのかは、考えても仕方がない。荘周（荘子）であろうと胡蝶であろうと、本来は斉しいもの（万物斉同）だから、そのような区別は意味を持たない。夢と現実のどちらが真実かなど考えず、どちらにせよ満足して生きればよい、というのが逍遙遊にかなう考え方であるということである。

⑤ 束縛からの解放

🔍 人間が勝手に規定した世間の常識にとらわれず、束縛から解放されることは、自然の働きに従うことで、道にかなう生き方である。

子祀曰く、「女は之を悪むか」と。曰く、「亡し、予何ぞ悪まんや。浸く仮りて予が左臂を化して以て鶏と為さば、予は因りて以て時夜を求めん。……浸く仮りて予が尻を化して以て輪と為し、神を以て馬と為さば、予は因りて以て之に乗らん。豈更に駕せんや。

且つ夫れ得るは時なり、失うは順なり。時に安んじて順に処らば、哀楽も入る能わざるなり。此れ古の所謂県解なり。而も自ら解く能わざるは、物之に結ぶこと有ればなり。且つ夫れ物の天に勝たざるや久し。吾又何ぞ悪まんや」と。

〔訳〕 子祀はいった。「君はそのような体になった運命を憎むだろうな」

「とんでもない。私がなぜ憎む必要があるのか。この、体の変形が徐々に進行して、私の左腕が変化して鶏となったならば、私はそれに夜明けの刻をつげさせてやろう。……もっとすすんで私の尻が変化して車輪となり、精神が馬となったら、私はこれを乗りまわしてやろう。そうなれば、もう馬車も必要あるまい。

そもそも、生命をこの世に得たのも時のめぐり合わせ、生命を失って死んでゆくのも運命にしたがってのこと。時のめぐり合わせに安んじて、運命にしたがうならば、哀しみも楽しみも心に入りこむことがない。これが昔からいわれる、すべての束縛からの解放〈県解〉である。それにもかかわらず自分で解き放たれないのは、その人の心が世間の常識に束縛されているからだ。そもそもいかなる物も自然のはたらきには勝てないものと、昔から決まっているのに、私がどうして自然がもたらすこの肉体の変化を憎もうか」

（『荘子』同上）

解説 **束縛からの解放** 県解とは、妄執（迷った心で執着すること）から解放されることである。人は死を恐れ、今ある生に執着して、ことさらに生を謳歌しようとする。しかし、人は道から生じ、また道に帰っていく存在にすぎず、今ここにある私という存在は、うつろいゆく現象に過ぎない。そのため、自分が消滅すること（死）を恐れて苦しむのは誤りで、そのような妄執から離れ、「逍遙として遊ぶ」べきだと荘子はいう。

源流の思想

(3)

道家の思想

宗教や芸術

　人間の営みのほとんどは、「言葉」で説明され、記録され、引き継がれていく。目には見えず触れることもできない不思議な存在を人間は感じ取り、時に神だと定義し、「言葉」でとらえようとしてきた。一方、「言葉」では説明しきれないものは、芸術という形で表現されてきた。宗教や芸術は、そのような営みの中で生まれたものである。宗教や芸術とは何か、また、人間は物事をどのようにとらえ、どのように受け止め、大切にしてきたのかを考えてみよう。

◆宗教とは何かを考える

神とはどのような存在か

　問い：本居宣長の説明から日本人が神をどうとらえていたかを学び、西洋の思想との違いを考えよう。

　さて凡て迦微とは、古御典等に見えたる天地の諸の神たちを始めて、其を祀れる社に坐す御霊をも申し、又人はさらにも云わず、鳥獣木草のたぐひ海山など、其余何にまれ、尋常ならずすぐれたる徳のありて、可畏き物を迦微とは云ふなり、（すぐれたるとは、尊きこと善きこと、功しきことなどの、優れたるのみを云に非ず、惡きもの奇しきものなども、よにすぐれて可畏きをば、神と云なり）
　　　　　　　　　　　　　　　　　（『古事記伝 三』）

> **解説**　本居宣長（⇒p.232）は、過去に語られてきた神の特徴を整理し、人間も含めてあらゆる「おそれ多いもの」を神ととらえてきたのだという。つまり、崇高で聖なる存在だけを神と呼ぶわけではない。「祟り」をもたらす存在を祀り鎮めて、祈りをささげつつ生きてきた日本人の宗教観がここにあらわれている。

西行の名句

何事の　おわしますかは　知らねども
　　　　　　かたじけなさに　涙こぼるる

▲**伊勢神宮・内宮**（三重県、伊勢市）

> **解説**　平安時代末期から鎌倉時代初期に生きた西行（⇒p.240）は著名な歌人であり、『新古今和歌集』には94首もの和歌が取り上げられている。この歌は、西行が伊勢神宮を参拝した際に詠んだもので、日本人の宗教観をよくあらわしている句だとされる。「かたじけなさ」は、おそれ多く感謝の気持ちでいっぱいであることをあらわしている。目に見えず、言葉での理解を超えたものを感じつつ、えもいわれぬ「ありがたさ」を覚える。この感覚は宗教の重要な要素の一つであろう。

◆芸術とは何かを考える

岡本太郎

［略伝］（1911〜1996）
　18歳でパリに渡り、パリ大学哲学科に在籍し民俗学などを学ぶ。その後、前衛的な芸術活動を続け、1970年の大阪万博では「太陽の塔」を制作した。日本を代表する芸術家。

　問い：岡本太郎の言葉から、芸術とは何かを考えよう。

　芸術は、ちょうど毎日の食べものと同じように、人間の生命にとって欠くことのできない、絶対的な必要物、むしろ生きることそのものだと思います。

　しかし、なにかそうでないように扱われている。そこに現代的な錯誤、ゆがみがあり、またそこから今日の生活の空しさ、そしてそれをまた反映した今日の芸術の空虚も出てくるのです。

　すべての人が現在、瞬間瞬間の生きがい、自信を持たなければいけない、そのよろこびが芸術であり、表現されたものが芸術作品なのです。
今日の芸術は、
うまくあってはいけない。
きれいであってはならない。
ここちよくあってはならない。
と、私は宣言します。それが芸術における根本条件である、と確信するからです。
（中略）
　今までそれなしには「すぐれた芸術」とはいえないとされていた絶対の条件がなにひとつなくて、しかも見るものを圧倒し去り、世界観を根底からくつがえしてしまい、以後、そのひとの生活自体を変えてしまうほどの力をもったもの、――私はこれこそ、ほんとうの芸術だと思うのです。

（『今日の芸術～時代を創造するものは誰か～』岡本太郎　光文社）

▶**太陽の塔**（大阪府、吹田市）

入試に◯×チャレンジ　40　世阿弥は、『風姿花伝』（『花伝書』）を著し、演技者が目指すべき有り様を「花」に譬えながら、演技者としての心得を説いた。（2014年本試）

世阿弥が説く芸能のすばらしさ（⊙ p.240）

問い：世阿弥は、花にたとえて、芸能における核、大事なことをどのように説いているのだろうか。

いったい、花と言った場合、あらゆる草木において、四季の時々で咲くものであるから、ちょうどその季節にあたって新鮮な感動を呼ぶので、賞翫するのである。申楽の場合でも、観客が心の中で新鮮な魅力を感じること

が、そのまま面白いということなのである。「花」と「面白さ」と「めずらしさ」と、この三つは同じことなのである。どんな花が、散らずにいつまでも咲いているであろうか。そんなことはあり得まい。散るからこそ、咲いたときにはめずらしさを感じるのである。

（『風姿花伝・三道』竹本幹夫訳・注　角川ソフィア文庫）

今、求められているアート思考とは？

受動的に学ぶのではなく、主体的に学ぶことが大切だといわれる。それは、人の意見を理解して自分のものにするだけでなく、自分なりの視点や、自分だけの答えが求められているからである。それらを身につけるために、アート思考というものがある。末永幸歩が著した『13歳からのアート思考』からアート思考について学ぼう。

みなさんは、美術館に行くことがありますか？　美術館に来たつもりになって、次の絵を「鑑賞」してみてください。

クロード・モネ（1840〜1926年）
睡蓮
1906年頃／キャンバスに油彩
大原美術館所蔵
印象派の中心人物として知られるモネが、彼が愛した水生植物の睡蓮を題材に、季節や時間とともに変化する光の効果をとらえた一連の絵画作品の一つ。
岸や空を描かず、大胆に水面だけを描いた構図からは、日本美術の影響も感じられる。

さて、ここで質問です。
いま、あなたは「絵を見ていた時間」と、その下の「解説文を読んでいた時間」、どちらのほうが長かったですか？
おそらく、「ほとんど解説文に目を向けていた」という人がかなり多いはずです。
あるいは、「鑑賞？　なんとなく面倒だな……」と感じて、すぐにページをめくった人もけっこういるかもしれません。
私自身、美大生だったころはそうでした。
（中略）

いま思えば、「鑑賞」のためというよりも、作品情報と実物を照らし合わせる「確認作業」のために美術館に行っていたようなものです。
これでは見えるはずのものも見えませんし、感じられるはずのものも感じられません。
（中略）
「かえるがいる」
岡山県にある大原美術館で、4歳の男の子がモネの《睡蓮》を指さして、こんな言葉を発したことがあったそうです。
（中略）
その場にいた学芸員は、この絵のなかに「かえる」がいないことは当然知っていたはずですが、「えっ、どこにいるの」と聞き返しました。
すると、その男の子はこう答えたそうです。
「いま水にもぐっている」
私はこれこそが本来の意味での「アート鑑賞」なのだと考えています。
その男の子は、作品名だとか解説文といった既存の情報に「正解」を見つけ出そうとはしませんでした。むしろ「自分だけのものの見方」でその作品をとらえて、「彼なりの答え」を手に入れています。
（中略）
こうして「自分のものの見方」を持てる人こそが、結果を出したり、幸せを手にしたりしているのではないでしょうか？
じっと動かない1枚の絵画を前にしてすら「自分なりの答え」をつくれない人が、激動する複雑な現実世界のなかで、果たしてなにかを生み出したりできるでしょうか？
（中略）
「アーティスト」は、目に見える作品を生み出す過程で、次の3つのことをしています。
①「自分だけのものの見方」で世界を見つめ、
②「自分なりの答え」を生み出し、
③それによって「新たな問い」を生み出す
「アート思考」とは、まさにこうした思考プロセスであり、「自分だけの視点」で物事を見て、「自分なりの答え」をつくりだすための作法です。
もう少し柔らかくいえば、「あなただけのかえる」を見つける方法なのです。

（『13歳からのアート思考』末永幸歩　ダイヤモンド社）

BOOK　『西欧美術は「彫刻」抜きには語れない　教養としての彫刻の見方』（堀越啓、翔泳社）　人間が世界をどうとらえ、どう表現してきたかが見えてくる。人生を豊かにする一冊。

答 p.84
39　○

87

西洋近現代の思想の見取図

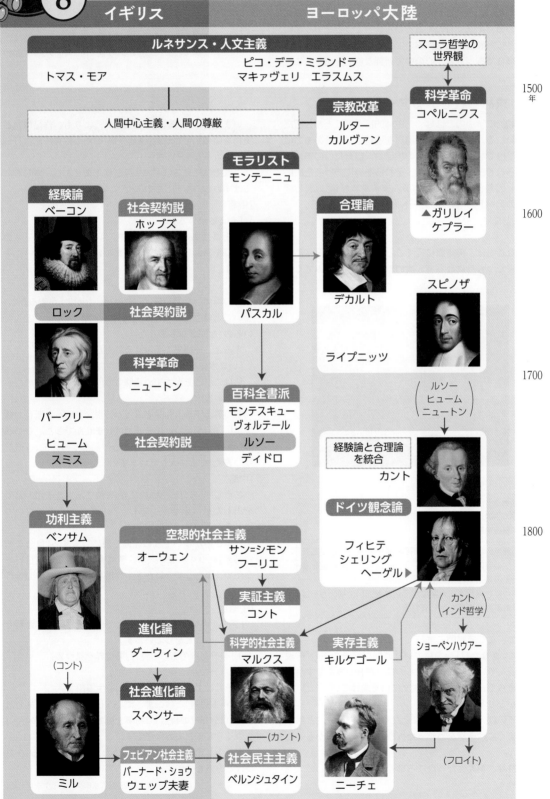

イギリス	ヨーロッパ大陸	

ルネサンス・人文主義
トマス・モア　　ピコ・デラ・ミランドラ　マキァヴェリ　エラスムス

スコラ哲学の世界観

1500年

宗教改革
ルター　カルヴァン

人間中心主義・人間の尊厳

科学革命
コペルニクス

▲ガリレイ　ケプラー

1600

経験論
ベーコン

社会契約説
ホッブズ

モラリスト
モンテーニュ

合理論
デカルト

スピノザ

ロック
社会契約説

パスカル

ライプニッツ

1700

科学革命
ニュートン

バークリー

ヒューム

スミス

百科全書派
モンテスキュー
ヴォルテール
ルソー
ディドロ

社会契約説

ルソー
ヒューム
ニュートン

経験論と合理論を統合
カント

ドイツ観念論
フィヒテ
シェリング
ヘーゲル▶

カント
インド哲学

1800

功利主義
ベンサム

空想的社会主義
オーウェン　サン=シモン　フーリエ

実証主義
コント

進化論
ダーウィン

（コント）

科学的社会主義
マルクス

実存主義
キルケゴール

ショーペンハウアー

社会進化論
スペンサー

（カント）

（フロイト）

フェビアン社会主義
バーナード・ショウ
ウェッブ夫妻

社会民主主義
ベルンシュタイン

ミル

ニーチェ

入試に〇×チャレンジ　41 ルネサンス期には、古典研究を通して、キリスト教世界の根源にある古代の異教的世界を再興しようという考えが現れた。自然を再発見することで、古代の神々を中心とする神話的世界観が復活した。（2015年本試）

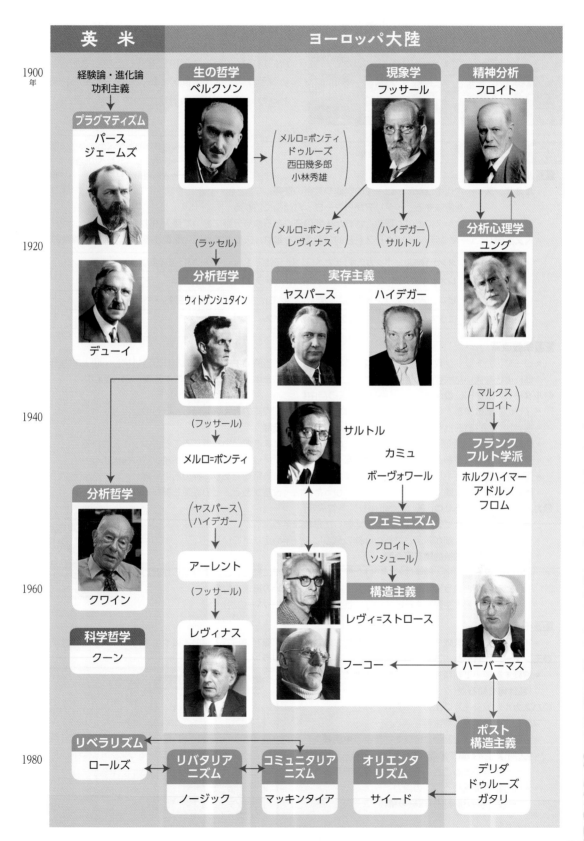

英　米	ヨーロッパ大陸

1900年

経験論・進化論
功利主義
↓

プラグマティズム
パース
ジェームズ

生の哲学
ベルクソン

メルロ=ポンティ
ドゥルーズ
西田幾多郎
小林秀雄

現象学
フッサール

精神分析
フロイト

メルロ=ポンティ
レヴィナス

ハイデガー
サルトル

分析心理学
ユング

1920

(ラッセル)
↓

分析哲学
ウィトゲンシュタイン

実存主義
ヤスパース　　ハイデガー

デューイ

1940

(フッサール)
↓

メルロ=ポンティ

サルトル
カミュ
ボーヴォワール

マルクス
フロイト

フランクフルト学派
ホルクハイマー
アドルノ
フロム

分析哲学
クワイン

ヤスパース
ハイデガー
↓

アーレント

フェミニズム

フロイト
ソシュール

1960

(フッサール)
↓

レヴィナス

構造主義
レヴィ=ストロース

フーコー ◀──▶ ハーバーマス

科学哲学
クーン

ポスト構造主義

1980

リベラリズム
ロールズ

リバタリアニズム
ノージック

コミュニタリアニズム
マッキンタイア

オリエンタリズム
サイード

デリダ
ドゥルーズ
ガタリ

BOOK 『哲学用語図鑑』（田中正人・斎藤哲也、プレジデント社）　哲学者同士のつながりや難解な哲学用語をイラストでわかりやすく解説。

答　p.86
40　○

89

1 人間の尊厳

美しいフィレンツェの街並み（イタリア）

概観 14〜16世紀のルネサンスは、古代ギリシア・ローマのように人間性にあふれた学問や芸術を生み出した。また、ドイツから始まった宗教改革は、原始キリスト教の頃の教会・共同体や、個人の内面性を重視する信仰のあり方に帰ろうとした。これらの運動が近代の幕開けといわれるのは、原点に回帰（かいき）し、人間性や個人の尊厳を伝統に縛（しば）られず新しく自由に追究したからである。そこからフランスでは、人間の本質、尊厳を探究したモラリストと呼ばれる思想家も現れた。

要点の整理　　　　は入試重要用語

中世 →	原点回帰 の思い	→ 古代ギリシアへの回帰	ルネサンス
		→ 原始キリスト教への回帰	宗教改革
		→ 人間自身を見つめる	モラリスト

1 ルネサンス

- **ルネサンス**……古代ギリシア・ローマの学問や芸術の復興を意味する。イタリアからヨーロッパ諸国に広がる
- **万能人**……ルネサンスにおいて理想とされた人間の姿。あらゆる分野において個人の才能を発揮
- **人文主義（ヒューマニズム）**……キリスト教的な考え方を離れ、人間性を探究・回復する試み。人間の尊厳の確立

文学	ダンテ『神曲』、ボッカチオ『デカメロン（十日物語）』、ペトラルカ『抒情詩集（カンツォニエーレ）』
芸術	レオナルド・ダ・ヴィンチ「最後の晩餐（ばんさん）」、ミケランジェロ「最後の審判」、ラファエロ
思想	ピコ・デラ・ミランドラ『人間の尊厳について』、マキァヴェリ『君主論』→マキァヴェリズム
人文主義者	エラスムス『愚神礼讃（ぐしんらいさん）』（『痴愚神礼讃』）、トマス・モア『ユートピア』

2 宗教改革

- ローマ・カトリック教会の伝統や、教皇の権威に縛られた当時のキリスト教のあり方に対抗し、個人の内面の信仰に重きを置いた宗教運動。それによって、本来のあるべきキリスト教のかたちを回復しようとした
- **❶ルター**（1483〜1546）**●p.94**　主著『キリスト者の自由』
ドイツの宗教改革者。『新約聖書』のパウロの言葉の中に信仰義認の考えを発見し、自らの立場とする
  - 贖宥状（しょくゆうじょう）（免罪符（めんざいふ））を批判する「95か条の論題」←**宗教改革の発端**
  - **信仰義認説**……信仰によって義（ただ）しい人と認められる。イエスを救い主と信じることによって救われる
  - **聖書中心主義**……神と人間を結ぶのは聖書→ヘブライ語、ギリシア語の聖書をドイツ語に翻訳（ほんやく）する
  - **万人祭司説**……全キリスト者は全生涯を神にささげて仕える祭司であり、神の前に平等
  - **職業召命観**……人間にはそれぞれ神から授かった使命・役割がある。どの職業も神が授ける特別な仕事
- **❷カルヴァン**（1509〜64）**●p.96**　主著『キリスト教綱要』
フランス出身で、スイスのジュネーヴで活動した宗教改革者
  - **予定説**……どの人間が救済されるかは神の意志により予（あらかじ）め定まっている
  - **カルヴァン派の禁欲的職業召命観**
……ルターと同様、職業は神が授けた使命とする。職業に励（はげ）むことにより自らが救われる者だという確証を得る ←→ ルターと異なり、利潤の追求を肯定
→近代資本主義を生み出す倫理的基盤となる（**ウェーバー**の説）

3 モラリスト

- 16〜17世紀の宗教戦争の時期のフランスにおいて、自己認識を通して人間の本質や生き方を探究した思想家
- **❶モンテーニュ**（1533〜92）**●p.98**　主著『エセー（随想録）』　フランスの哲学者
  - **懐疑主義**……批判精神を持って自分の考え方を吟味
「私は何を知るか（ク・セ・ジュ）」、寛容さ
- **❷パスカル**（1623〜62）**●p.99**　主著『パンセ』
フランスの哲学者、数学者
  - 人間は、偉大さと悲惨さの間をさまよう**中間者**
  - 「**人間は考える葦（あし）である**」
……思考できることこそが人間の尊厳であるとする
  - 人間の精神に備わる二つの能力
→「**幾何学（きかがく）の精神**」と「**繊細（せんさい）の精神**」

おもな思想家の出身地

ルター

ロンドン　ドイツ
パリ　アウクスブルク
フランス
フィレンツェ
ローマ

カルヴァン
モンテーニュ
パスカル

**入試に○×
チャレンジ**　42 ピコ・デラ・ミランドラは、人間は自分の価値を自ら選ぶことができる名誉ある存在であり、自由意志によって創造的に生きることができると主張した。（2003年本試）

ルネサンスの思想家たち

▶ミケランジェロ「ダビデ」 ダビデは『旧約聖書』に登場する古代イスラエル王で、民族の英雄である。ミケランジェロはダビデを題材に、ありのままの人間の肉体美を表現した。

1 ルネサンス

ルネサンス（Renaissance）とは、「再生」を意味するフランス語で、キリスト教がヨーロッパの文化に影響を与える以前の**人間性にあふれた古代ギリシア・ローマの学問や芸術の復興**をさす。14〜16世紀のイタリアを中心に、こうした古典文化の研究を通じて、中世の封建的な制度や教会の権力に縛られずに、人間を中心とした自由で現実的な生き方を追求しようとする**人間中心主義**が広がり、多くの芸術や思想が生み出された。この運動がルネサンスである。

2 人文主義（ヒューマニズム）

人文主義はヒューマニズムの訳である。現代においてヒューマニズムは人道主義の意味で用いられるが、ルネサンスの時代には、古代ギリシア・ローマの古典を研究することによって、スコラ哲学（⊃p.52）では否定された人間性を探究し、回復する試みを意味した。中世ヨーロッパではキリスト教の神中心的な考え方が第一とされ、自然な人間性は抑えるべきものとされがちであったが、人文主義により、それとは別の**人間らしさに価値を置く見方**が生み出された。

3 万能人 出題▶

ルネサンスにおける理想的な人間像を、**万能人**あるいは**普遍人**という。その典型的な人物は、**ダンテ**や**レオナルド・ダ・ヴィンチ**、**ミケランジェロ**といったイタリア・ルネサンスを代表する天才たちである。彼らは、可能な限り自らの才能を伸ばすことに情熱を傾け、特定の分野にとどまらず、様々な分野でその才能を発揮した。中世においては個人の個性や才能の完成は重視されなかったが、万能人は自由意志によって個性・才能を存分にいかした人々であった。

ダンテ Dante Alighieri （1265〜1321） ★

イタリア最大の詩人。フィレンツェに生まれ、その政権にも参加した。しかし政変が起こって追放され、20年間の流浪ののち、ラヴェンナで没した。『神曲』はその間に書き続けられたもので、イタリアの国民文学とされる壮大な宗教的叙事詩である。従来、書物はラテン語で書かれていたが、『神曲』はトスカナ語で著され、近代イタリア語の成立に大きく影響した。その他の作品に、ダンテが美少女ベアトリーチェへのプラトニックな愛を歌った『新生』がある。

ピコ・デラ・ミランドラ ★★
Pico della Mirandola （1463〜94）

北イタリアのミランドラ伯の子として生まれた。フィレンツェのアカデミーでプラトン（⊃p.34）や新プラトン主義（⊃p.42）を学んだ。ピコは、キリスト教もユダヤ教も、ギリシア精神を中心に統一されなければならないと考えた。また、『人間の尊厳について』という論文の中で、人間の本質は限界なく拡大する能力であるといい、人間は絶えず新しいものを創造し、それによって自分自身を実現すべきで、そこに人間の偉大さがあるとしている。

原典資料 ピコの人間観 頻出

アダムよ、……**おまえは、いかなる束縛によっても制限されず、私がおまえをその手中に委ねたおまえの自由意志に従っておまえの本性を決定すべきである。**……われわれは、おまえを天上的なものとしても、地上的なものとしても、死すべきものとしても、不死なるものとしても造らなかったが、それは、おまえ自身のいわば「自由意志を備えた名誉ある造形者・形成者」として、おまえが選び取る形をおまえ自身が造り出すためである。おまえは、下位のものどもである獣へと退化することもできるだろうし、また上位のものどもである神的なものへと、おまえの決心によって生まれ変わることもできるだろう。

（『人間の尊厳について』大出哲・阿部包・伊藤博明訳 国文社）

解説 人は何にでもなりうる存在 神が人類始祖のアダムに呼びかける形で、ピコ自身の人間観が語られている。彼は人間を、自らの**自由意志**によって何にでもなることができる存在としてとらえ、それが**人間の尊厳**であると考えた。このような彼の人間観は、人の地位が固定され、選ぶ余地なく「何者であるか」が決まっていた中世の人間観とは大きく異なるもので、**人間中心の世界観に多大な影響**を与えた。

メモ 永遠の淑女 ベアトリーチェはベーチェという実在のダンテの初恋の女性がモデル。その恋は実らなかったが、彼は彼女を生涯思い続け、彼女がわずか24歳で短い生涯を閉じた時には嘆き悲しんだという。彼は自らの作品の中でベアトリーチェを、理想の女性像として描いた。『神曲』にも永遠の淑女のイメージで、地獄をさまようダンテラを、天国へ導く案内役として登場する。

『ドレの神曲』（谷口江里也訳、宝島社） ダンテの『神曲』の抄訳に19世紀の画家ギュスターヴ・ドレが挿絵をつけたもの。漫画のつもりで読める。

答 p.88 41 ✕

重要用語 211 ルネサンス、212 人文主義（ヒューマニズム）、213 万能人、214 『人間の尊厳について』、215 自由意志

西洋近現代の思想

（1）ルネサンス期の思想・芸術

91

トマス・モア ★★
Thomas More（1478～1535）

イギリスの政治家・人文主義者。16世紀初頭に起こった囲い込み運動＊によって、多くの貧しい農民が路頭に迷ったのを目の当たりにし、『ユートピア』でその救済のための理想的な社会を描いた。当時のイギリス国王ヘンリ8世の離婚問題について、カトリック教会の教えに反するとして反対したために王と対立し、反逆罪に問われて刑死した。

＊囲い込み運動　羊毛を取るための羊の牧場の確保を目的として、領主や地主が小作人などの貧しい農民を農地から追い出し、土地を囲い込んだこと。これにより農民は、生活の糧を失うこととなった。

原典資料 羊が人間を食らう

……羊は非常におとなしく、また非常に小食だということになっておりますが、今や［聞くところによると］大食で乱暴になり始め、人間さえも食らい、畑、住居、都会を荒廃、破壊するほどです。……彼らの先代当時の土地収益や年収入だけでは満足せず、……かえって公共の害になるようなことをしています。つまり耕作地を一坪も残さずにすべてを牧草地として囲い込み、住家をとりこわし、町を破壊し、羊小屋にする教会だけしか残しません……

（『ユートピア』沢田昭夫訳「世界の名著17」中央公論社）

エラスムス ★
Desiderius Erasmus（1466～1536）

オランダのルネサンス最大の人文主義者の一人。ロッテルダムに生まれ、諸国を回りスイスで没した。トマス・モアの親友であり、『愚神礼讃』（『痴愚神礼讃』）はロンドンのモアの屋敷で書かれ、モアにささげられたものである。この作品は当時の教会や聖職者の堕落を風刺し、真の敬虔を説いたため、教会によって禁書とされた。彼の批判精神は、ルター（○p.94）の宗教改革に影響を与えたといわれる。しかし宗教改革が急進化すると、この改革運動に対して批判的になり、人間の自由意志を認めるか否かをめぐってルターと論争になった。

原典資料 堕落した聖職者

現在では、教皇のお役目中いちばん骨の折れる部分は、お閑暇なペテロやパウロにだいたい任せきりにしてありまして、教皇のほうでは、豪華な儀式やお楽しみのほうを受け持っておられます。……お儀式で監視の目を光らせさえしていれば、十分キリストのために尽くすことになると思っているからなのですよ。

（『痴愚神礼讃』渡辺一夫・二宮敬訳「世界の名著17」中央公論社）

西洋近現代の思想
1 人間の尊厳

イギリス
チョーサー（1340～1400）
文学者、『カンタベリ物語』

シェークスピア（1564～1616）
文学者、『ヴェニスの商人』

トマス・モア

スペイン
セルバンテス（1547～1616）
文学者、『ドン・キホーテ』

フランス
ラブレー（1494～1553）
文学者、『ガルガンチュア物語』

オランダ
エラスムス

ドイツ
ロイヒリン（1455～1522）
人文主義者、聖書研究
『ヘブライ語入門』

メランヒトン（1497～1560）
人文主義者・神学者、ルターの思想を体系化

イタリア
ボッティチェリ（1444～1510）
画家、「春」、「ヴィーナスの誕生」

ラファエロ（1483～1520）
画家、「アテネの学堂」
聖母子像

ダンテ
ピコ・デラ・ミランドラ
ペトラルカ
ボッカチオ
ミケランジェロ
レオナルド・ダ・ヴィンチ
マキァヴェリ

※国名や国境線は現在のもの。

▶ミケランジェロ「ピエタ」
ミケランジェロの彫刻の傑作。十字架から降ろされたイエスと、亡骸を抱いてその死を嘆き悲しむ聖母マリアを表現している。サン・ピエトロ大聖堂の第一礼拝堂に置かれている。

ペトラルカ
Francesco Petrarca（1304～74）

ダンテ、ボッカチオと並ぶ初期イタリア・ルネサンスの三大詩人の一人。人文主義の父フィレンツェを追放された亡命者の子として生まれた。ラテン語の叙事詩『アフリカ』は古代ローマへの憧れ、イタリア語の『抒情詩集（カンツォニエーレ）』は恋人への思慕を歌ったものである。

ボッカチオ ★
Giovanni Boccaccio（1313～75）

イタリアの作家。フィレンツェの商人の子として生まれた。小説『デカメロン（十日物語）』の作者として有名である。この作品は、7人の女性と3人の男性が1日1人1話ずつ計10話を10日間語り続けるというもので、総計100の短編物語から成り立つ。その中で様々な社会階層の人間の欲望や官能を、あるがままに描いている。

入試に○×チャレンジ　43 トマス・モアは、敬虔なキリスト教徒にして人文主義者（ヒューマニスト）である立場から、金銭や富が人間よりも大切にされる社会を批判し、貨幣や私有財産のない理想社会を描く作品を発表した。（2017年本試）

ミケランジェロ ★
Michelangelo Buonarroti(1475〜1564)

レオナルド・ダ・ヴィンチと並ぶ**万能人**。彫刻を中心に、絵画や建築でも活躍した。フィレンツェ郊外で生まれ、フィレンツェやローマでメディチ家*や教皇の依頼を受けて多くの作品を制作した。代表作は、フィレンツェ政庁前に置かれていた巨大な大理石の「ダビデ」(⚪p.91)、ヴァチカンのシスティナ礼拝堂の天井画(⚪p.45)や祭壇正面の壁画「最後の審判」である。

*メディチ家　フィレンツェで権勢を誇った大富豪。銀行家として成功し、フィレンツェの実権も握った。文化の保護にも熱心で、パトロン(後援者)としてイタリア・ルネサンスを支えた。

イエス

●天国と地獄の鍵を持つペテロ

ミケランジェロの●自画像

▲「**最後の審判**」 イエスは人間らしい、リアリティ溢れる姿で描かれている。

レオナルド・ダ・ヴィンチ ★★
Leonardo da Vinci(1452〜1519)

ルネサンスを代表する多芸多才な天才で、理想的な**万能人**。画家であり、建築家であり、自然科学者でもあった。フィレンツェ近郊のヴィンチ村に生まれた。幼い頃から卓越した画才を持ち、自然界のあらゆるものに関心を示し、それらをすばやく描きとって周囲の人々を驚かせた。15歳で工房に入り、芸術・工芸の基本技能を学んだ。ミラノ、フィレンツェなどで「モナ・リザ」や「最後の晩餐」(⚪p.49)をはじめ多くの傑作を残した。また、彼が残した膨大なノートには、様々なスケッチだけでなく、運動論・流体力学・機械工学・解剖学などの自然科学に関する思索の跡が多数記されている。

▶**レオナルドのスケッチを元に作られたヘリコプターの模型** レオナルドは様々な機械のスケッチを残している。

▲「モナ・リザ」

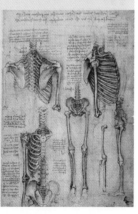

▶「人体解剖図」

マキァヴェリ ★
Niccolò Machiavelli(1469〜1527)

近代政治学の祖といわれる。フィレンツェの小貴族の子として生まれ、フィレンツェ共和国政府で外交などに携わり活躍した。マキァヴェリ以前の政治学は宗教や道徳と結びついたものが多かったが、彼は著書『**君主論**』で宗教や道徳からの政治の分離を説いた。その中で、権力の獲得と統治のためには、宗教的・道徳的な制約を脱しなければならないとし、分裂し抗争を続ける祖国イタリアの統一のため、強い指導者の出現を期待した。『君主論』にみられる「**目的のためには手段を選ばない**」という権謀術数主義は、**マキァヴェリズム**と呼ばれる。

原典資料 君主の見本は狐と獅子

　経験によって私たちの世に見えてきたのは、偉業を成し遂げた君主が、信義などほとんど考えにも入れないで、人間たちの頭脳を狡猾に欺くすべを知る者たちであったことである。……したがって、闘うには二種類があることを、知らねばならない。一つは法に拠り、いま一つは力に拠るものである。第一は人間に固有のものであり、第二は野獣のものである。だが、第一のものでは非常にしばしば足りないがために、第二のものにも訴えねばならない。そこで君主たる者には、野獣と人間とを巧みに使い分けることが、必要になる。……なかでも、**狐と獅子を範とすべきである**。なぜならば、獅子は罠から身を守れず、狐は狼から身を守れないがゆえに。したがって、**狐となって罠を悟る**必要があり、**獅子となって狼を驚かす**必要がある。……人間は邪悪な存在であり、あなたに信義などを守るはずもないゆえ、あなたのほうだってまた彼らにそれを守る必要はないのだから。

（『**君主論**』河島英昭訳 岩波文庫）

宗教改革の火蓋を切った神学者 ★★★★★

ルター (Martin Luther)

ドイツ出身	1483～1546

律法の行いによってではなく、キリストへの信仰によってわれわれが義とされるということこそ、キリスト教の真の根拠である

年（年齢）	生　涯
1483（0）	アイスレーベンで誕生
1501（18）	エアフルト大学入学
1505（22）	アウグスティヌス隠修道会入会
1512（29）	神学博士となる。翌年から聖書（パウロの書簡など）の講義を開始
1517（34）	「95か条の論題」（正式には、「贖宥の効力についての討論」）
1520（37）	『キリスト者の自由』
1521（38）	教皇より破門される。《マリアの賛歌》の講解』を著す
1546（63）	アイゼナッハで死去

＊贖宥　罪の償いを免ずること。罪自体を免ずるのではなく、償いを一定の条件で免除する制度。

略伝　ドイツのザクセン地方のアイスレーベンに生まれた。エアフルト大学で哲学を学んだのち、法学博士をめざして法学部に進む。しかし22歳の時、激しい雷雨の中、落雷におののいたことをきっかけに宗教的生活に入ることを決意し、エアフルトのアウグスティヌス隠修道会に入会した。「**95か条の論題**」で、当時行われていた贖宥＊のあり方を厳しく批判した。贖宥に対する批判は教皇権に関わるため、教皇庁に問題視され、これが、教会を批判し個人の内面的な信仰心を重視する**宗教改革**運動のきっかけとなった。ルターは当初、教皇側と神学的論争を行ったが、争点はやがて神学から教会・政治上の問題に集中し、破門された。その後ルターは聖書に基づくドイツの教会改革を推進し、ローマ・カトリック教会から独立した福音主義教会が作られた。

主著『キリスト者の自由』『ロマ書講義』

ルターの思想

❶信仰義認説とはどのような教えだろうか。

神が与える信仰によって罪人が義しい人と認められること。
→❶、原典資料❻

❷宗教改革はどのようにして始まったのだろうか。

ルターが贖宥状（免罪符）を批判したことで起こった論争が宗教改革運動の発端となった。
→❷

❸ルターはどのようにローマ・カトリック教会を批判したのだろうか。

ローマ教皇の権威の正統性を、**聖書中心主義**と**万人祭司説**によって否定した。
→❸、❹

西洋近現代の思想

1

人間の尊厳

原⑥ ❶ 信仰義認説　　出題▶

　若き日のルターは立派な修道士であり、厳しく自己を見つめ修行に励んだ。それでも、神の裁きに対する良心の不安が消えず、罪人である自分は決して救われないと絶望していた。しかし、絶望と不安の日々のなか、ある時、キリストが心の奥底で自分と一つになって生きていること、自分はキリストによって生かされており、救われることがわかった。この時ルターは、人は自分の努力で救われるのではなく、神が与える信仰によって救われると深く悟り、ここから、**信仰義認説**（○p.50）が確立された。信仰義認とは、**罪人が信仰によって赦され、義しい人＊である**と認められることである。

神は罪人に信仰を与えて義しい人とし、罪人は与えられた信仰によって、キリストと一つに生きる義しい人となるのである。

＊義　義は『旧約聖書』以来、キリスト教では特に、人間を救おうとする神の憐れみあふれる誠実さを意味する。神から信仰を与えられ、罪を赦された者が「義とされた者」として、「義しい人」と呼ばれる。

❷ 贖宥状 —— 宗教改革の発端

　ルターの**宗教改革**は、彼の学問上の活動から出てきた。ヴィッテンベルク大学の神学教授であった彼が示した、教会が発行する**贖宥状**＊を批判する「**95か条の論題**」は、大学内の討論のためのものであり、ラテン語で書かれていた。しかしドイツ語の訳文が印刷され、大学外で大きな反響を呼んだ。この論題は、政治・社会・教会批判を含めた宗教改革の発端となった。

＊贖宥状　ローマ・カトリック教会が発行した、罪の償いを免除する証明書。免罪符とも呼ばれる。

> #### 「95か条の論題」（一部）
>
> **第1条**：私たちの主であり、師である、イエス・キリストが「悔い改めよ」（マタイ4.17）と言われたのは、信仰者の全生涯が悔い改めとなることを求められたからである。
> **第40条**：本当に悔い改めるものは、罰を求め愛する。だが、「贖宥」の寛大さは、罰を軽くし、罰を避けるようにさせてしまう。

解説　**罪人の自覚**　ルターは、どのような時も罪人の自覚を忘れてはならないと考えた。罪の自覚、良心の苦しみにこそ、本当の信仰、救いが与えられるからである。そのため、贖宥は不要であるだけでなく、害悪であると主張した。

　入試に○×チャレンジ　[44] ルターは、教会を通じてこそ信仰が成り立ち、救済がなされるという従来のキリスト教のあり方を批判して、聖書を通じて一人ひとりが直接神と向き合う信仰の重要性を唱えた。（2014年追試）

3 聖書中心主義 出題

教皇側との論戦の中でルターがよりどころとしたのは聖書であった。彼は、**教会の権威は聖書の権威に由来するから聖書の権威に優るものではない**と主張した。聖書の権威のみを絶対視し聖書に由来しない一切を非キリスト教的なものとして排除する考え方は「聖書のみ(sola Scriptura)」と呼ばれ、その後の宗教改革運動における**聖書中心主義**の標語となった。

▶**ルターの出版した聖書** ルターは、聖書を正しく理解するため、エラスムスや、ともに宗教改革を進めたメランヒトンら人文主義者の聖書研究を重視した。人文主義者はラテン語訳聖書ではなく、原語(ヘブライ語、ギリシア語)の聖書を読む必要性を説いた。ルターも二つの原語を学び、『旧約聖書』と『新約聖書』のドイツ語訳を出版し、それは当時の印刷出版文化の発展に深く関わった。

4 万人祭司説

中世のカトリック教会は、皇帝や国王などの世俗権力からの独立維持のため教皇に教会職務の任免権を集中させ、キリスト者を聖職者と一般信徒という聖・俗の身分に分けた。ルターはローマ教皇がすべての教会を支配することに正当性がないとして、教会の教皇権力からの独立を説き、聖・俗の身分の区別も否定した(ルター派教会または**福音主義***教会)。教会の職務(ルター派の場合牧師職)も世俗の仕事も神の使命である以上、すべて信仰を持って神に仕えるべき職務である。なぜなら全キリスト者は洗礼により全生涯を神にささげて仕える祭司**とされたからである(**万人祭司説**)。

***福音主義** 福音主義とは、「福音書」に記された「イエスの教え」と「使徒たちの共同体」、「初代の教会」を模範とする考え方であり、ルターの思想の根本にある。
****祭司** 神からの霊的力を受け、神に仕える者。この場合、特定の職・身分ではない。

5 ルターの職業召命観

職業召命観とは、人間には、それぞれ神から授かった使命・役割があるとする考え方である。「召命」(英語では Calling/Vocation)とは、神からの呼び出しであり、人生の意味は、神の呼び出しに応じて、各自の使命・役割を果たすことであるという。「召命」は「天職」とも訳される。ルターにより全職業が神に仕える仕事とされたので、教会、修道院に限らず社会全体の職業・身分が宗教的意味を持つことになった。**全職業が神の定めた務め**だから王も市民も農民も与えられた職業・身分に満足して励み、全生涯を神への奉仕のために働くことが全キリスト者の務めとなった。

コラム COLUMN 贖宥状と資金調達

罪を赦すことは本来、神にしかできず、キリスト者は罪を悔いて教会で告白し、神から赦しを与えられる。そして、赦された人は、罪の償いとして、巡礼や献金(募金)などの負担を負っていた。これを資金調達システムとして利用したのが贖宥状である。当時、教皇はサン・ピエトロ大聖堂改築のための資金をドイツの大銀行家フッガー家から借り入れていた。その返済にあてる資金が必要だったため、ドイツで贖宥状を発行した。ルターは、罪の悔い改めを示す献金が、資金調達のシステムに組み込まれていることを厳しく批判したのである。

▲**サン・ピエトロ大聖堂** 16世紀初め、ヴァチカンの美術・芸術を含む大建築が進められ、莫大な資金がつぎ込まれた。

西洋近現代の思想 (2) 宗教改革

原典資料

6 信仰義認説

🔍 信仰を持つことによって救われるとする「信仰義認説」を理解しよう。

しかし、信仰は、人を義しくすると同様に、よい行いもする(作り出す)。つまり、行いはだれにせよ、人を義とすることはなく、行いをなすまえに、まずもって人が義しくなければならないとすれば、信仰のみがキリストとその言による純粋の恵みによって人を十分に義とし、救うものであることは明らかである。また、**一人のキリスト者が救われるためには、いかなる行いもいかなる戒めも必要でなく、キリスト者はすべての戒めから解放され、行うすべてのことを、自分の利益や救いを求めるためではなくて、まったくの自由から報いを考えずに行う**。彼はすでに信仰と神の恵みとによって充たされ、救われているので、行いをなしながらも、そこにおいてただ神のみこころにかなうことのみを願うのである。

(『**キリスト者の自由**』徳善義和訳「人類の知的遺産26」講談社)

解説 **キリスト者の自由** ルターはキリストを信じることによって救われることを強調した。この考えは、パウロの信仰義認説(○ p.50)に基づく。つまり**人間は、よい行いや優れた働きによって義しい人となるのではなく、信仰だけが人間を義しい人にするという「信仰のみ」の考え方**である。信仰によって神と強く結びつけられた人間は、ただ神のために生きるものとなる。そうして、神以外のものを求めてしまう、欲望や利益に囚われた生き方から解放される。そこに人間の本当の自由があると、ルターは説いた。

宗教改革を徹底させた指導者

カルヴァン (Jean Calvin)

★★★ ☆☆

フランス出身
1509〜64

聖書が予定について語っているのは、……打ち砕かれて、神の義に
ふるえおののき、神の憐れみを仰ぎ見ることを学ぶためである

年(年齢)	生涯
1509(0)	パリ北東のノワイヨンで誕生
1523(14)	パリ大学で学ぶ
1528(17)	オルレアン大学などで法学を研究
1532(23)	セネカの著作の『註解書』を出版
1533(24)	ニコラ・コップ演説事件のためパリを離れ、バーゼルなどに亡命
1535(26)	『キリスト教綱要』を出版
1536(27)	ジュネーヴで宗教改革を指導
1538(29)	ジュネーヴ当局と対立し追放される
1541(32)	ジュネーヴに戻る
1542(33)	『教会教理問答』を出版
1564(55)	ジュネーヴで死去

略伝 フランスのノワイヨンで生まれた。14歳からパリ大学で学び、ラテン語、論理学、修辞学などを修める。その後、各地で学び法学士となる。そこでルター(◯p.94)の宗教改革思想を知るとともに、優れた人文主義者たちに出会った。古典語(ギリシア語、ヘブライ語)を学び、古典文学と聖書の研究法を習得したのち、パリに戻って人文主義の研究を続けるが、関心は宗教改革に傾いていった。友人のニコラ・コップがパリ大学総長に選ばれ、その就任演説が宗教改革を肯定したとして罪に問われた時、カルヴァンも捜査対象となりパリから逃れた。その後、各地を転々とする中で『キリスト教綱要』を著し、スイスのジュネーヴに寄った際、宗教改革の指導者に選ばれた。神の教えを説き、信仰によって人々をまとめ、宗教改革に反対する様々な勢力からジュネーヴの宗教的な独立を守り抜き、55歳でその生涯を終えた。

主著『キリスト教綱要』

カルヴァンの思想

❶ 予定説とはどのような考え方だろうか。

救いは神の永遠の定めによって決まっており、人間がその行為によって変えられるものではないという考え方。 →①、原典資料④

❷ カルヴァン派の職業召命観とはどのような考え方だろうか。

各自の職業は神から授けられた使命であり、それを熱心に行うことが神の意志にかなうことで、救いの確証だとする。利潤の追求も肯定。 →②

❸ カルヴァン派の職業召命観は、近代資本主義とどう関係しているのだろうか。

利益を追求することの肯定と、その利益を無駄遣いせずに次のもうけのために使う禁欲的な勤勉さが、近代資本主義の合理主義に倫理的な影響を与えた。 →③、ウェーバー 原典資料

原4 ① 予定説 　頻出

　人が救われるか否かは、その人がよいことをしたかや、努力したかには関わりなく、**すべて神による、「永遠の定め」において「予め定まっている」とする考え方を予定説**という。全人類は神の永遠の意志によって、「救われる人」と「滅びる人」とにそれぞれすでに定められているが、その定めを人は決して知ることができないとされる。この厳格な予定説はカルヴァンを支持する人々にも、自分が「滅びる人」に定められているかもしれないという不安と絶望感を与えた。そのため、人々に対して「救われる人」であることを保証し、安心させるような思想が必要となった。それが、カルヴァン派独特の職業召命観につながっていった。

② カルヴァン派の職業召命観 　頻出

　カルヴァンは、**救いに選ばれていることは、救われた者にふさわしく、正しい信仰生活を送ることができていることによって証明される**と考えた。そこで、神が授けた使命・役割(「召命」)を立派に行い、禁欲的にそれぞれの職業・労働に励んでいることも、神の「予定」において、自分が救われる者であるという「確証」となると教えた。さらに、職業・労働は神が授けた使命なのだから、そこから生まれる利益(財産・富)は「神の賜物」であるとして、ルターが否定していた**利潤の追求を肯定**した。ただし、利益は尊い「神の賜物」なので、浪費せずによい目的に向けて使うべきであるとされた。こうした新しい考え方は、ルターの職業召命観とは異なり、**禁欲的職業召命観**と呼ばれる。

解説 **生活はすべて神のため** カルヴァン派では生活全体を、「神の栄光」のために信仰と職業労働にささげることが重視される。そのため、怠けたり、肉欲やアルコールにふけったりすることは、「滅びる人」に定められた証拠と受け止められた。

入試に◯×チャレンジ 45 カルヴァンは、すべての存在は絶対者である神の摂理によって導かれており、誰が救われるかは、あらかじめ定められているため、その決定を人間の努力によって変えることはできないと主張した。(2017年追試)

③ カルヴァンと近代資本主義

（1）利益に対する伝統的な考え方の転換

中世からルターの宗教改革に至るまで、キリスト教ではお金をもうけたり富を蓄えたりすることが、金銭主義として不道徳とみなされてきた。しかし、カルヴァン以降のプロテスタント*には、**お金もうけや富の蓄積を、キリスト者にとって正しいこととする考えが生まれてきた**。なぜなら、もうけ（利益）はキリスト者が神から与えられた仕事に励んでいる証拠であり、また、もうけが出ることは、与えられた仕事が社会で必要とされ、正しく役に立っている証拠だからである。

* **プロテスタント** 1529年、シュパイアー帝国議会で、「ドイツのルター派に対する寛容」の中止が決定された。これに対して、6人の諸侯と14の都市が、良心の自由と少数派の信仰の権利を求めて抗議した。以降、改革推進派は、「抗議（プロテスト）」に由来して「プロテスタント」と呼ばれた。

（2）近代資本主義精神の源流　　【出題】

ドイツの思想家ウェーバーは、**カルヴァン主義的なプロテスタント諸派の禁欲的な職業召命観が、近代資本主義の形成に対し倫理的に大きな影響を与えた**と指摘した。禁欲的な職業召命観を持つキリスト者たちは、もうけ（利益）を少しも無駄遣いせずに蓄えて、次のもうけのために活用すべきだと考え、合理的に活用できるように人生全体をコントロールした。彼らの努力はすべて「神の栄光」を地上に表すためであり、こうした宗教的・倫理的意義をそなえた禁欲的な勤勉さが、利益を生産的に運用しようとする**近代資本主義の経済的・合理的精神の成立に影響を与えた**とされる。

◆ルターとカルヴァンの比較

	ルター	カルヴァン
神	神の愛を強調	神の絶対性を強調
救済	**信仰義認説**。信仰による救済。「信仰のみ」「聖書のみ」	**予定説**。すべては神により予定されているとし、善行や信仰による救済を否定
職業観	神による召命であり、天職	神の栄光を実現し、救いの「確証」を得るためのもの
利潤の追求	否定	積極的に肯定。ただし、勤勉・禁欲の倫理が存在

★★
ウェーバー
Max Weber
(1864～1920)

略伝 ドイツの思想家。哲学、宗教学、経済学、政治学、社会学に精通しており、ヤスパース（◯p.152）に大きな影響を与えた。物質的・経済的繁栄を遂げた近代ヨーロッパ社会における、人間の精神性の衰退を鋭くとらえた。**官僚制（ビューロクラシー）**（◯p.176）をはじめ、合理主義的で能率的な支配組織の巨大化が「魂なき専門人」や主体性をなくした「大衆」を生み出しているとして、現代社会を批判した。

主著 **『プロテスタンティズムの倫理と資本主義の精神』** 『職業としての学問』『職業としての政治』

原典資料 資本主義への影響

……プロテスタンティズムの世俗内的禁欲は、……消費を、とりわけ奢侈*的な消費を圧殺した。その反面、この禁欲は心理的効果として財の獲得を伝統主義的倫理の障害から解き放った。**利潤の追求を合法化したばかりでなく、それを……まさしく神の意志に添うものと考えて、そうした伝統主義の桎梏**を破砕してしまった**のだ。

……さきに述べた消費の圧殺とこうした営利の解放とを一つに結びつけてみるならば、その外面的結果はおのずから明らかとなる。すなわち、禁欲的節約強制による資本形成がそれだ。利得したものの消費的使用を阻止することは、……それの生産的利用を、つまりは投下資本としての使用を促さずにはいなかった。

……ピュウリタニズム***の人生観は、その力が及びえたかぎりでは、どのようなばあいにも、市民的な、経済的に合理的な生活態度へと向かおうとする傾向 ―― これが単なる資本形成の促進よりもはるかに重要なことはもちろんだ ―― に対して有利に作用した。……　（**『プロテスタンティズムの倫理と資本主義の精神』**大塚久雄訳 岩波書店）

* **奢侈** 分不相応な贅沢。
** **桎梏** 手かせ、足かせ。自由を束縛するもののこと。
*** **ピュウリタニズム** ピューリタンの考え方。ピューリタンとは、イングランドにおけるカルヴァン派の人々の呼び名。

西洋近現代の思想

(2)
宗教改革

原典資料 ……

④ 予定説

🔍 予定説とはどのような考え方だろうか。

……神の知りたもうところには、「将来」もなく、「過去」もなく、いっさいは「現在」なのである。……この「予知」はあまねく全世界のはてにまで……及ぶのである。われわれが「予定」と呼ぶのは、**神の永遠の聖定**であり、よってもってそれぞれの人間に起こるべく欲したもうたことを、自ら決定したもうもののことである。なぜなら、**万人は平等の状態に創造されたのでなく、あるものは永遠の生命に、あるものは永遠の断罪に、あらかじめ定められているからである**。……

（**『キリスト教綱要』**渡辺信夫訳「カルヴァン・キリスト教綱要Ⅲ／2」カルヴァン著作公刊会・新教出版社）

解説 **すべては神が決定する** 神はこの世のすべてを「現在」として知る全知全能の存在である。その神が、人間の救済を決定しているとする予定説は、カルヴァン主義（カルヴィニズム）の教会にとって重要な教えとされていた。一方、予定のとらえ方は、キリスト教思想の大問題であり、カルヴァンの予定説に対しては、「神は全人類の救いのためにキリストを地上に与えたのだから、全人類が救われると考えるべきである」という反論がある。

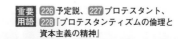

自己を見つめ続ける哲学者

モンテーニュ (Michel de Montaigne)

★★☆☆☆

フランス出身
1533～92

> 私は人間を語る。しかも、出来損ないの一個人をえがく。
> ……私の魂は常に修行と試練の状態にある

年（年齢）	生　涯
1533(0)	モンテーニュで誕生
1535(2)	ラテン語教育を受ける
1546(13)	ボルドー大学入学
1556(23)	ペリグーの裁判所に勤める
1570(37)	官職を引退し、モンテーニュに隠居
1572(39)	『エセー』執筆開始
1580(47)	『エセー』初版出版
1581(48)	ボルドー市長に選出される
1582(49)	『エセー』第二版出版
1588(55)	『エセー』生前最終版出版
1592(59)	自宅で病死
1595	『エセー』新版出版

略伝 フランス南西部、ボルドー近郊のモンテーニュに城館を持つ貴族の家に生まれた。イタリア戦争に参加してルネサンス文化にふれた父に人文主義教育を施された。幼い頃からラテン語の家庭教師がつき、家庭内でも会話はすべてラテン語であった。37歳の時、父の死去に伴いモンテーニュ領を相続した。城館の塔の３階に書斎を作り、読書と思索の時を過ごす。その後、ボルドー市長に選任され、プロテスタントとカトリックの宗教戦争の続く難しい時代にあって、調停者としての優れた指導力を発揮した（→②）。晩年はペスト流行や戦乱に巻き込まれるものの、『エセー(随想録)』の執筆やその補筆・改訂に熱心に取り組んだ。病気により59歳で亡くなるが、彼が最後まで手を加えた『エセー』の新版は、死後に出版された。

主著 『エセー(随想録)』

西洋近現代の思想

1

人間の尊厳

モンテーニュの思想

❶懐疑主義とは何だろうか。
❷『エセー』とはどのような本だろうか。
❸モラリストとはどのような人々だろうか。

1 懐疑主義の人間観

（1）エセー ▶出題◀

「**エセー**」とは、フランス語で「試験、試し、吟味」を意味する。モンテーニュは世を去るまで、人生経験や日々の読書、人間観察で得た思想に基づいて、自分の考え方や、物の見方、感じ方を見つめ続けた。『エセー(随想録)』はそれを書き綴ったものである。彼が死の直前まで『エセー』に手を加えたのは、彼が**批判精神を持って自分の考え方を吟味し続けた**からである。その批判精神は、**懐疑主義**と呼ぶことができる。

（2）懐疑主義 ▶頻出◀

懐疑主義とは、人間は独断や偏見を持つ存在なので、自分の考えや判断を過信せずに、常に疑うべきであるという考え方である。この懐疑主義の人間観に立つモンテーニュは「**私は何を知るか(Que sais-je?)**」と自分に問う**批判精神を生涯持ち続けた**。彼は書くことで自分自身を客観的に描き出して吟味した。そのため、『エセー』に綴られた文章はすべて、自分自身を見つめた彼自身を映し出しているといえる。

解説 **モラリスト** モンテーニュのように、自己認識を通じて、具体的に現実的人間(その本質や生き方)を探究したフランスの思想家を**モラリスト**と呼ぶ。

2 宗教戦争とモンテーニュ

ドイツで始まった宗教改革の流れはフランスにも入り、特に16世紀後半からユグノー*が勢力を増した。やがて、彼らとカトリックを信仰する旧来の支配層の対立は武力抗争へと発展し、フランスは内乱状態に陥った。この内乱は宗教戦争の形をとったが、モンテーニュは、実際にはそれだけではないことを見抜いていた。彼は、宗教や信仰の正義は口実にすぎず、政治的な理由のためなら信仰に反することでも擁護する者や、政治的野心や欲望を隠しながら、敵対者たちを残忍・冷酷に攻撃する者がいることを、鋭く観察し続けた。

*****ユグノー** フランスにおけるカルヴァン派(→p.96)の呼び方。

メモ **調停者モンテーニュ** モンテーニュ自身はカトリックであったが、プロテスタントの友人を持ち、ボルドー市長を務めた際には市を抗争の場としないよう力を尽くすなど、調停者として活躍した。この内乱(ユグノー戦争)を終わらせたフランス国王アンリ４世からの信頼も厚く、重職への就任を頼まれたこともあった。

原典資料

3 自己観察 ── モラリスト

……今はただの人間を考察するとしよう。外からの助けを借りずに、自分の武器だけで武装した人間、その存在の名誉と力と土台のすべてである神の恩寵と認識を抜きにしたただの人間を考察するとしよう。その見事な装具の中に、どれほどの堅固さをもっているかを見てみよう。(『**エセー**』原二郎訳「エセー(三)」ワイド版岩波文庫)

メモ 「**エッセイ」の祖** 文学の１ジャンル「エッセイ」は、モンテーニュがその先駆者であるといわれている。

入試に○×チャレンジ 46 モンテーニュによれば、人間は、「私は何を知っているか」と問い、謙虚に自己吟味を行うことによって、自らに潜んでいる偏見や独断から脱することができる。(2017年本試)

パスカル (Blaise Pascal)

フランス出身
1623〜62

イエス・キリストを知ることは中間をとらせる。なぜなら、
彼においてわれわれは神とわれわれの悲惨とを見出すからである

年(年齢)	生　涯
1623(0)	クレルモンで誕生
1635(12)	ユークリッドの定理の一つを独力で証明
1639(16)	『円錐曲線試論』公刊
1646(23)	最初の回心
1651(28)	父が死去。妹が修道院に入る
1654(31)	決定的回心(11月23日)
1655(32)	1月からしばらく修道院に隠棲
1657(34)	『パンセ』執筆(〜62年頃)
1662(39)	姉の家で死去

メモ 妹ジャクリーヌ パスカルの妹ジャクリーヌは、生涯パスカルのことを心にかけ、パスカルも妹によって精神的に深く支えられていた。

略伝 フランス中部、クレルモンに生まれた。幼くして母を亡くしたが、行政官で、アマチュアの科学者でもあった父から優れた教育を授かった。父は、規則的で例外のない数学を知ると不規則と例外が多い語学修得の意欲を損なうと考え、パスカルに数学を教えなかったが、彼は独力でユークリッド*の定理の一つ(三角形の内角の和が二直角)を証明した。それ以来、父は彼に数学の勉強を許した。23歳の時、父の足の怪我を治した医師に影響を受け、キリスト教の信仰にめざめる。父の死後、妹が修道院に入る。パスカルも31歳で決定的回心が生じ、しばらく妹のいる修道院に隠棲した。その後は、キリスト教信仰を擁護する著作(『パンセ』)を精力的に執筆した。1659年頃から病気に苦しむが、その間も貧者援助の慈善活動を推進した。1661年に妹が亡くなり、翌年パスカルも死去した。 主著『パンセ』

*ユークリッド(エウクレイデス) 古代ギリシアの数学者・天文学者。幾何学を体系化したため、「幾何学の父」といわれている。

パスカルの思想

❶ 『パンセ』とはどのような著作だろうか。

パスカルの遺稿集で、キリスト教信仰の真理を明らかにするための著作 →⬜1

❷ 「考える葦」とはどのような人間観だろうか。

人間の理性は偉大だが、それだけでは不完全で、幸福になれない弱さ、悲惨さを持つという人間観である。 →⬜2、⬜3、原典資料5

❸ 人間が持つ幾何学の精神、繊細の精神とはどのようなものだろうか。

幾何学の精神は論理的な理性、繊細の精神は直感的・心情的な認識能力。神や真理、愛を知るには、繊細の精神が不可欠である。 →⬜4、原典資料6

⬜1 考える葦 —— 人間の尊厳 出題

『パンセ』はパスカルの遺稿集で、パスカルが生前、キリスト教信仰の真理を明らかにする著作のために準備した下書きを集めたものである。彼は広大な宇宙を見上げ、その中に小さく存在する人間を見つめる。人間は自然の大きな力の前でたやすく折れてしまう一本の葦にすぎない。しかし、**人間は考える葦**である。パスカルは「**考える葦。……空間によって、宇宙は私をつつみ、一つの点のようにのみこむ。考えることによって、私は宇宙をつつむ**」と言い、無限の宇宙が人間を包んでいるが、人間の思考もまた無限の宇宙を包むことができるという。このように、思考できることこそが、**人間の尊厳**である。

▲葦

メモ 『パンセ』 「パンセ」はフランス語で「思想」という意味。初版の原題は『死後遺稿の内に見出された宗教とその他いくつかの問題についてのパスカル氏の思想[パンセ]』という長いものである。

原5 ⬜2 人間の悲惨さ 出題

パスカルによれば、思考(精神)は人間の尊厳、偉大さである。しかし、思考できる人間にも欠点がある。それは自分自身の**悲惨さ**を解決できないことである。パスカルのいう悲惨さとは、どんな幸福でも、一瞬でそれを失ってしまう人間のもろさ、はかなさを意味する。エピクロス(◯p.41)やストア派の哲学者(◯p.42)は、人間の理性の偉大さを教え、理性の力で幸福に至ると考えた。しかし、彼らは「人間の偉大さ」を知るが、「人間の悲惨さ」を知らなかった。やがて死すべき存在である人間は、理性の力をもってしてもその悲惨さを解決できない。その点で、理性の限界を説いたモンテーニュの懐疑主義は正しかったと、パスカルは考える。**人間は理性で克服できない自分の弱さ、悲惨さを知っているからこそ偉大なのである。**

メモ 「気晴らし」 パスカルは、人間は自分自身の悲惨さから目をそむけて気を紛らわせるため、遊んだり仕事に熱中するなどの気晴らしをしていると批判している。

BOOK 『フランス・ルネサンスの人々』(渡辺一夫、岩波文庫)激動の時代を生きた人文主義者の横顔を描く。

答 p.96
45 ◯

重要用語 229モラリスト、230懐疑主義、231『エセー』、232『私は何を知るか』、233考える葦、234『パンセ』

原⑤ 3 中間者としての人間　_{出題}

パスカルは、人間が自分の弱さ、悲惨さを知っていることにおいて偉大であるとし、**人間は偉大さと悲惨さの間をさまよう中間者**であるという。自分が悲惨さを持つことを知る時、そこには深い絶望が生まれるが、その絶望の極限において、キリストを知り、信じることで救われるという。キリストは神でありながら人となり、愛する弟子たちに見捨てられ、十字架上での処刑で苦しみ、人間として悲惨な死を遂げた。しかしこの悲惨さの中で、人間を救う神の愛が示された。そのため人間は、キリストを知り、人間を救う神の愛を信じることで、自分の悲惨さから生まれる絶望、苦しみから救われるとパスカルは考えた。

原⑥ 4 幾何学の精神・繊細の精神　_{頻出}

人間の精神には、**幾何学の精神**と**繊細の精神**という、二つの認識能力がそなわるとパスカルは考えた。

幾何学の精神	繊細の精神
論理的、推論的な認識能力。正確な論証を積み重ね、結論を導き出す能力。	直感（直観）的認識能力。論証や証明を必要とせず、ひと目で物事の真相を見分ける能力。

繊細の精神には、心の動きや細かい事情、複雑な状況を隅々まですぐに見極める「よい目」であることが求められる。パスカルは人間には、この二つの認識能力がともに必要だが、**神や信仰、真理、愛などを知るためには、繊細の精神が不可欠**であると考えている。

コラム COLUMN　意外なものも？パスカルの功績

パスカルは早熟で多芸多才な天才であり、39年という短い生涯の中で、宗教や哲学のほかに、数学、物理学などにも多大な功績を残している。例えば、12歳でユークリッドの定理を証明。19歳の時には、世界初の計算機を発明した。また、大気圧や水圧を研究し、その成果「パスカルの原理」で名を残している。台風の時などに天気予報でよく聞く気圧の単位「ヘクトパスカル」は、パスカルにちなんで名づけられたものである。さらに、パスカルは貧しい人たちを助ける活動の資金を集めるため、乗り合い馬車の事業を行った。これは実際にパリの街を走ることになり、世界初の公共交通機関といわれている。

◀パスカルが発明した計算機

原典資料

5 考える葦

🔍 パスカルは人間の弱さと尊厳の両方を見つめている。

人間はひとくきの葦にすぎない。自然のなかで最も弱いものである。だが、それは考える葦である。彼をおしつぶすために、宇宙全体が武装するには及ばない。蒸気や一滴の水でも彼を殺すのに十分である。だが、たとい宇宙が彼をおしつぶしても、人間は彼を殺すものより尊いだろう。なぜなら、彼は自分が死ぬことと、宇宙の自分に対する優勢とを知っているからである。宇宙は何も知らない。

だから、**われわれの尊厳のすべては、考えることのなかにある。**……よく考えることを努めよう。ここに道徳の原理がある。

（『**パンセ**』前田陽一・由木康訳「世界の名著24」中央公論社）

6 心情による認識

🔍 パスカルは、理性だけでなく「心情」を重視していたことを確かめよう。

理性の最後の歩みは、理性を超えるものが無限にあるということを認めることにある。それを知るところまで行かなければ、理性は弱いものでしかない。……

理性の服従と行使、そこに真のキリスト教がある。……

神を感じるのは、心情であって、理性ではない。信仰とはこのようなものである。理性にではなく、心情に感じられる神。……

われわれが真理を知るのは、理性によるだけでなく、また心情によってである。……

……神から心情の直感によって宗教を与えられた者は、非常に幸福であり、また正当に納得させられているのである。……

（『**パンセ**』前田陽一・由木康訳「世界の名著24」中央公論社）

解説 自己の「死」を知る人間　デカルト（●p.107）は「我思うゆえに我あり」として、「自己」の存在を確実なものとし、哲学の出発点にすえた。一方、パスカルの人間観では、人間は不確かな存在である。宇宙の無限の広がりの中、人間はあまりにも無力で、はかない。思考や理性による人間の尊厳は無条件に認められるものではなく、人間の弱さ、悲惨さとの対比の中で語られるのである。

解説 「心情」と「理性」　ここでパスカルは、人間が本当の意味で神を知るのは、**心情**という直感的（直観的）認識能力によるという。心情はただの感情ではなく、理性をも超えた直感的（直観的）認識能力である。

解説 人間の愛と幸福　**心情**は、人間が自分の心を開いて、心の底から真理や神を受け入れる能力であり、愛に満ちた感情を伴う。デカルトは、神の「理性」による合理的な証明を試みたが、パスカルは理性の限界を認め、人間は神を「心情」において、愛とともに知るべきであり、その豊かな愛の感情が人間に幸福を与えるとした。

入試に○×チャレンジ　47 パスカルによれば、人間は、生の悲惨さを自ら癒すことができないために、娯楽や競争などの気晴らしに逃避して、気を紛らわそうとする。（2017年本試改）

2 科学革命と自然観

コペルニクスの宇宙観を描いた絵

概観 コペルニクスが唱えた地動説を契機として、16世紀から、実験・観察とその数学的分析により、世界を動かす法則を知ろうとする科学革命が起こり、近代科学が成立した。思想の世界でも、新しい知識の獲得や人間の理性の力を重視する思想が生まれてきた。イギリスでは認識は経験から始まるとする経験論が、ヨーロッパ大陸では認識は理性に基づくとする合理論がそれぞれ提唱され、思考の方法論や、人間の認識のあり方などについて、独自の思索を展開した。

要点の整理 ▊ は入試重要用語

近代科学革命	→ 経験的認識の重視 →	**帰納法・経験論**	ベーコン
	機械論的自然観		
	→ 数学的合理性の重視 →	**演繹法・合理論**	デカルト

1 近代科学の形成

❶近代の天文学者、科学者たち

コペルニクス(1473〜1543) **◎p.102** 主著『天球の回転について』 太陽を中心とする天文学を提示(**地動説**)

ケプラー(1571〜1630) **◎p.102** 主著『宇宙の神秘』『宇宙の調和』
　コペルニクスの地動説を天体観測によって確認。惑星の軌道が楕円であることを発見(**惑星の軌道に関する法則**)

ブルーノ(1548〜1600) **◎p.102** 主著『無限、宇宙および諸世界について』
　宇宙は無限であり、中心が存在しないと主張。異端教説を取り下げず、火刑に処せられる

ガリレイ(1564〜1642) **◎p.103** 主著『天文対話』 コペルニクスの**地動説**を支持し、宗教裁判にかけられる
　実験・観察とその数学的分析により、様々な法則を発見。近代科学の方法論を確立

ニュートン(1642〜1727) **◎p.103** 主著『自然哲学の数学的原理(プリンキピア)』 **万有引力の法則**を定式化

2 経験論と合理論

❶フランシス・ベーコン(1561〜1626) **◎p.104** イギリス経験論の確立 主著『ノヴム・オルガヌム』

● 新しい学問を構想……新しい学問は人間の幸福を増大するためにある。既存の学問を批判
　4つのイドラの批判(種族のイドラ、洞窟のイドラ、市場のイドラ、劇場のイドラ)

● 自然に従うことにより、自然を征服する新しい科学が必要→「**知は力なり**」

● **帰納法**……実験と観察によって記録を積み重ねて自然の法則、本質を探る→経験を重視。新しい科学的方法の確立

❷イギリス経験論の展開 人間の認識は経験に始まるとする立場

バークリー(1685〜1753) **◎p.106** 主著『人知原理論』 「**存在するとは知覚されること**」

ヒューム(1711〜76) **◎p.106** 主著『人性論』 「**自我とは知覚の束にすぎない**」
　原因と結果の因果関係さえも疑う……**懐疑論**

❸デカルト(1596〜1650) **◎p.107** 大陸合理論の確立、「自我」から始まる近代哲学の出発点＝近代的自我
主著『方法序説』『省察』

● **方法的懐疑**……すべての知識や感覚を不確かなものとして疑うことによって、疑いえない確実な真理に到達する
　「**我思うゆえに我あり**」

● **演繹法**……最初に確実な真理を示し、そこから個別の事例を判断していく

● 実体を「考える自我」(精神・意識・思考)と「身体(物体)」(自然・物理的世界)の二つに大別(**心身二元論、物心二元論**)
　→機械的・物質的な自然観が確立(**機械論的自然観**)

❹大陸合理論の展開 人間の認識は理性によるとする立場

スピノザ(1632〜77) **◎p.110** 主著『エチカ』
　実体は神のみ。それ以外のすべては神のあらわれ(**汎神論**)

ライプニッツ(1646〜1716) **◎p.110**
　宇宙は**モナド**(単子)から成立。モナド同士は独立
　→モナドの働きは、調和して秩序を作り出すよう神にあらかじめ定められている(**予定調和**)

おもな思想家の出身地

天動説から地動説へ

▶ガリレイが球体の落下実験を行ったとされるピサの斜塔（イタリア）

1 近代科学の形成

出題▶

16〜17世紀には、従来キリスト教で正しいとされてきたアリストテレスの目的論的自然観*に対し、新たな自然観が生まれてきた。天文学では**コペルニクス**が、天動説を否定して**地動説**を唱えた（**→2**）。この説は初め神学者たちから批判されたが、新しい宇宙論が活発に議論されるきっかけとなった。こうした中、**ケプラー**や**ガリレイ**の研究方法のように、実験や観測を繰り返し、その結果を数学的に分析して学説を確立する、新しい科学的方法が登場した。実験・観察を通して自然を機械的な原因と結果の法則で説明した彼らの研究は、機械論的自然観にもつながっていった。

一方、ガリレイが宗教裁判にかけられた時、宇宙を聖書に例え、自分の研究の使命は、神の叡智によって創られた宇宙を数学という言語で読み解くことであるとしたように、彼らの研究は信仰からの使命感に基づいたものでもあった。

*目的論的自然観　自然が何かの目的をめざして存在しているという考え方。

コペルニクス	プトレマイオスの天動説を否定し、**地動説**を提唱。
ケプラー	**惑星の軌道に関する三法則**を発見。
ブルーノ	無限の宇宙の中で、無数の世界が生まれては消えるという新しい宇宙論を提唱。
ガリレイ	望遠鏡で天体観測を行い、地動説を支持。天文学で数々の発見。
ニュートン	**万有引力を定式化**し、運動の三法則を明らかにするなど、近代物理学の基礎を築く。

西洋近現代の思想

2

科学革命と自然観

★
コペルニクス
N.Copernicus（1473〜1543）

略伝　ポーランドのトルンに生まれた。聖職者として働きながら天文学の研究を続け、太陽を中心とした天体論をまとめた。太陽中心的な天体論を記した『天球の回転について』が出版されたのは彼の死後であったが、生前にすでにその「概要」が出版されており、多くの研究者の関心を集めていた。

2 天動説から地動説への転回

コペルニクスによれば、**太陽は太陽系の中心に位置し、地球や他の惑星は、太陽の周りを回っている**（地動説）。これは、太陽とすべての天体が地球を中心として回っているとした、プトレマイオス以来の**天動説**と異なる宇宙観であった。コペルニクスは、神が創造した宇宙は単純で均整のとれた美しい数学的構造を持つと考えた。そして、それがどのようなものか考える中で、古代ギリシアに地動説を唱えた哲学者もいたことを発見し、地動説の立場に立った。私たちが観測する天体の運動について、地球ではなく太陽を不動の中心とすることで、美しい宇宙の秩序・調和が説明できたからである。

★★
ケプラー
Johannes Kepler（1571〜1630）

略伝　ドイツのシュツットガルト郊外に生まれた。コペルニクスの天文学を学び、新しい天文学に熱中した。熱心なプロテスタントであり、牧師、神学者をめざしたが、ルター（**→p.94**）がコペルニクスの宇宙論を非難していたためにその夢を諦め、天文学者の道を選ぶ。デンマークの天文学者、ティコ・ブラーエの天体観測の助手を務めた際に得た精密なデータに基づき、**惑星の軌道に関する三法則**を発見した。主著『宇宙の調和』では、古代ギリシアのピタゴラス（**→p.27**）、プラトン（**→p.34**）に由来する数的な自然観と、キリスト教的な神による創造論を結びつけた。

惑星の軌道に関する三法則

● **第1法則**：惑星は、太陽を一つの焦点とする楕円軌道を公転する。
● **第2法則**：惑星は、太陽と惑星を結ぶ線分が単位時間に一定面積を描くように運動する。
● **第3法則**：惑星と太陽との平均距離の3乗と、公転周期の2乗との比は、どの惑星についても一定である。

ブルーノ（1548〜1600）

イタリアのナポリ近郊で生まれた。ドミニコ会の修道士となり修道院に入るが、古い信仰にとどまることができず、修道院を脱出した。ブルーノは地動説を擁護し、**宇宙は無限の広がりを持ち、そのために特定の中心も存在しない**とし、その無限の宇宙の中で、無数の世界が生まれては消えるという、非キリスト教的な宇宙論を説いた。これは、宇宙には中心があり、有限であると考える従来の自然観とは大きく異なる考え方であった。彼は、アリストテレス哲学の批判、三位一体を受け入れなかったこと、地動説の擁護などにより異端の嫌疑をかけられ、火刑に処せられた。

プトレマイオス　コペルニクス

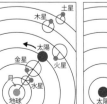

◀**天動説と地動説**
プトレマイオスの天動説は、複雑だが天体観測の結果を説明することはできる体系であった。しかし、コペルニクスは天体運動をよりよく説明できる説を考え、地動説を唱えた。

入試に◯✕チャレンジ　48　ケプラーは、古代ギリシア以来の宇宙観を批判し、地球を中心に天体が回っているとする天文学説を唱えた。（2012年追試）

ガリレイ
Galileo Galilei
(1564～1642)

略伝 イタリアのピサに生まれた。当初、ガリレイの関心は天文学よりも数学、物理学にあったが、1604年、射手座に新星が現れ、天文学上の論争が起きたため、天文学への関心が高まった。彼は望遠鏡による天体観測によって地動説を裏づける観測結果をいくつも得て、地動説を支持した。しかし、宗教改革（◯p.94）に対抗するため急速に保守化していた教皇庁の異端審問所に、地動説を唱える著作（『天文対話』）を出版したとして呼び出され、終身刑を言い渡された。それ以降は謹慎生活を送り、失明するなど苦難の中にあって研究を続け、1642年に78歳で死去した。1992年にローマ教皇により名誉回復がなされた。

▲**ガリレイの宗教裁判** ガリレイは異端審問所で宗教裁判にかけられ、地動説を撤回させられた。その際、「それでも地球は回っている」とつぶやいたとされる。

③ 近代科学の方法論　出題

　17世紀以降の近代科学は、数学的に処理することのできる実験・測定方法の確立によって発展した。ガリレイは、ピサの斜塔から2つの重さの違う鉛の玉を落とす実験を行い、物の落ち方の法則である**落体の法則**を発見したといわれる。また、ランプの揺れの幅の大小と行ったり来たりする時間は関係がないことを観察によって発見し、さまざまなケースを調べて計算を行い、**振り子の法則**を確立した。彼は、**科学者が扱うべきなのは数学的に測定・計算可能なことがらのみである**として近代科学の方法論を確立したため、近代科学の祖といわれている。こうした近代科学の成立は科学革命と呼ばれる。

◀**ガリレイの天体望遠鏡** ガリレイはオランダで望遠鏡が作られたことを聞き、自分でも望遠鏡を作成した。その後も改良を重ねて性能を高めた望遠鏡で天体観測を進め、月面の凹凸や木星の4つの衛星を発見した。これらの発見は1610年、『星界の報告』にまとめられた。

ニュートン
Isaac Newton
(1643～1727)

略伝 イギリス東部グランサム近郊の農家に生まれた。1661年、ケンブリッジ大学のトリニティー・カレッジに入学。数学、自然学の研究を進める。1703年、王立協会（アカデミー）の会長に選出され、亡くなるまで会長職にあった。主著『プリンキピア（自然哲学の数学的原理）』（1687年）では、**万有引力を定式化**し、運動の三法則を明らかにし、以降、「ニュートン力学」と呼ばれる物理学の体系が示された。また、微積分法の発明、光のスペクトル分析、「絶対時間」の提唱（時間は過去から未来へとどこでも変わらずに流れる）など、多くの業績を残した。これらの業績によりニュートンは、近代物理学の基礎を築いたと評価されている。

メモ ニュートンの多面性　ニュートンは研究生活の一方、造幣局に勤める公務員だった時期がある。その間、貨幣の偽造摘発に情熱を傾け、何人も絞首台送りにしたり、主流の通貨を銀貨から金貨へと移行させたりした。この時期のニュートンは、相当な高給を得たとされる。また、錬金術研究や聖書研究も熱心に行っていた。

④ 新しい自然科学的世界観　頻出

　ニュートンが確立した物理学の体系である「ニュートン力学」の中でも、特に「万有引力は距離の2乗に反比例して弱くなる」という「逆2乗則」は、ケプラーの「惑星の軌道に関する三法則」を理論的に裏づけることに成功した。こうしてニュートンは、**天上の世界も地上の世界も、同じ物理法則で説明できるとする新しい自然科学的世界観**を開くことになった。当時、天上の世界と地上の世界は別々のしくみで動くものととらえられていたが、ニュートンはそれを覆したのである。このようなニュートンの統一的宇宙観は、他方で、宇宙全体に遍在する神が常に働いているとする、動的・有機的な宇宙観でもあった。

コラム 日本にもあるニュートンの
リンゴの木

　ニュートンは20歳頃、リンゴが木から落ちるのを見て、宇宙にあるすべての物質は互いに引き合っているという、万有引力の法則を発見したといわれている。このエピソードの真偽は定かではない。その時、彼が見ていたとされるリンゴの木は枯れてしまったものの、子孫は世界各地に広がっている。日本でも東京の小石川植物園で、イギリスから贈られたニュートンのリンゴの木（写真）を見ることができる。

新しい学問をめざした経験論の祖

ベーコン (Francis Bacon)

★☆☆☆☆

イギリス出身
1561～1626

諸学の真のまた正当な目標とは、人間生活が新たな発見と力とによって、豊かにされること以外にはない

年（年齢）	生涯
1561（0）	ロンドンに誕生
1573（12）	ケンブリッジ大学に入学（のちに退学）
1576（15）	グレイズ・イン法学院に入学
1582（21）	弁護士資格を取得
1584（23）	代議士に選出。以降、国政に参加
1605（44）	『学問の発達』出版
1620（59）	『ノヴム・オルガヌム』出版
1626（65）	ロンドン北郊で風邪により死去

＊国璽尚書　国璽を保管する役職で、宮廷の最高職。国璽とは、国家の印章のこと。

略伝 イギリスのロンドンで、貴族の家系に生まれた。父は王宮で国璽尚書＊を務めていた。のちにベーコン自身も大法官、国璽尚書を歴任する。ケンブリッジ大学に入学したが学位を取らずに退学し、グレイズ・イン法学院に入学した。その後、代議士、貴族院議員となり、政治家、法律家として名声を高めた。しかし、出世の道のりは必ずしも順調ではなく、18歳で父を亡くした彼は独力で道を開かなければならなかった。親しくしていた有力者エセックス伯は失脚して処刑され、彼自身も最後は汚職の嫌疑をかけられ、一時ロンドン塔に幽閉されて、引退に追い込まれた。引退後も学問研究は続け、鶏に雪を詰めるという寒冷下での死体の硬化・保存の実験によって風邪を引き、それがもとで亡くなった。

主著『ノヴム・オルガヌム』

ベーコンの思想

❶「知は力なり」とはどのような意味だろうか。

自然に従うことにより自然を征服し、人間の幸福を増大させる新しい科学的な学問観をいう。
→ 1 、原典資料 4 、 5

❷ 4つのイドラはなぜ取り除くべきなのだろうか。

新しい学問を出発させるためには、従来、学問の弊害となってきたものを取り除く必要があるから。　→ 2

❸ 帰納法とはどのような学問方法だろうか。

観察から得られた個別的事例から普遍的な法則や定義を導き出す学問方法である。　→ 3 、原典資料 6

原1 「知は力なり」

フランシス・ベーコンは、機械的技術が日々進歩していくのに対し、従来の学問は停滞しており、「大革新」が必要であると感じていた。人間が機械技術や道具の発展によって多くの仕事を行い、自然から多くの成果を引き出せるようになったのと同様に、**学問も自然を知（学問）によって征服し、その豊かな力を自分の物として獲得すべきである**と彼は考えた。その意味で彼は、「知は力なり」という。人間は、観察・分析においては、現象をありのままにとらえるなど従順な態度で自然に従い、そこから得た学問で自然を征服し、活用するべきなのである。彼にとって学問は、人間の生活を豊かで安全なものとし、幸福を増大させる力である。

2 4つのイドラ

ベーコンは、**人間が正しく自然を認識するのを妨げる幻影や偏見をイドラ**(idola)と呼び、特に**4つのイドラ**を指摘した。彼によれば、人間の精神は、すでに深く根を下ろしてしまったこれらのイドラに支配されており、新しい学問（科学）を確立するためには、イドラを排除しなければならないという。

◆ 4つのイドラとその例

※赤字がイドラの例

種族のイドラ	人類という種族に染みついた先入観による偏見。人間は宇宙・自然を見えたり聞こえたりするままに「人間の尺度」でとらえ、それを真実と思い込んでいる。**太陽と月の大きさは同じと思い込む**
洞窟のイドラ	個人のくせや経験に基づく個人的な先入観による偏見。個人的な思い込みで、自然をありのままに見る目がくもる。**個人的な印象や先入観で人を判断する。あの人が来るといつも雨→雨男**
市場のイドラ	言葉のやりとりから生じる偏見。日常の言葉は学問的真理を表現するには不完全で、その曖昧さから混乱が生じる。**「ひかげ」という場合、「日陰」は日の当たらない所、「日影」なら日の光を意味する**
劇場のイドラ	学説・理論から生じる先入観。知っている学説・理論（劇場で演じられる物語に例えられている）を真実と思い込み、それに反するものを受け入れられない。**天動説（◆p.102）を真実と思い込み、地動説を受け入れない**

入試に○×チャレンジ　49 ベーコンは、『ノヴム・オルガヌム』を著し、事実に基づいた知識を獲得する方法として、経験のなかから一般的法則を見いだす帰納法を重視した。(2015年本試)

原6 ③ ベーコンの帰納法（きのう） 頻出

　帰納法とは古代ギリシアの時代から存在する考え方で、**個別的な事例を集めて一般化し、法則や定義を導き出す方法**である。例えば、いくつかレモンを食べるとそのすべてがすっぱかった場合、そこから「レモンはすべてすっぱい」と一般化した知識を得る。帰納法は、限られた事例でこのように一般的な法則や定義を導き出せるので便利だが、反対の事例が一つでもあれば成立しないため、不確実でもある。ベーコン以前の帰納法は、都合の悪い事例を無視して一般的な法則、定義を導いていた。しかし、ベーコンはそれを批判し、十分に反対の事例も観察・調査する帰納法が必要だと考えた。

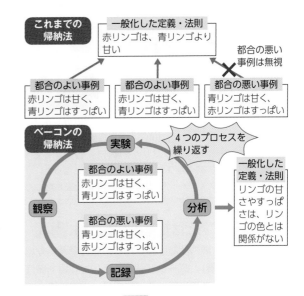

これまでの帰納法 → 一般化した定義・法則　赤リンゴは、青リンゴより甘い
都合のよい事例　赤リンゴは甘く、青リンゴはすっぱい／都合のよい事例　赤リンゴは甘く、青リンゴはすっぱい／都合の悪い事例　青リンゴは甘く、赤リンゴはすっぱい　都合の悪い事例は無視✕

ベーコンの帰納法　4つのプロセスを繰り返す　実験→分析→記録→観察→実験
都合のよい事例　赤リンゴは甘く、青リンゴはすっぱい／都合の悪い事例　青リンゴは甘く、赤リンゴはすっぱい　一般化した定義・法則　リンゴの甘さやすっぱさは、リンゴの色とは関係がない

原典資料 ‥‥‥‥‥‥‥‥‥‥‥‥‥‥‥‥‥

4 制作による自然の征服

🔍 科学的知識の獲得は、自然の征服という考えと結びついている。

　……われわれの方法は、実行は困難であるが言うのは易しい。すなわち、それは確実性の段階を構成することであって、……感覚の知覚から出発して新しい確実な道を心に開き通じさせるのである。……われわれがいま取りかかっているのは古人によって試みられることもなく知られることもなかった全く別の道を知性のために開こうとするのである。……**制作によって自然を征服しようとする人、要するに、……確実で証明できる知識を得**ようと心掛ける人がいるなら、そういう人こそ真に科学の子として（もしこころざすなら）われわれの仲間になって戴きたい。

（『ノヴム・オルガヌム』坂本賢三訳「人類の知的遺産30」講談社）

5 知は力なり

🔍 服従することによらなければ征服されないとはどういうことだろうか。

　人間の知と力は一つに合する。原因が知られなくては、結果は生じないからである。というのは、**自然は服従することによってでなくては、征服されない**のであって、考察において原因にあたるものは、制作においては規則である。　　　　　（『ノヴム・オルガヌム』同上）

6 帰納法

🔍 ベーコンの学問論とは、どのようなものだろうか。

　真理を探究し発見するのは二つの道があり、またありうる。一つは感覚と個別的なものから最も一般的な命題に飛躍し、これらの一般的命題とその不動の真理性から判断して中間的命題を発見する。この道がいま用いられている。他の一つは、**感覚と個別的なものから一歩一歩段階的に上昇して命題をひき出し、最後の最も一般的な命題に到達する。この道が真の道**であるが、まだ試みられたことはない。　（『ノヴム・オルガヌム』同上）

解説 **イギリスのルネサンス**　ベーコンが生きた時代、イギリスは政治・経済的に近代化を迎えていただけでなく、エリザベス朝ルネサンスとも呼ばれる文化、芸術、学問の隆盛期であった。そうした中、ベーコンは最新の自然学、人文学の成果を吸収しながら、学問全体を新しい人間社会を創り出す原動力となるように構想した。そこで彼が説いたのが、**科学的知識の獲得が自然を征服する**という考え方であった。

メモ **イドラの語源**　ベーコンが、正しい認識を妨げる偏見・幻影・偶像をさす言葉として用いたイドラはラテン語であり、「アイドル」（偶像）の語源でもある。

解説 **自然を征服する第一歩**　「服従する」とは自然のありのままを観察して法則などを知ることであり、それによって人間は自然を征服することができる。例えば、雷の原因は雷の神ではなく電気であることに観察を通して気づくことで、人間は避雷針（ひらいしん）を作り、雷の被害を克服することができる。

解説 **理性と経験**　それまでの学問では、一般的な命題は理性の合理性に基づいて、経験によらずに証明できる真理であるとする。ベーコンはそこに従来の学問の不備があると考え、経験に基づく知識から一般的な知識を導く、経験主義的な学問論を展開した。

西洋近現代の思想（2）　経験論と合理論

コラム ☕ COLUMN　ベーコン＝シェークスピア？

　ベーコンは、「ロミオとジュリエット」などで有名なイギリスを代表する劇作家、シェークスピアと同時代人である。シェークスピアには、その謎の多さなどから根強く別人説があり、候補の一人として、ベーコンがあげられていた。現在、別人説はほぼ否定されているものの、ベーコンが候補とされていたのは、優れた随筆家としても知られる彼の多才さからであろう。

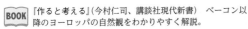 BOOK　『作ると考える』（今村仁司、講談社現代新書）　ベーコン以降のヨーロッパの自然観をわかりやすく解説。　　答 p.102 ⁴⁸ ✕　重要用語 238「知は力なり」、239 イドラ、240 帰納法

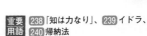

バークリー George Berkeley (1685〜1753)

略伝 アイルランド南東部のキルケニーに生まれた。哲学者であり、聖職者でもあった。1700年、ダブリンのトリニティー・カレッジに入学。その7年後、22歳でカレッジの特別研究員に就任し、1710年『人知原理論』を出版。その後、ヨーロッパ各地やアメリカを旅行し、哲学者と交流した。1734年アイルランド国教会の主教となった。1752年にオックスフォードに移り、翌53年に死去した。

ヒューム David Hume (1711〜76)

略伝 スコットランドのエディンバラの名家に生まれた。2歳で弁護士の父を亡くす。エディンバラ大学で2年ほど研究し、ロック(→p.114)の哲学とニュートン(→p.103)の自然学を知り、その後、独力で研究を深めた。フランスに渡り、デカルトゆかりのラフレーシュ学院で『人性論(人間本性論)』の執筆を開始する。その後、図書館長、外交官などの職を得る。1769年に引退してエディンバラに戻り、1776年に65歳で死去した。

7 「存在するとは知覚されること」 頻出

経験論は、人間の認識は感覚から来ると考える立場である(**感覚主義**)。バークリーはこうした立場を徹底的に追究し、人間の認識はすべて感覚に由来するもので、**心に知覚されるもの**(例えば桃)**だけが人間にとって存在する**と考えた。人間が存在すると思っているものは、実際は、感覚によって心の中に生まれた知覚にほかならない。この原則は「**存在するとは知覚されること (esse est percipi)**」と呼ばれる。

例えば桃を食べる時…

桃は知覚の集合体　知覚を取り去ると…　何も残らない＝無

解説 **神の認識は完全** 人間の認識は完全ではなく、人間が知覚しないものは存在しないのかという疑問が生じる。この疑問に対してバークリーは、神の認識は完全で、すべてが神の認識において完全に知覚されているので、人間が知覚しないものも神の認識において存在していると考えた。

8 懐疑論 頻出

ヒュームは、自我とはデカルト(→p.107)の言うような精神的実体ではなく、ただ、「これを見た」「あれを食べた」といったような知覚が集合した**知覚の束**にすぎないと主張した。

また、彼は原因と結果の間の因果性(因果関係)を批判・検討した。出来事Aの後に出来事Bが起こることが続くと、人は心の習慣によりAがBの原因であるという信念を作り出す。つまり、因果性は単に心の働きに由来する信念でしかなく、実際に確かめることはできない。こうした因果性さえも疑う彼の立場は**懐疑論**と呼ばれ、カント(→p.121)にも影響を与えた。

氷 ⇄ 冷たい

◀ヒュームの考え方によれば、「氷は冷たい」という科学的に明らかだと思われることも、単に人間にとって「氷を触る」と「冷たいと感じる」ことが繰り返され、習慣・信念となったにすぎない。例えば北極グマならば氷を触って同じように「冷たい」と感じるだろうか。

◆イギリス経験論と大陸合理論

頻出 ベーコンはイギリス経験論の祖とも呼ばれる。17〜18世紀のヨーロッパの哲学には**経験論**と**合理論**(理性主義)の二つの潮流があった。経験論はイギリスから、合理論はヨーロッパ大陸からそれぞれ著名な哲学者が出たため、**イギリス経験論**と**大陸合理論**と呼ばれている。経験論が感覚認識の重要性を指摘し、人間の知識は感覚を通した経験から得られるとしたのに対し、合理論は感覚を不確実なものとみなし、身体から切り離された理性を確実な認識能力とする。しかし、それぞれ右表のような問題点もあった。これらの問題点を克服し総合したのが、カントの批判哲学(→p.121)である。

	イギリス経験論	大陸合理論
思想家	ベーコン ヒューム、バークリー ホッブズ(→p.112)、ロック(→p.114)	デカルト(→p.107) スピノザ、ライプニッツ(→p.110)
主張	「認識は**経験**から始まる」 「白紙」に書き込むように、知識は経験によって増えていく！ 経験論の思想家でもあるロックは、人間の精神は**タブラ・ラサ**と呼ばれる「白紙」のようなもので、何かを経験すると白紙に書き込むように知識が増えると考えた。	「認識は人間の**理性**に基づく」 感覚や経験による知識は曖昧だ。思考は確実な理性に基づくべきだ！ 神から理性が生じ、理性から知識が生じる。理性は神によってつくられているので、人間は生まれながらに様々な観念を持っているとする(**生得観念**)。
問題点	感覚・経験の範囲を超えたことについて、十分に語ることができない	理性的に確実な認識に到達できるが、感覚・経験は十分語ることができない

問題点を 克服・総合

カントの批判哲学

入試に○×チャレンジ 50 ヒュームは、経験論を徹底させて、人間の心は単なる「知覚の束」にすぎないと主張した。そしてそこから、実在するのは流れゆく知覚だけで、実体としての精神は存在しないという懐疑的立場を取った。(2014年追試)

デカルト (René Descartes)

★★★★☆

フランス出身
1596～1650

一生に一度は、すべてを根こそぎくつがえし、最初の土台から
新たにはじめなくてはならない

年(年齢)	生　涯
1596(0)	トゥーレーヌ州ラ・エーで誕生
1606(10)	ラフレーシュ学院に入学
1614(18)	ポアティエ大学に入学
1618(22)	軍に入隊(数学的自然学を研究)
1619(23)	ウルム近郊で霊感を得る
1628(32)	隠棲するためにオランダに転居
1637(41)	『方法序説』公刊
1641(45)	『省察』公刊
1644(48)	『哲学の原理』公刊
1649(53)	スウェーデン宮廷に招かれる
1650(54)	スウェーデンで死去

メモ 頭蓋骨　デカルトの頭蓋骨は、パリの人類博物館に保存されている。1999年には展覧会への出展のため日本に持ち込まれ、それをもとに日本で顔の復元も行われた。

略伝 フランス中部のラ・エーで、高等法院の法官貴族の父のもとに生まれた。母をすぐに亡くし、父は再婚したため、乳母に育てられた。イエズス会のラフレーシュ学院に入学、学院長はデカルトの親戚であり、病弱だった彼に配慮して朝の授業は免除されたため、ベッドの中で思索を深める習慣ができた。卒業後はポワティエ大学に入学し、法学、医学を学ぶ。その後、「世間という大きな書物に学ぶため」旅に出たのち、軍隊に志願兵として入隊。休戦中にオランダ人の学者ベークマンと交友関係を持ち、自然を数学的に解明する数学的自然学を共同研究した。23歳の時、ドイツのウルム近郊で炉部屋にこもり瞑想するうちに霊感に満たされ、驚くべき学問の基礎を発見したという。32歳の時、哲学的体系を仕上げるためにオランダに隠棲する。その後、スウェーデン女王クリスティーナに招かれて移り住むが、北欧の寒さは厳しく、首都ストックホルムで早朝5時から行われた女王への講義はデカルトの体を蝕んだ。講義開始から1か月ほどで肺炎にかかり、乳母のために遺言を残して死去した。 主著『方法序説』『省察』『哲学の原理』

デカルトの思想

❶「我思うゆえに我あり」とはどのような意味だろうか。

一切を疑う方法的懐疑によって、確かめられた確実な出発点。
→ [1]、[2]、原典資料[6]

❷ デカルトは、真理に到達するためにはどうしたらよいとしたのだろうか。

正しく良識を用いればよいとした。そのための方法として4つの規則をあげた。
→ [3]

❸ デカルトは実体をどのようなものと考えていたのだろうか。

「思考する精神」と「延長を持つ物体(身体)」の二つに大別される(心身二元論)とした。
→ [5]、コラム

原6 [1] 方法的懐疑　　頻出

デカルトは、当時学校で教えられていたスコラ哲学(→p.52)は抽象的であり、議論の前提が徹底して追究・分析されていないとして疑問を抱き、精神をすべての先入見から解放し、学問の確固とした基礎を解明する必要があると考えた。そこで、**すべてを疑う「懐疑」という方法をとった(方法的懐疑)**。それは、すべてを疑い抜くことで、一点の疑念もない明瞭確実な原理に到達するための方法である。彼は**感覚も、数学的真理も、疑おうと思えば疑うことができるため、偽として排除しなければならない**と考えたのである。

感覚から得られる事柄
歌が聞こえる(外からの感覚)
頭が痛い(身体の中の感覚)

数学的真理
「3＋4＝7」のような数式

疑う！　疑う！

すべてが夢の中のできごとかもしれない。

計算を間違えることもある。全能の神に欺かれているかもしれない。

原6 [2] 我思うゆえに我あり　　出題

デカルトはまず懐疑によって、すべてが偽なのではないかと疑っていく。しかし、すべてが疑わしいとしても「私が自分について考えている時、考える私が存在している」ことは真実である。彼は、**どんな懐疑によっても疑うことのできないこの「自己」の存在は確実であるという考えに到達**し、それを**「我思うゆえに我あり」(cogito, ergo sum)** と表現した。この「考えている私」(自己)は「精神」(理性)であるとされ、デカルトの哲学の確実な出発点となり、のちの近代哲学の基礎となった。そのため、デカルトの考える自我は**近代的自我**とも呼ばれる。

解説 大陸合理論　デカルトの哲学は「思惟する自我」(理性)を原理として展開される。そのため、理性主義の哲学とも呼ばれる。また、「思惟する自我」から出発する哲学は、その後のヨーロッパ大陸の哲学者に受け入れられ、それらはデカルトを祖とする**大陸合理論**と呼ばれている(→p.106)。

BOOK 『デカルト』(ロランス・ドヴィレール、津崎良典訳、白水社 文庫クセジュ)　デカルト哲学の優れた解説書。

答 p.104 [49] ○

重要用語 241 イギリス経験論、242 タブラ・ラサ、243 大陸合理論、244 方法的懐疑、245「我思うゆえに我あり」

3 良識と4つの規則　　頻出

　デカルトによれば、人間にはどのような人にも公平・平等に**良識**(ボン・サンス、bon sens)が与えられている。それは**真と偽を判断する能力**であり、**理性**、精神とも呼ばれる。だが人は時に間違った判断をすることがある。これは良識が不足しているからではなく、正しく用いられないからである。**正しく良識を用いれば、どんな人でも真理に到達することができる**。そのため、彼は良識(理性、精神)を正しく用いる「方法」をまず確立するべきであるとし、『方法序説』の中で、その「方法」として4つの規則をあげる。

①明証の規則	私が明証的に真であると認めたうえでなくてはいかなるものをも真として受け入れないこと。(即断と偏見を避け、何一つ疑いのない明らかなことを「**明晰**」とし、別のものと混同されずはっきりしていることを「**判明**」とし、「明晰判明」なものだけを判断に入れる)→**原典資料7**
②分析の規則	問題を、できるかぎり多く、しかも問題を最もよく解くために必要なだけの数の、小部分に分けること。
③総合の規則	思考を順序に従って導き、最も単純で最も認識しやすいものから始め、階段を昇るように最も複雑なものの認識にまでのぼっていくこと。
④枚挙の規則	何ものも見落とすことがなかったと確信しうるほどに、完全な枚挙と全体にわたる通覧とを、あらゆる場合に行うこと。

コラム　「数学者」デカルト

　近代哲学の父であるデカルトは、数学者でもある。彼は数学のように明確で確実であることが好きで、曖昧さを好まなかった。そんな彼には、すべての学問を数学をモデルに立て直すという野心があった。哲学もその一つであり、「哲学の第一原理」を見つけ、そこから確実な学問体系を築こうという発想は、数学の発想と同じである。また、演繹法も数学で使われる考え方である。そんなデカルトが数学者として残した功績の一つが、実数を平面上の点の位置によって表す座標の発見である。彼は朝、ベッドに横たわって天井を眺めている時、天井にとまったハエを見て、その位置を表す方法として座標を思いついたという話もある。

4 演繹法　　頻出

　デカルトの**演繹法**は、**最初に確実な真理を示し、そこから個別的な事例を判断していく認識方法**である。彼は「我思うゆえに我あり」という「**自己**」(精神・理性)の存在の確実性、つまり「考える私は存在する」ことを**哲学の第一原理**として、そこから、まず神の存在を証明し(→**7**)、物体や身体の存在、外界の存在の確実性を推論によって証明していった。

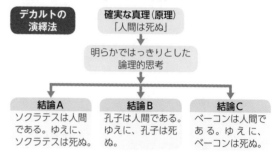

デカルトの演繹法	

確実な真理(原理)「人間は死ぬ」

明らかではっきりとした論理的思考

結論A ソクラテスは人間である。ゆえに、ソクラテスは死ぬ。

結論B 孔子は人間である。ゆえに、孔子は死ぬ。

結論C ベーコンは人間である。ゆえに、ベーコンは死ぬ。

5 心身二元論(物心二元論)　　頻出

　方法的懐疑で「考えている私」は確実だという時、「考えている私」である精神と身体(物体)は厳密に区別されている。このように、デカルトの考えでは、すべての存在は精神と身体(物体)の二つの原理から成り立つとされる。これを**心身二元論(物心二元論)**という。

心身二元論

(心身二元論)二つの実体

精神・意識・思考
●「我思うゆえに我あり」　●近代的自我

身体・物体
●**延長を持つ**(長さ、幅、深さ、重さなど)
⇒空間的な量や数値に置き換えることができ、変化や運動は数学的、幾何学的に計算される(数学的自然学)
●物質的な「器官」からできた「機械」であり、その構造や働きはすべて物理的・力学的法則で説明できる

> **解説**　**機械論的自然観**　デカルトの身体・物体についての見方のうち、身体・物体は「機械」であり物理的・力学的法則で説明できるという考え方を、**機械論的自然観**という。

原典資料

　　　　　　　　　　　デカルトはどのように「自己」の存在の確実性に到達したのだろうか。

6 我思うゆえに我あり ── 哲学の第一原理

　……われわれの感覚がわれわれをときには欺くゆえに、私は、感覚がわれわれの心に描かせるようなものは何ものも存在しない、と想定しようとした。次に、幾何学の最も単純な問題についてさえ、推理をまちがえて誤謬推理をおかす人々がいるのだから、私もまた他のだれもと同じく誤りうると判断して、私が以前には明らかな論証と考えていたあらゆる推理を、偽なるものとして投げすてた。……私は、それまでに私の精神に入りきったすべてのものは、私の夢の幻想と同様に、真ならぬものである、と仮想しようと決心した。しかしながら、そうするとただちに、私は気づい

> **解説**　**方法的懐疑と「自己」**　デカルトはまず感覚に、さらに数学的真理に疑いの目を向けた。それらは真実だと確証しようとしても、取り除けない疑いが残るため、偽として排除すべきである。そうしてすべてを疑い、疑うことのできるものを偽として排除していくと、身体、感覚、様々な考えさえも偽として排除しなければならない。そうして**すべてを排除した結果、思考する自己の存在、精神(理性)の存在の確実性に至る**とした。

　入試に○×チャレンジ　**51** デカルトは、精神が対象を疑いの余地なく認識し、他の対象からもはっきりと区別していることを、明証的な真理の基準だとした。(2017年本試)

た、私がこのように、すべては偽である、と考えている間も、そう考えている私は、必然的に何ものかでなければならぬ、と。そして「私は考える、ゆえに私はある」……私はこの真理を、私の求めていた哲学の第一原理として、もはや安心して受け入れることができる、と判断した。

（『方法序説』野田又夫訳「世界の名著22」中央公論社）

▲スウェーデン女王クリスティーナに講義を行うデカルト

7 精神と神

🔍 デカルトはどのように「精神としての自己」から神の存在を証明したのだろうか。

……私が疑うということ、すなわち私が不完全で依存的なものであるということ、に注意するとき、独立で完全な存在者の、いいかえれば神の、観念が、私の心にきわめて明晰にかつ判明に浮かんでくる。そして、このような観念が私のうちにある、すなわち、その観念を有する私が存在する、というこの一つのことからして、私は、神もまた存在するということを、そして、私の全存在は各瞬間ごとに神に依存するということを、きわめて明証的に結論するので、人間の精神によってこれ以上に明証的に、これ以上に確実に認識されうるものは何もない、と私は確信をいだくのである。

（『省察』井上庄七・森啓訳「世界の名著22」中央公論社）

解説 **精神と神**　「考える私」が確実であっても、「私」以外の物体の存在は証明できない。物体の存在を証明するためにデカルトは、「完全で、無限で、独立し、全知全能で、私と私以外の一切を創造した実体」である神の存在証明を行った。神の存在証明は、近代西欧の理性主義・合理主義の根幹に関わるもので、信仰の問題だけでなく、理性が究極的な存在をどこまで把握できるかが試される場面であった。

8 自然の主人としての人間

🔍 近代以降の自然科学は、自然の支配・所有をめざしている。

……一般的原理が私に教えるところでは、人生にきわめて有益なもろもろの認識にいたることが可能なのであり、学院で教えられる理論的哲学の代わりに一つの実際的哲学を見いだすことができ、これによりわれわれは、火や水や風や星や天空やその他われわれをとりまくすべての物体のもつ力とそのはたらきとを、あたかもわれわれが職人たちのさまざまなわざを知るように判明に知って、それらのものを、職人のわざを用いる場合と同様それぞれの適当な用途にあてることができ、かくてわれわれ自身を、いわば自然の主人かつ所有者たらしめることができるのだからである。

（『方法序説』野田又夫訳「世界の名著22」中央公論社）

解説 **デカルトの自然観**　デカルトは職人の例をよく用いる。自然を研究する自然科学のあり方が、機械技術・職人技術のイメージに重ねられている。自然科学は、職人、技術者の「作る」という働きに重ねられ、その目的は、自然の利用、支配、所有にあるとされる。しかし、こうした考え方は、自然の破壊をもたらしたと批判されることも多い。近代化した日本でも、科学技術の発展とともに自然開発が急速に進められ、その結果、多くの自然破壊と公害が生まれた。

9 高邁の精神

出題 🔍 高邁の精神とはどのようなものだろうか。

それゆえ私の考えでは、……真の「高邁」（けだかさ）とは、……みずから最善と判断するすべてを企て実現しようとする意志を、どんな場合にも捨てまいとする……、いいかえれば、完全に徳に従おうとする……、確固不変の決意を自己自身のうちに感ずることである。

自己自身についてこういう認識とこういう感情とをもつ人々は、他の人もまたおのおのそういう自己認識と自己感情とをもちうることをたやすく確信する。……すべての事がらは、彼らにとっては、善き意志に比すれば、まことにとるにたらぬ事がらだと思われる……。善き意志こそ、彼らが自己を重んずる唯一の理由であり、かつ他人の一人一人にもまたあり、あるいは少なくともありうる、と彼らの考えるところのものなのである。

（『情念論』野田又夫訳「方法序説、情念論」中公文庫）

解説 **「よき意志」と他者の尊重**　デカルトによれば、人間は6つの情念（憎しみ、喜び、悲しみ、愛、驚き、欲望）の影響を受ける。そのため、倫理・道徳の課題は、いかに情念をコントロールし、自分の自由意志で最善と判断することを行うかである。そこで彼は、情念をコントロールするものとして高邁の精神を説いている。それは最善と判断することを行う「よき意志」に対する尊敬の感情である。自分の「よき意志」を認めた時には自尊心という感情となり、他者の「よき意志」を認めた時には、それが他者を尊重する感情となる。

西洋近現代の思想
(2)
経験論と合理論

コラム 心と身体の関係

デカルトは、精神を身体（物体）から切り離して別々の存在ととらえた。しかし、私たちは、悲しければ涙が出たり、心配事があれば胃が痛くなるように、心と身体が互いに影響していることを知っている。とすれば、心と身体は一体どのような関係にあるのか、という疑問が浮かぶ。これに対しデカルトは著書『情念論』で、人の脳の中心に「松果腺」という非常に小さな器官があり、精神がそこを通して身体に影響を与えているとした。「松果腺」説はのちに誤りであると明らかになったが、哲学では心と身体の関係は心身問題として、メルロ＝ポンティ（○p.167）の身体論にみられるように、現代に至るまで多くの関心を集めている。

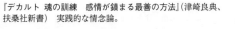BOOK 『デカルト　魂の訓練　感情が鎮まる最善の方法』（津崎良典、扶桑社新書）　実践的な情念論。　答 p.106 50 ○　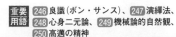重要用語 246 良識（ボン・サンス）、247 演繹法、248 心身二元論、249 機械論的自然観、250 高邁の精神

109

スピノザ ★★★
Baruch de Spinoza
(1632〜77)

略伝 オランダのアムステルダムでポルトガル系ユダヤ人の家系に生まれた。父は貿易業を営んでいた。ユダヤ人学校でヘブライ語、聖書を学んだが、中世のユダヤ人哲学者や、デカルト（◯p.107）らの新しい数学、自然学の研究を進めた結果、伝統的なユダヤ教の考え方に満足できなくなった。父の死により家業を引き継ぐものの、学問のため廃業、同時にユダヤ教から破門され孤立する。しかし、当時のオランダにあった、新しい科学や哲学を求める知識人サークルがスピノザを支援し、多くの知識人が屋根裏部屋で簡素な生活を送っていた彼のもとを訪れた。肺結核で亡くなった際は、キリスト教の教会で多くの人に見送られ埋葬された。

10 スピノザの汎神論　頻出

　この世界のすべてのものは原因と結果のつながりによって存在している。そして、そのつながりには、それ以上さかのぼることのできない究極的な原因（究極原因）がある。この究極原因は、他の原因なしにそれ自体で成立するので自己原因と呼ばれる。スピノザによれば、この自己原因が神であり、この世界の唯一の実体*である。**世界に存在するすべてのものは、唯一の実体である神の本質が一定の仕方で表現されたものである**（「神即自然」）。万物（自然）は神が表されたものであり、この考え方は**汎神論**と呼ばれる。そして、存在も自由も人間的感覚ではなく、永遠なる神の視点から「**永遠の相のもとに**」見ることを重視した。

スピノザの汎神論

唯一の実体＝神
すべては神のあらわれ

*実体　スピノザが考える実体は、それ自体で存在するものという意味。デカルトは精神と物体の二つの実体をたてた。スピノザはこの物心二元論によらず、自己原因である神のみを実体とした。

解説 **スピノザへの批判**
当時、スピノザの考えた神はユダヤ教的・キリスト教的な人格神とは異なるものととらえられ、無神論だと批判された。

原典資料 ・・・・・・・・・・・・・・・・・・・・・・スピノザ

11 神と自然

　定理一五　存在するものはすべて神のうちにある。そしていかなるものも神なしには存在しえないし、また考えられることもできない。

　定理二九　自然の中には何一つ偶然的なものは存在しない、**いっさいは神の本性の必然性*から一定の仕方で存在や作用へと決定されている。**

（『エティカ』工藤喜作・斎藤博訳「世界の名著25」中央公論社）
＊必然性　この必然性によってのみ存在・行動することが自由と呼ばれる。

ライプニッツ ★
G.W.Leibniz
(1646〜1716)

略伝 ドイツのライプツィヒに大学教授の子として生まれた。独学でギリシアの古典文学や哲学書を読みこなす早熟の天才であった。21歳で博士号を得た後は有力な領主らに仕え、外交、法律・裁判、図書館運営、鉱山開発など幅広い分野で活躍した。数学では、計算機の製作や微積分法の確立などの業績があり、また、中国に関心を寄せ、漢字や易学についても研究した。著名な学者をはじめ千人以上と書簡などで交流するとともに、ヨーロッパ各地を旅して回り、ロシアのピョートル大帝や、ドイツ皇帝カール6世に謁見し取り立てられた。しかし、晩年は有力な支援者のないまま、70歳で亡くなった。

メモ **どちらが発見者？**　ライプニッツとニュートンは、それぞれ独自に微積分法を発見したため、どちらが先かをめぐり、互いに盗人呼ばわりする泥仕合となった。現在では、発見の功績は二人ともに与えられている。

12 モナドと予定調和の哲学　出題

　ライプニッツの哲学は、**モナド***（単子）と呼ばれる、**真の実体である個体から出発する。すべてのモナドは「一つの完結した世界のようなもの」**であり、「**神の鏡」・「全宇宙の鏡」**とも呼ばれ、それぞれの仕方で全宇宙（多数のもの）を映し出している。モナド同士は独立しており、互いに交渉しない。しかし、それぞれの**モナドの働きは、調和して宇宙の秩序を作り出すように神によってあらかじめ定められている**（**予定調和**）。神はすべてのモナドについて、過去、現在、未来にわたる「完全な概念」を認識できるが、人間はその一部のみを認識するにすぎないという。

＊モナド　ギリシア語の「モナス」に由来する。モナスは、「一なるもの」という意味。それ以上分割できず、部分をもたない単純・単一実体である。

原典資料 ・・・・・・・・・・・・・・・・・・・・・ライプニッツ

13 モナドは宇宙を写す鏡

　すべての被造物が、おのおのの被造物と、またおのおのの被造物が他のすべての被造物と、結びあい、対応しあっている結果、どの単一実体も、様々な関係をもっていて、そこに他のすべての実体が表出されている。だから単一実体とは、宇宙を映しだしている、永遠の生きた鏡なのである。

（『モナドロジー』清水富雄・竹田篤司訳「世界の名著25」中央公論社）

解説 **神のモナド**　資料の単一実体とはモナドのことをさす。モナドの中には、「神のモナド」もあり、それは一つで全宇宙を表し、外部から干渉することはできない。他のモナドもそれと同様に、予定された通りに宇宙を映し出しているが、すべてのモナドの働きは予定により決まっているのだから、互いに干渉する必要はなく、モナドはそれぞれ独立しているとされる。

入試に○×チャレンジ　52 スピノザは、「神即自然」、すなわち神は無限で永遠の唯一の実体であり、自然そのものであるとして、すべての事物を、神を表現するものとして「永遠の相のもとに」見ることの重要性を主張した。（2014年追試）

3 社会契約の思想

民衆を導く自由の女神（ドラクロワ筆）

概観 17～18世紀のヨーロッパでは、国王の権力が神から与えられたとする王権神授説や、それに基づく絶対王政に対し、社会契約思想が生まれた。それは、社会や国家を個人と個人の契約によって成立したものとみなし、それによって政治権力の存在意義や、あるべき姿を示そうとする思想である。また、それは、政治・国家を個人にとってよりよいものに作りかえることをよしとする、近代ヨーロッパ思想における代表的な政治思想であり、市民革命の思想的な支柱となった。

要点の整理　□□□は入試重要用語

```
宗教戦争 ┐          社会契約思想
科学革命 ┼→ ホッブズ→ロック→ルソー →市民革命
自然法思想┘
```

1 ホッブズ、ロック、ルソーの社会契約思想

❶**ホッブズ**（1588～1679）→p.112　主著『リヴァイアサン』

「機械論的自然観」を社会や国家に適用し、個人の権利を守るための国家という**近代的な政治思想を確立**

　自然状態……政治権力が存在しない想像上の状態

❷**ロック**（1632～1704）→p.114　主著『統治二論』

自律的な個人の所有権を擁護。**自由主義的政治思想を確立**

　所有権……人間にとって固有の生命、自由、財産への権利

❸**ルソー**（1712～78）→p.116　主著『社会契約論』

文明社会を批判し、一般意志による自由の回復をめざす**直接民主主義を主張**

　一般意志……社会契約の結果、人々が結びついて生まれる主権者の意志（＝共通の利益を求める意志）

■フランス啓蒙思想 →p.119

ヴォルテール（1694～1778）	寛容を主張『哲学書簡』
モンテスキュー（1689～1755）	三権分立『法の精神』

	ホッブズ	ロック	ルソー
人間観	自己保存を求める	理性的であり、**自然法**を遵守	孤独で憐れみの情を持つ
自然状態	戦争状態（「**万人の万人に対する闘争**」）	平和→ただし自然法の解釈や執行は個人では困難	当初は平和で自由・平等→文明化で利己心が生まれ、不自由・不平等・戦争状態に
社会契約の内容	自らの生命の保全（自己保存）のために、他者に力を及ぼす自然権を主権者に**譲渡**	自然権のよりよい保全のため、自然法の解釈権を政府に**信託**（執行権は放棄）	自由の回復のため、自発的に**主権者**という団体を作り、その決定に服従することを契約
政府の特徴	自然法を遵守させるために絶対的権力を持つ	自然法の解釈・執行を行う。権力を分立	主権者が**一般意志**により法を制定。法の執行は政府に委託
	政府への抵抗は許されない（再び自然状態を招きかねないため）	政府に問題があれば抵抗可能（**抵抗権・革命権**）	政府に問題があれば主権者により変更可能

西洋近現代の思想

近代政治思想の始まり

1 社会契約思想

　ホッブズやロックが作り出した政治思想は、**社会契約**という考え方を中心に据えている。それは、まず**自然状態**という国家のない状態を想定し、その状態において**人々が互いに契約を結ぶことにより国家が成立すると考える**ことで、**国家の存在意義やあるべき姿を示そうとする思想**である。これは、個人を社会や国家を作り出す主体であると認め、個人の生命や自由といった自然権（すべての人が生まれながらに持つ権利）の保障のために国家が存在すると考える点で、近代に特有の政治思想である。

2 自然法

　社会契約の思想家は、自然状態の人々は理性により**自然法**を認識し、社会契約を結ぶと考える。自然法とは、**いついかなる場所でも正しいとされる普遍的な規範**であり、実際の法（実定法）はこれを具体化したものとされる。中世ヨーロッパでは、自然法は神の命じる法とされたが、近代では、異なる宗教を信じる人間でも理性によって理解可能であり、人間の本性＝自然に合致するものとされた。こうした近代的な自然法理解はオランダの法学者**グロティウス**（1583～1645）により確立され、社会契約論へ引き継がれたものである。

BOOK『近代の政治思想』（福田歓一、岩波新書）　社会契約思想の現代的意義を解説する戦後政治学の名著。

答 p.108 [51] ○

重要用語　251 汎神論、252 モナド（単子）、253 予定調和、254 自然法、255 社会契約

111

近代政治思想の創始者 ★★☆☆☆

ホッブズ (Thomas Hobbes)

イギリス出身
1588～1679

自分たちすべてを畏怖させるような共通の権力がないあいだは、
人間は戦争と呼ばれる状態、各人の各人に対する戦争状態にある

年(年齢)	生　涯
1588(0)	イングランドに誕生
1603(15)	オックスフォード大学に入学
1608(20)	大学卒業後、貴族の子弟の家庭教師となる
1620(32)	ベーコンの助手となる
1628	◆権利の請願
1634(46)	大陸旅行。デカルトらと会う
1640(52)	◆ピューリタン革命始まる
1640	フランスに亡命
1645(57)	亡命中の皇太子の家庭教師となる
1651(63)	『リヴァイアサン』発表
1652(64)	イギリスに帰国
1660(72)	◆王政復古
1679(91)	死去

略伝 イギリス国教会の牧師の子として生まれた。6歳からラテン語、ギリシア語を学ぶ。大学卒業後は、貴族の子弟の家庭教師となり、彼らに付き添って数度、大陸へ旅行し、デカルト(●p.107)やガリレイ(●p.103)と交流した。また、ベーコン(●p.104)の助手を務め、著作の翻訳を手伝うなどした。こうした経験の中で学んだ当時最先端の自然科学の方法をもとに、多くの著作を書く。しかし、その思想は「絶対王政の擁護」とみなされ、**ピューリタン革命***が始まると生命の危機を感じ、フランスへ亡命する。一方で、その合理的な政治思想は「無神論者」といった批判も招くこととなり、一時、亡命中のイギリス皇太子の家庭教師となったが、のちに出入りを禁じられた。そのような中でも、91歳で亡くなるまで、研究活動を続けた。

主著『リヴァイアサン』『市民論』

 メモ **ホッブズの健康法** ホッブズは健康に気を遣うタイプの人物であった。健康によいと信じ、毎晩皆が寝静まってから寝室に鍵をかけ、歌を歌ったという。食事にも注意し、91歳まで長生きした。

*ピューリタン革命 王権神授説を唱えるイングランド国王チャールズ1世と、これに反発する議会が対立し内戦が始まる。議会派が勝利を収め、1649年に国王は処刑された。

ホッブズの思想

❶ ホッブズの政治思想の新しさとは何だろうか。

神・宗教に頼らずに、自然科学的発想(機械論的自然観)を政治に適用し、個人の欲望を前提とした政治思想を確立した点。 →①

❷ ホッブズの考える自然状態とはどのような状態だろうか。

人々が争い合い、自分の生命を維持することもできなくなる状態(**各人の各人に対する戦争状態**)。 →②、原典資料④

❸ 国家は何をなすべきだとホッブズは考えたのだろうか。

人々から譲渡された絶対的権力によって秩序を形成し、人々の生命を守り、自己保存できるようにする。 →③、原典資料⑤

①王権神授説の否定と機械論的自然観

　ホッブズが生きた時代、王権は神から与えられたとする**王権神授説**が、国王の権力を裏づける政治思想であった。しかし、宗教対立の激化する時代、特定の宗教を前提に国家権力の必要性を説明することは難しくなった。そこでホッブズは**機械論的自然観**(●p.108)に基づき、国家権力の必要性を説明しようと試みた。彼はまず、社会をその構成要素である個人に分解し、個人とは**自己保存***(**生命維持**)に役立つものを、理性を駆使して求める自己中心的な存在であると分析する。その上で、こうした自己中心的な個人にとっての国家の必要性を明らかにし、**ばらばらな個人が契約を結び、国家を形成する**と考えた。こうしたホッブズの思想は、神や宗教を前提とせず、自然科学的な発想を政治思想に持ち込んだ、新しい考え方であった。

*自己保存 生命を維持し、発展させようとすること。

原④② 自然状態 頻出

　自然状態とは、**国家のような秩序を守る権力が存在しない状態**である。ホッブズは国家の必要性を明らかにするために、自然状態で人がどのように行動するかを考えた。ホッブズによれば、自然状態に置かれた人間は「自己保存のために自分の力を好きなように用いる自由」な状態にあり、彼はこの自由を**自然権***とした。自然権を行使する人間は、理性によって未来を予測し、できるだけ多くの食料など、自己保存の手段を確保しようとする。しかし、みなが同じようにそうした行動をとるため、争いが生まれる。**人々の間にはいつ攻撃を受けるかわからないという相互不信も生まれ、自然状態は戦争状態となってしまう**という(**各人の各人に対する戦争状態〈万人の万人に対する闘争〉**)。

*自然権 ホッブズの自然権には、「自己保存の権利」だけでなく、「自己保存の手段への権利」や「何が手段であるかを決める権利」も含まれる。

入試に○×チャレンジ [53] ホッブズによれば、人間は、自然状態では、自己保存の欲求に基づいて自由に行動をするので、互いに狼のように争ってしまう。そこで、互いの安全を図るため社会契約を結ぶ必要がある。(2018年追試)

原5 ③ 社会契約と国家の設立 　頻出

　人々はいつ攻撃を受けるかわからない自然状態(**①**)に耐えられず、自己保存を可能にするために自然法(**◎**p.111)に基づいて平和を実現しようとする。その手段として、強大な力を持つ主権者(国家)を創設して**自然権を譲渡***する(**②**)という**社会契約**(**③**)を相互に結ぶ。主権者は人々に自然法を守らせるため支配を行い(**④**)、個人が自己保存できる状態を作り出す。市民による抵抗は、再び自然状態を招きかねないため認められない(**⑤**)。このようにホッブズの思想は、強大な力による支配を理想とし、結果的に絶対王政を擁護することとなった。しかし、**自由な個人が契約によって国家を形成するという考えは、近代政治思想の基盤となっており、大きな意義を持つ。**

※文章中の**①**〜**⑤**は右図内の番号に対応

***譲渡**　自己保存の手段を求める自由を放棄して、主権者に従うこと。

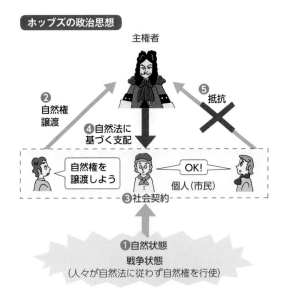

主権者

② 自然権譲渡

⑤ 抵抗 ✕

④ 自然法に基づく支配

自然権を譲渡しよう ⇄ OK!

個人(市民)

③ 社会契約

① 自然状態 戦争状態
(人々が自然法に従わず自然権を行使)

原典資料

④ 自然状態は戦争状態

🔍 自然状態においては、人々はどのような状態にあるのだろうか。

　人間の本性には、争いについての主要な原因が三つある。第一は競争、第二は不信、第三は自負である。第一の競争は、人々が獲物を得るために、第二の不信は安全を、第三の自負は名声を求めて、いずれも侵略を行わせる。……以上によって明らかなことは、**自分たちすべてを畏怖させるような共通の権力がないあいだは、人間は戦争と呼ばれる状態、各人の各人に対する戦争状態にある。**……このような状態においては勤労の占める場所はない。勤労の果実が不確実だからである。したがって、土地の耕作も、航海も行なわれず、海路輸入される物資の利用、便利な建物、多くの力を必要とするような物を運搬し移動する道具、地表面にかんする知識、時間の計算、技術、文字、社会、のいずれもない。そして何よりも悪いことに、絶えざる恐怖と、暴力による死の危険がある。そこでは人間の生活は孤独で貧しく、きたならしく、残忍で、しかも短い。

(『リヴァイアサン』永井道雄・上田邦義訳「リヴァイアサンⅠ」中央公論新社)

⑤ 社会契約

🔍 ホッブズの社会契約の内容は、人々が互いに契約して、主権者に大きな権力を与えてこれに服従するというものである。

　人々が外敵の侵入から、あるいは相互の権利侵害から身を守り、そしてみずからの労働と大地から得る収穫によって、自分自身を養い、快適な生活を送ってゆくことを可能にするのは、この公共的な権力である。この権力を確立する唯一の道は、すべての人の意志を多数決によって一つの意志に結集できるよう、一個人あるいは合議体に、かれらの持つあらゆる力と強さとを譲り渡してしまうことである。……これは同意もしくは和合以上のものであり、それぞれの人間がたがいに契約を結ぶことによって、すべての人間が一個の同じ人格に真に結合されることである。その方法は、あたかも各人が各人に向かってつぎのように宣言するようなものである。「**私はみずからを統治する権利を、この人間または人間の合議体に完全に譲渡することを、つぎの条件のもとに認める。その条件とは、きみもきみ**の権利を譲渡し、彼のすべての活動を承認することだ」。

(『リヴァイアサン』永井道雄・上田邦義訳「リヴァイアサンⅠ」中央公論新社)

▲『リヴァイアサン』の扉絵　平和をもたらすために君臨する国家の姿を、右手に世俗的権威を示す剣、左手に宗教的権威を示す杖を持つ巨人になぞらえている。その衣服には無数の国民が描かれ、国家は機械としての人間から構成される巨大な機械人間であることを表す。リヴァイアサンとは『旧約聖書』ヨブ記に出てくる海の怪物の名前である。

解説 **主権者**　人々が互いに契約した結果、力と強さを与えられた個人や集団であり、資料における「人間または人間の合議体」が**主権者**である。個人が主権者の場合は**君主制**、国民すべてが主権者である場合は**民主制**、一部の複数の人間が主権者である場合は**貴族制**となる。主権者は自然法にのみ従い、誰からも裁かれない。主権者は個人との契約により支配を行うわけではないからである。ホッブズの社会契約は、あくまで主権者に服従しようという人々の相互の契約である。

ロック (John Locke)

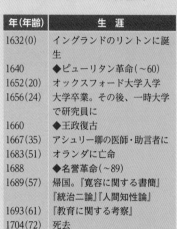

イギリス出身
1632〜1704

人が政治共同体へと結合し、自らを統治の下に置く大きな、そして主たる目的は、所有権（プロパティ）の保全ということにある

年（年齢）	生涯
1632（0）	イングランドのリントンに誕生
1640	◆ピューリタン革命（〜60）
1652（20）	オックスフォード大学入学
1656（24）	大学卒業。その後、一時大学で研究員に
1660	◆王政復古
1667（35）	アシュリー卿の医師・助言者に
1683（51）	オランダに亡命
1688	◆名誉革命（〜89）
1689（57）	帰国。『寛容に関する書簡』『統治二論』『人間知性論』
1693（61）	『教育に関する考察』
1704（72）	死去

＊ピューリタン　イギリスのキリスト教プロテスタントの一派。イギリス国教会の改革を唱えた。

略伝 法律実務家のピューリタン＊の長男としてイギリス（イングランド）に生まれた。大学では医学などを学ぶ。卒業後、反王党派の指導者であるアシュリー卿（のちのシャフツベリー伯）に医者として迎えられ、潰瘍を手術によって治療するなど活躍したが、しだいに政治的な才能を認められ政治的な助言者となる。シャフツベリー伯がジェームズ2世の王位継承に反対してオランダに亡命すると、ロックもこれに続いた。**名誉革命**後、イングランドの新しい統治者となったメアリ女王とともに帰国し、革命前に執筆していた『**統治二論**』や政治と宗教の分離を説く『寛容に関する書簡』を発表した。一方で、生前のロックの著作で最もよく知られていたのは『**人間知性（悟性）論**』であり、その出版によりイギリス経験論（●p.106）の哲学者として大きな名声を獲得した。晩年はかつて恋仲であったマシャム夫人の邸宅に暮らし、彼女に看取られて世を去った。

主著 『統治二論』『人間知性論』『寛容に関する書簡』『教育に関する考察』

ロックの思想

❶ なぜ自然権（＝所有権）は重要なのだろうか。

生命・身体はかけがえのないもので、それが作り出したもの（財産）に対する権利もまた、かけがえがないから。→ **1**、原典資料 **4**

❷ なぜ人間には政府が必要だとロックは考えたのだろうか。

自然状態でも人間は自然法に従うので基本的には平和であるが、自然法の解釈などをめぐる紛争が起こることがあるから。→ **2**、**3**

❸ なぜ抵抗権・革命権を認めるのだろうか。

自然権の解釈を信託された政府もまた人々の自然権を侵害する危険性があるから。→ **3**、原典資料 **5**

原4 1 ロックの考える自然権

ロックは、ホッブズが作り出した「個人のための国家」という近代的な政治観を発展させ、より自由で民主的な政治体制を擁護した。彼によれば、人間は理性によって理解できる**自然法**に従って生きることを神から命じられており、その内容は「互いに**自然権を尊重せよ**」というものだという。ここでいう自然権とは、人が身体や財産などに対して持っている**固有の権利**（所有権、プロパティ）のことである。ロックは、自分自身の身体や、それと不可分な生命や自由だけでなく、**身体を用いて労働した結果得たものも、自己に固有の所有物（財産）であると自然法が定めている**という。

解説 貨幣の出現 ロックによれば、貨幣が出現すると、人間が汗水たらして作った食べ物などを貨幣に換えることで、腐らせずに所有・保管することができるようになる。その結果、食べ物ならば自分が食べきれない量も、貨幣なら持ち続けることができるため、社会の中に格差が生まれるという。

2 自然状態と社会契約

ロックは自然状態を、**自然法が守られている基本的に平和な状態**だと考えた。なぜなら自然状態の人間はきわめて理性的で、他者の自然権を侵害することはまれであり、侵害が起きた場合もそれぞれ自分で裁き、解決するからである。しかし、何が自然法に違反する行為かという解釈は必ずしも一致しないし、違反者を裁き罰することも個人では難しい。そのため、**人々は社会契約を結び、自然法の解釈と社会の立法の権限を国家へ信託＊し、違反者を処罰する権限を放棄して国家に委ねる**（p.115図版内❶）。これにより、自然状態に比べ、自然権の**よりよい**保全が可能になるという。ロックによればこれこそが国家の存在理由である。

立法権	執行権
自然法に基づいて、実際に人間社会の法を作る。	法に違反した人間を裁き、処罰する。

＊信託　信託とはあくまで人民が権限を持ったまま預けることであり、取り返すことが可能である。社会契約は人民と人民の間で結ばれるので、人民から政府への信託は社会契約ではない。

入試に〇×チャレンジ 54 ロックによれば、国家による権力の濫用を防ぎ、権力がその役割を公正に果たすためには、立法権や行政権（執行権）などが一定の独立性をもって互いを制約する、権力の分立が必要である。（2018年本試）

原 5 3 権力分立と抵抗権・革命権 **頻出**

　自然権を守るためにその一部を信託された政府が、権力を勝手に用いて人民の自然権を侵害することがあっては問題である。そこでロックは、国家の権力を立法権と、執行権および連合権(外交権)に分立させ、互いに抑制させるべきであると考えた(**権力分立**)。また、立法権や執行権を持つ国家が信託に反して人民の自然権を侵した場合には、人民が抵抗したり、革命を起こすことを認めた(**抵抗権・革命権***)(右図版内**②**)。このような「権力の存在意義は個人の自然権である所有権の保全にあり、最高の権力は人民にある(**主権在民**)」というロックの思想は、**アメリカ独立宣言**やフランス人権宣言に大きな影響を与えた。

***抵抗権・革命権**　抵抗権とは、国家により侵害された人民の権利を回復する権利。革命権とは国家(立法権を持つ立法府を含む)権力を担うものを別のものにかえる権利。

ロックの政治思想

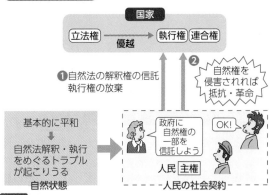

【国家】
立法権 ←優越→ 執行権 連合権

①自然法の解釈権の信託　執行権の放棄
②自然権を侵害されれば抵抗・革命

基本的に平和
↓
自然法解釈・執行をめぐるトラブルが起こりうる
自然状態

政府に自然権の一部を信託しよう　OK!
人民 **主権**
-人民の社会契約-

解説▶ **連合権**　連合権(外交権)とは、外国に自然権を侵害されることを防ぐ権力である。ロックは執行権と連合権は同一の主体が担うべきだと考えた。また、ロックは権力分立において、社会の意志を決定する立法権が、執行権・連合権に優越するとした(**⊃**p.119)。

原典資料 ・・・・・・・・・・・・・・・・・・・・・・・・・・・・・・・・・・・・

4 所有権の擁護

🔍 なぜ労働の成果は、それを作り出した人の所有物となるべきなのだろうか。

　たとえ、大地と、すべての下級の被造物とが万人の共有物であるとしても、人は誰でも、自分自身の身体に対する固有権(プロパティ)をもつ。これについては、本人以外の誰もいかなる権利をももたない。彼の身体の労働と手の働きとは、彼に固有のものであると言ってよい。従って、**自然が供給し、自然が残しておいたものから彼が取りだすものは何であれ、彼はそれに自分の労働を混合し、それに彼自身のものである何ものかを加えたのであって、そのことにより、それを彼自身の所有物とするのである。**

(『統治二論』加藤節訳　岩波書店)

5 抵抗権

🔍 自然法の執行を信託された君主が、人民の自然権を侵害するならば、人民はこれに抵抗してよい。

　もしも、君主と人民の一部との間で、法が沈黙しているか、あるいは疑義があることがらについて、しかも重大な結果を招くことがらについて紛争が生じた場合、**人民こそが適切な裁決者であると私は思う。**なぜならば、君主が信託を受け、法の一般的な通常の規則の適用を免除されている場合、そこにおいて、もし誰かが自分たちは虐げられているということに気づき、**君主は信託に反して、あるいはそれを超えて行動していると考えるなら、**人民がその信託をどの範囲まで及ぼすつもりであったかを裁決するのに、(最初に君主に信託を寄せた)人民全体以上にふさわしい者はいないからである。しかし、**君主であれ、行政に携わる誰であれ、彼らがそうした裁決方法を拒否するならば、もはや天に訴える以外に途はない。**

(『統治二論』加藤節訳　岩波書店)

6 宗教的寛容

🔍 ロックは政治と宗教の関係についてどのように考えたのだろうか。

　魂への配慮は為政者の関知する問題ではありえません。なぜなら、為政者の権力はただ外的な力にのみ存するものだからです。しかし、真の救済的宗教は心の内的な確信のうちにあり、それなくしては何ごとも神に受け容れられることはできません。**外的な力によって何ごとかを信ずるよう強制されることがないというのが、知性というものの性質なのです。**

(『寛容に関する書簡』生松敬三訳「世界の名著27」中央公論社)

解説▶ **労働で生まれたものが自分のものになる理由**　自分自身の身体は、他の誰のものでもなく、自分だけのものである。労働とは、その身体を使って何か新しいものを生み出すことである。つまり、身体がなければ新しいものは生まれない。そのため、生み出されたものは、身体を使ってそれを生み出した人の所有物となり、国家であってもそれを合意なしに奪うことはできないとロックは考えた。

解説▶ **ホッブズとの違い**　ホッブズは、自然状態における人間は情念に突き動かされ、自己保存のために互いに戦争状態に陥ると考えた。そこから、ホッブズは秩序をもたらすための主権は絶対的でなければならず、国民は主権者に自然権を「**譲渡**」し、抵抗は認められないと考えた。一方、ロックは、自然状態でも人間は所有権を互いに尊重し、比較的平和であるとしており、国家にも絶対的権力を求める必要はないと考えた。そのため、人民は自然権の一部を「**信託**」するだけで、**抵抗権・革命権**を持つのである。

解説▶ **国家と宗教**　ロックは国家の目的を人民の生命・自由・財産の保護に限定する自由主義を説いた。国家は人民に特定の宗教を押しつけるべきではなく、**宗教を選択する信教の自由を保障すべきだ**と主張した。

西洋近現代の思想

ルソー (Jean-Jacques Rousseau)

★★★★☆

スイス出身	1712〜78

われわれ各人は、われわれのすべての人格とすべての力を、一般意志の最高の指導のもとに委ねる

年(年齢)	生　涯
1712(0)	スイスのジュネーヴで誕生
1728(16)	ジュネーヴを去る
1733(21)	ヴァランス夫人の愛人となる
1742(30)	パリに活動の場を移す
1750(38)	『学問芸術論』がアカデミー入選
1755(43)	『人間不平等起源論』出版
1762(50)	『社会契約論』『エミール』出版 パリ、ジュネーヴで逮捕令
1766(54)	イギリスに亡命
1767(55)	再びフランスへ戻る
1776(64)	『孤独な散歩者の夢想』出版
1778(66)	パリで死去

＊ジュネーヴ共和国　当時のジュネーヴはヨーロッパでは数少ない直接民主主義の共和国。ルソーの父は参政権を持つ市民階級に属していた。
＊＊ディジョン　フランス中部の都市。この地のアカデミーが「学問と芸術の振興は、習俗の純化に寄与したか」という課題で論文を募集した。

略伝 スイスのジュネーヴ共和国＊で、参政権を持つ市民階級の家に生まれた。父は時計職人で、母はルソーを出産後すぐに亡くなる。10歳の時、父が家を捨てたため孤児同然となる。16歳でジュネーヴを去り、放浪の旅に出るなど、波乱に満ちた10代を送る。21歳の時フランスのヴァランス夫人の愛人となり、夫人の庇護のもと、様々な学問を学ぶ。30歳で文化の中心地パリに活動の場を移し、多くの知識人と交流する。また、この頃、宿の女中テレーズと関係を結び、5人の子どもをもうけるが、いずれも孤児院へ入れてしまう。38歳で『学問芸術論』がディジョン＊＊のアカデミー懸賞論文に入選し、一躍名を知られるようになった。しかし、50歳の時に出版した『社会契約論』、『エミール』がパリやジュネーヴで禁書扱いとなり、ルソーには逮捕状が出された。その後、各地を転々とし、迫害されているという妄想に悩まされつつも、『告白』、『孤独な散歩者の夢想』などの著作を書き残した。最後はパリ郊外で、テレーズに看取られながら死去した。

主著『学問芸術論』『人間不平等起源論』『社会契約論』『エミール』

ルソーの思想

❶ 文明社会とはどのような社会だろうか。

本来「憐みの情」を持ち、平和な自然状態にあった人間が、利己心を生み、不自由・不平等に陥っている腐敗した社会。
→ ①、②、原典資料 ④

❷ ルソーの「社会契約」はどのような内容だろうか。

文明化した自然状態で不自由と不平等に苦しむ人々が、自らの権利と自分自身を「主権者」に結びつけることで自由を回復するというもの。
→ ②、原典資料 ⑤、⑥

❸ ルソーの言う「一般意志」とは何だろうか。

共通の利益をめざす主権者の意志で、個人の意志を合わせたものではない。三つの特徴があり、それに従う時、人は道徳的自由も手に入れるという。→ ③、原典資料 ⑦

原④ 1 自然状態と文明化　頻出

　ルソーによれば、人間は**自然状態**においては、言葉も知らず、孤立して生活しているが、苦しむ他者を助けようとする**憐れみの情**を持つので、**平和で自由、平等**である。しかし、人間は言葉を作り出して他者との交流を始め、農業を行って土地の所有権や私有財産を主張するといったように、文明化を進めていく。こうした文明化は私有財産の大小による不平等と、利己心を生み、戦争状態を招く。そこで人々は所有権の保護を求め、君主を選んで服従する契約を結ぶが、それは**不平等を正当化し、服従する者への抑圧**を生み出す。こうして平和な自然状態は、抑圧的な文明社会に変質してしまうという。このルソーの文明批判は、ルソーがパリで見た貧富の格差や、人々の利己心と他者への不信を嫌悪したことを背景として展開された。

原⑤ 2 社会契約　頻出

　文明化した自然状態での財産の私有化は、人々を不自由で不平等な状態にする。しかし、もはや他者との関わりのない平和な自然状態へ戻ることもできない。そこでルソーは、他者と関わりながら**自由を回復する**方法として、「**自らと、自らのすべての権利を、共同体の全体に譲渡する**」という社会契約を考えた。これは皆が一つに結びついて主権者という団体を作り、意志決定を行うという約束である。この団体(主権者)の決定に個人は従わなくてはならないため、人は自分個人のために自由に環境を操作する自由は失うが、「自分たちの決定に自分たちで従う自由」は保障される。そして、この主権者が、人々が不平等にならないように配慮して所有権を保護することで、人々は生き延びることができるようになるという。

入試に○×チャレンジ 55 ルソーによれば各個人は、人間としては特殊意志をもつが、それは各個人が人民としてもっている一般意志に反する、あるいは、それとは異なるものである。(2011年本試)

原7 3 一般意志と政府 出題▶

ルソーは、個人の集合体である主権者の意志を**一般意志**、個人の利害関心を**特殊意志**と呼んで区別する。一般意志とは、様々な利害を持つ人々が徹底した議論を行う中で発見される、共通の利益をめざす意志で、以下のような性質を持つという。

一般意志の性質	その帰結
不可分性(分割することができない)	権力分立の否定
不可譲渡性(代表することができない)	直接民主主義
無謬性・普遍性(常に全員にとって正しい)	主権への絶対服従

法は一般意志によって定められ、政府が代わりに執行するため主権は人民にある(人民主権)。また、一般意志への服従は、個人的な欲望を抑え、正義を選びとる**道徳的自由**でもある。利己的な文明人を批判するルソーにとって、それはまさに「真の自由」であった。

一般意志・特殊意志・全体意志の関係

全体意志「税金は不要」

特殊意志「税金イヤ」 特殊意志「税金イヤ」 ◀▶ 一般意志「個人的には税金イヤ、でも税金は必要」

解説 **全体意志と一般意志の違い** 個人の私的な利益を主張する「特殊意志」がたまたま全員一致したとしても、それは「全体意志」と呼ばれ、共通の利益をめざす「一般意志」とは区別される。

ルソーの政治思想

主権者＝私たち〔一般意志〕 ── 立法（直接民主主義）→ / ← 任命・解任 → / ← 法の執行 ── 政府

不都合があれば主権者が解任できる

社会契約 主権者へ一体化 結びつこう！ 私 私 私

結びついた「私たち」が決めた法に「私たち」が従えば自由だね

自然状態 戦争／不自由／不平等 ── 文明化 ── 平和／自由／平等

コラム ルソーの生活を支えた音楽

17歳の時、聖歌隊の学校で音楽を学んだ経験のあるルソーは、生涯音楽に関心を持ち続けた。彼の最初の著作は、音符ではなく数字によって音楽を表す方法についてのものであり、『百科全書』(◯p.118)では音楽関係の項目の執筆を依頼されている。また、彼の作ったオペラ「村の占い師」はルイ15世の前で上演され、喝采を受けた。その際、ルソーは国王との謁見を拒否し、年金をもらうチャンスを逃している。このように音楽の才能も持っていたルソーの生活は、楽譜を手書きで写す仕事で支えられていた。日本でも有名な童謡「むすんでひらいて」のメロディーは、「村の占い師」を下敷きにして作られたものといわれる。

原典資料

4 自然状態

自然状態の人々はどのような感情を持っていたのだろうか。

すなわち人間は、自分の同胞が苦しんでいるのを目にすることに、生まれつきの嫌悪を感じるということである。そのために自分の安楽を求める欲望の激しさが和らげられるのだ。これは人間の美徳をもっとも激しく糾弾する人すら認めざるをえなかった唯一の自然の美徳であり、わたしがこの美徳を人間に認めたとしても、矛盾しているという非難をうけることはないだろう。**これこそが憐みの情(ピティエ)である。**これは弱く、さまざまな不幸に陥りやすい人間という存在にふさわしい素質である。人間がさまざまな省察を行う以前からこの素質は存在していたのであり、それだけ普遍的で、人間にとって有益な徳なのである。

(『人間不平等起源論』中山元訳 光文社)

5 自由の回復

ルソーの政治思想の根本問題とは「自由の回復」であった。

人は自由なものとして生まれたのに、いたるところで鎖につながれている。自分が他人の主人であると思い込んでいる人も、じつはその人々よりもさらに奴隷なのである。この逆転はどのようにして起こったのだろうか。それについては知らない。それではどうしてその逆転を正当化できたのだろう。わたしはこの問いには答えられると思う。

もしも力と、力によって生まれる効果だけについて考えるならば、わた

解説 **自然に帰れ** ヴォルテール(◯p.119)は、「ルソーの著作を読むと四足で歩きたくなる」と語っている。確かにルソーは人間が自由に、そして平和に生きる「自然」を理想化しているようにもみえる。そこからルソーの思想のキャッチフレーズとして「**自然に帰れ**」という言葉が使われることがある。しかし、ルソー自身はこのような言葉を用いていない。彼は単なる自然回帰を求める思想家ではなく、文明を単に礼賛する啓蒙主義者でもない。

解説 **代議制民主主義と不自由** 「**イギリスの人民はみずからを自由だと考えているが、それは大きな思い違いである。自由なのは、議会の議員を選挙するあいだだけであり、議員の選挙が終われば人民はもはや奴隷であり、無にひとしいものになる**」とルソーは言う。つまり当時のイギリスで実施されていた**代議制民主主義**(間接民主主義)もまた、人々から自由を奪っているのである。ルソーによれば、こうした様々な「鎖」から人々を解き放ち、自由を回復するものが、**一般意志に基づく直接民主主義**であった。

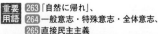

インフォメーション CD「むすんでひらいての謎」(キングレコード) 「むすんでひらいて」の原曲を聴ける。

答 p.114 54 ◯

重要用語 263「自然に帰れ」、264一般意志・特殊意志・全体意志、265直接民主主義

西洋近現代の思想

しは次のように答えるだろう。「ある人民が服従することを強いられて服従するならば、それはそれで仕方のないことだ。人民がその軛を振りほどくことができ、実際に振りほどこうとするのなら、それは早ければ早いほうがよい。**人民は、人民から自由を奪った者と同じ権利をもって、みずからの自由を回復することができる。**というのも人民には自由を回復するだけの根拠があるし、そもそも人民から自由を奪うことそのものが根拠のないものだったからである」と。

（『社会契約論』中山元訳「社会契約論／ジュネーヴ草稿」光文社）

メモ ルソーの女性観　ルソーの女性観は保守的であった。「女性は、男性の気に入ること、役に立つこと、男性から愛されること、男性が幼い時は養育し、大きくなれば助言を与え、慰め、生活を快いものにすることを教え込まれるべきだ」（『エミール』）と語っている。

6 社会契約の目的

> ルソーが考える社会契約の目的が、すべての人と結びつきつつ自由であることと語られている。

「どうすれば共同の力のすべてをもって、それぞれの成員の人格と財産を守り、保護できる結合の形式をみいだすことができるだろうか。**この結合において、各人はすべての人々と結びつきながら、しかも自分にしか服従せず、それ以前と同じように自由でありつづけることができなければならない。**」これが根本的な問題であり、これを解決するのが社会契約である。

……社会のすべての構成員は、**みずからと、みずからのすべての権利を、共同体の全体に譲渡する**のである。この条項によるとまず、誰もがすべてを放棄するのだから、誰にも同じ条件が適用されることになる。そしてすべての人に同じ条件が適用されるのだから、誰も他人に自分よりも重い条件を課すことには関心をもたないはずである。

（『社会契約論』同上）

7 一般意志と社会状態

> 一般意志に従うことにより、人は「道徳的自由」を得ることができる。

このように自然状態から社会状態（シヴィル）に移行すると、人間のうちにきわめて大きな変化が生じることになる。**人間はそれまでは本能的な欲動によって行動していたのだが、これからは正義に基づいて行動することになり、人間の行動にそれまで欠けていた道徳性が与えられる**のである。そして初めて肉体の衝動ではなく、義務の声が語りかけるようになり、人間は欲望ではなく、権利に基づいて行動するようになる。それまで自分のことばかりを考えていた人間が、それとは異なる原則に基づいてふるまわなければならないことを理解するのであり、自分の好みに耳を傾ける前に、自分の理性に問わねばならないことを知るのである。

（『社会契約論』同上）

解説 譲渡　権利だけでなく、「みずから」をも全体に譲渡するとはどういう意味だろうか。例えば会社は、社会的に一つの意志を持つ存在として扱われる。これを法人という。ルソーの言う「主権者」も、いわば法人のようなものである。法人に所属する個人は、法人の内部の手続きにのっとって作られた意志（例えば経営方針）に従う義務がある。それと同じように、主権者の場合も、個人は法人の意志（**一般意志**）を正しいものとして従わなければならない。ルソーはこのような法人としての主権者の設立を、「**みずから**」の譲渡と呼ぶ。

解説 一般意志と独裁（どさい）　ルソーは、「一般意志はそれを拒む人々に強制できる」としている。個別意志と一般意志が必ずしも一致しない以上、「自分のことばかりを考えていた人間」が「異なる原則に基づいて振る舞」い、一般意志に従うよう強制されることは起こりうる。こうしてルソーの思想が、一般意志を体現すると称する人物の独裁を裏づける可能性が生まれる。実際、フランス革命を指導し、その後、独裁的な政治を展開したロベスピエール（1758〜94）は、ルソーの著作の愛読者であった。

コラム ディドロと『百科全書』　**頻出**

ルソーと交遊のあった思想家に**ディドロ**（1713〜84）がいる。彼は刃物職人（はもの）の子として生まれ、初め神学を志すが、のちに**無神論**の立場をとった。1746年、**ダランベール**（1717〜83）とともに『百科全書』の編集者となる。『百科全書』は、世界の変革のために、ヴォルテール、モンテスキューら当時の科学者、哲学者を結集して、技術・科学から社会・宗教・芸術に至るまでの最先端の知識を集め、まとめたものである。ディドロの投獄（とうごく）など様々な苦難があったが、1772年に完成した。このように、科学や芸術なども含めた様々な知識を集めた啓蒙（けいもう）思想は、当時のフランスなど王の圧政に苦しむ人々に、自分たちの生きる社会のあり方が絶対的なものではないことを気づかせ、社会の不合理さを告発する契機（けいき）となり、フランス革命の土壌を作った。

▲**ディドロ**（左）と『**百科全書**』（右）　ディドロは、自然哲学、小説、演劇・美術評論でも多くの著作を残している。ルソーは、『百科全書』に寄稿するなどディドロとは深い関係にあったが、その後、思想的対立などから絶縁した。

入試に○×チャレンジ 56 モンテスキューは、フランス政府からの度重なる発禁処分にもかかわらず、様々な学問や技術を集大成した著作を出版するとともに、人民主権の立場から、封建制を批判した。（2013年本試）

フランス啓蒙思想

▶フランス人権宣言の扉絵

◆啓蒙思想

　フランスでは18世紀初めから、理性や科学的精神を重視し、不合理な因習や伝統、不平等な旧体制（アンシャン・レジーム）を批判する**啓蒙思想**が花開いた。啓蒙は英語で enlightenment といい、もともと光を当てるという意味を持つ。理性の「光」により、不合理な「闇」を打ち破ろうとしたのである。啓蒙思想を説いた思想家たちは、ヨーロッパの外を旅した人々の旅行記を読み、自らもヨーロッパ諸国を旅する中で、自然や社会、人間に関する様々な知識を学び、因習や伝統の批判に役立てた。

ヴォルテール Voltaire (1694〜1778)

略伝　本名はフランソワ＝マリー・アルエ。パリに生まれ、早くから自由思想家と交流して影響を受けた。摂政を風刺する作品を書いてバスティーユ*に投獄されるが、その時に書いた戯曲で名声を得る。その後、貴族とのけんかが原因でロンドンに亡命し、そこでロックやニュートンの思想を学んで『哲学書簡』を書く。さらに「啓蒙専制君主」フリードリヒ2世の招きでプロイセンへ行き、またその後ジュネーヴ共和国へと移り住みながら、哲学から文学に至る多くの作品を著した。

*バスティーユ　元は要塞。政治犯を収容する牢獄として使われた。

1 寛容論

　イギリスでロック（◯p.114）らの思想を知ったヴォルテールは、**抑圧的な宗教的伝統を厳しく批判し、財産権の保護や宗教的寛容の必要性を訴えた。**彼によれば、利己心や情念は克服の対象ではなく、むしろ社会を豊かにするものであり、財産権の保護が文明の基礎になると考えた。また、迷信は社会に騒乱を招き寄せるとして、迷信の克服を訴えた。その実践がカラス事件での活躍である。この時に書かれた『**寛容論**』で、ヴォルテールは既存の宗教の不寛容を痛烈に批判した。彼はロックから財産権の重要性を学んだ一方、社会契約思想を受け継ぐことはなく、むしろ専制君主を支持し、その指導力による社会改革に期待した。

解説　**カラス事件**　1761年、プロテスタントの商人ジャン・カラスが、カトリックに改宗しようとした長男を殺害したとして逮捕され、処刑された。当時のフランスにおける、プロテスタントへの強い偏見から生まれた冤罪事件であった。ヴォルテールは世論にカラスの無実を訴え続け、ついに1765年、再審で無罪を獲得し、高等法院はカラスの名誉回復を行った。

モンテスキュー Montesquieu (1689〜1755)

略伝　フランスのボルドーで貴族の子として生まれた。大学で法律学を学び、卒業後は法律家として活躍する一方で、フランスの専制政治を痛烈に風刺する『**ペルシア人の手紙**』を匿名で発表した。その後、3年にわたるヨーロッパ旅行から得た知識などをふまえ、『**法の精神**』を執筆した。この本は、キリスト教の権威を軽んじるものとして教皇庁から禁書目録に入れられてしまうが、モンテスキューはこの本によって大きな名声を得た。

メモ　モンテスキューの名前の由来　本名はシャルル＝ルイ・ド・スゴンダ。フランス南部のモンテスキュー村の領有権を相続してモンテスキュー男爵となったことから、モンテスキューと呼ばれている。

2 三権分立 　　　　　　　　出題▶

　モンテスキューは『**法の精神**』で、**他の権力によって制限されない専制政治は権力の濫用を防ぐことができず、自由の抑圧を生む**と指摘した。たとえ民主政であっても、権力を制限する制度が存在しなければ、権力者（多数派）が権力を濫用することがありうるという。彼はこれに対し、**権力を立法権・行政権・司法権に分け、互いに制限し合う三権分立**によって自由は守られると考えた。その具体例としてイギリスをあげ、議会の立法権、王の行政権、裁判所の司法権が相互に独立し抑制し合っているとした。この権力分立の思想は**アメリカ独立革命**に大きな影響を与え、現代でも重要な政治原理の一つとなっている。

解説　**法の精神**　モンテスキューは、それぞれの民族の地理的・歴史的経験の中で育まれた「一般精神」が、法のあり方を決定すると考えた。そのため、法律のあり方は地域によって多様であることを指摘し、また、歴史を無視した独善的な立法を抑制するためにも、権力分立が必要であるとした。

ロックとモンテスキューの権力分立の比較

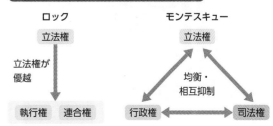

▲ロックの場合、立法権が他の二つの権力に優越するのに対し（◯ p.115）、モンテスキューの場合、三権が平等に均衡している。

西洋近現代の思想

4 ドイツ観念論

ケーニヒスベルクの街(現、ロシア・カリーニングラード)

概観 イギリスやフランスと異なり近代化が遅れたドイツでは、啓蒙思想が花開くことはなかったが、内面的な思索が深められた。カントは経験論と合理論の立場を総合する批判哲学を打ち立て、理性のあり方について新たな考え方を提示した。そのカントから始まるドイツ観念論(理想主義)は、カントの思索を引き継ぎつつ、対立や混乱を含む現実をどのようにとらえるべきか、という問いに答えようとしたヘーゲルによって完成された。

要点の整理　　　■は入試重要用語

```
イギリス経験論 ┐統合                フランス革命
              ├─→ 批判哲学 ──────→ ヘーゲル
大陸合理論    ┘    カント 自律の倫理学 ···→ 人倫の思想
```

❶カント (1724〜1804) ●p.121　主著『純粋理性批判』
『実践理性批判』『判断力批判』『永遠平和のために』

- **批判哲学**……人間の理性そのものを批判的に検討
  ⇒人間がこの世界で起こる現象を認識する際に働く理性(**理論理性**)と、道徳的判断を行う際に働く理性(**実践理性**)に分けた
- **コペルニクス的転回**……「認識が対象に従う」のではなく、「対象が認識に従う」
  人間はものをあるがままに認識しているのではなく、知覚を再構成して認識している
- **道徳法則**……「あなたの意志の格率が、常に同時に普遍的立法の原理となるように行動せよ」
  ⇒**定言命法**── 無条件の命令の形式(「〜せよ」)
  ⟷ **仮言命法**── 条件付きの命令の形式(「もし…ならば〜せよ」)
  ⇒**善意志**……義務に従って道徳的によいことをしようとする意志。行為の結果ではなく、動機が重要(**動機主義**)
- **人間の尊厳**……道徳法則に自律的に従う自由な主体としての人格であることに、人間の尊厳をみる
  →人格を単なるモノのように手段として扱うのではなく、目的として扱う
  →互いの人格を目的として尊重する共同体 ── **目的の国(目的の王国)**

❷ヘーゲル (1770〜1831) ●p.125　主著『精神現象学』『論理学』『法の哲学』
カントの批判哲学から始まった**ドイツ観念論の完成者**

- **絶対精神**……個人を超えた理性の働き。世界のすべての背後にあり、自由の実現を目的としてすべてを動かす
- **弁証法**……認識、存在、歴史の発展の法則。対立・矛盾するものから高次なものが生まれ、発展
  →**正(テーゼ)・反(アンチテーゼ)・合(ジンテーゼ)、止揚(アウフヘーベン)**
- **人倫**……客観的な法と主観的な道徳とを統一したもの。共同体における具体的な倫理
  →**家族・市民社会・国家の3段階**からなり、市民社会で失われた人倫が国家において回復される

❸その他のドイツ観念論の思想家

- **フィヒテ** (1762〜1814) ●p.127　主著『全知識学の基礎』『ドイツ国民に告ぐ』
  →カントの批判哲学から出発。認識と実践の両方を担う「自我」を提唱
- **シェリング** (1775〜1854) ●p.127　主著『人間的自由の本質』
  →主観と客観は同一で、その背景に直観によって把握される絶対者が存在するとした

▲**イエナのナポレオン** イエナに入城したナポレオンを見たヘーゲルは、「世界精神が馬を進める」と賛嘆した。

おもな思想家の出身地

3節 社会契約の思想、
4節 ドイツ観念論

カント
ケーニヒスベルク
(現、ロシア・カリーニングラード)

イギリス　ドイツ
イエナ
フランス　ルソー
スイス

ホッブズ
ロック

ヘーゲル
フィヒテ
シェリング

モンテスキュー

▲**カントの記念牌** 『実践理性批判』の「結び」の冒頭の一文が刻まれている。(●p.121 カント名言参照)

入試に○×チャレンジ 57 人格は絶対的価値をもつものであり、それ自身は決して単なる手段となることのないものである。カントは、すべての人間が互いの人格を目的それ自体として取り扱うならば、理想の社会が実現されると考えている。(2005年追試)

西洋近現代の思想

4 ドイツ観念論

カント (Immanuel Kant)

ドイツ出身
1724〜1804

**感嘆と畏敬の念をもって心をみたす二つのものがある。
わが上なる星空と、わが内なる道徳法則とである**

年(年齢)	生涯
1724(0)	ケーニヒスベルクで誕生
1740(16)	ケーニヒスベルク大学に入学
1755(31)	『天体の一般的な自然史と理論』
1775(51)	◆アメリカ独立戦争(〜83)
1781(57)	『純粋理性批判』刊行
1785(61)	『道徳形而上学原論』刊行
1788(64)	『実践理性批判』刊行
1789(65)	◆フランス革命勃発
1790(66)	『判断力批判』刊行
1793(69)	『単なる理性の限界内の宗教』 を刊行するものの発禁となる
1804(80)	死去

＊私講師　教授ではないが教授資格を持ち、大学で講義を行う講師。学生から直接、授業料を徴収する。

略伝　東プロイセンのケーニヒスベルクで生まれた。父は勤勉な馬具職人の親方であったが、家庭は貧しかった。両親ともに敬虔主義の信仰が強く、母から信仰を育まれた。ケーニヒスベルク大学で哲学を専攻しつつ、ニュートンの数学・物理学も学んでおり、若い頃の研究論文は自然科学に関するものが中心だった。31歳で母校の私講師＊となり、魅力的な授業を行ったという。46歳の時、正教授に就任した。大学卒業後の数年間の家庭教師時代以外、生涯を通じケーニヒスベルクを離れることはなかった。彼の生活は表面的には単調に見えたが、その内面では近代の哲学に重大な影響を与える思索が深められ、『**純粋理性批判**』の出版という形で姿を現した。その後も近代哲学を方向づける重大な著作を発表した。その間、学長の任も果たし、80歳で息を引き取った。最期の言葉は「Es ist Gut(これでよい)」であった。

主著『純粋理性批判』『実践理性批判』『判断力批判』『永遠平和のために』

カントの思想

❶ 批判哲学とはどのような哲学だろうか。

理性が認識できることとできないことを明らかにするために、理性を批判的に検討する哲学である。
→①、原典資料⑥

❷ カントが提示した認識論とはどのようなものだろうか。

主観の受け取り方で対象のあり方が決まるとした。一方、自然科学と異なる道徳・宗教の領域の存在を示した。
→①、②、原典資料⑦

❸ 道徳法則とはどのような法則だろうか。

「〜せよ」という無条件の定言命法の形で表現される、理性的な人間であれば必ず従うべき道徳的な法則のことをいう。
→③、④、原典資料⑨

原⑥ ① 批判哲学　[出題]

「人間はどのように世界を認識するか」という問題について、認識の源を経験とする経験論と、理性とする合理論の間で議論があった(→p.106)。しかし経験論は、経験の対象となること以外はすべて疑わしいとする懐疑的な見方に陥る可能性がある。一方で合理論は、理性は単独で世界や神についても論じられるとするために、独断的な見方に陥る可能性がある。これらの問題点を受けてカントは、**人間の認識能力そのものを批判的に検討し、理性が認識できることと、できないことを明らかにする必要がある**と考え(→⑥)、経験論と合理論を総合して**批判哲学**を打ち立てた。

解説　**理論理性と実践理性**　理性について、カントは二つに分けて考えた。人間が現象を認識する際に働く**理論理性**(悟性)と、道徳的判断をする**実践理性**である。「私は何を知りうるか」という問いに対し、理性が認識できることの限界を定めたカントにとって、次に問題となるのは、実践理性を働かせて「**私は何をなすべきか**」ということであった。それが彼の道徳論である。

原⑦ ② 認識のコペルニクス的転回　[頻出]

思考し認識する私(**主観**)とその対象(**客観**)の関係は、近代の哲学の中心的テーマである。カントは、それまで一般的だった、あるがままの対象のあり方(**物自体**)が主観にそのまま現れる(認識される)という考えを否定した。彼は逆に、**主観の受け取り方(認識の仕方)によって対象の現れ方(現象)が決まる**とし、認識の考え方を180度転換したのである。ある現象は常に「いつ」(時間)、「どこで」(空間)、「○○が原因で」、「結果は○○」といった枠にはめられた形で経験される。この時間・空間や原因・結果は、対象そのもののあり方(物自体)ではなく、主観の受け取り方である。彼はこの転換を、コペルニクスの地動説にちなんで**コペルニクス的転回**と呼んだ。

「認識が対象に従う」のではなく、「対象が認識に従う」！　人間は、時間や空間、原因・結果といった形式から離れて物を認識することはできない！

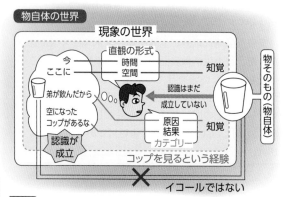

認識の転回

	現象	従来の考え方	新しい考え方
天文学	目に見える天空のありよう。太陽が東から昇り西に沈む	目に見えるままに天球が動く。太陽が動き、地球は動いていない（天動説）	天球は動かず地球が動くことで現象（目に見える動き）がある（地動説）
認識論	知覚される（見たり聞いたりされる）対象のありよう	知覚されるありよう＝対象のありようで、それに主観が従って認識が成立する	認識される対象のありようは知覚されたとおりではなく、主観によって対象が再構成され認識が成立する

◆カントの認識論

解説 **コップを認識する場合** 上の図のように、カントによれば人間は何かを知覚する時、時間や空間という枠（**直観の形式**）や原因と結果という思考の形式（**カテゴリー**）にあてはめ、再構成して認識する。人間は、こうした枠にあてはめずに対象を認識することはできない。現在・過去・未来を超越したコップそれ「自体」は認識できないのである。

原⑨ 3 道徳法則・定言命法　頻出

カントは、**善悪の判断を行う理性**を**実践理性**と呼び、時代や国にかかわらず、ある人が実践理性を持つ理性的存在者である限り、従うべき道徳的な法則があると考えた。この**道徳法則**は誰にでもあてはまり、無条件の命令、つまり単に「**〜せよ**」という形で表現される。この命令をその形式から**定言命法**といい、それは人間に義務に従うことを求める**良心の声**である。一方、「**もし…ならば〜せよ**」という条件つきの命令は**仮言命法**といい、誰にでもあてはまるものではないから道徳法則ではない。定言命法は、いくつかの形で表現されるが、代表的なものは次の二つである。

> ❶あなたの意志の**格率**＊が、常に同時に普遍的立法の原理となるように行為せよ。
> （＝自分のルールが他者のルールとなり、他者がそれに従って行動してもよいと思えるルールに従って行動しなさい）。
> ❷自分の場合であれ、他人の場合であれ、人格の内にある人間性を、常に同時に目的として扱い、決して単に手段としてのみ扱うことのないよう行為せよ。

＊**格率** 人間がそれぞれ自分に課している原理。「朝6時に起きよう」とか、「○○のような人とは付き合わないことにしよう」など。個人が勝手に自分に課しているもので、すべての人に課すことはできない。

原⑨ 4 自由と自律

物を落とせば必ず落下するように、自然法則には選択の余地はないが、道徳法則は従うかどうかを判断できる。そこでカントは、**自律の自由**を論じる。**自律**とは、実践理性に従い、道徳法則がいう「君の格率が普遍的法則なることを、当の法則によって同時に欲しうるような格率」（◆3）を自分で決めて行為することである。このように自律できる状態とは、**傾向性**＊（欲望）に縛られていないということだから、**自律こそ自由だと彼は考える**。欲望のままに行動するのが自由、という自由の見方もあるが、彼にとってそれは、判断を欲望に縛られている不自由な状態である。

＊**傾向性** 人が自分の利益や欲求に従って行動しようとすること。

自律の自由・不自由と定言命法・仮言命法

解説 **善意志** もっと寝たくても遅刻しないために起きるというように、道徳法則に従って行動する時、そこには「義務に従って道徳的によいことをしようとする意志」が働いている。これがカントのいう**善意志**である。遅刻すれば先生に叱られるから起きるという場合、道徳法則に従ってよいことをしようとして起きるのではないため、この時、善意志は働いていない。

5 人格と人間性

道徳法則に自律的に従って行為する、自由な道徳の主体である人間をカントは**人格**と呼び、**人格であるがゆえに人間は尊厳を持つ**と考えた。人格はモノと対比される。鉛筆も自動車もモノであり、値段がつくし他のモノに交換できるが、人格はそうではない。また人格は、自由な意志と自ら判断する理性という人間性を持つ。これらを無視することは人格をモノとして扱うことを意味するため、許されない。**人格は他者の単なる手段とされてはならず、常に同時に目的として用いなければならない**とカントは説いている（◆3）。そして、互いに人格を目的として尊重し合える人々が作る理想の共同体を考え、それを**目的の国**と呼んだ。

入試に○×チャレンジ 58 カントの批判哲学とは、合理論と経験論の一面性を乗り越えるべく、両者の立場を総合して、人間が物自体を理性によって認識できると論じたものである。（2013年本試）

カントの格率 ── 様々な "自分ルール"

　自律を重視したカントは、自分自身でも格率(ルール)に基づく規則正しい生活を送った。1日のスケジュールは、朝5時に起床、午前中は講義、午後1時から昼食、その後は散歩、といった具合であり、時間まですべてきっちり決まっていた。あまりの正確さに、ケーニヒスベルクの人々は、散歩をするカントを見て時計を合わせたという。散歩の時間に遅れたのはただ一度、ルソーの『エミール』に時間を忘れて熱中してしまった時だけであった。そのほか、健康を気遣い、口から息を吸うと肺が冷えるので息は必ず鼻から吸う、部屋の温度は14度を保つなど、様々な自分ルールを持っていたという。

原典資料

6 純粋理性の批判とは何か

> カントは、理性が扱える限界を明らかにしようとしている。

　人間の理性はその認識の或る種類において奇妙な運命をもっている。すなわちそれが理性に対して、理性そのものの本性によって課せられるのであるから拒むことはできず、しかもそれが人間の理性のあらゆる能力を越えているからそれに答えることができない問いによって、悩まされるという運命である。……この果てしない闘争の戦場こそ、形而上学と呼ばれるものなのである。……そして理性の正当な要求については理性を擁護し、逆にすべて根拠のない僭越はこれを、力ずくの命令によってでなく、理性の永遠不変の法則にしたがって拒絶することができるような一つの法廷を設けることを、理性に対して要求するものである。そしてこの法廷こそ純粋理性の批判そのものにほかならないのである。

（『純粋理性批判』高峯一愚訳「世界の大思想12」河出書房新社）

7 人間の認識 　頻出

> 認識が成り立つために不可欠の要素とは何だろうか。

　感性なしにはわれわれにいかなる対象も与えられず、悟性なしにはいかなる対象も思惟されないであろう。内容なき思想は空虚であり、概念なき直観は盲目である。それゆえ自己の概念を感性化すること(すなわち直観によって概念に対象を付け加えること)が必要であるとともに、自己の直観を悟性化すること(すなわち直観を概念の下に包摂すること)も必要である。これら二つの能力、或いは二つの素質はまた、その機能をとりかえることもできない。悟性は何ものをも直観できず、感官*は何ものをも思惟できない。両者が合一することからのみ、認識は生じうるのである。

（『純粋理性批判』同上）

8 無制限に善なるもの 　出題

> 条件つきのよいものは色々あるが、それが場合によっては悪になることもある。

　われわれが無制限に善とみとめうるものとしては、この世界の内にもまた外にも、ただ善なる意志しか考えられない。理解力や機知や判断力やその他いろいろに呼ばれるところの精神の才能、および勇気や果断や根気強さなどという、気質のもつ特質は、確かに多くの点で善なるものであり望ましいものである。しかしそれらは、またきわめて悪いもの有害なものにもなりうる。すなわち、それら自然の賜物を使用する任務をもつ意志──したがって意志の固有の性質は(才能や気質と区別して)性格と呼ばれる──が、善でない場合である。……

　善なる意志は、それが引き起こし成し遂げることによってでなく、またそれが或るめざされた目的の達成に有用であることによってでもなく、ただ、その意志作用のみによって善なのである。いいかえれば、それ自体において善なのである。

（『人倫の形而上学の基礎づけ』野田又夫訳「世界の名著32」中央公論社）

解説　形而上学と純粋理性の批判

　ここでいう問いとは、神、人間の魂や自由などを扱う形而上学的な問いのことである。カントは、この問いを考えるにあたり、まったく経験がない状態でも働く純粋理性を考え、純粋理性が何を考え主張することができるか定めるべきであると主張する。それが純粋理性の批判である。ここでいう「理性の擁護」とは、経験論のように純粋理性を否定する立場に対して、理性を擁護することを意味する。一方、拒絶するべき「根拠のない僭越」とは、合理論のように、理性が単独ですべてを明らかにできるという考え方である。

解説　感性、悟性、直観、概念

　カントは、認識が成立するためには、物などからの刺激を受け取る感性と、思考する能力である悟性(理論理性)が必要であるとする。例えば河原で石を目にしたとき、感性は視覚を通じて石という直観を得て、さらに悟性によってその直観に火成岩や堆積岩という概念が適用され、認識が成立する。

＊感官　感覚器官のこと。

認識が成立

解説　無制限に善なのは善意志だけ

　知力や勇気などは一般的に善と考えられているが、悪い目的のために使われる場合は悪である。例えばリーダーシップはよいものだが、ヒトラーのリーダーシップは第二次世界大戦を招き、ドイツは破局を迎えた。一方、善意志は、行為がもたらした結果や、目的の達成のために役に立つかどうかには関わりなく、それ自体で善である。カントはこのように、行為の結果ではなく、動機が善であることを重視している(動機主義)。

西洋近現代の思想

9 自律

🔍 選択意志が自由に何かを選んだように思えるものも結局は他律であり、真の自由ではない。実践理性＝意志の自律こそ真の自由である。

　意志の自律がすべての道徳的法則と、それらに適合する義務の唯一の原理である。これに反して**選択意志のすべての他律は拘束性の基礎とは全くならないばかりか、むしろ拘束性と意志がもつ道徳性の原理とに対立する**のである。すなわち、法則のすべての実質(すなわち欲求された客体)に[選択意志が]依存しないことに、しかも同時に選択意志を単なる普遍的な立法的形式によって規定し、この普遍的形式を[選択意志の]格率がもつことができなければならないということに道徳性の唯一の原理の本質が存するのである。ところで、さきの[実質に]依存しないということは消極的意味における自由であり、……実践的である理性が自ら立法するという後のことは積極的な自由である。したがって**道徳的法則が表現するところは、ただ純粋な実践的理性の自律、すなわち自由ということのみである。**

（『**実践理性批判**』深作守文訳「カント全集・第7巻」理想社）

10 目的の国

🔍 互いを目的として尊重し合う理想の国の姿を、カントは「目的の国」として描いた。

　……最高の実践的原理が存在し、したがって人間の意志に対しては定言的命法が存在すべきであるならば、その原理は、目的自体たるゆえに必然的に万人にとっての目的であるところのものの表象を、意志の客観的原理たらしめるものであり……そしてこれを最高の実践的根拠として、そこから当然意志のすべての法則が導き出されうるはずである。そこで実践的命法は次のようになるであろう、「**汝の人格の中にも他のすべての人の人格の中にもある人間性を、汝がいつも同時に目的として用い、決して単に手段としてのみ用いない、というようなふうに行為せよ。**」……

　……そこでこのことによって、共通の客観的法則による理性的存在者のひとつの体系的結合すなわち国が生ずる。ところでこれらの法則は、これらの存在者の、**目的ならびに手段としての、相互関係に向けられているゆえにこの国は目的の国**と呼ばれることができる。……

　理性的存在者は……目的自体であり、まさにそのゆえに目的の国において立法者であり、……みずから与える法則、しかも彼の格率を普遍的立法……に属しうるものたらしめる法則にのみ服従するのである。

（『**人倫の形而上学の基礎づけ**』野田又夫訳「世界の名著32」中央公論社）

解説 **選択意志**　選択意志は、私たちがある行為をするべきかどうか決める場合に、**どちらが得か、快適か**を考えて選択する時に働く。この意志は善意志とは違い、道徳法則に反する行為も選ぶ可能性がある。例えば眠いから遅刻しても寝る、という選択をする意志は、選択意志である。

解説 **他律は不自由**　この資料でカントは、選択意志を現実的な条件(例えば「眠い」)や欲求(例えば「寝たい」)に影響されないようにし、実践理性に従って自律的に行為することこそ自由であると主張する。現実的な条件や、結果の損得・快楽に左右されるのは他律であり、それらに縛られているという意味で**他律は自由ではない。**

手段と目的

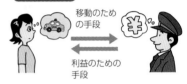

移動のための手段

利益のための手段

▲このタクシーの運転手と利用客の例のように、人格が互いに相手を手段としている事実をカントは否定しない。しかし彼によれば、その場合でも手段として「のみ」扱わず、互いを尊重して「目的」として扱わなければならない。しかし、現在の社会では、派遣労働者を使い捨てのできる労働力として考えるなど、人格を単なる手段としてのみ扱う事態が生じているのではないだろうか。

コラム　現代に生きるカントの理想

　カントは一つひとつの国家を人格としてとらえ、国家を手段として用いたり、国家の尊厳を損なったりする戦争や侵略を否定した。そして、平和こそが、国家という人格の実践理性が命じる道徳法則であると考えた。理想主義者であるカントは、その理想を現実にするために必要な方法を考える現実主義者でもあった。『永遠平和のために』は、永遠平和のための6条件をあげている第1章「予備条項」と、それを実現させるための3条件をあげている第2章「確定条項」（→p.305）から構成されている。この理想を実現しようとしたのが、国際連盟で、その精神は現在の国際連合へも脈々と受け継がれている。

UN Photo/Mark Garten

▲国連本部ビル

永遠平和のための予備条項 （→p.305）

第1条項　将来の戦争の種をひそかに保留して締結された平和条約は、決して平和条約とみなされてはならない。

第2条項　独立しているいかなる国家(小国であろうと、大国であろうと、この場合問題ではない)も、継承、交換、買収、または贈与によって、ほかの国家がこれを取得できるということがあってはならない。

第3条項　常備軍は、時とともに全廃されなければならない。

第4条項　国家の対外紛争にかんしては、いかなる国債も発行されてはならない。

第5条項　いかなる国家も、ほかの国家の体制や統治に、暴力をもって干渉してはならない。

第6条項　いかなる国家も、他国との戦争において、将来の平和時における相互間の信頼を不可能にしてしまうような行為をしてはならない。

（『**永遠平和のために**』宇都宮芳明訳 岩波文庫）

入試に○×チャレンジ　59 カントによれば、人間は、純粋に善をなそうとする善意志をもつ。人間の道徳的行為は、よい結果がもたらされたかによって評価されるべきではなく、善意志が動機になっているかで評価されるべきである。(2017年追試)

ドイツ観念論を完成させた哲学者　★★★★★

ヘーゲル (Georg Wilhelm Friedrich Hegel)

ドイツ出身
1770～1831

**理性的なもの、それは現実的であり、現実的なもの、
それは理性的である**

年(年齢)	生　涯
1770(0)	シュトゥットガルトに誕生
1788(18)	テュービンゲン大学神学部に入学
1789(19)	◆フランス革命勃発
1801(31)	イエナ大学私講師となる
1804(34)	◆ナポレオン皇帝となる
1806(36)	◆ナポレオン軍イエナ占領
1807(37)	『精神現象学』出版
1808(38)	ニュルンベルクの中等教育機関の校長兼教授に就任
1812(42)	『論理学』第一巻出版
1816(46)	ハイデルベルク大学教授に就任
1818(48)	ベルリン大学教授に就任
1821(51)	『法の哲学』出版
1829(59)	ベルリン大学総長に就任
1831(61)	コレラに感染し、死去

略伝 ドイツ南部のシュトゥットガルトに公務員の子として生まれた。1788年にテュービンゲン大学の神学部に入学、そこでのちに詩人となるヘルダーリン、哲学者となるシェリングと交友を結ぶ。1789年、ヘーゲルが19歳の時に**フランス革命**が勃発、若い彼らは熱狂し「自由の樹」を植えて歌い踊ったという。フランス革命やその後に登場したナポレオンは、ヘーゲルの思想に大きな影響を与えた。大学卒業後は職が安定しないなか、カント(◆p.121)らの研究を続け、家庭教師を経てイエナ大学の私講師に就任した。1818年にはフィヒテの後任としてベルリン大学教授となり、のちに総長を務めた。ヘーゲルの哲学は一世を風靡し、多くの学生が集まり、**ヘーゲル学派**が形成された。しかし1831年、流行したコレラに感染し、61歳で急逝した。

主著『精神現象学』『論理学』『法の哲学』『歴史哲学』

メモ **フィヒテの隣に眠る**　1831年、コレラに感染して死去したヘーゲルは、生前の希望通りにフィヒテ(◆p.127)夫妻の墓の隣に葬られた。彼はコレラを発症する直前まで、熱心に講義を続けていたという。

ヘーゲルの思想

❶ヘーゲルは歴史をどのようなものと考えたのだろうか。

絶対精神が自由を実現していく過程であると考えた。→❷、❹、原典資料❼

❷弁証法とはどのような考え方だろうか。

対立を含んだ現実を理解する論理であり、現実の発展の法則である。全体としての真理を把握できるという意義を持つ。
→❸、❹、❺、原典資料❻

❸ヘーゲルにとって人倫とは何だろうか。

共同体における具体的な倫理で、家族・市民社会・国家の３段階からなると考えた。　→❺

❶ ヘーゲルとカント、フランス革命

カントの思想において、自由とは定言命法に従って行動する自律の自由、つまり個人の内面的な自由であった。それに対してヘーゲルは、**自由は現実の社会において制度などの形で実現されるべき**だと考え、こうした自由を哲学の主題として考え続けた。その背景には、彼が若い頃に起こり、感動したフランス革命がある。フランス革命は、国家や社会の構造変革により、自由という理念を、社会の中で実際に制度として実現することをめざした運動であった。ヘーゲルはカントから倫理の原理として自由を考えることを学び、さらに社会の制度として具体化された自由をフランス革命に見いだして、思索を深めていったのである。

▶**球戯場の誓い**(ダヴィッド筆)　フランス革命の中で民衆は、憲法を制定するまでは闘い抜くと、理念の実現を誓った。

原7 ❷ 絶対精神　　出題▶

絶対精神とは個人の精神ではなく、**自然や人間など、この世界のすべてのものの背後にあり、それを突き動かしている絶対者**のことで、キリスト教でいう「神」の哲学的な表現である。絶対精神の本質は自由であり、自分自身を様々なものに変え、**理性の狡知**(◆原典資料❼)によって個人を利用したりしつつ、人類の自由を目覚めさせ実現していくとされる。

絶対精神の自己展開

絶対精神 →（自己外化）→ 自然 → 個人の主観的精神 → 客観的精神（道徳や法）→ 芸術・宗教・哲学 → 自由が実現、再び絶対精神が出現

解説 **自由の実現**　絶対精神はそのままでは抽象的で、自由を実現できない。そこでまず自らを否定し、自らの一部でしかない自然へと具体化する(**自己外化***)。さらに個人の主観的精神、社会の中の客観的精神(道徳や法)へと発展していく。しかしそこにも対立があり、真の自由が達成されているとは限らない。そこで絶対精神は客観的精神となった自己をも否定し、芸術、宗教、哲学となり、絶対精神の本質である自由が実現する。

***自己外化**　自分の中にあるものを外に出し、自分でないものにすること。

BOOK 『超解読！はじめてのヘーゲル「精神現象学」』(竹田青嗣・西研、講談社現代新書)　難解で有名な『精神現象学』を読むポイントがつかめる。

 答 p.122 58 ✕　　 **重要用語** 284 絶対精神

原6 ③ 弁証法（べんしょうほう） 出題

　ヘーゲルが**認識や存在、歴史の発展の法則を正、反、合で定式化したもの**が、**弁証法**である。それは、あることがら（正）があると（①）、それに対立・矛盾することがら（反）が内部から現れ（②）、この正と反が保存されつつより高い次元の**合**にまとめられるという考え方である（③）。この合にもまた、反が現れ、このプロセスが繰り返されて、認識や存在、歴史は発展していくという。例えば、人間関係の深まりを例にすれば友達になったA君とある程度付き合うことで違った面を発見し反発しても、その違いを個性として受け入れ価値を見いだせば、人間関係はより深まる。

弁証法 —— 人間関係の場合

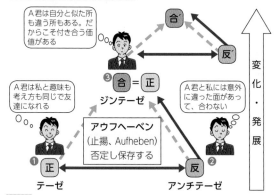

解説 アウフヘーベン（止揚）

　合が生まれる時に正と反はそれぞれ否定されるが、上の例でいえば、それらは全体としてみればA君についての認識と2人の関係が深まる（合）ための重要なきっかけになっている。つまり、正も反も否定されると同時に、合で保存されている。ヘーゲルはこのことを、特に**アウフヘーベン（止揚）**という言葉を用いて示している。

原7 ④ ヘーゲルの歴史観 頻出

　ヘーゲルは、歴史を単なる偶然の積み重ねではなく、さまざまなできごとが必然的に起こることで、**絶対精神（世界精神）が弁証法的に、その本質である自由を展開・実現していく過程**だととらえた。彼は、「**世界史は自由の意識の進歩である**」という。例えば、古代の東洋では専制君主一人が自由であり、古代ギリシアやローマでは少数の市民だけが自由であった。中世ヨーロッパでは、キリスト教によって人間の本質は自由であるという考え方が生まれたが、この自由も主観的・内面的なものでしかなかった。しかし、キリスト教で自覚された人間の本質としての自由は、近代のフランス革命において、人権宣言などを通して、客観的・制度的なものになったと彼は考えた。

解説 歴史の弁証法的発展

　ヘーゲルは弁証法を特に歴史にあてはめている。例えばフランス革命では、旧制度（アンシャン・レジーム）（正）を否定する革命が起こり（反）、共和制が生まれた（合）（●p.128）。このように、歴史を弁証法的な発展とみる見方は、マルクス（●p.140）にも影響を与えた。

⑤ 人倫 頻出

　カントの言う道徳は個人の倫理であり、現実の社会での行動や、他者との関わりについてはあまり考えられていない。現実を重視したヘーゲルはそれに対して、**共同体における具体的な倫理**である**人倫**を提唱する。人倫とは、法と道徳が統合され、自由の理念が具体化されて社会制度となったものである。ヘーゲルは主著『**法の哲学**』において、人倫は**家族・市民社会・国家**の3段階からなるとしており、これはそれぞれ弁証法の正・反・合にあたる。そして、法と道徳を弁証法的に止揚した、**人倫の最終段階である国家において、個人と社会全体の自由が実現できる**とした。

人倫の3段階とその構造

①**家族＝正**	家族それぞれの愛に基づく**自然な人倫**。一体だが独立性に欠け、子どもが独立すれば一体性も失われる
②**市民社会＝反**	家族から独立した個人が各自の判断において利益を追求する「**欲望の体系**」。個人は商品経済の体系に組み込まれており、自立（独立）は見かけにすぎない。**人倫は失われる**
③**国家＝合**	**人倫の最終段階**。家族の愛に基づく共同性と、市民社会の個人の自立性がともに実現された共同体。**人倫は国家において回復される**

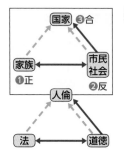

解説 法と道徳

　法は客観的・外面的に共同体の秩序を守ろうとするもので強制力を持つが、内面は問題とされないため、形式的になるおそれがある。それに対し、道徳は自発的に行われるため形式的にはならないが、強制力がないために、従うか否かは個人の問題ということになってしまう。そこで法の強制力と、道徳の自発性をともに引き継いだ人倫が必要になる。

コラム 人気教授ヘーゲル

　ヘーゲルは遅咲きの哲学者で、前半生はあまり職にも恵まれなかったが、のちに職を得たイエナ大学やベルリン大学では、彼の講義は絶大な人気を誇った。このヘーゲルの人気に対抗心を燃やしたのが、同じ大学で私講師をしていたショーペンハウアー（●p.151）である。ヘーゲル憎さで彼を「酒場のおやじのような顔」とまで言っていたショーペンハウアーは、ヘーゲルに勝負を挑もうとしたのか、自分の講義をヘーゲルの講義と同じ時間に設定した。しかし、ヘーゲルの講義が学生で満員だったのに対し、ショーペンハウアーの講義はガラガラだったという。プライドを傷つけられたショーペンハウアーは結局、半年で私講師をやめてしまう。ヘーゲルの人気は、圧倒的なものだったのである。

入試に○×チャレンジ　60 ヘーゲルは、市民社会では、人々が自分の欲望充足を目指して行為するため、人々の間で利害をめぐる対立状況が成立するとした。（2008年追試）

6 思い込みから真理へ

🔍 生命も真理もその一面を固定的にとらえるのではなく、全体としてとらえるべきと主張している。

……人々の意見にとっては、真と偽との対立がまったく固定したものになっているため、……一つの哲学説について説明が与えられれば、それは賛否のどちらなのかというようにしか受け取らないのが常である。人々は、哲学説のあいだに差異があるのを、真理が進歩してゆく発展過程としてとらえることなく、差異のなかに矛盾しか見ない。── 花が咲けば蕾（つぼみ）が消えるから、蕾は花によって否定されたと言うこともできよう。同様に、果実により、花は植物のあり方としてはいまだ偽であったことが宣告され、植物の真理として花にかわって果実が現われる。植物のこれらの諸形態は、それぞれ異なっているばかりでなく、たがいに両立しないものとして排斥（はいせき）しあっている。しかし同時に、その流動的な本性によって、諸形態は有機的統一の諸契機となっており、この統一においては、それらはたがいに争いあわないばかりでなく、どの一つも他と同じく必然的である。そして、同じく必然的であるというこのことが、全体としての生命を成り立たせているのである。

（『精神現象学』山本信訳「世界の名著35」中央公論社）

7 絶対精神と個人

🔍 歴史は偶然の出来事の集まりではなく、絶対精神の理念実現の過程である。

歴史的人物、世界史的個人とは、このような普遍をその目的の中に蔵しているような人々のことをいう。

例えばカエサルは、この世界史的人物に属する。……**彼にとっては最初は消極的な目的の遂行でしかなかったが、その目的の遂行によって彼のかち得たところのもの、すなわちローマの独裁は、同時にそれ自身ローマ史と世界史とにおける必然的な使命だったのである。**その意味で、この独裁は単に彼一個の利益というにとどまらず、むしろその時代の必然的要求を充（み）たし、実現したところの無意識的な衝動であった。**史上の大人物とは、すなわち、このように彼自身の個人的目的が世界精神の意志である実体的なものを同時に含むような人々をいう。**

（『歴史哲学』武市健一訳「歴史哲学 上」岩波文庫）

8 理性と現実

🔍 ヘーゲルは現実をどのようなものだと考えたのだろうか。

……哲学は、理性的なものの根本を究めることであり、それだからこそ、現在的かつ現実的なものを把握することであって、彼岸的なものをうち立てることではないということである。……

理性的であるものこそ現実的であり、
現実的であるものこそ理性的である。

（『法の哲学』藤野渉・赤澤正敏訳「世界の名著35」中央公論社）

解説 **弁証法の意義** 哲学において様々な考えが対立することの持つ意味を、弁証法の考え方で植物に例えて説明している。つぼみ（正）と花（反）、果実（合）という全体が植物の成長の真実であるように、一見対立するようにみえる哲学も、それぞれの考え方を統一していけば、全体としてみた時、真理を発展させることができる。このように、考え方の対立ばかりにとらわれる立場から抜け出して、**全体としての真理をみることができるところに、弁証法の意義がある。**

全体で一つの生命

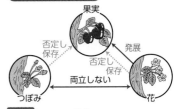

否定し保存・発展／否定し保存／両立しない

果実／つぼみ／花

解説 **理性の狡知（こうち）** 歴史の中で各個人は、それぞれ情熱を抱いて個人的な目的を遂げようとする。例えば、カエサルの独裁、ナポレオンの権力掌握、織田信長の天下統一の野望などである。ヘーゲルによれば、絶対精神はこうした個人の情熱を利用し、個人の思惑を超えて自由という理念を実現させようとする。この絶対精神のたくらみを理性の狡知という。実際に彼らはそれぞれ、ローマ的秩序の拡大、ナポレオン法典、楽市楽座などで自由を実現させたが、その後、役目を終えたように暗殺（はいる）や配流などで没落した。

解説 **哲学の対象は現実** ここでいう「理性的」とは個人の理性ではなく、世界を動かす真理が、合理的（理にかなう）・必然的という意味である。ヘーゲルはこの世界の現実こそ、なるべくしてなった、理にかなった必然的なものと考える。理にかなったことが現実になるのだから、現実は理にかなったものである。彼にとって**哲学の対象となる真理はどこか別の世界（彼岸）ではなく、この現実の中にある。**

◆ドイツ観念論の思想家

フィヒテ（1762～1814）

ドイツ東部ドレスデン近郊のザクセン地方で、貧しい織物工の家に生まれ、イエナ大学とライプツィヒ大学で哲学と神学を学んだ。カント（◎p.121）の哲学に出会い、その自律と自由の思想から大きな影響を受けた。実践理性の思想をさらに深め、認識と実践の両方を担（にな）う「自我」を考えて、真の自我を実現する努力を道徳の根本原理とした。1807年、ナポレオン軍に占領されていたベルリンでの講演「**ドイツ国民に告ぐ**」でドイツの民族的独立と文化改革を訴えた。

主著『全知識学の基礎』『ドイツ国民に告ぐ』

シェリング（1775～1854）

ドイツ南西部のレオンベルクに生まれた。テュービンゲン大学で神学と哲学を学び、のちに様々な大学で教授を務めた。ヘーゲルと親交を結んだが、ヘーゲルがシェリングの思想を批判してからは交友が途絶えた。彼の思想は、自然と精神、主観と客観は実際には同一であり、その背景には芸術などを通して直感により把握される絶対者が存在するというもので、同一哲学と呼ばれる。芸術を重視するロマン主義の哲学とされるが、晩年の思想は実存主義（◎p.147）の先駆けともいわれる。

主著『人間的自由の本質』

フランス革命とヘーゲルの歴史観

フランス革命を題材にした漫画として、池田理代子の『ベルサイユのばら』(集英社)が知られる。この漫画では自由を求めて戦うオスカルが主人公の一人として描かれるが、ヘーゲルは革命の現実の展開をどのようにとらえたのだろうか。

▲❶三部会で演説するロベスピエール
(C)池田理代子プロダクション

旧制度(アンシャン・レジーム)の行き詰まりの中で、それを否定するフランス革命が始まった。それは何よりも自由を実現しようとするものであったが、共和制下のジャコバン派の独裁(恐怖政治)により、自由のために自由が抑圧されることになった。その後いくつかのクーデターを経て、ナポレオンの軍事的権力により秩序が回復され、革命の成果としての市民的自由がナポレオン法典として保存された。ヘーゲルは、歴史とは絶対精神が個人の野望や悲劇を包み込みながら、一貫して自由を実現していく過程であると考えた。

▲❷バスティーユ牢獄襲撃時のオスカル

▲フランス人権宣言の扉絵(自由の理念) ヘーゲルによれば、革命の過程において常にその中心に原理としてあったのは、人権宣言にみられる自由の理念であった。

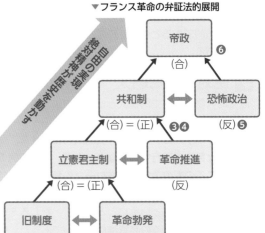

▶フランス革命の弁証法的展開

自由の理念(絶対精神)の自己展開

```
                    帝政 ❻
                    (合)
                     ↑
        共和制  ⇔  恐怖政治
       (合)=(正)❸❹   (反)❺
         ↑
  立憲君主制  ⇔  革命推進
  (合)=(正)        (反)
     ↑
   旧制度   ⇔   革命勃発
   (正)         (反)❶❷
```

▼❹国王ルイ16世の処刑

▶❻皇帝戴冠式のナポレオン

▲❸サンジュスト(ジャコバン派)の演説

▲❺王妃マリー・アントワネットの処刑

ナポレオンは、その類まれな能力と情熱をもって、皇帝にまで駆け上がったが、モスクワ遠征後没落した。しかしその過程で革命の成果たる自由の理念がヨーロッパに広がった。ヘーゲルの立場でいえば、世界がより理性的になったといえる。

入試に○×チャレンジ 61 フランス革命の諸局面では、個性豊かな人物たちが理想社会の実現を夢見て独自の役割を演じた。このことを、ヘーゲルは、絶対精神が個人の情熱を利用しながら究極的な自由を目指して展開する実例と見て、「世界史は自由の意識の進歩である」と述べた。(2011年追試)

経験論・合理論からドイツ観念論まで

近代哲学は、自然科学の成果を基礎に、スコラ哲学に代わる新しい知識の確立をめざした。経験論はそれが徹底されれば懐疑論に、合理論はその行き過ぎによって独断論に陥る恐れがあり、ここにカントの批判哲学が登場する理由があった。そしてカントが制限した形而上学を、その後のドイツ観念論は新たな形で展開する。

天動説から地動説へ、スコラ哲学の世界観から新しい知識の確立へ

知識の源は何か？

経験論 知識の源は経験である

科学における観察・実験の重視

論理：帰納法へのこだわり

F・ベーコン　4つのイドラの排除。劇場のイドラとしてのアリストテレスやスコラ哲学、種族のイドラとしての目的論など

ロック　人の心はタブラ・ラサ

ヒューム　法則とみなされるもの(原因と結果の因果関係)は経験に基づいた主観的な信念でしかない

→経験に依拠した結果、科学の法則さえ疑わしいと考える**懐疑論**に陥る

合理論 知識の源は理性である

この理性は、数学において最もよく示される

論理：演繹法へのこだわり

デカルト　数学を理想として全学問の再編成

スピノザ　汎神論、神即自然

ライプニッツ　単子論(モナド論)

＊実体はいくつか？

デカルト→3つ(神、精神、物体)

スピノザ→1つ(神＝自然)

ライプニッツ→無数(モナド)

→理性によって神の存在をも認識できるという**独断論**に陥る

理性は何を認識できるか？

ドイツ観念論

カントの批判哲学　理性は、何を認識できて何を認識できないのか？ →**理性の自己批判**の必要性

懐疑論に対しては、経験に依拠しない理性の主張を擁護する

↓

人間の認識は、**感性**と**悟性**からなり、経験に先立つ**概念(カテゴリー)**が悟性にそなわる

⇒科学の客観性を保証。主観に現れた世界＝**現象界**は**理論理性**で認識できる

独断論に対しては、人間の理性の限界を越えた主張を許さない

↓

神は存在するのか、自由はあるのかといった**形而上学的な問い**には理論理性は答えられない

⇒主観の外部にある**物自体**の世界は認識できないが、**実践理性**は**道徳法則**に基づいて善悪を判断できるし、それゆえに人間の自由を主張できる

理論理性の限界　現象と物自体の区別

実践理性の優位　人間には自律としての自由がある

＊カントは、理論理性による認識を現象に制限することによって、逆に我々の実践に、現象の世界に拘束されない自由を保証した

カントにおける理論理性と実践理性の区別＝分裂をどう克服するか

現象と物自体の二分論をどう回避するか

フィヒテ　理論理性と実践理性の担い手としての自我

シェリング　自然と精神の同一性

ヘーゲル　個人、民族、人類、自然の背後に働き自由を実現する**絶対精神**。世界史は、この絶対精神が自由を実現する過程である。その論理としての**弁証法**。カントにおいて理性は、理論理性も実践理性も、理性的存在者としての人間のものであったが、ヘーゲルでは、理性は自然の中に法則として具体的に現れ、人間社会において法や制度として具体的に現れる。一見非理性的と思われる否定的な事柄(戦争やテロ、独裁)も、絶対精神が自然や歴史において、展開する過程の重要な契機である。「**理性的なものは現実的であり、現実的なものは理性的である**」

BOOK 『ベルサイユのばら』(池田理代子、集英社)　男装の麗人オスカルや王妃マリー・アントワネットを中心にフランス革命における様々な人間模様が描かれる。

答 p.126 60 ○

重要用語 270 ドイツ観念論、271 批判哲学、273 理論理性、274 実践理性、275 道徳法則

5 イギリス功利主義

概観 18世紀後半のイギリスでは、経験論の流れを受け、よりよい社会を考えるために必要な善悪の基準を、快楽や苦痛という「経験」に求める功利主義が台頭した。この立場は行為の動機ではなく結果を重視し、人間の欲望を肯定しつつ、客観的に確認できる善悪の判断基準を示した。功利主義思想は社会制度の改革に適用され、市場経済や議会制民主主義を中心とするイギリス自由主義の思想的基礎づけの役割を果たした。

ロンドン万国博覧会(イギリス、1851年)

要点の整理　　■■■は入試重要用語

```
産業革命 ──────────────────────→ 実証主義　コント
          ↘              功利主義  ↗
   アダム・スミス　ベンサム→J.S. ミル ── 社会進化論　スペンサー
```

❶アダム・スミス(1723〜90) ◉p.131
主著 『国富論(諸国民の富)』『道徳感情論』
正義に基づく経済競争(**フェア・プレイ**)が行われれば、**神の「見えざる手」**が社会の繁栄を生む
共感……他者の立場にいる自分を想像し、他者と同じ感情を抱いて、他者の感情の適切さを判断する能力
公平な観察者……特定の利害関心から独立した第三者的視点

❷ベンサム(1748〜1832) ◉p.132　**主著**『道徳および立法の諸原理序説』
公正な法律の客観的基準として功利性の原理を提唱→「**最大多数の最大幸福**」が善
- **快楽計算**……幸福(快楽の増大)・不幸(苦痛の増大)を量的に計測(**量的功利主義**)
- **サンクション(制裁)**……人間に何らかの行動をとらせるための外的な力。社会の快楽を減少させる行為を苦痛により予防→**4つのサンクション**(物理的、政治的、道徳的、宗教的)
- 社会改革……議会改革、パノプティコンの設計

❸J.S. ミル(父はジェームズ・ミル)(1806〜73) ◉p.134　**主著**『功利主義論』『自由論』
ベンサムの量的功利主義に欠ける「感情・人間性」を補い、**質的功利主義**を提唱
- **質的功利主義**……幸福の質の違いや複雑さも重視した功利主義
  →「**満足した豚よりも不満を抱えた人間の方がよく、満足した愚か者よりも不満を抱えたソクラテスの方がよい**」
- **自由論**……社会、個人の個性の発展には自由が不可欠。他者に悪影響を及ぼさない限り、社会は個人に干渉してはならない(**他者危害の原則**)→**愚行権**を承認
  女性の解放を求める

■ベンサムとミル

	功利主義のタイプ	サンクション(制裁)	人間観
ベンサム	量的功利主義	外的(法的)制裁重視	理性重視
ミル	質的功利主義	内的制裁重視	感情重視

❹実証主義と社会進化論 ◉p.136
- **コント**(1798〜1857)
  実証主義……自然法則によって表されるもののみが科学的で知識の対象となるとし、観察によって法則を探究しようとする立場
  →これを社会へ適用する(**社会学**の提唱)
- **スペンサー**(1820〜1903)
  社会進化論……生物学(進化論)を社会へ適用したもの。「**適者生存**」・**自由放任政策**を擁護

おもな思想家の出身地　5節 イギリス功利主義，6 社会主義の思想

```
アダム・スミス
ベンサム
ミル
スペンサー
オーウェン
ウェッブ夫妻

コント
サン=シモン
フーリエ
```

ロシア
レーニン
マルクス
ベルンシュタイン
イギリス
ロンドン
ドイツ
フランス

※国境線は現在のもの。

▲**ウェストミンスター宮殿**(イギリス、ロンドン)

入試に○×チャレンジ　62 アダム・スミスは、共感という道徳的な感情が利己心にもとづく各人の行動を内面から規制して、私益と公益との調和が図られると主張した。(2008年本試)

市場経済を考察した道徳哲学者

アダム・スミス (Adam Smith)

★★★★★

イギリス出身
1723～90

**見えざる手に導かれて、自分では意図してもいなかった一目的を
促進することになる**

年(年齢)	生　涯
1723(0)	スコットランドに誕生
1737(14)	グラスゴー大学に入学
1751(28)	論理学教授に就任
1752(29)	道徳哲学教授に就任
1759(36)	『道徳感情論』
1764(41)	大学退職。貴族の家庭教師となる。大陸旅行に同行(～66)
1776(53)	『国富論』
1789	◆フランス革命
1790(67)	エディンバラにて死去

＊スコットランド　イングランドとの「合同」後、スコットランドでは産業革命の進展や植民地との交易などにより、急激に経済発展が進んだ。その中で、スコットランドの思想家たちは経済の発展が道徳に与える影響に関心を持った。

略伝 産業革命が進展し、資本主義が発展しつつあった時代に、イギリスのスコットランド＊で生まれた。関税監督官の父は、スミスが生まれる前に亡くなる。グラスゴー大学で学び、29歳で同大学の道徳哲学の教授に就任。当時の道徳哲学は人間が生きていくための原理を研究する学問で、経済学など現代でいう社会科学も含むものであった。36歳で最初の著書『道徳感情論』を出版する。41歳の時、大学を退職して貴族の家庭教師となり、その大陸旅行に同行し、ヴォルテール(◀ p.119)らと交流した。帰国後、『国富論』を発表する。晩年は、スコットランドの関税委員を務めながら、この二つの主著の改訂と増補に努めた。

主著『国富論(諸国民の富)』『道徳感情論』

メモ **放心癖** スミスは若い頃から「放心癖」があったといわれる。例えば、ある日曜日の朝、部屋着のまま家から歩き続け、15マイル(約24キロ)も離れた町で教会の鐘を聞いて我に返ったこともあった。

アダム・スミスの思想

❶「共感」に基づく道徳とは何だろうか。
❷経済と道徳はどのような関係にあるのだろうか。

1 共感と正義

スミスは、人間には他者の立場にいる自分を想像することで、他者の感情の適切さを判断する能力(**共感**)がそなわっているという。そのため「**公平な観察者**」の立場(特定の利害関心から独立した第三者的な視点)に身を置くことで、**客観的な道徳判断が可能になる**とした。そして、そのような判断を積み重ねる中で「正義」とは何かを明らかにできると考えた。

2 市場と倫理　　　　　　頻出

人々の利益追求をスミスは肯定するが、その際には市場のルールを守り、正義に基づく経済競争を行うこと(**フェア・プレイ**)が必要であると説く。それはつまり、「公平な観察者」から共感が得られる行動をしなければならないということである。また、市場で生き残るためには、共感が得られる行動をするような良心を持つ必要があり、そのことを人々は市場で学んでいくため、**人々は経済活動を通じて良心を獲得する**という。そして彼は、良心によって自制する利己的人間が活動する市場が、国家から自立することが富の最適な配分を実現する上で望ましいと考えた。このようにスミスは、経済と倫理の関係を考えた哲学者であった。

原典資料

3 見えざる手に導かれて

もちろん、かれは、普通、社会公共の利益を増進しようなどと意図しているわけでもないし、また、自分が社会の利益をどれだけ増進しているのかも知っているわけではない。外国の産業よりも国内の産業を維持するのは、ただ自分自身の安全を思ってのことである。そして、生産物が最大の価値をもつように産業を運営するのは、自分自身の利得のためなのである。だが、**こうすることによって、かれは、他の多くの場合と同じく、この場合にも、見えざる手に導かれて、自分では意図してもいなかった一目的を促進することになる**。かれがこの目的をまったく意図していなかったということは、その社会にとって、かれがこれを意図していた場合に比べて、かならずしも悪いことではない。

(『国富論』大河内一男監訳「国富論Ⅱ」中央公論新社)

解説 **神の「見えざる手」** スミスは、自由な市場では、神の「見えざる手」が「富」を最適に配分するとしている。彼の言う「富」とは人々の生活に必要な財で、それが人々に行き渡るために分業と自由な市場が必要だと考えた。**そこで人々が自分の利益だけを追求して自由に経済活動を行えば、神の「見えざる手」が公共の利益を実現する**という。彼は市民社会＝市場の果たす役割を重視し、国家の仕事を国防、司法、公共事業などに限定し、経済活動にはむやみに介入すべきでないとした。この考え方は、**自由放任(レッセ・フェール)**政策と呼ばれる。

メモ 「見えざる手」は神のもの？ 『国富論』には「見えざる手(invisible hand)」という言葉が1か所出てくるが、「神」にあたる言葉はない。しかし、経済学では「神の見えざる手(Invisible hand of God)」として定着している。

西洋近現代の思想

BOOK 『対話でわかる痛快明快 経済学史』(松尾匡、日経BP社)
経済思想の巨人たちの思想を対話形式で紹介。

答 p.128
61 ○

重要
用語 288 「見えざる手」

131

ベンサム (Jeremy Bentham)

イギリス出身
1748～1832

自然は人類を苦痛と快楽という、二人の主権者の支配のもとにおいてきた

年(年齢)	生　涯
1748(0)	ロンドンに誕生
1760(12)	オックスフォード大学入学
1764(16)	大学を卒業
1776(28)	『統治論断片』発表
1789(41)	『道徳および立法の諸原理序説』出版
	◆フランス革命
1791(43)	『パノプティコン』出版
1802(54)	『民事および刑事立法論』出版
1806(58)	◆J.S.ミル(○p.134)誕生
1813(65)	オーウェン(○p.138)の ニューラナーク工場に出資
1830(82)	『憲法典』第1巻出版
1832(84)	死去

略伝 弁護士の長男として、ロンドンに生まれた。幼少期よりラテン語やギリシア語を学ぶ。12歳で大学に入学し、法律を学ぶ。卒業後『統治論断片』で、当時のイギリスの不公正な法制度を批判した。41歳で**『道徳および立法の諸原理序説』**を出版し、**功利主義**を確立した。その後は功利主義の立場から、海軍技師の弟とともに新たな監獄「**パノプティコン**」を設計したり、当時差別されていた高利貸や同性愛者を擁護したりするなど、様々な社会制度の改革に力を入れた。特に、イギリスの議会制度改革に強い関心を持ち、普通選挙制や秘密投票制の実現をめざし、ジェームズ・ミル(J.S.ミルの父)らとともに運動を行った。自らの遺体の解剖とミイラ化を遺言で希望し、死後、実行された。

主著『統治論断片』『道徳および立法の諸原理序説』『憲法典』

ベンサムの思想

❶ベンサムが関心を持ち、めざしたこととは何だろうか。

客観的な善悪の判断基準を確立すること。 →①(1)

❷ベンサムが提唱した善悪の判断基準とは何だろうか。

快楽が増えることと、苦痛が減ることを善とする功利性の原理を判断基準とした。そして最大多数の最大幸福をめざした。 →①(2)、原典資料❸、❹

❸政府の果たすべき役割とは何だろうか。

法による政治的サンクション(制裁)。社会全体の快楽を減少させる望ましくない行為を、刑罰によって予防すること。 →②

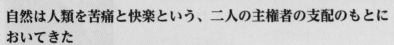

原③ ① 功利主義

(1) ベンサムの問題関心

　ベンサムは、当時のイギリスの不公正な法律を修正することをめざしたが、その前提として法律が実現すべき善と、防止・処罰すべき悪の判断基準を明確にする必要があった。アダム・スミス(○p.131)やカント(○p.121)といった同時代の哲学者が、個人の主観に左右される共感や直観に善悪の判断基準を求めたのに対し、ベンサムはこれらを客観的でない基準であると批判し、客観的な善悪の基準を示す**功利主義**を確立した。

(2) 最大多数の最大幸福　　　頻出

　功利主義における善悪の判断基準を**功利性の原理**という。この原理によれば、法律においても、個人の行為においても、**できるだけ多くの関係者の快楽をできる限り増大させること**(最大多数の最大幸福)が善である。同じように苦痛の減少も善であり、逆に苦痛の増大と快楽の減少は悪である。功利性の原理においては、快楽や苦痛が多いか少ないかというように、それらの量のみが重視され、何を快楽と考えるかという判断は個人の自由に任せられる。

(3) 快楽計算

　快楽と苦痛の量は、それぞれの「強さ」、「持続性」、「確実性」など7つの要素を計算する**快楽計算**により明らかになるという。そのため、法律でいえば、それが関係者全員にもたらす快楽・苦痛を合計した場合に、苦痛よりも快楽の量が多いのならば、よい法律であるとされる。

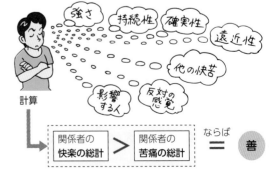

入試に○×チャレンジ [63]「私の行動原則は、その時々の自分の快楽を最大にすることだから、将来を考えて今を我慢するようなことはしないことにしている。」という発言はベンサムの思想に合致する。(2009年本試)

② サンクション（制裁） 出題

ベンサムによれば、人間は苦痛を嫌い、快楽を求めて生きている。しかし、人が自分自身の快楽を求めて行う行為が、社会全体の快楽を減少させてしまうこともある。そこで、彼は政府が刑罰などの**サンクション（制裁）**を設定し、苦痛というペナルティを科すなどして、社会全体の快楽を減少させることになるような個人の快楽追求を予防すべきだという。例えば、誰かが物欲を満たすために窃盗（盗み）をした場合、社会全体に大きな不安を生んでしまうため、社会全体の快楽が減少する。それを防ぐため、窃盗犯に対し、政府は刑罰（政治的サンクション）を科すべきだとする。

解説 **4つのサンクション（制裁）** ベンサムのいう**サンクション（制裁）**は、**人間に何らかの行動をとらせるための強制力**を意味する。ベンサムはこれを以下の4つに分類している。彼はこのうち、法による政治的サンクションを重視した。

4つのサンクションと、火災が起きた時の具体例

物理的サンクション	自然の過程の生み出す快楽・苦痛	例：火事で家や財産を失う
政治的サンクション	主権者が与える刑罰（苦痛）	例：失火罪に問われ、刑罰を受ける
道徳的サンクション	世論による賞賛・非難	例：近所に白い目で見られる
宗教的サンクション	神による救済・罰	例：神の罰が下ると怯える

◆ベンサムが発明した監獄「パノプティコン」

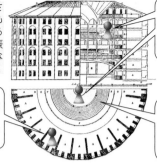

囚人は、監視されていない時も監視されていることを前提に振る舞うようになる

監視者 いつでも囚人にわからないように監視できる。

独房の囚人 暗い所にいる監視者は見えず、監視されているかわからない。

監視塔 光の当たらない監視塔から囚人を監視できる。

解説 **パノプティコンの目的と影響** パノプティコンは、最低限の監視者で囚人を再教育して社会に復帰させることで、社会と囚人の幸福（快楽）の増大をめざす監獄である。なお、20世紀の思想家フーコー（➡p.181）は、人々が徹底した監視の中で権力に服従しつつも、自らを自由だと思い込ませられていくパノプティコンの原理が、近代社会の権力の本質だと考えた。

コラム ### 功利主義と「トロッコ問題」

功利主義は、しばしばトロッコ問題を用いて説明される。それは、「1台のトロッコが暴走をしており、放置すれば5人の人間が死ぬ。しかし、レールを切り替えればそのレールの上にいる1人の人が死ぬ。あなたはどうするか？」という問題である。結果における幸福の最大化をめざす功利主義者は、レールを切り替えるべきだと答える。あなたならどう答えるだろうか？

西洋近現代の思想

原典資料

③ 功利性の原理

功利性の原理とは何だろうか。

功利性の原理とは、その利益が問題になっている人々の幸福を、増大させるように見えるか、それとも減少させるように見えるかの傾向によって、または同じことを別のことばで言いかえただけであるが、その幸福を促進するようにみえるか、それともその幸福に対立するようにみえるかによって、すべての行為を是認し、または否認する原理を意味する。私はすべての行為と言った。したがって、それは一個人のすべての行為だけではなく、政府のすべての政策をも含むのである。

（『道徳および立法の諸原理序説』山下重一訳「世界の名著38」中央公論社）

④ 苦痛と快楽という支配者

ベンサムは、人間の善悪の基準を何に置いたのだろうか。

自然は人類を苦痛と快楽という、二人の主権者の支配のもとにおいてきた。われわれが何をしなければならないかということを指示し、またわれわれが何をするであろうかということを決定するのは、ただ苦痛と快楽だけである。一方においては善悪の基準が、他方においては原因と結果の連鎖が、この二つの玉座につながれている。苦痛と快楽とは、われわれのするすべてのこと、われわれの言うすべてのこと、われわれの考えるすべてのことについて、われわれを支配しているのであって、このような従属をはらいのけようとどんなに努力しても、その努力はこのような従属を証明し、確認するのに役だつだけであろう。

（『道徳および立法の諸原理序説』同上）

解説 **功利性** 功利性とは、何かの対象にそなわった性質で、快楽をもたらしたり、苦痛を妨げたりするものをいう。ここでいう快楽は単に肉体的な快楽だけではなく、例えば天国での死後における救いも含むように、広い意味で使われていることに注意が必要である。原語は utility であり、「効用」「有益性」と訳されることも多い。

解説 **ベンサムの人間観と政治観** ベンサムは、善悪の基準を快楽と苦痛に置いている。また、人間は、苦痛と快楽の増減を気にしながら生きている点でみな平等であるともいう。そのため、身分などを気にすることなく、「**すべての人を等しく一人として数えなければならない**」と主張した。そして、こうした人間観をふまえ、ベンサムは法の下の平等を説く政治思想や政治運動を展開していった。

BOOK 『100の思考実験』（ジュリアン・バジーニ、紀伊國屋書店）トロッコ問題など哲学の様々な思考実験を紹介。

答 p.130 62 ○

重要用語 289功利主義、290快楽計算、291「最大多数の最大幸福」、292サンクション（制裁）

質的功利主義の提唱者　★★★★☆☆

J.S. ミル (John Stuart Mill)

イギリス出身
1806〜73

満足した豚よりも不満を抱えた人間の方がよく、満足した愚か者よりも不満を抱えたソクラテスの方がよい

年(年齢)	生　涯
1806(0)	イギリスのロンドンで誕生
1823(17)	東インド会社に就職
1826(20)	精神的危機
1830(24)	ハリエットと出会う
1836(30)	父ジェームズが死去
1843(37)	『論理学体系』出版
1851(45)	ハリエットと結婚
1858(52)	◆東インド会社解散
	ハリエット死去
1859(53)	『自由論』出版
1861(55)	『功利主義論』雑誌掲載開始
	(1863年出版)
	『議会政治論』出版
1869(63)	『女性の隷従(解放)』出版
1873(67)	アヴィニョンで死去

略伝 ベンサム(◎p.132)の盟友にして著名な功利主義者、ジェームズ・ミルの長男として生まれた。学校には通わず、父から徹底した英才教育を施され、17歳で父も勤めていた東インド会社に就職した。一方で仲間と「功利主義協会」を設立して、ベンサムや父と同じ功利主義の立場から、社会改革を訴えた。しかし、20歳の時、ベンサムや父の功利主義に疑問を抱いたことから、半年に及ぶ精神的危機を経験する。その後、父に代わる新たな心のより所となったハリエット・テイラーとの恋愛や、自然を称賛する詩などとの出会いを経験する中で、ベンサムや父の考え方が「感情」や「人間性」を軽視していることに気づく。こうして、**幸福の質を重視する功利主義**を提唱した。晩年には国会議員として、女性や労働者の参政権運動を支援した。67歳の時、先立った妻ハリエットの眠るフランスのアヴィニョンで旅行中に死去した。

主著『論理学体系』『自由論』『功利主義論』『議会政治論』『女性の隷従』

▶ ミルの思想

❶ ミルの功利主義の特徴は何だろうか。

快楽の量だけでなく、快楽の質も重視すること。
→ 1、原典資料 4

❷ なぜミルは利他心を重視するのだろうか。

功利主義は全体の幸福を求めるものであり、また他者の幸福を願うことで得られる幸福も存在するから。→ 1、2

❸ 自由はどのようなときに制限されるのだろうか。

自由は個性の発展に不可欠。そのため、他者に危害を与える場合にのみ制限される。
→ 3、原典資料 5

原4 1 質的功利主義　頻出

　ミルは、快楽の量にのみ注目するベンサムに対して快楽の質の違いを重視し、より高い質の快楽を人はめざすべきであるとした(**質的功利主義**)。「**満足した豚よりも不満を抱えた人間のほうがよく、満足した愚か者よりも不満を抱えたソクラテスのほうがよい**」という言葉に表されるように、人は獣的な低い質の快楽を存分に満たすことよりも、容易には満たせなくとも高い質の精神的快楽を求める生き物であるとされる。

ベンサムとミルの比較

	ベンサム	ミル
快楽	**量を重視**(量的功利主義) 快楽の量が多いほど幸福。快楽の質は問わない	**質を重視**(質的功利主義) よりよい質の精神的快楽をめざすことを重視
行為を強制するもの	**外的制裁** 外からの強制で、幸福を減少させる行為を予防	**内的制裁** 義務に背いたときに感じる良心のとがめ
理想とする社会	個人の幸福と全体の幸福が調和する社会	利他心に基づき社会全体の幸福が実現する社会

2 利他心と内的制裁　出題

　ミルは、他者の幸福を願う**利他心**を重視した。功利主義者は関係者すべての幸福に配慮しなくてはならず、自分の利益を優先させてはならないからである。そのため、「**人にしてもらいたいことを人にしなさい**」という黄金律(◎p.47)を功利主義道徳の理想と考えた。しかし、人は必ずしも利他的ではないため、それを導く力が必要となる。そういう力として、ベンサムは法という外的制裁を重視したが、ミルはこれに加えて良心という**内的制裁**を重視する。良心とは義務に反した時に人が感じる苦痛のことである。そして、この良心を人々の心に抱かせるように、教育が行われなければならないとした。

メモ　精神的快楽　ミルは、人々が質の高い快楽として精神的快楽を選ぶと確信していた。精神的快楽とは獣には不可能な、人間にのみ経験できる快楽であり、高度な能力(想像力や理解力、道徳的感情)を用いることで得られる快楽であるという。他者の幸福を求めることもまた精神的快楽を与えてくれるとされる。

入試に ○×
チャレンジ　64 ミルの言葉「満足した豚であるよりも不満足な人間のほうがよく、満足した愚か者であるよりは不満足なソクラテスのほうがよい」は、魂への配慮の重要性を表現したものである。(2014年追試)

ミルは民主主義を支持したが、同時に、民主主義が多数者による少数者の排斥(多数派の専制)をもたらす可能性を指摘し、それを問題視した。なぜなら多様な思想や生き方が許される自由な社会においてこそ、人は他者の経験や失敗から学んで知性や個性を発展させることができ、それにより社会や文化も発展するからである。このような自由な社会を実現するため、彼は**個人の意見や行動が他者に悪影響を及ぼさない限り、社会は個人の意見や行動に干渉してはならない**と主張した(他者危害の原則)。たとえ周囲から見てどれだけ愚かに見えることであっても、他者に直接悪影響を与えないなら、自由に行う権利(**愚行権***)を個人に認めるべきだとミルは言う。

＊**愚行権**　周囲に「愚か」と思う人がいても本人にとって重要な価値がある行為をする権利。例えば、危険な山への登山や、大きなけがをするリスクのある格闘技の修得などがあげられる。これらは愚行権の行使として、自由主義社会において認められている。

コラム　女性の解放をめざす

ミルが生きた時代、イギリスでは女性の政治参加は認められず、男性から女性への家庭内暴力が容認されるなど、女性への差別が公然と行われていた。これに対してミルは、女性の才能が社会に生かされないことは社会的に大きな損失であるとして、こうした状況を強く批判した。そもそも女性が男性に従属しているのは歴史的な慣習にすぎず、それが女性の自然の性質に由来するという根拠はない。そこで彼は、家庭内における男女の人間関係が平等で、共感を伴うものであるべきだと主張し、またイギリスの国会議員として史上初めて女性参政権の要求を下院に提出した。これは否決されたものの、ミルの問題提起は、現代にも通ずるものである。

原典資料

4 快楽の質の違い

> 🔍 快楽には量のほかに質の違いがある。高低二つの快楽を経験した人が選び取るものがあるとすれば、それがより望ましい快楽である。

ある種の快楽は他の快楽に比べてより望ましくより価値があるという事実を認めることは功利性の原理と完全に両立しうる。快楽以外のあらゆるものを評価するときにはその量だけでなく質も考慮しているのに、快楽は量によってのみ評価されなければならないとするのはおかしなことである。

快楽の質の違いということによって何を意味しているのか、あるいは、量的に多いということを別にして、快楽それ自体としてみたときにある快楽が他の快楽よりも価値があるのはどうしてなのかと問われたならば、なしうる回答はひとつしかない。**二つの快楽のうち、両方を経験した人のすべてあるいはほとんどすべてが道徳的義務の感情とは関係なしにはっきりと選びとるものがあるとすれば、それがより望ましい快楽である。**

（『**功利主義論**』川名雄一郎訳「功利主義論集」京都大学学術出版会）

解説 **不満を抱えたソクラテス**　様々な快楽を知る人は、低いレベルの快楽ではなく、高いレベルの快楽を求めるとミルは言う。例えば、プロ野球の選手は、少年野球のチームに入ろうとは思わないだろう。うまくプレーできない苦しみを味わってもなお、一流のプレイヤーと野球をすることを求める。この時この野球選手は、「不満を抱えたソクラテス」であることを選択している。また、プロ野球の方が少年野球よりもレベルが上だということは、ほとんどの人が同意するだろう。ミルによれば、快楽の質の高低は、このように両方を知る人々の意見が一致するところで決められるという。

5 他者危害の原則　　出題 ▶

> 🔍 個人の自由はどこまで認められるべきなのだろうか。

個人の行動は、他人の法律上の権利をおかすほどではなくても、他人に害を与えるか、他人に対する当然の配慮を欠いている場合がある。そうした行動をとった人物は、法律による処罰の対象にはならないが、世論によって糾弾されて当然である。個人の行動に他人の利益に悪影響を与える部分があれば、その部分は社会の領域にすべきものになり、社会が干渉した場合に全体の福祉に好影響を与えるかどうかが議論の対象になる。だが、**個人の行動が本人以外の人の利益に影響を与えない場合、あるいは他人がそれを望まないかぎり、他人の利益に影響を与えない場合には、この問題を議論の対象とする理由はない**(各人がみな成年に達していて、通常の判断力をもつことが条件になる)。この場合、各人はその行動をとり、その結果に対して責任を負う自由を、法的にも社会的にも完全に認められていなければならない。

（『**自由論**』山岡洋一訳　日経BP社）

解説 **社会的専制と自由**　専制には国家から個人への専制だけでなく、国民の多数派による少数派への専制(社会的専制)がある。社会的専制には多数派の気に入らない個性の発展を妨げ、人々を均質化してしまう危険性があるという。私たちの身の回りでも、これは「出る杭は打たれる」という形で日々起こり、他者の、そして私自身の個性を、抑圧していないだろうか。個性は自由に発揮された方がよく、そのためにミルは**他者危害の原則**を説いている。

西洋近現代の思想

実証主義と社会進化論

◆実証主義

　自然科学が発展する中、19世紀になると、自然法則によって表現される知識のみが科学的であるとする実証主義という考え方が広まり、社会を研究する学問も実証的であることが求められるようになった。

コント
A.Comte
（1798〜1857）

略伝 フランスのカトリックの収税人の家庭に生まれた。教師への反抗によりパリのエコール・ポリテクニーク（フランス革命後に作られた理工系の大学）を退学後、一時、サン＝シモン（◯p.139）の秘書となるが決別。その後は**社会学**の確立を訴える在野の哲学者として活動した。また、社会とは単なる個人の集合ではなく有機体であるとして、社会の連帯の強化を主張した。晩年にはその手段として人類教という宗教を掲げた。

1 人間の精神の進歩　出題▶

　コントによれば人間の精神は、**神学的段階**から**形而上学的段階**、そして**実証的段階**へというコースをたどって進歩する（**三状態の法則**）。それは、人類やその精神の歴史は以下のように3段階に分けられ、理想的な実証的段階へと進歩するという考え方である。

人類の歴史の3段階

段　階	神学的段階 ➡	形而上学的段階 ➡	実証的段階
時　代	古代・中世	ルネサンスからフランス革命の時代	理想的時代
人類の精神	想像力が生む神などの原因により現象を説明	限られた観察から単純な原因を決めつけることで、絶対真理の確立をめざす	真理の相対性を自覚し、事実の観察と仮説・検証により法則の発見をめざすという実証主義の立場
指導者	軍人・聖職者	法律家・形而上学者	産業者・科学者

　このような精神の進歩の進み具合は科学の分野によって異なり、自然科学はすでに実証的段階にあるが、社会科学は遅れているという。そこでコントは、実証的な社会科学である**社会学**（◯p.177）の確立を訴えた。

解説　**コントが批判する否定主義**　コントが実証主義（positivism）と対置したのが否定主義（negativism）である。それは、実証主義的な裏づけなしに自らの意見を絶対だと主張し、他の意見の誤りを訴える考え方（形而上学）をさす。彼は、フランス革命の思想にも「敵」を否定するこうした考え方がみられ、それが革命後の無秩序を生んだとして批判した。

◆社会進化論

　19世紀後半、自然界における生物進化のメカニズムを、社会の発展のあり方にあてはめて考える**社会進化論**が生まれた。資本主義における自由競争や、それがもたらす弱肉強食の社会を正当化する役割も果たした。

スペンサー
H.Spencer
（1820〜1903）

略伝 イギリスで、国教会に属さないプロテスタントの家庭に生まれた。父や叔父の影響で科学への信頼を強め、17歳から鉄道技師として働きながら思索を深めた。28歳で自由放任を唱える雑誌『エコノミスト』の編集に携わるが、その後、辞職して執筆に専念する。その影響は、近代化を始めた明治時代の日本にも広がった。

2 社会の進化　出題▶

　スペンサーは、生物と同じように社会も各部分の機能が深く関係し合う有機体であるという（**社会有機体説**）。そして、生物が単純な有機体から複雑な有機体へと「進化」するように、社会もまた、軍事指導者が支配する単純な軍事型社会から、個人の自由が認められる複雑な**産業型社会**へと変化する。また、産業型社会は、自由競争による**適者生存**のメカニズムが働くことで、よりよい秩序へと進化するのであり、政府はこれに介入すべきではないとして、自由放任政策を主張した。

コラム　COLUMN　ダーウィンの進化論　出題▶

　イギリスの自然科学者ダーウィン（1809〜82）は、南米やオセアニアでの調査をもとに**進化論**を唱えた。それは、「同種の個体の間で生存競争に有利な個体差を持つ個体が、その個体差を遺伝させることで種は進化する」という自然選択説などからなる生物学の理論である。彼の生存競争の強調には、当時の自由主義的な社会状況や、それを支持するスミス（◯p.131）らの思想が影響を与えている。ダーウィンは著書『人間の由来』で、進化論は人類に適用できるとし、知的能力に優れた人間が成功を収め子孫を残せる自由競争社会こそが、人類の発展につながるとした。

◀ダーウィンの風刺画　ダーウィンは著書『種の起源』で人間は猿から進化したと主張したため、敬虔なキリスト教徒から激しい批判を浴びた。

入試に◯×チャレンジ　65 コントは、「本当の知識は、観察された事実を基礎とするものに限られるので、経験を超えたものに関する知識は退けねばならない」と主張した。（2006年本試）

西洋近現代の思想

5

イギリス功利主義

6 社会主義の思想

概観 19世紀になると資本主義の発展は、大量の低賃金労働者や失業者の群れを生み出した。これに対し、貧困や失業を社会問題ととらえて解決をめざす社会主義の思想が登場し、協同体による問題解決をめざした初期(空想的)社会主義を経て、経済学をふまえた科学的社会主義が確立した。20世紀に入ると実際に社会主義革命が起こり、多くの社会主義国家が誕生した。しかし、計画経済による経済活動の停滞などにより、理想を達成できず、その多くが体制を転換させた。

産業革命期のイギリスの紡績工場

要点の整理 　　　　は入試重要用語

```
産業革命→資本主義の発展→貧富の格差・失業
          ↓
      社会主義            共産主義革命
初期社会主義  マルクス ━━→ レーニン　毛沢東
```

❶初期(空想的)社会主義

産業革命による失業や貧困、階級対立の激化の解決を求め、経済的な自由主義や個人主義を批判

　　→支え合いの実現による問題解決をめざす

- **オーウェン**(1771〜1858)➡p.138……自他の幸福を願う人々が共同で生産・消費する協同体を作り、社会を改革
　　　　　　　　　　　　　　→実験場として**ニューハーモニー村**を建設
- **サン=シモン**(1760〜1825)➡p.139……産業者(資本家・労働者)による支配:**産業主義**
- **フーリエ**(1772〜1837)➡p.139……生産と消費をともに行う協同体→**ファランジュ**(ファランステール)

❷マルクス(1818〜83)➡p.140　主著『**資本論**』『経済学・哲学草稿』『経済学批判』

初期(空想的)社会主義を批判し、**科学的社会主義**を確立

- 人間観……**類的存在**(自然や社会との関係の中で人間をとらえる)
- 資本主義の生む問題
  - **労働の疎外**……労働者が労働の喜びや生きがいを奪われ、労働が単なる生存の手段となる
　　　　　　→生産物からの疎外、生産過程からの疎外、類的疎外、人間疎外
  - **搾取**……資本家が労働者を「賃金」分以上に働かせて、剰余価値を「**搾取**」
- **唯物史観**(**史的唯物論**)……階級闘争が人類の歴史を動かす**駆動力**
　　　　　　→**下部構造**(経済)が**上部構造**(意識・思想・政治・宗教)を規定
- 資本主義の克服……**共産主義革命**:労働者階級が資本家階級との階級闘争に勝利を収めて、共産制社会へ移行

▲**マルクスとエンゲルスの像**(ドイツ、ベルリン)　座っているのがマルクス。

❸社会主義の実践

- **レーニン**(1870〜1924)➡p.143　主著『帝国主義論』『国家と革命』

  マルクス主義を現実へと適用(**マルクス・レーニン主義**)→ロシア革命

  帝国主義……資本主義の独占段階(金融資本を中心に独占が進展)

　　　　　　→帝国主義戦争:労働者は「**戦争を内乱へと転化**」

  プロレタリア独裁……大衆の参加する支配の形

- **毛沢東**(1893〜1976)➡p.143　中華人民共和国の建国を宣言(1949年)　主著『矛盾論』『実践論』

  後進国における社会主義革命の道を模索

  新民主主義論……新民主主義社会を経た上で社会主義へ移行するという二段階革命論

❹その後の社会主義

- ロシア……ロシア革命により**ソヴィエト社会主義共和国連邦**樹立(1922年)。共産党一党独裁。→1991年崩壊
- イギリス……フェビアン協会の結成→議会進出による社会改革

  ウェッブ夫妻(夫シドニー・ウェッブ〈1859〜1947〉、妻ビアトリス・ウェッブ〈1858〜1943〉)➡p.144

  フェビアン社会主義→マルクス主義の暴力的な革命を否定し、平和的・漸進的に福祉国家の実現をめざす

- ドイツ……**社会民主主義**が発展→労働者の代表が議会で多数を占めることにより社会主義の実現をめざす

  ベルンシュタイン(1850〜1932)➡p.144

　　　　フェビアン社会主義の影響を受け、議会を通じた社会改革(**修正主義**)を唱える。→修正主義論争

初期（空想的）社会主義

▶ニューハーモニー村を描いた絵

◆初期（空想的）社会主義とは？

　資本主義の発展は、失業や貧困、階級対立の激化などの社会問題を生み出した。オーウェン、サン＝シモン、フーリエらの**初期（空想的）社会主義者**は、こうした問題の原因が個人主義や自由主義に基づく利己的な競争・分業であるとし、人々の相互の支え合いを実現することで問題を解決しようとした。社会主義（socialism）の social は、本来「仲がよい」「社交的」を意味するが、その通りに彼らは社会内部の調和（社交）や絆（きずな）を重視した。しかし、のちに資本主義の科学的分析

をふまえ「階級闘争」を重視するマルクス（→p.140）により、彼らの思想は**空想（ユートピア）的社会主義**と呼ばれ、克服すべきものと考えられた。

	オーウェン	サン＝シモン	フーリエ
理想	共同体による社会主義	産業主義	調和社会
実験	ニューラナーク工場、**ニューハーモニー村**		**ファランジュ**（ファランステール）
主著	『ラナーク州への報告』	『産業者の教理問答』	『四運動の理論』

オーウェン
R.Owen（1771～1858）

略伝　イギリスのウェールズで、商人の子として生まれた。10歳からロンドンなどで商業の修業をしたのち、事業を興（おこ）して成功する。また、紡績（ぼうせき）会社の工場管理者に応募し、業績を改善させて名声を得る。28歳の時、スコットランドのニューラナークの綿紡績工場支配人となり、労働条件の改善などによって労働者の意欲を引き出し、生産性の向上に成功した。この経験をふまえ、児童労働の禁止を定める工場法の制定に取り組んだ。また、独自の社会思想を形成し、それを実験するためにアメリカに**ニューハーモニー村**を建設する。実験は失敗したが、当時「社会主義」と呼ばれた彼の思想は、協同組合運動や労働組合運動の発展に大きな影響を与えた。

主著『ラナーク州への報告』『新社会観』

コラム　ニューラナーク工場

　ニューラナークの綿紡績工場は、イギリス（スコットランド）のグラスゴー近郊にある。オーウェンはスコットランドの実業家が経営していたこの工場を購入して自ら支配人となり、労働者への公正な評価方法の導入や労働時間の短縮など、労働意欲を引き出すための改革を行った。また、労働者の子どもたちのために「性格形成学院」という世界最初の幼稚園を創設し、掛（かけ）図や実物を用いて学習意欲を引き出す教育を行った。この工場の建物（写真）は、2001年に世界遺産に登録された。

グラスゴー
ロンドン

1 オーウェンの社会主義　頻出

　人間の性格は環境や教育によって決まるものだと考えたオーウェンは、自分や他者の幸福をより大きくしようと行動する人間を教育によって生み出し、理想的協同体を作ることで、社会を変革するという社会主義を唱（とな）えた。この協同体は、数百から二千名の住民が、平等に協同で農業と工業に携わって自給自足の生活を営む集団であり、私有財産制は否定され、皆が一つの家族のように食事や家事をするとされた。ニューハーモニー村は、その実験場として作られた。彼はこうした協同体が各地に建設されていくことで、**徐々に、また平和的に社会全体の変革が実現する**とした。このような社会改良の進め方についての考え方は、のちの**フェビアン社会主義**（→p.144）に受け継がれた。

解説　**ニューハーモニー村**　ニューハーモニー村は1825年、ドイツの宗教団体からアメリカのインディアナ州の村を購入して作られた。平等をうたい、共同生産・消費を試みたが、メディアなどで大きな注目を浴び、入村者が増えすぎたため、消費に生産が追いつかず赤字となった。また、協同体の運営法をめぐる分裂も起こり、わずか3年3か月で閉村に追い込まれた。

原典資料 ・・・・・・・・・・・・・・・・ オーウェン

2 ニューハーモニー村の開設

　私は、完全に新しい社会状態を導入するため、この国へやって来た。無知で利己的な制度から、啓発された社会的制度へと社会を変えるためであり、**この社会的制度は、徐々にすべての利害を一つに統一して、個人相互のあいだのいっさいの争いの原因を取り除くだろう。**

　従来、個人的制度があまねく支配してきた。この制度がつづくかぎり、人類の大多数は……いつまでも無知で、貧しく、虐（しいた）げられ、従ってよこしまで悲惨であるにちがいない。

（『ニュー・ハーモニー準備社会の開設にあたって』
都築忠七訳『資料イギリス初期社会主義』平凡社）

入試に○×チャレンジ　66　オーウェンは、人道主義的立場から、労働者の劣悪な生活環境を改善することを目指して、協同組合の設立や理想的な共同体の建設を試みた。（2018年本試）

西洋近現代の思想

6

社会主義の思想

サン=シモン C.Saint.Simon（1760〜1825）

略伝 フランスの由緒ある貴族の長男として生まれた。19歳の時、アメリカ独立戦争に参加。フランス革命では爵位を自ら投げ捨てた。革命後の動乱の中で逮捕・投獄されたが、40歳頃から自然科学などを学び、様々な知識を身に付けた。貧困生活の中で多数の著作を執筆したが、晩年にはピストルで自殺を試み片目を失った。コント（●p.136）が秘書を務めていたこともある。

主著『産業者の教理問答』『新キリスト教』

フーリエ C.Fourier（1772〜1837）

略伝 フランスの商人の家に生まれた。19歳で商業の見習いを始め、その後、長く商業に携わるが、その中で商業を詐欺的だと考えるようになる。また、成人して受け取った父の遺産を反革命軍に奪われ、このような現実を生み出したフランス革命と啓蒙主義に対して疑いを抱く。その後、各地を転々としたのち、著作の執筆に没頭した。理想的共同体の実験を行うが弟子と対立し、孤独に死を迎えた。

主著『四運動の理論』

③ 産業主義

サン=シモンは、フランス革命後の戦争や混乱の中でいかに平和と秩序を実現するかを考え、**産業主義**による解決を訴えた。彼によれば、社会の平和は社会が戦争ではなく、産業を目標とするときに実現するのであり、そのために、資本家、科学者、技師、労働者といった**産業者**が経済的・政治的権力を握り、産業のために社会を組織化すべきである。ここにはのちの社会主義国家で実現される、中央による社会の計画的・組織的運営をめざす考えがみられる。また、社会秩序の安定化のためには、人と人とが互いに愛し合うことによる「絆」の形成が不可欠であるとし、そのための道徳の確立を訴えた。

原典資料・・・・・・・・・・・・・・・・・・・・・・・・・サン=シモン

④ 産業者階級の地位

産業者[*]階級は最高の地位を占めるべきである。なぜなら、産業者階級はあらゆる階級のうちで最も重要な階級であり、産業者階級はほかのすべての階級がなくてもすませるが、ほかの階級はいずれもみな産業者階級なしではやっていけないからである。産業者階級は自力で、みずからの働きによって、生活を維持しているからである。……要するに、すべては産業によっておこなわれているのであるから、すべては産業のためにおこなわれなければならない。

（『産業者の教理問答』森博訳 岩波書店）
*産業者 直接生産に携わる人々。資本家と労働者の両者を含む。

アナーキズム

19世紀初めには、初期社会主義とともに、すべての強制的な権威を拒絶する思想である**アナーキズム**が誕生した。アナーキズムの父とされるフランスのプルードン（1809〜65）は、「所有とは盗みである」と語り、資本家の不当な利益を批判した。彼の理想は、人々が平等な財産を持って自由に生き、勤勉に働く格差のない社会である。そして彼は、こうした自由や平等を侵す危険性があるとして、国家の廃絶を主張した。

⑤ 調和社会 　出題

フーリエは、自然の領域で「万有引力の法則」が働くように、人間の領域では「情念引力の法則」が働くという。そして、理想の社会とは、人間にそなわる様々な情念がこの法則に従って調和している社会であるとし、これをめざす**ファランジュ（ファランステール）**と呼ばれる協同体を構想した。それは、1,600人程度の人を組織化し、生産と消費をともに行う協同体である。メンバーは年齢も財産も多様な人々で構成され、様々な階級の調和がめざされた。そして、労働は最終的に、遊戯と同じようなものと認識されるようになるとした。

メモ ファランジュ（ファランステール） ファランジュは、フーリエのめざす理想の共同体の最初の実験場としてパリ郊外の村に建設されたが、資金繰りの悪化から実施は中止された。

原典資料・・・・・・・・・・・・・・・・・・・・・・・・・・フーリエ

⑥ 協同体の形成は必然

累進セクト[*]が性別、年齢別、階級の別を問わず人の情念に充分な発展を保証するものであること、またこの新秩序においては人の情念の増すほどに多くの活力と財力が得られるだろうということを知って、私はこんなふうに推論した。すなわち、神が情念引力にこれほど多くの力を与え、その敵である理性にはごくわずかしか与えていないというのも、あらゆる点で引力をみたすこの累進セクトの秩序にわれわれを導くためなのだ、と。

（『四運動の理論』巌谷國士訳「四運動の理論（上）」現代思潮新社）
*累進セクト 協同体のことをさす。

解説 情念引力の法則 法則によれば、例えば当時の抑圧的な家族制度のもとでは、子は親を、親の子への愛情の3分の1ほどしか愛さない。なぜなら子は親の不当な暴力などを憎むからである。しかし、人々はこうした法則の示す真理に目を閉ざし、道徳の観点から現実を批判するばかりである。これに対しフーリエは、法則に則ったあるべき社会の姿を示そうとした。

（2）社会主義

マルクス (Karl Marx)

ドイツ出身
1818～83

人間の本質は、その現実性においては、社会的諸関係の総体である

年（年齢）	生　涯
1818（0）	ドイツのトリーアで誕生
1836（18）	ベルリン大学に入学
1842（24）	ライン新聞の実質的な編集長に就任。エンゲルスと出会う
1843（25）	編集長を辞任。パリへ
1845（27）	パリ追放。ブリュッセルへ
1847（29）	共産主義者同盟誕生
1848（30）	『共産党宣言』◆フランス二月革命
1849（31）	フランス追放。イギリスに亡命
1864（46）	「インターナショナル」結成
1867（49）	『資本論』第一部出版
1875（57）	◆ドイツ社会主義労働者党結成
1883（65）	死去

略伝 ドイツ（プロイセン）のトリーアのユダヤ人弁護士の長男として生まれた。大学卒業後、政府に批判的な人々が作る「ライン新聞」の編集長に就任。同じ頃、生涯の盟友となる**エンゲルス**と出会う。その後、貴族の娘イェニーと結婚し、パリやブリュッセルで執筆活動を行いながら、国際的な共産主義運動を始めて**共産主義者同盟**に参加した。この組織のためエンゲルスとともに『**共産党宣言**』を執筆する。フランスの二月革命が波及して起こったドイツの三月革命に参加したのち、イギリスへ亡命する。運動が停滞し、また自らの生活も苦しい中、経済学の研究に打ち込み、『**資本論**』第一部を完成させた。また、労働者の国際組織「**インターナショナル**」結成に参加した。晩年は、執筆と生活の苦労から身体を害し、65歳で死去した。

主著 『資本論』『経済学・哲学草稿』『経済学批判』『ルイ・ボナパルトのブリュメール18日』『共産党宣言』（エンゲルスとの共著）

マルクスの思想

❶ マルクスの人間観とはどのようなものだろうか。

自然や社会と深く関わり合う類的存在として人間をとらえた。 →①

❷ マルクスの考える資本主義の問題とは何だろうか。

労働者の疎外や資本家による労働者の搾取が、資本主義の問題だとした。 →②、③、原典資料⑥、⑦

❸ 共産主義とは何だろうか。

階級闘争により進歩する歴史の最終段階。生産手段を共有化し、疎外や搾取がなくなる。 →④、⑤、原典資料⑧、⑨

① マルクスの人間観

ヘーゲル（●p.125）の哲学を批判的に吸収したマルクスによれば、**人間は本来、自然や社会の中で、それらと深く関わり合いながら生きる**共同的な**類的存在**である。ところが、資本主義の発達した社会やそれを支える自由主義思想は、人間の本質であるこうした自然や社会とのつながりをとらえ損ねているとマルクスは考えた。そして、近代資本主義、自由主義を総体的に批判し、類的存在を前提とした社会の構想を作り上げた。

マルクス主義の源泉

解説 **独自の思想体系** マルクスの思想は、ヘーゲルの哲学からの影響が大きい。それは人間観だけでなく、歴史意識や弁証法の重視にもみられる。彼はこれに、フランスの社会主義、イギリスの古典派経済学を統合し、独自の思想体系を作り上げた。

原⑥ ② 労働の疎外 　　頻出

労働の疎外とは、**労働者が労働の喜びや生きがいを奪われ、労働が単なる生存の手段となってしまう状況**をいう。**類的存在**である人間は、本来、自らの意志で労働し、生み出した生産物に自己の本質が表現されていることを確認して喜びを感じ、労働を通じて社会の他の人々とのつながりを実感するとマルクスは言う。ところが、資本主義のもとで働く**労働者（プロレタリア）**は4つの疎外を経験し、こうした喜びやつながりを感じられなくなるという。これは、様々な関係から切り離された近代人の苦悩である。

①生産物からの疎外	自分の作り出したものは本来、自分の分身のはずであるが、それを奪われてしまうこと
②生産過程からの疎外	労働に生きがいを感じることができないこと
③類的疎外	共同性を本質とする人間は、本来その共同性を労働の場で実現すべきであるが、生産活動が個人の単なる生存の手段となること
④人間疎外	以上の結果、労働者は**ブルジョワ（資本家）**という他者と対立すること

入試に◯✕チャレンジ [67] マルクスは、人間は本来、他人と関わらず独立して生きる存在であるが、資本主義社会では相互依存の関係にあり、人間性が失われた状態にあるとして資本主義社会を批判した。（2013年本試）

原7 ③ 「科学的社会主義」と搾取の発見

マルクスは、初期社会主義には欠落していた資本主義についての科学的分析を行い、「**科学的社会主義**」（**マルクス主義**）を確立した。その分析によれば、資本主義における労働者は、資本家により搾取されている。搾取とは、人が自分で働いて作り出した価値を支配階級に奪われることをいう。たとえ労働者が資本家と対等な立場で労働する契約を結んだようにみえても、生産手段＊を独占する資本家は、労働者に支払った賃金以上の労働を行わせ、その**余分に生まれた価値**（**剰余価値**）を、自分のものにしている。形式的な平等のみを重視する近代資本主義・自由主義では、対等に労働契約を結んだことを重視するが、彼はその限界を指摘し、批判した。

＊**生産手段** ものを作り出すために必要な機械、道具、原材料。

搾取の構造

◀マルクスは、このような資本家による搾取が、資本主義社会においては、公正で対等だとされる取引の中で行われていると指摘する。

コラム マルクスの盟友エンゲルス ★

マルクスを支えた盟友フリードリヒ・エンゲルス（1820〜95）は、ライン地方の裕福な商家に生まれた。家業を継ぐため、高校を中退して徒弟＊に出たのち、ベルリン大学を卒業し、実家が出資するイギリスのマンチェスターにあった紡績工場に修業に行く。しかし、社会問題に関心を抱き、『イギリスにおける労働者階級の状態』を執筆し、労働者階級の悲惨な生活を描き出した。そもそもマルクスに経済（学）への関心を持たせたのはエンゲルスだとされ、ともに活動や執筆を行う。また、マルクスのロンドン亡命時代の苦境を支えたのも彼であり、マンチェスターで工場を経営しつつ、マルクス家に仕送りを続けた。

＊**徒弟** 親方の家に住み込み、技術の見習いとして働く少年。

メモ マルクスの金遣い イギリスに亡命中のマルクスの生活苦は想像を絶するものであった。彼は浪費癖がひどく、手に入れた原稿料もすぐに消えていった。娘を亡くした時には、棺桶を買うお金もなかったといわれる。

原8 ④ 唯物史観（史的唯物論） 　頻出

唯物史観（**史的唯物論**）とは、**経済の発展に応じて起こる階級間の争い**（**階級闘争**）**が、人類の歴史を動かしていくという考え方**である。マルクスによれば、生産関係という階級同士の関係は、人々の意識・思想・政治・宗教などに大きな影響を与えており、その社会の法律や政治的構造は、生産関係に好都合なものとなっている。しかし、生産関係は、労働の効率化や生産手段の発展によって高まる生産力の足かせとなり、階級同士の争いを生む。その結果、生産関係は増大した生産力にふさわしい関係へと変化し、それに応じて意識や思想、法律・政治も姿を変えることになる。マルクスは、こうした変動をすべての社会がたどり、発展してきたと考えた。

発展段階	原始共産制	古代奴隷制	中世封建制	近代資本主義社会	共産制社会
政治社会体制	共同体	専制政治	封建身分制	近代民主主義	国家の消滅
生産関係	平等（階級なし）	専制君主・貴族 VS. 奴隷	封建領主 VS. 農民	資本家 VS. 労働者	平等（階級なし）

上部構造と下部構造

◀生産関係や生産力は社会の土台のような役割を果たしているために**下部構造**と呼ばれ、ここから影響を受ける政治や意識・思想・宗教・法律などは**上部構造**と呼ばれる。

原8 ⑤ 共産主義革命論 　出題▶

マルクスは、資本主義社会も革命によって倒され、**共産制社会へと移行するという共産主義革命論**を説いた。彼の考えでは、資本主義社会はそれ以前の段階に比べて生産力が高い。しかし、そこにも労働者階級と資本家階級という生産関係があり、資本家は発達させた生産力をコントロールできず、消費を上回る供給を生み出すため恐慌が繰り返される。その結果、資本主義社会もまた必然的に、新たな生産関係をもとにした社会、つまり計画経済により生産力をコントロールできる共産制社会へと移行していく。そしてこれを実現するのが**労働者による共産主義革命**（**プロレタリア革命**）であるとマルクスは考えた。

解説 共産制社会 共産制社会においては、資本主義が達成した高い生産力を引き継ぎつつも、生産手段が共有化され、労働の疎外や労働力の商品化・搾取がなくなる。

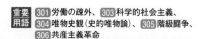
西洋近現代の思想

(2) 社会主義

6 労働の疎外

> 資本主義における労働者はどのような苦痛を感じているのだろうか。

　かれは労働のなかで自分を肯定するのではなく否定し、心地よく感じるのではなく不仕合わせに感じ、肉体的・精神的エネルギーをのびのびと外に開くのではなく、肉体をすりへらし、精神を荒廃させる。だから、労働者は労働の外で初めて自分を取りもどし、労働のなかでは自分を亡くしている。労働していないときに安らぎの境地にあり、労働しているときは安らげない。**かれの労働は自由意志にもとづくものではなく、他から強制された強制労働だ。欲求を満足させるものではなく、自分の外にある欲求を満足させる手段にすぎない。**肉体的強制その他が存在しないとき、労働がペストのように忌み嫌われ遠ざけられるところに、労働のよそよそしさがはっきりと示されている。

（『経済学・哲学草稿』長谷川宏訳　光文社）

7 剰余価値

> 労働者は自分のもらった賃金分以上に働かされ、自分の物にならない価値を作り出している。

　労働者が必要労働の限界をこえて労苦する労働過程の第二の期間は、かれの労働を、すなわち労働力の支出を要するには違いないが、しかし、彼のためには、何らの価値をも形成しない。それは、無からの創造の全魅力をもって、資本家に笑みかける剰余価値を形成する。労働日のこの部分を、私は剰余労働時間と名づけ、そしてこの時間内に支出された労働を、剰余労働（surplus labour）と名づける。……この剰余労働が、直接的な生産者から、労働者から搾り上げられる形態こそ、種々の経済的社会形式を、たとえば奴隷制の社会を、賃金労働の社会から、区別するのである。

（『**資本論**』向坂逸郎訳「資本論(二)」岩波書店）

8 共産党宣言

> マルクスは人類の歴史を階級闘争の歴史であると考えた。

　一つの妖怪がヨーロッパを歩き回っている——共産主義という妖怪が。旧ヨーロッパのすべての権力が、この妖怪を狩りたてるという神聖な仕事のために、同盟をむすんでいる。

　……これまでのすべての社会の歴史は、階級闘争の歴史である。

　自由民と奴隷、貴族と平民、領主と農奴、同職組合の親方と職人、簡単に言えば、抑圧するものと抑圧されるものとは、絶えず互いに対立していて、あるときは隠れたかたちで、あるときはあらわなかたちで、絶え間のない闘争を行なったが、この闘争は、そのつど、社会全体の革命的変革で終わったか、それとも闘争しあっている両階級がともに没落することで終わったか、である。

（『**共産党宣言**』服部文男訳「共産党宣言／共産主義の諸原理」新日本出版社）

9 上部構造と下部構造

> 上部構造と下部構造はどのような関係にあるのだろうか。

　人間は、彼らの生活の社会的な生産において、一定の、必然的な、彼らの意志から独立した諸関係にはいり込む、すなわち、彼らの物質的生産諸力の一定の発展段階に対応する生産諸関係にはいり込む。**これらの生産諸関係の総体は、社会の経済的構造を形成する。これが現実の土台であり、その上に一つの法的かつ政治的な上部構造がそびえ立ち、その土台に一定の社会的諸意識形態が対応する。**物質的生活の生産様式が、社会的〔social〕、政治的、および精神的生活過程全般を制約する。人間の意識がその存在を規定するのではなく、逆に、人間の社会的存在がその意識を規定する。

（『「経済学批判」への序言・序説』宮川彰訳　新日本出版社）

解説 **疎外**　疎外とは、本当なら自分に属し、親しみを感じられるはずのものが、自分とは切り離されて遠く感じられるもの、つまりよそよそしいものに変質することをいう。例えば、すべてのものの価値を貨幣ではかる社会では、私たちの労働による生産物は、単なる物質である貨幣に換えられる。その結果、自分の労働でなく貨幣があたかも価値を生み出すものであるかのような錯覚を抱いてしまう（物神崇拝）。これが疎外である。

解説 **搾取**　商品の価値は、商品を作るのに使われた労働力の量*に比例する。労働力という商品の価値も、労働力の再生産**に必要な消費財の生産に使われた労働量で決まる。資本家はこの価値と同じ賃金Aを支払うが、実際の労働においては賃金以上に働かせてBの部分を搾取する。

*労働力の量　労働時間をさす。
**労働力の再生産　労働者の生活をさす。再生産に必要な消費財とは、生活必需品である食料や衣服のこと。労働者は食事をしたり服を買ったりして、再び労働できる状況を作り出す。逆に、食事をとらなければ、労働者は働けない状態になってしまう。資本家は労働者が再び働けるようになるための、最低限の賃金しか支払わない。

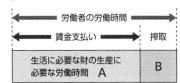

労働者の労働時間		
賃金支払い		搾取
生活に必要な財の生産に必要な労働時間　A		B

◀『**共産党宣言**』　マルクスとエンゲルスの共著『共産党宣言』はその後、共産主義のマニフェストとして世界中で読まれることになった。

解説 **社会と意識**　資本主義においては、労働者の労働力が商品化され、資本家が剰余価値の搾取を行うという生産関係がある。つまり社会のしくみが、資本家が労働者を搾取して富を蓄える、というものになっている。これが**下部構造**（土台）であり、それを反映して、資本家が蓄えた富の私的所有を正当化する意識が生まれる。そのため、資本主義においては私的所有が当然の権利とされ、法制度や人々の意識などの**上部構造**も、私的所有を認めるものとなる。

入試に○×チャレンジ　68 マルクスは、人間の意識が人間の存在を規定するのではなくて、その反対に、人間の社会的存在が人間の意識を規定すると指摘した。（2005年本試）

社会主義の実践

▶赤の広場(ロシア、モスクワ)

★ レーニン
V.I.Lenin (1870～1924)

略伝 ロシアのシンビルスク(現、ウリヤノフスク)の教育行政官の子として生まれた。17歳の時、兄が皇帝暗殺未遂事件で処刑される。19歳でマルクス主義者となり、流刑や亡命の生活を続け、ロシア社会民主労働党に参加した。1905年革命には帰国して参加するが失敗し、亡命した。1917年、ロシア**二月革命**が起こると再び帰国して**十月革命**を遂行し、人民委員会議(政府)議長に就任。翌年から他の党を非合法化して共産党独裁へ移行した。一方で環境の変化に応じる柔軟な姿勢も示し、市場の一部導入を図るなどした。内戦が落ち着いた1922年、**ソヴィエト社会主義共和国連邦樹立**が宣言されるが、その前年から体調が悪化し、実務から離れることが多かった。 **主著**『帝国主義論』『国家と革命』

毛沢東
もうたくとう (1893～1976)

略伝 中国湖南省の小作農の家に生まれた。師範学校時代にマルクス主義にふれ、中国共産党創立に参加。蔣介石の中国国民党との対立が激化する中、農村に重点を置いて活動し、農民の支持を集めて武力で政権を確立する戦略を立てた。各地を転戦する中で共産党の指導者としての地位を確立し、日中戦争では、民衆を動員した持久戦を展開した。1945年、中国共産党主席に就任し党の実権を完全に掌握し、1949年には**中華人民共和国の建国**を宣言した。 **主著**『矛盾論』『実践論』

1 帝国主義論
　出題▶

　『帝国主義論』においてレーニンは、マルクス主義を当時の世界情勢に結びつけ、**マルクス・レーニン主義**を作り上げた。まず彼は、資本主義が**帝国主義**という新たな段階に入ったことを指摘する。帝国主義とは、金融資本を中心に独占が進展し、金融資本が資本の投下先や市場・原料を求めて後進地域の支配を自分たちの国家に要求する段階である。その結果、世界は先進資本主義国家により分割され、またさらなる植民地を求める帝国主義戦争が起こる。これに対して労働者は、抑圧された民族と手を結び、「**戦争を内乱へと転化**」して世界革命をめざすべきであると彼は主張した。

2 プロレタリア独裁
　出題▶

　レーニンは、少数精鋭の革命家集団によって革命を指導する必要性を訴えた。彼によれば、自然発生的な労働運動による革命の実現は難しいため、エリートの革命家集団が労働者に対し、資本家による搾取を自覚させるなど、社会主義的意識を注入することが不可欠である。また、レーニンは革命後の社会の姿として国家の消滅を目標としつつも、過渡期として**プロレタリア独裁**が行われるという。それは専門的な官僚機構を廃止し、読み書きができれば誰でも公選により、交替で統治に携われるというものであった。しかし、これは現実の革命の中では実現されなかった。

3 新民主主義

　マルクスは、共産主義革命は高度に資本主義が発展した社会で起こると考えていた。しかし、日中戦争以前の中国は、革命勢力の中心となるべき工業労働者は少数で、資本主義が発達していない社会であった。こうした中国で共産主義革命をめざす毛沢東は、**中国における革命は、まず社会主義社会ではなく民主主義社会をめざし、そこで資本主義を広範に発展させるべき**だとした。しかし、その民主主義社会とは、資本家(ブルジョワジー)が権力を握るアメリカ型のブルジョワ独裁でも、ソ連型のプロレタリア独裁でもない、共産党主導による新民主主義社会だとし、その段階を経て社会主義へと移行すべきであるとした。このような毛沢東の二段階革命論を**新民主主義論**という。

二段階の革命

現状の中国 (資本主義未発達) →1段階目→ 新民主主義社会(第三の社会) →2段階目→ 社会主義
　　　　　　　　　　共産党主導

解説 **あくまで主導** 新民主主義社会は、共産党主導であるが、一党独裁体制というわけではない。実際に、中華人民共和国は建国当初、共産党一党独裁体制をとらなかった。しかしその後、この理念は失われた。

プロレタリア文化大革命

　毛沢東は1950年代以降、共産党一党独裁などの社会主義化を急速に進めるが失敗し、党内に経済運営の柔軟化をめざす勢力が台頭すると、批判勢力を扇動して粛清させた。この文化大革命(1966～77)で中国社会は大混乱に陥り、多くの犠牲者が出た。

▲毛沢東の写真を掲げて行進する支持者

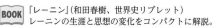

西洋近現代の思想
(2)
社会主義

社会主義のその後と現在

▶モスクワの商店街
（ロシア）

　20世紀になると共産主義革命は、ロシアや東欧諸国など多くの国で実際に遂行された。しかし、そうした国家体制は大半が20世紀のうちに終焉を迎えた。また、マルクス主義とは異なり、自由主義の枠内で社会主義の理想を追求する、社会民主主義の試みも登場した。第二次世界大戦後、それは福祉国家に結実するが、財政を圧迫するという批判も受けてきた。私たちは社会主義の思想と歴史から何を学び、受け継いでいくべきなのだろうか。

イギリス

　イギリスでは19世紀の終わり、**フェビアン協会**が結成され、のちの労働党の母体となる。労働党はマルクス主義とは異なり、革命ではなく議会進出による社会改革をめざす**社会民主主義**の立場をとり、第一次世界大戦後には政権を獲得した。第二次世界大戦後は、**ベヴァリッジ報告書***に基づく福祉国家の建設に貢献した。しかし1970年代以降、イギリスの財政悪化は深刻なものとなり、小さな政府をめざす新保守主義が台頭する。それに対し、1990年代以降▶

の労働党は、国民を単に福祉の受益者とするのではなく、働く意欲を持たせ、機会を平等にすることをめざす「第三の道」路線をとった。しかし、政策的な意義や有効性については議論があり、新たな社会民主主義像が模索されている。

*ベヴァリッジ報告書　経済学者ベヴァリッジが1942年に政府に提出した報告書。「ゆりかごから墓場まで」のスローガンを掲げ、最低限の生活保障を提唱した。

◆フェビアン社会主義 ===== 出題

　バーナード・ショウ（作家）、H.G. ウェルズ（作家）、**ウェッブ夫妻**など、当時のイギリスを代表する知識人が集ったフェビアン協会の思想を、**フェビアン社会主義**と呼ぶ。これは社会主義の中でもマルクス主義とは一線を画し、**議会での活動を通じて、生産手段の公有化や福祉国家の建設などの政策を、少しずつ実現していくことをめざす思想**である。

> **メモ** 名前の由来　「フェビアン」という名前は、古代ローマの将軍ファビウスの、一進一退を続けて敵の疲れを待つという戦法にならって命名された。

■ウェッブ夫妻

　夫シドニー・ウェッブ（1859～1947）は、ロンドン大学卒業後、植民地省の役人を務めながらフェビアン協会に参加し、実質的なリーダーとなった。妻ビアトリス・ウェッブ（1858～1943）は若い頃からスペンサー（◯p.136）らと親交があり、また労働者の貧困に関心を抱いて、社会調査などを行っていた。1892年に二人は結婚し、以降フェビアン協会や労働党に所属しながら、共同で様々な研究を行った。特に、彼らが提唱した**ナショナル・ミニマム**（国家が国民に保障する必要最低限の生活基準）という考え方は画期的であり、福祉の概念に大きな影響を与えた。シドニーはのちに労働党内閣で商務大臣、植民地大臣を務めた。

ドイツ

　ドイツでは19世紀末以降、社会民主党の議会進出が急激に進み、マルクス主義とは異なり、労働者が議会で多数を占めることにより社会主義の実現をめざす**社会民主主義**の傾向が強くなる。社会民主党は第一次世界大戦においては戦争に協力したが、戦後は世界で初めて**社会権**を確立した**ワイマール憲法**のもと、政権を担った。第二次世界大戦後にドイツは、ソ連型の社会主義体制をとり東側陣営に属する東ドイツと、それに対峙する西側陣営の西ドイツに分裂した。西ドイツにおいては、社会民主党がマルクス主義と完全に決別し、1960年代以降は政権に参加して、福祉国家政策を推進した。しかし、1980年代以降は福祉国家を批判する新保守主義が台頭し、1990年代以降、新たな路線を求めて試行錯誤が続いている。

■ベルンシュタイン（1850～1932）

　ベルリンに生まれ、高校卒業後、銀行に勤める。ロンドンに亡命し、エンゲルスやフェビアン社会主義者と交流。また、イギリスの労働運動を観察した。『社会主義の諸前提と社会民主党の任務』により社会民主党の「教義」であったマルクス主義を批判し、**修正主義論争**を展開した。帝国議会議員となるが、第一次世界大戦中は戦争に反対し、賛成の立場をとる党を離れた。戦後は復党し、国会議員を務めた。

入試に〇×チャレンジ　[69] ウェッブ夫妻は、資本主義の弊害を除去するためには、利潤の公平な再分配や主要産業の国有化が必要であると説き、議会活動を通じた社会改革を目指した。（2011年本試）

▲倒されるレーニン像

ロシア革命後の1922年に成立したソヴィエト社会主義共和国連邦（ソ連）は、**マルクス・レーニン主義**（◯p.143）の世界的中心地となった。第二次世界大戦後には東欧などに社会主義国家を樹立し、アメリカを中心とする西側陣営と冷戦を展開する。しかし、共産党の一党独裁は、スターリン（1879～1953）による「大粛清」に代表されるように、多くの政治的弾圧を生んだ。また、西側陣営との戦争に備えた軍備増強は財政を圧迫し、計画経済は経済発展を阻害したため、人々は物資の不足などに悩まされた。こうしたことから1989年より東欧の社会主義諸国は次々と民主化し、1991年、ソ連は**崩壊**した。

東欧革命

第二次世界大戦後、ドイツは社会主義と資本主義、それぞれを社会体制とする東西ドイツに分断される。その分断の象徴がベルリンの街を二つに隔てた「ベルリンの壁」であった。1989年、ベルリンの壁は破壊され、これがドミノ倒しのように社会主義体制が崩壊する**東欧革命**の序曲となった。その翌年の1990年、東西ドイツは統一を果たした。

▶ベルリンの壁の崩壊を喜ぶ人々（1989年）

メモ 新たな道を探れ　1990年代には、社会主義による「大きな政府」路線の行き詰まりに対し、社会民主主義政党に属しながら自由主義的な政策を取り入れた改革を行い、「第三の道」を探ろうとする政治家が多く登場した。イギリス労働党のブレア首相、ドイツ社会民主党のシュレーダー首相らが有名である。

◆修正主義

修正主義とは、ベルンシュタインが提唱した、**民主主義を通じた実践の中で、社会主義の理念を実現していくという立場**である。イギリス亡命中、ベルンシュタインはフェビアン主義やイギリスの労働環境の改善に注目し、マルクス主義の**唯物史観**（下部構造の重視）（◯p.141）や、資本主義が必然的に崩壊するという考え方、暴力革命主義、共産党一党独裁論を否定し、複数政党による議会制民主主義を通じて少しずつ社会改革を進めるべきであるとした。そして、普通選挙権や言論などの自由の実現や医療の無償化といった具体的課題を訴え、**地道な社会改革の実践の必要を説いた。**

民主主義とは、手段であると同時に目的でもある。それは、社会主義を勝ち取るための手段である。また、それは社会主義実現の形態である。

◆マルクス主義と社会民主主義の比較 === 頻出

	マルクス主義	社会民主主義
政党	ロシア共産党	イギリス労働党 ドイツ社会民主党
政治家	レーニン スターリン	ウェッブ夫妻 ベルンシュタイン
革命観	**暴力革命** ⇒生産手段の共有化、計画経済による解決	**議会を通じた漸進的改革** ⇒国家や労働組合による具体的な問題解決
政治形態	共産党一党独裁	議会制民主主義
国家観	国家は打倒の対象	社会や経済へ必要な範囲で介入する主体として承認

現代における社会主義の意味とは？

多くの人々が社会主義の名のもとに求めたものとは、「貧しさからの解放」「自由」「平等」「平和」といった理念を実現する理想社会であった。しかし、現実に登場した社会主義国家は、これとはまったく異なる社会だった。抑制されることのない独裁的権力、その支配下での個人の自由の抑圧、反逆者と認定された人々への粛清や対外戦争などの問題が噴出した。こうしたことから多くの国家で社会主義体制は崩壊し、壮大な社会実験は終わりを告げた。

しかし、人々が社会主義に期待した理念そのものが意味をなくしたわけではない。日本においては1990年代から続く不況のもと、多くの人が安定した職を得られず、拡大する富裕層と貧困層の格差に苦しめられている。また、世界では、テロや内戦などが後を絶たない。こうした中、かつて期待した社会主義の理念は、いまだ多くの人にとって魅力的である。では、どうすれば社会主義が掲げた理念を実現できるのだろうか。私たちはそれを考えていく必要がある。

◀ピケティ　フランスの経済学者トマ・ピケティは、『**21世紀の資本**』（原著2013年出版）の中で、先進国における所得格差の拡大を指摘して注目を集めている。彼によると、格差の拡大は資産家が自ら所有する資本（株や不動産など）から得る所得が、人々が働いて得る所得に比べて大きく増加することで起きているとされる。そして、こうした格差を、課税による再分配を通じて縮小させることを提案している。

西洋近現代の思想

(2)

社会主義

ハイデルベルク大学(ドイツ)

概観 デカルトの思想やドイツ観念論など近代の哲学は、抽象的で客観的な真理を人間の理性によって認識しようとしてきた。しかし19世紀末、それに対抗する思想が生まれてきた。実存主義は、人間が主体性を失い画一化される社会の中、客観的真理に代わる主体的真理を求め、人間の主体的な生き方を探究した。また、抽象的な形而上学に代わり、実践的で科学的・経験的知識を求めるプラグマティズムの思想が登場した。

7 実存主義とプラグマティズム

要点の整理

　　　　　は入試重要用語

```
近代哲学    反
形而上学 ←→ 発 →プラグマティズム
客観的真理 ←→ 実存主義
```

1 実存主義　実存＝「現実存在」として主体的に生きる人間のあり方

- 今まさにここに生きる、ただ一人の「私」の存在やあり方を探る思想
　⇔客観的な対象としての「人間」や、交換可能で大衆の中に埋もれる「ひと」を批判

❶キルケゴール (1813〜55) ●p.148　主著『あれか、これか』『不安の概念』『死に至る病』

- **主体的真理**……客観的真理ではなく「**それのために生き、そして死にたいと思うような**」自分にとっての真理
- **実存の三段階**
　1) 美的実存(享楽的)
　　　↓ 絶望
　2) 倫理的実存(道徳的)
　　　↓ 絶望→信仰への飛躍
　3) 宗教的実存

```
量的弁証法(ヘーゲル)
「あれも、これも」
　　↑ 批判
質的弁証法(キルケゴール)
「あれか、これか」
```

◀コペンハーゲンの街に立つキルケゴールの銅像

- **単独者**……神の前にただ1人で立ち、自由とともに生じる
　責任を神の前で受け取る宗教的実存のあり方

❷ニーチェ (1844〜1900) ●p.150　主著『悲劇の誕生』『ツァラトゥストラはこう言った』『善悪の彼岸』

- 「**神は死んだ**」……宗教的価値を否定するニーチェの言葉
　→従順や博愛などのキリスト教道徳＝奴隷道徳、強者への**ルサンチマン**
　　19世紀末ヨーロッパの頽廃(**受動的ニヒリズム**)の原因
- **超人**……無意味・無目的な世界で、**力への意志**により新しい強者の価値を創造する、理想の人間のあり方
- 世界は無意味な繰り返し(**永劫回帰**)だが、その苦悩の中で目標のない人生を引き受け、愛することが**運命愛**
　→能動的ニヒリズム＝超人の生き方

❸ヤスパース (1883〜1969) ●p.152　主著『精神病理学総論』『哲学』『理性と実存』

- **限界状況**……死・苦・争い・罪責のような、人間が変えることも逃れることもできない絶望的な状況
　　限界状況への直面・挫折により自己の有限性に気づき、人間を超越した大きな力・存在(**超越者**)へ目を向ける
　　　→自らの存在の根拠を**超越者**に求め、超越者と向き合う(**超越者への飛躍**)→本来の実存の回復
- **実存的交わり**……実存する者同士が互いのあり方を検証し合う関係＝「**愛しながらの戦い**」

❹ハイデガー (1889〜1976) ●p.154　主著『存在と時間』『形而上学とは何か』

- **現存在**……自分が存在することを了解し、存在そのものに驚き、存在の意味を問う主体である人間存在
- **世界-内-存在**……気づいた時には理由なく世界の中に投げ出され、物や他者と関わって生きる現存在
- **ひと(世人、ダス・マン)**……死への不安をまぎらわすため、気晴らしや享楽に逃避して主体性を失った現存在
　⇔**死への存在**である人間は、その不安に向き合う**死への先駆**により、実存の本来性を回復
　　投企……自己の可能性に向けて自らを投げ出し、本来的自己を生きようとすること
- **存在忘却**……存在の真理の忘却　　●**故郷の喪失**……存在という自らのよりどころを見失った状態

❺サルトル (1905〜80) ●p.156　主著『嘔吐』『存在と無』『実存主義とは何か』『弁証法的理性批判』

- 「**実存は本質に先立つ**」……人間存在(実存)にはあらかじめ本質が与えられているわけではない
　→人間は未来に向けて自らを投げ出し(投企)、自分自身の本質を自由な決断で自ら選び取る
- **アンガージュマン(社会参加)**……自分自身と人類全体への責任を負いつつ社会と関わる
　自分自身の選択は、全人類のあり方の選択につながる→アンガージュマンによって社会を変えていく
- 「**人間は自由の刑に処せられている**」……人間の自由な決断によって負う全世界への責任は、孤独・不安をもたらす
　⇔不安から逃れるために自由を放棄することなく、責任を引き受ける必要

入試に○×チャレンジ　70 19世紀のヨーロッパにおいて、実存主義の先駆者とされるキルケゴールやニーチェらは、人々が大衆化して、不安や孤独感から逃れようとしつつあった当時の時代状況を批判していた。(2004年追試)

2 実存主義の展開

❶カミュ(1913〜60) ●p.158　主著『異邦人』『シーシュポスの神話』『ペスト』『反抗的人間』
- **不条理の哲学**……人生に意味がないからこそ生きるに値する

❷ボーヴォワール(1908〜86) ●p.158　主著『招かれた女』『第二の性』
- 「人は女に生まれるのではない、女になるのだ」

3 プラグマティズム

- 観念を行為との関連でとらえ、**現実に即した実践的な知性の活動をめざす**思想運動
- アメリカの開拓者精神を反映→実用的で有用なものこそ真理

❶パース(1839〜1914) ●p.159　主著『概念を明晰にする方法』
- ギリシア語の「**プラグマ(行為・行動)**」から命名した**プラグマティズム**を提唱
- **プラグマティズムの格率**……概念は実験などの行為と、その観察可能な結果によって明らかにできる

❷ジェームズ(1842〜1910) ●p.160　主著『心理学原理』『プラグマティズム』『宗教的経験の諸相』
- パースの思想を紹介し、プラグマティズムを広い思想運動として展開
- **真理の有用性**……ある観念が有用な結果をもたらす役立つものである限り真理
  →実験で結果を確認できない宗教的な観念をも、有用である限り真理として擁護

❸デューイ(1859〜1952) ●p.160　主著『学校と社会』『民主主義と教育』『哲学の改造』『論理学』
- プラグマティズムを教育学、心理学、政治学、倫理学など多様な領域で大成
- **民主主義の実現は教育によってもたらされる**と考え、教育の改革を推進
- **道具主義**……人間の知性は人間がよりよく環境に適応し、よりよい生活を営むための道具
- **創造的知性(実験的知性)**……道具としての有用性を持つ知性＝人間が問題を把握し、解決するために役立つ道具
- **問題解決学習**……知識の暗記ではなく、実生活で問題を発見、解決する学習→「**なすことによって学ぶ**」

実存主義の思想

1 実存主義とは

　実存とは、**主体的に生きる人間のあり方**であり、実存主義とは人間のそうしたあり方を探究する思想の潮流である。19世紀の資本主義の発展により、人間は交換可能な歯車のようになった。また、大衆社会が姿を現すにつれ、個人は主体性を失い、画一化していった。そうした状況で、人間は自分の存在に対する不安、孤独、絶望に悩み苦しむことになる。それに対し、自分自身はただ一人の交換しえない「私」であるととらえ、不安や孤独と向き合い、その上でどのような生き方をしていくかを自ら考え選び取っていくことで、**主体性を回復**しようとしたのが、実存主義の思想家たちである。

2 有神論的実存主義と無神論的実存主義

　サルトルは、著書『実存主義とは何か』で、実存主義を以下の二つに分類している。

	有神論的実存主義	無神論的実存主義
考え方	キリスト教における神や、絶対的な存在と向きあって主体性を回復しようとする	神や絶対的な存在を前提とせず、または否定した上で主体性を回復しようとする
思想家	キルケゴール ヤスパース マルセル*	ニーチェ ハイデガー サルトル

＊マルセル(1889〜1973)　フランスの哲学者。キリスト教の神を前提とするキリスト教的実存主義の代表的思想家。劇作家でもあり、自らの思想を多くの戯曲に表現した。

おもな実存主義哲学者の出身地

▲**サルトルとボーヴォワールの墓**(フランス)
2人はパリ南部の墓地でともに眠っている。

▼**ハイデルベルクの街並み**(ドイツ)
ヤスパースが教鞭を執ったハイデルベルク大学はドイツで最も古い大学である。

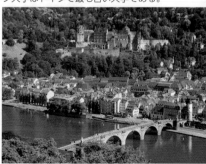

『ソフィーの世界』(ヨースタイン・ゴルデル、NHK出版)
高校教師だった著者が、少年少女に向けて小説の形式で書いた哲学の入門書。

答 p.144
69 ○

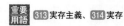重要
用語 313実存主義、314実存

147

（1）実存主義

神の前にただ一人立つ単独者 ── 信仰への飛躍　★★★★☆

キルケゴール（Søren Aabye Kierkegaard）

デンマーク出身
1813〜55

私にとって真理であるような真理を発見し、私がそれのために生き、そして死にたいと思うようなイデー（理念）を発見すること

年（年齢）	生　涯
1813(0)	デンマークのコペンハーゲンに誕生
1830(17)	コペンハーゲン大学に入学
1837(24)	レギーネ・オールセンに出会う
1838(25)	「大地震」(1835年説もあり)。父ミカエル死去
1840(27)	神学国家試験合格。レギーネに求婚し、婚約
1841(28)	レギーネに婚約指輪を送り返す
1843(30)	『あれか、これか』出版
1844(31)	『不安の概念』出版
1846(33)	「コルサール」事件
1849(36)	『死に至る病』出版
1854(41)	国教会批判の論文を発表
1855(42)	街路上に昏倒し、死去

略伝 富裕な毛織物商の父と、先妻の死後に使用人から後妻となった母との間の7人兄弟の末子として生まれた。牧師になってほしいという父の希望からコペンハーゲン大学神学部に入学。22歳の夏、シェラン島北端の町のギーレライエへ旅行した時に、**主体的真理**を求めることを決意するが、その後、盛り場などをうろつく享楽的な生活を送った。25歳の誕生日(22歳の説もある)、自ら「大地震」と呼ぶ出来事が起こる。父の過去の不信仰と罪深い結婚の事実を知ったのである。その後、父と和解したが、その直後に父は亡くなった。1840年、27歳の時にレギーネ・オールセンと婚約したが、翌年には婚約を一方的に破棄した。33歳の時、風刺的大衆新聞「コルサール(海賊)」に嘲笑記事を書かれ、大衆の水平化を批判した。世俗化した教会に対しても同じような批判を展開する中、コペンハーゲンの路上で昏倒し、42歳で亡くなった。　**主著**『あれか、これか』『哲学的断片』『不安の概念』『死に至る病』

西洋近現代の思想

7

実存主義とプラグマティズム

キルケゴールの思想

❶キルケゴールは、なぜヘーゲル（○p.125）を批判したのだろうか。

客観的真理を重視するヘーゲルに対して、自分の生涯をかけることのできる主体的真理を重視したから。　→ 1️⃣、原典資料 4️⃣

❷実存とは何だろうか。

キルケゴールが初めて説いた、人間の主体的なあり方・生き方。　→ 2️⃣、原典資料 5️⃣

❸絶望が「死に至る病」とはどういうことだろうか。

神との関係を断ち、死が最後の希望となるほど自分自身に絶望してしまった状態が「死に至る病」である。　→ 3️⃣

 1️⃣ ヘーゲル批判と主体的真理

ヘーゲルの哲学は、世界を普遍的な体系としてとらえる**客観的真理**を求めるものだったが、キルケゴールにとって、それは今を生きるための真理ではない。彼が求めたのは自分にとっての「**それのために生き、そして死にたいと思うような**」主体的な真理であった。『哲学的断片』ではヘーゲルを批判しながらソクラテス（○p.30）を例にあげ、真理は教師から与えられるものではなく、自ら生み出すものであるとしている。デンマーク語で書かれたキルケゴールの著作は、20世紀に入ってからドイツ語に翻訳され、ヤスパース（○p.152）やハイデガー（○p.154）らの思想に影響を与えた。そのため、キルケゴールは実存主義の先駆者といわれる。

メモ **大衆の水平化**　「自分にとっての真理」を求めたキルケゴールは、個人が主体性を失い、大衆に埋没して画一化・均一化した状態を「大衆の水平化」といって批判した。現代の私たちも、流行に対して過度に敏感な一方、目立っている人をいじめたり仲間外れにしたりして、画一化・均一化しようとする。キルケゴールの批判は、現代にも通じるものである。

 2️⃣ 実存の三段階 　頻出

キルケゴールは実存を、**美的実存、倫理的実存、宗教的実存の三段階**に分けた。そして、信仰へ飛躍し、**単独者**として神と向き合う宗教的実存の段階で、人は絶望を乗り越え、本当に主体的に生きることができるようになると考えた。

美的実存	「あれもこれも」と一時の快楽を追い求める。美しいものを好んだり、恋愛に溺れたりする

✕ 快楽は移ろいやすく、倦怠と退屈に陥る → 絶望

倫理的実存	良心に従い、様々な選択肢の中から、責任を持って倫理的な、「善い」ものを選ぼうとする

✕ 人間は不完全なので、完全に倫理的な生活をすることはできない → 絶望

宗教的実存	「信仰への飛躍」を成し遂げ、神の前にただ一人の人間（単独者）として立ち、神と向き合う

解説 **単独者**　周りの人々に合わせるのではなく、**神の前に自分一人で立ち、自由に伴って生じる責任を神の前で受け取る人間のあり方**を、キルケゴールは単独者と呼んだ。

148

入試に ○✕ チャレンジ 71 キルケゴールの実存の諸段階をめぐる考察は、実存の質的弁証法と呼ばれる考え方を表現している。それは、世界のあり方を説明するものというより、現実に生きている主体的な自己のあり方を明らかにする思想である。
（2015年追試）

③ 「死に至る病」としての絶望

キリスト教では、イエスの死と復活を信じる者にとって、肉体的な死でさえも自分の**復活への希望**であり、永遠の死に至る病ではないとされる。それは、ヨハネ福音書に書かれている、イエスが死者をよみがえらせ「この病は死に至らず」と言うシーンにも示されている。それに対してキルケゴールは、「**死に至る病とは絶望のことである**」と言う。**絶望**は精神の病であって、神との関係の中で、神の救済と罪の赦しを受け入れられない「つまづき」である。そのため、キルケゴールは「絶望は罪である」とも言う。この罪の意識としての絶望を乗り越え、信仰へと飛躍することで、人は**宗教的実存**の段階に到達することができる。

コラム キルケゴールとレギーネ

キルケゴールは24歳の時に14歳のレギーネ・オールセンと出会い、恋におちた。27歳の時、神学国家試験への合格を機に、18歳になっていたレギーネと婚約したが、キルケゴールは翌年、婚約を一方的に破棄してしまう。婚約破棄について、彼は日記の中で「この秘密を解く者は私の思想の秘密を解く者だ」と述べている。しかし、その後もレギーネへの思いは変わることがなく、レギーネへの愛と、神への信仰が著作執筆の動機となった。キルケゴールはレギーネについて、「愛らしい娘だった、子どものままだった、私たちが別れたとき、あんなにも悩んだにもかかわらず、彼女はまるで子どものようだった」と書いている。

▲レギーネ・オールセン

原典資料

④ ギーレライエの手記

> 文学と神学や、自分自身と父との間で悩んでいた若き日のキルケゴールの言葉に注目しよう。

……私に欠けているのは、私は何をなすべきか、ということについて私自身に決心がつかないでいることなのだ。それは私が何を認識すべきかということではない。……私の使命を理解することが問題なのだ。神はほんとに私が何をなすべきことを欲したもうかを知ることが重要なのだ。**私にとって真理であるような真理を発見し、私がそれのために生き、そして死にたいと思うようなイデーを発見することが必要なのだ。**いわゆる客観的真理などをさがし出してみたところで、それが私に何の役に立つだろう。……キリスト教の意義を説明することができたところで、……それが私自身と私の生活にとってそれ以上の深い意味をもたないとしたら、それが私に何の役に立つだろう。

（『ギーレライエの手記』桝田啓三郎訳「世界の名著40」中央公論社）

⑤ 実存

> 実存主義の語源となる「実存」という用語を、キルケゴールはどのような意味で使っているのだろうか。

主体性こそ真理であるとするならば、真理の規定には客観性との対決を意味し、かの岐れ道を明示するひとつの標識が同時に内蔵されていなければならぬ。そのような規定をふまえた真理の定義の一例をあげれば、次のようになる。いわく、**内面性の情熱の極致において主体が獲得し、そして全情熱を傾けてこれに縋っている客観的不確かさ、これこそが真理である、これこそ実存に生きる者にとって実在する最高の真理である**、と。道が岐れ去るところ──それがどこであるのかは客観的には言えない、それはまさに主体性が自己の道に目覚めるところなのだから──では、客観的知は棚上げされる。客観的には不確かさだけしか見えない。だがこの状況こそ内面性の無限の情熱を張りつめさせる。そして真理とは、こうして《無限》と直面し《無限》によって貫かれた《無限性の情熱》をもって、客観的に不確かなものを選びとる冒険にほかならないのだ。だが真理を右のように規定するならば、それは信仰の別名なのである。冒険をぬきにして信仰はない。信仰とは内面性の無限の情熱と客観的不確かさとの矛盾をそのまま受け止めることにほかならない。……

（『哲学的断片への結びとしての非学問的あとがき』
杉山好・小川圭治訳「キルケゴール著作集8」白水社）

BOOK 『キルケゴール』（工藤綏夫、清水書院）　当時の時代背景を押さえながら思想の全体像を紹介。

解説 実存主義の原点

1835年、当時22歳のキルケゴールは、旅先の北シェラン地方でこの日記を書いた。青年キルケゴールは文学への興味と、神学を学んでほしいという父の期待との狭間で悩んでいたが、この旅行を通して自分が求めるべきものを、主体的真理にみた。「真理とは主体性の問題」であり、客観的な真理など生きる上で役に立たないことに気づいたのである。**実存主義**の原点がここにあるが、キルケゴール自身はこの後、享楽的な放蕩の生活に入っていく。

解説 実存（existence）

実存とは**主体的に生きる人間のあり方**のことである。もともとはスコラ哲学（●p.52）で「事実・現実存在」という意味で使われていた existentia という言葉を、**キルケゴールが資料の部分で、初めて主体的な人間のあり方を示す用語として使用した**。キルケゴールの影響を受けて実存をテーマにした哲学は、20世紀前半に、ドイツではヤスパースとハイデガーによって、フランスではサルトル（●p.156）らによって形成された。

解説 質的弁証法

キルケゴールは客観性を求めるヘーゲルの哲学を「あれも、これも」の量的弁証法として批判した。彼は「信じるか、否か」「救われるか、否か」の主体的な二者択一を迫る「あれか、これか」の**質的弁証法**を説いた。

ニーチェ (Friedrich Wilhelm Nietzsche)

ドイツ出身
1844～1900

この世界は力への意志である —— そしてそれ以外の何ものでもない！しかもまた君たち自身がこの力への意志である！

年(年齢)	生涯
1844(0)	ドイツの小村レッケンで牧師の長男として誕生
1864(20)	ボン大学に入学
1865(21)	ライプツィヒ大学に移る
1869(25)	スイスのバーゼル大学の員外教授として招かれる
1870(26)	普仏戦争に志願して従軍。看護兵として勤務
1872(28)	『悲劇の誕生』出版
1879(35)	病気のためバーゼル大学を退職
1883(39)	『ツァラトゥストラはこう言った』第一部出版
1887(43)	『道徳の系譜』出版
1889(45)	トリノで昏倒。バーゼルの精神科病院に入院
1900(56)	肺炎によりワイマールで死去

略伝 ドイツのライプツィヒ近郊の小村に、ルター派牧師の長男として生まれた。4歳の時に父を失う。大学時代は、ショーペンハウアーの厭世哲学の影響を受けるとともに、ワーグナー*の音楽に陶酔した。卒業後は、古典文献学の員外教授としてスイスのバーゼル大学に招かれる。普仏戦争**従軍後の病気休暇中に書いた『悲劇の誕生』を出版するが、それをワーグナーの宣伝とみなした古典文献学会は反発し、学会から追放される。その後、ワーグナーとの友情も破綻、持病の偏頭痛や胃病も悪化し、バーゼル大学を退職した。その後はイタリアやスイスなどを転々としながら静養と執筆の日々を送り、『ツァラトゥストラはこう言った』、『善悪の彼岸』などを著した。44歳の時にイタリアのトリノの広場で昏倒し、2日間の昏睡状態ののち目覚めたが正気を失い、支離滅裂な手紙を心配した友人によってバーゼルの精神科病院に入院する。母と妹の介護を受け療養していたが、風邪に肺炎を併発し、妹に看取られながらドイツのワイマールで死去した。

主著 『悲劇の誕生』『ツァラトゥストラはこう言った』『善悪の彼岸』『道徳の系譜』

メモ 孤独な哲学者　ニーチェが恋した女性著述家のルー・ザロメは彼のことを「仮面で隠した内面の孤独」と回想した。

＊ワーグナー　ドイツの作曲家。ニーチェとは友人関係にあった。
＊＊普仏戦争(1870～71)　プロイセンとフランスの間の戦争。

死んだ　神は

ニーチェの思想

❶なぜニーチェは「神の死」を宣言したのだろうか。
キリスト教的な道徳の価値や、プラトンのイデアのような価値の基準を否定するため。→①、原典資料５

❷ニーチェが説く「超人」とはどのような存在だろうか。
意味のない世界に力への意志に基づき強者の価値を創造する存在で、人がめざすべきもの。→②、③、原典資料５

❸なぜニーチェは運命愛を説いたのだろうか。
無意味な時間の繰り返しとしての永劫回帰を能動的に引き受けるため。→④、原典資料６

原5 ① ニヒリズムと神の死 〔出題〕

　ニーチェは、伝統的な価値観や権威を否定する**ニヒリズム**(虚無主義)には、精神の衰退としての**受動的ニヒリズム**と、精神の上昇としての**能動的ニヒリズム**があると説いた。19世紀末のヨーロッパで広まった背徳、贅沢、犯罪などの退廃は受動的ニヒリズムで、その病原がキリスト教だという。キリスト教の道徳は、弱者が強者に対して持つ**ルサンチマン**(怨み、復讐感情)から生まれた**奴隷道徳**である。従順や平等、愛や平和などを価値あるものとすることは、そうしたことしか実現できないこの世界での弱者が、天国で強者になろうとする自己正当化でしかない。ニーチェは「**神は死んだ**」と宣言することで宗教的信仰と哲学的理性の価値を否定し、生の本質は**力への意志**であると主張した。

原5 ② 力への意志 〔出題〕

　力への意志は「**権力への意志**」とも訳される。ニーチェは生の本質を「**自己保存ではなく、我がものとし、支配し、より以上のものとなり、より強いものとなろうとする意欲**」としての**力への意志**であるという。より多く、大きく、強くというように、力を蓄積しようとする意志は、より多くの栄養をとろうとしたり、生殖で数を増やそうとしたりするなど、生の現象に特有のものであり、それこそが唯一、実在するものであるとした。

解説 ルサンチマンと力への意志　ニーチェは、力への意志こそが世界を貫く根源的な原理であると考えた。従順や愛を説く**キリスト教**や理想を重んじる**プラトン主義**も、強者に対するルサンチマンを持つ弱者が、別の世界で強者の上に立つ力を持とうとする、力への意志にほかならない。

入試に○×チャレンジ 72 ニーチェ自身は、意味や目的のない世界を傍観してつねに超然と生きる超人の立場を説いた。(2006年本試)

原5 3 超人——ツァラトゥストラの教え [頻出]

『ツァラトゥストラはこう言った』では、ゾロアスター教の開祖ツァラトゥストラ(ゾロアスターのドイツ語読み)が、新しい考え方として**超人**の生き方を語る。それは、神の死によって、もはや天上に希望を持つことはできなくなった世界で、大地の上で人間の小ささや弱さを絶えず克服しようとする生き方である。ニーチェは、「天国」や「イデア界」といった天上の価値を否定し、大地に根ざし、**力への意志に基づいて新しい強者の価値を創造するのが超人である**と説き、超人こそ理想の人間のあり方であると考えた。

超人にいたる三段階

ラクダ　　　　ライオン　　　　子ども

| キリスト教やプラトン主義など、伝統的な価値を背負う | 自由を求めて伝統的な価値(ドラゴンで表される)と戦う | 新しい価値を創造する創造の遊戯を行う |

▲ニーチェは人間から超人になる道を、ラクダ、ライオン、子どもという精神の三つの段階で表した。新しい価値の創造という遊戯を行えるのは、無垢な精神を持つ子どもだけである。

原6 4 永劫回帰と運命愛 [出題]

永劫回帰とは、**世界の出来事と歴史のすべては意味も目的もなく無限に繰り返される**、というニーチェの思想である。無からの創造に始まり、世界の終末で終わるというキリスト教の世界観を否定し、世界は無限の時間の中で、有限な出来事の組合せが、ただ無意味に繰り返されるとする。その無意味な繰り返しを苦痛として退けるのではなく、**「これが生だったのか。よし。もう一度」**と肯定的に引き受けられるのが**超人**であり、こうした生き方をニーチェは**運命愛**と呼んだ。これがニーチェの考える**能動的ニヒリズム**である。

ショーペンハウアー (1788〜1860) (○p.14)

ドイツの富裕な銀行家の家に生まれた。大学でプラトンとカントの思想を学ぶ。さらに、のちにインド哲学を学び、この世界は考えうる限りの最悪の世界だという**ペシミズム**＊(**厭世主義**)を説いた。この宇宙を動かす本体は**生きようとする盲目的な意志**であり、世界には何の目的もなく、人間の意志と欲望の争いが苦しみの世界を生むと考えた。

＊ペシミズム　厭世主義、悲観主義。この世界や人生が苦しみと悪に満ちたものであるとする考え方。ショーペンハウアーは芸術による苦しみからの救済の可能性を唱え、ニーチェやワーグナーに影響を与えた。

原典資料

5 神の死と超人

🔍「神は死んだ」という言葉によって、どのような伝統的価値が否定されたのだろうか。

「……聞け、わたしはあなたがたに超人を教える。

超人は大地の意義である。

……かつては、神を冒瀆することが最大の冒瀆だった。しかし、**神は死んだ**。そして神とともにそれら冒瀆者たちも死んだのだ。こんにちでは大地を冒瀆することが、最もはなはだしい冒瀆である。

……かつては、魂が肉体をさげすみの目で見た。そして当時はこのさげすみが最高の思想であった。魂は肉体が痩せ、おとろえ、飢餓の状態にあることを望んだ。こうして魂は肉体と大地の支配からのがれうると信じたのだ。……」

(『ツァラトゥストラ』手塚富雄訳「世界の名著46」中央公論社)

6 永劫回帰

🔍ニーチェは永劫回帰の世界の根本原理、私たち自身の根本原理が力への意志であると主張する。

この世界とは、すなわち、初めもなければ終わりもない巨大な力、増大することもなければ減少することもなく、消耗するのではなくて転変するのみの、全体としてはその大きさを変ずることのない青銅のごとくに確固とした力の量、……永遠の自己創造の、永遠の自己破壊のこの私の**ディオニュソス**＊的世界、二重の情欲のこの秘密の世界、円環の幸福のうちには目標がないとすれば目標のなく、おのれ自身へと帰る円輪が善き意志をもたないとすれば意志のない、この私の「**善悪の彼岸**」、……**この世界は権力への意志である——そしてそれ以外の何ものでもない！** しかもまた君たち自身がこの権力への意志であり——そしてそれ以外の何ものでもないのである！

(『**権力への意志**』原佑訳「世界の大思想34」河出書房新社)

BOOK 『ニーチェ　ツァラトゥストラ』(西研、NHK出版)
テレビ番組をもとにニーチェの思想をわかりやすく紹介。

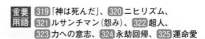

[解説] 超人の価値

ツァラトゥストラとしてニーチェが語る「神の死」は、単にキリスト教道徳の衰退を示すのではない。大地よりも天上が価値を持つとするキリスト教や、肉体よりも魂が高い価値を持つとしてイデアの世界を説くプラトン主義の真理に根拠などないことを表すものである。ニーチェは、こうした価値が否定されたのち、**大地に生きる超人の新しい価値である力への意志**を説く。

[解説] 力への意志としての永劫回帰

世界とは始まりもなければ終わりもなく、創造と破壊を繰り返して永遠に続く、ディオニュソス的世界である。永劫回帰のこの世界をニーチェは力への意志と呼ぶ。

＊ディオニュソス　ギリシア神話の神。豊穣とブドウ酒の神で本能的激情や衝動を司る。ローマ神話ではバッコスと呼ばれる。

[解説] 大いなる正午

永劫回帰はニーチェがアルプス山中の湖畔を散策している時に、霊感のように突然受けた認識であった。それは彼が「大いなる正午」と呼ぶ至福の瞬間であり、この時人類は自分が超人につながる者であることを自覚する。この一瞬の歓喜こそが、苦しみを永遠に繰り返す運命を愛する力になるのである。

ヤスパース (Karl Jaspers)

ドイツ出身
1883～1969

実存哲学とはあらゆる専門知を利用するが、しかしそれを超越する
思惟であり、この思惟によって人間は彼自身となることを願う

年（年齢）	生　涯
1883(0)	ドイツのオルデンブルクに誕生
1901(18)	ハイデルベルク大学で法学を学ぶ
1902(19)	スイスで医学部転部を決意
1907(24)	医師国家試験合格
1910(27)	ゲルトルート・マイヤーと結婚
1916(33)	ハイデルベルク大学で心理学の教授となる
1921(38)	哲学科の教授となる
1931(48)	『哲学』出版
1935(52)	『理性と実存』出版
1937(54)	ナチスにより教授職から追放
1945(62)	米軍がハイデルベルクを占領。大学に復職
1948(65)	スイスのバーゼル大学教授となる
1969(86)	バーゼルで死去

略伝 ドイツの北海近くの都市オルデンブルクで、州立銀行の頭取の子として生まれた。ハイデルベルク大学で法学を学ぶが、医学部へ転部し、24歳で医師国家試験に合格した。その年に親友の姉ゲルトルートと知り合い、のちに結婚する。ウェーバー（◯p.97）やフッサール（◯p.167）と交流して影響を受け、精神医学に現象学的方法を導入した『精神病理学総論』を著して心理学の教授資格を取得。しかし、のちに哲学に転じてハイデルベルク大学正教授となる。48歳の時に『哲学』を出版し、独自の**実存哲学**を確立した。しかし、妻ゲルトルートがユダヤ人であったため大学運営から締め出され、37年には離婚勧告を拒絶したことで免職となった。第二次世界大戦後はスイスのバーゼル大学教授となり、個人の尊厳を重んじるヒューマニズムの立場から歴史や政治、宗教の問題についても積極的に発言した。退職後もスイスにとどまって86歳で死去し、バーゼルに埋葬された。

主著『精神病理学総論』『哲学』『理性と実存』

ヤスパースの思想

❶限界状況とはどのような状況だろうか。

死、苦悩、争い、罪責のような絶望的状況。その挫折を通して人は超越者と向き合う実存となる。
→ ①、原典資料❹

❷ヤスパースが考えた超越者（包括者）とはどのようなものだろうか。

超越者とは人間を超えた大きな力・存在。のちに人間という存在とその他の対象をともに包み込む空間である包括者と考えられるようになる。→ ②、原典資料❺

❸実存的交わりとは何だろうか。

互いの存在を検証し合うコミュニケーションであり、ヤスパースは「愛しながらの戦い」と呼んだ。→ ③

原❹ ① 実存哲学と限界状況　　頻出

ヤスパースは彼独自の**実存哲学**＊を確立し、**実存**を次のように説明した。

（1）実存とは決して客観とならないもの
（2）私がそこから思惟＊＊し行為する根源
（3）自己自身に関係し、この自己関係において自己の超越者に関係するもの

人間に実存の自覚を促す重要な動機となるものが、**限界状況**である。限界状況とは、**人間が直面する、自分の力では変えることも逃れることもできない絶望的な状況**のことで、具体的には〈死〉〈苦悩〉〈争い〉〈罪責（負い目）〉の四つの状況があげられる。私たちはこうした状況で絶望し、挫折する。しかし、それを通して人間は本当の自分を発見し、**本来の実存を獲得することができる**という。

＊**実存哲学**　ヤスパースは実存主義と区別するため、自らの哲学を**実存哲学**と呼ぶ。ここでいう実存（現実存在）は人間のあり方をさす。一方、サルトル（◯p.156）は、より実践的な自分の思想を実存主義と呼んだ。
＊＊**思惟**　考えること。思考。

原❺ ② 超越者への飛躍　　出題

限界状況の中で絶望と挫折を直視する時、人はこの世界において自分のできることや、生きられる時間は限られているという**自己の有限性**に気づく。そこから、人間を超越した大きな力・存在があることに目を向けることができるようになる。その大きな力・存在が**超越者**であり、実存としての人間は自分自身の存在の根拠を超越者に求める。超越者は自らを神話や哲学としてこの世界に現したり、限界状況の挫折の中で、人間に瞬間的に言葉をかけたりする。このように、この世界は超越者の暗号であり、実存として生きる人間は世界の暗号を解読することによって、超越者と向き合い、関わることができるようになる。それをヤスパースは**超越者への飛躍**と呼んだ。

解説 **超越者から包括者へ**　ヤスパースは『哲学』で論じた超越者を、『哲学』の3年後に出版した『理性と実存』で、主観と客観をともに包む**包括者**として考えるようになった（→ **原典資料❺**）。

超越者の暗号

入試に○×チャレンジ　73 ヤスパースは、人間は、死や苦しみなど、自分の力ではどうすることもできない状況に直面したときに、その不安と絶望を越えて、超越者に出会い、しかも他の実存との「愛しながらの戦い」によって連帯することで、真の実存に目覚めるとした。(2004年本試)

③ 実存的交わり 出題

　人間は他者との交わり（コミュニケーション）の中で生きている。しかし普通は、自分も他者も互いに客観的な存在、つまりあくまで「他人」として交わり、本来のあるべき姿を問われることがない。それに対してヤスパースの言う**実存的交わり**は、互いの存在が問われ、時には弁護したり攻撃し合ったりしながら、**実存としての互いのあり方を厳しく検証する関係**である。このような関係を彼は**愛しながらの戦い**と表現し、人間が実存、真の自己として存在するためには、愛しながらの戦いにおける連帯が必要であるという。

解説 **愛しながらの戦い**　私たちは、友人と仲良くしたいといって喧嘩を避けがちである。それに対し、ヤスパースの言う愛しながらの戦いは、時には相手と激しく議論してでも理解し合おうとする関係だと考えられる。そうして互いの存在を問うことを通して、人間は初めて真の自己、実存に目覚めることができるとし、連帯を重視する。この点が、神の前に単独で立つ実存を考えたキルケゴール（◯p.148）との違いである。

コラム　妻を守ったヤスパース

　ヤスパースはもともと孤独な性格であったが、親友エルンスト・マイヤーの姉でのちの妻、ゲルトルートとの出会いが彼を一変させる。看護師の職を捨てて哲学を学ぼうとしていた彼女との出会いをヤスパースは、「我々は出会ったのである。世界は変わった、研究は上昇した」と書いた。ナチス政権下、ユダヤ人であったゲルトルートは収容所に移送されそうになるが、自宅に二人で籠城し続けた。しかし、ナチス政権末期、ついに移送の日が決定した時、ヤスパースは「ゲルトルート一人が収容所に送られ、引き裂かれるのならば、ともに死ぬことを選ぶ」と、収容所にともに送られることを決意する。しかし移送の直前、米軍が二人の住むハイデルベルクを占領し、二人の交わりが断たれることはなかった。ヤスパースは妻を守り抜いたのである。

原典資料

④ 限界状況

🔍 ヤスパースは限界状況に直面した人が、どのような態度によって実存を生きることができるのかを説いている。

　私たちは常にいろいろな状況のうちに生きているのであります。……私は自ら努めて状況を変化させることができます。しかし私は死なねばならないとか、私は悩まねばならないとか、私は戦わねばならないとか、私は偶然の手に委ねられているとか、私は不可避的に罪に巻きこまれているなどというように、たとえ状況の一時的な現象が変化したり、状況の圧力が表面に現われなかったりすることがあっても、その本質においては変化しないところの状況というものが存在します。**私たちはこのような私たちの現存在の状況を限界状況（Grenzsituation）と呼んでいるのであります**。すなわちそれは私たちが越え出ることもできないし、変化さすこともできない状況が存在するということであって、これらの限界状況はかの驚きや懐疑についで、哲学のいっそう深い根源なのであります。……私たちが限界状況に対していかなる態度をとるかといえば、それはこの限界状況を糊塗するか、あるいは私たちが限界状況を本当に把握するかぎり、絶望と回生によってそれに対処するかの、いずれかであります。後者の場合私たちは、自分の存在意識を変革することによって自分自身になるのであります。

（『**哲学入門**』草薙正夫訳　新潮文庫）

解説 **限界状況から「本当の自分」へ**　ヤスパースはこの資料で、避けられない死、様々な悩み、他者との争いや罪悪感など、人が生きる上で直面する、自分ではどうしようもない困難な状況をあげ、それを限界状況としている。彼が生きた時代、実際に人類は2度の世界大戦を経験した。戦争では、戦場に行くことになったり、敵国から攻撃を受けたりして、否応なく死に直面する。また、その後の冷戦では、自分ではどうしようもない核戦争の危機に怯える。しかし、このような状況に絶望してこそ、人間は他者の中に埋もれ、自己の実存を知らない、「単なる現存在」の状況を脱し、意識を変革して、他の誰でもない自分自身を自覚することができる。

⑤ 包括者

🔍 主観的な実存とともに客観的な理性も重要であり、主観と客観の統一される空間が包括者である。

　かくて**理性と実存**は、あらゆる様式の**包括者**において相互に出会いながら、われわれの存在の一大両極をなしている。……この両極の各々は、その一方の極が失われると、他の極も失われる。

　実存は理性によってのみ明白になり、理性は実存によってのみ内容を得る。

　……実存を欠く理性は、可能な限りにおいてどんなに豊富であっても、結局はとりとめのない思惟へ、すなわち意識一般だとか、精神の弁証法などのせいぜい知性的な運動へ陥る。……理性を欠く実存は、感情・体験・無疑問的な衝性・本能・恣意に支えられて、盲目的な強制へ陥る。

（『**理性と実存**』草薙正夫訳「ヤスパース選集29」理想社）

解説 **包括者**　『理性と実存』以降、ヤスパースは包括者という概念を思索のテーマにした。包括者とは主観と客観の分裂を超え、実存を探究する人間という存在と人間が客観としてとらえる対象を、ともに包み込む空間である。また、後期のヤスパースの思想では、実存としての人間が包括者を解明する道具として、**理性の役割が強調される**ようになる。実存と理性はともに必要なものであり、片方に偏らないバランスが必要であるとした。

西洋近現代の思想

(1)　実存主義

ハイデガー (Martin Heidegger)

ドイツ出身
1889～1976

あらゆる存在者のうちひとり人間だけが、存在の声によって呼びか
けられ、〈存在者が存在する〉という驚異の中の驚異を経験する

年（年齢）	生　涯
1889(0)	南ドイツ、メスキルヒで誕生
1909(20)	フライブルク大学に入学
1911(22)	神学から哲学に転向
1916(27)	フッサールがフライブルク大学に赴任
1923(34)	マールブルク大学教授となる
1927(38)	『存在と時間』出版
1928(39)	フライブルク大学教授となる
1933(44)	フライブルク大学総長となる
1934(45)	総長を辞任
1945(56)	ナチスに対する協力により1951年まで教職追放となる
1961(72)	『ニーチェ』出版
1976(86)	死去

略伝 南ドイツの小村メスキルヒに、教会の職員の子として生まれた。教会の神父の世話でフライブルク大学に入学し、初めは司祭をめざすが、のちに家族の反対を押し切って哲学に転向した。フライブルク大学に赴任したフッサール（◯p.167）の助手として、アリストテレスの現象学的解釈を研究した。34歳でマールブルク大学教授となり、38歳で刊行した『存在と時間』は、20世紀の哲学界に大きな反響を呼んだ。その翌年フッサールの後継者としてフライブルク大学に戻り、44歳でフライブルク大学の総長となり、ナチスに入党する。しかし、わずか1年で総長を辞任し、研究生活に没頭する。第二次世界大戦後はナチスへの協力を理由に教職から追放されたが、ヤスパース（◯p.152）やアーレント（◯p.170）の協力もあり、1951年にフライブルク大学に復職した。翌年、定年退官し講義の義務はなくなるが、自発的な大学での講義はその後も続け、多くの著作を発表した。

主著『存在と時間』『形而上学とは何か』

ハイデガーの思想

❶ハイデガーはなぜ人間の存在を問うのだろうか。

人間がどのように存在を了解するかということが、存在の謎を解く鍵であるから。　→①

❷人間は通常どのように存在しているのだろうか。

日常の中で本来のあり方を忘れ、気晴らしや無意味な暇つぶしを続ける「ひと」として存在する。　→②、原典資料⑤

❸どうすれば人間の本来性を回復できるのだろうか。

自分が「死への存在」であることを自覚し、本来の自分であろうとする先駆的決意性で本来性が回復される。→③、原典資料⑥

① 現存在と世界−内−存在　出題

ハイデガーは『存在と時間』で、伝統的な哲学の中では当たり前の前提として問われてこなかった、「**存在すること**」の意味を明らかにしようとした。そこでハイデガーは人間を、自分が存在することを了解し、存在を問うことができる存在として特に**現存在（ダーザイン）**と呼ぶ。そして人間だけが自分の存在を了解しながら生きているのだから、人間存在を考察することで「存在すること」の意味を明らかにできると考えた。

さらにハイデガーは、現存在（人間）を**世界−内−存在**と規定する。現存在は、気づいた時には**すでに世界の中に投げ出され（被投性）**、物や他者と関わって生きている。そして現存在は、物や他者に対して**気遣い（関心）**をしながら、物をどう使うか、他者とどのように関わるかを選ぶことで、自分が世界でどのように生きるかという可能性を選びとる。このような現存在のあり方を、ハイデガーは**実存**という。

原⑤ ② ひと（世人、ダス・マン）

世界の中で他者とともに生きる人間は、世間一般の価値を無自覚に受け入れ、本来的な生き方をしていないとハイデガーは言う。日常生活の中での現存在は、周りの人や世間を気にかけ、それに従って生きている。こうした人間のあり方を、彼は**ひと（世人、ダス・マン）**と呼ぶ。それは平均的で均等化された誰でもない匿名の人間であり、交換可能な存在である。このように、世界の中に埋没してしまい、本当の自分を生きていない現存在（人間）のあり方が**頽落**である。平均的な日常の中で「ひと」は、空しいおしゃべりや好奇心に心を向け、自己の本来のあり方を忘れているのである。では、本来のあり方で生きるためにはどうしたらいいのか、それをハイデガーは考えていった。

入試に◯×チャレンジ [74] ハイデガーは、ダス・マンというあり方を脱して本来の自己へと至るには、絶望のただなかで、自己の死の可能性を直視することが必要だとした。(2013年本試)

（1）死への存在

存在の意味を問うことができる人間は、自らの存在が「死」によって失われることもわかっている。しかし、**ひと（世人、ダス・マン）**として平均的日常を生きる人間は、「死は確実にやって来る、しかしまだ当分は来ない」と考え、死の問題に正面から向き合おうとしない。むしろ死への不安から逃れるために、頽落へと陥っている。これに対しハイデガーは、自分が死ぬという事実、つまり自分が**死への存在**であるという事実に向き合うことを**死への先駆**と名づけ、それによって**人間は頽落から引き離される**と主張した。

（2）先駆的決意性

死への存在として生きる実存（人間）には、**良心**が他の誰でもない本来的な自己として生きることを呼びかける。この良心の声に耳を澄まして、死への不安に向き合い、自己の可能性に向けて自らを投げ出して（**投企***）本来的自己を生きようとすることを、**先駆的決意性**という。**死への先駆によって、実存の本来性は回復される**とハイデガーは説いたのである。人間は死に直面して初めて自分らしい生き方ができるといえるだろう。

＊投企 企投と訳されることもある。

原典資料 ・・

⑤ 世人の生き方

🔍 世人とはどのような生き方なのだろうか。

　……われわれは、ひとが楽しむとおりに楽しみ興ずる。われわれが文学や芸術を読んだり見たり判断したりするのも、ひとが見たり判断したりするとおりにする。……われわれは、ひとが憤激するものに「憤激する」のである。世人は、いかなる特定のひとでもなく、たとえ総計としてではないにせよ、すべての人々であるのだが、そうした世人が、日常性の存在様式を指定するのである。
　……このように世人は、その日常性におけるそのときどきの現存在の責任を免除する。……
　……**誰もが他者であり、誰ひとりとしておのれ自身ではない。**

（『存在と時間』原佑・渡辺二郎訳「世界の名著62」中央公論社）

⑥ 死への先駆

🔍 死への先駆によって人は、世人としての生き方から離れることができる。

　死は現存在の最も固有な可能性なのである。……そのような存在しうることにおいて現存在にあらわになりうるのは、現存在は、おのれ自身のこの際立った可能性においては世人からあくまで引き離されているということ、言いかえれば、**先駆しつつおのれをそのつどすでに世人から引き離しうる**ということ、このことである。……
　……おのれに固有な死に向かって先駆しつつ自由になることが、偶然的に押しよせてくる諸可能性のなかへの喪失から解放してくれるのであり、……追い越しえない可能性*の手前にひろがっている現事実的な諸可能性をまずもって本来的に了解させ選択させるのである。　（『存在と時間』同上）

---

④ 存在忘却と現代文明批判 〔出題〕

　ハイデガーは後期の著作『ヒューマニズムについて』で、人間中心主義的なヒューマニズムの立場をとるサルトル（→p.156）を批判した。「実存は本質に先立つ」という考えは、存在の真理を忘却しているという。まずあるのは「存在」である。人間の思考の中で存在は言葉として現れる。したがって、存在としての言葉に向き合う思索する者と詩作する者のみが、**存在の開けた明るみ（故郷）**を言葉の中に見いだすことができる。人間は存在の真理を見守るため、存在によって投げ出された**存在の牧人（羊飼）**である。古代ギリシアではテクネー（技術）は詩作のための芸術だった。しかし、現代文明は言葉を単なるコミュニケーションの道具としてとらえ、自然を技術的に制圧しようとしてしまっている。この状態が**存在忘却**であり、**故郷の喪失**である。ハイデガーは『技術への問い』で、すべてのものを技術的な操作の対象とみなす現代文明を批判し、存在が語りかけるはるかな声に耳を傾けるべきことを説いた。

📝 **メモ** 謎のカリスマ　ハイデガーは、とてもカリスマ性があり、多くの人々を惹きつける魅力に溢れていた。一方で、謎を残した意味深長な表現をすることが多かったらしい。ハイデガーの周りの哲学者たちも、結局彼が何を語りたかったのかわからないと言っていたという。

解説 ▶ ダス・マン（das Man）
das Man という言葉はハイデガーの造語で、ドイツ語の三人称の代名詞 man を大文字にし、中性の定冠詞 das をつけることで、不特定多数の顔のない他者を表現した。確かに私たちは何かを自分で判断するのではなく、マスコミや世間の動向にのって判断する傾向がある。そうすれば、判断の責任は自分ではなく「ひと」が負ってくれるという気楽さがある。「みんなそうしていたから」といい、自分の責任ではないと主張することができるのである。

解説 ▶ 死への先駆による人生の可能性
ハイデガーはここで、死を「最も固有な可能性」としている。現存在（人間）が生きていく上では、選択しうる様々な可能性があるが、それは他の誰かが代わりに選択することもできる。しかし、死は避けられない、一人ひとりにとって固有の可能性である。この可能性を自覚する時、人は世人としての生き方から引き離され、本来的な生き方をするための可能性が死という可能性の前に広がっていることに気づき、それを選択することができる。

＊追い越し不可能性　ハイデガーの言う死の性質の一つ。現存在（人間）は死を追い越して、死の経験を追い越した地点から振り返ることはできないということ。

無神論的実存主義の旗手

サルトル (Jean-Paul Sartre)

★★☆☆☆

フランス出身
1905〜80

人間はまず先に実存し、世界内で出会われ、世界内に不意に姿を
あらわし、そのあとで定義されるものだ

年(年齢)	生涯
1905(0)	パリに誕生
1924(19)	高等師範学校に入学
1929(24)	ボーヴォワールに出会い、2年間の契約結婚をする
1931(26)	ル・アーブルの高等中学校の哲学教師となる
1938(33)	『嘔吐』出版
1939(34)	軍に召集、砲兵隊気象班に配属
1940(35)	捕虜として収容所に送られる
1943(38)	『存在と無』出版
1945(40)	『現代』誌創刊、講演「実存主義とはヒューマニズムか」
1960(55)	『弁証法的理性批判』出版
1964(59)	ノーベル文学賞を辞退
1980(75)	肺水腫により死去

略伝 パリに生まれ、2歳の時に海軍将校だった父を熱病で失い、母方の祖父の家で育てられた。高等中学校から高等師範学校に進学し、メルロ=ポンティ(◯p.167)と出会った。24歳の時ボーヴォワールと知り合い、2年間の契約結婚をしたが、その後も晩年までパートナーとしてともに生きた。26歳で高等中学校の哲学教師となるが、2年後にベルリンに留学してフッサール(◯p.167)、ハイデガー(◯p.154)の現象学を学ぶ。33歳で小説『嘔吐』を出版し、その後も多くの戯曲を発表するとともに、哲学的著作『存在と無』を出版。第二次世界大戦後は、社会参加(アンガージュマン)を説いて**実存主義**を提唱し、大きな反響を呼んだ。実際にベトナム戦争反対運動に参加するなど、社会に関わる活動を続けた。その後はマルクス主義とソ連に接近した。1964年にはノーベル文学賞の受賞を拒否した。68歳でほぼ失明状態となった後は執筆活動もできなくなり、75歳で亡くなった。

主著 『嘔吐』『存在と無』『実存主義とは何か』『弁証法的理性批判』

サルトルの思想

❶ サルトルは実存(人間存在)をどのようにとらえたのだろうか。

物の存在の仕方と異なり、絶えず自分自身を未来に向け、あり方を変えていく存在だとした。 →①、原典資料④

❷「実存は本質に先立つ」とはどのような意味だろうか。

実存(人間存在)は自分が何者かという本質をあらかじめ与えられることなく、世界に投げ出されているということ。 →②、原典資料④

❸ 実存にとってアンガージュマンとは何だろうか。

自分自身と人類全体への責任を伴う自由を背負いながら、未来の社会のあるべき姿を選択する社会参加をさす。 →③、原典資料⑥

原④ ① 存在と無 ── 現象学的存在論

サルトルは、現象学(◯p.167)の方法で書いた『存在と無』の中で、人間の意識のあり方を**対自存在**として、単なる事物(物)のあり方である**即自存在**と区別する。対自存在とは、**常に自己を否定し、脱出して別の自己になろうとする脱自的な存在**である。対自存在は、自己を実現するため、自らの可能性の中から生きる道を選んでその道に身を投げ出し、行動する(**投企**)。このような対自存在をサルトルは**実存**という。それは、自由である一方、不安なあり方でもある。

対自存在と即自存在

	意味	例
即自存在	単なる事物(物)のあり方。自らを否定せずに存在し続ける	コーヒーカップはコーヒーカップであることをやめることなく存在し続ける
対自存在	人間の意識の脱自的なあり方。常に今の自分を否定し、そこから抜け出そうとする	人間はコーヒーを飲み干し、支払いを済ませてカフェを出る。「カフェで休んでいる人」である自分を否定して、「外を歩く人」になる

原④ ② 実存は本質に先立つ

頻出

サルトルは、物と異なり、人間の「**実存は本質に先立つ**」と述べた。物であるペーパーナイフの存在は、職人が「紙を切るためのナイフ」という本質を目的として作ることで生まれる。つまり、ペーパーナイフの本質は存在に先立つ。しかし、人間はまず先に存在(**実存**)し、世界に姿を現した後で、自分で自分がどのような人間かという本質を決めていく。つまり、人間の存在としての**実存は本質に先立つ**。実存主義において「人間」の定義を決めることができないのは、人間は生まれた時はまだ何者でもないからである。

物と人間の本質と実存

物(ペーパーナイフ) 本質は存在に先立つ
存在
本質
紙を切るための道具 → 紙を切るものを職人が製作

人間 実存は本質に先立つ
何者でもない
実存
選ぶ → 思いやりある行動 人間は行動によって何者かになる → 思いやりのある人
本質

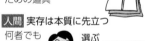

入試に◯×チャレンジ 75 サルトルは、日常的な道具は使用目的があらかじめ定められており、本質が現実の存在に先立っているが、現実の存在が本質に先立つ人間は、自らつくるところ以外の何ものでもないと考えた。(2006年本試)

西洋近現代の思想 7 実存主義とプラグマティズム

原6 3 アンガージュマン 頻出

　サルトルの**アンガージュマン**という言葉は、「社会参加」「自己拘束（こうそく）」「束縛（そくばく）」などと訳され、**自分自身と人類全体への責任を負いつつ、自分が考える社会のあるべき姿を実現するために社会と関わる**ことである。サルトルは、人間は誰もが自分の置かれた状況に拘束されているが、同時に自由な存在であると考える。そのため、どのような場面でも人は自由に自分の行動を選択しなければならないし、また自由に選択した以上、行動に責任を負わなければならない。これは、新しい状況に自分自身を拘束することである。その選択は自分自身の人生や社会全体のあるべき姿を自ら選ぶ主体的な行動であるとともに、確実でない未来に賭（か）けることも意味する。**サルトルはこのアンガージュマンによって、社会を変えていく**ことを訴えた。

★★ シモーヌ・ヴェイユ Simone Weil (1909～43)

略伝 パリのユダヤ系の医者の家庭に生まれた。高等師範学校卒業後、女子高等学校の哲学教師となる。失業者支援のデモに参加するなどマルクス主義の立場から政治活動を熱心に行った。1934年から休職して**非熟練工として工場で働き、労働者の不幸についての考察**を深めた。スペイン内戦では人民戦線に参加して戦い、工場と戦場を支配し、人間の尊厳を損ない不幸をもたらすメカニズムを「野蛮（やばん）」ととらえた。帰国後、カトリックの修道院で、キリストの受難の神秘を学び、不幸に苦（くる）しむ義人に対する神の憐（あわ）れみに信仰の真理を認めた。ナチスによるパリ陥落後、ロンドンに渡り対ドイツレジスタンス運動に参加するが、肺結核と栄養失調で死亡した。 主著『根をもつこと』『カイエ』

原典資料

4 投企的存在 出題 ▶ 🔍 人間が投企的存在であることをサルトルは語る。

　人間はみずからつくるところのもの以外の何ものでもない。以上が実存主義の第一原理なのである。これがまたいわゆる主体性であり、まさしくそのような名で世人がわれわれに非難しているものなのである。しかしわれわれがそれによって意味するのは、人間は石ころや机よりも尊厳であるということ以外にはない。というのは、われわれは人間がまず先に実存するものだということ、すなわち**人間はまず、未来にむかってみずからを投げるものであり、未来のなかにみずからを投企することを意識するものであることをいおうとするのだからである。**人間は苔（こけ）や腐蝕（ふしょく）物やカリフラワーではなく、まず第一に、主体的にみずからを生きる投企なのである。この投企に先立っては何ものも存在しない。

（『**実存主義とは何か**』伊吹武彦訳　人文書院）

解説 **投企（projet）** 投企と訳されるフランス語"projet"は、もともと「計画」「投影」「投げ出すこと」を意味し、英語では"project"にあたる言葉である。即自存在である石ころや机と違い、対自存在である実存（人間）は自己を否定すること（脱自）によって、自らを未来の可能性に向けて投げ出し、自分の生き方を企画する（投企）主体的な存在である。人間は、自分が何をするかを自由に選び、自分が何者なのかという問いへの答えを自分自身で作っていく。

5 自由の刑 🔍 サルトルは人間の自由を、実存主義の立場から説明している。

　人間は自由である。人間は自由そのものである。もし一方において神が存在しないとすれば、われわれは自分の行いを正当化する価値や命令を眼前（みいだ）に見出すことはできない。こうしてわれわれは、われわれの背後にもまた前方にも、明白な価値の領域に、正当化のための理由も逃げ口上（こうじょう）ももってはいないのである。われわれは逃げ口上もなく孤独である。そのことを私は、**人間は自由の刑に処せられている**と表現したい。刑に処せられているというのは、人間は自分自身をつくったのではないからであり、しかも**一面において自由であるのは、ひとたび世界のなかに投げだされたからには、人間は自分のなすこと一切について責任があるからである。**

（『**実存主義とは何か**』同上）

解説 「**人間は自由の刑に処せられている**」「もし神が存在しないとしたら、すべてが許されるだろう」というドストエフスキーの言葉が、実存主義の出発点であるとサルトルは言う。神が存在しないならば、人間は完全に自由であり、十戒にあるように、「これをしなさい」「あれをしてはならない」と決められることはない。しかし、神が存在しないために、自分の行為を神の示した価値や命令によって正当化することもできない。人間は、望んで生まれてくるわけではないにもかかわらず、自分のすべての行為と選択に対して、自分で責任を負わなければならない。

6 アンガージュマン 🔍 自分の選択が人類全体に責任を負うというのは、具体的にはどのようなことをさすのだろうか。

　……もし私が結婚し、子供をつくることを望んだとしたら、たとえこの結婚がもっぱら私の境遇（きょうぐう）なり情熱なり欲望なりにもとづくものであったとしても、**私はそれによって、私自身だけでなく、人類全体を一夫一婦制の方向へアンガジェするのである。**こうして私は、**私自身にたいし、そして万人にたいして責任を負い、私の選ぶある人間像をつくりあげる。私を選ぶことによって私は人間を選ぶのである。** （『**実存主義とは何か**』同上）

解説 **アンガージュマン** 婚約指輪をエンゲージリングと呼ぶように、アンガージュマン（engagement）にはもともと「契約」「誓約」の意味がある。**アンガジェ（engager）**とはその動詞形である。社会参加を説くサルトルのアンガージュマンの思想は、1960年代の世界の学生運動に大きな影響を与えた。

西洋近現代の思想 (1) 実存主義

BOOK 『実存主義とは何か』（サルトル、人文書院）　サルトルの講演録。高校生にもわかりやすい入門書。

 答 p.154 74 ✕

重要用語 333 投企、334 「実存は本質に先立つ」、335 対自存在・即自存在、336 アンガージュマン、337 「人間は自由の刑に処せられている」

実存主義の展開

▶岩を上げるシーシュポス（ティツィアーノ筆、プラド美術館）

カミュ ★★
Albert Camus（1913〜60）

略伝 アルジェリアの貧しい農場労働者の家に生まれた。高等中学校時代に文学の才能を認められアルジェ大学へ進学。新聞記者となるが、第二次世界大戦勃発後ナチスへのレジスタンス運動に参加。人生には意味はないが、意味がないからこそ生きるに値するという**不条理の哲学**を唱え注目を集めた。1957年ノーベル文学賞を受賞。1960年、交通事故により死去。

主著『異邦人』『シーシュポスの神話』『ペスト』

1 不条理の哲学 ▶出題

この世界は何の根拠もなく偶然に存在しているだけである。一方、人間はそれを理性によって理解し、人生の意味や価値を見いだそうとする強い欲望を持つが、最終的には人間は世界の偶然性を超えることができない。このような**世界と人間の対立関係**をカミュは**不条理**と呼んだ。

小説『異邦人』は「太陽のせいで」という動機で殺人を犯して死刑の判決を受ける主人公ムルソーが、不条理の中に幸福を確信する作品である。また『シーシュポスの神話』は不条理を哲学的に解明しようとした作品である。不条理を絶えず意識し続けるところに人間的自由があるとして、ギリシア神話のシーシュポスに神々が与えた罰――山頂から転がり落ちる岩を持ち上げ続ける労働――の中に幸福を見いだしている。

2 反抗的人間

カミュは、キルケゴールやヤスパースの実存主義について、出発は不条理だが信仰や超越者へ飛躍することによって結局は希望を獲得し、不条理に向き合うことから逃亡することを批判する。また、フランスのレジスタンス運動に加わった経験をもとに、人間存在の不条理性に対する反抗から、さらに集団的な反抗の思想へと進んだ。小説『ペスト』では市民が連帯してペストの不条理と戦う姿を描き、エッセー『反抗的人間』では、**死と暴力を肯定する革命ではなく、いかなる場合でも人間性を尊重しながら自由と幸福を求める反抗によってこそ社会を変革できる**と説いた。

解説 ▶革命か反抗か――**サルトルとの論争** 『反抗的人間』であらゆる政治的な暴力を否定したカミュの思想は、革命と共産主義を支持するサルトルとの論争を招いた。その結果、盟友サルトルと絶交することになり、マルクス主義の影響が強かった当時のフランス思想界でも孤立することになった。

ボーヴォワール ★
Simone de Beauvoir（1908〜86）

略伝 パリ（ソルボンヌ）大学在学中にサルトルと知り合い、結婚という制度にとらわれない自由で親密な関係を終生続ける。『**第二の性**』では、女性という存在が社会と文化によってつくられたものであることを、豊富な実例を用いて立証した。女性への偏見と闘う言論活動によって、20世紀後半の世界的な女性解放運動の先駆的役割を果たした。

主著『招かれた女』『第二の性』

3 第二の性

1949年に発表された、ボーヴォワールの代表作となる女性論。「事実と神話」と題された第1巻では、精神分析学や唯物史観などの女性論を検討し、女性の本質とされてきたものが、歴史を通して形成されてきた神話にほかならないことを示した。「体験」と題された第2巻では、性をめぐる女性たちの証言をもとに、幼年期から老年期まで女がどのようにつくられ、どのように抑圧されるかを考察した。実存主義の立場から、家父長制の文化の中で、即自的存在におとしめられている女性の主体的実存の回復を訴え、フェミニズムに哲学的基盤を与えた作品である（●p.171）。

原典資料 ・・・・・・・・・・・・・・・・・・ボーヴォワール
4 『第二の性』 ▶出題

人類に雌（めす）がいるのは誰もが一致して認めているし、雌は今も昔も人類のほぼ半分を占めている。それなのに私たちは、「女らしさが危機に瀕（ひん）している」と言われたり、「女でありなさい、女でいなさい、女になりなさい」と説教されたりする。つまり、雌の人間すべてが必ずしも女ではないことになる。……男の場合はけっして自分がある特定の性に属する個人であると認めることから始めたりはしない。男であることは、わざわざ言う必要のないことなのだ。……フランス語では「男（homme）」と言えば、人間を意味するほどである。……

人は女に生まれるのではない、女になるのだ。社会において人間の雌がとっている形態を定めているのは、生理的宿命、心理的宿命、経済的宿命のどれでもない。文明全体が、男と去勢者の中間物、つまり女と呼ばれるものを作りあげるのである。他人の介在があってはじめて個人は〈他者〉となる。

『第二の性』（『第二の性』を原文で読み直す会訳　新潮文庫）

**入試に ○×
チャレンジ** 76 カミュは、『シーシュポスの神話』のなかで、山の上から転げ落ちる岩を運び上げることを無限に反復するシーシュポスの姿を描き、人間の生が不条理であることを示し、そのなかで生き続けることを人間の運命とした。（2014年本試）

プラグマティズムの思想家

▶「アメリカの進歩」（ジョン・ガスト筆）

プラグマティズムとは、観念を行為(ギリシア語でプラグマ pragma)との関連の中でとらえ、現実に即した実践的な知性の活動をめざす、アメリカで生まれた思想運動である。その哲学は1870年頃「形而上学クラブ*」というグループの中で、パースによって提唱された。その約30年後、パースの友人のジェームズの講演で紹介されて広まり、デューイらによって発展した。

*形而上学クラブ　ハーバード大学の卒業生の学者をメンバーとするグループ。従来の「形而上学」のように、経験に基づかず客観的に確かめることのできない思想ではない、新たな思想を生み出すことをめざした。「形而上学クラブ」という名称は、形而上学への皮肉である。

進化論（ダーウィン）	開拓者精神（フロンティアスピリット）	イギリス経験論

↓

プラグマティズム

否定 ↓

デカルト（形而上学／先天的方法）

プラグマティズムは、デカルトに代表される形而上学的なヨーロッパ哲学の伝統を否定し、経験論と進化論の影響のもと、アメリカの開拓者精神を反映して誕生した新しい哲学である。

プラグマティズムの3人の思想家の特徴

パース
【プラグマティズムの提唱者】
- 「形而上学クラブ」の中心メンバー
- ギリシア語の「プラグマ（行為）」から**プラグマティズム**という言葉を提唱
- 「プラグマティズムの格率」によって、概念は行為とその観察可能な結果によって明らかにできることを示す

→

ジェームズ
【プラグマティズムの確立者】
- 「形而上学クラブ」メンバーの時に知ったパースのプラグマティズムを紹介
- **パースのプラグマティズムを拡大解釈**し、有益な結果をもたらすものが真理であるとして**真理の有用性**を唱える
- 実験で結果を確認できない宗教的観念も、有用である限り真理だとして擁護

→

デューイ
【プラグマティズムの大成者】
- 人間の知性は、よりよく生活を営むための道具であるとする**道具主義**を提唱
- 日常生活の中の問題を解決する、道具として有用な**創造的知性**を重視
- 民主主義の理想を実現するために、「**なすことによって学ぶ**」**経験主義教育**による教育改革を提唱

★ パース
Charles S.Peirce
(1839～1914)

略伝 ハーバード大学の数学教授の子として、アメリカのマサチューセッツ州に生まれた。ハーバード大学卒業後、アメリカ沿岸測量部の科学研究員として過ごしながら哲学・論理学に関する論文を次々に発表した。しかし、彼の偏屈な性格と離婚・再婚問題のため大学に教授職を得ることはできなかった。48歳の時に仕事を辞めて隠棲し、貧困と孤独と病苦の中、ジェームズらの援助を受けながら不遇のうちに死を迎えた。彼の先駆的な業績が評価されたのは、死後論文集が出版された1930年代以降である。

1 パースのプラグマティズム　出題

パースは、難しい言葉や抽象的な概念の意味を求める探究を、デカルト（●p.107）以来の形而上学的で抽象的な方法ではなく、**行為と関わる実践的で科学的な方法によって行う**ことを提案した。パースは**プラグマティズムの格率**として「概念を明晰にするためには、**その対象がどのような実際的な関わりを持つ結果をもたらすかを知ればよい**」と示した。例えば「重さ」という概念の意味は、「支える力がなければ下に落ちる」という結果にすべて含まれている。つまりそれは、実験（物を落下させる）という行為とその観察可能な結果（支えるものがないから落ちた）によって明らかにすることができるのである。

原典資料 ·············· パース

2 プラグマティズムの格率

Pragmatic maxim

"Consider what effects, that might conceivably have practical bearings, we conceive the object of our conception to have. Then, our conception of these effects is the whole of our conception of the object."

プラグマティズムの格率

私たちの概念の対象が、実際的なかかわりがあると思われるどのような結果をおよぼすかと私たちが考えるか、ということをかえりみよ。そのとき、こうした結果にかんする私たちの概念が、その対象にかんする私たちの概念のすべてである。（『概念を明晰にする方法』魚津郁夫「プラグマティズムの思想」ちくま学芸文庫）

解説 **新しい推論の方法** パースはデカルトが主張したような直観による認識を否定し、人間の認識はすべて論理的な推論に基づくと考えた。**プラグマティズムの格率**は、概念と意味を行為によって結びつけ、行為の結果により概念の意味を知るという新しい推論の方法である。パースの思想は科学・論理学・記号論・認識論・知識論など多方面にわたって革新的だったが、体系化されず、論文集が出版されてから再評価された。

メモ **パースとジェームズ** パースとジェームズは同世代で、家族ぐるみの付きあいをしていたが、偏屈なパースは自らが提唱したプラグマティズムという探究の方法を、ジェームズが（パースから見て）浅薄な理解で用いていることを快く思っていなかった。のちにパースは、ジェームズの探究の方法と区別するため、自らの方法を「**プラグマティシズム**」と呼ぶようになった。

 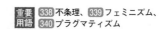
西洋近現代の思想
（2）プラグマティズム

ジェームズ William James （1842～1910）

略伝 神秘的宗教思想家・著述家の長男としてアメリカのニューヨークに生まれた。少年時代はヨーロッパ各地で過ごし、ハーバード大学に入学後は、化学、生物学、医学を学んだが、卒業後に憂鬱症に陥る。健康を回復したのち、1872年からハーバード大学で生理学と解剖学の講師となり、のちに生理学助教授として心理学の講義を担当、アメリカで初めての心理学実験室を設けた。その後、哲学研究へと関心を移し、85年、43歳の時に哲学教授となる。98年、カリフォルニア大学でプラグマティズム運動を提唱する講演を行い、友人パースの思想を紹介した。 **主著** 『心理学原理』『プラグマティズム』『宗教的経験の諸相』

デューイ John Dewey （1859～1952）

略伝 アメリカのバーモント州に食料品店の三男として生まれた。バーモント大学を卒業後、高校の教師となったが、本格的に哲学を学ぶために大学院に進んだ。哲学博士の学位を取得後、哲学講師として講義を始め、ジェームズの『心理学原理』の影響を受ける。1894年にはシカゴ大学教授となり、大学附属の実験学校を設置、その責任者として実験的な教育実践を行った。政治・社会哲学の領域でも活動し、市民的自由のために旺盛な言論活動を行った。彼のプラグマティズムは、教育学、心理学、社会学、政治学、倫理学、論理学（探究の理論）、芸術論、宗教論などの多領域に及ぶ多面的な思想である。 **主著** 『学校と社会』『民主主義と教育』『哲学の改造』『論理学』

③ 真理の有用性 〔頻出〕

ジェームズは、概念を明らかにする方法としてのパースのプラグマティズムの格率を拡大解釈し、観念が真理かどうか判定する基準として利用した。そして、倫理的・宗教的な分野でもこの基準を用い、信じることで得られる様々な結果が**有用（役立つ）な限りにおいてその観念は真理である**と考えた。例えば「神の存在」は、実験では検証できない宗教的な観念である。しかし、それを信じることで心が安らかになるなど有用ならば、その人にとっての真理であると考えられるという。こうした彼の限定的な**真理の有用性**は、科学的な知識も宗教的な観念も同様に真理となりうると考えることで、科学で否定されることもある宗教的な観念を擁護するものであった。

解説 **二つの真理** ジェームズは実験や検証によって明らかになる真理と、それを信じることによって得られる結果に基づく真理との二つの真理を想定した。宗教的な真理は検証することは不可能だが、信じることによってある種の人々に慰めを与えるならば、その限りにおいて真である。ジェームズは信仰の真理を限定的な真理として認めたのである。

原典資料 ‥‥‥‥‥‥‥‥‥‥‥‥ ジェームズ

④ 宗教とは何か

私たちは宗教をこういう意味に解したい。すなわち、宗教とは、個々の人間が孤独の状態にあって、いかなるものであれ神的な存在と考えられるものと自分が関係していることを悟る場合だけに生ずる感情、行為、経験である、と。

（『宗教的経験の諸相』枡田啓三郎訳 岩波文庫）

解説 **ジェームズの信仰** ジェームズは日常的な経験や科学的な経験を超えた、超越的な信仰を重視する。信仰はより高い宇宙の精神との合一や調和によって、生活に熱意と感動を与えるとともに、守られているという確信をもたらし、信仰する者の他者への愛が強まるという。彼自身、超越的な信仰によって、憂鬱症を乗り越えることができた。この点で、ジェームズにとって、信仰はまさに有用なものであり、真理であった。

⑤ 道具主義と創造的知性 〔頻出〕

人間の思考や知性、また知識・概念・理論は、人間がより環境に適応し、よりよい生活を営むための道具であるとするデューイの考え方を**道具主義**という。ダーウィン（◯p.136）の進化論の影響を受けた彼は、生物が進化を通じて問題の解決に様々な能力や器官を道具として使うようになるのと同様に、**人間が問題を把握し、それを解決するために役立つ道具となるのが知性**だと考えた。このように、道具としての有用性を持つ知性を**創造的知性（実験的知性）**という。彼は科学の方法が最も優れた知的探究の方法であると考え、人間のすべての生活の営みの中で、科学的・実験的探究の態度と方法が行われることを強調した。

原典資料 ‥‥‥‥‥‥‥‥‥‥‥‥‥‥ デューイ

⑥ 概念や理論の価値

‥‥‥概念、理論、体系というのは、‥‥‥それらをテストする行動の基礎として理解すべきであって、究極的なものとして理解すべきではない。‥‥‥**概念、理論、思想体系は、道具である。**すべての道具の場合と同じように、その価値は、それ自身のうちにあるのでなく、その使用の結果に現われる作業能力のうちにある。

（『哲学の改造』清水幾太郎・清水禮子訳 岩波文庫）

解説 **価値は能力で決まる** ハサミは切れ味がよりよいことに価値があり、毛布はより暖かくなれることに価値がある。概念や理論もまた、これらと同様に道具である以上、環境への適応という人間の目的に役立つ能力をどれだけ持つかにより、その価値が決まるとデューイは考えた。

⑦ 探究の理論

デューイは『論理学』において、あらゆる思考過程が**問題解決のための活動**であると考え、その方法として**探究**を示した。探究とは、**矛盾して不確定な問題状況を、思考という道具を使い、矛盾のない統一的な状況**

入試に◯✕チャレンジ 77 デューイによれば、道具を用いて環境を改善していく人間にとって、自らの知性もまた、個別の問題を解決して社会を進歩させるための道具である。（2013年本試）

に変えていく**問題解決**である。その探究のプロセスは以下のようなものである。こうして検証された問題解決のための仮説は絶対的な真理ではないが、次の探究のための新しい道具となりうる。

探究による問題解決のプロセス－新聞配達のルートを考える

①不確定な状況の中から	配達順がわからない
②〈問題設定〉を行い	「どのようなルートで配達するのが効果的か？」
③問題を解決するための〈仮説〉を決定し	最短距離になるルートが最適ではないか
④仮説をより適切なものに〈推論〉して変形し	一筆書きでたどれる最短ルートが最も効率的だと思われる
⑤仮説を問題解決に適用することによって、その有効性を〈テスト〉する	実際に配達しながら距離と時間を測定する

8 経験主義教育

デューイは小社会としての学校が、暗記と試験による受動的な学習の場ではなく、子どもたちが興味に溢れて活動的な社会生活を営む場でなければならないと考えた。このような学校で道具としての知性を身につけるための学習が**問題解決学習**である。彼は実際の例として、ネイティブアメリカンの織機を参考にして、子どもたちが羊毛を紡いで毛糸を作ったり、簡単な織機を作って布を織ったりする学習をあげ、作業を通して知性を身につける「**なすことによって学ぶ**（Learn by doing)」**経験主義教育**の有効性を主張した。

解説 **進歩主義教育** 児童中心の経験主義教育の方法と、教育を社会の進歩と改革の基本的手段ととらえる教育観を合わせて進歩主義教育という。デューイが確立したこの新しい教育哲学は、進歩主義教育運動として1930年代までに全米に広がり、アメリカのみならず、日本をはじめ世界の教育に影響を与えた。

コラム **デューイの原点**

プラグマティズムの代表的思想家３人のうち、デューイは、他の２人とは少し違う少年時代を送っている。パースの父はハーバード大学の教授、ジェームズの父も有名な著述家であり、２人は学問的な環境に育った。それに対して、デューイはバーモント州の自然豊かな湖畔の町、バーリントンの食料品店の三男として生まれた。田舎での生活の中でデューイは、湖や森でキャンプ旅行をしたり、新聞配達、材木置き場でのアルバイトなどの体験もした。少年のうちから自然の中で生活や職業的活動を行ったのである。これが、のちのデューイの教育論に影響を与えたといえよう。そこに「なすことによって学ぶ（Learn by doing)」の原点があったのである。

9 民主主義教育 　　　　　　出題▶

民主主義が教育に熱意を示すことはよく知られた事実である。自分たちの統治者を選挙し、それに従う国民が教育されていなければ、普通選挙に基礎を置く政治はうまく行くはずがない、というのがその表面的説明である。だが、民主的社会は、外的権威に基づく原理を否認するのだから、それに代るものを自発的な性向や関心の中に見出さなければならない。それは**教育によってのみつくり出すことができるのである**。しかし、さらに深い説明がある。民主主義は単なる政治形態でなく、それ以上のものである。つまり、それは、まず第一に、共同生活の一様式、連帯的な共同経験の一様式なのである。人々がある一つの関心を共有すれば、各人は自分自身の行動を他の人々の行動に関係づけて考えなければならないし、また自分自身の行動に目標や方向を与えるために他人の行動を熟考しなければならないようになるのだが、そのように一つの関心を共有する人々の数がますます広い範囲に拡大して行くということは、人々が自分たちの活動の完全な意味を認識するのを妨げていた階級的、民族的・国土的障壁を打ち壊すことと同じことなのである。

（『**民主主義と教育**』松野安男訳「民主主義と教育（上）」岩波文庫)

解説 **民主主義を育てる場所** 学校が、活発に社会と関わることによって、現代の社会生活の歴史的進歩を代表する存在となるべきであるとデューイはいう。社会のあり方を改善する民主主義の理想を実現するため、学校には、教育や共同生活を通して、対等な立場で互いに連帯する自由な人間を育てることが求められる。つまり、学校が民主主義を育てる場所にならなければならないのである。

コラム **ゆとり？　詰め込み？ ──日本の教育とデューイ**

第二次世界大戦後、連合国軍の占領下の日本では、デューイの進歩主義教育の影響のもとで教育改革が行われた。小学校では従来の修身（道徳)、日本歴史、地理がなくなり、新たに社会科、家庭科、自由研究が教科として加えられた。特に、机の上で学ぶだけでなく、実際に「動く」ことが必要となる家庭科と自由研究が導入されたところに、デューイの「なすことによって学ぶ」、問題解決学習の影響がみられる。しかしその後、問題解決学習に対して、「体系的な知識が習得できない」、「基礎学力の低下を招く」などの批判もあり、1950年代半ばからは、系統性を重視した教育課程が作られるようになった。

2000年代、「ゆとり教育」見直しの過程でも、教育のあるべき姿について、「ゆとり教育」か「詰め込み教育」か、つまり問題解決型か知識注入型かという議論があった。しかし、デューイの考え方からすれば、知識はどんなにたくさんあったとしても、それを道具として使いこなせなければ無意味なのである。

BOOK 『まんがと図解でわかる正義と哲学のはなし』（小川仁志監修、宝島社)　正義や社会、人生などを、まんがを入口にわかりやすく解説。哲学者たちの座談会もある。

答 p.158 76 ○

重要用語 341 真理の有用性、342 道具主義、343 進歩主義教育運動

8 現代の思想

概観 20世紀に人類が経験した世界大戦の惨禍（さんか）は、理性中心主義を疑う思想を生み出した。さらに、それまで常識とされてきた西欧中心主義や近代科学の伝統が、無意識や非理性、非欧米の立場から批判されるようになった。また、21世紀に入ってもなくならない格差や貧困の問題に対して、新たな解決の方法を探る思想家も登場した。現代の思想は、脱中心、脱近代（ポスト・モダン）的な傾向を持ちながら、次の時代の思想のあるべき姿を模索（もさく）している。

ニューヨークのグランドセントラルターミナル（アメリカ）

要点の整理　■■■は入試重要用語

```
マルクス ───→ フランクフルト学派 ──批判──→ ナチズム
ニーチェ ┐     実存主義 ┐対立
フロイト ┤     　　　　　├
ソシュール┘     構造主義 ┘────────→ ポスト構造主義
```

❶フロイトとユング……無意識の発見と精神分析

- **フロイト**（1856～1939）●p.164　[主著]『精神分析入門』『夢判断』

  精神分析……精神の深層のコンプレックスを対話、連想、夢判断などの分析によって発見し、神経症などを治療する方法

  →**無意識**の領域を発見

  └**エス（イド）**：快楽原則に従う無意識の性衝動、**超自我**：無意識的な良心／**自我**：現実原則に従う意識

- **ユング**（1875～1961）●p.165　[主著]『心理学的類型』『心理学と錬金術』

  集合的無意識……個人的な経験を超えた人類共通の普遍的な無意識→**元型**（アーキタイプ）（げんけい）で構成

❷生の哲学（せい）……知性だけでなく情意的なものを含んだ生の思索

- **ベルクソン**（1859～1941）●p.166　[主著]『創造的進化』『道徳と宗教の二源泉』

  純粋持続……異質なものが互いに浸透しながら、時間的に継起する実在としての意識

  生命の躍動（生の飛躍（ひやく）、エラン・ヴィタール）……持続する宇宙の生命の創造と進化の力

❸現象学……人間の意識に現れる現象をありのままに記述することで、世界が意味として現れる状況を解明

- **フッサール**（1859～1938）●p.167　世界が無条件に存在するという確信を停止（**エポケー**）→**現象学的還元**を主張

❹フランクフルト学派……人間の理性に対する懐疑、ファシズムの分析など**批判（的）理論**を展開

- **ホルクハイマー**（1895～1973）●p.168　[主著]『啓蒙の弁証法』（けいもう）（アドルノとの共著）、『道具的理性批判』

  道具的理性……単なる技術的な「手段」となってしまった理性⇔「目的」をめざす理性

- **アドルノ**（1903～69）●p.168　[主著]『啓蒙の弁証法』（ホルクハイマーとの共著）、『権威主義的パーソナリティ』

  権威主義的パーソナリティ……他者の権威に従い、自らの権威への服従を強要するファシズム的性格

- **フロム**（1900～80）●p.169　自由から逃れるため依存や従属を求めるメカニズムを分析　[主著]『自由からの逃走』

- **ハーバーマス**（1929～）●p.169　[主著]『公共性の構造転換』、『コミュニケーション行為の理論』

  対話的理性……圧力をかけることなく対話を交わし、相互理解に到達し公共性を築こうとする理性

❺反全体主義の思想

- **アーレント**（1906～75）●p.170　[主著]『全体主義の起原』『人間の条件』

  人間の活動的生活を〈労働〉〈仕事〉〈活動〉に分け、公的領域での政治・言論的な〈**活動**〉を重視

- **レヴィナス**（1906～95）●p.170　[主著]『全体性と無限』

  全体性を超越した他者の存在の無限性を他者の「**顔**」と表現

❻フェミニズム……男女同権の観点から女性の自由・平等・人権を求める

❼正義論……「公正としての正義」をロールズが提唱、現代における正義についての理論を喚起

- **ロールズ**（1921～2002）●p.172　社会契約説を現代的に再構築し、公正な分配を考える　[主著]『正義論』

  格差原理……不平等は最も不遇な立場にある人々の利益を最大化することによってのみ容認される

❽現代の政治哲学 ●p.174

  リベラリズム……個人の政治的自由と大きな政府による社会的な正義を重視　ロールズ

  リバタリアニズム（自由至上主義）……政治的自由と小さな政府による経済的な自由を重視　ノージック

  コミュニタリアニズム（共同体主義）……共同体の伝統の中の**共通善**を重視　マッキンタイア、サンデル

  ケアの倫理……苦しみや痛みを持ち自立できない他者のケアを前提にした政治のあり方を重視　ギリガン

❾大衆社会批判の思想家

- **ウェーバー**（1864～1920）●p.176　[主著]『プロテスタンティズムの倫理と資本主義の精神』

  官僚制（ビューロクラシー）……大規模な組織を効率的に運営するための仕組み

- **オルテガ**（1883～1955）●p.176　[主著]『大衆の反逆』（ぼんよう）

  大衆の反逆……自分が凡庸であると知りつつ開き直り、学ぶ姿勢や努力を軽視する大衆の出現

入試に○×チャレンジ　[78] フロイトは、自我は快感を求めるエス（イド）の要求を現実に適応させ、同時に良心としての超自我の命令にも応じようとするとした。（2004年本試）

- リースマン（1909～2002）●p.176　主著『孤独な群衆』……伝統指向型：伝統を生き方の基準とする性格
  内部指向型：禁欲・勤勉の重視　**他人指向型**：他者に受け入れられることを目標とする性格

⑩**潜在能力論**……潜在能力という概念で福祉の問題を考察
  - セン（1933～）●p.178　個人の生活の様々な機能の全体で、選択できる生き方の幅＝**潜在能力（ケイパビリティ）**

⑪**構造主義**……差異や関係性に着目し、人々の意識や社会の枠組みとしての構造を分析（ソシュールが源流）
  - レヴィ＝ストロース（1908～2009）●p.180　主著『親族の基本構造』『悲しき熱帯』『野生の思考』
    野生の思考・神話的思考……未開とされる社会の人々の思考。西洋の思考とは方法が異なるが本質的には同じ
  - フーコー（1926～84）●p.181　主著『狂気の歴史』『言葉と物』『知の考古学』『監獄の誕生』『性の歴史』
    狂気の歴史……理性と狂気の対概念は、狂気が理性によって分割・排除されて作られたことを解明

⑫**ポスト構造主義**……構造主義を発展・継承しつつ、構造主義そのものも批判
  - ドゥルーズ（1925～95）●p.182　社会を欲望の抑圧から理解する精神分析を批判し、社会を**欲望する諸機械**として分析
  - デリダ（1930～2004）●p.182　西欧哲学の根底にある二項対立的な階層秩序を解体する方法（**脱構築**）を主張
  - リオタール（1924～98）●p.183　真理や革命など近代の「**大きな物語**」が終焉した現代を**ポストモダン**と定義
  - ボードリヤール（1929～2007）●p.183　現代の消費社会は商品を記号として消費する差異の体系であるとした
  - サイード（1935～2003）●p.183　西洋人の西洋中心主義的な「オリエント」像である**オリエンタリズム**を批判

⑬**分析哲学**……言語の論理的分析によって哲学的な問題の解決をめざす
  - ウィトゲンシュタイン（1889～1951）●p.185　主著『論理哲学論考』『哲学探究』
    前期：哲学の問題は、言語に対応する実体をもたないため「語りえぬものについては、沈黙せねばならない」
    後期：言語は定義や意味が先にあるのではなく、自分と他者が活動する**言語ゲーム**の中で意味が生じてくる

⑭**科学哲学**……科学を対象として哲学的考察を行う学問
  - ポパー（1902～94）●p.186　科学は反証に対して常に開かれているという**反証可能性**を科学の条件とした
  - クワイン（1908～2000）●p.186　人間の知識と信念はつながりあった一つの構造体だとする**ホーリズム**を唱えた
  - クーン（1922～96）●p.187　科学者たちが一定期間共有する科学的理論の枠組みを**パラダイム**と定義

現代思想の源流

近代哲学をヘーゲルが完成し、その体系的な哲学を乗り越えようとする営みの中から現代哲学が始まったという見方がある。近代哲学が築き上げた理性的な真理の体系に疑いを投げかけるところに現代思想の出発点があるというのである。ここでは、近代的な哲学に疑問を投じた、現代思想の源流ともいえる４人の思想家を紹介しよう。

1 フロイトとマルクス

フロイトが明らかにした**無意識**の存在は、人間の心の奥底に、主体的な理性ではコントロールできない領域があることを示した。これは、デカルト以来の哲学で重視されてきた**コギト**（思惟する自我）に対する批判となる。

意識の外部にある無意識が意識を規定しているという観点は、**構造主義**にも影響を与えている。われわれの意識を潜在的に規定している、無意識の社会的な構造が存在するという視点である。ラカンは無意識を体系的な言語の構造を持つものと考えた。

第二次世界大戦後のヨーロッパでは、**マルクス主義**の思想も大きな影響力を持っていた。資本主義社会の分析と来るべき理想の社会の実現をテーマに、ドイツではフランクフルト学派が、フランスでは、サルトルやメルロ＝ポンティらがマルクスの影響のもとで、新しい思想を展開していた。しかし、学生運動から始まった1968年のパリ五月革命が沈静化した後は、マルクス主義に代わって、フーコーやドゥルーズ・ガタリらの**ポスト構造主義**が新しい社会分析の枠組みを提示するようになった。

2 ソシュールとニーチェ

ソシュールの言語学と記号論は、アリストテレスやデカルトらが哲学の基本的な構成要素と考えていた**実体**が、実は恣意的な（必然性のない）言語記号の**関係性**により成り立っていることを示した。例えば、「物体」は空間的広がりを持って存在する実体ではなく、「精神」との対比の中で意味を与えられる**記号**なのである。ソシュールの思想は、関係性の観点から未開文化や無意識を分析したレヴィ＝ストロースやラカンらの構造主義に大きな影響を与えた。

ニーチェはポスト構造主義に大きな影響を与えた。『道徳の系譜』と『権力への意志』の社会分析の手法は、フーコーの**知の考古学**と権力論を生んだ。ドゥルーズも意味と価値を能動的に創造し続けるニーチェの永劫回帰から、西欧がこれまで重視してきた**同一性**ではなく、**差異**の思想のヒントを得たのだ。

フロイトとユング　無意識の世界の探究

フロイトが神経症の治療の方法として創始した**精神分析**は、治療に効果をあげるとともに、人間の精神には**無意識**という、**自覚できず、理性でとらえられない領域があるという新しい人間観**をもたらした。この人間観は、19世紀のヨーロッパで支配的であった、理性に信頼を置く考え方を覆すものであり、近代思想への根底的な批判として大きな影響を及ぼし、現代思想の源泉の一つとなった。フロイトのもとにはユングやアドラーらが集まったが、彼らはやがて師のフロイトと袂を分かち、無意識の探究も多様化した。

◀「**オイディプスとスフィンクス**」(ギュスターヴ・モロー筆) 「エディプス・コンプレックス」の語源となったオイディプスの神話を描いている。

★★ フロイト
Sigmund Freud
(1856~1939)

略伝 オーストリア帝国モラビア地方(現、チェコ)に、ユダヤ人で羊毛商人の父のもとに生まれた。父の商売がうまくいかずウィーンへ移住。経済的困難の中、ウィーン大学医学部に入学し、神経解剖学の研究をする。卒業後、パリへ留学し、帰国後は神経病医として開業した。ヒステリーの催眠治療を研究し、独自の自由連想法による神経症治療や、夢の分析的解釈(**夢判断**)から、無意識の中の抑圧された**性衝動(リビドー)**を見いだす精神分析の手法を確立した。これによりフロイトのもとには多くの賛同者が集まったが、ユングをはじめ、リビドーを重視する説に反対して離反した弟子も少なくなかった。ナチスの迫害の中、ロンドンに亡命し、翌年死去した。

主著『精神分析入門』『夢判断』

西洋近現代の思想 8 現代の思想

1 精神分析 〔出題〕

フロイトの**精神分析**は、神経症(ノイローゼ)の一種であるヒステリーの研究から生まれた。ヒステリーは身体器官には異常が見られないにもかかわらず、聴力障害や歩行障害などの知覚障害や運動障害が生じるもので、仮病ととらえられることもあった。19世紀末には催眠術や談話によって症状を緩和する方法が治療法として行われるようになっていた。これに対し、フロイトは**自由連想法、対話、夢判断*など**の方法によって患者の心を分析し、無意識の中に抑圧された**葛藤やコンプレックス**を明らかにすることで治療を行うことを提唱した。これが精神分析である。

*夢判断　夢を、抑圧された無意識の中の願望が表れたものと考え、夢の内容を分析することで、無意識の願望を知ろうとする方法。

◀**フロイトのカウチ** フロイトは、カウチ(寝椅子)に横たわった患者に、心の中に浮かんだことをそのまま言葉にしてもらう自由連想法によって、神経症の精神分析療法を行った。

2 コンプレックス

欲望が抑圧され、無意識の中に押し込められたことによって作られた感情や観念の複合体、心の中のしこり・かたまりを**コンプレックス**という。フロイトは抑圧される欲望は性愛的な葛藤であると考え、男児が母親に対して性愛的感情を抱き、ライバルとみなされる父親に敵意を感じることによって生じる葛藤を**エディプス・コンプレックス**と名づけた。なお、女児が父を愛し母を憎むことによって生じる葛藤を、ユングはエレクトラ・コンプレックスと名づけた。

原典資料‥‥‥‥‥‥‥‥‥‥‥‥‥‥フロイト
3 エディプス・コンプレックス

私が考えているのは、**愛情をめぐる競争は性的な特質**というはっきりした色調をおびているということなのです。幼い時代にすでに男の子は、自分のものと思いこんでいる母親に対して特殊なやさしい情を示し始め、その独占をめぐって自分と争う父親を競争者と感じ始めます。……

このような態度がどのくらい幼い時代にまでさかのぼるものであるかは、観察から学ばなければなりませんが、この心的態度を、私どもは〈**エディプス・コンプレックス**〉と呼んでいます。それはこのエディプス伝説が、息子であるという状況から生まれてくる二つの極端な願望、すなわち、**父を殺すことと母を妻とする**という二つの願望を、ほんのわずか弱めるだけで実現しているからです。

(『精神分析入門』懸田克躬訳「世界の名著49」中央公論社)

解説 **オイディプス伝説** エディプス・コンプレックスの名前の由来となったのが、ギリシア神話をもとにしたソフォクレスのギリシア悲劇『オイディプス王』である。両親を知らず、放浪していた青年オイディプスが、自分の父親を殺してしまう。その後、人々を苦しめる怪物スフィンクスを退治した功績でテーバイの王となり先王の妃と結婚したが、その女性が実は自分の母であったという悲劇である。フロイトは、母に性愛的な感情を抱き、父を敵視するコンプレックスを、実の父を殺し、母と結婚するという『オイディプス王』のストーリーになぞらえた。

入試に○×チャレンジ 79 ユングは、個人的無意識の奥底に、あらゆる人間に共通した集合的無意識があると考え、その構成について、アニマ、アニムス、グレート・マザーなどの仮説的な概念を用いて説明した。(2017年追試)

④ エス(イド)・自我(エゴ)・超自我 出題

フロイトは、**意識**の背後に、普段は意識にのぼらないが努力すれば思い出せる**前意識**の領域と、その深層にさらに広大な**無意識**の領域があり、様々な衝動や忘れたい記憶などが抑圧されると考えた。無意識は意識されず、理性でコントロールすることもできない。そこに抑圧された**性衝動(リビドー)**が意識を通さずに外に噴出すると(＊)、神経症になるという。また、この説を発展させ、**自我(エゴ)**、**エス(イド)**、**超自我**の3部分で心の働きを説明した。

【自我(エゴ)】
おもに意識にのぼっている部分。快楽を求めるエスと、それを抑えつけようとする超自我が起こす葛藤に対し、**現実原則**に従って両者を調停する。

【超自我】
しつけや教育によって形成された無意識的な良心。自我の判断を見張り、あれをしてはいけないなどと、その行動を禁止したり抑圧したりする。

【エス(イド)】
性衝動(リビドー)と攻撃衝動が溜まっているところ。快楽を求め不快を避ける**快楽原則**(快感原則)に従う。

知覚＝意識
前意識
自我
超自我
＊
抑圧されたもの
無意識
エス(イド)

解説 **エロスとタナトス** 晩年のフロイトは、第一次世界大戦帰りの兵士たちの悪夢の分析などから、人には性(生)の欲動だけではなく死の静寂と生命の破壊を求めようとする死の欲動があるとした。快楽原則に従う**エロス(生の欲動)**に対して、**涅槃原則**に従う**タナトス(死の欲動)**を対置したのである。

★★ ユング
Carl Gustav Jung (1875～1961)

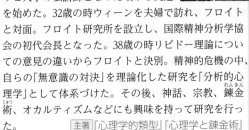

略伝 スイスに生まれた。フロイトの『夢判断』に感銘を受け、30歳でチューリヒ大学の私講師となった頃から文通を始めた。32歳の時ウィーンを夫婦で訪れ、フロイトと対面。フロイト研究所を設立し、国際精神分析学協会の初代会長となった。38歳の時リビドー理論についての意見の違いからフロイトと決別。精神的危機の中、自らの「無意識の対決」を理論化した研究を「分析的心理学」として体系づけた。その後、神話、宗教、錬金術、オカルティズムなどにも興味を持って研究を行った。　**主著**『心理学的類型』『心理学と錬金術』

⑤ 集合的無意識

ユングは、フロイトが提唱した個人的な無意識(◯④)のさらに深層に、**個人的な経験を超えた人類共通の普遍的な無意識である集合的無意識**が存在すると考えた。統合失調症(精神分裂病)の治療を行っていたユングは、患者の幻覚や妄想の中に、世界各地の神話的イメージと共通するものがあることを発見し、そこから人類に共通の集合的無意識を考え出したのである。集合的無意識はまったく意識されることがないが、個人の人格全体を支配するもので、人間という種族に遺伝しているという。

コラム ユングとオカルト

ユングがフロイトの家を訪れた時、予知や超心理学的な現象についてフロイトの意見を求めた。フロイトがその質問への答えを拒んだ時、すぐそばの本箱の中から大きな爆音がした。ユングはこれこそ超心理学的現象だと主張したが、フロイトは否定した。ユングが「私が正しいことを証明するために、しばらくするともう一度、あんな大きな音がすると予言しておきます」と言うと、まったく同じ爆音が本箱の中で起こったという。のちにフロイトと決別したユングは、錬金術やUFOなども研究対象としながら深層心理の究明を進めた。

⑥ 元型(アーキタイプ) 頻出

ユングは、**人間の集合的無意識の中には「基本的なイメージの型」が存在する**と考え、それを**元型(アーキタイプ)**と呼んだ。人間は元型そのものを直接知ることはできないが、元型のイメージは神話や伝説にキャラクターの形で表れたり、現実の人間に投影されたりするため、把握できる。元型には具体的に、**グレートマザー(太母)**、**シャドウ(影)**、**アニマ**、**アニムス**、**オールド・ワイズ・マン(老賢人)**などがある。

元型とその例

元型	内容	例
グレートマザー	・すべてを包む母なるもの ・豊穣・食物を与えるもの ・飲み込み、誘惑するもの	・神の母マリア ・大地母神 ・子宮・穴
シャドウ	・自分につきまとうもう一人の自分	・ドッペルゲンガー(二重身)
アニマ、アニムス	・自分の中の異性的部分 ・理想の異性像	・永遠の女性、頼れる男性 ・童話のお姫様、王子様など
老賢人	・あらゆる知識を身につけた偉大な父なるもの ・魂を導く者	・ひげの老人。小説『ハリー・ポッター』シリーズのダンブルドア校長など

▶『ハリー・ポッター』シリーズの主人公ハリー(左)とダンブルドア校長(右)(「ハリー・ポッターと秘密の部屋」、2002年製作、アメリカ) 物語の中で老賢人は主人公を導く役で登場することが多い。

◀**エフェソスのアルテミス** エフェソスは現在のトルコ北西部にあった都市。豊穣の女神としてのアルテミス信仰が盛んで、多数の乳房を持つ像が作られた。これは、母性や豊穣を象徴するグレートマザーの例である。

西洋近現代の思想

ベルクソン (Henri Bergson)

★★ ★★★

フランス出身
1859～1941

生命はそのはじまりから、唯一の同じ躍動の連続であり、この躍動
が放射状に分岐する進化の諸系統に分かたれたのである

年(年齢)	生　涯
1859(0)	パリに生まれる。
1877(18)	全国数学コンクール1等賞獲得
1889(30)	文学博士号取得『時間と自由』
1900(41)	コレージュ・ド・フランス教授就任(ギリシア・ローマ哲学)
1907(48)	『創造的進化』出版
1917(58)	アメリカへ使節として派遣
1928(69)	ノーベル文学賞受賞
1932(73)	『道徳と宗教の二源泉』出版
1941(82)	ナチス占領下のパリで死去

略伝 フランスの哲学者。ユダヤ系ポーランド人で音楽家の父と、イギリス人の母の間に生まれた。コレージュ・ド・フランス教授時代に名声を高め、芸術・科学の分野に多くの影響を与えた。**生の哲学**[*]の主唱者として、知性だけでなく情意的なものをも含む生に基づく思索を行った。第一次世界大戦期には、アメリカへ使節として派遣され、ウィルソン大統領に大戦への参戦を促したり、国際連盟国際知的協力委員会の議長を務めた。ノーベル文学賞を受賞。ドイツ占領下のパリで亡くなった。死に際して、改宗はしなかったがカトリックに帰依した。　**主著**『時間と自由』『物質と記憶』『創造的進化』『道徳と宗教の二源泉』

[*]**生の哲学**　理性を重視する合理主義に対し、精神的生に基づく哲学。ニーチェやオルテガも生の哲学者といわれる。

ベルクソンの思想

❶ なぜ人間の意識が自由だといえるのだろうか。
❷ エラン・ヴィタールとはどのような力だろうか。
❸「開かれた社会」とはどのような社会だろうか。

1 純粋持続　　出題

ベルクソンは時間の本質を、我々が具体的な生の中で生きている「持続」ととらえた。ちょうどメロディを構成する一つ一つの音を、分離せずに流れの中でとらえるように、意識を、異質なものが互いに浸透しながら、時間的に継起する**純粋持続**としてとらえた。これまで我々が時計によって数値化し、理解してきた時間は、本来分割できないはずのものを、空間を区切るように分割してしまったことによって生じた虚構であるとした。空間の中の量に還元される物質の世界が物理的に予測可能で決定論的であるのに対して、常に変化を続ける純粋持続としての意識は決定不能であり、自由であることを主張する。

2 エラン・ヴィタール

『創造的進化』でベルクソンは宇宙全体もまた意識と同じように持続し、進化するという思想を展開した。その生命論的宇宙論は、目的論的・機械論的な自然観を否定する。すべての生命体や万物の起源を宇宙的生の爆発ととらえ、その創造と進化の力を**生命の躍動（生の飛躍、エラン・ヴィタール）**と呼んだ。エラン・ヴィタールによって創造的に進化を続ける宇宙を把握するためには、事物を固定的にとらえる**知性**だけでなく、生命の持続に共感する本能的な**直観**が必要である。

3 エラン・ダムール　　出題

『道徳と宗教の二源泉』では、社会的威圧が個人を支配する排他的な「閉じた社会」から人類全体へと「**開かれた社会**」への跳躍が示されている。道徳的には国家を超えた人類愛や宇宙愛が、宗教的には釈迦やイエスのような神域に達した個人が、神秘的直観を通して地上に与えた、**愛の躍動（愛の飛躍、エラン・ダムール）**が開かれた道徳、動的宗教を生み、「開かれた社会」が成立するというのである。

原典資料
4 開かれた社会

閉じられた社会から開かれた社会へ、国家から人類へは、拡張によっては決して移れないだろう。両者の本質は同じではない。開かれた社会は原理的には人類全体を包含するような社会である。選ばれた魂によってときおり夢見られた開かれた社会は、創造のたびごとに自己自身の幾分かを実現する。創造の一つ一つは人間を多かれ少なかれ深く変化させることによって、それまでのりこえられなかった困難を克服することを可能にする。

『道徳と宗教の二源泉』(『ベルクソン』市川浩、講談社学術文庫)

解説　**ベルクソンがもたらした影響**　ベルクソンの思想のスタイルは、近代哲学の伝統を離れた神秘主義的側面を持つため、実存主義や現象学から批判を受けた。しかし、彼の思想はハイデガーの存在論や近代批判、メルロ=ポンティの知覚・身体論、ドゥルーズの差異論など、日本では小林秀雄らや西田幾多郎に大きな影響を与えた。西田の「純粋経験」と「場所」の理論はベルクソンの「純粋持続」と「純粋記憶」の理論と重なり合うところが大きい。

入試に○×チャレンジ　[80] ベルクソンによれば、他者を排除する我々の傾向は根強く、共同体の枠を拡大しようとしても、それを全人類・全自然に拡げることは難しい。この閉じた魂を解き放つには「愛の跳躍(躍動)」が必要である。(2017年追試)

現象学

現象学とは、フッサールが提唱した哲学である。それまでの哲学では基本的に、私たち（主観）が客観的な世界の中にいて、その中にある物などを意識し体験するというように、主観と客観の関係をとらえてきた。しかし、現象学はその考え方に疑問を投げかけ、逆に、**意識体験があるから、客観的な物がそこに存在すると人間が考えるのだ**ととらえ、人間の意識に現れる現象をありのままに記述しようとした。このフッサールの現象学は20世紀の哲学界に衝撃を与え、ハイデガー（○p.154）やメルロ＝ポンティ、サルトル（○p.156）らによって発展的に継承されていった。

▲**左目から見た世界** 哲学者E.マッハの描いた絵で、フッサールにも影響を与えたといわれる。目の前に現れたもののみを描写している。

フッサール ★★
E.Husserl
(1859〜1938)

略伝 オーストリア帝国（現、チェコ）のユダヤ系織物商の家に生まれた。大学で数学と自然科学を学んだのち、哲学研究の道に進んで現象学を確立した。フライブルク大学の教授となり、ハイデガー（○p.154）らを指導した。現象学の国際的な評価は高まったものの、ナチスが政権を獲得した後は大学教授名簿から除名され、大学構内に立ち入り禁止となるなどの迫害を受けた。1938年、79歳で死去した。遺された大量の草稿はナチスの検閲を逃れ、フッサール文庫としてベルギーに現在も保管されている。

1 自然的態度

フッサールは数学の心理学的分析を行う中で、当時の心理学には、「客観的世界」の存在を無条件に前提としているという、根本的な欠陥があることに気づいた。また、人間の意識についても、それが世界の中に実際にあると考えるのは、単なる思考の習慣にすぎないと考えた。「客観的世界」や「意識」の存在を証明することはできないからである。彼はこのように、**確かめられていないものを無批判に受け入れる態度を自然的態度**と呼んで批判し、この態度は心理学だけでなく、当時の**人間科学全体に広がる欠陥**だと考えた。

2 エポケーと現象学的還元 〔出題〕

フッサールは、すべての先入観を排除して厳密な学問としての哲学を樹立しようと、「**事象そのものへ**」を研究の柱にすえた。彼の現象学は、無批判な自然的態度を改め、**世界が無条件に存在しているという確信を括弧に入れて停止すること**から始まる。これを**エポケー（判断停止）**という。その上で意識を、客観的世界があると私たちが考えている場、世界の中にある物の様々な存在意味が形作られる場である「純粋意識」としてみるように、見方を転換した。これを**現象学的還元**という。

3 純粋意識 〔頻出〕

純粋意識においては、世界の中の物は、必ず何かの意味を持つものとして認識される。例えば私たちは、ノートを単なる四角い紙の重なりではなく、何かを書くものととらえる。フッサールは、純粋意識が対象とする物やその意味がどう形作られるかは、主観に現れるこうした**ありのままの意識現象を記述すること**で明らかになると考え、それにより、世界が意識の中に意味として現れる状況を明らかにしようとした。

〔原典資料〕・・・・・・・・・・・・・・・・・・・・・・・・・フッサール

4 現象学的還元

現象学的還元とは、一切の超越者（私に内在的に与えられていないもの）に無効の符号をつけることであり、すなわちその**超越者の実在と妥当性をそのまま定立しないで、せいぜい妥当現象として定立すること**である。たとえば一切の心理学や自然科学など、あらゆる科学を私はただ現象として利用しうるに過ぎず、……妥当的真理の体系としては……利用してはならないのである。　　　（『現象学の理念』立松弘孝訳　みすず書房）

〔解説〕　**妥当現象**　妥当とは、それぞれの人が主観的に、「妥当だと思う」という確信を持つことである。つまり、もともと自分の中に存在しない超越者の存在を確かめることはできないので、超越者はあくまで「存在すると私が確信できる現象」であり、現象として「私が利用するもの」にすぎない。

メルロ＝ポンティ ★ (1908〜61)

フランスの海軍軍人の子として生まれた。高等師範学校在学中、サルトル（○p.156）やレヴィ＝ストロース（○p.180）らと友人になる。ドイツ哲学とフランス哲学の伝統に心理学の研究成果を取り入れた彼は、主観／客観の対立図式をデカルト（○p.107）以来の二元論として否定し、フッサールの現象学をふまえ、世界を構成する主体は**身体**であると考えた。彼によれば、身体はただの物でもなければ意識でもない両義的な存在である。私たちが主体として客体を経験するためには身体が不可欠であることから、身体を人間と世界、主体と客体とが混ざり合う**両義性の場**であるととらえ、「両義性の哲学」といわれる独自の思想を展開した。　〔主著〕『知覚の現象学』

西洋近現代の思想

フランクフルト学派

1930年代以降のドイツで、フランクフルト社会研究所に集まった社会思想家たちを**フランクフルト学派**と呼ぶ。ほとんどがユダヤ系であり、ナチス政権下で亡命を余儀なくされたが、第二次世界大戦後に研究所を再建した。マルクス主義（◯p.141）の影響のもと、フロイトの精神分析学（◯p.164）などの方法論によって、ファシズムの分析をはじめとして社会に対する**批判理論***を展開し、戦後の西欧社会の論壇に大きな影響を与えた。悲惨な第二次世界大戦を経験した彼らは、この戦争を引き起こした人間の理性に懐疑的な目を向けながら、現代における理性の意味や、権威に従う人間のパーソナリティなどを研究した。

***批判理論** ホルクハイマーが提唱した理論。今ある社会を形作る思想を、支配体制を温存させ、社会的変革を妨げるものとして批判した。広義には、ナチズムや、大衆を画一化させる文化産業などを批判するフランクフルト学派の方法も、批判理論と呼ばれる。

フランクフルト学派の人々

ホルクハイマー	フランクフルト学派の総帥 道具的理性を批判
アドルノ	**権威主義的パーソナリティの研究** 音楽評論と作曲も手がける
フロム	**権威主義的パーソナリティの発見** 『自由からの逃走』
ハーバーマス	第二次世界大戦後に再建された研究所に加わった、学派の第二世代 **公共性（圏）、対話的理性**
ベンヤミン	暴力批判論：法を支える暴力 『複製技術時代の芸術』
マルクーゼ	反ファシズム、管理社会批判 『一次元的人間』、新左翼運動に影響

★ ホルクハイマー　M.Horkheimer（1895～1973）

略伝 フランクフルト学派の総帥。ドイツのシュトゥットガルトで、ユダヤ人の企業主の家に生まれた。35歳でフランクフルト大学の社会哲学の教授になり、フランクフルト社会研究所の所長を務めた。ナチスによる迫害を逃れてアメリカへ亡命していた間も、同研究所の機関誌「社会研究」の編集を続けて研究活動を組織した。第二次世界大戦後、ドイツに帰って研究所を再建し、フランクフルト大学学長などの要職を歴任した。

主著『啓蒙の弁証法』（アドルノとの共著）、『道具的理性批判』

★ アドルノ　T.W.Adorno（1903～69）

略伝 ワイン商を営むユダヤ系の父と、歌手だった母の間に生まれた。フランクフルト大学で哲学を学びながら作曲を学び、ウィーンで音楽雑誌の編集に携わった。フランクフルト社会研究所のメンバーとなるが、ナチスが政権を獲得したのち、アメリカに亡命。亡命中にホルクハイマーと『啓蒙の弁証法』を出版し、また、共同研究『**権威主義的パーソナリティ**』を著した。帰国後、フランクフルト学派の指導者としてその全盛期を築いた。

主著『啓蒙の弁証法』（ホルクハイマーとの共著）、『権威主義的パーソナリティ』、『否定的弁証法』

---

1 道具的理性　出題▶

ギリシア哲学以来、理性とは本来、何か価値のある理念の実現を「目的」としてめざすものであった。しかしホルクハイマーは、文明化や産業社会が発展した結果、理性は「目的」を達成するために最も合理的な方法を考える、**単なる技術的な「手段」となってしまった**と考え、そうした「手段」としての理性を**道具的理性**と呼んだ。現代においては、本来あるべき理性の姿が野蛮に転落したため、ファシズムやホロコーストがもたらされたと考察した。しかし彼は、道具的理性を批判しながらも、よりよい社会を築こうと理想を追求する客観的理性への信頼を捨てず、理性が理性自身を常に検討し続ける、理性の自己批判を展開した。

解説 **ファシズム成立の過程** ホルクハイマーは、資本主義を支える技術的理性が自然や人間を支配する道具となり、ファシズムがもたらされた過程を描いた。資本主義社会において人間の疎外をもたらす合理化に反対する小市民や、没落した中産階級の自然な感情が人間全体を支配し、異質な人間を排除しようとする理性と結びつくことで、ファシズムが成立したという。

2 『啓蒙の弁証法』　出題▶

『啓蒙の弁証法』では、啓蒙的理性の築き上げた文明が弁証法的にナチスのような野蛮に転落した理由が考察される。彼らによれば啓蒙とは、神話や空想ではなく知識をよりどころとし、未知のものをなくして人間を恐怖と不安から解放することである。啓蒙的理性は古代ギリシア以来、自然を「外部」とし、それに対置されるものとして主体を確立してきた。こうして生まれた近代的な主体は、自然を支配するための集団的な社会制度を作るが、**それは第二の自然となり、人間を支配してしまう**。さらに、自然に対して支配的な主体性はその支配を人間にも向け、他者を支配しようとする全体主義を生むと考えた。

▶**アメリカで流行していたジャズ**

（1942年）『啓蒙の弁証法』では、大衆が画一化し全体主義へと向かっていく様子が、ディズニー映画やジャズなど大衆文化産業、反ユダヤ主義の分析を通して描かれている。

入試に○×チャレンジ　81 「議論をしても埋まらない立場の相違や利害の衝突は、多数者の意思に基づいて解決していくことが、民主主義社会の公共性の原理である」という考え方は、ハーバーマスの「対話的理性」に合致する。（2013年本試）

原典資料┈┈┈┈┈┈ホルクハイマー・アドルノ

③ 大衆文化の画一性批判

　トリック映画が感覚を新しいテンポに慣れさせること以上に、さらに何かを与えることができるとすれば、それは古くからの知慧をすべての人の脳に叩きこむことである。その知慧とは、あらゆる個人的抵抗の連続的な摩滅と挫折こそこの社会における生の条件だ、ということである。風刺漫画の中で、ドナルド・ダックは、現実における不幸な人々と同様に、さんざんに痛めつけられる。それは観客が自ら痛めつけられることに慣れるようにするためなのだ。

　……そうなると、文化産業そのものが、はたして自負するほどまだ気晴らしの役を果しているかどうかは疑わしくなってくる。　　（『啓蒙の弁証法』徳永恂訳 岩波文庫）

解説　**アニメも批判**　トリック映画とはアニメーション映画のことである。『啓蒙の弁証法』でアドルノが担当した「文化産業──大衆欺瞞としての啓蒙」では、トリック映画のような、産業社会に組み込まれた大衆文化の画一性を批判している。

★ フロム
E.Fromm（1900～80）

略伝　フランクフルトでユダヤ教徒の家庭に生まれた。ハイデルベルク大学で社会学と心理学を学んだのち、ベルリンの精神分析研究所で精神分析の訓練を受け、社会心理学者となる。1932年にフランクフルト社会研究所に参加するものの、翌年アメリカに亡命。その後、アドルノと対立してフランクフルト学派を離脱した。
　　　　主著『自由からの逃走』『正気の社会』

④ 『自由からの逃走』
頻出

　フロムは『**自由からの逃走**』（1941年）で、ファシズムや画一的な大衆文化を念頭に、現代人が歴史的に獲得してきた自由を手放し、**自由であることから逃れようとして、依存や従属を求めるメカニズム**を分析した。宗教改革以来、人々は束縛からの解放をめざしてきたが、それは個人がすべての責任を負うことを意味する。自由は孤独と不安、無力感を伴う。こうした**自由の重荷から逃れる**ために外部の権威に服従し、その命令に従う**権威主義的パーソナリティ**が生まれ、ファシズムの温床となったと分析した。また、自由に伴う孤独などを乗り越えるため、消極的な自由ではなく積極的な自由を求めるべきだと主張した。

消極的自由から積極的自由へ

消極的自由			積極的自由
・近代社会がめざしてきた自由 ・「〜からの自由」	→実現→	孤独 不安 無力感 →乗り越える→	生産的な仕事を通して人間や自然と愛をもって連帯しようとする「〜への自由」

★ ハーバーマス
J.Habermas（1929～）

略伝　ドイツのデュッセルドルフに生まれた。フランクフルト社会研究所の助手としてアドルノとホルクハイマーの影響を受ける。第二次世界大戦後に再建された研究所に集った第二世代のフランクフルト学派として、第一世代が亡命先で展開した思想を継承発展させたが、戦後民主主義や近代的理性を評価する点で、第一世代とは一線を画す。**主著**『公共性の構造転換』『コミュニケーション行為の理論』

⑤ 対話的理性
出題

　ハーバーマスは、18世紀から19世紀初期の西欧で、討論などの言論による合意形成の場である**市民的公共圏**が成立したという。しかし現代では、その基盤である**市民的公共性**は崩壊しており、目的を達成するための合理性や経済効率によって人間を政治的・経済的に統合する**システム合理性**が、個人の生活も支配しようとしている（**生活世界の植民地化**）。これに対し、彼は対話や討論などの**コミュニケーション行為**を通して互いを了解し合い、暴力や強制のない状態で原理やルールを定め、合意と公共性の形成を図ることをめざした。このような**公共性の形成を担う合理性**を、彼は**コミュニケーション的合理性**と呼ぶ。また、合意と公共性の形成を実現するため、**相手に圧力をかけたりすることなく対話を交わす理性**である**対話的理性**が、民主主義の基盤の一つであると考えた。

▶**18世紀イギリスのコーヒーハウス**　コーヒーハウスは、討論による合意形成を図る舞台として、市民的公共圏の役割を果たした。他に、ドイツでは読書サークル、フランスでは社交界のサロンなども同様の役割を持っていた。

生活世界の植民地化

ハーバーマスは、生活世界へのシステム合理性の侵食という危機に対して、対等な立場での自由な対話や討議を通じて、合意と公共性の形成を図ることをめざした。

システム合理性	
政治システム 権力による支配	経済システム 貨幣による支配

↓ 植民地化

**公共圏
生活世界**

↑ 対抗

コミュニケーション合理性
暴力や強制ではなくコミュニケーション的行為によって合意と公共性を形成

西洋近現代の思想

反全体主義の思想

ナチス・ドイツによるユダヤ人の大量虐殺(ホロコースト)は、単にナチスのみの問題だったのではなく、それを積極的に支持し、全体主義を形作っていった人々の問題でもあった。第二次世界大戦を体験したユダヤ系思想家たちは、フランクフルト学派(⚫p.168)やアーレントがナチズムや全体主義の起源を探ったり、レヴィナスが現象学を伝統的なユダヤ教の律法解釈との関連で考察したりするなど、反全体主義の思想を展開した。

▲**ナチス・ドイツの大会**(1938年) ナチス・ドイツによるホロコーストの背後には、ユダヤ人を排除することに賛成する多くの人々の存在があった。

★ アーレント
H.Arendt (1906~75)

略伝 ドイツでユダヤ系の家に生まれた。マールブルク大学でハイデガー(⚫p.154)に、ハイデルベルク大学でヤスパース(⚫p.152)に哲学を学んだ。ナチスの迫害を逃れてフランスに移住したのち、夫、母とともにアメリカに亡命した。帰化してアメリカで暮らし、シカゴ大学などで教授を務め、著作により名声を高めた。
主著『全体主義の起原』『人間の条件』

1 アーレントの活動的生活 出題▶

アーレントは著書『人間の条件』で、人間の活動力をあわせた**活動的生活**(vita activa)を、「労働」(labor)、「仕事」(work)、活動(action)の三つに分類した。

●労働(labor)	自分の生命を維持するためにやらざるをえない行為
●仕事(work)	人工的で耐久的なモノを生産する行為
●活動(action)	言論などによって多数の人間と関わる行為

アーレントによれば、**活動(action)こそが最も重要な「人間の条件」**である。彼女はギリシアのポリスの政治と現代社会を比較しながら、ポリス政治で重視されていた公的領域での政治・言論的な「活動」が失われ、公的領域と私的領域が混同される中で、「労働」が優位になった現代の社会を批判した。

原典資料 ●●●●●●●●●●●●●●●●●●●●●● アーレント

2 全体主義の起原 出題▶

ファッシスト運動であれ共産主義運動であれヨーロッパの全体主義運動の隆盛に特徴的な点は、これらの運動が政治的には全く無関心だと思われていた大衆、他のすべての政党が馬鹿か無感覚で相手にならないと諦めてきた大衆からメンバーをかき集めたことである。……「大衆の心」を摑もうとするこの競争の結果は、双方の運動の成員がともにこれまで一度も政治の舞台に登場したことのない人々から成り立つようになったことである。これは当然に政治的プロパガンダの全く新しい方法を著しく導入し易くし、なかんずく、政治上

の敵対者の論議を黙殺できるようにした。……つまり敵を論駁する代りに殺害し、運動に組織されていない人々を説得する代りにテロルで嚇すという手法である。
(『全体主義の起原』大久保和郎訳 みすず書房)

解説 **ファシズム成立の過程** 全体主義の恐ろしさを身をもって体験したアーレントにとって、「なぜこのような全体主義と、それによる暴力や殺戮が起こってしまったのか」が、思索の出発点であった。著書『全体主義の起原』で、彼女は反ユダヤ主義と帝国主義に焦点をおいて、ナチズムやスターリニズムといった全体主義の心理的な基盤を分析し、その問題点を明らかにした。

★★ レヴィナス
E.Levinas (1906~95)

略伝 ロシア帝国領リトアニアで、ユダヤ人書籍商の家に生まれた。ユダヤ人高等学校卒業後、ベルクソンの哲学と現象学の影響を受け、フッサール(⚫p.167)とハイデガー(⚫p.154)の講義を聴講した。フランスへ帰化したのち、第二次世界大戦中に仏軍通訳として従軍。捕虜となりドイツに抑留された。その間、彼の親族は皆、収容所で虐殺された。戦後はポワティエ大学、パリ大学の教授を歴任した。主著『全体性と無限』『存在の彼方へ』『タルムード四講話』

3 他者と無限性 頻出▶

ホロコーストを生き延びたレヴィナスは、西洋哲学には、自己の外にある「他なるもの」を同化吸収してしまおうとする、「自己」の全体化への志向がみられると批判する。他者を征服し所有しようとする全体性は、殺人と戦争をもたらすという。これに対し彼は、**全体性のもとには吸収することができない無限の存在**として、**絶対的「他者」**の存在を指摘する。他者は自己にとって殺人の対象となりうるが、戦場で敵兵の顔を見てしまうと撃つのを躊躇するように、他者は「顔」という無限性で抵抗する。このように、**全体性を超越した他者の存在の無限性**を、彼は**他者の顔**と表現し、他者と関わる主体の倫理学を、現象学とユダヤ教的解釈学の方法によって確立した。

入試に○✕チャレンジ 82 アーレントは、良心の痛みを感じずにホロコーストを担った人々の存在を踏まえ、巨大な組織の下した決定に従うとき、人はしばしば善悪の判断を放棄し、それによって良心を自ら麻痺させてしまう、と考えた。(2021年本試改)

フェミニズムの思想

▶「#MeToo」キャンペーン

　フェミニズムとは、男女同権の観点から女性の自由・平等・人権を求める思想と運動である。フェミニズム思想の第1波は19〜20世紀前半、男女の法律上の平等を求めた女性参政権運動に始まる。20世紀後半には、社会慣習や制度に残る性差別の変革を求める第2波が展開した。その後、多様なフェミニズム理論が登場し、現在は、LGBTQ（●p.290）などセクシュアリティのテーマや、「#MeToo」などの社会問題でも大きな高まりを見せている。

1 フェミニズムの歴史

◆第1波のフェミニズム

　近代のフェミニズムは、18世紀の近代自由主義思想から生まれ、**リベラル・フェミニズム**ともいわれる。イギリスの**ウルストンクラフト**は主著『女性の権利の擁護』(1792年)で、女性の経済的・精神的自立、財産権・参政権の主張や女性への高等教育の必要性を説いた。また、**J.S. ミル**(●p.134)は『女性の隷従(解放)』(1869年)を発表して、女性の参政権獲得を理論的に支えた。

◆第2波のフェミニズム　　　　`出題`

　20世紀に入り、**ボーヴォワール**の『第二の性』(1942年)(●p.158)がフェミニズムの新しい波の先駆となる。1960年代に、**フリーダン**の著作『女らしさの神話』(1963年)をきっかけにして、**第2波フェミニズム(ウーマン・リブ：Women's liberation movement)** が、女性解放運動としてアメリカから世界に波及した。第2波のフェミニズムは、現実生活に残る性別役割分業などの社会慣習の変革を求めるところから始まった。さらに「個人的なことは政治的である」というスローガンにみられるように、男による女の支配こそが階級抑圧や人種差別に先立つ根本的な抑圧だとする、**ラディカル・フェミニズム**の思想が台頭した。レイプやポルノなど女性に対する暴力に抗議し、女性のセクシュアリティ(性と欲望に関わる人間の活動全般)について急進的に発言し、異性愛中心の性規範について批判することもあった。

◆第3、4波のフェミニズム

　1980年代後半から、それまでのフェミニズムが**先進国の白人中産階級の女性を中心**に展開してきたことに対する批判が現れた。**第3波**と呼ばれるフェミニズムには、これらの難点を乗り越えようとして広範囲の差異に取り組む動きや、人種や民族や国籍の壁を越えて女性たちが連帯しようという活動、かわいらしさや華やかさなどの女の子っぽさ(girlie)を肯定的にとらえて自己表現する傾向も現れた。さらに、2010年代以降を**第4波**と呼ぶこともあり、SNSの活用や著名人のメッセージ発信による、草の根的な政治運動の活性化がその特徴となっている。

2 ラディカル・フェミニズム

　ラディカル・フェミニズムは、女性への抑圧がすべての抑圧の根源であると考える。私的領域での女性の抑圧を政治的な問題として取り上げた。男性が、女性の性と身体を支配するシステムを「**家父長制**」として、男性優位の社会のあり方を根源的(ラディカル)に批判する。家族で女性が抑圧される基盤が、妊娠出産する女性の身体の搾取であるとして、リプロダクティブ・ヘルス／ライツ(●p.277)の考え方に影響を与えたり、DVやセクハラを、社会問題として考え直すきっかけを与えた。

3 ポストモダン・フェミニズム

　ポスト構造主義の影響を受けた、**クリステヴァとイリガライ**の思想は西洋形而上学に潜むロゴス(言葉)中心主義とファルス(男根)中心主義を批判する。男／女の二元論を根本的に問い直すことによって、性のあり方が単一ではなく多様であることを説いた。アメリカの哲学者**バトラー**は、フーコー(●p.181)やデリダ(●p.182)の影響を受け、ジェンダーのみならず、自然の性差と考えられてきたセックスや身体や異性愛も社会的な構築物であると考える。「女性」という主体を、繰り返される行為の中で強化される見せかけととらえて、性別の二元論を批判する立場は、フェミニズムと性的マイノリティとの連帯を志向し、LGBTQ運動の理論を支える思想となっている。

4 第4波フェミニズム

　2010年代から、女性たちの政治的連帯がさらに広がり、マイノリティや社会的弱者との連帯を進める動きが始まった。俳優エマ・ワトソンは、UNWomen(国連女性機関)の親善大使として、ジェンダー平等を達成するため世界中の男性の積極的関与を求めるキャンペーン「**He For She**」(彼も彼女のために)を提唱する。オンライン発の「**#MeToo**」キャンペーンは、性的虐待の被害を受けた女性を支援するためにアフリカ系アメリカ人活動家タラナ・バークが立ち上げ、日本へも影響を広げている。

BOOK 『悪と全体主義：ハンナ・アーレントから考える』(仲正昌樹、NHK出版新書)　アーレントの名著を引きつつ自分で考えることの大切さを説く。

`答` p.168 `81` × `×`

`重要用語` `361`『**全体主義の起原**』、`362`他者の顔、`339`フェミニズム

西洋近現代の思想

正義論 ロールズ ── 正義とは何か？

「最大多数の最大幸福」を重視する**功利主義**（●p.132）は、少数者の不幸に目を向けず、人それぞれの持つ違いを真剣に受けとめようとしない。また、**リバタリアニズム（自由至上主義）**（●p.174）は市場での自由競争を最優先し、敗れた弱者を省みない。これらを批判したアメリカの政治哲学者ロールズは、社会においていかに公正な分配を行うかを考え、「**公正としての正義**」を提唱した。これは正義の基本理念に公正をすえて**社会契約説を現代的に再構築**するもので、公正としての正義は、自由で平等な人々が互いに承認することにより成立するとして、現代における正義についての議論のきっかけを作った。

▲古代ローマの正義の女神ユースティティア ユースティティアは、英語で正義を意味する Justice の語源である。

ロールズ ★★★
John Rawls
(1921～2002)

略伝 アメリカのメリーランド州ボルティモアに生まれた。父は弁護士、母は女性参政権運動家。少年の頃、アフリカ系アメリカ人やアメリカ先住民などのマイノリティと自分の境遇との格差に心を痛めた。プリンストン大学に入学し哲学を専攻。卒業後は陸軍に入隊し、占領軍の一員として来日した際には、被爆直後の広島の惨状を目の当たりにした。除隊後、博士号を取得し、のちにハーバード大学哲学教授となる。1971年に出版された『正義論』で提示した「正義」の概念は、倫理学や政治哲学の領域を超えて大きな反響を呼んだ。

主著『正義論』『万民の法』

メモ **原爆と正義** 広島に投下された原爆の被害を見たロールズは、第二次世界大戦後50年目にあたる1995年に「原爆投下はなぜ不正なのか？」という論文を発表し、日本の各都市への焼夷弾攻撃と原爆投下を「すさまじい道徳的な悪行(great evils)」であると批判した。

1 公正としての正義 　　**頻出**

ロールズは『正義論』の中で、社会契約説における自然状態を**原初状態**と呼び、**無知のヴェール**（● 2）で覆われた自由で平等な人々が、社会の根本的な仕組みをルールとして議論することを想定した。そして議論の結果、次のような正義の二つの原理が、すべてのメンバーの合意によって承認され、契約されると考えた。これが公正としての正義である。

第一原理《平等な自由原理》 すべての人々が、他者の自由と両立できる限り、できるだけ広い範囲の基本的自由を平等に持つ。
第二原理《不平等が許される条件》 社会的・経済的不平等は、次の二つの条件を満たすものでなければならない。
①**《公正な機会均等原理》** 公正な機会の均等を確保した上で生じる不平等であること。
②**《格差原理》** 不平等がない時よりあった時の方が、最も不遇な人々の立場がよりましになる場合にのみ不平等を認めること。

解説 **「分配の正義」の復権** ロールズによる正義の二つの原理は、彼が社会的基本財と呼ぶ自由、富、生きがいなどの価値あるものを、公正に分配するための原理である。この原理は、機会均等の上で生じた結果の不平等を認めた上で、多く得た者の財は不平等の解消に用いるべきであるとし、**格差の縮小を図る点が特徴**である。のちにセン（●p.178）は、これを「ものの平等」にすぎないと批判した。しかし、格差原理の考察は、それまで分配の効率性ばかりを追求してきた経済学・倫理学の分野に「分配の正義」を復権させた。

2 無知のヴェール

ロールズは、原初状態においてすべての人が合意する原理が公正な分配をもたらすと考えるが、その際に、原理を議論する人々が**無知のヴェール**で覆われた状況を想定する。それは**自分についての情報がすべて遮断され、階級や資産、能力などがわからない状況**であり、人々は自分の境遇をより良くすることだけを考える。この状況では、不平等が大きくなるルールを許容すると、自分が「持たざる者」だった時に不利益をこうむることになる。そのため、当然すべての人々は自分の利害を離れて許容可能な不平等の範囲を検討し、公正な競争のルールを設定するとロールズは考えた。

原典資料‥‥‥‥‥‥‥‥‥‥‥‥‥‥ロールズ
3 奴隷制は不正義

……公正としての正義という考え方は……まず第一に奴隷所有者の利益を考慮することを許さないであろう。……公正としての正義という考え方が適用されるところでは、奴隷制はつねに不正義なのである。

正義を効率から導き出されたものと考えることは……利益と不利益との比較衡量の問題であり、……功利主義は、奴隷制がつねに不正義であるという事実を説明できない。　　（『公正としての正義』田中成明訳 木鐸社）

解説 **ロールズの功利主義批判** ロールズは、「最大多数の最大幸福」を善とする功利主義では、奴隷制も幸福の最大化に貢献するものとして認められてしまうと批判する。当時の英米では、社会のあり方を考える原理として功利主義が勢力を持っていたが、ロールズの議論は新たな社会のあり方を提示し、差別・格差の解消を求める運動に大きな影響を与えた。

入試に○×チャレンジ 83 ロールズは、自由競争によって生じる所得や地位の不平等は、社会の最も不遇な人々の境遇の改善につながる限りで認められるとする格差原理を主張して、公正としての正義を構想した。(2017年本試)

民主政治（デモクラシー）

18歳になると、私たちは選挙権を手にすることとなる。しかし、現代の政治は深刻な分断や争いに満ちている。こうした社会で、私たちは市民としてどのように政治に関わっていくべきなのだろうか。私たちが民主政治（デモクラシー）に関わっていくうえで欠かすことのできない倫理とは何だろうか。

権力行使としての参政権

そもそも、私たちが18歳になると手に入れる選挙権とは単なる「権利」なのだろうか。例えば、職業選択の自由が「自分の」職業を決めるように、通常、権利の行使は自分自身の運命を左右するにすぎない。しかし選挙権の行使は、例えば増税を訴える候補者への支持が他者の税負担増を結果しうるように、自分だけでなく多くの他者の運命を左右する。こうした点をふまえ、J.S.ミル（●p.134）は、選挙権の行使を「権力」の行使として理解すべきだと主張する。そして、選挙権とは国民全体の利益の実現をはかるために個々の有権者に信託された「権力」であり、有権者は、選挙権を自己利益の実現のためではなく、国民全体の利益の追求のために行使すべきだという。こうした考え方は、民主政治が私的利益追求の場となり、その結果、ポピュリズム（●p.175）による国民の分断に行き着いている今、一層重要となっているといえるだろう。

正当性と正統性

様々な価値観や利害が激しく衝突する、近代以降の政治において重要なのは、何より社会に秩序が成立することである。社会は、常にホッブズ（●p.112）の言う闘争状態に戻りかねない危険性をはらんでいる。そうした世界で最も大切なことは、意見の「正当性（正しさ）」と「正統性（その意見に賛成でなくとも従うべきと思えること）」を区別して理解することである。なぜなら、様々な価値観や利害関係が混在する社会で秩序を維持するためには、自分が正当性を見いだせない法律に対しても正統性を見いだして、とりあえず従う態度をとることが不可欠だからである。

しかし、もし民主政治のもとで有権者が私的な利益だけを追求すれば、これは困難となる。皆が自己利益の実現を政治に求めて競争した結果として、多数派の利益が実現するとき、少数派は多数派に正統性を見いだせない（多数の専制）。少数派は、多数派の身勝手な利益のために協力させられるなら、この社会から出ていくことや、不服従を貫くことを考えてもおかしくないからである。

◀バスの中で期日前投票をする高校生（2022年、福井県勝山市）

熟議デモクラシー

こうした状況に陥らないためにも、私たちには、ミルが指摘する政治への向き合い方が必要となる。そしてその実践の場として、理性的対話を重視する熟議デモクラシー（●p.175）が重要になる。そこでは、各自が政策の提案において、常に皆が納得すると期待できる理由を示す努力が求められる。

例えば、地域Aにごみ処理場を設置することに賛成する人たち（賛成派）が、「施設の必要性はわかるし自分たちも利用したいが、自分の地元Bに施設があるのは嫌なので地域Aに押しつけたい」と主張するとき、施設設置に反対している地域Aの人々（反対派）は納得できないだろう。なぜならそれは単に自分は負担を負いたくないという利己的な欲望の表明でしかなく、他者を自らの欲望に奉仕すべき道具として扱っているからだ。そうではなく、賛成派が、地域Aに施設を置くべき論理的な理由を示したらどうだろう（例えば、市内すべての地域からの距離が等しいなど）。その時、反対派はたとえその主張に賛成できなくても、自身が対等な対話のパートナーとして扱われていると実感できるだろう。そして、よりよい理由を示すことができれば、他者を説得し意見を通すことができるという希望も持てるだろう。そして、今回意見が通らなくても、とりあえずこの社会で生きることを選択し、決定を受け容れるだろう。

◀トクヴィル（1805〜59）　フランスの貴族・政治思想家。アメリカの民主政治を分析し、民主政治が多数の専制と化すことを危惧しつつも地方自治や権力分立がそれを抑制する可能性を指摘した。
主著『アメリカのデモクラシー』

政治の困難さ

とはいえ、決して簡単には、誰もが納得できる政策を形成することはできない。丸山真男（●p.274）は、「政治はベストの選択を行うもの」という思考は政治への幻滅を生むと指摘し、政治については、「我々の手で一歩一歩実現していくものだというプロセスを中心にして思考すべき」だと考えた。民主政治を通じて政治に携わる私たちは、このことに常に自覚的でなければならない。そうでなければ、民主政治にはポピュリズムにみられるように、政治という営みそのものを否定する危険性があるからである。

BOOK 『ロールズ　正義の原理』（川本隆史、講談社）　ロールズの思想の全体像を明らかにする。『正義論』の解説書として読める。

答　p.170　[82]　◯

重要用語　363 原初状態、364 無知のヴェール、365 公正としての正義

173

現代の政治哲学

自由と平等を保障することで、人々の多様な生き方の共存をめざす**リベラリズム**の哲学的な基礎づけをめざしたロールズの試みは、大きな反響を引き起こした。同じく哲学的な議論による、より自由な社会のあり方が提唱される一方で、リベラリズムが個人の価値観を規定している「共同体」の意義を軽視しているという批判も展開される。また、国家や公私の境界を越えた正しさの探究や、価値観を越えた連帯やデモクラシーも提唱されている。はたして、普遍的な正しい社会のあり方は存在するのだろうか。多様な価値観が衝突する社会で、民主政治はどのように可能となるのだろうか。

▲**9.11テロ事件**（2001年）　ハイジャックされた飛行機が突入したニューヨークの貿易センタービルでは、約3,000人が犠牲となった。

1 ノージックのリバタリアニズム

アメリカの哲学者**ノージック**（1938〜2002）は、ロックの所有権論（⊙p.114）をふまえ、人は自らの労働により取得した財産を所有し、自由に処分する権利を持つとした。そのため、他者の財産を本人の了解なく奪い第三者に与えることは不当であり、税金による所得の再分配も不正である。当然、ロールズの格差原理（⊙p.172）も許されない。そして国家は、治安、防衛、司法といった国民の安全を守る機能に仕事を切り詰めた「**最小国家**」であるべきだという。このように国家からの干渉を防ぎ、個人の自由の最大化をめざすノージックらの思想を、**リバタリアニズム（自由至上主義）**という。

▲ノージック

解説　リベラリズムとリバタリアニズム　リベラリズムとは、個人の自由・権利の尊重と経済的な格差の是正（平等）を両立させることで、多様な生き方を保障する公正な社会を形成しようという思想をいう。福祉国家を基礎づける役割も果たした。国家による福祉や平等に配慮する点で、リバタリアニズムと異なる。

コラム COLUMN　運の平等主義

格差を容認するリバタリアニズムとは異なり、リベラリズムの立場から、本人に責任のない格差については是正すべきと主張したのが、アメリカの法哲学者**ドゥオーキン**（1931〜2013）である。彼は、個人は自らが決断した行為の結果には責任を負わねばならないが、運の招いた結果には責任を負う必要はない、とした。ただし、同じ運でも、賭け事や経済競争の結果を左右する運と、生まれながらに階級や障害が決まっている運とでは違う。前者に関しては、運に任せることを自分が決断した以上、結果の責任はとるべきだが、後者の運によって所得や能力に格差が生まれた場合は、その責任を本人が負う必要はなく、社会がこれを補填すべきだという。こうした議論は「運の平等主義」と呼ばれ、格差是正の論拠として、しばしば用いられている。

2 サンデルのロールズ批判

ロールズは、無知のヴェールをかぶり、自分の属性を知らない人々が正義を選択する思考実験を行う。しかし、アメリカの政治哲学者**サンデル**（1953〜）は、本当にそのような人間が正義を選択できるのかと批判する。人間が格差原理を支持するのは、共同体の中で学んだ「弱者を助けるべきだ」という価値観を持つからではないのか。そもそも、人間のよき生（生き方）は、自身を育んだ共同体全体にとっての価値（**共通善**）との関わりの中で確立したものであり、そうした背景を忘却した個人（**負荷なき自我**）に正義の選択は困難ではないのか。サンデルのような、共同体や共通善を重視する思想は、**コミュニタリアニズム（共同体主義）**と呼ばれる。

▲サンデル

解説　サンデルの共通善　サンデルは、人々がよき生についての価値判断を示し合い、社会全体にとっての共通善について熟議し、合意形成に努めるべきだとする。そのためには、積極的に議論に参加し、公共的視点から熟議を行うという公民的な徳が市民に必要であり、これを学び、実践する場としてローカルな共同体の意義をとらえている。

3 コミュニタリアニズムの社会批判

コミュニタリアニズムは、現実の社会にも批判的な目を向ける。イギリスの哲学者**マッキンタイア**（1929〜）は、ローカルな共同体の意義を指摘し、善悪の判断は、共同体の共通善と、それを実現するために必要な**徳**（性格・能力）という視点から論じられるべきだという。しかし、近代化の進展は共同体を衰退させ、「美徳なき時代」を到来させていると批判している。

解説　コミュニタリアニズムとリベラリズム　現代のコミュニタリアニズムは自由で平等な社会を築こうという姿勢をリベラリズムと共有している。一方で、リベラリズムも共同体や共通善の意義を否定しているわけではない。両者の違いは、社会を考察する際に個人の選択から社会が作られると考える（方法論的個人主義）か、個人の選択に影響を与える共同体に着目する（方法論的全体主義）かの違いであるといえる。

入試に◯×チャレンジ　84 コミュニタリアニズムは、自由主義が前提とする人間像や社会観を批判し、そのうえに成り立つ道徳観や正義観に異議を唱える。現実の人間は様々な共同体に帰属しており、共同体それ自体を成り立たせる共通善に照らすことにより、はじめて自らのアイデンティティを形成し得ると考えた。（2016年本試改）

4 国際政治哲学

ロールズの『正義論』は、正義の適用範囲を国家の内部に限定している。これに対して、地球社会全体の正義（**グローバル・ジャスティス**）の実現をめざすのが、**コスモポリタニズム**である。例えば、アメリカの政治学者ベイツ（1949〜）は、ロールズの格差原理をグローバルに適用して、偏在する天然資源を、国際社会で最も恵まれない人々のために使うべきだと提案している。また、アメリカの哲学者ポッゲ（1953〜）は、開発途上国の人々が苦しむ貧困は、先進国の過去の植民地支配や現在のグローバル企業によって生み出されている以上、先進国の富裕層にとってこれを助けるのは必須の義務であると主張する。

また、**ネグリ**（1933〜）は、思想家ハート（1960〜）とともに、国民国家とは異なり、中心や領土をもたないネットワーク上の支配装置である「帝国」が、現代世界において権力を行使しているという。これに対して、群衆であるマルチチュードが権力を奪取し「全員による全員の統治」を実現すべきだと主張している。

▲ネグリ

5 フェミニズムの政治哲学

フェミニズム（⊙p.171）の立場に立つアメリカの哲学者**キテイ**（1946〜）らは、リベラリズムは、「人は私的な世界では自由であって権力に干渉されることはない」という「公私二元論」に立っており、また政治や経済といった公の場では自らの意志で考え行動し、その結果に責任をとる自立した主体を前提としていると指摘する。そのため、リベラリズムは、**ケア**（**気づかい、世話**）を必要とする自立できない人間の弱さや、そうした主体を生み育て、その障害や老いをケアする私的領域で、無償あるいは低賃金で働いている人々（性別役割分業により女性が多い）の苦悩といった問題を軽視することなる。これに対して、キテイらは、人が「皆だれかお母さんの子ども」である以上、ケアをめぐる問題はすべての人に関わる課題であり、公的な場で議論されるべきであると主張する。

▲キテイ

解説 **ケアの倫理と正義** ケアをめぐっては、ケアの倫理が提唱されている。提唱者の一人の**ギリガン**（1936〜、⊙p.21）は、ケアの倫理は、具体的な状況の中でケアを必要とする個別の個人を前にして、他者への応答責任を求める倫理であるという。これは、あらゆる人を等しく扱うべきとする正義の観点からすると、個別の文脈や人間を重視する点で公的領域での倫理にふさわしくなく、私的領域に限定されるべきだという指摘もある。しかし、ケアの倫理の論者たちは、むしろこうした人間の弱さに着目し、他者への応答責任を説く倫理こそ、平和や福祉といった政策論議においても参照されるべきだと主張する。

6 「残酷さの回避」のための連帯

アメリカの哲学者**ローティ**（1931〜2007）は、認識や価値の基礎づけを批判する**ネオプラグマティズム**を唱えた。彼によれば、私たちの持つ信念の正しさを証明することは不可能であり、人がその時々に抱えている目的を達成するのに役立つ限りで「真理」と呼ばれるにすぎない。よって、リベラリズムを哲学的に正当化することはできない。ただし、自らの信念を他者に対して説得することで、仲間を増やし、理念を広めることはできる。よって、様々な社会的理想が対立する社会における政治は、とりあえず皆が共有できる信念である「残酷さの回避」から始めるしかない。つまり、政治はできる限り（人権の抑圧などの）残酷さを回避するように努め、個人は政治とはかかわりのない場で、各自の幸福を自由に追求すべきである。こうした主張は「ポストモダン・ブルジョワ・リベラリズム」と呼ばれ、人々に多様な価値の境界を越えた連帯を求めた。

▲ローティ

7 熟議デモクラシー

第二次世界大戦後、西側先進国では福祉国家化が進んだ。そこでは、さまざまな階層の国民に対してそれぞれに利益を分配したり調整したりすることが国家の大きな役割となった。しかし、こうした配分の政治は、低成長の時代には人々の要求にこたえきれず、自らの利益を代表されていないとの不満を人々の間に生む。そうした不満から、近年の先進国では**ポピュリズム**が広まっている。このような中で、ハーバーマス（⊙p.169）らは、市民が意見の異なる他者と熟慮しながら議論する、**熟議デモクラシー**（⊙p.173）の重要性を指摘する。なぜなら、熟議への参加が、自分と異なる多様な意見を知り、理性的に自己の主張の是非を考え直すきっかけとなり、また自分の意見が通らなくても意思決定に従おうという意識を生み出すからだという。具体的には、市民から抽出された人々が熟議を行い、その結果を政策決定の参考にする「熟議世論調査」や、選挙前に、希望する市民が熟議を行う「熟議の日」などが提唱されている。また、家庭や学校、職場などさまざまな領域での熟議も提唱されている。こうした熟議と既存の代表制民主政治の併用により、民主政治の危機の回避がめざされている。

解説 **ポピュリズム** 特定のグループ（社会的弱者や移民など）を既得権益層と名指しし、空虚なスローガンで人々を糾合する政治手法をポピュリズムと呼ぶ。こうした手法は、代表制民主政治の機能不全を指摘するという意味では重要な問題提起を含むが、社会に分断を生み、新たな疎外を生み出す危険性をはらんでいる。

BOOK 『これからの「正義」の話をしよう』（サンデル、早川書房）
サンデル教授の「正義」をめぐる哲学講義を再現。

答 p.172
83 ○

重要用語 366 リベラリズム
367 リバタリアニズム（自由至上主義）、
368 コミュニタリアニズム（共同体主義）

175

大衆社会批判の思想家

▶映画「モダン・タイムス」(1936年、アメリカ)

社会の近代化の進展は、人々の内面から責任感や倫理観をしだいに失わせ、社会や周囲の人々の考えに受動的に反応し影響されてしまう、個性のない「大衆」に変質してしまうとする議論が登場する。

ウェーバー ★★
Max Weber (1864〜1920)

略伝 ドイツのエルフルトで、プロテスタントの家庭に生まれた。社会経済史を専門とし若くして大学教授になるものの、禁欲的な研究生活の中で精神疾患に。その後は、自らの生き方にも影響を与えた禁欲的な宗教倫理や近代社会を批判的にとらえる社会学の研究を行う。第一次世界大戦後は憲法草案作成に関わり、パリ講和会議にも随員として出席した。（◯p.97）**主著**『職業としての政治』『職業としての学問』

西洋近現代の思想

8

現代の思想

1 官僚制（ビューロクラシー） 出題▶

ウェーバーによると、近代社会においては、会社や工場など大規模な組織を効率的に運営するための仕組みである「**官僚制**」が広まるという。官僚制の特徴は以下のとおりである。

①規則による職務権限の明確な規定
②ヒエラルキーと呼ばれる階層構造
③文書の重視
④専門的訓練の必要性
⑤（フルタイムの）専業　⑥一般的規則の存在

こうした官僚制のもとで人間は、ウェーバーが近代資本主義を支える精神の源流とみなしたカルヴィニズム（◯p.97）に由来する禁欲の精神を喪失するとともに、発達する経済組織の官僚制（「鉄の檻」）にその生き方・働き方を縛られてしまうことになる。つまり人間は機械の部品のような存在となってしまうのだ。

2 責任倫理

官僚制化は政党組織の中でも進展し、政党政治家は自らの果たすべき責任を忘れがちになるという。ウェーバーはそうした政治家に「情熱」を求めるのだが、しかしそれは単なる心情的な倫理観ではなく、結果に対して責任を負おうとする責任倫理でなくてはならないという。また、それゆえに、自らの行いがどのような帰結を生むか慎重に判断する力も必要だとしている。

> **メモ** **カリスマ** ウェーバーは、官僚制のもたらす弊害を克服し、新たな政治の方向を作り出す「カリスマ」的な指導者に期待している。それは国民から直接選ばれた大統領の政治主導への期待である（指導者民主制）。しかし、こうした議論はかつてのドイツでのヒトラーへの期待を連想させるという批判もある。

オルテガ
José Ortega (1883〜1955)

略伝 スペインのマドリードに生まれた。マドリード大学で哲学を学び、ドイツ留学を経て母校の教授になり、文明批評や海外思想の紹介に努めた。1931年に第二共和制が成立すると憲法制定議会の議員を務め、国民の政治参加の重要性を訴える運動も展開した。1936年内戦が勃発すると海外に亡命。戦後帰国し著述を行った。**主著**『大衆の反逆』『ドン・キホーテをめぐる省察』

3 「大衆」批判

オルテガは、自らが凡庸だと知りつつも、開き直りその克服のための努力をせず、安楽をむさぼる人々を**大衆**と呼ぶ。こうした大衆が、20世紀になると、政治や経済、芸術、学問など様々な領域で大きな力を持つようになると指摘する。これを**大衆の反逆**と呼び、文明の没落をもたらすと批判する。なぜなら、大衆は科学技術や自由主義といった「文明」を生み出すために必要な努力や他者から学ぶ姿勢を軽視し、文明を容易に入手できる自然物のように考える結果、文明社会を没落へと引きずり込んでしまうからだ、という。

リースマン ★★★
David Riesman (1909〜2002)

略伝 アメリカのフィラデルフィアで生まれる。ハーバード大学を卒業後、ハーバード大学などで社会学などを教えた。『孤独な群衆』では、当時アメリカの上層中産階級に現れつつあった他人指向型性格に注目し、その寛容さを評価しつつも、他者に縛られ鋳型をはめられる不自由さを指摘し、自律的に生きる方法を探究した。

4 伝統指向・内部指向・他人指向 頻出

リースマンは、社会において広くみられる性格が、以下のように社会のあり方に応じて異なるとした。

性　格	特色
伝統指向型	第一次産業中心の社会にみられる、伝統を生き方の基準とする性格
内部指向型	工業など第二次産業中心の社会にみられる、親から与えられた勤勉・禁欲の精神を重視する性格
他人指向型	サービス業など第三次産業中心の社会にみられる、他者に受け入れられることを、仕事でも私生活でも最高の目標とする性格

入試に◯✕チャレンジ ▷ 85 リースマンの唱えた他人指向型の人間類型とは、他者からの承認を求め、周囲に同調しようとする人間のあり方を表している。（2018年追試）

「社会学」って何だろう？

「社会学」という学問は、コントがその名前を作り出し、ウェーバーらが科学として確立し、リースマンらへと受け継がれてきた。しかし、それは政治学や経済学など他の社会科学と比べてどのような特色を持つのだろうか。また、それは現在、どのような研究を行っていて、どのような問いを私たちに突きつけているのだろうか。

個人から社会へ

政治学や経済学などの近代の社会科学は、社会契約の思想家やアダム・スミス(◆p.131)などの議論にみられるように、理性的な個人が合理的に選択することでよい社会を形成できるという近代の理想を示した。ところが、19世紀以降の近代化の現実は、個人の選択が必ずしも合理的でも自由な意思に基づいてもいないことをあらわにする。例えば、マルクスは、こうした個人の選択に対して、社会の経済的な下部構造(◆p.141)が知らないうちに影響を与えていると指摘した。そして19世紀後半になると、マルクスのような経済がすべてを決定するという考え方とは異なる観点から、経済活動も含む様々な個人の選択を方向づけるものを、科学的に探究しようという動きが活発になってくる。ウェーバーやフランスのデュルケームらが確立した社会学である。

◀**デュルケーム**(1858〜1917)　フランス生まれのユダヤ人。ウェーバーと並ぶ社会学の確立者。著書『自殺論』では、近代社会における過度の個人化の進展が、社会的に共有される価値観の崩壊(アノミー)をもたらすことで自殺を増加させると分析した。

社会学とは？

社会学とは何か。同じ社会を生きている人間は、文化や価値観をある程度共有し、これに規定されながら生きている。こうした社会的に共有される文化や価値観を抽出してそれが生まれた背景や問題点を考察する学問が「社会学」である。その意味で、社会学は私たちに「常識」を見つめ直させ、相対化させるものだといえる。ウェーバーは利益の最大化を図る資本主義の精神という常識を、リースマンは他者の顔色をうかがう現代人の常識を、それぞれ相対化し、その背景を探った社会学者であった。

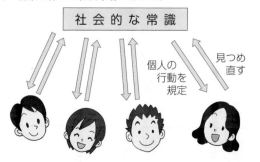

社会的な常識

個人の行動を規定　　見つめ直す

カルチュラル・スタディーズ

今日、社会学的な研究は多様に展開されている。例えば、過激な衣装やパフォーマンスで絶大な人気を集めたアメリカの歌手マドンナを支持した女性ファンたちの研究。それによると、女性ファンは、マドンナの歌やパフォーマンスに、男性社会のもとで抑圧されている自分たちの解放やそうした社会への抵抗の象徴を求めたと分析される。大衆文化にもファンや社会の価値観が影を落としており、それを読み取ることもまた社会学的な営みとなる。

解説　身近な大衆文化を分析し、そこに社会における支配関係の影響を見いだして社会のあり方を批判していく研究は、カルチュラル・スタディーズと呼ばれる。1960年代にイギリスで生まれ、社会学だけでなく文学研究や歴史学にも大きな影響を与えている。

▶**マドンナ**(1958〜)

社会はどうあるべきか？

このように、人々の生き方を規定する社会的な価値観や文化を省みさせたうえで、その先に、どのような社会(価値観や文化)が望ましいのかという問いを社会学は私たちに突きつけてくる。思い起こせば、社会学という名を作り出したコント(◆p.136)は、社会を有機体としてとらえ、人々が助け合う社会的連帯をめざすべきだと主張した。一方、社会学の先駆者スペンサー(◆p.136)は、コントと同じく社会を有機体ととらえつつも、優勝劣敗の自由競争が望ましいと考えた。私たちの向かうべき方向の探究もまた社会学の研究課題なのだ。

解説　長引く不況や格差の拡大にもかかわらず、近年若者の間で幸福感が高まっている。社会学者は、若者が希望の水準を下げることで幸福感を得ていると背景を分析する。こうした現実の先にどのような社会を構想すべきだろうか。

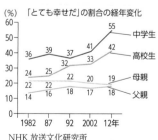

「とても幸せだ」の割合の経年変化

NHK放送文化研究所
「中学生・高校生の生活と意識調査2012」

潜在能力論

インドの経済学者センは、**潜在能力（ケイパビリティ）**という概念によって、飢餓や貧困に苦しむ途上国の福祉の問題を考察する方法を確立した。従来の経済学は、経済効率や財の分配のあり方によって社会の富や福祉をとらえようとしてきた。しかし、センの潜在能力アプローチは、財の分配だけを行う福祉とは異なる、多様な選択の自由をもとにした福祉のあるべき姿を明らかにして、経済学と倫理学を結びつける役割を果たした。

▲「寺子屋」で学ぶ子どもたち　NGOの日本ユネスコ協会連盟は、途上国で子どもや成人に基礎教育を行う「寺子屋」の建設を進めている。

セン ★★
Amartya Sen
（1933〜）

略伝 インド東部に大学教師の子として生まれた。9歳の時、300万人が餓死したベンガル大飢饉において飢えた人々の行列を見た彼は、その体験から、のちに経済学を学び、大飢饉の原因が食料の不足ではなく、インフレにより適切に分配されなかったためであることを明らかにした。23歳でカルカッタ（現、コルカタ）の大学の経済学教授となり、その後、様々な大学で教鞭をとった。所得分配の不平等や貧困に関する理論的研究など、経済学における倫理学的側面を復権させた功績により、1998年、アジア人初のノーベル経済学賞を受賞した。

主著『貧困と飢饉』『合理的な愚か者』『福祉の経済学』『人間の安全保障』

1 センの厚生経済学

厚生経済学とは、厚生（福祉、welfare）をテーマにした経済学であり、経済効率や所得分配のあり方などを分析することにより、貧困や格差といった問題を考察する。厚生経済学では従来、社会的厚生の結果だけを重視してきたが、センはそれを批判した。彼は、単に結果だけでなく、結果をもたらす選択をした時、他に選択肢があったか、あった場合どのようなものだったかが重要であると考えた。

結果が「空腹」だった場合…

ダイエットしなきゃ！　　食べるものがない…

食べる ✕ ◯ 食べ　食べら
　　　　　選択　ない　れない

ダイエット中　　結果は同じ空腹　　飢餓
食べる選択肢あり　　　　　　　食べる選択肢なし

解説 **倫理的な社会とは** 従来の厚生経済学では、上の図でいえば「空腹」という結果を重視する。しかし、人は食べるという選択肢がない人の苦しみに共感し、この問題の解決に関わろうとする。センはこのように、個人の私的な利益追求を超えた、共感や関わりを考慮することで、途上国の不平等、貧困や飢餓の解決をめざし、より倫理的な社会選択のあり方を考察する新しい厚生経済学の流れを作り出した。

2 潜在能力アプローチ　　頻出

倫理を重視する厚生経済学においてセンが提唱したのが、**潜在能力アプローチ**である。潜在能力アプローチでは、個人の福祉をその人の生活の良さと解釈し、生活を様々な**機能**の集合と考える。**機能**とは、その人が実際に何をしているか、何を選択できるかというあり方、生き方の一つひとつのことである。「適切な栄養を得ているか」「早死にしていないか」など基本的なものから、「幸福であるか」「社会参加しているか」などの複雑なものまで、多くの機能がある。これらの機能の全体をセンは**潜在能力（ケイパビリティ）**と呼ぶ。貧困とは潜在能力が欠如している状態である。彼は、お金などの財の配分で福祉をとらえるのではなく、潜在能力を高めるために財を用いて、**個人が選択できる生き方の幅（＝自由）を広げる福祉政策**をめざした。

メモ **平等のための不平等** センは機会の平等を確保するためには、社会で不利な立場に置かれた人々を優遇することも必要だとしている。実際にアメリカでは、大学の入学定員の一定数を有色人種に割り当てる試みが行われている。このような積極的差別是正措置を**アファーマティブ・アクション**という。

原典資料 ･････････････････････ セン

3 人間の安全保障

〈人間の安全保障〉にとって、基礎的な学校教育が課題の中心となる明らかな理由がいくつかあります。

……読み書きや計算ができなければ、それだけで生活が脅かされます。……

……非識字の問題は社会における犠牲者の政治的な声を封じ、彼らの不安をひどく拡大させます。発言力と安心感はきわめて強く結びついています。……人びとの発言力を増大させる基礎教育の力には、彼らを守る重大な役割があり、またそれだからこそ、〈人間の安全保障〉にとっても大切になるのです。

（『人間の安全保障』東郷えりか訳　集英社新書）

解説 **教育は人間の安全保障に不可欠** センは、人間一人ひとりを脅威から守る人間の安全保障において、基礎教育こそ中心となると主張する。彼はまた、基礎教育が自由や潜在能力の向上をもたらし、人々の生き方の幅を広げるという。

入試に○✕チャレンジ 86 センは、各人に対し、自ら価値があると認めるような諸目的を追求する自由、すなわち潜在能力を等しく保障することが重要であると指摘した。（2006年本試）

経済学と倫理思想のつながり

経済（エコノミー）は古代ギリシアの家政術（オイコノミア）に由来するものであり、「経世済民」（⊙p.228）の略語でもある。人間の様々な経済活動を説明する経済理論には、倫理思想が深く関わっている。ここでは、経済学が人間をどのようにとらえ、幸福を増進するためにどのような考え方を構築したかを中心にまとめていく。

◆経済人と自由放任の登場

経済人（ホモ・エコノミクス）は、アダム・スミス（⊙p.131）が考えた人間観で、「経済活動において、自己の利益が増大するよう合理的に思考し行動する存在」という意味である。そんな存在であっても共感する力があって客観的な道徳判断ができる。しかも、経済活動を通じてそういった良心を獲得するという。このような人間観が自由放任（レッセ・フェール）でも問題はないとする根拠となった。

> 人間は無条件で合理的に思考する存在である

◆個人の美徳は社会全体の美徳

ベンサム（⊙p.132）は、「快楽をもたらす行為は善である」と主張し、さらに、サンクション（制裁）が設定されていれば、利己的で快楽を追求する人間が自由に行動しても、最大多数の最大幸福を実現すると説いた。しかもその幸福量は計算できる。数学を用いて人間の行動を解析し、効用（有益性）を計算する経済学の基本がここにある。

> 各人の自由な経済活動が全体の幸福を増大させる

批判

◆レッセ・フェール批判

資本主義の発展とともに、自由放任は劣悪な労働環境や失業、深刻な所得格差を生み出し、必ずしも幸福を生み出すとは限らないのではないかという問題が発生した。

マルクス（⊙p.140）は、資本主義という社会構造が変わらないとこのような問題は解消しないとして労働者による革命を提唱した。そして生産を人間の計画的管理のもとに行うことなどを説いたマルクス経済学が一時期大きな影響力を持った。

さらに、自由な経済活動が失業を発生させてしまう可能性をケインズ（1883〜1946）は考えた。人々が実際に財・サービスを購入することすなわち有効需要なしには失業などの問題は解消しないことを指摘し、有効需要創出のために政府が経済に介入する必要性を説いた。

批判

◆格差原理と潜在能力アプローチ

ロールズ（⊙p.172）は、功利主義が説く「最大多数の最大幸福」は、多数のために少数を犠牲にする可能性があり、人々が求める公正な社会には格差原理に基づく再分配が必要だと説いた。センは、豊作の時でも飢饉が発生してしまうという問題を指摘し、選択の自由が保障されてこそ潜在能力（ケイパビリティ）は向上しうるし、それが生き方の幅を広げることになると説いた。

◆宇沢弘文の社会的共通資本

日本の経済学者である宇沢弘文（1928〜2014）は、「ゆたかな経済活動を営み、すぐれた文化を展開し、人間的に魅力ある社会を持続的・安定的に維持することを可能にするような自然環境や社会的装置」である社会的共通資本の必要性を説いた。これは、土地・水・森林・河川・海洋といった自然資本と、道路・上下水道・公共交通機関・電力といった社会インフラ、そして教育・医療などの制度資本を含むもので、この社会的共通資本は、国家でも市場でもなく、職業専門家集団が専門的な立場と知見をもって管理すべきものだと説く。また、それぞれの国や地域において独自に、倫理的、社会的、文化的、そして自然的な諸条件がお互いに混じり合って経済制度は創出されるのだとし、全世界にあてはまる経済モデルは必ずしも人々を幸福にするとは限らないと考えた。

▲宇沢弘文

◆フリードマンの新自由主義

アメリカの経済学者であるフリードマン（1912〜2006）は、人間にとって何よりも重要なのは自由であるという考えのもと、自由市場こそが資源を最も効率的に配分し、幸福を増大させる最良の手段であるという考え方を提唱した。この考え方は、新自由主義、市場原理主義などと称される。政府による市場への介入をできるだけ排除することを求め、基本的に「小さな政府」「規制緩和」「民営化」「グローバル化」を主張する。

▲フリードマン

対立

構造主義

ソシュールに影響を受けた文化人類学者レヴィ=ストロースは、社会の様々な事柄そのものではなく、その差異や関係性に着目し、**社会には差異や関係性のまとまりとしての構造があると考えた。**構造は、人間の生活の中で無意識のうちに形成されるため、意識的に自覚することができない。こうした、**言語や文化を構成する構造に着目した新しい思想**は構造主義と呼ばれ、近代西欧の理性中心主義と西欧中心主義に対する根本的な批判として、1960年代のフランスで、マルクス主義や実存主義に代わって流行した。その後、様々な分野で構造主義の方法論を用いた研究が行われた。

▲ブラジルで現地調査を行うレヴィ=ストロース 1930年代、レヴィ=ストロースはブラジルに赴き、先住民の人々と直接交流した。

ソシュール F.Saussure (1857〜1913)

略伝 スイスのジュネーヴで、多くの学者を輩出した名家に生まれた。言語学に抜群の才能を発揮し、ジュネーヴ大学の教授に就任して、言語活動を個人の発話行為（パロール）と文法構造体系（ラング）に分けて研究した。彼の一般言語学の講義は、死後、弟子たちの手で『一般言語学講義』として出版され、構造言語学の聖典とまで呼ばれた。彼の言語の本質をめぐる差異と関係性に着目する思索は、実体論から関係論へのパラダイムシフト（◯p.187）が起こる土台となった。

レヴィ=ストロース C.Lévi-Strauss (1908〜2009)

略伝 ベルギーのブリュッセルで、ユダヤ系フランス人の画家の子として生まれた。パリ大学で法学と哲学を学び、27歳でブラジルのサンパウロ大学に赴任し、ブラジル奥地の先住民社会の現地調査を行った。フランスへ帰国したのち、ナチスのユダヤ人迫害を避けてアメリカに亡命する。そこで言語学者のヤコブソンに出会い、ソシュールとヤコブソンの構造言語学の影響を受け、それを文化の構造分析に応用する。第二次世界大戦後に帰国して発表した論文『親族の基本構造』、『野生の思考』で、文化人類学界や思想界に構造主義のブームを巻き起こした。 **主著**『親族の基本構造』『悲しき熱帯』『今日のトーテミスム』『野生の思考』

1 差異の体系としての言語

言語とは古来、物が先にあり、それに貼られたレッテルのようなものと考えられていた。しかしソシュールは言語を差異の体系ととらえ、呼び名に対応する対象が先に存在するのではなく、ある差異に注目して呼び名（シニフィアン）が与えられることで、呼び名によって意味されるもの（シニフィエ）が切り取られて現れると考えた。そして、**シニフィアンとシニフィエの結合に必然性はなく、文化によって異なるもので、対象のどの差異に着目する構造を持つかによって決まる**とした。このように、差異に注目して背景にある構造を考える見方は、構造主義に大きな影響を与えた。

日本語と英語のシニフィアンの違い

日本語シニフィアン	シニフィエ	英語シニフィアン
ワニ		crocodile（クロコダイル） alligator（アリゲーター）

解説 **文化による差異** 日本語では両方とも「ワニ」だが、英語ではワニの口の形の差異に着目して「クロコダイル」と「アリゲーター」という別のシニフィアンで表す。日本語では一つだったシニフィエが、英語ではシニフィアンによって二つに切り分けられている。構造主義はこのように言語が差異の体系であるのと同じく、文化も差異の体系であると考える。

2 構造人類学の方法 出題▶

レヴィ=ストロースは、ソシュールの言語構造体系のモデルを、親族や神話など文化の構造の分析に用いた。当時、未開とされた社会では、兄と妹、姉と弟という異性の兄弟の子ども同士（交叉イトコ）の結婚は理想的とされたのに対し、兄と弟、姉と妹のように同性の兄弟の子ども同士（平行イトコ）の結婚は禁止されることが多いという謎があった。これについて彼は、親族の関係を構造ととらえ、結婚が親族集団の間での女性の交換（贈与）であるという視点を示して謎を解決した。このように、**ある文化の背後に、文化の中にいる人々には自覚されない論理的な規則性が存在していることを指摘する**のが、構造人類学の方法である。

女性の交換の構造

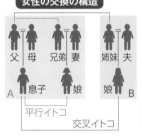

父 母 兄弟 妻 姉妹 夫
A 息子 娘 娘 B
平行イトコ
交叉イトコ

◀交叉イトコは所属集団が異なるので、結婚すればB集団からA集団への女性の贈与という図式が成り立つが、同じA集団に所属する平行イトコとの結婚は、女性の交換にならないため禁止される。レヴィ=ストロースは、近親相姦も同様に、女性の交換にならないため禁忌とされると考えた。

入試に〇×チャレンジ 87 レヴィ=ストロースは、「未開社会」における親族や神話などの研究を通して、個人の主観的意識を超えたシステムが存在していることを見いだした。(2015年本試)

3 野生の思考・神話的思考 出題

私にとって「野生の思考」とは、野蛮人の思考でもなければ未開人類もしくは原始人類の思考でもない。効率を昂（たか）めるために栽培種化されたり家畜化された思考とは異なる、野生状態の思考である。……野生の動植物と同じく、現在なお野生の思考が比較的よく保護されている領域がある。芸術の場合がそれであって、われわれの文明はそれに対し、国立公園なみの待遇を与えているが、このように人工的な方式には、当然それに伴なう利益と不都合とがある。

原始的科学というより「第一」科学と名づけたいこの種の知識が思考の面でどのようなものであったかを、工作の面でかなりよく理解させてくれる活動形態が、現在のわれわれにも残っている。それは……「ブリコラージュ」bricolage（器用仕事）と呼ばれる仕事である。……ブリコルール bricoleur（器用人）とは、……ありあわせの道具材料を用いて自分の手でものを作る人のことをいう。……神話的思考の本性は、雑多な要素からなり、かつたくさんあるとはいってもやはり限度のある材料を用いて自分の考えを表現することである。何をする場合であっても、神話的思考はこの材料を使わなければならない。手もとには他に何もないのだから。したがって**神話的思考とは、いわば一種の知的な器用仕事（ブリコラージュ）である。** （『野生の思考』大橋保夫訳 みすず書房）

解説 西欧中心主義批判

レヴィ=ストロースは、それまで非合理的で「遅れた」ものとされていた「未開」の人々の思考を**「野生の思考」や「神話的思考」と呼び、それが西洋の思考とは方法が違うものの、論理的な体系をなしている**ことを示した。そして、野生の思考を効率化のために飼いならした（栽培化した）ものが、西洋の科学的思考であると主張した。このように、**野生の思考と科学的思考は本質的に同じものである**という視点は、西欧文化の**自民族中心主義（エスノセントリズム）**（◯p.298）に対する痛烈な批判であり、**文化相対主義**（◯p.298）の視点をもたらすものであった。

★★★ フーコー M.Foucault（1926～84）

略伝 フランスのポワティエで医師の家に生まれた。高等師範学校では、構造主義的マルクス主義哲学者アルチュセールの指導を受ける。学生の頃は自らの同性愛的傾向に苦しみ、精神的に不安定な状態にあった。哲学の教授資格を得たのち、パリ心理学研究所で精神病理学を学ぶ。1966年発表の『言葉と物』はベストセラーとなった。アメリカや日本をはじめ、世界で講義を行うとともに、政治的活動にも積極的であった。5巻構成を予定していた『性の歴史』の執筆途中、エイズによる敗血症で死去した。ポスト構造主義（◯p.182）の思想家と位置づけられることもある。**主著**『狂気の歴史』『言葉と物』『知の考古学』『監獄の誕生（かんごく）』『性の歴史』

4 知の考古学 頻出

『狂気の歴史』でフーコーは、かつて分けられていなかった理性と狂気という概念は、**近代的理性が確立されていく過程において、理性的でないものとして狂気が区別され、排除されることで作られたものにすぎない**ことを明らかにした。また、『言葉と物』では、ある時代の学問や文化などの土台となる認識の体系＝構造である**エピステーメー**という概念を提唱し、人間が知の主体と客体になったのは、人間中心主義的エピステーメーが生まれた19世紀のことにすぎないとする（◯ **原典資料6**）など、知が構造的に変化するものであることを示した。このように、思想史を構造主義的に分析する手法を彼は**知の考古学**と呼んだ。

西欧のエピステーメーの地層

近代＝人間中心
古典主義時代
中世ルネサンス

◀フーコーによれば、17世紀以降には三つのエピステーメーがあり、地層のように積み重なってはいるが、連続性はない。人はエピステーメーの中で知を作り上げるものの、時代を経れば、それを壊す新たなエピステーメーが登場するという。

5 権力論 出題

フーコーは刑罰の歴史を分析することで、近代社会の権力の姿を明らかにした。ベンサムのパノプティコン（◯p.133）のような近代の監獄は、監視者に常に見られていると思わせることで、囚人（しゅうじん）の心の中に監視者のまなざしを作り出し、自発的に規律に従うようにさせる機能がある。彼によれば、軍隊や学校なども同様の機能を持つ。例えば学校で過ごす生徒の場合、宿題をすればほめられ、忘れれば叱（しか）られるといった"アメとムチ"により、生徒は進んで規律を内面化して自発的に従うようになっていき、大人に従う生徒が作られる。このようにフーコーは、**訓練を通して、自発的に支配に服従する主体を作り上げる、近代社会の権力のメカニズム**を示した。

6 「人間」の終焉

……人間は ── 素朴（そぼく）な眼に、それにかかわる認識はソクラテス以来もっとも古い探究の課題だったと映っているのであるが ── おそらくは、物の秩序のなかのあるひとつの裂（う）け目、ともかくも、物の秩序が知のなかで最近とった新しい配置によって描きだされた、ひとつの布置（ふち）以外の何ものでもない。……**人間は最近の発明にかかわるものであり、二世紀とたっていない一形象、われわれの知のたんなる折り目にすぎず、知がさらに新しい形態を見いだしさえすれば、早晩消えさるものだと考えることは、何とふかい慰め（なぐさ）であり力づけであろうか。** （『言葉と物』渡辺一民・佐々木明訳 新潮社）

右側：西洋近現代の思想

ポスト構造主義

構造主義(●p.180)に始まる近代西洋中心主義批判は、構造主義そのものにも向けられるようになった。デリダやドゥルーズらは、構造主義が理論の前提とした言語学や精神分析の中にさえヨーロッパの形而上学の伝統や近代的理性の影響があることを指摘し、**ポスト構造主義**と呼ばれるようになった。さらにリオタールは近代全体をテーマとする、理性や真理、革命などの大きな物語が終わった現代の思想状況を**ポストモダン**と呼んだ。

▲**脱構築主義建築の建物** デリダの「脱構築」の思想は建築にも影響を与え、合理的な近代建築では排除された、曲線や過剰な装飾などを用いる、脱構築主義という建築様式が生まれた。

ドゥルーズ　G.Deleuze (1925～95)

略伝 パリ大学(ソルボンヌ)に学び、パリ第八大学教授となる。スピノザ、カント、ニーチェ、ベルクソンらの哲学史研究から出発し、『差異と反復』で独自の哲学を確立する。精神科医ガタリ(1930～92)(写真左)との共著は、現代思想に大きな影響を与えた。晩年は肺病との闘病生活の後、アパルトマンから投身自殺。ガタリは精神分析家のラカンのセミナーに参加し影響を受けたが、のちにラカンを激しく批判した。

デリダ　J.Derrida (1930～2004)

略伝 アルジェリアにユダヤ系フランス人として生まれた。パリの高等師範学校に学び、のちに同校の教師となる。フッサールの現象学やソシュールの記号論の中にも存在するプラトン以来の伝統的な形而上学的思考を、**脱構築**という方法で明らかにした。アパルトヘイト批判など政治的方向性も見せた。[主著]『声と現象』『エクリチュールと差異』『グラマトロジーについて』

1 アンチ・オイディプス

ドゥルーズとガタリは「資本主義と分裂症」と題した2巻の著作でポスト構造主義の思想を展開した。第1巻『アンチ・オイディプス』では、欲望の抑圧によって自我や社会が形成されるという精神分析のエディプス・コンプレックスの学説を批判する。例えば、レヴィ=ストロースの構造主義的な未開社会の分析の中にも、近親相姦の抑圧から社会が形成されるというオイディプス的解釈がみられる。このような見解を否定し、資本主義社会や封建制社会などを欲望の抑圧ではなく、**「欲望する諸機械」**の生産活動として動的にとらえた。また、欲望の類型として、蓄積し反動・ファシズム的なパラノイア(偏執)型と、分散し革命的なスキゾ(分裂)型を設定して、未開社会から資本主義までの社会を分析した。第2巻『千のプラトー』では、幹から枝葉が別れるような秩序ある**ツリー**(樹木)状の思考様式に対立する**リゾーム**(地下根茎)という概念を提示した。リゾームはあらゆるものとつながり続ける中心のない多数多様体であり、さまざまな時代のシステムを読み解くモデルとなっている。

◀**ツリー**(樹木) 伝統的西洋形而上学のモデル

▶**リゾーム**(根茎) 固定されない結びつきを生むモデル

2 脱構築　[出題]

デリダは西洋哲学の根底にはプラトン以来の形而上学の**二項対立的な階層秩序**があることを指摘する。その階層秩序が実は成立しないことを明らかにすることによって、形而上学的思考の解体を行う方法が脱構築である。具体的には、内部/外部、知性/感覚、意味/記号、自己/他者、同一性/差異、男/女、西洋/東洋などの二項対立について、それぞれの前者に支配的優位性があると考えてきたのが、西洋哲学の形而上学的思考である。デリダはフッサール、ソシュール、レヴィ=ストロースらの著作の中にも形而上学的思考があることを見いだし、その二項対立に基づく秩序が実は決定不可能であることを示した。

コラム　構造主義からポスト構造主義へ

レヴィ=ストロースやフーコーに続き、**ラカン**(1901～81)は**「無意識は一つの言語活動として構造化されている」「無意識は他者の語らい」**と語り、構造主義的な精神分析理論を形成した。ほかにも1960年代のフランスでは、文学理論やマルクス主義の分野で構造主義的な思想が展開した。その後、デリダはレヴィ=ストロースを批判し、ドゥルーズ・ガタリはラカンを批判することで、ポスト構造主義と呼ばれる思潮が広がった。フーコーは『監獄の誕生』で権力論を展開した頃からポスト構造主義者と認められるようになってくる。だが、構造主義とポスト構造主義の違いについて明確な定義があるわけではない。

入試に○×チャレンジ 88 デリダは、言葉や概念を用いる際の二項対立図式のうちに、西洋哲学の伝統的な形而上学的傾向を見いだし、そのような思考を揺り動かす脱構築を試みた。(2016年追試)

西洋近現代の思想

8

現代の思想

リオタール
J.F.Lyotard (1924〜98)

略伝 パリ大学で哲学を学び、現象学から研究を始めた。マルクス主義の影響を受け、アルジェリア解放運動に参加。政治活動から身を引いた後、パリ第八大学教授、国際哲学学院の学院長を務めた。ポストモダンの代表的思想家とされる。　主著『ポストモダンの条件』

③ ポストモダン　出題

　リオタールは、近代（モダン）という時代は「**大きな物語**」（メタ物語）が知的活動を支えていたと考える。例えば、ヘーゲルの説いた精神の弁証法やマルクスの説いた労働者の解放など、**真理・主体・自由・革命などの物語**に支えられて近代の知的活動が成立していた。彼によれば**ポストモダンとはこのような「大きな物語」に対する信用が失われた状況**である。科学技術の進歩と資本主義の拡大は、真理よりも効率を優先するようになり、知の普遍的な正当性が不要になったのだという。リオタールはウィトゲンシュタインの理論を使いながら、ローカルなルールで言語ゲームが行われる**小さな物語**をパラロジー（異論）と呼び、ポストモダンの時代における知のあり方を示した。

ボードリヤール
J.Baudrillard (1929〜2007)

略伝 フランスの社会学者。パリ大学の社会学教授を務めた。現代の消費社会を分析する社会学の中にソシュールの記号論を導入した『消費社会の神話と構造』で注目を集めた。また、新しいキーワードを使って現代の社会を読み解く文明批評を行った。　主著『シミュラークルとシミュレーション』

④ 記号の消費とシミュラークル　出題

　ボードリヤールは、現代の社会において欲望の対象になるのはモノではなく、記号であるという。例えば、レインコートは雨を防ぐモノだが、高級ブランドのコートは着る人の社会的地位を表す記号になる。彼によれば、消費される商品は幸福や権威などを表現し、自分と他者を差異化する記号であり、現代の消費社会は**記号を消費する差異の体系**である。また、現代の大量消費社会では、オリジナルとコピーを区別する意味が失われ、すべてが**シミュラークル**（模造品）となる。例えば、ディズニーランドは実体を持たない完璧なシミュラークルだが、それだけでなく現代社会全体がオリジナルとコピーの区別を失った、**ハイパーリアル**（超現実）なシミュレーション社会であるという。

★ サイード
E.W.Said (1935〜2003)

略伝 エルサレムに生まれたパレスチナ人のキリスト教徒。カイロ大学で学んだ後、ハーバード大学で博士号を取得、コロンビア大学教授となる。ポスト構造主義者の影響のもとで批評活動を展開し、『**オリエンタリズム**』によって世界的な名声を獲得。2001年の9.11テロ事件後は、アメリカのアフガニスタンやイラクへの武力行使に反対する論陣を張った。2003年白血病で死去。

⑤ オリエンタリズムと脱植民地主義

　サイードによれば、西洋の人々が書き著してきた「他者」としての東洋は、根源的にヨーロッパとは異質な空間である。そこには後進性や官能性、敵対性などのイメージが与えられてきた。しかし、このイメージは、実際の東洋とは異なるもので、西洋人が自らの文化的優位を示すために一方的に作り上げてきた、西洋中心主義的な「オリエント」像である。彼はこれを**西洋の東洋に対する文化的な支配の装置**であるとして**オリエンタリズム**と呼ぶ。それが遅れた「オリエント」をヨーロッパが救済するという考え方を生みだし、近代の植民地主義や人種差別主義を正当化する根拠となったと批判した。このように欧米による植民地支配を肯定しかねない西洋中心主義を批判する研究を**ポストコロニアリズム**（脱植民地主義）という。

▶「日本人の身支度」（マリー・フランソワ・フィルマン・ジラール筆）　サイードは中東世界に対する西洋のまなざしを分析したが、日本もまたオリエンタリズムの視線にさらされている。

コラム　ソーカル事件とポストモダン思想

　1995年、雑誌『ソーシャル・テキスト』の「サイエンスウォーズ特集」に掲載された一本の論文が大きな反響を巻き起こした。その論文は、物理学者、アラン・ソーカルがポストモダン思想を批判するために書いたパロディ論文だった。それはラカン、デリダ、ドゥルーズ、ガタリ、リオタール、ボードリヤールらの思想を引用しながら、彼らのでたらめな数学・物理学的概念を並べただけの無意味なものだったが、編集者たちはそれに気づかずに雑誌に掲載してしまった。

　この事件は難解なポストモダン思想が引用する数学や科学の概念は科学者の側から見ると間違いだらけで無意味にしか見えないということを明らかにした。現代思想には数学や科学の概念が多用され、難解さを増していたが、一本のパロディ論文がその流れに一石を投じる事件となったのである。

西洋近現代の思想

分析哲学

分析哲学は、言語の論理的分析によって哲学的問題の解決を試みる。ラッセル（●p.302）は言語を論理的に分析することによって哲学的な問題がすべて解決できると考えた。その弟子ウィトゲンシュタインは、著書『論理哲学論考』において論理分析の方法を世界の認識と結びつけ、分析哲学に世界観的な基礎づけを与えた。「**語りえぬものについては、沈黙せねばならない**」という彼の言葉に表されるように、分析哲学では「神」や「無」などの形而上学的な対象についての言葉は無意味な命題であるとされた。

▲**ケンブリッジ大学トリニティカレッジ**（イギリス） ウィトゲンシュタインは22歳の時、ケンブリッジ大学にラッセルを訪ね、その天賦の才を見いだされた。

西洋近現代の思想

8

現代の思想

1 分析哲学

分析哲学は言語の働きに注目し、言語の論理的分析によって哲学の問題を解決しようとする哲学である。20世紀初頭、オーストリアのウィーンとイギリスのケンブリッジに実証主義の伝統を受け継ぐ形で生まれた。1920年代のウィーンに始まった**論理実証主義**は、ラッセルらの提唱した**記号論理学**と前期ウィトゲンシュタインの思想を重視し、哲学の役割は記号論理学という人工言語によって言語表現を明確化することだと考えた。

日常言語学派は、後期ウィトゲンシュタインらの思想を重視した。哲学的命題は形式的言語（論理記号）の構成によってではなく、我々の日常的言語使用のあり方を綿密に考察することによってのみ解明されるとした。

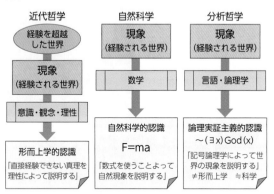

2 言語論的転回

言語論的転回とは、**哲学の研究対象を意識や観念の分析から言語分析に転回させた分析哲学の方法**のことである。近代哲学の問題設定は、デカルトがコギト（思惟する自我）を出発点にした哲学を始めて以来、主観的な意識や観念の分析が中心だった。分析哲学は、言語を厳密に分析することによって、曖昧な認識論や形而上学の概念を哲学から追放しようとしたのである。アメリカの哲学者ローティ（●p.175）が『言語論的転回』というタイトルで分析哲学の論文を編集してから、この用語が一般的になった。

3 論理学の革命と科学哲学

ラッセルらは著作『プリンキピア・マテマティカ』の記号論理学によって、アリストテレス以来進歩がなかった論理学に革命的な変化をもたらした。ウィトゲンシュタインは記号論理学の体系が現実の世界を写し出すことができるという哲学的な世界像を描き「論理は世界を満たす。世界の限界は論理の限界でもある」と述べた。このように、論理学によって科学的に世界をとらえようとする思想はウィーンで論理実証主義という科学哲学として花開いた。感覚的経験による手続きによって、検証可能な命題だけを科学と認める論理実証主義は、「神は完全である」や「魂は不死である」という、**伝統的な形而上学の命題を無意味なものとして排除しようとした**のだ。

コラム COLUMN 記号論理学による形而上学の排除

数学Ⅰでも学ぶように、**命題とは、真・偽を論じることのできる文章のこと**をいう。記号論理学の命題論理では最小単位の命題を、P、Q、Rなどの記号と、〜（否定）、∧（かつ）、∨（または）、⊃（ならば）などの論理語で表現する。

例えば、「あなたはアルバイトをしていない学生なので収入がない」という命題はP、Q、Rの3つの命題要素を使って次のように表すことができる。

〜P∧Q⊃〜R
P：あなたはアルバイトをしている
Q：あなたは学生である
R：あなたには収入がある

また、述語論理は、（∀x）（すべてのxについて）、（∃x）（あるxが存在して）という記号を使って、例えば、「万能な神が存在する」という命題を、次のように表すことができる。

（∃x）{God（x）∧ Almighty（x）}

記号論理が示す**形式的真理**は「私の母は女だ」というような確かめる必要のない同語反復（トートロジー）である。「私の母はフランス人だ」というような**経験的真理**は事実を検証してから真理になる。論理実証主義者は、経験によって検証されることだけを真理と考えた。

入試に○✕チャレンジ　89 ウィトゲンシュタインは、言語で語り得るか否かという観点から、経験的な自然科学の命題を論理学や倫理の命題などと峻別し、分析哲学の形成に影響を与えた。（2016年追試）

★★★ ウィトゲンシュタイン　L.Wittgenstein （1889～1951）

略伝 ウィーンで、大富豪のユダヤ系実業家の家に生まれた。航空工学を学んだが、数学の基礎研究に興味を持つようになり、ケンブリッジ大学のラッセルのもとで数理論理学を学んだ。第一次世界大戦に従軍中『論理哲学論考』を執筆し、この本で哲学の問題に決定的な解答を与えたと考えた。その後、小学校教師となるが指導の熱心さによる体罰問題で辞職し、ケンブリッジ大学に戻り、50歳で哲学教授となる。その後に転回した後期の思想は『哲学探究』にまとめられたが、生前は出版されなかった。　**主著** 『論理哲学論考』『哲学探究』

4 前期ウィトゲンシュタイン哲学 出題

　ウィトゲンシュタインは、哲学的な問題は我々が使う言語の働きの誤解から生まれると主張した。彼は『論理哲学論考』にまとめられた前期の哲学で、言語は一定の事実を写す「像」であるとする（**写像理論**）。言葉（文や命題）は世界を写しとった絵画のようなものであり、事実を描き出すことが言語の唯一の役割である。そのため、**哲学で問題にされる価値や倫理は、言語に対応する実体をもたない「語りえぬ」ものであり、論理的な世界の外にあるもの**であるとした。

5 後期ウィトゲンシュタイン哲学 頻出

　後期の哲学においてウィトゲンシュタインは、「言語は世界を写す像」という自説を否定し、言葉に対応する事実や実体があるのではなく、**言葉はそれがどのような場面で、何を伝えるために使われるかによって意味が変わる**、社会活動の中に織り込まれたものと考えるようになった。彼は言語を、同じカードを使って様々なゲームができるトランプのように、様々なルールの中で「言語を使って自分と他者が活動するゲーム」としてとらえる**言語ゲーム**という概念を導入した。

原典資料 ………………… ウィトゲンシュタイン

6 哲学のなすべきこと 出題

　六・五三　語りうること以外は何も語らぬこと。自然科学の命題以外は――それゆえ哲学とは関係のないこと以外は――何も語らぬこと。そして誰か形而上学的なことを語ろうとするひとがいれば、そのたびに、あなたはその命題のこれこれの記号にいかなる意味も与えていないと指摘する。これが、本来の正しい哲学の方法にほかならない。

　七　語りえぬものについては、沈黙せねばならない。

（『論理哲学論考』野矢茂樹訳　岩波文庫）

解説　**哲学の問題は解決された**　『論理哲学論考』でウィトゲンシュタインは、言語が世界を記述するものとしてこそ意味を持つこと、「神」、「善」や「美」など実体のない形而上学の命題は、現実の世界と対応しておらず、言葉で意味のある命題を作ることができないために無意味であることを示した。哲学の問題はすべて、言語で表すことのできないものを表そうとしていたことから生まれたと考えた彼は、これで哲学の問題はすべて解決されたとし、一度哲学の世界から離れた。

コラム 日常の言語ゲーム

　私たちは、ウィトゲンシュタインの言う「言語を使って自分と他者が活動する」言語ゲームの中で生きている。

　例えばファストフード店のレジで、店員に「ハンバーガー1個」と言った時、もし言葉が現実を写しとっただけのものであれば、言われた店員は何をしてよいのかわからないはずである。その言葉が「ハンバーガー1個を注文します」なのか、「ハンバーガー1個がテーブルに置いてあります」なのか、それともまた別の意味を持つのか、情報が少なすぎてわからないからである。しかし、実際には店員はハンバーガー1個を用意し、その代金を請求するだろう。それは、言語のゲームの中に、客がレジで言った言葉は普通は注文、というルールがあるからである。このように、私たちはその言葉が何を伝えるために使われたのか、日々判断して暮らしている。

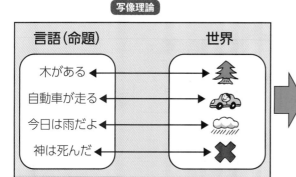

写像理論

言語（命題）	世界
木がある ←	→ 🌲
自動車が走る ←	→ 🚗
今日は雨だよ ←	→ 🌧
神は死んだ ←	→ ✖

命題の役割は世界を記述することであり、対象を持たない形而上学的な命題は意味を持たない。

言語ゲーム

今日は雨だよ！

「車で送ろうか？」
「よし、マラソン大会中止だね！」
「晴れるよう神様にお祈りしよう」
「その天気予報ははずれそうだね」

言語ゲームは世界を記述するだけでなく、言語の使われる条件や場面を含めて意味を持つ。

 BOOK 『ウィトゲンシュタイン入門』（永井均、ちくま新書）　ウィトゲンシュタインが問い続ける「語りえないもの」とは何か。彼の核心に迫る入門書。

 答 p.182 88 ○

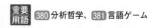 重要用語 380 分析哲学、381 言語ゲーム

科学哲学

▶多義図形(若い女性と老女) パラダイムとは、広い意味では「物の見方やとらえ方」であり、この絵の見え方の違いも、パラダイムの違いである。

　科学を対象とする哲学的考察を**科学哲学**という。現在では、科学的理論がどのようにして形成されるかについての、歴史的・社会的な分析(科学方法論)、科学やその基礎となる数学、論理の本質の分析(メタ科学)、科学のあるべき姿の考察(科学論)などの分野での研究が行われており、生命・環境倫理学との接点も多い。

★ポパー　K.R.Popper (1902〜94)

|略伝| ユダヤ系の法律家を父にオーストリアで生まれた。ウィーン大学で数学や理論物理学を学んだ。著書『科学的発見(探究)の論理』で、**反証可能性**という方法を提唱した。ナチスの迫害を逃れるためニュージーランドのカンタベリー大学に赴任し、『開かれた社会とその敵』を執筆し、プラトン、マルクスらのユートピア主義を、全体主義をもたらすものとして批判した。

1 反証可能性と科学

(1) 科学をめぐる論争

　論理実証主義(◉p.184)では、**科学的な理論や命題は経験によって正しいと証明できる可能性を持つ**と考えられていた。これを**検証可能性**という。「死んだ人間は天国へ行く」という命題は、観察することも検証することもできないので科学とはいえない。一方、「すべてのカラスは黒い」という命題は、カラスを観察して事実を帰納的に積み上げることによって検証することができるように見える。しかし、ポパーは「これまで観察されたカラスがすべて黒い」からといって「すべてのカラスが黒い」ことが検証されたわけではないと考えた。そうすると観察と帰納的な推論に支えられた理論は検証不可能だから科学ではないということになってしまう。

(2) 反証可能性と疑似科学　　　　出題▶

　ポパーは**反証可能性**を科学の特質であると考えた。科学の理論は絶対確実な真理ではなく反証される可能性を持つ仮説である。科学的な理論は常に反証と批判に対して開かれており、現在の科学法則はこれまでの反証の試みに耐えてきた仮説であるという。そのため、科学の理論は反証と批判の結果、新しい理論に取って代わられる可能性を持っている。逆に反証と理論の変更を認めない占星術や血液型性格判断などは科学ではなく、一見科学に見える**疑似科学**である。ポパーはフロイトの臨床例の解釈も、反証ができないため、精神分析は科学ではないと断言している。

クワイン　W.v.O.Quine (1908〜2000)

|略伝| アメリカのオハイオ州に生まれた。アメリカの代表的な哲学者、論理学者。ハーバード大学教授を務め、論理実証主義をアメリカに移入するとともに、分析哲学、科学哲学の分野で業績を上げた。論文「経験主義の二つのドグマ」で、ネオプラグマティズム(◉p.175)の立場から論理実証主義を批判し、科学の境界を取り払って知識と信念の全体的なネットワークシステムであると考える**ホーリズム**(全体論)を提唱した。

2 ホーリズム　　　　出題▶

　クワインは、**人間の知識と信念は互いにつながり合った一つの構造体になっている**と考えた。この考え方を**ホーリズム**(全体論)という。つまり、一つひとつの科学的命題が独立してあるのではなく、全体として一つの体系を構成しているため、一つの科学的命題が反証されたからといって、その理論全体が反証されてしまうわけではない。例えば、天王星の惑星の軌道が理論通りではなかったとしても、ニュートン力学が反証されるのではなく、天王星の軌道の外側に別の惑星があるという仮説が立てられる。このように、クワインはポパーの反証可能性を批判するとともに、科学と哲学の境界を取り去ろうとした。そして人間の知識を「神の視点」ではなく「行為する者の視点」からとらえる彼の思想は、アメリカのネオプラグマティズムの出発点となった。

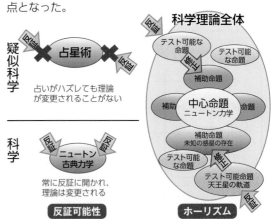

疑似科学
反証✕**占星術**✕反証
占いがハズレても理論が変更されることがない

科学
反証 **ニュートン古典力学** 反証
常に反証に開かれ、理論は変更される
反証可能性

科学理論全体
テスト可能な命題　テスト可能な命題
補助命題
補助命題　**中心命題** ニュートン力学　命題
補助命題 未知の惑星の存在
テスト可能な命題
テスト可能命題 天王星の軌道
ホーリズム

入試に○✕チャレンジ　90 クーンは、観察など研究活動の蓄積から理論が徐々に進歩していくという科学像に代えて、理論の枠組み(パラダイム)のなかではじめて研究活動は可能になり、その枠組みは時に革命的に変化するという科学像を示した。(2014年追試)

クーン

T.S.Kuhn (1922~96)

略伝 アメリカの科学史家。ハーバード大学で物理学の学位を取得した後、科学史の研究を始め、マサチューセッツ工科大学の教授となる。1962年に発表した『科学革命の構造』の中の**パラダイム**という概念に対する反響は大きく、科学哲学のみならず、さまざまなジャンルの学問の用語として使われるようになった。

主著『コペルニクス革命』『科学革命の構造』

③ パラダイム論と科学革命 [頻出]

（1）パラダイムとは

クーンは科学の発展を、研究が一つひとつ積み重なっていく進歩ではなく、急激に生じる革命的転換としてとらえた。彼は科学理論として「**広く人々に受け入れられている業績で、一定の期間、科学者に、自然に対する問い方と答え方の手本を与えるもの**」を**パラダイム**と定義した。科学者たちは特定のパラダイムのもとで様々な自然現象などを研究する。この状態を「通常科学」という。しかし、しだいにそのパラダイムに当てはまらない事例が多くなることによって危機が生じ、やがて別のパラダイムによって取って代わられるという（パラダイムの転換）。これが**科学革命**である。

（2）科学革命

科学革命の例として、クーンは燃焼という現象をどう理解するかをあげる。燃焼はかつて燃素（フロギストン）という物質の放出であると考えられていた。しかし、このパラダイムは、金属を燃やすとその灰の質量がもとの金属より大きくなるという事実によって危機に陥った。そして燃焼とは酸素との結合であるという、新しいパラダイムに取って代わられた。クーンは、Ｘ線の発見やニュートン力学からアインシュタインの相対性理論への転換なども科学革命として示した。

原典資料 ・・・・・・・・・・・・・・・・・・・ クーン

④ パラダイムシフト

そしてコペルニクス自身、『天体の回転について』の序文で、彼が受け継いだ天文学の伝統は、今やついに化物を作り上げた、と書いた。十六世紀初期までには、ヨーロッパ最良の天文学者の多くは、天文学のパラダイムが昔からある問題にさえもうまく当てはまらなくなってきた、ということを認識するに至った。その認識が、コペルニクスをしてプトレマイオスのパラダイムを捨てさせ、新しいものを求めさせる前提となったのである。彼の有名な序文は、危機状態を表現する古典の一つとなっている。

（『科学革命の構造』中山茂訳 みすず書房）

⑤ トランス・サイエンス

1970年代、アメリカの原子核物理学者ワインバーグは、**科学によって問うことはできるが、科学によって答えることのできない問題の領域をトランス・サイエンス**と呼んだ。彼は原子力発電所を例にあげ、科学者は事故が起きる確率が低いことを示すことができるが、その確率を安全とみるか危険と判断するかという点については科学だけでは答えられないと考えた。このように、**科学的判断と政治的判断の両方が必要な問題**は、環境、公衆衛生、生殖医療など様々な分野に広がっている。民主主義社会の中では科学技術を超えた政治的判断は国民に委ねられているといえる。

▲東日本大震災により炉心溶融を伴う大事故を起こした福島第一原子力発電所

科学は運用中の原子力発電が自然災害によってカタストロフィー（破局）をもたらす確率を数値的に求めることはできる。しかし、その可能性が非常に低い場合、科学は原発の運用をやめるかどうかの意志決定までを計算で導くことはできない。

トランス・サイエンス

科学　トランス・サイエンス　政策

コラム パラダイム論争から　サイエンスウォーズへ

クーンのパラダイム論は1970年代、ポパーとの間で激しい論争を巻き起こした。ポパーは、科学は最終的な真理に向かって連続的に進歩し続けると考え、クーンはパラダイムが異なれば真理の意味も変わってくると考えたのだ。その後、ポパーの批判的方法とクーンのパラダイム論を統合させた、研究プログラム論が現れた。研究プログラムとは、ポパーが考えた仮説よりも大きく、パラダイムよりも小さい研究理論の単位だ。例えば、ニュートン力学という研究プログラムでは、核心となる運動方程式などは反証されることなく周辺の理論が発展していく。その考え方からすると、マルクス主義やフロイト主義も一つの研究プログラムと考えることができる。

さらに、科学的真理も相対的なものだとするクーンの発想から科学社会学という学問が生まれた。この学問はポストモダン思想とも関わりながら、科学的真理もその時代の政治や社会に依存していると主張した。それに対して、科学は政治・社会的束縛から独立すべきだと考える現場の科学者たちが反発して論争が始まった。それがサイエンスウォーズと呼ばれる論争である。（◯p.183ソーカル事件）

西洋近現代の思想

File 8

近代的人間観を克服しようとする新思想

近代が理想とした人間観は、理性の力で客観的真理を認識しすべてを管理するというものであった。理性は人類の幸福を増大し続けてきたはずであったが、現実は必ずしもそうではなかった。例えば、二度の世界大戦、深刻な格差や貧困などを引き起こした。このような問題を二度と起こさせないようにするために欠かせない倫理的な視点とは何だろうか。

客観的真理ではなく主体的真理を求めよ

キルケゴール「絶望を乗り越え宗教的実存へ」

ニーチェ「力への意志が本質だ」

ヤスパース「限界状況が本来の実存を獲得させる」

ハイデガー「死への先駆によって実存の本来性が回復される」

サルトル「対自存在である人間の実存は本質に先立つ」

❷を批判

理性のあり方を問い直せ

ホルクハイマー「理性は目的を達成するための単なる技術的な手段ではない」

アドルノ「理性は自然を支配するための社会制度をつくるが、それが第二の自然となり人間を支配する」

フロム「自由の重荷から逃れ権威主義的パーソナリティが発生する」

リースマン「現代人は他人指向型である」

❶❷❸❹を批判

知の構造・思考の枠組みに着目せよ

ソシュール「人間の認識は言葉を通じてしかありえない。言葉の中にある〈差異の体系〉に着目せよ」

レヴィ=ストロース「文化の背後に論理的規則性がある」

クーン「科学者たちは特定のパラダイムのもとで研究するものだ」

フッサール「人間には不確かなものを無批判に受け入れる自然的態度がある」

ベルクソン「生命の持続に共感する本能的な直観が必要だ」

❷❸を批判

西洋の形而上学的思考を問い直せ

フーコー「理性は狂気をつくりそれを排除する」

ウィトゲンシュタイン「実体がない価値や倫理は語りえない」

デリダ「二項対立をとらえる思考を脱構築せよ」

❷❸を批判

近代的人間観

❶理性という力を持つ独立した個人である。

❷理性の力で客観的真理を認識できる。

❸理性の力で法則を見いだし全てを管理運営できる。

❹理性が発揮されるためには何者にも束縛されず自由であらねばならない。

❷❸を批判

現実に即した実践的な知性の活動をめざせ

パース「行為と関わる実践的で科学的な方法を！」

ジェームズ「有用な限りにおいてその観念は真理である」

デューイ「知性は問題解決のために役立つ道具である」

❷❸❹を批判

無意識が行動の源泉だ

フロイト「リビドーという無意識の性衝動が行動の源泉である」

ユング「無意識の深層には集合的無意識や元型（アーキタイプ）が存在する」

❸❹を批判

再分配と福祉の実現をめざせ

ロールズ「公正としての正義のため、格差原理に基づく再分配が必要である」

セン「自由は生き方の幅であり選択肢の大きさである」

❶❹を批判

他者との関わりから考えよ

ハーバーマス「対話的理性に基づく合意形成を進めるべきである」

アーレント「多数の人間と関わる活動（action）が人間の条件である」

レヴィナス「無限な他者の全体を知り尽くすことはできない」

入試に ○× チャレンジ 91 フーコーによれば、近代ヨーロッパでは、人間は自立した理性的存在として一様に捉えられた。そして、この理性主義は人間を規格化する権力として働き、規格から外れるものに「狂気」のレッテルを貼り、封じ込めていった。（2016年追試）

9 現代の ヒューマニズム

立ち並ぶビル(東京)

概 観 19世紀以降、近代化の進展により貧富の格差の拡大や、不当な植民地支配が生み出されていった。また、人種差別や戦争も後を絶たなかった。こうした中、キリスト教やヒンドゥー教などの伝統的宗教の影響を受けながら、人種差別の撤廃や貧困に苦しむ人々の救済、さらには民族の独立に向けて、人間尊重の精神のもと、自らの信念により行動する人々がいた。ヒューマニズムに基づいた彼ら・彼女らの思想と人生にふれてみよう。

要点の整理　　　　　　は入試重要用語

戦争・植民地支配・人種差別・貧困

伝統的宗教	現代のヒューマニズム
キリスト教 →	ガンディー　シュヴァイツァー
ヒンドゥー教	キング牧師　マザー・テレサ

❶ガンディー(1869〜1948)**◯p.190**
南アフリカやインドでの非暴力不服従運動を指導
サティヤーグラハ(真理の把握)をめざし、**アヒンサー**(不殺生)と**ブラフマチャリヤ**(自己浄化)を求める
非暴力不服従運動の展開……スワラージ(自治独立)を求めて、**スワデーシ**(国産品愛用)を訴える

❷シュヴァイツァー(1875〜1965)**◯p.192**　アフリカ・ランバレネで医療活動　→1953年ノーベル平和賞受賞
生命への畏敬……すべての生命の生きようとする意志(「生きんとする意志」)を尊重

❸キング牧師(1929〜68)**◯p.194**　人種差別に反対し、**公民権運動**を展開　→1964年ノーベル平和賞受賞
敵を徹底して愛する姿勢で、非暴力直接行動により差別と闘う。ワシントン大行進(1963年)で歴史に残る名演説

❹マザー・テレサ(1910〜97)**◯p.195**　コルカタのスラム街で福祉活動→1979年ノーベル平和賞受賞
「**死を待つ人の家**」、孤児のための家「聖なる子どもの家」を開設。愛に飢えた人々を、愛の絆へ導く

西洋近現代の思想

死を待つ人の家　1952年、マザー・テレサは貧しさと孤独のため、路上で死を待つだけのスラムの人々のために「死を待つ人の家」(ニルマル・ヒルダイ〈清らかな心〉とも呼ばれる)というホスピスを開設した。

モントゴメリー

アーメダバード

コルカタ

ランバレネ

バス・ボイコット運動　当時アメリカ南部では、バスなど公共の場で非白人は白人と隔離されるなど差別されていた。こうした人種差別に反対し、1955年、キング牧師はバスへの乗車ボイコットという非暴力運動を指導した。

ランバレネの病院で治療するシュヴァイツァー　1913年、シュヴァイツァーは仏領ランバレネへ移住して病院を建設し、現地の人々のための医療活動に従事した。

塩の行進　1930年、ガンディーはイギリスのインドへの植民地支配の不当性を訴えるために、当時禁じられていた塩の生産をあえて行うため海岸へ向かう「塩の行進」を展開した。写真は海岸へと歩くガンディー。

非暴力不服従の思想家 —— マハートマ（偉大なる魂）　★★★★

ガンディー (Mohandās Karamchand Gāndhī)

インド出身
1869〜1948

**人間は自分から進んで自分を最下位におかない限り、救われません。
非暴力、これは謙虚さの究極です**

年（年齢）	生涯
1869（0）	西インドに誕生
1888（19）	イギリスへ留学
1893（24）	英領南アフリカに移住
1904（35）	『インドの主張』誌を創刊
1906（37）	禁欲的生活・不服従運動の開始
1909（40）	『真の独立への道』出版
1914（45）	◆第一次世界大戦勃発（〜18）
1915（46）	インドに帰国
1919（50）	非暴力不服従運動を指導（〜22）
1922（53）	投獄される（〜24）
1930（61）	塩の行進
1939（70）	◆第二次世界大戦勃発（〜45）
1947（78）	◆インド、パキスタンの独立
1948（79）	暗殺される

略伝 西インドで高官を務めていたヒンドゥー教徒の家に生まれた。高校卒業後、弁護士になるためイギリスに留学した。インドの宗教古典やロシアの作家トルストイなどを知り、影響を受ける。帰国後、弁護士として活動するが失敗し、イギリス領の南アフリカに活動の地を移す。そこで人種差別を知り、南ア在住インド人の権利獲得運動に参加し、逮捕・投獄されつつも**非暴力不服従運動（サティヤーグラハ運動）**を指導した。46歳でインドに帰国すると、インド独立運動に参加し、宗派を横断した大規模な非暴力不服従運動を指導した。運動は挫折し、ガンディーも投獄されたものの、61歳の時、再び非暴力不服従運動の「塩の行進」を展開し、運動は全国に波及した。1947年、インドは独立を達成した。宗派対立の緩和に努力し、ムスリムを中心とするパキスタンの分離独立には反対したが、独立の翌年、狂信的なヒンドゥー教徒により暗殺された。しばしば「**マハートマ（偉大なる魂）**」という尊称をつけて呼ばれる。

主著 『自叙伝』『真の独立への道』

西洋近現代の思想

9

現代のヒューマニズム

ガンディーの思想

❶サティヤーグラハとは何だろうか。

人間の内側にある真理（サティヤー）を把握（アーグラハ）するため、一切の執着心から解放されて自由になること。
→ 1、原典資料 4

❷サティヤーグラハに必要なことは何だろうか。

アヒンサー（不殺生）とブラフマチャリヤ（自己浄化）が必要だとガンディーは説いた。
→ 1、2

❸ガンディーの求めた独立とはどのようなものだろうか。

単なる政治的独立ではなく、欲望を抑える文明に基づいた社会のスワラージ（自治独立）。
→ 3、原典資料 5

原4 1 サティヤーグラハとアヒンサー 出題

　ガンディーは、暴力に暴力で抵抗することは許されないとする**非暴力不服従運動**の指導者として知られるが、この運動は独自の思想に基づいていた。彼は、私たちが求めるべき真理（サティヤー）は人間の内側に存在すると考え、その「**サティヤーグラハ（真理の把握）**」のためにはすべての執着心から解放されることが必要だとした。そしてそれを実現するための手段の一つとして、**アヒンサー*（不殺生）**を求めた。アヒンサーは**単に暴力をふるわないということだけではなく、憎悪や邪念を捨て去ることであり、また敵を許すことで敵を正気に立ち返らせ、ともに真理の把握をめざすこと**でもある。そしてそのためには、死への恐怖に基づく暴力的な反撃を行わないよう、死を恐れない気持ちが必要となるという。

*アヒンサー　アヒンサーとは、サンスクリット語の「ヒンサー」（殺生）に否定辞の「ア」をつけたもの。ジャイナ教（●p.61）に由来する。

2 ブラフマチャリヤ

　サティヤーグラハにはアヒンサーだけでなく、**ブラフマチャリヤ（自己浄化）**も必要とされる。ガンディーのいうブラフマチャリヤとは、性的欲望や食欲、味覚など、**人間のすべての欲望・感覚を制御する禁欲**を意味する。ガンディーがこれを重視するのは、あらゆるものへの所有の放棄があってこそ、人は死を恐れなくなるためである。また、ガンディーはあらゆるものは神から信託されたものであると考え、あらゆる生命を慈しむ姿勢こそが真の文明の姿だとする。それに対し、私有をよしとする西欧文明は、排他的な暴力を根源に持っており、病んでいると考えた。

ガンディーの思想と運動

```
      思想                                    運動
┌─────────────────────────┐          ┌──────────┐
│  サティヤーグラハ（真理の把握） │ ────→    │ スワラージ │
└─────────────────────────┘          │（自治独立）│
      ↑            ↑                  └──────────┘
┌──────────┐ ┌──────────┐                 ↑
│ アヒンサー │ │ブラフマチャリヤ│          ┌──────────┐
│ （不殺生） │ │ （自己浄化） │          │ スワデーシ │
└──────────┘ └──────────┘          │（国産品愛用）│
                                      └──────────┘
```

入試に ○×
チャレンジ　[92] ガンディーの非暴力主義とは、暴力を振りかざす者に対して、一切の対抗暴力を用いることなく、黙って彼らに服従することによって、精神的な勝利を収めることができるという主張である。（2003年追試）

ガンディーは、**スワラージ（自治独立）** を求めて非暴力不服従運動を展開した。その時、彼は**スワデーシ（国産品愛用）** を唱え、イギリス製綿布の不買とインドの伝統的な**糸車（チャルカー）** によって作られた**手織物（カーディー）** の愛用を呼びかけた。これは、真の独立には、伝統産業の復興が不可欠だと考えたからである。また、ガンディーの言うスワラージは、単に政治的独立を意味するものではなく、自らの欲望の抑制も求める。彼によれば、欲望の充足を求める近代化は独立とは相反するもので、日本のように近代化を進めて独立を達成したとしても、それは真の独立ではない。このように、ガンディーの思想の特質は、近代文明とはまったく異なる文明のあり方を探究した点にある。

コラム　塩の行進 （◯p.189）

ガンディーの非暴力不服従運動として有名なものが、「塩の行進」である。当時インドでは、塩はイギリスのみが販売でき、貧しい農民もお金を出して買うしかなかった。ガンディーはその不当性を訴え、1930年3月12日、アーメダバードにある自らの道場からダンディーの海岸までの380km（東京〜名古屋間にあたる距離）を、弟子とともに行進し始めた。1日19kmの道のりを歩き続けたという。休憩をとる村ごとに演説を行ううちに、農民の意識の中で塩の問題は、独立の必要性の認識へとつながっていった。4月6日、ついに海岸に着いたガンディーは、法に違反して自ら塩を作り、塩を作るという不服従運動を訴えた。運動は全インドに広がり、塩の不法販売やイギリス製品のボイコット運動が盛り上がることとなった。

原典資料

④ 非暴力不服従運動

> 非暴力不服従運動とは、具体的にはどのような運動だろうか。

サッティヤーグラハ、または魂の力は英語で「受動的抵抗（パッスィヴ・レジスタンス）」といわれています。この語は、人間たちが自分の権利を獲得するために自分で苦痛に耐える方法として使われています。その目的は戦争の力に反するものです。あることが気に入らず、それをしないときに、私はサッティヤーグラハ、または魂の力を使います。

例として、私に適用されるある法律を政府が通過させたとする。私には気に入らない。そこで私が政府を攻撃して法律を廃止させるとすると、腕力を行使したことになる。もしその法律を受け入れず、そのために下される罰を受けるとすると、私は魂の力またはサッティヤーグラハを行使することになる。サッティヤーグラハで私は自己犠牲をする。

（『真の独立への道』田中敏雄訳　岩波文庫）

解説　法律の不当性を訴える方法

私たちは時に、政府から納得できない決定に従うよう求められることがある。もしも自分が望む法律が正しく、政府の押しつける法律が間違いだと確信した時、どうすべきだろうか。**非暴力不服従運動とは、その法律を暴力によって変えようとするのではなく、法律にあえて違反し、違反者の多さを政府につきつけることで、法律の不当性を政府に訴えるという運動である。**

⑤ スワデーシ

> スワデーシ（スワデシー）に欠かせないものとは何だろうか。

……スワデシーの原理を社会に還元したばあい、カーディー（khadi［手織木綿］）の普及こそが必要、かつ最も重要な政策であると、わたしは気づいたのでした。今日インドにひしめく何千何百万という民衆がもっとも必要とし、まただれもが容易に理解し納得のできる、そのうえ実践しやすく、同時に何千万という半飢餓状態の同胞が糊口をしのぐことのできる、なにかそのような奉仕活動はないものだろうかと、わたしは自問していたのでした。そのとき、これら諸条件を充足できるのは、カーディー、つまり糸車の普及をおいてはないとの回答を得たのでした。

カーディーによるスワデシーの実践が、外国人やインド人の紡績工場主たちに損害を与えることになるだろうと考えてはなりません。悪業を断たれ、盗んだ資産を返却させられた盗人は、それによって害をこうむることはありません。それどころか、意識すると否とにかかわらず、彼は利得者なのです。同様に、世の麻薬常習者や大酒飲みたちが彼らの悪習を改めたとしても、客を奪われた酒場の主人や麻薬の売人は被害者とは言えないでしょう。彼らは言葉のほんとうの意味において受益者なのです。「罪の報酬」から身を退くことは、当該者にとっても社会にとっても、けっして損失ではありません。それはまことの儲けです。

（『獄中からの手紙』森本達雄訳　岩波文庫）

解説　非暴力不服従運動の象徴

手織物（カーディー）と糸車（チャルカー）の普及は、仕事を持たず飢えに苦しむ女性たちに仕事を与えることにもつながった。また、これらを運動の象徴とすることで、非暴力不服従運動には、イスラーム系の人々も加わることができるようになった。それ以前は、ヒンドゥー教の神を象徴として用いるケースが多かったが、宗派を超えた団結のためには、中立的な象徴が必要だったのである。

▲糸車（チャルカー）を回すガンディー
チャルカーはガンディーの提唱したスワデーシ（国産品愛用）の象徴であった。

インフォメーション　映画「ガンディー」（1982年製作、イギリス・インド）リチャード・アッテンボロー監督が描くガンディーの生涯。アカデミー賞受賞作。

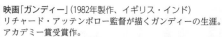答 p.188　91　◯

重要用語　386 非暴力不服従運動、387 サッティヤーグラハ（真理の把握）、389 アヒンサー（不殺生）

191

西洋近現代の思想

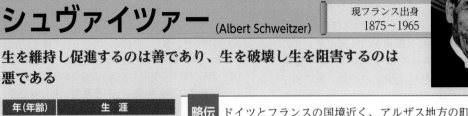

アフリカの地で医療に尽くした「密林の聖者」

シュヴァイツァー (Albert Schweitzer)

★★ ★★★

現フランス出身
1875～1965

生を維持し促進するのは善であり、生を破壊し生を阻害するのは
悪である

年（年齢）	生　涯
1875(0)	ドイツ領アルザスで誕生
1893(18)	ストラスブール大学に入学
1896(21)	30歳からの直接奉仕を決意
1899(24)	教会の副牧師を務める
1902(27)	ストラスブール大学講師となる
1905(30)	医学を学び始める
1913(38)	フランス領赤道アフリカの ランバレネに病院建設
1914(39)	◆第一次世界大戦勃発（～18）
1918(43)	フランスの捕虜となりヨーロッパに帰還
1924(49)	ランバレネでの医療活動に 復帰
1928(53)	ゲーテ賞受賞
1939(64)	◆第二次世界大戦勃発（～45）
1953(78)	ノーベル平和賞受賞
1965(90)	死去

略伝 ドイツとフランスの国境近く、アルザス地方の町（当時ドイツ領、現フランス領）で牧師の子として生まれた。幼い頃からピアノやパイプオルガンを習う。大学卒業後、教会の副牧師や大学の聖書学の講師を務めるが、30歳から新たに大学で医学を学び始めた。38歳で医学の学位を取り、フランス領赤道アフリカ（現、ガボン共和国）のランバレネに渡って病院を建設し、医療活動を始める。第一次世界大戦では、ドイツ国籍を持つため捕虜となり、強制送還される。しかし、釈放後は講演やパイプオルガンの演奏、執筆により活動資金を集めて、ランバレネでの医療活動に復帰した。第二次世界大戦中は現地で医療活動を継続し、戦後は反戦運動に参加して世界各地で講演を行い、平和を訴え続けた。78歳の時、1952年度の**ノーベル平和賞を受賞**する。晩年までランバレネでの活動に従事し、「**密林の聖者**」と呼ばれた。音楽にも通じ、パイプオルガンの演奏やバッハの研究でも知られている。

主著『水と原始林のあいだに』『文化と倫理』『バッハ』

シュヴァイツァーの思想

❶ シュヴァイツァーの人生の転機はいつだろうか。

21歳の時「30歳からは世のために尽くす」と決意したことと、30歳でそれを実行したこと。 →1、コラム

❷ シュヴァイツァーは何を行ったのだろうか。

アフリカのランバレネで医師として働き、アフリカの人々の命を救った。 →1、原典資料4

❸ 活動の中心にあった思想はどのようなものだろうか。

文化の危機への批判と、すべての生命がもつ「生きんとする意志」を支援する「生命への畏敬」。 →2、3、原典資料5

原4 **1 ランバレネへの旅立ち**

　シュヴァイツァーは20代で新進気鋭の宗教学者として大学で講師を務め、教会でも副牧師として活躍していた。ある日、彼はパリ宣教師教会のパンフレットを手にする。そこにはアフリカの黒人の悲惨な生活と、宣教師の不足が語られていた。彼はこれを見て、アフリカで世のために尽くすことを決意する。言葉ではなく行動で奉仕することを望んだ彼は、初め宣教師として活動したいと考えていたが、宣教師協会に認められなかったため、医師として赴くことを決めた。その翌年から、自分の勤める大学の医学部で学生として医学を学び始め、8年後、水と原始林の地ランバレネに立つこととなる。

▶**ランバレネに建設された病院**　シュヴァイツァーは、この病院を自ら設計した。2階が診察室。

コラム **21歳の決意**

　シュヴァイツァーが恵まれた環境を離れてアフリカに赴いた背景には、21歳の時の一つの決意があった。彼は愛情に満ちた両親に育てられ、生活も豊かで、音楽にも抜群の才能を示した。しかし、彼はこうした幸福な境遇に負い目を感じていた。小学生の頃、友人と力比べをして勝った時、負けた友人から「僕も君のように週に2回肉スープを飲めば勝てるさ」と言われ、傷ついたシュヴァイツァーは肉スープを飲むことができなくなったという。そして、「人は自分のために自分の生命を保持すべきではない」というイエス（●p.46）の言葉をかみしめ、幸福に恵まれた者は不幸な人々を救う使命があると考えるようになる。こうして21歳の時、「20代までは芸術と哲学を学び、30代からは世のために尽くす」ことを決意したのである。

せのために
尽くそう！

西洋近現代の思想

9

現代のヒューマニズム

192

入試に○✕
チャレンジ

93 シュヴァイツァーは、すべての生命には生きようとする意志が見いだされるとし、生命への畏敬に基づき、あらゆる生物の命を尊ぶことが人間の責任だと説いた。(2016年本試)

原5 2 文化の危機

アフリカでの診療を始めたシュヴァイツァーは、現地の過酷な状況だけではなく、ヨーロッパに端を発する二度の世界大戦によっても苦しめられた。そこで彼は、なぜ文明の最先端とされる地で、大量殺戮という野蛮な出来事に代表される文化の危機が起きたのかを考えた。彼は、そもそも文化とは、物質的進歩と精神的進歩から成り立つと考えた。ところが、現代の文化は、精神面より物質面をより大きく発展させてしまい、その結果、人間は過度に自然を支配する力を得ることで、人間の人間に対する支配をもまた強化してしまった。シュヴァイツァーは、これこそが**文化の危機**の原因であるとした。

> **メモ** 意外なつながり　実存主義の思想家サルトル（**○**p.156）は幼くして父を亡くし、祖父シャルル・シュヴァイツァーに引き取られた。シャルルはアルベルト・シュヴァイツァーの伯父であり、2人は親戚ということになる。

原典資料

4 水と原始林

> 🔍 シュヴァイツァーがアフリカで見た風景への感動を語っている。

水と原始林……！　誰がこの印象を筆に現わしえよう？　夢を見ているような気持だった。どこかで想像図として見たことのある太古の風景がまのあたりにある。どこまでが河で、どこからが岸なのか、見分けがつかない。巨大な樹の根のかたまりが、蔓生植物におおわれながら、河のなかまでもぐり込んでいる。灌木性棕櫚、椰子の樹、そのあいだにまじって緑の枝と大きな葉を広げた潤葉樹、そびえ立つ独立喬木、人間の丈より高くて大きな扇型の葉をつけたパピルスの広い原、これらの逞しい緑一色のなかに、天を摩するばかりに突立ったまま朽ちて行く枯木……一羽の蒼鷺が重々しく飛び立って枯木の上におりた。青い小鳥が水面に浮んでいる。一つがいのみさごが空高く旋回している。あそこに、絶対に見まちがいではない！　椰子から垂れさがって動いているのは二本の猿の尻尾だ！　いまはその持主の姿も見えてきた。いよいよ本当にアフリカなのだ！

（『水と原始林のあいだに』浅井真男訳「シュヴァイツァー著作集 第1巻」白水社）

5 生命への畏敬

> 🔍 生命への畏敬の立場からみて、「善」と「悪」とは何だろうか。

それゆえ倫理は、私が、すべての生きんとする意志に、自己の生に対すると同様な生への畏敬をもたらそうとする内的要求を体験することにある。これによって、道徳の根本原理は与えられたのである。すなわち生を維持し促進するのは善であり、生を破壊し生を阻害するのは悪である。

……人間は、**助けうるすべての生命を助けたいという内的要求に従い、なんらか生命あるものならば害を加えることをおそれるというときにのみ、真に倫理的である**。かれは、この生命あるいはかの生命がどれほどの貴い関心に値いするかを、またそれらが感受能力があるかどうか、どの程度にそれがあるか、を問わない。生命そのものがかれには神聖なのである。かれは一枚の葉も木からむしらず、一輪の花も折らず、一匹の虫も踏みつぶさないように注意する。夏の夜ランプのもとで仕事をするときは、昆虫があいついで翅を焦がして卓上に落ちるのを見るよりは、むしろ窓を閉ざして重苦しい空気を呼吸するのを取る。

（『文化と倫理』水上英広訳「シュヴァイツァー著作集 第7巻」白水社）

原5 3 生命への畏敬　　頻出

文化の危機の克服に必要なものが、**生命への畏敬**である。シュヴァイツァーによれば、すべての生命は生きようと欲しており（「生きんとする意志」）、人間が**他の生命の「生きんとする意志」を肯定することこそ**、生命への畏敬である。そしてこれは、人間にとって有意義なことだとされる。なぜなら人間は、他者との関係の中で自己を位置づけ、その関係で他者に自らをささげることによってのみ、本当の意味で生命を発展させうる存在だからである。

> **解説** 「生命の畏敬」への気づき　シュヴァイツァーが生命への畏敬という理念の重要性に気づいたのは、1915年の夏のことであった。その夏、ある宣教師夫人の治療のため、彼は遠くの村まで船で行くこととなった。そのために乗船していた小さな蒸気船がカバの群れの間を進んでいるとき、突然、「生命への畏敬」という言葉がひらめいたという。

> **解説** シュヴァイツァーを支えた妻
> シュヴァイツァーが30歳でアフリカでの医療活動を志し、大学で医学を学び始めた時、周囲の人々は嘲笑した。また、大学で聖書学講師として働きながら医学部で学生として学ぶというのは、大変な苦労であった。この時、彼の志を理解し支えたのが、同じように「25歳から不幸な人々に奉仕しよう」と考え、看護を学んでいたヘレーネ・ブレスラウであった。1912年に2人は結婚し、ともにランバレネに旅立った。ヘレーネは厳しいアフリカでの生活の中で、看護師としてシュヴァイツァーを支え続けた。

> **解説** 善と悪　「善」とは生命を維持し、促進することであり、滅ぼし傷つけることは「悪」であるとシュヴァイツァーは考えた。人間は「**生きんとする生命に囲まれた、生きんとする生命**」であり、すべての生命を育み、また危害から守ることこそ、人間の使命である。こうした**生命への畏敬**の理念の確立によって、現代の文化を再建することが可能になる。この理念こそ、彼の活動の中核にあるものである。

西洋近現代の思想

キング牧師 (Martin Luther King.Jr)

アメリカ出身	1929〜68

> ぼくたちは憎悪の力に対しては愛の力をもって、
> 物質的な力に対しては精神の力をもって応じねばならない

年(年齢)	生涯
1929(0)	アメリカのジョージア州で誕生
1944(15)	モアハウス大学に入学
1948(19)	クローザー神学校に入学
1954(25)	アラバマ州モントゴメリーの教会牧師となる
1955(26)	バス・ボイコット運動を展開
1957(28)	南部キリスト教指導者会議議長に就任
1963(34)	ワシントン大行進で演説 ◆ケネディ大統領暗殺
1964(35)	◆公民権法制定 ノーベル平和賞受賞
1966(37)	シカゴ移住
1968(39)	暗殺される

＊**公民権法** 公共施設における人種差別の禁止、選挙権の保障の強化などを定めた法律。公民権法成立以前、アメリカ南部諸州では黒人への差別感情が強く、水飲み場などを白人用と非白人用に分けることなどを定める法律があった。

略伝 アメリカのジョージア州アトランタに牧師の子として生まれた。15歳で大学に入学し、卒業後は牧師になるために神学校へ通うが、この頃、ガンディー(◎p.190)の「非暴力不服従」の思想に出会い衝撃を受ける。神学校を卒業した後、26歳の時に牧師を務めていたアラバマ州モントゴメリーで、バスで白人に席を譲るよう求められ拒否した黒人女性が逮捕された。これに対してキング牧師は、バスの利用をボイコットする非暴力の**バス・ボイコット運動**(◎p.189)を指導し、1年後には最高裁でバスにおける人種分離に対する違憲判決を勝ち取った。これにより、彼の名前は一気に広まった。34歳の時、ワシントンの公民権運動の大集会(**ワシントン大行進**)で歴史に残る名演説を行う。翌年には公民権法＊が制定され、**ノーベル平和賞を受賞**した。しかし、このように黒人に法的権利が認められても貧困はなかなか解決されず、暴力的な抵抗運動も活発化した。これに危機感を抱いたキング牧師は、シカゴのスラムに移り住み、非暴力直接行動を指導した。また、ベトナム戦争反対を訴える活動を行ったが、その最中の1968年に暗殺された。

主著『自由への大いなるあゆみ』

キング牧師の思想

● キング牧師の運動を貫く思想と行動とは何だったのだろうか。

1 非暴力と愛 出題

キング牧師の運動は、徹底した「**非暴力と愛**」に貫かれていた。「**私には夢がある**」で有名な演説を行った**ワシントン大行進**には25万人が集まったが、参加者の4分の1が白人であった。彼の思想・運動の特徴は、敵である白人を排除するのではなく、徹底して愛する点にある。彼は、憎しみをもって憎しみに報いれば憎しみは増していき、また、憎しみは魂に傷を残し人格をゆがめると考えた。そのため、敵を愛することを説き、愛こそが敵を友に変える唯一の力であると主張した。このような「非暴力と愛」の思想は、ガンディーとキリスト教(◎p.46)から学んだものであった。

解説 **非暴力直接行動** キング牧師は当初、バスに乗らないという消極的な非暴力運動を指導したが、その後、より積極的な、法をあえて犯す「非暴力直接行動」を展開していった。例えば、食堂の白人専用カウンターに座り込み、暴力や嫌がらせに耐え続ける。あるいは禁止されているデモをあえて行う。これにより逮捕者を大量に出すことで世間の注目を集め、理不尽な暴力を振るう人々の不正義を暴露しようとした。

原典資料

2 私には夢がある

私には夢がある。いつの日かジョージアの赤土の丘の上で、かつての奴隷の子孫とかつての奴隷主の子孫が、兄弟愛のテーブルに仲良く座ることができるようになるという夢がある。

(『私には夢がある』宮川雄法訳 新教出版社)

〔原文〕 I have a dream that one day on the red hills of Georgia, the sons of former slaves and the sons of former slaveowners will be able to sit down together at the table of brotherhood.

解説 **キング牧師の夢** 1963年8月28日、奴隷解放100年を記念し、いまだに残る人種差別撤廃を求めて、ワシントン大行進が行われた。大聴衆を前に演説に立ったキング牧師は、黒人と白人が平等となる「夢」を語った。白人による黒人差別の撤廃がその主張の中心であるが、黒人と白人以外の人種を含めたすべての人種の平等を訴えた部分もある。

◀ワシントン大行進で演説するキング牧師(左)

入試に○×チャレンジ 94 キング牧師は、人種差別に抵抗して、非暴力の思想に基づく運動を展開し、黒人が公民権を得て白人と平等に暮らせる社会を求めた。(2018年本試)

マザー・テレサ (Mother Teresa)

現マケドニア出身
1910〜97

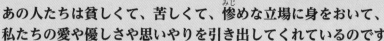

あの人たちは貧しくて、苦しくて、惨めな立場に身をおいて、
私たちの愛や優しさや思いやりを引き出してくれているのです

年(年齢)	生　涯
1910(0)	現在のマケドニアで誕生
1928(18)	ロレット修道会に入会
1931(21)	コルカタの聖マリア学院の教師になる
1939(29)	◆第二世界大戦勃発
1944(34)	聖マリア学院校長に就任
1945(35)	◆第二次世界大戦終わる
1946(36)	啓示(第二の召命)を受ける
1948(38)	修道院を離れ、コルカタのスラムで活動を始める
1950(40)	「神の愛の宣教者会」設立
1952(42)	「死を待つ人の家」開設
1955(45)	孤児のための家「聖なる子どもの家」開設
1979(69)	ノーベル平和賞受賞
1997(87)	死去

＊福者　徳と聖性を持つとカトリック教会が認めた人物。カトリック教会で最高の崇敬対象とされる聖人になる前の段階。

略伝　オスマン帝国領コソボのユスキュブ(現、マケドニアのスコピエ)でアルバニア人のカトリックの家庭に生まれた。本名はアグネス・ゴンジャ・ボヤジュ。幼い頃から毎日教会に通うほど信仰心が強く、18歳の時、インドで宣教活動を行うロレット修道会を知って入会する。正式に入会を認められた際に与えられた修道名が「テレサ」である。21歳の時、インドのカルカッタ(現、コルカタ)の聖マリア学院に派遣され、地理などを教え、34歳で校長になる。しかし、コルカタの人々の貧しさを見て、修道院外で活動することを決意する。1948年、38歳の時、コルカタのスラム街で、学校に通えない子どもたちへの授業を始める。1950年には「神の愛の宣教者会」という修道会を設立。指導者として「マザー」と呼ばれた。また、ホスピス「**死を待つ人の家**」や孤児のための家「**聖なる子どもの家**」を開設。その後、インド国外でも活動し、相手の宗派を問わずに治療する姿勢は世界から関心を集めた。1979年、**ノーベル平和賞を受賞**。賞金19万ドルはコルカタの貧しい人々に寄付した。1997年に死去したのち、2003年にはカトリック教会から福者＊に、2016年には聖人に列せられた。

西洋近現代の思想

マザー・テレサの思想

● マザー・テレサの活動は何をめざしたものだったのだろうか。

1 マザー・テレサと愛　頻出

　マザー・テレサはある時、「死を待つ人の家を開設することで何をしようとしているのか」と聞かれた。これに対して「**まず何よりも、いらない人たちではないと感じ取ってもらいたいのです。この人たちを大事に思っている、この人たちにいて欲しがっているのだと知ってもらいたいのです**」と答えた。また、彼女は他にも、**愛の反対は憎しみではなく無関心である**、とも語っている。愛されていることを知ってもらい、さらには他者に関心を持ち、他者を愛することを知ること、そしてこうした愛の絆へと人々をいざなうことこそ、彼女のすべての行動の目的であった。

▲「死を待つ人の家」の中に設けられた学校で学ぶ子どもたち　マザー・テレサの遺志を継ぎ、「死を待つ人の家」は現在でもコルカタで活動を続けている。

原典資料
2 愛されない人々

　飢えというのはただ、ひときれのパンゆえではなく、愛に飢えていることです。富んでいる国々で多くの人びとは愛に飢えています。

　裸とは、ただ一枚も衣服がないゆえではなく、人間の威厳や尊厳を失っているということです。家なしとは、ただレンガづくりの家がないゆえではなく、拒絶され、受け入れられず、愛されないことなのです。

　ひとり家に閉じこもったまま、孤独な生活をし、望まれず、恐怖におびえ、さびしく暮らしている人びとがたくさんいます。これがこんにちの家なしと呼ばれる人びとで、日本にも、アメリカにも、ヨーロッパにも、インドにも、人が住むところにはどこにでも、愛に飢えたこのような人びとがいるのです。

（『生命あるすべてのものに』講談社）

解説　心の「飢え」　マザー・テレサは、インドの貧しい人々だけが苦しみに喘いでいると考えたわけではない。欧米や日本のような豊かな社会にも、深刻な心の「飢え」が存在すると考えた。それは、「愛されない」という苦しみである。私たちはこのような「飢え」をもつ人々に何をすることができるだろうか。

メモ　マザー・テレサの服装　マザー・テレサはスラムの人々が親しみを感じられるように、いつも「サリー」というインドの女性の民族衣装を修道服として着ていた。

1 日本固有の思想

▲夏越祭

概観 古代の日本人は、自然のあらゆるものに多くの神々を見て崇拝する、アニミズムの世界観の中に生きていた。恩恵を与える自然の背後には「恵みの神」、猛威を振るう自然の背後には「祟りの神」が考えられ、特に「祟りの神」を鎮めるために祭祀が生み出されて、神道へとつながっていった。一方、人々の暮らしの中では、神と向き合う時の心である清明心が尊ばれ、罪・穢れが忌避された。外来思想はこうした日本固有の思想の上に積み重なる形で受容されていった。

要点の整理　　　　　　は入試重要用語、 1 ～ 9 は資料番号

```
                                              日本の思想
                                               ↑──── 外来思想
                          アニミズム ──→ 神道 ┌─ 清明心を尊ぶ
                          八百万神          └─ 罪・穢れを忌避
```

1 日本の風土

- 和辻哲郎『風土』 1 2 ……人間の価値観や生活・文化は、風土的特性(自然的・地理的条件)によって規定される
  → モンスーン型・沙(砂)漠型・牧場型の三つに類型化し、人間と文化のあり方を把握

モンスーン型 ── 自然が猛威と恩恵	沙(砂)漠型 ── 厳しい自然	牧場型 ── 自然が従順

▲田植え(宮崎県)　　　　　▲砂漠を行く隊商(モーリタニア)　　　　　▲牧場(オランダ)

2 日本人の自然観 3 ⇒p.197

- 自然……「おのずからなるもの」←→ 人為的・作為的につくられたものではない
- 他界……海・山の向こう＝神々の住む世界
  水稲耕作→平地に村落共同体を営む→周囲の海・山を他界と考える
  → 神や先祖の霊は定期的に現世と交流
  - 先祖の霊……現世の豊穣と安寧は、先祖の霊の力によってもたらされる(柳田国男 ⇒p.269)
  - まれびと(客人)……定期的に訪れる神・来訪神。それをもてなす所作→芸能が誕生(折口信夫 ⇒p.270)

3 日本人の神観念 ⇒p.197

- アニミズム(自然崇拝・精霊信仰)……あらゆる自然物に霊が宿るという観念→自然への畏敬の念
- 八百万神 4 ……古代日本で信仰の対象となった多くの神々
  → ヤマツミ(山神)・カグツチ(火神)・ワタツミ(海神)・イカヅチ(雷神)など
- 神の二重性格……恵みの神(自然が恵みをもたらす)・祟りの神(自然が生活を脅かす)
  神々の怒りを鎮める→祭祀→神道につながる
- 祀る神・祀られる神……自らが神として祀られると同時に、自らも背後に控える神々を祀る。超越神はいない

4 日本古来の精神 ⇒p.198

- 罪・穢れ 5 ┌ 罪……社会秩序を乱し生活を脅かす行為。祭祀の妨害など。自然災害も含む
  └ 穢れ…禍を招き神聖なものを穢すこと(死の穢れ・血の穢れ)。祭祀の支障となる
- 禊・祓い 6 ┌ 禊……水によって穢れを洗い落とす
  └ 祓い(祓え)……供物・祝詞などによって罪・穢れを祓う
  ※罪・穢れは、禊・祓いによって取り去ることができる
- 清明心 7 ……きよきあかきこころ。うそ偽りなく明朗で、邪心のない心 ←→ きたなき心(濁心)・くらき心(暗心)

5 神道とその展開 ⇒p.199

- 神道 8 ……日本古来の神々を祀る信仰。古来の神信仰(古神道)をもとに成立。清明心・正直・誠の徳を重視
  時代の変遷により様々な神道が誕生→伊勢神道・唯一神道・垂加神道・復古神道・国家神道

6 日本の特徴 ⇒p.199

- 外来文化を積極的に受容・吸収し、独自の文化に→日本文化の重層性 9 (和辻哲郎)

入試に○×チャレンジ　95 『古事記』によれば、世界は唯一絶対の神が混沌から作り出したものであり、この神が世界に存在するすべてのもののあり方を定めている。(2013年本試)

古代日本人の考え方と神話

▶注連縄（しめなわ）が張られた神社のご神木

1 日本の風土 —— モンスーン型

　和辻哲郎（→p.266）は著書『風土』において、人間の価値観や生活・文化は風土的特性（自然的・地理的条件）によって規定されるとした。日本の風土は、南アジア・東南アジアと同様にモンスーン型に属する。モンスーン型風土は、高温多湿で植物の生育に適し、水稲耕作（すいとう）などで豊かな恵みをもたらす。しかし一方で、台風などの風水害や旱害（かんがい）（旱魃（かんばつ））、冷害といった災害をもたらし、人間生活を脅かす。そのため人間は自然の恩恵にあずかり、自然の脅威にはそれが過ぎ去るまでじっと耐え忍ぶ（しの）。このように、モンスーン型風土で人は自然と融和し、受容的・忍従的態度が育まれるという。

和辻哲郎の文化類型

	モンスーン型	沙（砂）漠型	牧場型
地域	南アジア・東南アジア・東アジア	北アフリカ西アジア	ヨーロッパ
自然	豊かな恵みをもたらす一方、猛威を振るい脅威	厳しい自然条件	規則的で従順
人の性格	受容的・忍従的態度	強力な指導者のもと、一致団結して自然に対抗	積極的に自然に働きかけて支配⇒合理的・科学的精神
産業	農耕	遊牧	農耕・牧畜
宗教	ヒンドゥー教仏教	ユダヤ教イスラーム	キリスト教

> **メモ** モンスーン型と多神教　モンスーン型の文化では、自然の恵みや脅威から自然に対する畏敬の念が育まれるため、自然の至るところに神がいるという多神教的な世界観が生まれるという。

原典資料 .... 和辻哲郎

2 風土

　その理由の一つは、陸に住む人間にとって、湿潤が自然の恵みを意味するからである。洋上において堪え難い（がた）モンスーンは、実は太陽が海の水を陸に運ぶ車にほかならぬ。……

　が、理由の第二は、湿潤が自然の暴威をも意味することである。暑熱と結合（けつごう）せる湿潤は、しばしば大雨、暴風、洪水、旱魃（かんばつ）というごとき荒々しい力となって人間に襲いかかる。それは人間をして対抗を断念させるほどに巨大な力であり、従って人間をただ忍従的たらしめる。……

　かくて我々は一般にモンスーン域の人間の構造を受容的・忍従的として把捉（はそく）することができる。この構造を示すものが「湿潤」である。

（『風土』岩波文庫）

3 日本人の自然観　[出題]

　古来日本では、自然はつくられたものではなく、「おのずからなるもの」とされていた。すなわち、何者かによる意志的・作為的なものではなく、まさに「自然に」生成されたととらえられていた。また、水稲耕作が盛んとなった日本では、それに適した平地に村落共同体（いたい）が営まれ、周囲の山や海は、神々の住む他界であり、死者の霊の行き交う（か）世界であると考えられた。柳田国男（→p.269）によれば、先祖の霊は山などにいて、定期的に現世と交流し、人々に豊穣（ほうじょう）と安寧（あんねい）をもたらしているという。このように定期的に訪れる（おとず）神を、折口信夫はまれびと（客人）と呼んだ（→p.270）。

> **解説** 産土神（うぶすながみ）・産霊神（むすびのかみ）　土地の守護神を産土神というが、明治時代に入ってのちは氏神（うじがみ）と呼ぶのが一般的となった。また、土地の生産をつかさどる神は、産霊神と呼ばれている。

4 八百万神（やおよろずのかみ）　[頻出]

　古代の日本で考えられた多くの神々を総称して八百万神*という。日本では、四季折々に多様な側面を見せる自然の背後に神がいると考え、自然物には霊力が宿るとした。このような自然崇拝・精霊信仰をアニミズムという。特に、自然の脅威と恩恵から、日本の神は「崇（たた）りの神」であり、「恵みの神」でもあるという二重性格でとらえられた。そして、崇りを鎮（しず）めるための儀式が行われ、それが祭祀として整えられ、神道へとつながっていった。人間もまた、不幸で悲惨な死を遂（と）げた者は崇りをなすと考えられ、人々は死者の霊を鎮めることにより、崇りを逃れ（のが）ようとした。これが御霊信仰（ごりょう）であり、平安時代以降、その人物を祀り、魂（たまい）を鎮める御霊会（ごりょうえ）が始まった。

＊八百万神　八百万は数が多いことの例え。

八百万神と祭祀

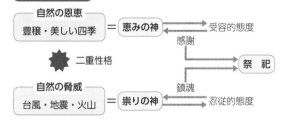

```
自然の恩恵
豊穣・美しい四季  ＝ 恵みの神 ← 受容的態度
                          感謝
      二重性格                    → 祭祀
                          鎮魂
自然の脅威
台風・地震・火山  ＝ 崇りの神 ← 忍従的態度
```

> **メモ** 学問の神様は怨霊（おんりょう）だった　平安時代の学者で政治家の菅原道真（すがわらのみちざね）は、大宰府に左遷されて亡くなった。その後、京都で落雷などの災害が相次いで起こり、それが道真の怨霊のせいであるとして恐れられ、怒りを鎮めるため道真の霊を祀った。これが現在の北野天満宮であり、各地にある、学問の神として道真を祀る天満宮のルーツである。

日本の思想

日本の神話に見る日本人の倫理観

『古事記』・『日本書紀』では、神代の世界について、細部は異なるものの、ほぼ同じ物語が綴られている。ここではそれらの物語の中で、おもな話を紹介しよう。

※（　）内の番号は資料番号に対応

■ イザナギ・イザナミ 　出題▶

天地が分かれ神が生まれてから何代か経ち、イザナギノミコトとイザナミノミコトという男女一組の神が現れた。初め、イザナギとイザナミが天上の高天原（たかまがはら）から下界を見下ろすと、どろどろで何もないので、鉾＊を降ろし、かき混ぜて島を作り、そこに降りていって日本列島や多くの神々を生んでいった。これが国生み・神生みである。しかしイザナミは、自分が最後に生んだ火の神に焼かれて死んでしまい、死者の世界である黄泉国（よみのくに）に行った。

＊鉾　幅広の両刃に長い柄を付けた武器。

■ 黄泉国 　頻出▶

イザナギは死んだイザナミを忘れられず、黄泉国に会いに行った。ところがイザナミは、「自分はもう黄泉国の食べ物を食べ、黄泉国の住人となってしまった（⑤）ので、二度と自分の姿を見ないでほしい」と言う。しかし、イザナギは櫛（くし）に火をともし黄泉国に入り、イザナミを見た。すると、皮膚はただれウジがわき、二目（ふため）と見られない姿となっていた。驚いたイザナギが黄泉国から逃げ出すと、怒ったイザナミは黄泉国の多くの黄泉醜女（よもつしこめ）たちを従えて追いかけてきた。逃げるイザナギが坂の途中に生えていた桃の木から桃の実をもいで後ろに投げると、醜女たちは退散していった。逃げてきたイザナギが、海で体を洗うと（⑥）、アマテラスオオミカミ（天照大神）・ツクヨミノミコト（月読命）・スサノヲノミコトという神々が生まれた。

■ アマテラスとスサノヲ 　頻出▶

アマテラスは太陽の神（昼の神）で高天原を治め、ツクヨミは月の神（または夜の神）、そしてスサノヲは大地の神（または海の神）で下界にいた。そのスサノヲが、高天原へ姉のアマテラスに会いに行こうとした時、アマテラスはスサノヲの勢いの荒々しさに驚き、高天原を奪いに来たのではないかと疑った。そこで、スサノヲは呪いによる占い（ウケヒ）を行い、野心がないことを明らかにし（⑦）、高天原に来ることができた。

■ 天岩戸（あまのいわと） 　出題▶

ところが、高天原に来たスサノヲは荒々しく振る舞い、アマテラスの田や機屋（はたや）を壊したり、祭祀の場である神殿に大便をしたりした（⑤）。怒ったアマテラスは天岩戸という洞穴（どうけつ）に隠れ、岩戸を固く閉じてしまった。太陽の神が隠れてしまったことで高天原は闇（やみ）に包まれ、神々は困りはてた。そこで、岩戸の外で宴（うたげ）を開き、ウズメノミコトという神を踊らせるなどして盛大に歓声をあげた。岩戸の外から楽しげな声が聞こえて来るので、アマテラスが様子をのぞこうと岩戸を少し開けたところ、力の強いタヂカラヲという神が岩戸をこじあけ、アマテラスを外に出し、高天原に再び日の光が戻った。スサノヲは多くの物品を献じる祓い（はらい）を科せられ（⑥）、ひげを切られ、爪（つめ）を抜かれて高天原を追放された。その後、スサノヲは出雲（いずも）に赴いてヤマタノオロチを退治することになる。

⑤ 罪・穢（けが）れ 　頻出▶

古代の日本では、罪・穢れが忌み嫌われ避けられた。罪とは、**祭祀の妨害など社会秩序を乱し、生活を脅かす行為**であり、病気や自然災害も含まれる。他人の田を侵す畦放（あはなち）、共同水路を壊す溝埋（みぞうめ）などがあり、スサノヲが高天原でアマテラスに対して行った数々の悪事も罪にあたる。一方、穢れ（けがれ）は**禍（わざわい）を招き、神聖なものを穢す行為**で、祭祀の支障となる。穢れで最も重いのが死の穢れで、イザナミが死の世界である黄泉国の食べ物を食べてしまったことは、死の穢れにふれたことを意味している。ほかに血の穢れなどもある。

日本の神話の世界観

高天原（たかまがはら）	天上の神々の世界	善・明
葦原中国（あしはらのなかくに）	地上の人間の世界	善と悪が交わる
黄泉国（よみのくに）	地下の死者の世界	悪・暗

⑥ 禊（みそぎ）・祓（はら）い 　出題▶

罪・穢れは、**禊**や**祓い**（祓え）によって取り去ることができると考えられていた。禊とは、**水によって穢れを洗い落とすこと**であり、神域に入る前に水で身体を清めたりするのもそのためである。イザナミに会いに黄泉国に赴いたことで、死の穢れにふれたイザナギが、海で体を洗ったのが禊にあたる。

祓い（祓え）は、財物を献じる**供物や祝詞によって罪を祓ったり、人形に身体の穢れを付けて流したりすること**である。今も神社では、6月と12月の晦日（みそか）（月の最後の日）に、大祓という儀式を行っている。

入試に ◯×
チャレンジ　[96] 八百万の神々とともにこの世を生き、隠しごとがなく純粋であることを赤心（明き心、清き心）という。
（2012年本試）

日本の思想

1

日本固有の思想

7 清明心　頻出

　曇りがなく明朗で、邪心のない心を**清明心**という。和訓では**「清き明き心」**と読み、純粋に他者を思う**きよき心**(清心)と、うそや偽りのない**あかき心**(明心・赤心)からなる。これは神と向き合う時に求められる心のありようであり、古代の日本人に最も尊ばれた。これに対して嫌われたのが、曇りがあったり、邪な思いを持っていたりする**きたなき心**(濁心)・**くらき心**(暗心・黒心)である。スサノヲが高天原のアマテラスに会いに行った時は、このきたなき心・くらき心を持っているのではないかと疑われた。

> **メモ**　**水に流す**　キリスト教において人間が背負う原罪(◯p.45)の意識が深刻であるのに対し、日本の罪・穢れは、水での禊、または祓いによって簡単に取り去ることができると楽観的に考えられていた。現在でも、何もなかったことにすることを「水に流す」というのは、このためである。

(◯p.45)

コラム　「ハレ」と「ケ」

　非日常的で普段と異なる状態をハレという。正月・盆・節句などの年中行事、祭り・通過儀礼などの改まった場であり、その時にはハレ着(晴れ着)を着たり、ハレの食べ物が供えられる。これに対し、日常生活をケといい、日常(ケ)が続くと、作物を生産させるケのエネルギーが衰退していくと考えられ、「ケ」が「カレ(枯れ)」ていくことを「ケガレ*」といった。そのエネルギーを再生させるため、ハレの日として農耕に関わる年中行事が行われる日が設けられた。現在、このような年中行事に接する機会も少なくなっているが、「晴れ舞台」、「晴れ姿」といった言葉に、そのなごりがみられる。

▶ 七五三で晴れ着を着た子どもたち

＊**ケガレ**　民俗学では、「穢れ」の原義を「ケガレ」に求める説もある。

8 神道　出題

　日本古来の神々を祀る信仰を**神道**という。中でも古代日本における神信仰を**古神道**と呼ぶが、こうした素朴な神信仰は、儒教や仏教などの外来思想が受容されていくのに伴い、神道として成立・理論化されていった。そこでは**清明心**が基礎とされ、しだいに私欲のない**正直**や、真実を貫く**誠**の徳が重視されるようになった。また、時代が進むにしたがい、**神仏習合**(◯p.202)に対して神道の優位を説く**伊勢神道**や**唯一神道**(吉田神道)、儒教と神道の融合を説いた**垂加神道**、仏教や儒教の影響を排した**復古神道**などが生まれた。明治時代初めには、国家統合の中心として政府が神社を統制・管理した(**国家神道**)。一方、この時期、民間では天理教や黒住教などの教派神道13派が成立した。

様々な神道
古神道 →

伊勢神道 【鎌倉時代】	伊勢神宮・度会家行 伊勢神宮の内宮に対し、外宮信仰を主張
唯一神道 (吉田神道) 【室町時代】	吉田神社・吉田兼俱 神道こそが儒教、仏教、道教の根源だとする。唯一神道(吉田神道)は全国の神社・神職を支配
垂加神道 【江戸時代】	山崎闇斎(◯p.223) 神と人との合一を説く「天人唯一の道」
復古神道 【江戸時代】	平田篤胤(◯p.234) 天照大神の子孫とされる天皇の絶対性を説く
国家神道 【明治時代】	政府が神道を統制・管理 大教宣布の詔(1870年)により神道国教化をめざす

9 日本文化の重層性

　日本では、外来の文化を積極的に受容し、それを自らのものとして吸収して、独自の文化を作り上げてきた。それは、新しく入ってきた文化が、古くからある文化を否定するのではなく、上に積み重なって共存し、層となっていく形をとった。和辻哲郎(◯p.266)は、これを指摘し**日本文化の重層性**と呼んだ。

> **解説**　**日本文化の特徴**　日本文化の特徴は、他にも様々に言い表されている。例えば、丸山真男(◯p.274)は**「タコツボ文化」**、評論家の加藤周一(◯p.275)は**「雑種文化」**と表現している。また、アメリカの**ルース・ベネディクト**＊は著書『菊と刀』で、西欧文化がキリスト教に基づく**「罪の文化」**であるのに対し、日本は和を重んじ、他者から見て恥ずかしくないかを考えて他者の批判を避けようとする**「恥の文化」**であるとしている。

＊**ルース・ベネディクト**　アメリカの文化人類学者。第二次世界大戦中に、アメリカ政府の依頼を受けて日本文化の研究を行った。

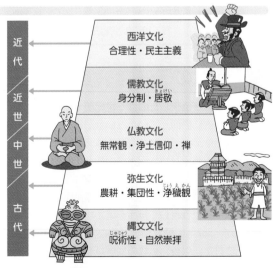

近代	西洋文化 合理性・民主主義
近世	儒教文化 身分制・居敬
中世	仏教文化 無常観・浄土信仰・禅
古代	弥生文化 農耕・集団性・浄穢観
	縄文文化 呪術性・自然崇拝

日本の思想

2 日本仏教の受容

薬師寺(奈良市)

概観 6世紀前半に日本に伝来した仏教は国家の保護・統制下に置かれ、奈良時代には、国を治めるために鎮護国家思想が説かれた。日本固有の神と仏教はしだいに融合した形でとらえられ、神仏習合の風潮が広がった。平安時代に入ると中国から密教がもたらされ、神秘的な行を行うことから、貴族の現世利益の実現が期待された。平安中期からは末法思想が流行し、阿弥陀仏に帰依して西方極楽浄土に往生することを願う浄土信仰が広まり、鎌倉仏教の成立にもつながっていった。

要点の整理　　　　　は入試重要用語

仏教の受容 → 鎮護国家思想　密教の流入　　平安
　　　　　　 → 神仏習合　　　末法思想 → 浄土信仰　時代

❶仏教の受容
- 仏教公伝……538年『上宮聖徳法王帝説』『元興寺縁起』(戊午説) ←→ 552年『日本書紀』(壬申説)
- 蕃神(外国の神)……排仏派(物部氏) ←→ 崇仏派(蘇我氏) → 587年、蘇我馬子が物部守屋を滅ぼし仏教受容

❷聖徳太子(厩戸王)(574〜622) ➡p.201
- 推古天皇の摂政(蘇我馬子らと共同執政) → 国政改革に仏教を用いる
- 憲法十七条……和の精神(第一条)・三宝を敬う(第二条)・凡夫の自覚(第十条)
- 世間虚仮、唯仏是真(中宮寺「天寿国繍帳」)……現世を無常とみる脱世俗的世界観
- 『三経義疏』……法華経・維摩経・勝鬘経の注釈。聖徳太子の作とされていたが、現在では疑問視

❸奈良仏教と神仏習合 ➡p.202
- 除災・招福のため国家による仏教の保護・統制 → 官寺の創設、官僧の育成
- 鎮護国家……仏教の力により天下の安泰を図る。国分寺建立、東大寺大仏造立
　　　南都六宗……三論宗・成実宗・法相宗・倶舎宗・華厳宗・律宗、仏教教義の研究
- 鑑真……渡日し、戒律を伝える。東大寺戒壇院設立
- 行基……仏教の普及と社会慈善事業に尽力。大仏造立に貢献
- 神仏習合……仏教と神の融合 → 本地垂迹説……仏が根本で神は仮の姿(権現)

❹最澄と空海
- 最澄(767〜822) ➡p.203……天台宗、のちの比叡山延暦寺を開く　主著『山家学生式』『顕戒論』
　　　法華経の一乗思想を主張……すべての生きとし生けるものが成仏する可能性を有する(一切衆生悉有仏性)
- 空海(774〜835) ➡p.204……真言宗、高野山金剛峯寺、教王護国寺(東寺)　主著『三教指帰』『十住心論』
　　　即身成仏……三密の行(身・口・意)により大日如来との一体化
- 密教……神秘的行により悟りに至る。曼荼羅(密教の宇宙観)。加持祈禱により貴族の現世利益の実現

❺末法の思想(浄土信仰) ➡p.206
- 浄土信仰……現世での救いを求めず、阿弥陀仏に帰依し、西方極楽浄土への往生を願う(厭離穢土・欣求浄土)
　　　空也(市聖)(903〜972)……庶民に口称念仏を広める　　源信(942〜1017)……著書『往生要集』で浄土信仰を広める
- 末法思想……正法・像法の世の後、正しい教えのみがあって修行・悟りが実現しない末法の世になるという考え方。1052年が末法の世の始まりと信じられていた

仏教の伝来　　　　　　　　　　　　　　　　　頻出

　日本に仏教が伝来したのは6世紀前半で、522年に、渡来人が私的に信仰していたという記録が残っている。

　仏教の公伝は538年(『日本書紀』では552年)で、朝鮮半島の百済・聖明王から欽明天皇のもとに仏像・経典などがもたらされたという。当初、仏教は蕃神(外国の神)ととらえられ、受容を主張する蘇我氏と、日本の神々の怒りをかうとして排斥を唱えた物部氏の対立を招いたが、587年に蘇我馬子が物部守屋を滅ぼすことで解消された。以後、仏教の受容が進められ、仏教を介して大陸・朝鮮半島からの先進文物・技術も取り入れられた。そして、仏教は神々の一種として信仰され、氏族ごとに氏寺が建立された(氏族仏教)。当初、仏教は病気平癒などの呪術的性格を持つものとされ(呪術仏教)、宗教的に正確に理解されていたわけではなかった。

氏寺		
飛鳥寺(奈良)	蘇我馬子
広隆寺(京都)	秦河勝

入試に○×チャレンジ　97「憲法十七条」のなかの、「心の怒りを絶って、……意見の違いに怒らないようにせよ。……他人が怒ったとしても、むしろ自分に過失がなかったかどうかを省みよ。」という条文は、「凡夫」であることを自覚させることによって心を正そうとしたものである。(2011年本試)

和の精神を説いた「和国の教主」

聖徳太子（しょうとくたいし）

★★★★★

574～622

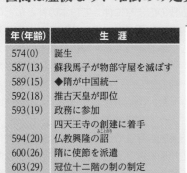

世間は虚仮なり、唯仏のみ是真なり

年（年齢）	生　涯
574(0)	誕生
587(13)	蘇我馬子が物部守屋を滅ぼす
589(15)	◆隋が中国統一
592(18)	推古天皇が即位
593(19)	政務に参加
	四天王寺の創建に着手
594(20)	仏教興隆の詔
600(26)	隋に使節を派遣
603(29)	冠位十二階の制の制定
604(30)	憲法十七条の制定
607(33)	遣隋使として小野妹子を派遣
	この頃、法隆寺を創建
622(48)	死去

メモ 太子の謎　旧1万円札の絵柄にもなった有名な肖像画「唐本御影」が現在では別人を描いたものとされるなど、聖徳太子については不明な点が多い。

略伝　本名は厩戸皇子。用明天皇の子で、祖母が蘇我氏出身であり、蘇我氏との結びつきが強かった。『日本書紀』には、最初の女帝である推古天皇の即位にあたって皇太子となり、翌年、摂政となったとあるが、実際には推古天皇や蘇我馬子と共同で政にあたったと考えられる。遣隋使を派遣して進んだ大陸の文物を積極的に取り入れ、**冠位十二階の制**や**憲法十七条**を制定した。仏教についても、高句麗の僧、恵慈の弟子となって深く学び、難波（現、大阪府）に四天王寺、斑鳩（現、奈良県）に法隆寺を建立してその興隆を図った。自らも経典について講義を行うなど、それまで呪術的にとらえられていた仏教を、思想的に理解した最初の人物とされる。さらに、仏教のみならず、儒教（◆p.71）や法家（◆p.70）の思想、日本の伝統思想にも造詣が深かったといわれる。ただしこれは、のちに聖徳太子に対する信仰が生まれ、親鸞（◆p.210）が「和国の教主」（日本仏教の開祖）と呼ぶなどあがめられるようになった聖徳太子を過度に称えた面が強い。

聖徳太子の思想

❶ 聖徳太子が和の精神を説いたのはなぜだろうか。
❷ 聖徳太子の仏教観はどのようなものだろうか。

1 和の精神　**出題**

官吏（役人）や豪族に対して道徳的な規範を示した**憲法十七条**は、第一条で**和の精神**を説いている。和の精神は日本の伝統的思想とされるが、第十条において、仏に対しては誰もが欲望にとらわれた無知な**凡夫**にすぎず、互いの優劣を論じることは無意味であるとして、仏教の立場からも和を強調した。

解説　仏教の影響　憲法十七条は、第二条で**三宝**を敬うことを規定するなど、仏教の影響が強い。また、日本の伝統思想のほか、儒教や法家など多くの思想を取り入れているとされる。和の精神に関しては、『論語』の学而篇に「礼の用は和を貴しと為す」というところから儒教の影響も受けている。

2 三経義疏

聖徳太子が作成したとされる法華経、維摩経、勝鬘経の三つの経典の注釈書を『**三経義疏**』という。その中で法華経の注釈書は、明治初期に法隆寺から皇室に献納されたものが太子の自筆とされていた。聖徳太子は、これら経典について講義を行ったとされ、太子の仏教に対する理解の深さを示す逸話として語られてきた。しかし、近年では『三経義疏』を太子の作とする見方は疑問視されている。

3 世間虚仮、唯仏是真　**頻出**

「世間は虚仮なり、唯仏のみ是真なり」と読み、聖徳太子の生前の言葉とされる。これは、法隆寺の隣にある中宮寺（もとは太子の母の宮殿）に納められた「天寿国繡帳」*に記された言葉で、「**この世は虚しく仮のものであり、仏こそが真実である**」という意味である。**現世を無常とみる仏教の本質を指摘**しており、政治に尽力しながらも世俗から離れた仏に真実を求めた太子の姿勢が表れている。

*天寿国繡帳　太子が死後に赴いた仏の世界である天寿国での姿を偲んで、太子の妃の橘大郎女が、布に刺繍で縫い取らせたもの。

原典資料

4 憲法十七条

一に日はく、**和なるを以て貴しとし、忤ふること無きを宗とせよ**。

二に日はく、篤く三宝を敬へ。三宝とは、仏・法・僧なり。……

十に日はく、忿を絶ち瞋を棄てて、人の違ふことを怒らざれ。……我必ず聖に非ず。彼必ず愚に非ず。共に是凡夫ならくのみ。

（『日本書紀』「日本古典文学大系68」岩波書店）

〔訳〕　第一条、すべて和を貴び、人に逆らわないことをこころがけなさい。第二条、仏とその教えと教えを説く僧侶の三宝を深く敬いなさい。……第十条、怒りを捨て、人の過ちを責めないように。自らは聖なる存在ではなく、相手が愚かなのでもなく、互いに無知な凡夫にすぎない。

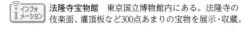

日本の思想

（1）仏教の受容と奈良仏教

奈良仏教と神仏習合

▶東大寺の大仏

1 鎮護国家　頻出

　仏教の力によって天下国家の安泰を図るという考え方を**鎮護国家**思想という。仏教はもともと、**現世利益**を求める豪族たちに信仰されていたが、しだいに国家が除災・招福のため仏教を保護・統制するようになり、奈良時代になると鎮護国家思想が強まっていった。聖武天皇は仏教の力で、疫病の流行や兵乱による混乱・不安を鎮めようとし、諸国に国分寺と国分尼寺を建て、中央の総国分寺である東大寺には大仏を造った。また、戒律を伝えてもらうため唐から**鑑真**を招き、正式な僧侶となるための授戒の儀式を行う**戒壇**を東大寺に設けた。また、**南都六宗**においては、仏教教義の研究が盛んに行われた。こうした中、国家と仏教の結びつきも強まり、政治に影響力を持つ僧侶も現れた。

奈良仏教関連年表

年	事項
717	行基の布教を弾圧
731	行基の教団を公認
741	国分寺建立の詔
743	大仏造立の詔
752	大仏開眼供養
753	鑑真の来日

南都六宗
三論宗・成実宗
法相宗・倶舎宗
華厳宗・律宗

解説 **仏教教義の研究**　南都六宗は、のちの宗派のイメージと異なり、学僧が集まって作られた学派のようなものである。三論宗・成実宗は中観派、法相宗・倶舎宗は唯識派の流れをくんでいる（◎p.67）。

◆奈良仏教の僧侶　頻出

★ **鑑真**
（688～763）

もと唐の揚州大明寺の僧。当時の日本には正式な授戒の仕方を知る者がおらず、戒律を授かることができなかったため、遣唐使とともに唐に渡った僧侶の要請に応じ、それを伝えるために来日した。その渡航は5度も失敗するなど困難を極め、その間失明するも、6度目で成功した。日本に律宗を伝え、聖武太上天皇にも自らの手で菩薩戒を授けた。759年には**唐招提寺**を創建した。

★ **行基**
（668～749）

河内国（現、大阪府）で生まれ、仏教の普及と社会慈善事業に尽くした僧。広く民衆に布教を行い、当時政府により禁止されていた**私度僧**＊が多く付き従ったため、弾圧を受けた。しかし、行基は人々に宿泊施設を提供したり、橋や道を作ったりしたことで民衆からの絶大な支持を得た。そこで政府は行基の教団を認め、大仏造立事業に協力させて、745年には彼を**大僧正**＊＊に任じた。749年に死去したが、各地に行基の伝説が残っている。

＊**私度僧**　政府の許可なく僧侶となった者。当時の仏教は僧尼令で統制されており、公的に得度した官僧が育成され、朝廷の許可を得ない僧侶は違法であった。
＊＊**大僧正**　僧侶の最高の位。

2 神仏習合と本地垂迹説　頻出

　奈良時代、仏教の広まりに伴って日本の神と仏との関係が問題となると、両者を対立するものとみるのではなく、融合した形でとらえる、**神仏習合**という考え方が生まれた。平安時代には、神社の境内に**神宮寺**が建てられたり、神前読経が行われるなど、神仏の融合はより顕著となった。神仏習合は、1868年に明治政府が**神仏分離令**によって禁止するまで続いた。

　また、仏が普遍的な存在であるならば、なぜ仏教伝来前に日本に仏が現れなかったのか、という問いに対する解釈として説かれたのが**本地垂迹説**である。これは、**仏が本来の形であり、神は人の前に現れる時の仮の姿（権現）であるという考え方**で、例えば伊勢神宮に祀られた天照大神は、大日如来の仮の姿と考えられた。本地垂迹説は神仏習合の考え方とともに、広く受け入れられていった。

解説　**本地垂迹説に対抗する考え方**　本地垂迹説は、政治を強化するために仏教が利用されたことから広まっていった。これに対し、神道が仏教よりも優位であると説き、神が本地で仏を仮の姿とする**神本仏迹説**という考え方も生まれた。これは鎌倉時代の元寇を背景に誕生し、伊勢神道（◎p.199）などで説かれた。

▲**僧形八幡神像**（東大寺）　本地垂迹説で八幡神は、阿弥陀如来が神となった姿とされた。また、八幡神は東大寺の建立に協力したとされ仏教を守護する神としても信仰を集めた。僧形八幡神像（僧侶の姿をした八幡神の像）も多く作られており、これは神仏習合の典型といえる。

コラム　苦難の旅をこえて

　鑑真の渡日は、苦難の連続であった。入唐僧の栄叡と普照が揚州大明寺に赴き、多くの弟子を持ち民衆に大師と仰がれていた鑑真に、高弟の誰かを日本に戒律を伝えるため派遣してほしいと請うた。しかし、鑑真が呼びかけても誰も応える者はおらず、すでに54歳になっていた鑑真自らが、その役に応じることを決心した。渡日は度々失敗するが、これには難破以外にも、弟子が危険な渡海を阻もうとした例がみられ、唐の玄宗皇帝も江南第一の高僧鑑真の才を惜しみ、反対していた。それでも渡日を果たした鑑真は、日本に戒律を伝えた。医薬にも深い知識を持ち、後世、医事の祖として祀られた。

入試に○×チャレンジ　98 仏教が伝来した当初、仏は、異国から到来した神と認識され、人々に利益や災厄をもたらすと考えられた。平安時代になると、神は仏が人々を救済するために現れた仮の姿であるという考え方が生まれた。（2017年本試）

日本の思想

2

日本仏教の受容

（2）平安仏教

のちの延暦寺を開いた日本天台宗の開祖 ★★★★★

最澄 （さいちょう）

滋賀県出身
767～822

> 国宝とは何物ぞ、宝とは道心なり、道心あるの人を名づけて
> 国宝となす

年（年齢）	生涯
767（0）	近江国に誕生
778（11）	近江国分寺に入る
785（18）	東大寺戒壇院で授戒。比叡山に入る
804（37）	遣唐使船で入唐、天台山で学ぶ
805（38）	帰国
809（42）	空海と交流
818（51）	『山家学生式』を著す
820（53）	『顕戒論』を著す
822（55）	死去
866	伝教大師号を贈られる

メモ 書と人柄　空海の影に隠れがちだが最澄の書も国宝に指定されている。変幻自在な空海の書に対し、最澄の書には誠実な人柄が表れている。

略伝 近江国（現、滋賀県）滋賀郡の渡来人系の家に生まれた。11歳で近江国分寺に入り、14歳で僧侶となり最澄を名乗った。18歳の時、東大寺戒壇院で授戒*したが、すぐに**比叡山**に登って修行し**一乗止観院**という道場を設けるなど、山岳仏教**を実践した。804年の遣唐使で唐に渡って天台山で学び、帰途に密教も学んで、入唐から9か月で帰国した。一乗止観院で僧侶の育成に努め、これがのちに**延暦寺**となった。その後、空海（→p.204）と親交を持ってさらに密教を学び、その影響を受けた**天台宗**は密教化して**台密**と呼ばれた。最澄が開いた日本の天台宗は、円（天台宗）・戒（戒律）・禅（止観）・密（密教）の4宗を融合していたことから多くの学生が集まり、平安中期の僧源信（→p.206）や、鎌倉仏教の開祖たちも比叡山で学んでいる。55歳で死去して40年以上経ったのち、日本で最初の大師号である**伝教大師**号を贈られた。

主著『山家学生式』『顕戒論』『法華秀句』

*授戒　戒律を授けられ、正式に僧侶となること。受戒ともいう。
**山岳仏教　天台宗や真言宗など、政治から離れて山中に修行の場を設けた仏教。

最澄の思想

❶法華経の一乗思想とは何だろうか。
❷延暦寺に大乗戒壇を創設したのはなぜだろうか。

1 法華経の一乗思想　　頻出

一乗思想（法華一乗）とは、天台宗で最も重視された経典である法華経にみられる、**仏陀は様々な教えを説いたがそれは方便にすぎず、本質は一つであるとする教え**をいう。その教えは、すべて生きとし生けるものはことごとく仏になる素質を持つという**「一切衆生悉有仏性**（一切の衆生は悉く**仏性**有り）」という言葉で表される。これは大乗仏教の根本思想であり、最澄も、この思想を主張した。

2 大乗戒壇の創設　　出題

最澄は朝廷に対し、自らが比叡山に設けた道場である**一乗止観院**に、東大寺とは異なる独自の大乗戒壇を設けることを求めた。従来の東大寺戒壇は、部派仏教（→p.66）の戒律である具足戒を授けるものであったが、最澄は大乗仏教の菩薩戒を授けることを主張し、天台宗を従来の仏教から独立させようとした。しかし、奈良仏教*はそれを批判し、最澄と激しく対立した。大乗戒の設立は最澄の生前には実現せず、死後7日目にようやく認められた。

*奈良仏教　東大寺や興福寺など、政治と深く結びついていた奈良の守旧派の仏教勢力。南都仏教とも呼ばれる。

原典資料

3 法華一乗

『妙法華経』に説く、ただ一仏乗、ということは、すでに究極的な教えであるので、これは真実の説である。……『華厳経』の一道や『解深密教』の一乗というのは、すべての者が成仏するという説と、成仏しない者もあるという二説を、両方とも存しているものであるので論争の本となるものである。それに対して、『法華経』の一乗はすべての者が成仏できるという一つの説だけが説かれているので、これは論争の本にはならない。

（『法華秀句』田村晃祐訳「日本の名著3」中央公論社）

解説　**三一権実論争**　すべての者が成仏できるとする一乗思想に対し、奈良仏教では、立場や能力によっては成仏できない人もいるとする三乗思想を説いていた。最澄はそれを差別的であるとして批判し、法相宗の徳一と論争となった（三一権実論争）。

◆最澄と空海の比較　　出題

	最澄（伝教大師）	空海（弘法大師）
宗派	天台宗（台密）	真言宗（東密）
著作	『山家学生式』『顕戒論』『法華秀句』	『三教指帰』『十住心論』『即身成仏義』
思想	法華経の一乗思想（法華一乗）**「一切衆生悉有仏性」**	三密の行（身・口・意）による大日如来との一体化**即身成仏**
寺院	比叡山延暦寺	高野山金剛峯寺　教王護国寺（東寺）
展開	弟子の円仁・円珍により教団発展→密教化	加持祈禱による現世利益→貴族層の支持

日本に密教をもたらした真言宗の祖

★★★★☆

空海 (くうかい)

香川県出身
774〜835

生まれ生まれ生まれ生まれて生の始めに暗く、
死に死に死に死んで死の終わりに冥し

年(年齢)	生　涯
774(0)	讃岐国に誕生
788(14)	都に上る
791(17)	大学寮に入り明経道を学ぶ
797(23)	『三教指帰』を著す
804(30)	遣唐使船で入唐
	青竜寺の恵果に学ぶ
806(32)	帰国
816(42)	高野山金剛峯寺を建立
823(49)	教王護国寺(東寺)を賜る
828(54)	綜芸種智院を設立
830(56)	この頃『十住心論』を著す
835(61)	死去
921	弘法大師号を贈られる

＊三筆　平安時代の書の名手で、嵯峨天皇・空海・橘逸勢をさす。

略伝　讃岐国(現、香川県)の地方豪族の家に生まれた。14歳の時に京に上り、17歳で大学寮に入り、儒教を学ぶ明経道を専攻した。さらに道教・仏教を学び、23歳の時に儒教や道教よりも仏教が優れているとする『三教指帰』を著した。その後、山岳で修行し、密教の根本経典である大日経に傾倒していった。804年の遣唐使の際に唐に渡り、青竜寺の恵果の弟子となる。2年以上唐で学んだのち、多くの経典を持ち帰り、日本に真言密教を伝え、高野山に金剛峯寺を建てた。嵯峨天皇から皇城守護のため京に教王護国寺(東寺)を賜るなど、厚い信頼を得ていた。56歳の頃、悟りに至る10の段階を示した『十住心論』を著した。そのほか、庶民教育の施設として綜芸種智院を設立したり、故郷の讃岐で灌漑用の溜め池の改修という難工事を指揮し、わずか3か月で終わらせるなど、多分野で活躍した。能書家としても知られ、三筆＊の一人に数えられている。921年には、弘法大師の大師号を贈られた。

主著『三教指帰』『十住心論』『即身成仏義』

空海の思想

❶即身成仏とは何だろうか。
❷密教とはどのようなものだろうか。

1 即身成仏　頻出

　宇宙の根本・真理である大日如来と一体化することを即身成仏という。真言宗の教えでは、宇宙の万物は、地・水・火・風・空・識の六つの構成要素(六大)から成り立っており、大日如来もそこから現れている。あらゆる仏・菩薩・明王などは大日如来の化身で、人もまたすべて大日如来と異なる存在ではない。そこで手に印契を結び、口に真言(マントラという呪文)を唱え、心を集中するという身・口・意の三密の行を修することで、輪廻を繰り返すことなく、現世のこの身のままで成仏が可能となるとされた。

2 密教　出題

　真言宗の三密の行のように、神秘的な行によって悟りを得ようとする教えを密教という。空海は密教について、釈迦が聞き手の能力に応じて平易に説いた顕教に対し、大日如来が自らを語った秘密の教えであると考えており、その宇宙観は曼荼羅に表されているという。天台宗も密教を取り入れ、両者はともに鎮護国家の役割を担ったが、やがて、仏の加護を祈る呪術的・超越的な加持祈禱により、平安貴族の現世利益を実現することが期待されるようになった。

解説　**加持祈禱**　本来、加持とは仏の慈悲の力が衆生の信心と一体化することで、祈禱とは病気や災いが取り除かれるように祈ることをいう。しかし平安仏教では、密教僧の呪術的行為によって、国家安泰や病気治癒など、この世における願いをかなえること(現世利益)を目的に行われるようになった。

原典資料

3 三密の行

　……三密とは一には身密、二には語密、三には心密なり。……手に印契を作し、口に真言を誦し、心三摩地に住すれば(心を集中させれば)、三密相応して加持するが故に、早く大悉地(解脱の境地)を得。

(『即身成仏義』金岡秀友訳 太陽出版)

コラム　最澄と空海

　最澄と空海の交流は、最澄が密教を学ぶため、年下の空海に弟子入りしたことに始まる。しかし、空海がなかなかその奥義を伝授してくれないことや、最澄が経典を借りたいと申し入れた時に空海が応じなかったことなどから、関係は悪化していった。その背景には二人の仏教観の違いがある。空海からみれば仏教の教えは、経典や書物から知識として学ぶものではなく、全身全霊をもって悟るものであった。さらに、最澄は空海に教えを乞うためといっても比叡山を長く留守にすることができなかったため、代わりに弟子の泰範を空海のもとに残したが、その泰範が空海に心酔してしまったことで、両者の決裂は決定的になったという。

入試に○✕チャレンジ　99 空海は、仏教の多様な教えを、大日如来の教えである顕教と釈迦の教えである密教に分類したうえで、密教こそが人々を悟りに導く究極の教えであると主張した。(2017年追試)

密教って何？

最澄が初めて日本へもたらし、空海が本格的に広めた密教は、言葉による説明を用いず、真理を伝えようとするところに特徴がある。そんな密教の世界を見てみよう。

▲四国八十八箇所 —— 浄土寺
（愛媛県）

比叡山延暦寺
四国八十八箇所のお遍路のルート

▲高野山奥之院（和歌山県）
空海の食事を運ぶ僧侶。

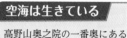
空海は生きている

高野山奥之院の一番奥にある霊廟（れいびょう）の中で、空海はいまだに生きていると信じられている。毎朝2回（6時と10時半）食事が運ばれ、年に一度は着替えも運ばれる。この食事と着替え専門の僧もいる。

● 胎蔵界曼荼羅（たいぞうかいまんだら）

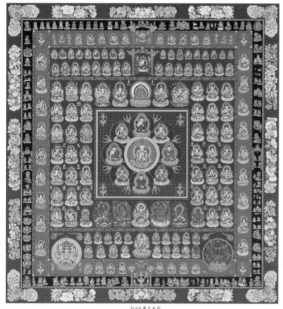

● 金剛界曼荼羅（こんごうかい）

▲血曼荼羅（けつまんだら）（デジタル復元）　平清盛（たいらのきよもり）が1156年に金剛峯寺に寄進した両界曼荼羅は、胎蔵界の中央の大日如来（だいにちにょらい）を描くための絵の具に、清盛の頭の血を混ぜたとされることから、血曼荼羅と呼ばれる。2012年にデジタル画像で復元された（原本所蔵：高野山金剛峯寺、画像提供：凸版印刷株式会社）。

曼荼羅

悟りの境地（きょうち）や仏教の世界観を、仏像・図形・文字などを用いて象徴的に表現したもの。胎蔵界曼荼羅と金剛界曼荼羅を合わせて両界曼荼羅といい、密教の教えの核となる大日如来を中心に描かれている。胎蔵界曼荼羅は、同心円状に仏が配置され、中央の大日如来の智慧の力が現実に及んでいくさまを象徴している。金剛界曼荼羅は九つの曼荼羅の集合体で、すべてが大日如来を中心としている。ほかにも様々な曼荼羅があり、現代でもおもに日本やチベットで描かれ続けている。

▲密教法具の五鈷杵（ごこしょ）と五鈷鈴（ごこれい）を持つ後醍醐（ごだいご）天皇

▼空海が唐から持ち帰った五鈷杵と五鈷鈴

▶加持祈禱（かじきとう）　「加持」とは、密教儀礼で人々に神仏の力や恩恵を与えることで、「祈禱」とは、呪文などを唱えて神仏に祈ることをいう。写真は東寺（京都府）の護摩法要で、清浄な火の力によって人々の願いを天に届けるために行う。

▶平等院鳳凰堂

★ 空也
くうや
(903〜972)

略伝 尾張(現、愛知県)の国分寺で出家し、自ら空也と名のった。諸国を巡り、道を開き、橋を架け、井戸を掘るなど、行基(◯p.202)と同じく社会事業に尽力した。荒野に捨てられた遺体を見れば一箇所に集めて火葬し、念仏を称えたので、**市聖**または**阿弥陀聖**と呼ばれた。45歳の時、比叡山に登って授戒したが、これは教化活動を行いやすくするためとされる。951年に西光寺(**六波羅蜜寺**)を建て、そこで69歳で亡くなった。

▶**空也上人像**(六波羅蜜寺) 空也が「南無阿弥陀仏」と称えた六文字がたちどころに仏に変じたという逸話を表す。

1 浄土信仰と末法思想 　頻出

現世での救いを求めず、**阿弥陀仏にすがることによって、死後、阿弥陀仏の西方極楽浄土に往生することを願う教え**を、**浄土信仰**または**浄土教**という。このような浄土信仰の広まりを促したのが、**末法思想**の流行である。末法思想とは、釈迦入滅後、正法・像法の世を経て、修行者も悟りを開く者もいない、混乱に満ちた**末法の世**になるという考え方である。当時、釈迦の入滅は紀元前949年と考えられており、1052年が末法元年と信じられていたため、天皇・貴族から庶民に至るまで恐れおののいた。そうした中、空也は庶民に対し、南無阿弥陀仏と口にすることで阿弥陀仏にすがる**口称念仏**を広めた。

◆末法思想

釈迦入滅

正法 1000年 (500年)	正しい教え、正しい修行、正しい悟りが行われる
像法 1000年	正しい教え、正しい修行が行われるが、正しい悟りを欠く
末法	正しい教えだけが残り、正しい修行、正しい悟りを欠く

▲**地獄草紙** 地獄に落ちて苦しむ罪人の様子が描かれている。

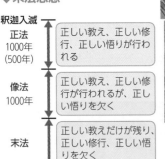

解説 **末法思想の歴史的背景** 末法思想が貴族から庶民に至るまで現実感をもって広がった理由として、平安時代末期に戦乱や飢饉、天災など、実際に混乱した世相が続いていたことが考えられる。なお、正法を500年間とし末法元年を552年とする説もあり、『日本書紀』は552年を仏教公伝の年に当てている。

★★★ 源信
げんしん
(942〜1017)

略伝 大和国(現、奈良県)で生まれ、8歳で比叡山に登り、12歳で受戒した。恵心僧都ともいわれる。43歳の時に『往生要集』を著し、人の世の無常と苦しみ、さらに地獄の凄惨な様子を描き、浄土への往生のためには念仏こそが万人共通の易行であると説いた。『往生要集』は藤原道長ら貴族たちをはじめ広く読まれ、浄土信仰を広めるとともに、慶滋保胤の『**日本往生極楽記**』などの**往生伝**＊が盛んに著されるきっかけとなった。1017年に75歳で死去した。

＊**往生伝** 極楽に往生したと考えられた人々の伝記を収録した書物。

2 厭離穢土・欣求浄土 　頻出
おんりえど　ごんぐじょうど

穢れた末法の現世を厭い離れ、阿弥陀仏の西方極楽浄土に往生することを欣い求める、という**浄土信仰の本質**を表した言葉である。源信は、『往生要集』の第一章「厭離穢土」で地獄や餓鬼道などの恐ろしい世界を描き、第二章「欣求浄土」で極楽浄土を描いて浄土信仰を広めた。極楽浄土に往生するためには阿弥陀仏にすがることとなるが、その方法として、本来の阿弥陀仏の姿を心に思い描く**観想念仏**や、極楽浄土の様子を一心に思い描く浄土の観想をあげ、口称念仏も認めている。浄土信仰にみられる、阿弥陀仏にすがることで救いを得ようという考え方は、**鎌倉仏教の中の浄土教系宗派の成立に影響を与えた**。

原典資料 ⋯⋯⋯⋯⋯⋯⋯⋯⋯⋯⋯⋯⋯⋯ 源信

3 浄土信仰

そもそも往生極楽のための教えと修行こそは、**汚濁にまみれた末世の人々を導く眼であり、足である**。出家の身も在家の者も、あるいは貴賤のいかんを問わず、誰かこの道に帰一しないものがあろうか。ただし顕教といい密教といい、その教え説くところ、かならずしも同一ではない。また、仏の相好や浄土の姿を観想する事観や、仏を普遍的な真理そのものとして観る理観にも、いろいろの修行の方法がある。……このゆえに、ごく限られた念仏という分野について、わずかではあるが経や論の中から、いささか要諦とすべき文章を収録した。　　(『**往生要集**』秋山虔他訳「日本の名著4」中央公論社)

メモ **阿弥陀仏にすがる貴族** 末法思想が広まる中、浄土信仰は貴族たちにも受け入れられていった。藤原道長は、往生を願い、自らが造らせた阿弥陀仏像の手から延ばした糸を自分の手に結んで息絶えたという。

入試に ◯✕ チャレンジ 〔100〕末法とは、修行者も悟る人もなく、仏の教えのみが伝わる時代が一万年続くことである。(2013年本試)

日本の思想

2

日本仏教の受容

3 日本仏教の展開

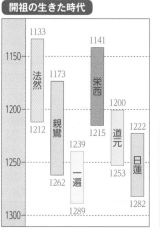

永平寺(福井県)

概観 平安時代末期から「末法」の世の中が到来したと考えられるようになり、浄土信仰がいっそうの隆盛をみせた。また、藤原摂関家をはじめとする貴族勢力の衰退と武士の台頭に伴う争乱や、疫病・飢饉、さらに、地震などの天変地異が相次いだことなどから社会的混乱が起こった。こうした中、民衆の救済をめざして様々な僧が活動した。そして、救いを得るために平易な方法を主体的に選択し、それに専念するという特徴を持つ鎌倉仏教が成立し、民衆の間に広がっていった。

要点の整理 ▸ ☐ は入試重要用語

戦乱 疫病 飢饉 ▸ 内面的救済を求める武士・農民の増加 ▸ 鎌倉仏教

❶法然(1133〜1212) ◉p.208　浄土宗を開く　主著『選択本願念仏集』『一枚起請文』

- **弥陀の本願**……阿弥陀仏(如来)の慈悲。「一切衆生を救うまで自分も仏にはならない」とする願
  →**他力**(阿弥陀仏の力)によって**極楽浄土**(西方浄土)への**往生**を遂げる
- **専修念仏**……ただひたすら「**南無阿弥陀仏**」と念仏を称え、阿弥陀仏による救いを求めること

❷親鸞(1173〜1262) ◉p.210　浄土真宗を開く　主著『教行信証』『愚禿鈔』『浄土和讃』※『歎異抄』は弟子の唯円作。

- **非僧非俗、肉食妻帯**
- **悪人正機**……悪人とは他力に身を委ねるしかない人(**煩悩具足の凡夫**)
  ←悪人であるがゆえに阿弥陀仏による救いの対象となる
- **絶対他力**……ただひたすらに阿弥陀仏を信じ、すがること→**報恩感謝の念仏**
  ただひたすら信じることにより、自然に阿弥陀仏によって救われるという**自然法爾**が成立

❸一遍(1239〜89) ◉p.212　時宗を開く

- **踊念仏**……楽器を打ち鳴らし、踊りながら念仏を称える

❹栄西(1141〜1215) ◉p.213　主著『興禅護国論』『喫茶養生記』　禅の思想に基づく鎮護国家思想を説いた

- **臨済宗**……栄西が南宋から伝えた禅宗の一派。**公案**に取り組み、**坐禅**により悟りに達する

❺道元(1200〜53) ◉p.214　主著『正法眼蔵』

- **只管打坐**……読経や念仏、公案などの従来の修行法を排し、ただひたすら坐る(坐禅に打ち込む)こと
- **身心脱落**……身心ともにすべての束縛を離れ、悟りの境地(無我の境地)に至ること
  修行は悟りそのもの。坐禅は悟りへの手段ではなく坐禅は悟りと等しい→**修証一等**を提唱
- **曹洞宗**……道元が南宋から伝えた禅宗の一派。地方武士を中心に受容される

❻日蓮(1222〜82) ◉p.216　主著『立正安国論』『開目抄』

- **唱題**……法華経の題目(表題)自体に功徳がある。「**南無妙法蓮華経**」と唱えるだけで成仏できる
- **法華経の行者**……迫害を覚悟し、法華経の教えを説き実践する人。日蓮は自身を法華経の行者と自覚
  『立正安国論』で政治批判、**四箇格言**(「念仏無間・禅天魔・真言亡国・律国賊」)で他宗批判
- **日蓮宗**(法華宗)……日蓮を開祖とする。商人や地方武士を中心に受容される

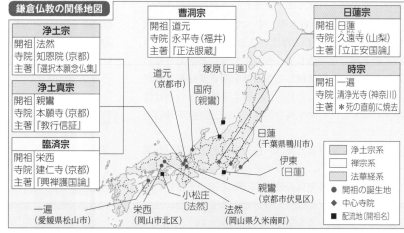

開祖の生きた時代

法然 1133〜1212
親鸞 1173〜1262
栄西 1141〜1215
道元 1200〜1253
一遍 1239〜1289
日蓮 1222〜1282

鎌倉仏教の関係地図

曹洞宗
開祖 道元
寺院 永平寺(福井)
主著『正法眼蔵』

日蓮宗
開祖 日蓮
寺院 久遠寺(山梨)
主著『立正安国論』

浄土宗
開祖 法然
寺院 知恩院(京都)
主著『選択本願念仏集』

浄土真宗
開祖 親鸞
寺院 本願寺(京都)
主著『教行信証』

臨済宗
開祖 栄西
寺院 建仁寺(京都)
主著『興禅護国論』

時宗
開祖 一遍
寺院 清浄光寺(神奈川)
主著 ＊死の直前に焼去

道元(京都市)
塚原[日蓮]
国府[親鸞]
日蓮(千葉県鴨川市)
伊東[日蓮]
親鸞(京都市伏見区)
一遍(愛媛県松山市)
栄西(岡山市北区)
小松庄[法然]
法然(岡山県久米南町)

- 浄土宗系
- 禅宗系
- 法華経系
- ● 開祖の誕生地
- ◆ 中心寺院
- ■ 配流地[開祖名]

インフォメーション 平等院ミュージアム鳳翔館(京都府宇治市)　平等院内にあり、扉絵、雲中供養菩薩像などの宝物とデジタル技術による復元映像などがみられる。

答 p.204 ×
99

重要用語 **427**末法思想、**428**浄土信仰、**429**浄土教、**430**阿弥陀聖(市聖)、**431**念仏、**433**『往生要集』

日本の思想

往生するには念仏せよと説いた鎌倉仏教のさきがけ ★☆☆☆☆

法然 （ほうねん）

岡山県出身
1133～1212

念仏は易きが故に一切に通ず。諸行は難きが故に諸機に通ぜず

年（年齢）	生涯
1133(0)	美作国に誕生
1141(8)	父が闇討ちにあう
1145(12)	比叡山延暦寺で修行を始める
1150(17)	黒谷で浄土教研究を進める 法然房源空という名を授かる
1156(23)	清涼寺や醍醐寺に遊学し、民衆救済の使命を自覚
1175(42)	善導の『観経疏』に感化され、専修念仏を掲げる 京都東山の吉水で布教開始
1198(65)	『選択本願念仏集』を著す
1204(71)	後白河法皇13回忌法要を営む
1207(74)	念仏停止の断が下り、配流
1212(79)	京都東山の大谷で死去

*善導（613～681）　中国の僧。「称名念仏」を尊ぶ浄土思想を確立した。

略伝　美作国（現、岡山県）に生まれた。父が闇討ちにあって殺害され仇討ちを考えるが、父の遺言により断念。のちに比叡山で授戒し、比叡山黒谷別所に移って修行に励んだ。師から「年少にして出離の志をおこすとは、まさに法然道理の聖である」と絶賛され、法然房源空という名を授かり、「智慧第一の法然房」と称えられた。源信の『往生要集』（◉p.206）を学び、善導*の『観経疏』（観無量寿経の注釈）に感化され、42歳の時、**専修念仏**の立場を掲げて比叡山を下り、京都東山の吉水の地（現、知恩院）で念仏を広めた。その後、親鸞らの弟子を迎え、摂政の九条兼実の懇願を受けて『**選択本願念仏集**』を著した。新興武士や庶民にまで教えが広まると、南都北嶺の僧から迫害を受けた。その後、後鳥羽上皇の女官を出家させたことをきっかけに上皇より念仏停止の断が下され、74歳の時、僧籍を剥奪されて讃岐国（現、香川県）へ流された。その後、赦免されて京都に戻り、死の直前に遺言『**一枚起請文**』を著し、この世を去った。

主著『選択本願念仏集』『一枚起請文』

法然の思想

南無阿弥陀仏

❶弥陀の本願と他力とは何だろうか。

自力の修行ができない凡夫でも、阿弥陀仏の慈悲を信じれば救われるということ。

→❶、❷、原典資料❹

❷「専修念仏」という修行法をとるのはなぜだろうか。

念仏は阿弥陀仏の願にかない、ひたすらに続けることは、敬虔な信仰を示し、誰にでも可能であるから。

→❸、原典資料❹、❺

❸鎌倉仏教が日本における宗教改革であったとされるのはなぜだろうか。

易行、選択、専修という、誰もが可能であるという特徴を持ち、旧仏教（聖道門）にはなかった革新的内容だから。

→❸、原典資料❺

原❹❶ 弥陀の本願

　弥陀の本願とは、阿弥陀仏が法蔵菩薩*だった時、修行に先立ってかけた四十八の願のことである。その中で、次の第十八願が浄土宗において最も重視される。

　「**わたしが仏になるとき、すべての人々が心から信じて、わたしの国（西方浄土のこと）に生れたいと願い、わずか十回でも念仏して、もし生れることができないようなら、わたしは決してさとりを開きません。ただし、五逆の罪を犯したり、仏の教えを謗るものだけは除かれます。**」（『浄土真宗聖典 浄土三部経』本願寺出版）

　末法の世に生きる凡夫は、自力の修行では悟りを開くことができない。そこで手を差し伸べるのが阿弥陀仏で、凡夫は**阿弥陀仏の慈悲（本願）**によって救われ、浄土に往生を遂げる以外にないと法然は説いた。

*法蔵菩薩　阿弥陀仏になる前の修行中に法蔵菩薩と名のった。

原❹❷ 他力

　浄土宗の説く**他力とは、阿弥陀仏の本願力のこと**である。本願力とは、阿弥陀仏の本願がもたらす効果・働きという意味である。浄土宗では、自力の修行ではなく阿弥陀仏への信心だけで、西方浄土という、阿弥陀仏が建設した最善の世界へ往生できると説く。つまり、**他力（阿弥陀仏の力）を信じること**こそが救いの道であり、悪世であるこの世を離れ、**浄土への往生**がかなう道であるということである。

解説　**浄土門と浄土宗**　法然は、念仏による往生こそが時宜にかなった教えだという確信を持ち、**浄土宗**を興した。**浄土門**の「門」とは教えとその説き方のことであり、浄土宗の「宗」とは根本教説の違いによって生じた流派・学派・教団という意味である。当時、「宗」は朝廷の保護と特権を受けるため、公認の手続きが必要であったが、法然はそれを無視した。まさに法然は、従来の仏教のあり方を根本から覆したといえる。

入試に○×チャレンジ　**101** 法然は、浄土に往生する手立てとして、他の様々な修行法によらずもっぱら念仏を称えることを説いた。（2010年本試）

原 3 専修念仏

阿弥陀仏の他力と本願をひたすら信じ、ひたすら「**南無阿弥陀仏**」と念仏を称えることを**専修念仏**という。専修念仏は誰にでもできる易行である。修行には、自力の修行に励んで解脱をめざす聖者の道である**聖道門**と、阿弥陀仏の本願を信じて念仏し、浄土に生まれ変わって解脱しようとする凡夫*の道である**浄土門**がある。この二つの修行法を学んだ法然は、浄土門の立場こそが正しく、この世を救う教えだと考えた。鎌倉仏教は誰にでもできる行を示すことで、旧来の仏教では救いを得られなかった一般庶民や女性などすべての人に救済の道を開いたが、この特徴は浄土宗系の宗派に顕著であった。

*凡夫　仏の教えを理解していない人。

◆鎌倉仏教とそれ以前の仏教

| 旧来の仏教 | 鎌倉仏教 |

解説 **鎌倉仏教が広まった理由**　鎌倉仏教は、救済の方法を選び（**選択**）、誰にでもできる簡単な修行（**易行**）にひたすら打ち込む（**専修**）ことで救われたり、悟りが開けたりすると説き、仏教が民衆に広がるきっかけを作った。

メモ **南無阿弥陀仏とは**　南無はサンスクリット語の音写である。「私は帰依いたします」という意味で、インドの挨拶「ナマステー」と語源が同じである。阿弥陀仏は「アミターユス」（無限の寿命を持つもの、無量寿仏）と「アミターバ」（無限の光を持つもの、無量光仏）という二つの意味を持つ。

原典資料

4 他力と本願

🔍 念仏することは平等に誰にでも可能な行で、万人に開かれた救いの道である。

念仏は実践が容易であるがゆえに、一切の人々に通用する。諸行は実践が困難であるがゆえにすべての人々に通用することができない。しかれば、**一切衆生をして、平等に往生せしめんがために、難しい諸行を捨てて、称名念仏の容易な行を採用して本願とされた**のであろう。

もし仏像を作り、塔を建てることをもって本願とされたならば、貧窮困乏のものは定めて往生ののぞみを断つことになろう。……もし、戒律を保つことをもって本願とされるならば、戒律を破ったり、戒律を無視した人は、定めて往生ののぞみを断つことになろう。しかも世には戒律を保っている人は少なく、破戒のものははなはだ多いのである。そのほかの諸行のことは、これに準じて推測できるであろう。

（『**選択本願念仏集**』阿満利麿訳「選択本願念仏集 法然の教え」角川文庫）

5 ただひたすら念仏せよ

🔍 法然は専修念仏をどのようにとらえていたのだろうか。

中国やわが国において、多くの知識ある高僧たちが論じておられるような観念の念でもない。また、学問をして念の道理をさとって申す念仏でもない。ただ、**極楽に往生するためには、南無阿弥陀仏と申して、疑いなく往生するのだと思いとって、申すよりほかにはとりわけいわれはないのである。**ただし、**三心・四修**などというものもあるけれども、それらはみな必ず南無阿弥陀仏と申して往生するのだと思うなかにこもっているのである。このほかに深遠な意味があると考えては、阿弥陀仏と釈尊との御あわれみにはずれ、本願にもれることとなろう。念仏を信ずる人は、たとい釈尊が御一生の間に説かれた教えを十分に学んだとしても、一つの文字すら知らない愚鈍な者の身になりきって、尼入道のような無智なともがらと一つになり、賢い人のような振舞いを投げすてて、ただひたすら念仏するのがよい。

（『**和語燈録**』石上善応訳「日本の名著 5」中央公論社）

▲阿弥陀如来像（浄土寺、兵庫県）

解説 **他力と本願**　法然は、この部分に続けて、聖道門ではなく浄土門を選ぶべきであると説き、浄土門に入るために、正定業に専念するべきという。正定業とは、目的も意志も行いもすべて阿弥陀仏へ向け、阿弥陀仏の名号（名）を称えること（称名念仏）である。

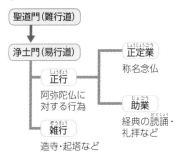

聖道門（難行道）
↓
浄土門（易行道）

浄土門（易行道）		
正行	正定業	称名念仏
阿弥陀仏に対する行為	助業	経典の読誦・礼拝など
雑行		
造寺・起塔など		

解説 **専修念仏**　資料は、法然の遺文集の『和語燈録』にある「御誓言の書」からの引用で、法然の遺言状『一枚起請文』とおおよそ同じ内容である。念仏という易行こそが救いの道だということが、簡潔にまとめられている。

三心

至誠心	真実心
深心	深く疑いない信仰心
廻向発願心	先達の善行に賛意を示し、往生を願う心

四修

恭敬修	仏、特に阿弥陀仏に恭しく礼拝すること
無余修	念仏に専念し、他の行をまじえないこと
無間修	間をおかずに続けること
長時修	一生涯行うこと

BOOK 『法然入門』（阿満利麿、ちくま新書）　愚かさを本質とする人間に与えられた希望とは。法然の思想を読み解く。

答 p.206 〇

★★★★★

親鸞（しんらん）

京都府出身
1173〜1262

善人なほもつて往生を遂ぐ、いはんや悪人をや

年（年齢）	生涯
1173(0)	京都の伏見に誕生
1181(8)	出家して範宴と名のる。比叡山に上る
1201(28)	救世観音の夢告により、吉水の法然のもとに通う
1207(34)	承元の法難で僧籍を剥奪され、越後国（現、新潟県）に配流
1209(36)	恵信尼と結婚
1214(41)	東国に移り、常陸国（現、茨城県）で民衆に念仏を説く
1224(51)	『教行信証』の草稿を作る
1235(62)	京都に戻る
1256(83)	異端教説を説く長男の善鸞と親子の関係を絶つ
1262(89)	末娘の覚信尼らに看取られ、死去

* 慈円　関白九条兼実の弟。歴史書『愚管抄』を著した。天台座主とは、天台宗の最上位のこと。
** 得度　出家して僧侶となること。

略伝　京都伏見の下級貴族の家に生まれた。父を3歳で、母を7歳で失う。8歳で出家を志し、天台座主慈円*を訪ねて京都青蓮院に行き得度**を受ける。その後、比叡山に入り、20年にわたって厳しい修行を続けたが、自力修行の限界を感じて山を下りた。京都頂法寺の六角堂で体験した救世観音の夢告に従って法然（◯p.208）を訪ね、「たとえ法然に騙され、念仏によって地獄に落ちても、決して後悔はしない」という覚悟で法然を師と仰いだ。34歳の時、後鳥羽上皇による**専修念仏の停止**を受け、師の法然とともに僧籍を剥奪され、越後に流罪となった（**承元の法難**）。ここで姓を愚禿、名を親鸞とし、**非僧非俗の立場**で活動を続け、**肉食妻帯**して数人の子をもうけた。その後、赦免されると関東で念仏を広める活動と教義研究を続け、京都に戻って主著『**教行信証**』を完成させた。晩年には、絶対他力を否定する息子と袂を分かつなど苦悩もあった。親鸞自身は宗派をたてず、弟子もとらなかったが、没後、**浄土真宗開祖**として讃えられた。

主著 『教行信証』（『顕浄土真実教行証文類』）『愚禿鈔』『浄土和讃』

メモ　**出家の際に詠んだ歌**　青蓮院の慈円を訪ねた8歳の親鸞は、「明日ありと思う心の仇桜 夜半に嵐の吹かぬものかは」という歌を詠み、明日はどうなるかわからないのだから明日とはいわず、今日得度してくださいと願ったという。

親鸞の思想

❶ 悪人正機とはどのような意味だろうか。

悪人であるがゆえに阿弥陀仏の本願によって救済されるということ。　→ ①、原典資料 4

❷ なぜ絶対他力を強調したのだろうか。

煩悩を自力で断ち切ることができない悪人は、念仏をひたすらに続けることすらできない存在だから。　→ ②、原典資料 4 、5

❸ なぜ自然法爾の境地に至ったのだろうか。

念仏ではなく信心を重視することは、自らのはからいを捨ててすべてを阿弥陀仏に委ねることにつながるから。　→ ③、原典資料 5

原4 ① 煩悩具足の凡夫と悪人正機

（1）煩悩具足の凡夫

　親鸞は、人間を善人と悪人という二つに分類した。**善人**とは自力作善の人（自力で修行し解脱をめざす人）で、**聖道門***をさす。一方、**悪人**とは**煩悩具足の凡夫**のことで、**煩悩を自力で断ち切ることができない、他力に身を委ねるほかない人**である。欲望がなくならないことに苦悩し、もはや阿弥陀仏にすがるほかないと自覚した人は、阿弥陀仏にすがる気持ちが強い。阿弥陀仏はまさにこのような人を救うのではないか、と親鸞は考えた。

（2）悪人正機

出題

　悪人正機とは、悪人であるがゆえに阿弥陀仏の本願によって救済される資格があるという考え方である。「**善人なほもつて往生をとぐ、いはんや悪人をや**（善人でさえ浄土に生まれることができる。まして悪人が浄土に生まれないわけがない）」に始まる『**歎異抄**』の第3条は、悪人正機説を簡明に説いたものとして有名である。

　親鸞によれば、凡夫は究極的には善悪の判断などできない、根源的な悪人である。それが阿弥陀仏の光明に照らされて真理に気づいた時、自分は自力作善などかなわない悪人だという自覚が芽生える。その阿弥陀仏の光明は無限ですべての人に向けられるから、誰もが自らが悪人だと気づく。そのため、すべての人が救われると親鸞は説いた。

***聖道門**　自力の仏道に励んで解脱をめざす、古くから出家者が実践してきた方法、教えのこと。

入試に◯✕チャレンジ　102 親鸞のいう「悪人」とは、根深い煩悩によって悪を行ってしまいがちな自己を自覚し、できるだけ善に努めようとする人のことである。（2011年本試）

2 絶対他力

　絶対他力とは、阿弥陀仏のはからいにすべてを委ねる信仰のあり方のことで、**念仏よりも信心を重視し、その信仰心を救済の端緒とする**立場である。法然はただひたすら念仏を称える**専修念仏**を提唱し、阿弥陀仏は念仏のような誰にでもできる**易行**しかできなくてもお救いくださると説いた。しかし親鸞は、人間の煩悩と万人の救済を追求する中で、法然の教説に疑問を持った。易行とはいえ、修行であることに変わりはない。煩悩具足の凡夫（悪人）は、ただひたすらに念仏を称えることすらできない存在であるが、時には阿弥陀仏にすがろうとする信心を持つことがある。そんな存在を阿弥陀仏が見捨てるわけがないと親鸞は考えた。そして、専修念仏さえも捨てて、自分から何かをするのではなく、すべてを阿弥陀仏に委ねる絶対他力の考え方に到達した。

◆親鸞の思想

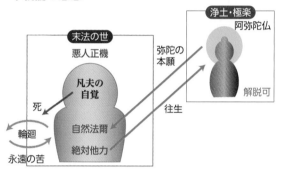

3 自然法爾

　阿弥陀仏の本願は、一切の衆生を救うことであった。親鸞はこれを法則のように読み解いて、**人はおのずから自然に、法則としてしかるべきように（法爾）、阿弥陀仏の手で救われる**と説いた。これが**自然法爾**である。絶対他力であるから、信心さえも自力で生むのではない。阿弥陀仏を信じ念仏を称えようとする心は、阿弥陀仏の力によって自然と人々の心に芽生える。この信心によって救済されるということは、救済は自然にもたらされるということである。そのため、自ら救いを求めて念仏する必要はなくなり、念仏は救いに対する「ありがとうございます」という気持ちの表れ（**報恩感謝の念仏**）になるという。

コラム　寺は葬式だけじゃない

　寺は葬式のためにあると思っている人が多く、「葬式仏教」とまでいわれている。しかし本来の仏教は、葬送儀礼を重視していたわけではない。寺院はもともと僧の宿泊所で、仏法を聞き学ぶ場所だった。現在でも、瀬戸内寂聴の寂庵（京都市）のように、人々が集まって講話を聞いたり、人生相談を行ったりする寺が多くある。また、落語やライブ演奏会などを行う寺もあり、人々が気軽に集まる集会所としての機能を果たしている。

▲寺でのライブ

原典資料

4 他力と本願

> なぜ悪人こそが救いの対象となるのだろうか。

　善人なほもつて往生を遂ぐ、いはんや悪人をや。しかるを世のひとつねにいはく、「悪人なほ往生す、いかにいはんや善人をや」。この条、一旦そのいはれあるに似たれども、本願他力の意趣にそむけり。そのゆゑは、自力作善のひとは、ひとへに他力をたのむこころかけたるあひだ、弥陀の本願にあらず。しかれども、自力のこころをひるがへして、他力をたのみたてまつれば、真実報土の往生をとぐるなり。**煩悩具足のわれらは、いづれの行にても生死をはなるることあるべからざるを、あはれみたまひて願をおこしたまふ本意、悪人成仏のためなれば、他力をたのみたてまつる悪人、もっとも往生の正因なり**。よつて善人だにこそ往生すれ、まして悪人はと、仰せ候ひき。

（『歎異抄』＊＊「浄土真宗聖典－註釈版」本願寺出版部）

〔訳〕「善人でさえ浄土に生まれることができる、まして悪人が浄土に生まれないわけはない。ところが世間の人はつねに、悪人でさえ浄土に生まれるのだから、まして善人が生まれるのはいうまでもない、と言っている。この考え方はいちおう理由があるように見えるけれども、阿弥陀仏の本願を救いとたのむ他力の趣旨にそむいている。なぜなら、みずからの能力をたよりに善行を積む人は、ひたすら阿弥陀仏のお力にまかせきる気持が欠けているために、阿弥陀仏の本願の対象とはならないからである。けれども、みずからの力をたのむ心をひるがへして、阿弥陀仏の本願におまかせすれば、真実の浄土に生まれることができるのである。

解説
　悪人正機　仏教では古来、親や聖者を殺害した者は、悟りを求める心（菩提心）を起こすことができず、解脱できないとされたが、一方で、そのような極悪人が救済されるという説もあった。親鸞は、自らが煩悩具足の凡夫であることを痛烈に自覚し、自らを極悪人と考え、深く自分自身を省みた上に救いの道を求めた。

　そして親鸞は、『観無量寿経』＊などの浄土経典に出会い、阿弥陀仏の本願を知り、阿弥陀仏の力を信じるほかない悪人こそが救われるという思想に至った。親鸞は、修行ではなく「信」、つまり信仰を第一としたのである。

＊**観無量寿経**　大乗仏教の経典の一つ。
＊＊**歎異抄**　親鸞の弟子の唯円が、親鸞の死後、教えをまとめたもの。著作名は、親鸞の没後、浄土真宗内に発生した異端を嘆くという意味である。

煩悩にまみれたわたしたちが、どんな修行をしたところで、生死の迷いを離れることができないのを、あわれとお思いになって、願を立てられた阿弥陀仏のご本意こそは、悪人を救い取って仏とするためであるから、阿弥陀仏の本願にすべてをおまかせしきっている悪人こそ、じつは浄土に生まれるのにもっともふさわしい人なのである。したがって、善人でさえ浄土に生まれるのであるから、まして悪人が生まれるのは当然である。」と聖人は仰せられた。

（石田瑞麿訳「日本の名著6」中央公論社）

5 阿弥陀仏のはからい

🔍 絶対他力は自然法爾と表裏一体である。

自然法爾ということ。

自然の自はおのずからということであります。人の側のはからいではありません。然とはそのようにさせるという言葉であります。そのようにさせるというのは、人の側のはからいではありません。それは如来のお誓いでありますから、法爾といいます。法爾というのは如来のお誓いでありますから、だからそのようにさせるということをそのまま法爾というのであります。また法爾である如来のお誓いの徳につつまれるために、およそ人のはからいはなくなりますから、これをそのようにさせるといいます。これがわかってはじめて、すべての人ははからわなくなるのであります。……自然というのは、元来そのようにさせるという言葉であります。阿弥陀仏のお誓いはもともと、人がはからいを離れて南無阿弥陀仏と、仏をたのみたてまつるとき、これを迎えいれようとおはからいになったのですから、人がみずからのはからいを捨てて、善いとも悪いともはからわないことを自然というのである、と聞いています。（『消息集』石田瑞麿訳「日本の名著6」中央公論社）

解説 **親鸞と異端** 親鸞は、人間がはからいを捨てる自然法爾を説いた。これに関する異端教説に、専修賢善と造悪無碍がある。

専修賢善は、積極的に善行を積めば念仏の功徳が強まるという考え方であり、これでは絶対他力にならない。しかし、有力な説だったらしく、この説に関連して長男の善鸞と絶縁する事件まで発生した。

造悪無碍は、悪人こそが救われるのだから、むしろ悪事を積むことが救いの道ではないかという考え方だが、人がはからいを捨てる自然法爾に合わない。阿弥陀仏に絶対帰依する心は自然に発生するのだから、自ら進んで何かをする（自力）のは誤っており、親鸞の思想と相容れないものである。

鎌倉仏教の比較 〔選択・専修・易行（○p.209）と武士や庶民への布教が共通点〕

開祖	浄土宗系			禅宗系		法華経系
	法然	**親鸞**	**一遍**	**栄西**	**道元**	**日蓮**
宗派	浄土宗	浄土真宗	時宗	臨済宗	曹洞宗	日蓮宗
末法思想	認める	認める	認める	否定的	否定的	認める
成仏への道	他力本願 専修念仏	絶対他力 自然法爾	踊念仏	坐禅 公案	只管打坐 修証一等	唱題 法華経の行者

一遍 ★★

いっぺん
(1239〜89)

略伝 伊予国（現、愛媛県）の豪族の次男として生まれた。時宗の開祖。10歳で出家し、法然の孫弟子のもとで浄土宗の教義を学ぶ。30代になって、「南無阿弥陀仏と書いた念仏札を配るべし」という夢告を受ける。この時から一遍と名のり、念仏札を配りながら九州各地を遊行して信仰を集めた。40歳になった頃、信濃国（現、長野県）で踊念仏を始めた。一遍の教説は、和歌や和讃という形で残されている。一所に身を落ち着けず、ひたすらに**遊行**と**踊念仏**に一生をささげた一遍の生き方は、後世に高く評価され、**遊行上人**、**捨聖**と呼ばれた。

6 踊念仏 出題

踊念仏とは、踊りながら太鼓や鉦を打ち鳴らし、念仏や和讃（仏や教義を誉め称える歌）を称えることで、起源は空也（○p.206）とされる。一遍は、「南無阿弥陀仏 決定往生 六十万人」と書かれた念仏札（**賦算**）を配り歩いて、信心の有無にかかわらず、どんな人でも念仏を称えれば救われると説き、阿弥陀仏に救われる喜びを踊念仏を通じて人々と共有しながら教えを広めた。時宗という呼称は、日常のすべてを臨終の「時」だと心得て、常に念仏すべきであるという考え方に由来する。

▶**踊念仏**（左、「一遍上人絵伝」）**と念仏札**（右） 一遍は集まった人々に1枚ずつ念仏札を配り、60万人の人々、ひいてはすべての人に札を配ることを願った。踊念仏は歌舞音曲に結びつきやすく、芸能を生業とする多くの人々が時宗の信徒となった。能楽の大成者である世阿弥の「阿弥」は、阿弥陀仏という意味で、時宗の信徒にみられる名前である。

入試に○×チャレンジ 103 栄西は、悟りを得るためには、坐禅の修行と戒律の遵守が必要であるとし、禅の教えが国家の安寧にも役立つと説いた。（2017年本試）

栄西 (えいさい)

岡山県出身
1141〜1215

大いなるかな心や、天の高きは極むべからず、しかるに心は天の上に出づ

年(年齢)	生　涯
1141(0)	備中国(現、岡山県)に誕生
1151(10)	天台宗の僧、静心に師事
1154(13)	比叡山延暦寺で出家
1168(27)	南宋に留学し、禅宗に感化される
1187(46)	再度南宋に留学し、臨済禅を学ぶ
1191(50)	臨済宗の印可を受け、帰国。九州で布教を始める
1195(54)	博多に日本初の禅寺、聖福寺を建立
1198(57)	『興禅護国論』を著す
1202(61)	将軍源頼家から寺域の寄進を受け、京都に建仁寺を建立
1215(74)	死去

＊印可　禅宗において、師が弟子に悟りを得たことを認めること。

略伝　吉備津宮(現、岡山市・吉備津神社)の神職の家に生まれた。10歳から本格的に天台宗の教義を学び始めるが、その形骸化に悩み、最澄の足跡をたどろうとした。27歳の時に南宋へ渡り、最澄が天台教学を学んだ天台山で教義研究を進める。46歳での2度目の入宋の際、仏教のルーツをたどろうとインドへの渡航を計画するがかなわず、再度、天台山に身を置き、臨済宗の印可＊を受け、日本に**臨済宗**を伝えた。50歳で帰国したのち、北九州を中心に布教を進め、博多に日本初の禅寺といわれる聖福寺を開いた。旧仏教側からの非難に対し、『**興禅護国論**』を著し、日本の禅は最澄(◆p.203)に由来しており、荒廃した日本の仏教を立て直すためには戒律の立て直しが必要であり、それは禅宗によって実現できると説いた。栄西は政治権力との関係を深め、禅は武士に広く受容されていった。晩年は、『**喫茶養生記**』という日本最古の茶に関する書籍を著した。

主著『興禅護国論』『喫茶養生記』

栄西の思想

❶ 禅とはどのようなものだろうか。
❷ 禅の思想は、他の仏教思想とどう違うのだろうか。

1 禅とは　出題

仏教はもともと、**持戒・禅定・智慧**という三つの修行法を説いた。これを忠実に行おうとしたのが禅である。ゴータマ・シッダッタ(◆p.62)は、精神統一する禅定によって悟りを開いた。戒律や仏教教義と違い、禅定の本質は文字で伝えられていないが、禅定こそ悟りに至るために必要不可欠である。そこで、**坐禅**(姿勢を正して坐り、精神統一すること)・**公案**(悟りのために師から与えられる課題)・読経・作務(日々の雑務)などの修行を、悟りを得た禅師のもとで行えば、悟りに至るとされた。これは中国で宋代に完成した方法論である。

戒…**持戒**。戒律を守ること
定…**禅定**。精神統一して真理を観ること
慧…**智慧**。教義を習得すること

2 不立文字

仏の悟った真理は言葉や論理で理解されたものではなく、禅定によって心のうちに芽生えたものであるから、**言葉ですべてを表すことはできない**とされる。これを**不立文字**という。経典という文字で著されたもの以外に、**以心伝心**という仕方で真理が伝えられることもあり(教外別伝)、坐禅という修行によって、自分自身を言葉などを介在させず直接にとらえる(直指人心)べきだとされた。その上で、心の本性、自分の本性をありのままに見ることが、そのまま真理と一体になって仏となること(見性成仏)であるとされる。

コラム　公案ってどんなもの？ ──「麻三斤」

洞山良价という禅僧が麻の重さを量っていたときに、ある僧が「仏とは何ですか」と問うた。すると、洞山は「麻の重さが三斤」と答えた。洞山は計量に夢中だったわけではなく、「麻三斤が仏なのだ」と言ったのである。普通は「三斤の三に深い意味がある」「麻のように人々の生活に浸透し、役立つものが仏の教えなのだ」などと考えたりする。しかし、禅は不立文字なので解釈しようとすること自体が誤りで、「仏法の根本を頭で理解しようとするな」ということなのである。この問題の答えに、「如何なるか仏と問えば麻三斤　増さず減らさず有りのままなり」というものがある。万物は仏にほかならないから、ありのままに受けとめれば仏を受けとめたことになる。理屈をこねずにそのまま「南無麻三斤仏」と親しく受け取るべきだというのである。

▶「瓢鮎図」(如拙筆、退蔵院)　この絵は、「表面が滑らかな瓢箪でぬめった鯰を押さえられるか」という公案を描いたもの。このように、「麻三斤」のほかにも公案は数多くある。

日本の思想

(1) 鎌倉仏教

ただひたすら坐ることを説いた孤高の求道者

★★★ ☆☆

道元 (どうげん)

京都府出身
1200～53

> 学道の人、須く寸陰を惜しむべし。露命、消え易し、時光、
> 速やかに移る。暫くも存ずる間に余事を管ずることなかれ

年(年齢)	生涯
1200(0)	京都の名家に誕生
1213(13)	比叡山で出家、仏法房道元と名のる
1214(14)	比叡山を下り、栄西を訪ねる
1217(17)	栄西の弟子の明全に師事する
1223(23)	南宋に渡り、如浄から印可を受ける
1227(27)	帰国して建仁寺に入り、曹洞宗を広める
1231(31)	この頃から、『正法眼蔵』を著す
1243(43)	越前へ移る
1244(44)	大仏寺(のちの永平寺)を建立
1247(47)	鎌倉へ行き、北条時頼らに教えを広める
1253(53)	死去

略伝 京都の高級貴族の家に生まれ、8歳で母を失った。13歳で出家して修行を続ける中、誰もが生まれながらにして実は悟りを開いているという天台本覚思想に対して、それならばなぜ諸仏は発心して修行しなければならなかったのかという疑問に至った。その答えを求めて三井寺(滋賀県大津市)を訪れた際、建仁寺(京都市)の栄西(◆p.213)を紹介され、晩年の栄西に出会い、その弟子の明全に師事した。23歳の時、師とともに南宋へ渡り、曹洞宗の如浄のもとで修行を始め、ただひたすら坐るという只管打坐を学んだ。帰国後はしばらく建仁寺にとどまったが、比叡山からの迫害や寺内の堕落を嫌って京都の深草へこもった。その後、越前(現、福井県)に移って大仏寺(のちの永平寺)を開き、世俗から離れて弟子の育成に専念した。

主著『正法眼蔵』

メモ 悟りを開いたきっかけ 坐禅の最中に居眠りをしている者を見た道元の師、如浄は、「参禅は須く身心脱落なるべし。只管打睡して、何を為すに堪えんや(坐禅というものは身心脱落でなければならない。なのに、ただ居眠りをするとは何事か！)」と一喝した。その隣にいた道元はこれを聴いて、自ら身心脱落の境地を開いたという。

日本の思想

3

日本仏教の展開

道元の思想

❶なぜ只管打坐という修行を行うのだろうか。

思考を排してただ坐ることは、人為的な価値判断を超えることであり、絶対的な真理に到達することだから。 →1、原典資料4

❷身心脱落とはどのような状態だろうか。

肉体的な感覚や心の働きをすべて捨てた状態。 →2、原典資料5

❸修証一等とはどういうことだろうか。

坐禅は悟りへの手段ではなく、坐禅と身心脱落と悟りは等しいということ。 →3、原典資料6

原4 1 只管打坐
頻出

　只管打坐とはただ坐ることであり、道元はそれこそゴータマ・シッダッタ(◆p.62)が悟りを開いた手段であるから、仏道修行の神髄なのだとする。

　道元はまた、万物は、人間による価値判断を超越して絶対的に真の事実なのだと説いた。例えば「不浄」という言葉は、人間が何らかの価値観に基づいて物事を考え、判断することから生じる概念である。「浄／不浄」の区別は人間が勝手に決めたもので、「一切衆生悉有仏性*」なのだから、「浄／不浄」の区別など何の意味もない。しかし、人間は日常生活では、こうした区別が必要になる場面もあるため、そのような日常から離れてただ坐るべきであるとする。これが、曹洞禅が黙照禅といわれるゆえんである。

*一切衆生悉有仏性 この世に生きるものは、すべて生まれながらにして仏となりうる素質を持つということ。

◆坐禅を組む僧侶と道元の思想

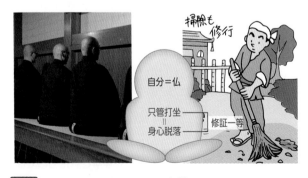

掃除も修行

自分＝仏

只管打坐
＝
身心脱落

修証一等

解説 ただ受容する修行 坐禅は、瞑想のように何かに集中するのではなく、自然に感じることをただ受容する修行である。曹洞宗では一般的に壁に向かって坐禅を行う。また現在では、精神鍛錬として一般人向けに行われることもある。

入試に○×チャレンジ 104 道元は、ただひたすら坐禅するべきことを説いた。彼によれば、身心を尽くして静かに坐りぬく修行こそが、悟りという目的に達するための、最善の手段である。この教えは、修証一等と呼ばれる。(2015年本試)

原5 2 身心脱落 頻出

肉体的な感覚をすべて捨て、心の働きをもすべて捨てた状態を、**身心脱落**という。坐禅は悟りの状態そのものであり、禅の究極なのだという。

身心脱落の身心とは自己のことであり、自己の本質は我だから、身心を離れる身心脱落は無我と同じことである。「坐禅とは自己を見つめることである」という考え方は、自己が実在することが前提になっているから誤っている。身体も心も、当然ながら常に変化するものであり、永遠不変の本質など持たない。こういったことを体得することが身心脱落である。

◆臨済宗と曹洞宗の禅

	臨済宗	曹洞宗
呼称	看話禅（かんな）	黙照禅（もくしょう）
特徴	公案を考えつつ坐禅することで悟りに到達しようとする	雑念を払ってただ坐ることで、悟りに到達しようとする

原6 3 修証一等 出題

道元の禅を理解するうえで重要なのは、**坐禅は悟りへの手段ではなく、坐禅と悟りは等しいとされていること**である（**修証一等**）。禅語に「**自己をはこびて万法を修証するを迷とす、万法すすみて自己を修証するはさとりなり。**」（『正法眼蔵』「現成公案（げんじょうこうあん）」）というものがある。自己をはこぶというのは、自分からあれこれと思考して真理を追究しようとすることだが、道元はこれを迷いだとしている。なぜなら、自分から何らかの目的に向かって修行するということであり、修行が手段になってしまい、目的と別のものになってしまうからである。坐禅を真理へ到達する手段だと思っている限りは迷いの中にあり、悟れば、あらゆる物事（万法）が向こうから自然にやってきて、自分と一体になるように思えるという。

> **メモ** **厳格な求道者** 道元は、俗世から離れることを重視する厳格で純粋な求道者だった。弟子が執権の北条時頼から土地の寄進状をもらってきたとき、道元は怒って破門にし、その弟子が坐っていた板を壊して地面に埋めさせたという。

原典資料

4 坐禅が第一

> 🔍 坐禅は、先人たちが悟りを開いた方法であり、万人に開かれたものでもある。

悟りの道を学ぶ上で最も重要なのは、**坐禅が第一**である。大宋国の人が、多く悟りを得るのも、みな坐禅の力である。**文字一つ知らず、学才もなく、愚かな鈍根（どんこん）の者でも、坐禅に専心すれば、長い年月参学した聡明な人にもまさって、出来あがるのだ。**したがって、悟りの道を学ばんとする者は、ひたすら坐禅して、ほかのことに関わらぬようにせよ。仏祖の道は、ただ坐禅あるのみだ。ほかのことに、従ってはならぬのだ。

（『正法眼蔵随聞記』*山崎正一 講談社）

> **解説** **坐禅の心得** 『正法眼蔵』の坐禅蔵（しん）という巻において、坐禅の心得が説かれている。そこでは、突き立った山のようにひたすら坐れば、必ず思いの及ばないところまで思いはかることができると説かれている。
>
> ＊『正法眼蔵随聞記』 道元の弟子の懐奘（えじょう）が、道元の言葉や問答などを筆録したもの。

5 自分自身を忘れる

> 🔍 身心脱落とは、どのような境地なのだろうか。

仏道を習うということは、自己自身を習うということである。**自分自身を習うということは、自分自身を忘れることである。**自分自身を忘れるということは、すべての存在によって確かなものとしてあらしめられているということである。すべての存在によって確かなものとしてあらしめられているということは、**自己の身も心をも、また自己と一つであるところの他者の身も心をも、解脱させるということである。**

（『正法眼蔵』頼住光子「シリーズ・哲学のエッセンス 道元」NHK出版）

> **解説** **自己を見極める** 道元は、仏道修行は、自己を見極めることだと語り、自己を見極めるとは自己を忘れることだとする。道元は**ナーガールジュナ（竜樹）**（◯p.67）が説いた**空の思想**を引き継いだ人でもある。空は無自性のことで、万物に固定的な本質など存在しないということを意味する。この無自性（空）を別の言葉で表現したのが身心脱落であり、それがそのまま坐禅でもあるという。

6 修行は悟り

> 🔍 修行と悟りは等しい。悟りを期待することは、悟りへの執着であり、解脱を妨げる。

仏法では、修行と「さとり」は等しい。今おこなっている修行も、本来的な「さとり」に基づいたものであるから、初心者の修行も本来的な「さとり」をあますところなく表している。それゆえに、修行の心構えを授けるにあたっては、修行に徹するだけで、「さとり」を期待してはならないと教えるのだ。

（『正法眼蔵』同上）

> **解説** **悟り** 修行は悟りそのものである。その悟りとは身心脱落に至っているということである。その境地に至っている状態がまさに坐禅であり、それこそが修行の姿である。このような「修行＝悟り＝身心脱落＝坐禅＝修行」という循環が道元の思想の特徴である。

日本の思想 (1) 鎌倉仏教

日蓮 (にちれん)

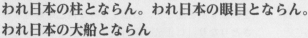

千葉県出身
1222〜82

われ日本の柱とならん。われ日本の眼目とならん。
われ日本の大船とならん

年(年齢)	生　涯
1222(0)	安房国(現、千葉県)に誕生
1233(11)	清澄寺に入り、修学
1237(15)	出家し、是生房蓮長となる
1253(31)	立教開宗、初説法を行う。この頃、日蓮と改名
1260(38)	『立正安国論』を北条時頼に献上
1261(39)	伊豆へ流罪となる
1268(46)	他宗派との公場対決を幕府に迫る
1271(49)	龍ノ口の法難、佐渡へ流罪となる。流罪中に『開目抄』を著す
1274(52)	赦免されて、蒙古襲来を予言、身延山久遠寺へ入る
	◆元寇(文永の役)
1281(59)	◆元寇(弘安の役)
1282(60)	病にかかって湯治に向かう途中、武蔵国(現、東京都)で死去

略伝 安房国(現、千葉県)に生まれた。有力漁民の子で、幼少の頃より学問を好み、11歳で故郷の清澄寺に入り、15歳で出家した。その後、全国各地で諸宗派の教説を学び、「法華経」こそ最高の経典であると確信する。31歳の時に故郷へ戻ってまもなく、日の出に向かって「南無妙法蓮華経」と題目を唱え、ここに**日蓮宗(法華宗)**が誕生した(立教開宗)。翌年には鎌倉へ赴き、布教を始める。この頃、鎌倉で大地震(1257年)や洪水が起こるなど、天変地異が相次いでいた。これに対し日蓮は、『立正安国論』を執権の北条時頼に献上し、世が乱れるのは、法華経を信じずに他の邪法を信じるからだとして、正法*である法華経を中心とすることで(立正)、国に安寧をもたらすことができる(安国)と説いた。これが分をわきまえない政治批判とみなされ、伊豆へ流罪となった。その後も迫害を受けて佐渡へ流されるなどしたが、晩年は**身延山久遠寺**(山梨県)で弟子の育成と教義研究に励み、60歳で死去した。

主著 『立正安国論』『開目抄』『観心本尊抄』

＊**正法** 仏教における正しい教えのこと。何を正法とするかは宗派などによって異なる。

日蓮の思想

❶「法華経」には何が書かれており、なぜ帰依すべきなのだろうか。

絶対的な宇宙の真理と、永遠で無限の慈悲をもたらす仏について書かれている。末法の世に救いをもたらす最高の経典。
→❶、原典資料❹

❷日蓮はなぜ唱題を重視したのだろうか。

法華経は絶対的真理が説かれた経典であるため、表題に功徳があり、題目を唱えることは誰にでも可能な易行だと考えたから。→❷

❸「法華経の行者」とはどういう生き方だろうか。

法華経を唯一無二の経典と信じ、その信仰ゆえに迫害を覚悟して法華経の教えを説き実践する生き方。→❸、原典資料❺

原❹ 1 法華経 　[頻出]

　法華経は「妙法蓮華経」ともいわれ、天台宗の中心教義をなす経典である。その中では宇宙の本体が論じられており、一乗妙法と久遠本仏という考え方が柱となっている。

　一乗妙法とは、**宇宙全体を支える唯一無二の真理**という意味である。宇宙は人為的な限定や対立を超えていて、無限で絶対なるもので、一乗妙法によって支えられているという。また、**久遠本仏**とは、仏は久遠の昔から未来永劫、無限に仏であるという意味で、真理は無限で絶対であるから、真理を説かれた仏も無限で絶対なるものでなければならないということである。一乗妙法を人格化したものが久遠本仏だとされ、これは仏の慈悲・救済が無限・永遠に存在することを意味する。そのため、日蓮は法華経を末法の世に救いをもたらす最高の経典と考えた。

2 唱題 　[頻出]

　唱題とは、**法華経の題目**を唱えることであり、日蓮は「**南無妙法蓮華経**」と唱えるだけで成仏できると説いた。

　日蓮は、法華経の中の、解脱して仏となる方法などの内容は、絶対的な真理(一乗妙法)であると考えた。この妙法に目覚めれば、すべての人は仏となって平等となり、理想の世の中を作り上げることも可能となるという。

　そのような偉大なる法華経は、題目の中に功徳がある。題目には仏になる要因、修行の効果などすべての功徳がつまっているから、唱えるだけでよいのだと説いた。また、日蓮はこの偉大な法華経がないがしろにされていることが、当時相次いでいた国難や天変地異を招いたとして他の宗派を非難した。

入試に○×チャレンジ 105 日蓮は、「南無妙法蓮華経」という七字の題目を唱えよと説いた。彼によれば、『法華経』こそが釈迦による究極の教えであり、唱題は、その功徳のすべてにあずかることを可能にする行である。(2015年本試)

◆四箇格言

　法華経の行者とは、迫害（法難）を覚悟し、法華経の教えを説き実践する人のことである。法華経には、「この教えを広める者は迫害される」という内容があり、日蓮は法華経を信じて迫害を覚悟したのである。日蓮が**四箇格言**などの形で他宗を公然と批判できたのは、自らが法華経の行者であるという覚悟があったからである。自らが考える相手の誤りに真っ向から切り込み、論破するような日蓮の布教法を折伏という。末法の世では摂受＊ではなく、折伏こそが優れた布教法だと日蓮は考えていた。折伏は迫害を呼んだが、それがかえって自分自身が法華経の行者であるという自覚と使命感を強める結果となった。

＊摂受　相手の言葉をまず受け入れ、穏やかに説得する布教の方法。

念仏無間＊＊
法華経を捨てて念仏だけをするようでは、必ず地獄に落ちる

真言亡国
法華経より真言や加持祈禱を重視する邪な考え方は国を滅ぼすもとである

禅天魔
不立文字などと言って仏の説いた教説を無視するような者は天魔に等しい

律国賊
戒律遵守ばかり主張するのは末法の世に合わず、かえって世の中を乱す

＊＊無間　無間地獄の略で、阿鼻叫喚地獄ともいわれる、地獄の最下層にある地獄。この地獄に落ちるまで二千年かかる。父殺害、母殺害、聖者殺害、仏身を傷つける、教団破壊という五逆の罪を犯した者が落ちるとされる。

原典資料

④ 法華経への帰依

🔍 一乗妙法、久遠本仏、そして現世に救いを実現するための方法、すべてが法華経に含まれているから、日蓮はこれによって国難を救うべきであると考えた。

　広くもろもろの経典を抜き見るに、もっぱら謗法の罪を重しとする。悲しいかな、正法の門を出でて深く邪法の獄屋に入るのである。愚かなるかな、おのおのが悪教の網にかかり、とこしえに正教を謗る網にまとわられ、心の迷いがその身を地獄の炎の底に沈める。愁えずにいられようか。苦しまずにいられようか。あなたは、**はやく信仰の心を改めて、すみやかに実大乗たる法華の一善に帰依しなさい**。そうすれば三界は皆仏国となる。仏国がどうしておとろえよう。十方はことごとく宝土である。宝土がどうして壊れようか。国に衰微なく、国土に破壊がないならば、身はこれ安全にして、心は禅定を得よう。この詞、この言、信ずべくあがむべきである。

（『立正安国論』紀野一義・梅原猛「仏教の思想12 永遠のいのち〈日蓮〉」角川学芸出版）

⑤ 法華経の行者

🔍 法華経に対する絶対的な信仰は、疑念を排除することにつながり、それが絶対的な自信と使命感をもたらした。

　善につけ悪につけ、法華経を捨てることは地獄の業となるであろう。それゆえ、わたしは二十年前に大願を立てたのである。ここに人あって、「日本国の位をゆずろう。そのかわり法華経を捨てて観経等について後生を送れ」といったり、「念仏を申さねば父母の頸をはねる」というなどの大難が出来しても、智者にわが義がやぶられないかぎりは用いない。そのほかの大難は風の前の塵である。**われ日本の柱とならん。われ日本の眼目とならん。われ日本の大船とならん**などと誓った願をやぶることはできぬ。

（『開目抄』紀野一義訳「日本の名著8」中央公論社）

⑥ 外国による侵略の予言

🔍 日蓮は三つの災いのうち、まだ現れていない兵乱が起こると予言した。

　『大集経』に説く三災のうち、二災は早くあらわれ、一災はいまだ起こらぬ。いわゆる兵乱である。『金光明経』に説く種々の災禍は一々に起こったが、「外国の賊どもが国内を侵掠する」この災はいまだあらわれぬ。この難はいまだ来っていない。『仁王経』の七難のうち、六難今盛んであって一難はいまだあらわれていない。いわゆる「四方の賊来たって国を侵す」という難である。しかのみならず、「国土が乱れるときはまず鬼神が乱れる。鬼神が乱れるから万民が乱れる」とあるが、今この文についてつぶさに事の真相を案ずるに、百鬼早く乱れ、万民多く亡んでいる。すでに先難これ明らかである。

（『立正安国論』同上）

解説

禅定　禅定は大乗仏教で説かれる実践徳目である六波羅蜜（◯p.66）の中の一つで、精神統一して瞑想し、真理を見つめる境地をさす。日蓮は、この境地に至れば、心身ともに揺るぎない状態になるという。また、一乗妙法を現実化し、仏国土を実現すれば、心身ともに揺るぎない安らかな状態がもたらされるとした。日蓮は、禅定という境地は仏国土の実現によってこそ得られると説いている。

解説

日蓮の易行　すべての人間を救済し、国を救うという使命感の強かった日蓮は、厳しい修行や難解な経典理解など、一般人にはできない行を退け、題目を唱えるという方法にたどりついた。「南無妙法蓮華経」という題目を唱えることは、法華経（「妙法蓮華経」）に、帰依し信じること（「南無」）と等しく、格別の功徳をもたらすと日蓮は考えた。

解説

予言の的中　日蓮は三つの災い（飢饉・兵乱・疫病）のうち兵乱がまだ起こっていないとし、国土・国民が乱れている中での国難を予言した。現実に1274年にモンゴルが襲来し、人々は日蓮の予言が的中したと考えた。

▲文永の役（「蒙古襲来絵詞」）

日本の思想 (1) 鎌倉仏教

様々な仏教思想家

▶黄檗宗萬福寺の普茶料理　普茶料理とは中国の精進料理で、肉や魚などは一切使われていない。

中世・近世は、仏教の諸宗派が独自の展開を遂げた時代であり、ユニークな仏教思想家が多く誕生した時代でもある。ここでは、中世から近世にかけて活躍した仏教思想家たちの生涯を紹介しよう。

	室町時代	安土・桃山時代	江戸時代		
	1400　　1500	1600	1700	1800	
	1394　一休宗純　1481	1579　鈴木正三　1655		1758　良寛　1831	
	1415　蓮如　99	1592　隠元　1673			

1 鎌倉時代の南都六宗

鎌倉時代は、諸宗派の間で激しい論争が繰り広げられた時代である。特に浄土宗系の諸宗派に対して、おもに南都六宗（◎p.202）の側から激しい批判が加えられた。華厳宗の明恵は、「悟りを求める心（菩提心）が仏道修行の出発点で仏教の根本であるのに、菩提心が

なくても阿弥陀仏を信じれば救われるというのは誤りだ」として、法然を批判した。また叡尊と忍性の師弟は、戒律の復興に尽力する中で、日蓮と正面から衝突した。また、彼らは慈善事業を展開し、社会的弱者の救済に積極的に取り組んだことでも有名である。

2 中世・近世に活躍した仏教思想家

頻出

一休宗純　室町時代中期の臨済宗の僧。後小松天皇の子とされる。悟りを求めず、形式化した禅を厳しく批判した。正月に、ドクロを付けた杖を持って「ご用心」と連呼しながら街を歩くなど、奇抜な行為で知られる。戒律、形式、常識にとらわれない生き方は民衆に支持された。
主著『狂雲集』

★鈴木正三　江戸時代初期の曹洞宗の僧。徳川家に旗本として仕えていたが、42歳で突然出家し、諸国を巡って修行を積んだ。自らの職分を果たすことは仏行に等しいという職分仏行説を主張し、職業倫理を重視した。また、キリスト教の教義を理論的に批判したことでも知られる。
主著『万民徳用』

隠元　中国の福建省に生まれる。江戸時代前期に明から渡来した。臨済宗の禅僧で、天台宗や念仏の考え方を取り入れた新たな禅の形を日本に伝え、黄檗宗の開祖となった。形式化していた臨済禅や曹洞禅に大きな刺激を与え、各宗派内の改革を引き起こした。

★蓮如　室町時代中期の浄土真宗の僧で、**浄土真宗中興の祖**。本願寺を拠点として活動し、北陸・琵琶湖周辺に一大勢力を築いた。末法思想や他力本願の考え方をわかりやすく説いた手紙は、のちに『御文章（御文）』としてまとめられた。生涯に5回も結婚し、27人の子がいたことでも知られる。

良寛　江戸時代後期の曹洞宗の僧。無欲な人物で、簡潔な言葉や質素な暮らしぶりを通じて人々にわかりやすく仏法を説いた。子どもの純真な心こそが仏の心であると考え、いつも手まりを懐に入れて子どもと遊んでいたという。また、書道の天才としても有名。

メモ　どこかで聞いたことが…　隠元は、日本に様々なものをもたらした。その一つが「インゲンマメ（隠元豆）」で、そのまま隠元の名前が入っている。

▼『一休骸骨』に描かれた骸骨の宴会（上）と抱きあう骸骨（下）の絵（龍谷大学）

コラム　骸骨は語る ── 一休骸骨

『一休骸骨』は、和歌を中心にして仏の教えを簡潔に説いた文章であり、江戸時代に広く読まれた。一休は、人は誰もが皮膚の下には骸骨を包み、持ち歩いていると自覚し、挿絵のように生者と骸骨は究極的には同じであり、骸骨になれば男女の区別や身分の上下もなくなることや、この身・この世ははかないということを学べと説いた。和歌の中には、「われありと思ふ心をすてよ　ただ身のうき雲の風にまかせて（自分が実在すると思いなす、その心を捨てなさい。ひとえにこの身のつらさを、浮き雲が風にまかせて流れ行くように）」というものがある。人には必ず死が訪れる。それを嘆く必要はなく、ことさらに生に執着する必要もない。絵に描かれているように、つらさを忘れるために飲み騒げばよく、愛する人とは好きなだけ一緒にいればよいというのである。これは、一休の生きざまそのものでもあった。

入試に○×チャレンジ

106　鈴木正三は、徳川方の武士として軍功をたて、後に禅僧となった。武士・農民・職人・商人のいずれも、自らの生業を通じて仏と成ることができると説き、商人は、売買の営みを、天道から与えられた役目として受けとめ、正直を旨として商いに励むべきであると述べた。（2014年本試）

4 日本儒学の展開

湯島聖堂（東京都）

概観 君臣上下関係の秩序を説く儒教は、支配・統治の道徳として為政者に受け入れられた。律令体制のもとでは、儒教は僧侶によって研究され、鎌倉・室町時代に入ると朱子学が伝わった。江戸時代には、朱子学が幕藩体制を支える身分制度を正当化する学説として正学とされた。陽明学も日本にもたらされ、それを学ぶ学者も現れた。これに対し、孔子・孟子本来の教えに帰るべきであるとする、日本独自の古学と呼ばれる学派も広まった。こうして、儒教は江戸時代の主流の思想となっていった。

要点の整理　■■■は入試重要用語

```
              朱子学      ─批判→  陽明学
           （官学・正学）←──批判── 独自の立場──古学（古義学・古文辞学）
```

1 朱子学

- 鎌倉時代に伝来。禅僧により学ばれ、後醍醐天皇による鎌倉幕府討幕の理論的根拠となる
- 戦国大名の招き……為政者としての心得を求め、朱子学者を招き講義を受ける

　　　　桂庵玄樹（薩南学派）・**南村梅軒**（海南学派＝南学）

❶**藤原惺窩**（1561〜1619）**⊃p.220**　相国寺の僧侶→**還俗**して儒学者に。京学の祖
- 天人合一思想　天にある宇宙の原理である理（**天道**）は人の心にもそなわる

❷**林羅山**（1583〜1657）**⊃p.221**　主著『**春鑑抄**』　身分制度を正当化した江戸幕府の御用学者。林家の祖
- **上下定分の理**（身分差を道理にかなうとする理論）と**存心持敬**（敬により欲望を抑え、心を保つ）

　　身分制度を正当化、武士に道徳的自覚→江戸幕府の正学とされる（寛政異学の禁）

❸朱子学の思想家 **⊃p.223**
- **山崎闇斎**（1618〜82、崎門学派）……神儒一致を唱える**垂加神道**を創設
- **木下順庵**（1621〜98、木門派）……新井白石、雨森芳洲ら多くの門人を輩出
- その他の思想家

　　新井白石：幕府政治を主導　**雨森芳洲**：朝鮮との外交（「誠信の交わり」）　**貝原益軒**：庶民へ儒学を普及

2 陽明学

❶**中江藤樹**（1608〜48）**⊃p.224**　主著『**翁問答**』　日本陽明学の祖、近江聖人と呼ばれる
- **孝**……宇宙万物を貫く普遍的な原理ととらえて重視→孝＝愛敬
- 時・処（場所）・位（身分）に応じた道徳の実践を説く

❷陽明学の思想家……**熊沢蕃山・大塩平八郎**

3 古学

❶**山鹿素行**（1622〜85）（古学・聖学）**⊃p.226**　主著『**聖教要録**』　後世の解釈を排し、孔子・孟子の教えに帰る
- **士道**……農・工・商の三民の師となり、道を教えることが武士の役割

❷**伊藤仁斎**（1627〜1705）（**古義学**派・堀川学派）**⊃p.227**　主著『**語孟字義**』『**童子問**』　私塾：古義堂
- 『**論語**』を**宇宙第一の書**とし、孔子の教えに帰ることを説く
- **仁愛**＝人間が日常従うべき道、**誠**＝偽りを持たない純粋な心→忠信・忠恕

❸**荻生徂徠**（1666〜1728）（**古文辞学**派）**⊃p.228**　主著『**政談**』『**弁道**』　私塾：蘐園塾
- 古の聖人が定めた制度（**先王の道**）により世を治め民を救う（**経世済民**）⇒**安天下の道**

▲**閑谷学校**（岡山県備前市）　岡山藩主池田光政により設立され、地方武士だけでなく庶民の子弟の教育も行った。

おもな儒学者の出身地

```
京都府
　林羅山
　木下順庵
　山崎闇斎
　伊藤仁斎 （塾）古義堂
　熊沢蕃山 （関係地）岡山

長野県
　太宰春台

福島県
　山鹿素行 （関係地）赤穂

東京都
　新井白石
　荻生徂徠 （塾）蘐園塾

滋賀県
　雨森芳洲 （関係地）対馬
　中江藤樹 （塾）藤樹書院

兵庫県
　藤原惺窩

福岡県
　貝原益軒

大阪府
　大塩平八郎 （塾）洗心洞
```

インフォメーション　映画「良寛」（1997年製作）　良寛の生きざまから、清貧と心の温かさを考えさせてくれる映画。

答 p.216 〔105〕 ○

重要用語 460御文章（御文）、461黄檗宗

（1）朱子学

儒教を仏教から独立させた京学の祖

藤原惺窩 (ふじわらせいか)

★☆☆☆☆

兵庫県出身
1561～1619

それ天道なる者は理なり。性もまた理なり

年（年齢）	生涯
1561(0)	播磨国に誕生
1567(6)	この頃、出家
1578(17)	相国寺の禅僧となる（のちに還俗）
1596(35)	姜沆と出会う。この頃、儒学に転身
1600(39)	徳川家康に招かれ朱子学を講義
1619(58)	死去

＊還俗　出家した者が俗人に戻ること。
＊＊姜沆(1567～1618)　豊臣秀吉の朝鮮侵略で捕虜となり、日本に連行された。日本で約3年を過ごしたのち朝鮮へ帰国した。

略伝 播磨国(現、兵庫県)に生まれた。鎌倉時代初期の歌人、藤原定家の12代目の子孫にあたる。6歳で出家し、17歳で京都相国寺に入り禅を学ぶが、世俗を否定する出世間主義の仏教に疑問を抱き、徐々に儒学に傾斜していく。やがて仏教を、人間関係における道徳を滅ぼすものと批判して還俗＊し儒学者となる。1596年に明に渡ろうとするが失敗。その後、朝鮮から連行されてきた儒学者姜沆＊＊と出会い、大きな影響を受けた。1600年に徳川家康に謁見し朱子学を講義する。家康からは幕府に仕えるよう要請を受けるが応じず、代わりに弟子の林羅山を推挙した。生涯を市井の学者として過ごし、58歳で死去。門人には林羅山のほか石川丈山、松永尺五らがおり、その系統は京学と呼ばれ、惺窩は近世儒学の祖といわれる。

主著『惺窩先生文集』

藤原惺窩の思想

❶ 江戸幕府は、なぜ儒教を重視したのだろうか。
❷ 天道、天人合一思想とは何だろうか。

1 朱子学の受容

（1）日本における儒教

日本に儒教がもたらされたのは、仏教よりも早く、5世紀のこととされる。仁政や身分秩序を説く儒教は為政者に受け入れられ、聖徳太子の憲法十七条（◯p.201）にも取り入れられた。朱子学（◯p.79）も鎌倉時代にもたらされたとされる。しかし、鎌倉・室町時代に、儒教はもっぱら五山＊の禅僧によって仏教を補強するものとして探究されていた。

＊五山　臨済宗の主要寺院のこと。鎌倉五山と京都五山がある。

（2）儒教の独立

戦国時代になると、新たに為政者としての心得を求める戦国大名によって朱子学者が招かれた。例えば、薩摩(現、鹿児島県)の島津氏らに講義した桂庵玄樹や、土佐(現、高知県)の吉良氏に講義した南村梅軒などがいる。京学の祖といわれる藤原惺窩は徳川家康に講義したが、家康が朱子学を重んじたのは、朱子学の身分秩序を肯定する理論によって、戦国時代の下剋上の風潮を断とうとしたためであったといわれる。これは、武士の精神的支柱として、儒教が仏教から独立するきっかけとなった。

解説 桂庵玄樹・南村梅軒　桂庵玄樹の学派を薩南学派といい、南村梅軒の学派を海南学派という。海南学派は京学に対し南学というが、その祖とされる南村梅軒は実在が疑われている。

2 天道

朱子学では、宇宙万物の主宰者としての天(天帝)を想定し、天に宇宙の原理(理)があるとして、それを天道と呼ぶ。藤原惺窩は、宇宙の原理である理は人の心にもそなわっているとし、そこから天と人とは同じであるとする天人合一思想を説いた。また、朱子が明徳を明らかにすることを道としたのを受け、惺窩は、明徳とは人間関係を規律する具体的で実践的な道徳としての人倫(五倫の道)であるととらえ、欲を抑えてその人倫を働かせることを説いた。

原典資料

3 天人合一思想

一に曰く、それ天道なる者は理なり。この理、天にあり、未だ物に賦せざるを天道と曰ふ。この理、人心に具はり、未だ事に応ぜざるを性と曰ふ。性もまた理なり。蓋し仁義礼智の性は、夫の元亨利貞の天道と、名を異にしてその実は一なり。凡そ人、理に順はば、則ち天道その中にありて、天人一の如き者なり。

（『惺窩先生文集』金谷治校注「日本思想大系28」岩波書店）

〔大意〕 理は天にあって、まだ物に賦さないあり方を天道という。従って天道は理である。また、理は人の心にも具わっており、まだ事に応じないあり方を性というので、性もまた理である。そこで、人が理に従えばそのなかに天道があるので、天と人は同一となる。

メモ お金では動かない　徳川家康は、藤原惺窩に幕府に仕えるように言った時、旗本レベルの二千石の大禄を示したという。しかし惺窩は、それでは動かず仕官を固辞し、在野の学者であり続けた。

入試に◯×チャレンジ　107 藤原惺窩は、道徳や礼儀による社会秩序を説く儒学の教えに強く引かれ、儒学を五山僧の教養から独立させて、近世日本に定着させる端緒をなした。(2010年本試)

林羅山 (はやしらざん)

★★ ☆☆☆

京都府出身
1583～1657

天は尊く地は卑し、天は高く地は低し、上下差別あるごとく、人にも又君はとうとく、臣はいやしきぞ

年(年齢)	生涯
1583(0)	誕生。林家の養子となる
1595(12)	元服し、建仁寺に入る
1597(14)	建仁寺を去る
1604(21)	藤原惺窩に師事
1605(22)	二条城で徳川家康に謁見
1607(24)	剃髪し道春と改名
1630(47)	上野忍ヶ岡に私塾を設立
1632(49)	上野忍ヶ岡に孔子廟設立
1635(52)	武家諸法度(寛永令)を起草
1644(61)	『本朝通鑑』編纂開始
1657(74)	死去

メモ 惺窩と羅山の違い 林羅山の師である藤原惺窩は、陽明学など朱子学以外の儒教や、仏教などにも寛容であったが、羅山は朱子学のみを重視する立場を貫いた。

略伝 京都に生まれた。名は信勝または信忠。父の兄の養子となり、12歳で建仁寺に入って禅僧について学んだが、僧にはならず、14歳で寺を出て家に戻った。16、17歳頃から朱子学に関心を深め、21歳の時、**藤原惺窩に入門**して羅山と命名された。この頃、朱子の注釈による『論語』の公開講義を京都の市中で行った。これはそれまで貴族や僧侶の間だけで伝えられてきた古典の知識を一般に広めようとする、啓蒙的活動であった。師の惺窩の推挙により、22歳の時に京都の二条城で徳川家康に謁見し、学識を認められた。そして24歳の時、家康の命により剃髪し、道春と名のった。こののち、秀忠・家光・家綱まで4代の将軍の侍講(側近の学者)となり、古典の蒐集、朝鮮使節の応接や外交文書の起草、寺社関係の裁判事務など、学問や儀礼に関係する公務に従事した。特に、武家諸法度を起草したり、江戸幕府の命により編年体*の公式歴史書『本朝通鑑』の編纂に着手するなど、多くの業績を残した。

主著『春鑑抄』『三徳抄』

*編年体 歴史を記述する方法の一つで、起こった出来事を時代順に記述していくもの。

林羅山の思想

❶林家が江戸幕府の御用学者となったのはなぜだろうか。

上下定分の理、存心持敬を説くことにより、朱子学が封建道徳の支柱となったから。→1、2、原典資料4、5

❷林羅山は身分制度をどのように肯定したのだろうか。

天地自然に上下の区別があることを人間の社会に応用することで、身分制度を肯定した。→1、原典資料4

❸林羅山はなぜ敬を重視したのだろうか。

存心持敬は上下定分の理を体現し、武士に道徳的自覚をもたらすものだから。→2、原典資料5

原4 1 身分制度の正当化

頻出

林羅山が説いた**上下定分の理**とは、天地自然にもともと上下の区別があることを人間社会にも当てはめ、**身分差を道理にかなうものであるとする理論**である。**万物には、それを秩序づける法則である理がある**とする朱子学では、君臣の名と上下の分(区分)を**名分**といい、その関係は、天地に上下があるという天理と同じように定められているとする。これにより、戦国時代の下剋上が否定されるとともに、封建社会の身分制度の根拠づけが行われた。上下定分の理は、江戸幕府の幕藩体制を支える士農工商などの強固な身分制度を正当化する理論だったため、林羅山は幕府によって重用され、羅山に始まる林家は幕府の御用学者となっていった。

解説 名分 名分とは社会的な身分に伴って要求される道徳的な義務や心構えで、君に対する臣の心がけ、父に対する子の心がけをいう。特に、君臣関係を強固にすることが正しい国の秩序を実現する大きな正義(大義)であるとする考え方を、**大義名分論**という。

原5 2 存心持敬

出題

常に心の中に「つつしみ」を保ち続けるよう心がけることが**存心持敬**である。朱子学の教えでは、**居敬窮理***(→p.79)にみられるように、「敬」とはつつしむことであり、持敬は私利私欲を抑えて自己の本分を尽くすという徳目である。

また、存心とは放心の反対で、本心を保つことである。つまり、存心持敬は、本心を保ち、私利私欲を抑える敬を心の中に持つことで、上下定分の理を体現することを意味する。林羅山は、武士階級は敬を保つよう努力し、他の階級の模範となるべきであるとして、武士に道徳的自覚を促した。

*居敬窮理 朱子学の教えで、つつしみ深く自らの身を修養することにより、知を致し理を窮めることをいう。羅山の説く存心持敬は、この居敬にあたる。

BOOK 『兵学と朱子学・蘭学・国学』(前田勉、平凡社選書) 近世日本を支えた思想は、朱子学ではなく兵学であるとする。

答 p.218 106 ○

重要用語 187朱子学、193居敬窮理、462京学、463上下定分の理、464存心持敬

③ 三徳

心に惑いのない**智**、私利私欲なく道理に従う心である**仁**、物を恐れない**勇**の三つの徳を**三徳**という。三徳は『中庸』（◯p.79）に出てくる徳で、朱子がその注釈を行っているが、林羅山はそれを忠実に解釈し、聖人とはこの三つの徳を備えた者であるとして、これを自らの朱子学の基本にすえた。羅山は『三徳抄』の中で、智者は道理をわきまえているので惑わず、仁者は私利私欲がないので恨まず驕らず憂えず、勇者は心が強いので物を恐れない、としている。

コラム COLUMN **林家と幕府**

林羅山が4代の将軍に仕えたことにより、林家の系統は代々、幕府の御用学者となり、羅山の三男の林鵞峰やその子、林信篤に受け継がれた。上野忍ヶ岡に設立された林家の私塾は、元禄時代に湯島に移され聖堂学問所となった。さらに、寛政の改革の時に松平定信によって朱子学は正学とされ、陽明学などの朱子学以外の講義は禁止された（**寛政異学の禁**）。聖堂学問所は官立の**昌平黌**（昌平坂学問所）となり、明治に入ってすぐに閉鎖されたが、東京帝国大学、東京師範学校（現在の筑波大学）など、様々な学校の源流となった。

原典資料

④ 上下定分の理

天地自然の上下の区別を人間社会の身分差に応用している。

天は尊く地は卑し。天はたかく地は低し。上下差別あるごとく、人にも又君はたふとく、臣はいやしきぞ。その上下の次第を分て、礼義・法度と云ことは定めて、人の心を治められたぞ。程子曰、「礼只是一箇序」と云たぞ。「礼は序の一字ぞ」と云心ぞ。「序」と云は、次第と云ふ心ぞ。……尊は位のたかきを云ぞ。卑は位の低きを云ぞ。これには次第がなふてはかなはぬぞ。**君は尊く臣はいやしきほどに、その差別がなくば、国は治まるまひ。**

（『春鑑抄』石田一良校注「日本思想大系28」岩波書店）

〔大意〕　天は尊く高く、地は卑しく低い。そのような上下の差別があるように、人にも、君主は尊く、臣下は卑しいものなのである。その上下の秩序を分けて礼儀や規則は定められているのであり、人心を治めるのである。尊は位の高いこと、卑は低いことをいい、その秩序・差別がなければ国は治まらない。

解説 ▶ **身分制度の正当化**　自然と人間社会を対応させ、天地の高下・卑尊と君臣の上下差別はともに先天的なものであるとして、**身分制度を正当化**している。林羅山は、順序・次第を表し、上下定分の理が規範として具体化した礼を重視し、それによる差別が国の政治を成り立たせていることを強調する。これはまさに、幕藩体制の強固な身分制度を根拠づける理論となっている。資料にある「程子」とは、朱子学の源流となった思想家の一人である程伊川のことで、朱子はこの説に全面的に依拠している。

⑤ 礼は敬なり

林羅山は敬をどのようにとらえたのだろうか。

「礼は敬なり」と云て、礼と云字は、敬と云字の心ぞ。故に曲礼*に、「敬せずといふことなかれ」と云ぞ。朱文公**は、「礼の本は、于敬に在り」と云たほどに、敬を礼と云ぞ。……朱文公が「礼の本は、敬に在り」と云は、心について云ぞ。心に敬ことがなくんば、君を尊び老たるを敬ふ差別もあるまひぞ。敬によりて物に次第があるぞ。畢竟同じ心ぞ。（『春鑑抄』同上）

〔大意〕　礼とは敬であり、ゆえに『礼記』に「敬さないことがないように」とあり、朱子は「礼の本は敬にある」といったのである。これは心についていったのであり、心に敬がなければ、君主を尊び、老人を敬うこともない。敬によって秩序があるのである。

解説 ▶ **敬の重視**　敬はつつしむことで、もともと朱子学で重視された徳目である。この敬を羅山は中国の周の時代からの社会規範であると考えた。また、孔子が仁の心が外面化したものと説いた礼も、敬と同一のものであるととらえ、敬によって社会の秩序が保たれるとする。これは、敬を保って上下定分の理を体現する、**存心持敬**という考え方の基礎となっている。

*曲礼　『礼記』（◯p.79）のこと。
**朱文公　朱子のことをさす。

◆儒学者の系統図

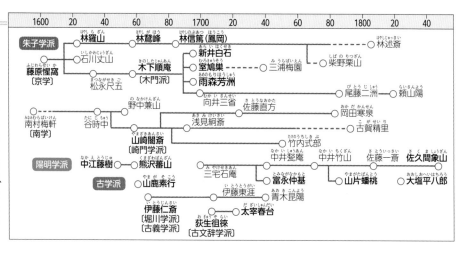

解説 ▶ **儒学にも様々な流れ**　朱子学が幕府の官学となり、朱子学以外の儒学の講義が禁止された寛政異学の禁もあって、朱子学派が隆盛を極めた。朱子学派、陽明学派は中国からもたらされた儒学であるが、古学派の流れは日本独自の儒学である。

（左側縦書き）日本の思想　4　日本儒学の展開

朱子学の思想家

木下順庵　きのしたじゅんあん（1621～98）

略伝 京都に生まれた。名は貞幹。藤原惺窩（◯p.220）の弟子の松永尺五の門下に入ったのち、加賀（現、石川県）藩主前田綱紀の招きを受け、京に居を定めたまま、江戸・加賀の間を往来した。貝原益軒らと交流があり、山崎闇斎、熊沢蕃山（◯p.225）と並び称されるほど名声が高まった。61歳の時、幕府の儒官となり、将軍徳川綱吉の侍講を務めた。順庵自身は独自の学風を樹立したわけではないが、8代将軍徳川吉宗の侍講となった室鳩巣（◯p.229）をはじめ、新井白石、雨森芳洲ら門下に多くの逸材を輩出し、その学派は**木門派**と呼ばれた。

新井白石　あらいはくせき（1657～1725）

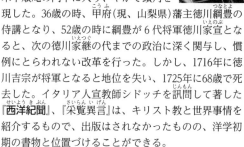

略伝 江戸に生まれた。独学ながらも学問に優れた才能を示し、30歳の頃、木下順庵の門下に入り、やがて頭角を現した。36歳の時、甲府（現、山梨県）藩主徳川綱豊の侍講となり、52歳の時に綱豊が6代将軍徳川家宣となると、次の徳川家継の代までの政治に深く関与し、慣例にとらわれない改革を行った。しかし、1716年に徳川吉宗が将軍となると地位を失い、1725年に68歳で死去した。イタリア人宣教師シドッチを訊問して著した『西洋紀聞』、『采覧異言』は、キリスト教と世界事情を紹介するもので、出版はされなかったものの、洋学初期の書物と位置づけることができる。

山崎闇斎　やまざきあんさい（1618～82）

★★★

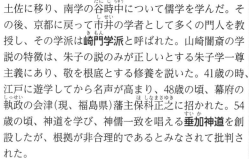

略伝 京都の牢人*の家に生まれた。土佐藩の家老で南学（◯p.220）の儒学者でもあった野中兼山に見いだされて土佐に移り、南学の谷時中について儒学を学んだ。その後、京都に戻って市井の学者として多くの門人を教授し、その学派は**崎門学派**と呼ばれた。山崎闇斎の学説の特徴は、朱子の説のみが正しいとする朱子学一尊主義にあり、敬を根底とする修養を説いた。41歳の時、江戸に遊学してから名声が高まり、48歳の頃、幕府の執政の会津（現、福島県）藩主保科正之に招かれた。54歳の頃、神道を学び、神儒一致を唱える**垂加神道**を創設したが、根拠が非合理的であるとみなされて批判された。

*牢人　仕える主君を持たない武士身分の者。江戸時代中頃からは、「浪人」という字があてられるようになった。

雨森芳洲　あめのもりほうしゅう（1668～1755）

略伝 近江国（現、滋賀県）に生まれた。名は俊良。16歳の頃、江戸に出て木下順庵の弟子となる。新井白石とは同門であったが、交遊があったわけではない。21歳の時、順庵の推挙により対馬藩（現、長崎県）に仕え、朝鮮との外交にあたった。朝鮮語と中国語を学び、通訳なしで朝鮮人と会話ができた。40歳の時には朝鮮半島の釜山に渡り、朝鮮通信使*に随行した。1711年には、朝鮮からの国書における徳川将軍の称号をめぐって新井白石と対立した。朝鮮の儒学者とも深く交流し、民族・文化の平等を主張し、互いに誠意と信義をもって関わる「**誠信の交わり**」を説いたことでも知られる。

*朝鮮通信使　江戸時代、朝鮮との国交は、対馬藩主の宗氏が窓口となっていた。豊臣秀吉の朝鮮侵略後、国交は途絶えていたが、1607年に使節が来日したことにより回復し、その後、ほぼ将軍の代替わりごとに12回使節が来日した。

貝原益軒　かいばらえきけん（1630～1714）

略伝 福岡藩士の子として生まれた。江戸にいた時に林羅山（◯p.221）の子、林鵞峰を訪ねて儒学に進み、京都では松永尺五・山崎闇斎・木下順庵を訪ねている。朱子学の合理性・論理性を重んじる一方、観念論的傾向に疑問を持ち、実証的な本草学（自然博物学）にも関心を深めていった。その成果である『大和本草』を著したほか、『養生訓』、『和俗童子訓』など多数の著書がある。なお、「三従の教え」*で有名な『女大学』は、『和俗童子訓』の「女子を教えるの法」をもとに他者が改編したものである。

*三従の教え　「生家では父に従い、嫁ぎ先では夫に従い、夫の死後は子に従え」というもの。

コラム　水戸黄門と『大日本史』

「水戸の黄門様」として知られる2代水戸藩主の徳川光圀は、学問を好み、明から亡命してきた朱子学者の朱舜水を師とした。『大日本史』*の編纂に着手し、水戸藩で深められた思想である**水戸学**（◯p.244）にも大きな影響を与えた。水戸学では「君」を天皇、将軍以下を「臣」とする大義名分論が説かれ、幕末に至って、倒幕のイデオロギーの一つとなった。なお、朱舜水が光圀に中華麺を献上したという記録があり、光圀がラーメンを食べたという逸話も残っている。

*『大日本史』　水戸藩でその編纂が代々引き継がれ、明治時代になって完成した歴史書。

日本の思想

(1) 朱子学

（2）陽明学

自ら孝を実践した日本陽明学の祖

中江藤樹（なかえとうじゅ）

★★ ☆☆☆

滋賀県出身
1608〜48

孝のなき時なく、孝のなきものなし。万事万物のうちに孝の道理そなはらざるはなし

年（年齢）	生涯
1608（0）	近江国に誕生
1616（8）	祖父の養子となり米子藩へ移る
1617（9）	藩主の転封で伊予大洲藩へ移る
1624（16）	儒学を志す
1634（26）	母の孝養のため脱藩して近江に帰郷
1640（32）	『翁問答』を著す
1644（36）	陽明学に転じる
1648（40）	死去

メモ 藤樹先生　自宅に開いた私塾は、そこに藤の木があったことから藤樹書院といい、門人から藤樹先生と呼ばれた。

略伝　近江国（現、滋賀県）に生まれた。8歳の時、祖父の養子となって米子（現、鳥取県）へ移る。翌年、祖父の仕える米子藩主の加藤家が伊予国（現、愛媛県）大洲藩に転封（領地替え）となってそこに移り、祖父の死後、14歳で跡を継いだ。学問に優れた能力を示し、16歳の時に京都から来た禅僧の『論語』の講義を聞いて儒学を志した。独学で朱子学を修めたのち、儒学の教えを実践しようと努力し、形式を重んじる朱子学に疑問を持つようになった。武士社会の実情と自身の理想に矛盾を感じたことから、26歳の時、郷里に住む母への孝養と自己の病気を理由に脱藩し、武士の身分を捨てて近江に帰った。その後、中国の古典『孝経』に基づく思想を展開し、やがて陽明学（◆p.80）の思想にひかれ、孝を実践する**知行合一**を説いたため、**日本の陽明学の祖**といわれる。1648年に40歳で死去した。その誠実な人柄から、近世後期には「**近江聖人**」と呼ばれた。

主著『翁問答』

中江藤樹の思想

❶ 中江藤樹は孝をどのようにとらえたのだろうか。

愛敬であり、宇宙万物を貫く根本原理。 →❶、原典資料❹、❺

❷ 中江藤樹が時・処・位を重視したのはなぜだろうか。

道徳を実現すべき点で人間は平等であり、その実践は、時間・場所・身分に応じて発揮されるべきであるから。 →❷

❸ 中江藤樹はなぜ陽明学に共鳴したのだろうか。

知行合一・致良知を説く陽明学は実践を重視するから。 →❸

原❹ ❶ 孝 出題

　親子の間のみならず、君臣・夫婦・兄弟・朋友などあらゆる人間関係を成り立たせるのが**孝**であると中江藤樹は考えた。従来、孝は子が親によく尽くすという徳目として重視されてきたが、彼は孝を単なる親孝行にとどまらず、**宇宙万物を貫く普遍的な原理**ととらえた。それは親しみ（愛）と、上を敬い下をあなどらない心（敬）、つまり**愛敬**であるとし、親を愛敬する孝行、君主を愛敬する忠、すべての人を愛敬する心や天地宇宙に対する心が孝であると考えた。このように、**藤樹は孝を人間関係・宇宙万物の根本においている**。

❷ 時・処・位

　中江藤樹は、道徳は**時・処（場所）・位（身分）**を考慮して実現されるべきだとし、この三つの条件を**時・処・位**といった。朱子学が外面的な規範を重視して武士の修養を説いたのに対し、藤樹は、「**人間尊卑の位に五段あり**」として、天子・諸侯・卿大夫・士・庶民それぞれの身分に伴う行為の違いを認めつつも、道徳を実現すべき点において、人間はすべて平等であると主張している。

解説　**日本における「五段」**　「人間尊卑の位に五段あり」とは『孝経』にみられる言葉であり、中国の身分制度をもとにしている。藤樹はこれを日本に当てはめ、天子を天皇、諸侯を大名、卿大夫を天皇と大名の下で政治を行う身分、士を政治上の諸役目を勤める武士、庶民を農・工・商としている。

❸ 致良知 出題

　陽明学では、理は自分の心にあるとし（**心即理**）、理によってすべての人に善悪を判断する心がそなわっているという。それが**良知** * であり、良知を働かせることを**致良知**という。中江藤樹は初め朱子学を学んでいたが、それがうわべだけの形式にとらわれ、行動と心のあり方が一致しないことに疑問を抱いた。そのため、やがて**知行合一**（知と行の一致）と致良知に強く共鳴し、実践を重視する陽明学によって、藤樹自らの孝を実現しようとしたと考えられる。そして、林羅山（◆p.221）の説く朱子学や上下定分の理が、身分制度を肯定し、武士の教養を高めるための学問にすぎなくなっていることを厳しく批判した。

＊**良知**　人間が生まれながらに持つ良い素質のことをさす。良知良能ともいう。

入試に○×チャレンジ 109 中江藤樹は、すべての人の心には、神妙不測の孝の徳が具わっていると説き、その孝に依拠して身を立て道を行うことを修養の根本とした。（2003年追試）

コラム 中江藤樹と親孝行

中江藤樹は、とても親孝行な人だったという。冬の寒い中、母があかぎれで悩んでいることを知った藤樹は、その薬を買い求めて帰郷した。しかし、井戸端で水仕事をしていた藤樹の母は、学業半ばで帰ってきた藤樹を叱り、追い返したという。これは、子の親を思う気持ちは藤樹のようでなくてはならず、親の子を思う気持ちは藤樹の母のようでなくてはならないと、戦前の道徳教育(修身)で強調された話であるが、実話としては疑わしい。しかし、藤樹が母に孝養を尽くしたことは事実であり、そこから創作されたと考えられている。

▲再建された藤樹書院 藤樹は、母への孝行を理由の一つとして脱藩し、故郷の近江に戻った。自宅で開いた私塾「藤樹書院」の建物は、明治時代に再建され、現在、藤樹の直筆の「致良知」の書をはじめ、遺品などが多数展示されている。

ⓘインフォメーション 藤樹書院・良知館へのアクセス 滋賀県高島市 JR湖西線安曇川駅より船木線バスで約5分 藤樹書院前下車すぐ

★熊沢蕃山　くまざわばんざん (1619〜91)

略伝 1619年、京都で生まれた。8歳で祖父の養子となり、14歳で備前国(現、岡山県)岡山藩主池田光政に仕えたが、19歳で修学の未熟を反省し、職を辞して学問に励んだ。22歳で中江藤樹を訪ね、入門を許されてのち、深い学問的交渉を続けた。24歳で再び岡山藩に仕え、光政の信任を得て補佐役に抜擢され、藩政改革や治山・治水事業に成果をあげて名声を高めた。しかし、幕府の重臣や林羅山(◯p.221)など、彼を批判する者も多く、38歳の時に再び職を辞して備前蕃山村に隠退した。そこで蕃山了介と名のったことから、熊沢蕃山と呼ばれた。その主張は、時・処・位の至善を行うところに平天下(◯p.79)の道があるというものである。その後いくつかの藩に招かれたが、68歳の時、参勤交代制などを批判した『大学或問』が咎めを受け、幕命によって禁錮の身となり、72歳で世を去った。

大塩平八郎と陽明学

▲大塩の乱

大塩平八郎(1793〜1837)は、大坂町奉行の元与力でありながら1837年に幕府に反旗を翻し、大塩の乱を起こしたことで有名である。彼は、同時代の歴史家の頼山陽から「小陽明」と呼ばれた陽明学者でもあった。洗心洞という私塾を開いており、その私塾の書物を売り払って軍資金としたといわれている。

原典資料

4 孝とは何か

🔍孝は単なる親孝行ではなく、宇宙の根源的な活動である。

元来、孝は太虚をもって全体とし、幾万劫(非常に長い時間)を経ても、始めも終りもない。孝のない時もなく、孝のない物もない。『全孝図』には、太虚を孝の体段(基づくところの本体)として天地万物をそのうちの萌芽とした。このように広大無辺の最高の徳であるから、万事万物のうちに孝の道理の備わっていないものはない。中でも人間は天地の徳、万物の霊であるから、人間の心と身には孝の実体がすべて備わっているので、それによって身を立て道を行なうことを修養の工夫の要領とする。

身をはなれて孝はなく、孝をはなれて身もないから、身を立て道を行なうことが孝行の綱領である。　　(『翁問答』山本武夫訳「日本の名著11」中央公論社)

5 愛敬

🔍孝は具体的にはどのようなものだろうか。

孝徳の感通するところを手っ取り早く言えば、愛敬という二字で要約できる。愛というのは、懇ろに親しむことである。敬は上の者を敬い、下の者を軽んじ侮らない意味である。孝は物にたとえれば、明らかな鏡のようなものである。鏡にうつる影は、鏡に向かったものの形と色によって、いろいろと変わるけれど、それをうつす鏡自体は同じものである。そのように、父子・君臣の関係の場合でも人倫の交わり方はいろいろと変わっているが、愛敬の立派な徳は、通じないところはない。　　(『翁問答』同上)

解説 **宇宙の根本原理としての孝** 太虚とは宇宙・天空・万物の本体のことであり、それが孝の根本であるとしている。ここから、中江藤樹が孝を単なる親への自然な情愛にとどめず、徳の根本においていることがわかる。孝はすべての物事にそなわっているため、孝によって行動すべきであると説かれている。

解説 **孝悌** 親への親愛の心を孝というのに対し、兄や年長者への恭順の心を悌といい、ともに孔子(◯p.71)が仁の根本とした徳目である。

解説 **孝の実践は愛敬** 中江藤樹は孝を宇宙の根本原理としながらも、愛敬の2字で、具体的に、わかりやすく表している。親しみと敬いの心を表す愛敬は、すべての人間関係に通じるものであるとしており、これは実践を重視した藤樹の陽明学へとつながっている。

日本の思想

(2)

陽明学

（3）古学

後世の解釈を排する古学の先駆者

★★☆☆☆

山鹿素行（やまがそこう）

福島県出身
1622〜85

士に文武の徳知備わらずんばあるべからず

年（年齢）	生涯
1622（0）	会津若松で誕生
1630（8）	林羅山の門下に入る
1642（20）	甲州流兵学の印可を授かる
1652（30）	播磨赤穂藩主の浅野長直に仕える
1665（43）	『聖教要録』を著す
1666（44）	赤穂に配流
1675（53）	赦免されて江戸に帰る
1685（63）	死去

＊印可　師が弟子の悟りの境地や学問の到達度を認めたり、証明したりすること。

＊＊周公孔子の書　儒学の祖である孔子と、孔子が理想とした周公旦が著した書物。

略伝　会津（現、福島県）若松に生まれた。8歳で林羅山（→p.221）に入門、早熟の天才として知られた。14歳から兵法を学び、20歳で甲州流兵学の印可＊を授かった。1652年、30歳の時に江戸で赤穂（現、兵庫県）藩主浅野長直に仕えた。40歳前後から朱子学など後世の注釈を捨て、儒学の古典である「周公孔子の書」＊＊を学問の直接のよりどころとするようになり、43歳の時に、朱子学批判などを含む『聖教要録』を出版した。これにより**古学**の先駆者とされる。翌年、幕府から「不届なる書物」を著したとして咎められ、赤穂藩浅野家へのお預け（流罪）となった。これは9年に及んだが、その間、優れた著作を著し、儒学の講義を行った。幕政を取り仕切っていた保科正之が死去した後、53歳の時に赦免されて江戸に戻った。

主著『聖教要録』『配所残筆』『中朝事実』『武家事紀』

山鹿素行の思想

❶山鹿素行は、なぜ古学を唱えたのだろうか。
❷士道は従来の武士道とどう違うのだろうか。

1 古学　出題▶

江戸時代に興った儒学の一派で、漢・唐・宋・明といった後世の儒学者による解釈を排除し、孔子・孟子の教えを直接のよりどころとする学派を古学という。山鹿素行は初め朱子学を修めていたが、朱子学は観念的・抽象的で、日常の役に立つ実学ではないとして批判するようになった。やがて朱子学や陽明学は後世の解釈にすぎないとして、孔子・孟子の原典に直接あたり、その真意を汲み取ることを説き、『聖教要録』を著した。この流れは中国ではみられず、日本独自の儒学の立場と評価されている。この古学の立場は、伊藤仁斎に始まる**古義学派**（→p.227）、荻生徂徠に始まる**古文辞学派**（→p.228）にもみられる＊。

＊山鹿素行の古学　古義学・古文辞学もあわせて古学派とされることがある。それと区別するため、山鹿素行の古学を特に聖学という場合もある。

2 士道　出題▶

山鹿素行は、泰平の世における武士のあり方として、**武士は農・工・商の三民の師となる高貴な人格を保たなければならない**と説いた。もともと武士は戦闘を本業としたが、戦乱の世が終わり、江戸時代になって安定した世の中が続くと、支配階級にありながら無用となるという矛盾に陥り、改めて存在意義が問われることとなった。そこで素行は、農・工・商の**三民は生業**に忙しく人倫の道を追究する余裕がないので、武士は常にその身を修め、三民に道を教えるのが役割であるとした。これは新たな武士のあり方を示したものとして、戦国時代までの武士の価値観を転換させるものであると同時に、江戸時代の武士の役人化を促すものでもあった。この考え方は伝統的な武士道＊とは一線を画するため、**士道**と呼ばれる。

＊武士道　もともと鎌倉時代に生まれた「武家のならい」や「弓矢の道」「弓馬の道」などと呼ばれる道徳に起源がある。武勇を重んじ、主人に対する献身や一門の誉れを尊ぶ精神、恥を知る態度を特徴とする。

原典資料

3 士の役割

およそ士の職というものは、主人を得て奉公の忠をつくし、同僚に交わって信を厚くし、独りをつつしんで義をもっぱらとするにある。そして、どうしても自分の身から離れないものとして、父子・兄弟・夫婦の間の交わりがある。これもまた、すべての人が持たなければならない人間関係であるけれども、農・工・商はその職業にいそがしくて、いつもその道をつくすというわけにいかない。士はこれらの業をさしおいて、もっぱらこの道につとめ、農・工・商の三民が、人のなすべきことをすこしでもみだすならば、それをすみやかに罰し、それによって天の道が正しく行なわれる備えをなすものである。だから士には、文武の徳知がなければならない。

（『山鹿語類』田原嗣郎訳「日本の名著12」中央公論社）

メモ　**大石内蔵助の先生**　山鹿素行は赤穂にいる時、藩士の教育に携わっていた。赤穂事件（→p.229）で有名な大石内蔵助も、彼の門人の1人である。

入試に○×チャレンジ　110 山鹿素行は、名を求め、恥を知るという心のあり方を重んじる中世的な気風の武士道を批判し、儒学に基づく武士道としての「士道」を説いた。そして、武士は道徳的な指導者となって人倫の道を天下に実現すべきであると主張した。（2011年本試）

仁愛を説く古義学の創始者

伊藤仁斎 (いとうじんさい)

★☆☆☆☆

京都府出身
1627〜1705

仁の徳為る大なり。然れども一言以て之を蔽う。曰く、愛のみ

年(年齢)	生　涯
1627(0)	京都の商家に誕生
1653(26)	朱子学に傾倒し敬斎と号す
1658(31)	朱子学に疑問を持ち号を仁斎に変える
1662(35)	京都堀川に私塾古義堂を開く
1691(64)	『童子問』を著す
1705(78)	死去

メモ 古義堂のその後　古義堂は自由な塾風から人気を集め、仁斎の死後も子孫によって代々受け継がれて明治時代まで存続した。

略伝 京都の商家に生まれた。10代の頃から四書(◯p.79)を学び、朱子学に傾倒していった。しかしその後、朱子学の理想と現実の葛藤で苦悩し、病気にかかって仏教や老子の書物を読みふけるうち、朱子学にはそれらが混じっていることを悟り、儒学本来の思想を独自に体系づけた。『論語』を宇宙第一の書として、『孟子』『中庸』ほか儒学の経典を解釈し、孔子・孟子の教えに帰ることを説き、朱子学を厳しく批判した。35歳の時に京都堀川に**古義堂**という私塾を建てたため、彼の学派は**古義学派**あるいは堀川学派と呼ばれる。40年あまりの間、この私塾で彼が教えた門弟は3,000人に及んだという。

主著『語孟字義』『論語古義』『孟子古義』『童子問』

伊藤仁斎の思想

❶古義学とはどのような立場なのだろうか。
❷伊藤仁斎は、仁をどのようにとらえたのだろうか。

1 古義学　[出題]

孔子・孟子の教えに立ち帰り、それを中国古代の言葉のもとの意味(古義)によって読み解く伊藤仁斎の立場を**古義学**という。彼はもともと朱子学を学んでいたが、朱子学の理想と現実のはざまで苦悩し、陽明学・仏教・老荘思想など思想的な遍歴を経て、ついに『論語』を**「最上至極宇宙第一」**の書とする信念に達した。山鹿素行と同時期に、後世の儒学者の解釈は排するべきと唱えたが、山鹿素行が先に『聖教要録』を発表した点から、素行が日本独自の儒教思想としての古学の先駆者とされる。

2 仁愛と誠　[出題]

儒教の根本精神である**仁**は、伊藤仁斎によれば**人間が日常従うべき道としての愛**であり、そのため単なる仁ではなく**仁愛**と呼ばれる。朱子学が個人の不断の修養を説くのに対し、彼は、**日常生活において自然に表れる思いやりを仁とし**、物事を形式的な理で判断しようとする朱子学は残忍酷薄であると批判している。

また、仁愛を成り立たせているのが**誠**で、誠とは**自分にも他者にも偽りを持たない真実無偽の心**である。誠の具体的な実践の内容としては、自分を偽らず他人を欺かない**忠信**と、他者の心情を自分のことのように察する**忠恕**をあげている。この誠の心は、日本古来の**清明心**(◯p.199)に近いもので、日本人にとって理解しやすく、庶民に儒教道徳が広まる契機となった。

原典資料

3 仁愛

仁は、徳のうちでも偉大なものである。しかしこれを一語によっていいつくそうとすれば、愛そのものだ。それは、君臣関係においては義といわれ、父子では親といい、夫婦では別(けじめ)といい、兄弟では叙(順序)といい、朋友では信(誠実)といわれる。みな愛から発したものである。思うに、愛は実体のある心情から発するものである。だからこの義など五つのものは、愛から発するときは、本物であるが、愛から発しないときは、いつわりのものにしかすぎない。だから君子(徳のある人)は慈愛の心をもっとも大切にし、残忍酷薄の心をいちばんかなしんだ。

（『童子問』貝塚茂樹訳「日本の名著13」中央公論社）

解説 仁愛と和　伊藤仁斎は、仁愛が誠に基づいて実践されれば、人々は互いに思いやりを持ち、和合することができると説いた。これは、儒学を庶民のものとする試みでもあった。

4 誠

「誠」は「道」の全体だ。だから聖人の学は、必ず「誠」を根本にし、そして、その多くのことばは、みな人に「誠」を尽させる方法でないものはない。いわゆる「仁・義・礼・智」、いわゆる「孝・弟・忠・信」は、みな「誠」をその根本にし、そして「誠」でないと「仁」が「仁」でなく、「義」が「義」でなく、「礼」が「礼」でなく、「智」が「智」でなく、「孝・弟・忠・信」もまた「孝・弟・忠・信」であることができない。このためにいう。『「誠」でなければものはない。』だから、「誠」の一字はじつに儒学の頭脳であり、聖人の教えを学ぶものの目標であって、なんと徹底して偉大なものであろうか。

（『語孟字義』三宅正彦訳「日本の思想11」筑摩書房）

右側余白：日本の思想
(3)
古学

古代中国の言葉で書物を読む古文辞学の祖

★★★ ★★

荻生徂徠 (おぎゅうそらい)

東京都出身
1666～1728

孔子の道は、先王の道なり。先王の道は、天下を安んずるの道なり。
先王の道は、先王の造る所なり。天地自然の道にあらず

年(年齢)	生 涯
1666(0)	館林藩の江戸藩邸で誕生
1679(13)	父が上総国で蟄居となる
1690(24)	江戸に帰る
1692(26)	芝の増上寺門前に住み、私塾を開く
1696(30)	柳沢吉保に仕える
1702(36)	◆赤穂浪士の討ち入り
1709(43)	日本橋茅場町に蘐園塾を開く
1722(56)	『政談』を徳川吉宗に献上
1728(62)	死去

＊側用人 将軍の近臣で、将軍の命令を伝えたり、重臣の意見を将軍に取りついだりする役職。

略伝 館林藩(現、群馬県)の江戸藩邸で生まれた。父は、のちに5代将軍となる藩主徳川綱吉の侍医を勤めていた。13歳の時、父が上総国(現、千葉県)に蟄居(謹慎処分)となって一家はともに移り住み、24歳の時に父が赦免されて江戸に戻った。それからも生活は貧しさを極めたが、学問に励み、芝の増上寺門前に住んで私塾を開いた。30歳の時、綱吉の側用人＊柳沢吉保に召し抱えられ、その時には将軍となっていた綱吉にもしばしば講義した。43歳の時、綱吉が死去して吉保が隠退すると、藩邸を出て自宅で塾を開いた。この塾は茅場町にあったので、「かや(蘐)」にちなんで蘐園塾と呼ばれる。彼は朱子学を批判し、『論語』、『孟子』に依拠した伊藤仁斎(○p.227)の方法論をさらに進めた古文辞学を提唱した。56歳の時には、8代将軍徳川吉宗の諮問に応えて『政談』を献上した。 主著『政談』『太平策』『弁道』『弁名』

荻生徂徠の思想

❶ 古文辞学とはどのような学問だろうか。

中国古代の文章・言語に精通することで、中国古典を当時の言葉で直接解釈していこうとする学問。 →①

❷ 荻生徂徠は、先王の道をどのようにとらえたのだろうか。

古の聖人が定めた政治・社会制度で、社会の調和をめざしたものととらえた。 →②、原典資料④

❸ 経世済民を重視したのはなぜだろうか。

儒教の根本は先王の道であり、経世済民を目的とする安天下の道と考えるから。 →③

① 古文辞学　出題▶

　中国古代の文章・言語を**古文辞**といい、それを修めた上で古の聖人の教えを明らかにしようとする立場を**古文辞学**という。荻生徂徠は、朱子学などの後世の解釈が誤っているとしたら、それは四書五経(○p.79)などを誤って読み、聖人の教えを誤解しているためであるとした。**聖人の教えを忠実に読解するためには、古代の中国語に習熟し、中国古典の文章に精通する必要がある。**そして、孔子(○p.71)・孟子(○p.76)の仁や礼を究明するためには、彼らが理想とした周以前の制度を探究しなければならないと考え、『易経』・『詩経』・『書経』・『春秋』・『礼記』の五経に『楽経』を加えた六経を研究の対象とした。

解説　文献学的な方法論 荻生徂徠は、伊藤仁斎ら古義学派が依拠する『論語』や『孟子』よりも前の時代の文献を研究対象とした。また、中国古代の言語が日本語とは異なるという自覚を持ち、直接、中国古代の言葉で六経を読もうとしたことに特徴があり、朱子も伊藤仁斎も古代の言葉で文献にあたっていないと批判している。このように、**書物が書かれた当時の言葉や意味そのままに原典を理解しようとする文献学的な方法論**は、のちに本居宣長(○p.232)ら、**国学者の研究にも影響を与えた。**

原④ ② 先王の道

　古の聖人(先王)が定めた制度を先王の道という。荻生徂徠によれば、道とは朱子学でいうような、この世界、天地自然におのずからそなわるものではなく、**堯・舜(○p.71)など中国古代の理想的君主(先王)が作った人為的なもの**である。たとえば、先王が定めた**儀礼・音楽・刑罰・政治制度(礼楽刑政)**などがそれにあたる。古の聖人は、このような先王の道を立てることで人々を治め、社会が調和するように努めたのであり、彼はその道を究明することを説いた。

③ 経世済民

　荻生徂徠は、世を治め民を救うこと(**経世済民**)が、国を治め天下を平和なものにする**安天下の道**であるという。先王の道は経世済民のために立てられたのであり、したがって、**儒教の根本は万民が安らかに暮らせるようにする政治や社会制度にある。**徂徠はこうした考え方から、従来の儒教は個人の人格を高めることを重んじ、天下を治めることを軽んじてきたと批判した。このことから、徂徠の儒教は**経世済民の学**と呼ばれる。

日本の思想

4

日本儒学の展開

228

入試に○×チャレンジ 問 荻生徂徠は、古代中国の聖人が制作した儀礼・音楽・刑罰・政治などの制度こそが、天下を安んずるための「道」であるとし、心の修養を求めることよりも、具体的な「道」を学び実践することによる効果の方が重要であると説いた。(2011年本試)

4 孔子の道は先王の道

🔍 孔子の「道」は個人的な道徳ではなく、先王が立てた天下を治める道であると説いている。

孔子が説いた「道」は、「先王の道」である。「先王の道」は、天下を安泰にする「道」である。……

「先王の道」は、先王が創造したものである。天地自然のままの「道」ではないのである。つまり先王は聡明・英知の徳を持つことから、天命を受け、天下に王としてのぞんだ。その心はひとえに天下を安泰にすることを任務としていたので、精神を使いはたし、知恵の限りを尽くして、この「道」を作りあげ、天下後世の人々をこれによって行動するようにさせたのだ。天地自然のままに「道」があったわけでは、決してない。

……「道」は、数千年をかさね、数人の聖人の精神と知恵をかさねて完成されたわけで、一人の聖人の一生の力だけで処理できるようなものではない。だから孔子でさえ、学んでから「道」を会得（えとく）したのである。それを、天地自然にあるものだなどと考えてよいものか。

（『**弁道**（べんどう）』前野直彬訳「日本の名著16」中央公論社）

太宰春台（だざいしゅんだい）(1680〜1747)

信州（現、長野県）飯田（いいだ）で武士の子として生まれた。14歳の時に但馬の出石藩（いずし）（現、兵庫県）に出仕したが20歳で許可を得ずに職を辞した。31歳で荻生徂徠に入門し、主著『経済録』で富国強兵や、藩による専売制採用を論じるなど、経世の分野で徂徠の学問を発展させた。師の徂徠が人間性を信頼し、それぞれが個性を発揮して有用な人材となることを主張したのとは対照的に、人間不信を基調とし、個人は礼儀という外形的な規制による修養をすべきであると主張した。

解説

荻生徂徠の「道」理解 荻生徂徠は、孔子が説いた道は、礼楽刑政などすべて先王が確立したものを取り上げて総合的に名づけたものであると説いている。彼は、道は天下を治めるものとして創造されたとして、朱子学などにみられる自然のままに道があったとする考え方を否定している。

メモ

「**徂徠豆腐**（とうふ）」 荻生徂徠が貧しかった青年時代、豆腐屋からおからをもらって食いつないだという話を、弟子が書き残している。「徂徠豆腐」という落語の演目は、この逸話に、赤穂事件をからめたものである。

◆赤穂浪士の討ち入りと荻生徂徠 —— 出題

1701年3月、赤穂藩主の浅野内匠頭長矩（たくみのかみながのり）が、江戸城中で吉良上野介義央（きらこうずけのすけよしひさ）に刃傷に及んだ罪で、切腹、御家取り潰しとされた。それに対し、翌年12月、大石内蔵助良雄（くらのすけよしお）をはじめとする旧浅野家家臣の四十七士が吉良邸に押し入り、主君の仇（あだ）を討った。有名な赤穂浪士の討ち入りである。その後、彼らの処分が問題となり、当時の将軍徳川綱吉が儒学者らに意見を聞くと、見解が二つに分かれた。

討ち入りは主君への忠義だ！命は助けるべきだ！
室鳩巣（むろきゅうそう）(◯p.223)

仇討ちは義でも、秩序を乱したのだから、法に照らして切腹にすべきだ！
荻生徂徠

結局、徂徠の意見が受け入れられ、赤穂浪士には切腹が命じられた。これは、社会の安定を保つためには妥当（だとう）な裁定であった。

◆古学の比較 —— 出題

	山鹿素行	伊藤仁斎	荻生徂徠
学 問	古学（聖学）	古義学	古文辞学
活動地	配流先（はいる）の赤穂	古義堂（京都堀川）	蘐園塾（けんえん）（江戸）
主 著	『聖教要録』	『語孟字義』『童子問』	『政談』『弁道』
思 想	• 朱子学など後世の解釈を排し、孔子・孟子などの古の聖人の教えに帰る • 武士の職分は高貴な人格を保ち、農・工・商の三民の師となって彼らを道徳的に教え導くことにある⇒**士道**	• **論語**が「**最上至極宇宙第一の書**」 • 仁とは日常において自然に表れる純粋な愛情⇒**仁愛** • **誠**とは真実無偽の心	• 『**六経**』＝五経＋『**楽経**』を重視 • 古代中国の言語（古文辞）によって文献に直接あたり、**先王の道**（古代中国の制度＝礼楽刑政）を解釈 • 政治が儒教の本義⇒**経世済民**、**安天下の道**

コラム 死を覚悟した献身と、組織の中での身の処し方 —— 出題

「武士道というは、死ぬことと見つけたり」という一節で有名な『葉隠（はがくれ）』は、佐賀藩鍋島家（なべしま）に伝わる書物である。この元になったのが、山本常朝の談話だとされる。山本は1659年に生まれ、8歳から佐賀藩に仕えた人物で、41歳の時に隠棲（いんせい）し、60歳で死去した。その隠棲時代に、同じ佐賀藩の後輩が武士の心得を山本に聞きに行き、それがのちに『葉隠』としてまとめられた。『葉隠』では、主君への献身・忠節と死への不断の覚悟が説かれているが、なかには日常的に藩の中でどのように身を処していけばよいかなどの心構えも含まれている。これらは、現代人の組織の中での振る舞い方にも通ずるものがある。

『葉隠』

• どんな仕事をするのであれ、一つの役目を与えられた者は、まずはその仕事の急所を押さえておいて、今日を限りとの覚悟を決めて、主君がそばにいるつもりで気を張って奉公につとめれば失敗はないものである。

• どんな能力があろうとも、まわりから好かれない者は役に立たない。

• 人の気持ちが知りたいなら、まず病気になりなさい。

（『「葉隠」に学ぶ誇り高い生き方』武光誠監修 成美堂出版）

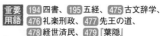

日本の思想

(3)

古学

5 国学・庶民の思想

概観 江戸時代の儒学研究における実証的・文献学的態度は、様々な思想・学問の発展を促した。その中で国文学における日本古典の研究に端を発し、日本固有の純粋な精神である古道を明らかにすることをめざした国学が発展した。また、町人(商人)の営利行為を正当化した石田梅岩の心学(石門心学)が広まり、町人の学問研究も盛んになった。さらに、農業思想も発展し、万人直耕の自然世を理想とした安藤昌益や、報徳思想で多くの農村復興を手がけた二宮尊徳らも現れた。

―越後屋の店内(公益財団法人三井文庫所蔵資料)

要点の整理　　　　　　　は入試重要用語

儒教・仏教 ←批判 国学　　江戸中期以降の → 町人の思想
社会の変化　　 → 農民の思想

1 国学

● 日本古典の実証的・文献学的研究→外来思想の影響を受けていない日本固有の純粋な精神(古道)の究明

契沖(1640〜1701)　主著『万葉代匠記』　国学の祖、古典研究を発展させる

荷田春満(1669〜1736)　国学の必要性・外来思想の排除を主張

❶**賀茂真淵**(1697〜1769)⤳p.231　主著『万葉考』『国意考』

● **高く直き心**……古代日本人をつらぬく、私心のない高貴で真っすぐな精神

● **ますらをぶり**(益荒男振)……男性的で荒々しく力強い風格。おおらかさもあり『万葉集』をつらぬいている

❷**本居宣長**(1730〜1801)⤳p.232　主著『古事記伝』『直毘霊』『源氏物語玉の小櫛』『秘本玉くしげ』

● **惟神の道**……『古事記』『日本書紀』に示された神々の振る舞いをもとにする習俗

　→儒教や仏教の影響を受けた心である**漢意**を除こうとする

● **真心**……人間の生まれながらの自然の情＝日本固有の精神＝**大和心**

● **もののあはれ**……外界の「もの」にふれた時のしみじみとした感情

　たをやめぶり(手弱女振)……女性的で優しい様子・態度。『古今和歌集』にみられる

❸**平田篤胤**(1776〜1843)⤳p.234　宣長没後の門人　**復古神道**(日本固有の古代の神の道を説く)を完成

2 町人の思想

❶**石田梅岩**(1685〜1744)⤳p.235　主著『都鄙問答』『斉家論』

● 町人の営利行為の正当化→**正直・倹約**(町人の守るべき道徳)

● **心学**(石門心学)を提唱……手島堵庵(明倫舎)・中沢道二らの心学者が続く

❷**懐徳堂**……大坂町人の私塾。**富永仲基**『出定後語』、山片蟠桃『夢の代』⤳p.237

❸**三浦梅園**(1723〜89)⤳p.237……反観合一の条理学を唱える

3 農業思想

❶**安藤昌益**(1703〜62)⤳p.238　主著『自然真営道』『統道真伝』

　万人直耕の**自然世**を理想とする←→不耕貪食の徒による**法世**

❷**二宮尊徳**(1787〜1856)⤳p.239　主著『二宮翁夜話』(二宮尊徳の言行を弟子が筆録)

● **農は万業の大本**……農業を天の営み(**天道**)であるとともに、人の営み(**人道**)とする

　→農村復興、農業は人道であるが天の恵みにも感謝、報いる(**報徳思想**)→報徳仕法

● **分度**(経済力に応じた生活設計)、**推譲**(余裕分を将来へのそなえとしたり、困窮者に分け与えたりする)

国学者、町人・農業の思想家の出身地

　　国学者

　　町人・農業の思想家

秋田県
平田篤胤
安藤昌益

大阪府
富永仲基

京都府
荷田春満
石田梅岩

神奈川県
二宮尊徳

兵庫県
契沖
山片蟠桃

静岡県
賀茂真淵

三重県
本居宣長

長崎県
西川如見

大分県
三浦梅園

本居宣長の書斎・鈴屋(三重県松阪市)　本居宣長は居宅の2階に書斎を設け、鈴屋と名づけた。

▲**本居宣長の旧宅**(外観)

▶**鈴屋の内部**　床の間の柱に鈴が掛けられていた。

入試に◯✕チャレンジ　112 賀茂真淵は、生きとし生けるものすべてが歌を歌うように古の人々も心のありのままに歌を歌っていたのだから、古の歌を通じて当時の人々の心と同化し、心のありのままに生きることを「天地の心」にのっとった生き方とした。(2006年本試)

『万葉集』研究の第一人者　★★★☆☆

賀茂真淵 (かものまぶち)

静岡県出身
1697～1769

和国は丈夫の国にして、古へは、をみなも、ますらをに習へり。
故、万葉の歌は凡丈夫の手ぶりなり

年（年齢）	生　涯
1697(0)	遠江国に誕生
1727(30)	この頃、荷田春満に入門
1736(39)	荷田春満が死去
1746(49)	田安宗武に和学を教える
1763(66)	本居宣長と会う
1768(71)	『万葉考』完成
1769(72)	死去

略伝　京都の賀茂神社末流の神官の子として、遠江国（現、静岡県）に生まれた。27歳の時、浜松の梅谷家の養子となった。浜松を訪れた荷田春満に会ったことがあり、春満に国学や和歌を学んだ。36歳で梅谷家を離れ、春満のもとで古典・古語の研究を進めたが、春満の死後、江戸に出た。49歳の時、8代将軍徳川吉宗の次男の田安宗武に和学（国学）をもって仕えることとなり、真淵と名乗る。63歳の時に隠居し、その後は著述や門人の育成に努め、72歳で死去した。様々な古典を研究し、なかでも『万葉集』を貫く古代の純真素朴で力強い精神を尊び、その注釈書『万葉考』を著したほか、いわゆる五意考*などの著書がある。

主著『万葉考』『国意考』『歌意考』『にひまなび』

メモ　**女性も学ぶ**　賀茂真淵の号が県居であったことから彼の門人は県門と呼ばれ、その数340人を数えた。そのうちの3分の1が女性であり、「県門の三才女」と呼ばれるような優秀な女性たちもいた。

***五意考**　真淵の著書『文意考』、『歌意考』、『国意考』、『書意考』、『語意考』の総称。

賀茂真淵の思想

❶賀茂真淵が『万葉集』で重視したのは何だろうか。
❷高く直き心、ますらをぶりとは何だろうか。

1 高く直き心・ますらをぶり　頻出

　賀茂真淵は、**私心のない高貴で真っすぐな精神を高く直き心**、**男性的で荒々しく力強い風格をますらをぶり**（益荒男振）と呼んだ。彼は、日本古来の精神である**古道**を研究する中で、『**万葉集**』を貫く素朴で純粋な精神を重視し、古道は自然のままにあるもので、それこそが日本古来の精神であるとして、儒教の人為的・作為的な面を批判した。

万葉集の「ますらをぶり」── 雄略天皇の歌

籠もよ　み籠持ち　ふくしもよ　みぶくし持ち　この岡に　菜摘ます児　家聞かな　名告らさね　そらみつ　大和の国は　おしなべて　我こそ居れ　しきなべて　我こそいませ　我こそば　告らめ　家をも名をも

【訳】籠も　良い籠を持ち　ふくし*も　良いふくしを持ち　この岡で　菜をお摘みの娘さんよ　家を聞きたい　名のっておくれ　（そらみつ）　この大和は　ことごとくわたしがすべている国だ　すみずみまで　わたしが治めている国だ　わたしこそ　告げよう　家も名前も

（『万葉集』「日本古典文学全集2」小学館）

*ふくし　菜を掘り起こして摘むためのへら。

解説　**おおらかな歌風**　春に菜を摘んでいる少女に天皇が声をかけ、家や名前を聞く求婚の歌である。このおおらかな歌は雄略天皇が詠んだとされ、『万葉集』の巻第一の始め、つまり『万葉集』を通して一番最初に収録されている。この歌を最初の歌としたところに、『万葉集』を貫く気風がよく表れている。

原典資料

2 古道

　いにしへの歌は調をもはらとせり。うたふ物なれば也。そのしらべの大よそは、のどに（のどかに）も、あきらにも、さやに（はっきりと）も、遠ぐら（うす暗く）にも、おのがじ〻（各人が）得たるまにまになる物の、つらぬくに、**高く直き心**をもてす。……**大和国は丈夫国にして、古へをみなもますらをに、習へり。故、万葉集の歌は、凡丈夫の手ぶり也。**

（『にひまなび』阿部秋生校注「日本思想大系39」岩波書店）

解説　**からくにぶり**　賀茂真淵は、外来思想が入る前の日本の古典を学ぶことで、古道を明らかにしようとした。真淵は、古道が「天地のまにまに丸く平らか（天地のままに丸く平ら）」なものであるとし、『万葉集』に**高く直き心**や**ますらをぶり**をみている。それに対し、儒教や仏教などの外来思想を**からくにぶり**と呼んで批判し、これらが入ってきたことで、古道が失われたとした。

◆国学の先駆者　頻出

★**契沖**
（1640～1701）

摂津国（現、兵庫県）に生まれた。徳川光圀（〇p.223）から仕官を求められても固辞したが、友人で歌人・和学者の下河辺長流が水戸藩から依頼されていた『万葉集』の注釈執筆を代わりに行うことを受諾し、『**万葉代匠記**』を完成させた。古代の歴史的仮名遣いを発見するなど、古典研究を発展させ、**国学の祖**といわれる。

荷田春満
（1669～1736）

京都の伏見稲荷神社の神官の子として生まれた。神道と歌学、伊藤仁斎（〇p.227）の古義学の影響を受けた。春満は契沖の古道を発展させたが、それは賀茂真淵や本居宣長（〇p.232）のような古典の研究から導き出されたものではなく、学問としては観念的で古い神道を脱していなかった。

インフォメーション　賀茂真淵記念館（静岡県浜松市）　賀茂真淵の生誕地にあり、遺品を収める。隣に賀茂真淵を祀った県居神社がある。

答　p.228　○　〔Ⅲ〕

重要用語　480 国学、481 高く直き心、482 ますらをぶり、483 古道

日本古来の道を求めた国学の大成者

★★★★★

本居宣長 （もとおりのりなが）

三重県出身
1730～1801

敷島の大和心を人間わば、朝日に匂う山桜花

年（年齢）	生涯
1730(0)	伊勢松坂の木綿商家に誕生
1751(21)	家督を相続
1752(22)	医学修行のため上京
1757(27)	郷里に戻り医者となる
1763(33)	松坂で賀茂真淵に出会い入門
1771(41)	『直毘霊』成立
1793(63)	『玉勝間』執筆開始。紀州藩主に召し抱えられる
1796(66)	『源氏物語玉の小櫛』成立
1798(68)	『古事記伝』全44巻完成
1801(71)	死去

メモ 「鈴屋」 本居宣長は鈴が好きで、書斎を「鈴屋」と呼び、珍しい鈴などを集めていた。

略伝 伊勢松坂（現、三重県松阪市）の木綿商家に生まれた。21歳の時、義兄の死によって商家を継ぐが、商人に向かないと考えた母の勧めにより、医者を志して京都に上った。そこで儒学者で医師の堀景山から荻生徂徠（●p.228）の儒学と契沖（●p.231）の国学を教えられたことが、宣長の学問・思想形成に大きな影響を与えた。27歳で松坂に帰り小児科医を開業するとともに、国学にも本格的に取り組み、研究と門人の教育に携わった。33歳の時、賀茂真淵（●p.231）と出会い、以後、手紙の往復によって教えを受けた。その後、上代の文献に関心が向き、約35年かけて大書『古事記伝』を完成させた。このほかあらゆる古典を研究し、多くの著書を残して国学の大成者と呼ばれた。57歳の時には、紀州藩主徳川治貞に為政者の心構えを説いた『秘本玉くしげ』を献上し、63歳の時、在郷のまま召し抱えられた。多くの門人を指導し、1801年に71歳で死去した。

主著 『古事記伝』『直毘霊』『源氏物語玉の小櫛』『秘本玉くしげ』

本居宣長の思想

❶本居宣長は、古道をどのようにとらえたのだろうか。

神々の振る舞いに発する惟神の道であるととらえた。 →①、原典資料❹

❷宣長は、日本古来の精神をどのようなものと考えたのだろうか。

人間の生まれながらのありのままの情である真心が、日本固有の精神であると考えた。 →②、原典資料❺

❸宣長は、自然な感情の発露として何を重視したのだろうか。

しみじみとした感情の「もののあはれ」と女性的で優しい「たをやめぶり」を重視した。 →③、原典資料❻

原❹ 1 惟神の道とは 〔出題〕

本居宣長は、『古事記』や『日本書紀』に示された神々の振る舞いに発する習俗を惟神の道と呼んだ。賀茂真淵の教えを受けた宣長は、江戸時代に主流であった儒教や仏教に影響された考え方を漢意と呼んで除こうとし、師の真淵の儒教批判も、老荘思想的で外来思想の影響を受けているとして否定した。そして、神代から伝わってきた、神の御心のままの人為を加えない日本固有の道を古道ととらえ、それは儒教の聖人の道や仏教の悟りの道とは異なるものであるとした。

原❺ 2 生まれながらの自然な情 —— 真心 〔頻出〕

人間の生まれながらの自然な情を真心といい、宣長はこれが日本固有の精神であるという。儒教や仏教は、個人が修養によって自らを高めることを説くが、それは浅薄な知恵（さかしら）にすぎない。命を惜しんだり、名誉や利益を求めたり、愛に生きるのは人間のありのままの姿である。これらの自然な感情を肯定した宣長は、真心こそ大和心であると主張した。

原❻ 3 「もののあはれ」と「たをやめぶり」 〔出題〕

（1）「もののあはれ」

「あはれ」とは、物事にふれた時に発する「ああ」と、続いて息を吸いこむ音の「はれ」を短縮した言葉であり、人間の心が自然や人間の様々な面といった外界の「もの」にふれた時に起こるしみじみとした感情を、**もののあはれ**という。もののあはれを知ることは、例えば美しいものを見て、美しいと感じる心の動きを知ることであり、**ありのままの心情を肯定する態度**である。宣長は、『源氏物語』の研究を通し、文芸の本質はもののあはれにあるととらえ、それを知る人を**心ある人**として理想化した。

◀笛を吹きながらあはれを感じて涙する源博雅（『陰陽師』岡野玲子、白泉社）感じたあはれをそのまま表し涙を流している。

入試に○×チャレンジ ⓡ113 本居宣長によれば、嬉しいことを嬉しく思い、悲しいことを悲しく思うのは、事柄に相応して感情が動く人間本来のあり方なのに、儒学の教えが何事にも道理を先立て、妄りに心を動かさないよう説いているのは、うわべを飾る偽りである。（2016年本試）

（2）「たをやめぶり」

『古今和歌集*』にみられる**女性的で優しい様子や態度をたをやめぶり**(手弱女振)という。これは『万葉集』のますらをぶり(→p.231)と対をなす繊細な歌風であり、賀茂真淵はこれを、古代の純粋さを失ったものとして批判した。しかし宣長は、これも作為的な漢意とは異なる自然な感情の現れであるとして、「もののあはれ」とともに重視した。

*古今和歌集 10世紀に成立したとされる、最初の勅撰和歌集。優美な歌風が特徴。

コラム　松坂の一夜

　本居宣長は、師の賀茂真淵と生涯ただ1度しか会ったことがない。33歳の時、松坂に立ち寄った真淵と旅宿で出会い、一晩、国学について語り合った。その後は手紙のやり取りで教えを請うた。そこで宣長は真淵から二つのことを諭された。一つは、師の説であっても無批判に受け入れてはいけないということであり、後年、宣長はその教え通り真淵の学説を批判している。もう一つは、真淵は『古事記』の重要性を感じつつも、それに至らないまま年を重ね、もう人生に先が残されていない(当時66歳)ということである。そこで宣長は『古事記』の研究を行い、生涯をかけて大著『古事記伝』を完成させた。

原典資料

4 惟神の道

> 神の道に従う惟神とはどのようなことだろうか。

　……「神ながらとは、神の道に随い、またそこに、おのずから神の道あるをいう」とあるのを、とくと思うべきである。**神の道に随うとは、天下統治の事業は、もっぱら神代からあったがままに行なわれ、いささかもさかしらを加えることがない**のをいう。そしてそのように神代のまにまにおおらかに治めると、自然と神の道は充足し、他に何も求める必要がなくなる。これをおのずから神の道ありというのである。それで、「現御神と大八洲国しろしめす」というのも、世々の天皇の政治がとりも直さず神の政治であるという意である。『万葉集』の歌などに「神ながら云々」とあるのも同義にほかならない。

（『直毘霊』西郷信綱訳「日本の名著21」中央公論社）

5 真心

> 人の生きる道は、利欲を抑えた朱子学にあるのではなく、生まれつきの真心にある。

　学問をして人の生きるべき道を知ろうとするならば、**まず漢意をきれいさっぱりと取り去らなくてはならない**。この漢意がきれいに除き去られないうちは、どんなに古書を読んでも、また考えても、古代の精神は理解しがたく、古代の精神を理解しなくては、人の生きるべき道というものは理解しがたいことなのである。いったい道というものは、本来学問をして理解する事柄ではない。人が生まれたままの本来の真心に立つのが道というものなのである。真心というのは、善くても悪くても、生まれついたままの人間本来の心をいうのである。ところが後世の人は、全体に例の漢意にばかり感化されて、真心をすっかり失ってしまったので、現代では学問をしなければ道を理解できなくなっているのである。

（『玉勝間』大久保正訳「日本の思想15」筑摩書房）

6 もののあはれ

> 「もの」にふれた素直な感動を、なぜ「あはれ」というのだろうか。

　物のあわれを知るとは何か。「あはれ」というのはもと、見るもの聞くもの触れることに心の感じて出る嘆息の声で、今の世の言葉にも「あゝ」といい「はれ」というのがそれである。たとえば月や花を見て、ああ見事な花だ、はれよい月かなといって感心する。「あはれ」というのは、この「あゝ」と「はれ」との重なったもので、漢文に嗚呼とある文字を「あゝ」と読むのもこれである。……

　……何事にしろ感ずべきことに出会って感ずべき心を知って感ずるのを、**「物のあはれを知る」**というのであり、当然感ずべきことにふれても心動かず、感ずることのないのを「物のあはれを知らず」といい、また**心なき人**とは称するのである。

（『源氏物語玉の小櫛』西郷信綱訳「日本の名著21」中央公論社）

解説　神ながら　本居宣長は、古代の日本において天下がよく治められていたのは、神の道に従い自然のままに統治していたからであるとする。このような神の道を**惟神**といい、**さかしら**、すなわち儒教や仏教のようなこざかしい知恵を働かせたりしない自然の道である。「神ながら」という言葉は、「神ながらとは神の道に従いて」として、『日本書紀』の孝徳天皇の条にみられる。

解説　漢意の排除　本居宣長の重視した真心とは、**「よくもあしくも、生まれつきたるままの心」**をいい、個人の利欲をも含めたものである。儒教や仏教は、様々な教えから個人に修養を求め、ありのままの心をことさらに抑えようとする。宣長はそれを批判し、**人が生きる道を知るためには、儒教や仏教など中国の影響を受けた漢意を排除すべきである**と説いた。

▶源氏物語を題材とした漫画『あさきゆめみし』(大和和紀、講談社)『源氏物語』は現代でも読み継がれている。「もののあはれ」は日本人に脈々と息づく感性である。

解説　光源氏はあはれを知る人　「ああ」と「はれ」をつなげた「あはれ」は情緒的な趣深さを表す言葉であり、宣長はこれを重視した。そして、儒学者らが、義理の母と密通するなど不道徳であるとして批判する『源氏物語』の主人公光源氏を、宣長はもののあはれを知る、心ある人と評価している。

日本の思想

（1）国学

復古神道の完成者

平田篤胤 (ひらたあつたね)

★★★★★

秋田県出身
1776～1843

古へ学びする徒は、まず主と大倭心を堅むべく

年(年齢)	生　涯
1776(0)	出羽国に誕生
1795(19)	脱藩して江戸に出る
1800(24)	平田家の養子となる
1811(35)	『古道大意』の稿本完成
1812(36)	『霊能真柱』が完成
1825(49)	『古史伝』の28巻まで完成
1841(65)	著述差し止めと秋田帰還を命じられる
1843(67)	死去

メモ **没後の弟子入り** 平田篤胤が国学を志した時、すでに本居宣長は死去していたが、篤胤は夢の中で宣長に会って弟子入りを許されたと称していた。

略伝 出羽国(現、山形県・秋田県)秋田藩士の家に生まれた。19歳で江戸に出奔し、24歳で備中国(現、岡山県)松山藩士平田篤穏の養子となる。この頃、独学で国学者となり、本居宣長の没後の門人と称して後継者を自認した。しかし、その文献学は継承せず、古道を明らかにするという目的のみを共通のものとしていた。36歳の時『霊能真柱』を出版し、その後は、諸外国に対する日本の優越性を説く独自の国学を展開していった。古道を現実の規範と考えるなど、**復古神道の完成者**といわれる。黒船の来航などで対外危機が意識された幕末にあって、日本の優越性を説く彼の思想は庶民にも広まり、門人も増えていった。しかし、その徹底した尊王思想や儒教批判は、江戸幕府の体制を揺るがすものとして危険視され、65歳の時、幕府によって著述差し止めの上、秋田帰還を命じられ、再び秋田藩士となり、67歳で死去した。

主著『霊能真柱』『古道大意』

平田篤胤の思想

❶復古神道とはどのようなものだろうか。
❷平田篤胤は、幽冥界と顕世の関係をどのようにとらえたのだろうか。

1 復古神道

出題▶

復古神道とは、儒教や仏教の教えや学説が伝来する以前、**日本に古代から存在した純粋な神の道を説く神道**である。江戸時代に入ってから国学者らが唱えていた思想だが、平田篤胤が体系化・完成したため、平田神道ともいわれる。彼の思想では、神々の子孫である天皇の絶対性が強調され、天皇に従うことこそ神の道であるという。また、神々の子孫である天皇の治める日本は外国に優越していると主張する。こうした復古神道は幕末の思想に影響を与え、水戸学(◯p.244)とともに尊王攘夷論を正当化する理論的根拠となった。

解説 **後世への影響** 尊王攘夷論を正当化し、明治維新の原動力の一つとなった復古神道は、偏狭な日本中心主義に陥る可能性も含むものであり、のちの国家主義(◯p.255)にも影響を与えたといわれる。一方、篤胤の多くの著作は世に広まり、国学を庶民に普及させる役割も果たした。

メモ **篤胤の仏教批判** 平田篤胤の著作には、庶民にも親しみやすい文章で書かれたものも多かった。その一つ『出定笑語』では、仏教の悪影響がまるで講談のような語り口調で書かれている。これは内容に学術的な根拠が薄く、「批判」というより、「悪口」のようなものである。

2 幽冥界

平田篤胤は、死後の世界について、以下のように本居宣長と異なった見方をしている。

平田篤胤と本居宣長の考える死後の国

	平田篤胤	本居宣長
死後の国	幽冥界	黄泉国(◯p.198)
場所	この世と同じところ(目には見えない)	この世の下(地下)
特徴	大国主命*が治め、この世での行為が裁かれる場所	「きたなき悪しき国」

***大国主命** スサノヲ(◯p.198)の子孫。葦原中国を治めていたとされる。

解説 **幽冥界の裁きと天皇への服従** 篤胤は、**幽冥界こそが本世であり、仮の世であるこの世(顕世・うつしよ)の行為は常に見守られ、それが幽冥界で問われる**と考えた。そのため、幽冥界での安心を得るには、神の子孫としてこの世を治める天皇に対する、絶対的な服従が必要だと説いた。このように、篤胤が説く国学は、宗教色の強いものであった。

コラム **天狗に会いたい**

平田篤胤は40代の頃、寅吉という男の世話をした。寅吉は子どもの頃に神隠しにあって、幽冥界に住む天狗の弟子となり、幽冥界と顕世を行き来していたという。そこで篤胤は、寅吉に幽冥界のことを尋ねたり、天狗への手紙を持たせたりした。篤胤はこうまでして幽冥界のありさまを知ろうとした。

日本の思想

5

国学・庶民の思想

234

入試に◯×チャレンジ 114 石田梅岩は、自らのおのずからなる欲望を制し、正直と倹約の生活を送ることで、天道と人道との合一を実現することができるとした。(2005年追試)

商人の営利行為を正当化した市井の思想家

石田梅岩 （いしだばいがん）

★★ ★★★

京都府出身
1685～1744

売利を得るは商人の道なり

年（年齢）	生　涯
1685（0）	丹波国に誕生
1695（10）	京都の商家に奉公に出る
1707（22）	再び京都の商家に奉公
1722（37）	小栗了雲に出会う
1727（42）	奉公を辞す
1729（44）	自宅に講席を開く
1739（54）	『都鄙問答』を刊行
1744（59）	『斉家論』を著す。死去

＊隠士　俗世を離れ、現実世界と距離を置きながら精神修養をする者。

メモ カルヴァンとの共通点　商業に対する不当な評価を改めたという点で、石田梅岩はカルヴァン（◆p.96）と通ずるものがある。

略伝 1685年、丹波国（現、京都府）の農家に生まれた。10歳の時、京都の商家に丁稚奉公に出され、13歳で一度辞めるが、22歳の時、再び京都の呉服屋に奉公に出る。この間、奉公の合間をぬって神道を学び、また仏教・儒教の書を読んだ。30代半ばで人生に疑問を抱くうち、小栗了雲という隠士＊に出会い、その教えを受けて心を常に安楽にする道を志すようになった。42歳の時に商家の奉公を辞し、ほぼ独学で研究に打ち込み、心を理解することの大切さを説く心学（石門心学）を打ち立てた。そこで、商人の営利行為の正当性を主張した。44歳の時、自宅に初めて開いた講席は、謝礼も取らず紹介もいらない自由な講義であった。初めは聴講者も少なかったが、やがて門人も増え、大坂でも講義をするようになる。以後、1744年に59歳で死去するまで、簡素な独身生活を続けながら道を説いた。　**主著**『都鄙問答』『斉家論』

石田梅岩の思想

❶石田梅岩の心学とは何だろうか。

梅岩の生活体験に根ざした、商人が自らの心を磨く道徳。→①

❷梅岩が商人の営利行為を正当化したのはなぜだろうか。

江戸時代に実力を持った町人（商人）の存在意義を認め、その活動を評価したから。→②、原典資料❹

❸梅岩が正直・倹約を説いたのはなぜだろうか。

町人の守るべき道徳として正直と倹約を置き、それを守って商売をすることにより、商人を封建道徳の中に位置づけるため。→③、原典資料❺

① 心学 [出題]

石田梅岩は、神道・儒教・仏教・老荘思想などの教えに、彼自身の生活体験をあわせて、自らの心を磨く心学を提唱した。心即理を説き心を重視する陽明学（◆p.80）と区別するため、石門心学ともいわれる。梅岩の唱えた石門心学は、商人の利潤追求を肯定し、町人道徳を平易に説いて、江戸時代に台頭してきた町人階層に倫理的自覚とその実践を求めるものであった。これは、武士に対して町人の存在意義を積極的に主張する画期的なものであり、江戸時代の町人の実力を正当に評価したものとして意義が認められている。

梅岩の弟子・手島堵庵

手島堵庵（1718～86）は石田梅岩の弟子で、心学を継承し、その拡大に貢献した人物である。彼の教えは師の梅岩の教えをより平易にし、個人的な心がけや処世訓を説いて通俗化した。さらに、明倫舎などの心学講舎＊を設立して、心学の普及と組織化・制度化に努めた。

＊心学講舎　心学を町人など庶民に教えたり、心学者が修行を行う施設。

原❹ ② 商人の営利行為の正当化 [頻出]

江戸時代、商いは卑しい行為とされ、商人は低い身分に位置づけられていた。これは、江戸時代の日本が農業を重視する社会であり、その中で商人は、物理的には何も生産・加工せず、他者が作ったものを売り買いするだけで利益を得ているとみなされたことによる。これに対し梅岩は、武士が役を勤めたり、農民が耕作したり、職人が物を作ったりするのと同じように、商人の活動は社会の役に立っているとし、その利潤追求を肯定した。**商いによって獲得する利益は、武士の得る俸禄や職人の工賃と何ら変わらない正しい報酬である**として、**商人の営利行為の正当性を説いたのである**。これは、江戸時代の経済が、しだいに商業によって動かされていくようになったことに対する商人の自負を表す考え方といえる。

メモ まじめな梅岩　石田梅岩は子どもの頃からまじめな性格で、商家に奉公に出てからも休みも取らずに働いた。あまりにもまじめなので、奉公先のおばあさんから、「たまには外出したら」と夜遊びを勧められたこともあったという。

BOOK 『石田梅岩のことば』（寺田一清編、明徳出版社）　石田梅岩の主著から抜粋した言葉を音読用にまとめる。

答 p.232 113 ○

重要用語 489 復古神道、490 石門心学

日本の思想

（2）町人・農民の思想

235

原5 3 町人の守るべき道徳 出題

　石田梅岩は町人の守るべき道徳として、**利己心を離れた正直**と、**世間の富を大切にする倹約**を強調し、勤勉に家業に励むことを説いた。商人の営利行為を正当なものとする一方で、暴利を貪ったり、身に過ぎた贅沢をしたりすることを戒め、自己の職分に満足する**知足安分**の生活態度を示したのである。この町人道徳は、町人の自覚と誇りを高めたが、彼らを封建的な身分秩序の枠内に順応・教化させることにもなった。

コラム COLUMN 心学の講話 ── 前訓の席 出題

　石田梅岩の弟子の手島堵庵（●p.235）が、年少者のために平易な言葉で語った講席が前訓の席である。下の絵は、その模様を描いたものであり、講話者の近くの男子席と、簾で隔てられた女子席があるのがわかる。これは、江戸時代の男女不平等や、「男女七歳にして席を同じうせず」とした儒教の影響を表しているが、女子も講話に参加させた点で、意義が認められるだろう。

▶**前訓の席**　心学の教訓を俗語や歌などを使って説明した。

◆町人の学問所 ── 懐徳堂

　江戸時代、商人などの町人が力をつけ始めると、彼らは自ら学問を修めるようになり、私塾を設立する者も現れた。1724年に大坂の町人によって設立、運営された学問所の**懐徳堂**はその代表的なものである。この懐徳堂は、五同志と呼ばれる好学の町人らによって出資、設立された。庶民教育を主眼とした漢学塾で、学問を修める目的を、忠孝を尽くし職業に励むことに置き、儒学や詩文が学ばれた。学主に三宅石庵が迎えられ、中井甃庵やその子中井竹山らが教授を行い、富永仲基、山片蟠桃らがここで学んだ（●p.237）。約150年にわたり大坂の中心的教学機関であったが、明治に入り、1869年に学主並河寒泉が「百余り四十路四年のふみの宿けふをかぎりと見かえり出づ」との歌を門に貼って閉校した。

▲**懐徳堂**　明治末期に復興が企てられ、1916年に新堂が再建されたが、1945年の空襲によって火災焼失している。

原典資料

4 営利行為の正当化

🔍 石田梅岩は、どのように商人の営利行為を認めたのだろうか。

　学者──……『論語』や『孟子』にも、「禄をうけないのは礼にあわない」と言っています。その点に疑いはありません。これは受けることが道だから受けるのです。それを欲心とは言わないでしょう。

　答──ものを売って利益をとるのは商人の道です。仕入れ値に売るのが道だというのは聞いたことがありません。利益のあるように売るのを欲と言い、道でないと言うならば、孔子はなぜ貨殖に長けた子貢を弟子としたのでしょうか。子貢は孔子の道を売買の道に応用したのです。子貢も売買の利を求めなければ富まなかったでしょう。**商人の商売の儲けは侍の奉禄と同じことです。商売の利益がなければ侍が奉禄なしで仕えるようなものです。**

（『都鄙問答』加藤周一訳「日本の名著18」中央公論社）

5 正直・倹約

🔍 武士と農工商の道は同じであるとし、共通の道徳として正直と倹約を説いている。

　だから四民はそれぞれ職分は違うけれども、一つの理即ち性即ち心を体認するのだから、士の道を言っても農工商に共通し、農工商の道を述べても士道にも共通する。だから四民の倹約を別々に述べる必要は全くない。**倹約を私が説くのは、別の問題ではなくて、人々に生まれながらの『正直』**にかえってもらいたいためである。……本然の天地をかたどった人間だから、元来に私欲のないものである。それで、自分の物は自分の物、人の物は人の物、かした物はうけとり、かりた物はかえす、少しも私心なく、生来ありのままにするのが『正直』の存する所である。

（『斉家論』中村幸彦訳「日本の思想18」筑摩書房）

解説　社会的分業
石田梅岩は、江戸時代にとかく貶められがちであった商人の利潤追求を肯定した。売買で利益を得るのが商人の道であり、商人が得る利益を武士の俸禄（給与）と同じ性格のものとみているからである。ここからわかるように、梅岩は、武士、農民、職人、商人が**社会的な分業を行って、それぞれ社会に役立っている**ことを説いている。商人の役割は、物を流通させることで、天下の助けをすることであるとした。

解説　道徳における平等
石田梅岩が町人道徳として説く**正直・倹約**は、互いに関連している。倹約とは吝嗇（けち）のことではなく、物をむやみに消費しないことにより、正直の態度を作りだすことである。そして正直・倹約は商人のみではなく、武士や農民にも当てはまるとしている。梅岩は、身分の違いは社会的分業において何を担っているかという職分の違いであり、道徳においては、人間は皆平等であると考えた。

入試に○×チャレンジ　[115] 山片蟠桃は懐徳堂に学び、地動説に基づく独自の宇宙論を展開し、合理主義的観点から、霊魂の存在を認めない無鬼論を展開した。（2013年本試）

日本の思想　5　国学・庶民の思想

町人の学問

▶長崎出島

江戸幕府は「鎖国」政策をとり、ヨーロッパの情報は長崎出島のオランダ商館を通してのみ取り入れられた。西洋の文物は制限されていたものの、早くからその実学性に目を向ける者もいた。また、一般庶民、特に町人の中からも優れた思想家が現れている。それらに共通するのは現実的・合理的な精神である。

西川如見
にしかわじょけん
(1648～1724)

略伝 長崎の役人の家に生まれる。儒学を学んだほか、西洋の天文・地理・暦学に通じていた。50歳で隠居してから著述に専念し、名声が知れ渡った。1719年には、8代将軍徳川吉宗に召し出されて下問を受け、数年間、江戸にとどまってのち帰国した。

① 洋学の先駆者

西川如見は長崎に居住していたことを生かし、多くの洋学の知見を有していた。世界商業地誌といえる『華夷通商考』など多くの著書を著し、江戸時代前期の洋学者の先駆的存在と位置づけられる。なお、『百姓嚢』・『町人嚢』などの著作もあり、後者で「ただこの町人こそ楽しけれ」と述べ、経済力を持った町人の実力を評価するなど、武士の価値観とは異なった人間観を示している。

解説 **西洋の実学の評価** 潜入した宣教師を訊問した新井白石(◯p.223)の指摘にあるように、西洋思想は封建道徳と矛盾するため警戒されたが、その実学性は高く評価されていた。そこで徳川吉宗は思想に関係のない漢訳洋書の輸入を緩和し、積極的にその導入に努めた。

三浦梅園
みうらばいえん
(1723～89)

略伝 豊後国(現、大分県)の医者の家に生まれた。儒学を学んだのは短期間で、独学で自然科学的な哲学を作り上げたといわれる。30歳前後の時に『玄論』を起草し、それを23回改稿して52歳の時に著したのが『玄語』である。ほかに『贅語』・『敢語』や、経済書である『価原』などの著作がある。終生、知的探究を進めた。

② 条理学　[出題]

梅園は、気の理論によって自然の事物の構造をとらえる**条理学**を唱えた。天地万物は根源的な気が様々に現れたもので、全体としてピラミッド構造をなしている。その中の個々の存在間の関係を条理という。それを理解する方法として、ある物をその反対に位置する物と合わせて考える弁証法(◯p.126)的な**反観合一**を説いた。

富永仲基
とみながなかもと
(1715～46)

略伝 大坂の富裕な町人に生まれた。父の徳通は、大坂町人の学問所懐徳堂設立の五同志の一人で、仲基も15・16歳の頃まで、懐徳堂で学んだとされる。**加上説**を論じた『出定後語』のほか、『翁の文』を著し、当時、神道・仏教・儒教は形骸化しており、現実生活に即した「誠の道」に生きることを唱えた。

③ 加上説　[頻出]

仏教経典は釈迦一人の教えではなく、原始仏教より順次後代の解釈が付け加えられて大乗諸派の成立に至ったとする加上説を唱え、仏教思想を発達史的に体系づけた。仏教は後の説ほど複雑になり、より古い時代に根拠を求めるという必然性を、歴代仏教徒の心理に即し法則的に論証・解明した。その発達史観は本居宣長(◯p.232)に称賛される一方、仏教徒からの批判を受けた。

山片蟠桃
やまがたばんとう
(1748～1821)

略伝 播磨国(現、兵庫県)の農村に生まれた。在郷商人の家と思われる。大坂に出て商家に奉公して敏腕を振るい、その後、仙台藩の蔵元として藩財政を立て直すなど、全国数十の藩に赴き成功を収めた。幕府からの表彰も受けている。長年にわたり、懐徳堂の中井竹山やその弟の中井履軒に儒学を学び、**無鬼論**を唱えるなど、近代合理主義の先駆的実学者である。

④ 無鬼論

霊魂や神は、人間の行いや生き方を正しく導くための方便にすぎず、それがなくとも正しく生きられるならば不必要であるとし、霊魂や神の存在を認めない考え方を無鬼論(無神論)という。ほかにも、その著書『夢の代』で、蘭学の実証性を高く評価し、地動説に基づく宇宙観、神代史の否定、仏教の迷信批判を展開するなど、驚くべき合理主義を唱えた。

解説 **神代史の否定** 蟠桃は西洋の実学に比べ日本の学者の「虚妄」を批判し、記紀神話は「空虚」として、本居宣長の『古事記伝』も「牽強付会」で愚なるものと切り捨てている。

BOOK 『自由学問都市大坂』(宮川康子、講談社選書メチエ) 懐徳堂を中心に自由な精神で展開されていた学問の様子を描く。

答 p.234 × 114

重要用語 491 正直、492 倹約、493 知足安分、494 加上説、495 無鬼論、496 条理学

日本の思想

(2) 町人・農民の思想

万人直耕の自然世を理想とした謎の思想家

安藤昌益（あんどうしょうえき）

秋田県出身
1703～62

転定は一体にして上無く下無く、統べて互性にして二別なし。
故に男女にして一人

年（年齢）	生涯
1703（0）	この年、誕生か
1744（41）	八戸で医者を営む
1753（50）	この頃、『自然真営道』、『統道真伝』を執筆
1758（55）	秋田に移住
1762（59）	死去

略伝 経歴に関しては不明な点が多く、謎の人物である。出生年は1703年とも1707年ともされ、出羽国（現、秋田県）に生まれたという。確実なのは1744年から翌年にかけて八戸で医者を開業していたことだけで、1762年に秋田で死去したと考えられている。死後、「守農太神」という神号で祀られた。主著の『**自然真営道**』は原形百一巻（現存十五巻）、その一部を要約した刊本三巻があるが、同時代やのちの文献で安藤昌益に言及したものはない。1899年に哲学者の狩野亨吉が古書店で『自然真営道』を入手し、その他の著書も狩野によって発見された。第二次世界大戦後、カナダの外交官ノーマンの『忘れられた思想家』によって紹介され、広く昌益の存在が知られるようになった。

主著『自然真営道』『統道真伝』

メモ 自らの体験から　江戸時代、東北地方はたびたび深刻な飢饉に見舞われ、昌益もそれを目の当たりにしたといわれる。彼が耕作しない人々を厳しく批判したことには、この経験が影響しているとも考えられる。

日本の思想

5

国学・庶民の思想

安藤昌益の思想

❶安藤昌益はどのような社会を理想としたのだろうか。
❷天地や男女は、どのような関係にあるととらえたのだろうか。

1 自然世

出題

すべての人が直に耕す（農耕を営む）ことを**万人直耕**といい、それによって実現される**差別や搾取のない理想的社会**を**自然世**という。安藤昌益は農業を本道とし、皆が直接農業に従事して（直耕）、自給自足の生活を営むことを理想とした。これに対し、武士や商人、職人は自ら耕作せず、収穫物を貪って農民に寄生する**不耕貪食の徒**であり、封建社会はこうした人々を養い食べさせる「こしらえた世」であると批判した。このような人為的社会を**法世**といい、その状態に堕落させた支配者である「聖人」を厳しく批判し、儒教・仏教・神道など、法世で広がった教えも否定した。

自然世と法世

自然世	法世
●自然の状態 ●すべての人が直接農業に従事する万人直耕で自給自足 ⇒差別や搾取のない理想的社会	●人為的社会（「こしらえた世」） ●不耕貪食の徒を養うため法などが作られている ●差別や搾取がみられる封建社会は法世

2 互性

安藤昌益は、一見、対立するように見えるものが、実は相互に依存して働いているという関係を**互性**と呼ぶ。天と地は対立するもののように見えるが、本質的には同じで、一体となって活発に運動していると考えた。この運動を**自然活真**という。男女など人間界にある差異も、異なるように見えても実は同じと考え、この思想に基づき、彼は階級差別や貧富の差を激しく批判している。そこには、後世の社会主義思想の理想に共通する一種の理想社会が想定され、彼の農業についての思想は、急進的・観念的であった。

原典資料

3 搾取のない理想的社会

「自然の世」とは、天地自然の運行とともに人々が生産労働にいそしみ、生活のリズムが天地自然のリズムと重なりあって、少しも変わることのない世のなかのことであった。……一方に富んだ者がいるということもなく、他方に貧しい者がいるということもなく、一方が支配者で他方が被支配者ということもない。……**搾取する者がないから搾取される者もなく、天地自然と人間とも対立的でなく調和して、天地が万物を生ずるように人々は大地を耕す、このほか私欲にもとづいたよこしまな行ないはいっさい存在しない。**これが「自然の世」の実態である。

（『**自然真営道**』「安藤昌益全集2」農山漁村文化協会）

4 互性と自然活真

天と海とは一体であって、上もなければ下もない。**すべて互性であって、両者の間に差別はない。**だから、男女にして一人なのであり、上もなければ下もない。すべて互性であって両者の間に差別はない。世界あまねく直耕の一行一情である。これが**自然活真**の人の世であって、盗み・乱れ・迷い・争いといった名目のない真のままの平安の世なのである。

（『**自然真営道**』野口武彦訳「日本の名著19」中央公論社）

入試に○×チャレンジ　116 二宮尊徳は、人間の存在が天地や君・親の広大な徳に支えられていると考え、「農は万業の大本」であると説いた。（2008年追試）

報徳思想で農村を復興した農業指導者

★★☆☆☆

二宮尊徳 (にのみやそんとく)

神奈川県出身
1787〜1856

全国の人民皆農となるも、閊なく立行く可し、然れば農は万業の大本たる事、是に於て明了なり

年(年齢)	生　涯
1787(0)	相模国の農家に誕生
1800(13)	父死去。2年後に母も死去
1806(19)	生家を再興
1812(25)	小田原藩家老服部家に奉公
1818(31)	服部家の財政再建
1822(35)	藩主の分家宇津家の農村復興
1842(55)	幕府に登用される
1856(69)	死去

メモ　**大男金次郎**　江戸時代の男性の平均身長は150〜160cm程度だったが、二宮尊徳は、実に180cmもある大男だったという。

略伝　相模国(現、神奈川県)足柄の農家に生まれた。通称は金次郎で、尊徳は「たかのり」と読むが、一般には「そんとく」と呼ばれる。10代半ばに父母を失ったが、勉学と勤労に励み、19歳の時に生家を再興し、25歳の時には小地主となった。この年、小田原藩家老の服部家に奉公し、その後、30代前半までに服部家の財政建て直しを実現した。その手腕が認められ、35歳で藩主大久保氏の分家である宇津家の領地の復興を命じられ、それを成し遂げた。このように尊徳の教えにより荒廃した農村を復興するのが**報徳仕法**で、その成功が尊徳の名を高め、北関東の各藩で農村復興を依頼されるようになった。そして、55歳の時に幕臣に登用され、66歳の時には日光御神領の再建を命じられた。1856年、69歳で死去した。

主著『二宮翁夜話』

二宮尊徳の思想

❶二宮尊徳は、なぜ報徳思想を唱えたのだろうか。
❷農民が守るべき分度・推譲とはどのような徳なのだろうか。

1 報徳思想

頻出

二宮尊徳は、徳に対して徳で報いるという**報徳思想**を説いた。自らの存在は、天地の恵みや君主、親、祖先の徳があってこそのものであり、その恩に自らも徳をもって報いるべきだというのである。**農は万業の大本**であるとした彼は、農業は天の営みである**天道**であると同時に、人の営みである**人道**でもあるとした。これは、自らが農業に従事した彼の経験から導き出されたもので、人は天の恵みに感謝して、その恩に人事を尽くし報いなければならない。この考えに基づいて尊徳は、荒廃した農村の復興に努めた。その復興事業の方法を**報徳仕法**という。

2 分度と推譲

出題

自らの分を守り、経済力に応じた生活設計を行うことを**分度**といい、倹約して生まれた余裕を困窮した者に譲ったり、将来のために蓄えたりして生産力を拡大し、社会に還元することを**推譲**という。二宮尊徳はこれらを農民が守るべき徳目としてあげ、農村復興のための具体的実践とした。また、小が積もって大と為る(**積小為大**)のだから、大事をなそうとするならば、まず小さな事を怠らずに努めることを説いている。このように、尊徳は実践的な農業指導者であった。

原典資料

3 報徳の教え

私の教えは、徳をもって徳に報いる道である。天地の徳より、君の徳・親の徳・祖先の徳・その被るところは、人々にとってみな広大であり、これに報いるには、自分の徳行をもってすることをいうのである。君恩には忠、親恩には孝の類、これを徳行という。さてこの徳行を立てようとするには、まず**自分自身の天禄の分を明らかにして、これを守るのを先とする**。それゆえ私は、入門の初めに、分限を取り調べて、よくわきまえさせるのである。……これがおまえの暮しを立てる一年の天禄である。このほかに取るところもなく、入るところもない。**このうちで勤倹を尽して暮しを立て、何程か余財を譲るように勤めるべきで、これが道である**。

(『二宮翁夜話』児玉幸多訳「日本の名著26」中央公論社)

コラム 二宮金次郎の銅像

二宮金次郎といえば、薪を背負って歩きながら書物を読む、子ども時代の銅像の姿を思い浮かべる人が多いのではないだろうか。これは、彼の勤勉な態度を模範とし、寸暇を惜しんで勉学に励むことを奨励するために、第二次世界大戦前に、多くの小学校に作られたものである。しかし戦後は、教育改革によって推奨されなくなり、あまり見られなくなった。

▶**二宮金次郎の銅像**　手に持って読んでいる書物は四書五経の一つ『大学』であり、背負っている薪は売るためのものである。江戸時代、薪は換金率の高い重要な商品の一つであった。

日本の思想

(2) 町人・農民の思想

BOOK　『忘れられた思想家』(E.H.ノーマン、大窪愿二訳、岩波新書)
安藤昌益を広く紹介した著作の日本語訳。

答 p.236
115 ○

重要用語 497自然世、498法世、499互性、500天道・人道、501分度・推譲、502報徳思想

239

倫理eye⑪ 日本の伝統文化と美意識

頻出

日本人は、世のはかなさの奥にある「無常観」、神秘的な「幽玄」、単純化された中に美や安らぎを見る「枯淡」、「わび・さび」、人生の生きざま「義理・人情」などに美意識を見いだしてきた。これらは洗練された芸能や文学・芸術などの伝統文化に息づいている。

無常観 ── 隠者や僧侶による文学

すべては移ろいゆくという仏教の無常観は、鎌倉時代の文学の基調として現れる。漂泊の歌人である西行は、「願はくは花の下にて春死なむ、その如月の望月の頃」との歌を残している。随筆では、鴨長明が『方丈記』の冒頭において、「ゆく川の流れは絶えずして、しかも、もとの水にあらず。よどみに浮かぶうたかたは、かつ消えかつ結びて、久しくとどまりたるためしなし」と、世のはかなさを嘆いた。兼好法師の『徒然草』にみられる「あはれ」も無常観に通じるものである。さらに、平家一門の栄枯盛衰を描いた軍記物語の『平家物語』は、「祇園精舎の鐘の声、諸行無常の響きあり。沙羅双樹の花の色、盛者必衰の理をあらはす」の冒頭で知られる。無常観は、やがて「幽玄」や「わび・さび」、「いき」などの美的観念につながっていった。

◀西行（1118〜90）（○p.86）　もとは上皇に仕える北面の武士、佐藤義清。出家して各地を遍歴する歌人となった。

わび・さび ── 茶道・俳句の精神

もとはわびしい心境を表す言葉であった「わび」は、室町時代以降、しだいに簡素・清貧の中にある趣や心情の美しさを表す言葉となった。千利休が大成した茶道の「侘び茶」にはその美意識が息づき、茶室などは静的にしつらえることが尊ばれた。また、さびしさを語源とする「さび」は、心情的な孤独の中に無の境地を追究する意識で、松尾芭蕉が俳句で究めた文学的精神である。

◀妙喜庵待庵（京都府大山崎町）千利休が京都に造作した茶室。草庵風の2畳茶室は「侘び茶」の精神を凝縮している。

九鬼周造（1881〜1941）

東京に生まれ、東京帝国大学で学んだのち、ヨーロッパに留学してベルクソン（○p.166）やハイデガー（○p.154）に学んだ。主著『「いき」の構造』で、江戸時代のさばけた振る舞いである「いき」が、意気込みを持つ意気地、きっぱりとした諦め、艶めかしい媚態の三つの要素からなる美意識であることを明らかにした。

甲南大学図書館所蔵　九鬼周造文庫

▲『天橋立図』（雪舟筆、京都国立博物館）　日本三景の一つ天橋立を鳥瞰的にとらえた、雪舟最晩年の作品。

幽玄・枯淡 ── 能・水墨画・枯山水の世界

「幽玄」は、仏教用語で深遠さを意味する。この言葉が日本では美的な理念に用いられ、世阿弥（○p.87）の『風姿花伝』にみられるように、能の神髄である神秘的な奥深さ、言葉に言い尽くせない余韻を表すようになった。また日本には、余計なものを使わず、単純化されたものを美しいと感じる感性がある。ただ一色の墨の濃淡によって自然の風景を描き出す水墨画や、白砂と石だけで流水などを表した枯山水はその代表例であり、それらは「枯淡」という美しさを表している。

浮世の義理・人情 ── 浮世草子・人形浄瑠璃の精神

江戸時代には、庶民が文化の担い手となった。なかでも井原西鶴は浮世草子で、浮世（現世）の町人の滑稽でありながら「いき」で「通」な洗練された生きざまを著した。また、人形浄瑠璃や歌舞伎が庶民の娯楽として楽しまれるようになった。浄瑠璃作家の近松門左衛門は代表作『曽根崎心中』で、商家の手代と遊女が恋し心中に至る悲劇の中に、商人の社会の筋道を通す「義理」と、恋人の遊女と添い遂げたいという「人情」の葛藤を描いた。

▶人形浄瑠璃　琉球から伝来した三味線の伴奏に合わせて人形を操る芸能で、江戸時代に盛んとなった。現在の文楽。

入試に○✕チャレンジ　117 浮世草子の作者であった井原西鶴は、金銭欲や色欲にまかせて享楽的に他者と関わる生き方を、当時における町人の有り様として肯定的に描き出し、勤勉や倹約の意義を否定した。（2015年本試）

6 西洋思想との出会い

ペリーの横浜上陸

概観 18世紀になると、幕府によって実学が奨励され、オランダ医学を中心としたいわゆる蘭学が盛んになった。蘭学の発達は、日本人に実証的・合理的精神をもたらすとともに、蘭学を通して世界を知った者の中から、幕府の「鎖国」政策を批判する人々が現れた。アヘン戦争（1840〜42）での清国の敗北は、欧米列強の脅威を幕府や知識人に現実のものとして認識させる衝撃的な契機となった。「和魂洋才」が唱えられ、この姿勢はその後も西洋文化受容の基本的態度として引き継がれていった。

要点の整理　　は入試重要用語

蘭学の興隆 ────→ 異国船 ─開→ 和魂洋才の思想
水戸学（大義名分論）→ の接近 ─国→ 尊王攘夷

❶**杉田玄白**（1733〜1817、蘭方医）
　前野良沢らと西洋医学書『**ターヘル・アナトミア**』を翻訳、『**解体新書**』として刊行。『**蘭学事始**』はその苦心談

❷**緒方洪庵**（1810〜63、蘭学者、医者、教育者）●p.242
　「医は仁術」を実践。蘭学塾「**適塾**」を開き、橋本左内・福沢諭吉・大村益次郎ら多くの人材を育てる

❸**渡辺崋山**（1793〜1841、蘭学者、画家）と**高野長英**（1804〜50、蘭学者、医者）●p.242
● 幕府の米船モリソン号撃退を、崋山は『**慎機論**』で、長英は『**戊戌夢物語**』で批判→幕府による弾圧（**蛮社の獄**）

❹**佐久間象山**（1811〜64、朱子学者）●p.243　[主著]『**省諐録**』
●「**東洋道徳、西洋芸術**」（東洋の伝統的な精神の上に、西洋文化を知識・技術として積極的に取り入れる）
● **和魂洋才**……日本人の伝統的な精神を根底に、西洋の科学・技術を取り入れ活用しようとする態度を示す言葉

❺**横井小楠**（1809〜69、朱子学者）●p.243　[主著]『国是三論』『国是七条』
●「**堯舜孔子の道を明らかにし、西洋器械の術を尽くす**」（儒教の理想に基づいて、西洋の技術を取り入れる）
●「天地公共の理」を掲げ、開国平和論を主張

❻**水戸学**……『**大日本史**』の編纂の過程で水戸藩に成立した学風。幕末の尊王攘夷運動に多大の影響を与える
　会沢正志斎（1782〜1863）●p.244　『**新論**』を著し、尊王攘夷運動の思想的な支柱となる

❼**吉田松陰**（1830〜59、幕末の志士、尊王思想家）●p.244　[主著]『講孟余話』
●「**誠**」を強調、**一君万民論**で尊王思想を説く。私塾「**松下村塾**」で多くの倒幕の志士を育てる。**安政の大獄**で刑死

蘭学の始まり

杉田玄白
すぎたげんぱく
（1733〜1817）

略伝 若狭国（現、福井県）小浜藩の藩医の子として生まれた。小浜藩医を経て、24歳で江戸日本橋に開業し町医者となった。この頃から**平賀源内**（1728〜79）ら蘭学者との交流を深めた。1771年、**前野良沢**（1723〜1803）らと江戸千住小塚原の刑場で行われた解剖を実見した際、ドイツ人クルムスが著した『**解剖図譜**』のオランダ語訳『**ターヘル・アナトミア**』の図説の正確さに衝撃を受けた。前野良沢らとともにその翻訳に着手し、4年間の苦心の末、『**解体新書**』を刊行した。

▲『**解体新書**』の扉絵

原典資料 ‥‥‥‥‥‥‥‥‥‥‥‥ 杉田玄白

1 解体新書の刊行

　その翌日、みな良沢の家に集まった。そして昨日のことを語りあいながら、とにかくまず、あの『ターヘル・アナトミア』の本に向かった。ところがそれはまことに、艪も舵もない船で大海原に乗りだしたかのように、はてしなくひろびろとしてとりつくしまもなく、わたしたちはただあきれているばかりであった。

（『蘭学事始』芳賀徹訳「日本の名著22」中央公論社）

解説　『蘭学事始』と福沢諭吉　『蘭学事始』は、玄白が死の2年前に蘭学興隆の歴史を回顧して著したもので、『解体新書』の翻訳のいきさつや、その苦労が語られている。『蘭学事始』は、当初『蘭東事始』と題された。幕末に福沢諭吉の友人が江戸湯島の露店で偶然写本を見つけ、1869（明治2）年、『蘭学事始』の題名で出版された。資料は諭吉が初めて『蘭学事始』を読んだとき、百年前の先達の辛苦を思い、感極まって先が読めなくなったという箇所である。

幕末の思想家たち

緒方洪庵　おがたこうあん（1810〜63）

略伝 備中（現、岡山県）足守藩士の三男。1825年、父の大坂蔵屋敷転勤に伴って大坂に出た。体が弱く、武士に適さないと自覚し、万人を救済する道としての医を志し、蘭方医中天游の思々斎塾の門に入り、さらに江戸、長崎で学んだ。1838年、大坂で医業を開業するとともに、蘭学塾「適塾」を開き、橋本左内・福沢諭吉・大村益次郎ら多くの人材を育てた。牛痘接種法の普及やコレラの治療にも成果をあげた。1862年、幕府奥医師・西洋医学所頭取となったが、翌年喀血により急死した。

原典資料 ────────────────── 緒方洪庵

② 扶氏医戒之略（ふしいかいのりゃく）

一、人のために生活して、自分のために生活しないことが医業の本当の姿である。安楽に生活することを思わず、また名声や利益を顧みることなく、ただ自分を捨てて人を救うことのみを願うべきであろう。人の生命を保ち、疾病を回復させ、苦痛を和らげる以外の何ものでもない。

二、患者を診るときはただ患者を診るのであって、決して身分や金持、貧乏を診るのであってはならない。貧しい患者の喜びの感涙と高価な金品とは比較できないであろう。医師として深くこのことを考えるべきである。
（『聴診器』馬場茂明、メディカ出版）

解説 **医の倫理** 扶氏とはドイツの医師フーフェラントのことである。緒方洪庵は彼の内科学の著書の蘭語訳書を日本語に翻訳し、「扶氏経験遺訓」（30巻）として出版した。この「遺訓」の巻末の「医戒の大要」を12か条に要約し、門人たちへの教えとしたのが「扶氏医戒之略」である。

◀**適塾**（大阪市）　適塾では医学・物理・化学などに関する蘭書の会読が行われた。塾生は塾に1冊しかなかった蘭日辞書『ドゥーフハルマ』を奪い合って勉強した。現存の建物は重要文化財で、大阪大学が管理している。

メモ **日本のダ・ヴィンチ源内**
平賀源内は、本草学*・物理学・戯作・油絵などに多彩な才能を発揮した。エレキテルの実験や、不燃性の布を作るなど、日本に西洋の知識・技術を紹介した。

▼**エレキテル**

*＊**本草学**　中国古来の薬草の研究。江戸時代に動物・鉱物などの博物学的な研究へと発展。*

渡辺崋山　わたなべかざん（1793〜1841）

略伝 三河（現、愛知県）田原藩の重役を務め、画家としても優れた作品を残した。藩の海防掛として西洋の兵学・砲術や国際事情を研究する中で高野長英らと親交を結び、尚歯会に参加した。1837年、日本人漂流民を伴い通商を求めて来航したアメリカ船・モリソン号を、幕府が異国船打払令に基づいて撃退した。崋山は、翌年『慎機論』を著して批判した。これに対して幕府は、崋山・高野長英らを逮捕した（**蛮社の獄**）。崋山は田原で蟄居（自宅謹慎処分）を命じられ、この間に自殺した。

原典資料 ────────────────── 渡辺崋山

③ 西洋発展の理由

西洋人は**物理の学**をもっぱらきわめた結果、かれらにとって世界の事情がますますつまびらかになりました。そのためかれらは、一国だけを天下とみなし、これに安住するような狭い了簡をもたず、天下をもって天下とみなして、領土を拡張しようとする傾向があります。
（『外国事情書』佐藤昌介訳「日本の名著25」中央公論社）

西洋人は果断な一面をもっていますが、これは、詮じつめれば、すべて**窮理の精神**に基づくものです。……「窮理」といえば、えてしてわれわれ日本人は、自然界のみを対象にすると考えがちですが、西洋人は人間界の道理にもっとも詳しい、といわれております。
（『再稿西洋事情書』佐藤昌介訳「日本の名著25」中央公論社）

解説 **「鎖国」体制を批判** 渡辺崋山は蘭学研究を通じて、西欧諸国の発展の基礎には**物理の学**があり、西洋人の精神的特質は徹底した**窮理の精神**にあるとした。彼はこうした認識をもとに、日本が「鎖国」を続けることの無理・無謀を説いた。

★ 高野長英　たかのちょうえい（1804〜50）

略伝 陸奥国（現、岩手県）の出身。長崎に遊学し、オランダ商館のドイツ人医師シーボルトが開いた鳴滝塾で、医学・蘭学を学んだ。江戸で医者を開業するかたわらオランダ語の翻訳にあたり、渡辺崋山らと尚歯会に参加した。『戊戌夢物語』で世界の大勢を述べ、幕府のモリソン号撃退を批判した。**蛮社の獄**で永牢処分（終身刑）を受けたが、牢屋敷の火災で脱獄した。硝酸で顔を焼くことで人相を変え、6年間の逃亡生活を続けたが、隠れ家を幕府の役人に襲われ自殺した。

入試に○×チャレンジ [118] 横井小楠は、儒学に基づきつつ、西洋の技術と知識の積極的な受容を説いた。「堯舜孔子の道を明らかにし、西洋器械の術を尽くす」と述べた彼は、「大義」を世界にいきわたらせ、「民富」をはかる実学を提唱した。（2015年追試）

佐久間象山 さくましょうざん (1811〜64)

略伝 信濃(現、長野県)松代藩士。朱子学者であったが、幕府の老中・海防掛となった藩主の命をきっかけに、海外事情調査と砲術研究を始め、40歳で江戸に兵学塾を開いた。1854年、門弟の吉田松陰に、再来したペリーの黒船での密航をそそのかした罪により松代で蟄居となり、1862年に赦免された。1864年、幕府の命で上洛し、公武合体・開国論の立場で朝廷工作を行うが、尊王攘夷派によって路上で暗殺された。

主著『省諐録』

原典 資料 ・・・・・・・・・・・・・・・・・・・・・・・ 佐久間象山

4 実理は二つなし

宇宙に実理は二つなし。この理のあるところは、天地もこれに異なること能はず、鬼神もこれに異なること能はず、百世の聖人もこれに異なること能はず。近来西洋の発明するところの許多の学術は、要するにみな実理にして、まさにもつて吾が聖学を資くるに足る。

(『小林炳文に贈る』植手通有校注「日本思想大系55」岩波書店)

解説 **洋学の役割** 佐久間象山は、アヘン戦争の衝撃を動機として蘭学を始め、西洋の技術の優秀さを知り、それを摂取する必要性を説いた。一般的に朱子学の形而上学的「理」(◯p.79)と、近代自然科学の「真理」とは同一ではない。しかし、象山にとって「理」は一つであり、**洋学**(蘭学を含めた西洋の学問全般)は、聖学(朱子学)を補うものとしての積極的な役割を与えられた。

5 東洋道徳、西洋芸術 出題▶

君子には五つの楽しみがあって、財産や地位はこれと関係がない。一族のものがみな礼儀を心得ており親子兄弟の間に不和がないこと、これが第一の楽しみである。金品の授受をいいかげんにせず心を清く保ち、内には妻子に恥じず外には民衆に恥じない、これが第二の楽しみである。聖人の教えを学んで天地自然や人間の大道を心得、時の動きに随いながら正義を踏みはずさないようにし危機に際しても平常と同じように対処できる、これが第三の楽しみである。西洋人が自然科学を発達させた後に生まれて孔子や孟子も知らなかった理を知る、これが第四の楽しみである。**東洋の道徳と西洋の芸術(技術)**と、この両方についてあますところなく詳しく研究し、これを民衆の生活に役立て国恩に報ずる、これが第五の楽しみである。

(『省諐録』松浦玲訳「日本の名著30」中央公論社)

解説 **和魂洋才** 「東洋道徳、西洋芸術」とは、精神面では東洋の朱子学が優れており、それを保つべきであるが、知識・技術面では西洋が優れており、積極的に取り入れるべき、という主張である。こうした**和魂洋才**の思想は、明治以降も西洋文化受容の基本的態度として引き継がれていった。

横井小楠 よこいしょうなん (1809〜69)

略伝 肥後(現、熊本県)藩士の二男として生まれた。朱子学を実践的にとらえる「実学」を提唱したが、この新しい考え方は地元熊本では受け入れられなかった。ペリー来航の頃より、「**天地公共の理**」という立場から国際平和の実現をめざす開国論を唱え始めた。1858年、福井藩主松平慶永(春嶽)に政治顧問として招かれた。慶永のブレーンとして幕政改革に関わり、幕末の政局に重要な役割を果たしたものの、失脚して熊本に戻った。維新後は政府参与に就任するが、1869(明治2)年、京都の路上で攘夷派によって暗殺された。

原典 資料 ・・・・・・・・・・・・・・・・・・・・・・・ 横井小楠

6 大義を世界に 出題▶

堯舜孔子の道を明らかにし　西洋器械の術を尽くさば　何ぞ富国に止まらん　何ぞ強兵に止まらん　大義を四海に布かんのみ

(『左平太・大平二甥の洋行に際して』松浦玲訳「日本の名著30」中央公論社)

解説 **小楠の和魂洋才** 資料は1866年、横井小楠が洋行する甥二人に贈った言葉である。堯・舜とは中国古代に存在したとされる伝説的な有徳の帝王であり(◯p.71)、「堯舜孔子の道」は儒教に基づく東洋の道徳を意味する。西洋文明は技術としては優れているが、そこに徳はない。日本は儒教の理想に基づいて、西洋の知識・技術を取り入れ、世界の見本となる理想国家となり、国際平和に貢献すべきだと小楠は説いた。

メモ **鬼才小楠** 勝海舟は晩年、「おれは、天下で恐ろしいものを2人見た。それは横井小楠と西郷南洲(隆盛)だ」と語った。坂本龍馬も最初は勝の使いとして、その後は自ら教えを請いに、熊本に小楠を3度ほど訪ねたという。

コラム **米百俵で明日の人材を作れ**

佐久間象山の門弟である小林虎三郎(名は虎、字は炳文)は、1828年に長岡(現、新潟県)に生まれた。1850年、藩命により江戸に遊学し、象山の門下で、吉田寅次郎(松陰)とともに「二虎」と称された。1870(明治3)年、戊辰戦争で焦土と化した長岡の窮状を見かねた支藩から見舞いの米百俵が届けられた。その時、藩の大参事となっていた虎三郎は、「百俵の米も、食えばたちまちなくなるが、教育にあてれば明日の一万、百万俵となる」と生活に困窮していた藩士を諭し、米百俵を売却して学校運営の資金とした。

BOOK 『長英逃亡』(吉村昭、新潮文庫)　綿密な調査をもとに、孤高の洋学者・高野長英の逃避行を追った歴史小説。

 p.240 117 ✕

重要用語 505「東洋道徳、西洋芸術」、506 和魂洋才

243

日本の思想

会沢正志斎 あいざわせいしさい (1782〜1863)

略伝 水戸藩(現、茨城県)藩士。名は安。尊王攘夷派の儒学者の藤田幽谷に師事し、同彰考館で儒学を学んだ。1824年イギリス人が水戸藩領の大津浜に上陸した際には、筆談役を命じられ、対外的危機意識を深めた。翌年、幕府が異国船打払令を出すと、『新論』を著して、水戸学の尊王攘夷思想を理論化した。1840年、徳川斉昭が設立した藩校弘道館の初代教授頭取となった。**尊王攘夷思想の体系的提唱者として幕末の志士に大きな影響を与えた。**晩年は時勢上開国はやむをえぬと説き、書生的攘夷論を批判し開国論に転じた。

⑦ 水戸学の尊王攘夷思想

　水戸学とは、水戸藩で藩主徳川光圀(◉p.223)による『大日本史』編纂過程において生まれた学風をいう。水戸学は前期と後期に大きく分けられ、前期には**朱子学の大義名分論に基づく尊王論**が展開された。後期水戸学は、藩財政の窮乏、西洋列強の脅威などの内憂外患のもとで、国家的危機を克服するための思想として展開された。後期水戸学の基礎を作った**藤田幽谷**は、天皇を頂点とする君臣上下の名分を厳格にすることが社会秩序維持の根幹であると説き、外国の侵入は秩序を乱すものとして**攘夷**を唱えた。幽谷の思想は子の藤田東湖や会沢正志斎らによって継承発展させられた。会沢は『新論』で、富国強兵と民心統合の方法として尊王と攘夷が必要であると強く主張した。

原典資料

⑧ 『新論』―体系的な国家戦略―

　国家(幕府)が頼むべきものは何かについて論じたい。第一には「国体」の項において、建国の神々が忠孝をもって国を建てたもうたことを論じ、さらに武勇を尊び、民生を重んじたもうたことに論及する。第二には「形勢」の項において、世界各国の大勢を論ずる。第三には「虜情」の項において、外夷が日本を狙っているその実情を論じる。第四には「守禦」の項において、富国強兵のための必要任務を論じる。第五には「長計」の項において、人民を強化し、風俗を正しくするための長期的計画を論じる。この五論はいずれも「天意が定まれば、ふたたび人の勢いに打ち勝つ」という真理の実現を願っての論である。

(『新論』橋川文三訳「日本の名著29」中央公論社)

解説 志士のバイブル 『新論』は天皇制的な意味で「国体」の用語を使用した最初の書といわれる。『新論』は主君徳川斉昭に提出されたが、その内容があまりにも危険すぎるということで公表されなかった。しかし、同志の間で筆写されて密かに世間に流布し、吉田松陰らの国家の行く末を案じて活動した志士たちに大きな影響を与えた。

★吉田松陰 よしだしょういん (1830〜59)

略伝 長州藩(現、山口県)の下級武士の杉家に生まれたが、幼くして藩の兵学師範であった叔父の吉田家を継いだ。長崎、江戸に遊学後、藩の許可を得ず東北への旅に出た罪で士籍を剝奪された。1854年、佐久間象山(◉p.243)の勧めで再来したペリーの米艦船に乗り込み密航を図ったが失敗し、萩に送られて牢獄に入れられた。出獄後、自宅内に**松下村塾**を開いて勤王の実践を説き、高杉晋作ら多くの志士を育てた。激しい幕府批判を繰り返したため、**安政の大獄**の際に刑死した。

⑨ 松陰の国体論

　吉田松陰は『講孟余話』で、他国と日本との国体の相違を論じている。例えば中国の場合、禅譲放伐*(◉p.77)の思想があって、天子といえどもその心のままにならないのは、まず人民が先に天から生じていたからである。一方、日本は神が開いた国であり、その神の子孫が、天地とともに永久に治めていくしくみになっている。したがって、**天下万民は、天子(天皇)と喜びや悲しみをともにし、天子の下に一体とならなければならない**と説いた。

＊禅譲放伐 「禅譲」は君主が徳の高い人物に位を譲ること。「放伐」は暴君や暗君を有徳の人物が討伐すること。

解説 一君万民論 牢の中で吉田松陰は他の囚人たちを相手に『孟子』の講義・講読会を主宰した。『講孟余話』はその際の所感・批評をまとめたものである。古来より日本は「天子一人の天下」であり、すべての人民は藩の枠を超えて天子(天皇)に「誠」をもって忠を尽くすべきだと説いた(**一君万民論**)。

⑩ 草莽崛起

　吉田松陰は、天皇を中心とした国家再編を唱えた。その担い手として、**「志を立てて以て万事の源と為す」**気概に乏しい役人化した武士ではなく、官職のない在野の人々に期待した。真の忠孝の志を持った草むら(草莽)の志士たちが、山のように立ち上がる(崛起)力となり、革命を起こすしかないと考えた。

◀『留魂録』 吉田松陰が二十一回猛士と署名した『留魂録』は、処刑前日に書き上げた、門下生への直筆の遺書である。松陰は生家の杉家の杉という字(木へんは「十」と「八」の組合せ、彡は「三」で二十一)にちなんで一生のうちに二十一回の猛挙を行うのだとして、自らを二十一回猛士と呼んだ。冒頭には、「身はたとひ武蔵の野辺に朽ぬとも留置まし大和魂」という、松陰の辞世の句がある。

入試に○×チャレンジ 119 吉田松陰は、天道にかなうとは、己の誠を尽くすことにほかならず、我が国の主君に忠を尽くす勤皇の精神は、この誠において、天道に通じている、と主張した。(2012年本試)

7 近代日本の思想

旧開智学校（長野県松本市）

概観 明治政府が近代化を進めるのに伴い、西洋近代思想が紹介された。天賦人権思想や民主主義思想は、自由民権運動の理論となった。一方、政府の欧化政策への反発を背景として、日本の伝統的精神を再評価する動きが高まり、日清・日露戦争を経て国家主義が台頭していった。日清戦争後、資本主義が本格的に発達し様々な社会問題が発生した。大正時代に入ると、大正デモクラシーと呼ばれる民主主義的な気運が高まったが、1925年の治安維持法制定により、この流れは終わりを告げた。

要点の整理
　　　は入試重要用語

啓蒙思想→自由民権運動→日清・日露戦争　大正デモクラシー→抑圧→国家主義の台頭
欧化政策→愛国心の模索→日清・日露戦争

1 明治の啓蒙思想
❶文明開化の思想家 ➡p.247……西洋近代思想の紹介
- **明六社**……1873(明治6)年、**森有礼、中村正直、西周、津田真道、加藤弘之、西村茂樹、福沢諭吉**らが結成
　『**明六雑誌**』の発行、演説会の開催などで天賦人権論など西洋近代思想を紹介

❷福沢諭吉(1835〜1901) ➡p.248　[主著] 『**学問のすゝめ**』『**文明論之概略**』『**西洋事情**』『**福翁自伝**』
　封建的身分制度批判……「**門閥制度は親の敵で御座る**」
　天賦人権論……「『**天は人の上に人を造らず、人の下に人を造らず**』と云えり」
　実学を奨励……「**東洋になきものは、有形において数理学(実学)と、無形において独立心**」
　独立自尊(自主独立)の精神……「**一身独立して一国独立す**」
　官民調和論……自由民権運動を批判
　晩年は国権主義の傾向を強める→**脱亜論**

2 自由民権思想……天賦人権思想とその実現への道筋
❶中江兆民(1847〜1901) ➡p.250　[主著] 『**民約訳解**』(ルソー『社会契約論』の漢文訳)『**三酔人経綸問答**』
　東洋のルソー……ルソーの人民主権論を継承
　君民共治論……人民主権であれば、君主がいても問題ない
　恩賜的民権……為政者から与えられた民権
　回(恢)**復的民権**……革命などで人民が勝ち取った民権
　日本の当面の目標……立憲君主制を実現し、「恩賜的民権」を「回復的民権」に変えていく
❷植木枝盛(1857〜92) ➡p.251　[主著] 『**民権自由論**』
　「**東洋大日本国国憲按**」起草……君主の権限の制限、基本的人権の無条件の保障、抵抗権の規定、一院制議会など

3 キリスト教の受容……キリスト教徒としての愛国のあり方を模索
❶内村鑑三(1861〜1930) ➡p.252　[主著] 『**基督信徒の慰め**』『**余は如何にして基督信徒となりし乎**』
　二つのJ……イエス(Jesus)と日本(Japan)。「**武士道に接木されたるキリスト教**」
　不敬事件(1891)……教育勅語奉戴式で、天皇を神として礼拝することをキリスト教徒として拒否
　非戦論……日露戦争に際し、絶対平和主義を主張
　無教会主義……教会や儀式にとらわれない、聖書による個人の内面的信仰
❷新渡戸稲造(1862〜1933) ➡p.254
　『**武士道**』で日本の伝統的精神を海外に紹介。国際連盟事務局次長として世界平和に献身
❸新島襄(1843〜90) ➡p.254　キリスト教に基づく自由教育を唱え、京都に同志社英学校を設立
❹植村正久(1857〜1925) ➡p.254　天皇を神格化しようとする国家主義的風潮に対して、政教分離を理由に抵抗

4 国家意識の高まり……政府の欧化政策への反発を背景として
❶徳富蘇峰(1863〜1957) ➡p.255　民友社設立。雑誌『**国民之友**』、新聞『**国民新聞**』を発刊
　平民主義(一般民衆に基盤を置く近代化)→日清戦争前後に国家主義に転向
　国粋主義(国粋保存主義)……三宅雪嶺、志賀重昂らが**政教社**を設立し、雑誌『**日本人**』を創刊して主張
　三宅雪嶺(1860〜1945) ➡p.255　日本および日本人の持つ優れた個別性(国粋)の保存を主張
　志賀重昂(1863〜1927) ➡p.255　『日本風景論』で、日本の自然の美しさが他国に比類ないことを称える
❸陸羯南(1857〜1907) ➡p.255　新聞『**日本**』発刊
　国民主義……日本の国情や伝統の美点を保持しつつ、漸進的な改革を進める
❹北一輝(1883〜1937) ➡p.255　昭和初期の超国家主義者
　『**日本改造法案大綱**』で、天皇を絶対とする国家への改造を主張
　二・二六事件(1936年)の首謀者として処刑される

インフォメーション 松陰神社(山口県萩市)　境内には松下村塾が現存し、宝物殿では『留魂録』など松陰の遺墨や遺品類を展示する。

答　p.242　○
　118

重要用語　466 水戸学、507 尊王攘夷論、508 一君万民論

5 社会主義思想……日清戦争後の社会問題を解決する新思想として登場

❶幸徳秋水(1871～1911) ➡p.256　[主著]『廿世紀之怪物帝国主義』『社会主義神髄』
平民社を設立、『平民新聞』で日露非戦論を唱える→渡米を経て帰国後、議会主義を否定する直接行動論を主張
大逆事件(1910)で天皇暗殺を企てた首謀者として処刑される

❷日本の社会主義思想 ➡p.257

二つの立場 ｛ キリスト教に基づく人道主義の立場……**片山潜、安部磯雄、木下尚江**ら
　　　　　 中江兆民の民権論の継承……**幸徳秋水、堺利彦**ら

社会民主党(社会主義、民主主義、平和主義)結成(1901)→直ちに禁止

6 近代的自我と文学……文学を通した個人と社会の関わり方の模索

❶夏目漱石(1867～1916) ➡p.258　[主著]『三四郎』『それから』『門』『こゝろ』『明暗』『私の個人主義』
　西洋=**内発的開化**→自己本位
　日本=**外発的開化**(明治の日本の開化)→他人本位

「**自己本位**」に根ざす個人主義……エゴイズムを克服し自他を尊重
晩年……「**則天去私**」(小さな私を去り、運命のまま大きな自然に従って生きる)

❷森鷗外(1862～1922) ➡p.259　[主著]『舞姫』『ヰタ・セクスアリス』『雁』『高瀬舟』
諦念(レジグナチオン)……自我の問題を社会や周囲の状況の中でとらえる立場
かのように……事実ではない神などを事実であるかのようにみなすことで社会秩序は成り立つ

❸浪漫主義運動 ➡p.260……封建的風土から個性や自我を解放、自由な感情や豊かな想像力を重視
北村透谷(1868～94)……『**文学界**』創刊、文学的内面的世界(**想世界**)に自我の実現と自由を求める
与謝野晶子(1878～1942)……『**明星**』で活躍、「**君死にたまふこと勿れ**」で日露戦争批判

❹自然主義文学 ➡p.260……自分自身の内面を直視して赤裸々な人間の姿を描く→私小説へ
島崎藤村(1872～1943)……『文学界』で浪漫派詩人として活躍、『破戒』で自然主義文学の代表的作家となる
石川啄木(1886～1912)……自然主義の歌人。大逆事件を機に『時代閉塞の現状』を著し、社会主義へ

❺白樺派 ➡p.260……文芸雑誌『白樺』、**武者小路実篤、志賀直哉、有島武郎**
徹底的な個人主義とそれに基づく人道主義

7 女性解放運動……新しい女性観と女性の地位向上をめざす

❶岸田俊子(1863～1901)・**景山(福田)英子**(1865～1927)……自由民権運動に参加、男女同権を主張

❷平塚らいてう(1886～1971) ➡p.261
女流文芸雑誌『**青鞜**』を創刊(1911)……「**元始、女性は実に太陽であった**」
良妻賢母主義に反発……女性自身の意識の変化と、女性の地位向上を求めた　　**母性保護論争**(VS 与謝野晶子)
市川房枝(1893～1981) ➡p.261らと**新婦人協会**設立(1920)

8 大正デモクラシー……民本主義と大衆運動の高まり

❶吉野作造(1878～1933) ➡p.262　[主著]「憲政の本義を説いて其有終の美を済すの途を論ず」
大正デモクラシーの理論的指導者
民本主義……主権の所在よりもその運用を重視→国民の福利の向上をめざす

❷美濃部達吉(1873～1948) ➡p.262……天皇機関説に基づき、政党内閣制を主張
天皇機関説……国家が統治権を持ち、天皇はその最高機関だとする憲法学説
天皇機関説事件(1935)……天皇機関説が貴族院で取り上げられ、天皇を侮辱するものだと一大政治問題に発展

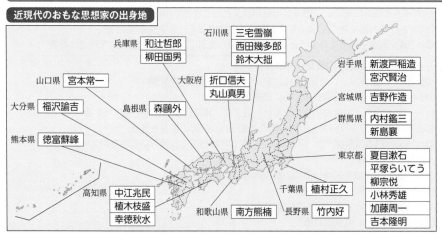

近現代のおもな思想家の出身地

石川県 三宅雪嶺
　　　 西田幾多郎
　　　 鈴木大拙
兵庫県 和辻哲郎
　　　 柳田国男
大阪府 折口信夫
　　　 丸山真男
山口県 宮本常一
島根県 森鷗外
大分県 福沢諭吉
熊本県 徳富蘇峰
高知県 中江兆民
　　　 植木枝盛
　　　 幸徳秋水
和歌山県 南方熊楠
千葉県 植村正久
長野県 竹内好
岩手県 新渡戸稲造
　　　 宮沢賢治
宮城県 吉野作造
群馬県 内村鑑三
　　　 新島襄
東京都 夏目漱石
　　　 平塚らいてう
　　　 柳宗悦
　　　 小林秀雄
　　　 加藤周一
　　　 吉本隆明

▲**クラーク像**(北海道札幌市)(➡p.252)

入試に○×チャレンジ　120 福沢諭吉は、「哲学」や「理性」などの訳語を案出し、西洋の哲学や倫理学などを日本に移入する基礎を作り上げた。(2015年追試)

文明開化の思想家たち

「福沢先生若き日本に西洋文明を教ふ」
（北沢楽天筆）

1 文明開化

1871（明治4）年7月、廃藩置県を断行して中央集権体制の実現に成功した政府は、最大の急務であった欧米諸国との間の**不平等条約改正**と**富国強兵**の実現のために、封建的諸制度の撤廃、西洋の近代的技術・制度の採用などを進め、**文明開化**が急速に展開された。政府はこうした政策と並行して、学制、徴兵制、地租改正など新国家体制の骨格となる重要政策を次々と実行に移していった。

牛鍋（『**安愚楽鍋**』仮名垣魯文（挿絵）） 散切り頭の洋装の客が、当時まだ珍しかった新聞を読みながら、流行の牛鍋を食べている。

2 明六社

政府の一連の近代化政策に呼応する形で、民間にあって啓蒙活動に大きな役割を担ったのが、**明六社**に集結した洋学者たちであった。明六社はその名の示すように明治6（1873）年に、森有礼が欧米のような学会を作ろうと発案したのが始まりである。『**明六雑誌**』を発行し演説会を催すなどして、欧米近代思想の普及を図り、政府のめざす近代国家を支える国民の育成に努めた。**天賦人権論**の紹介など、その後の自由民権運動に大きな影響を与えたが、国会開設の要求が湧き起こると、社員の多くが政府の官吏（役人）であったため、時期尚早であると反対を唱えた。そして政府が反政府的言動の取り締まりに乗り出すと『明六雑誌』を自主的に廃刊とし、結成からわずか2年たらずで明六社は事実上解散した。

3 明六社の思想家たち

頻出

森有礼（1847〜89） 薩摩（現、鹿児島県）藩士の子として生まれた。英米に留学し、キリスト教に強い影響を受けた。明六社の初代社長。「妻妾論」（『明六雑誌』）で**男女同権の一夫一婦制を主張**し、当時の日本で行われていた妾（妻以外に養う女性）を認める制度を厳しく批判した。1885年、初代文部大臣に就任した。 ★

西周（1829〜97） 現、島根県津和野町に生まれた。幕府の蕃書調所の教官となり、オランダに留学。西洋哲学、論理学などを日本に導入し、philosophy を「哲学」と訳すなど、**多くの哲学用語を考案**した。漢字かな文字を廃し、ローマ字で日本語を表記すべきと主張した。山県有朋に協力して軍制の確立に尽力し、軍人勅諭の起草に携わった。

西村茂樹（1828〜1902） 佐倉（現、千葉県）藩士の子として生まれた。政府の欧化政策に対して『**日本道徳論**』（1887）を著し、国民道徳は儒教を根幹とし、これに西洋思想の長所を取り入れて再建すべきであると主張した。自身が創設した日本弘道会の会長として儒教中心・皇室尊重の国民道徳の普及に努めた。 ★

津田真道（1829〜1903） 現、岡山県津山市に生まれた。蕃書調所の教官となり、西周らとともにオランダに留学。維新後、政府に出仕し刑法をはじめ各種の立法に尽力した。「死刑論」（『明六雑誌』）で、善道に復帰する可能性を犯罪者から奪ってしまうとして、死刑制度に反対した。

中村正直（1832〜91） 幕府の同心（警察業務などに携わる下級の役人）の子として江戸で生まれた。昌平坂学問所教授、幕府遣英留学生の監督として渡英。スマイルズの『**西国立志編**』、J.S.ミル（◎p.134）の『**自由之理**』を翻訳出版した。キリスト教に関心を持ち、洗礼を受けた。女子教育・障害者教育にも尽力した。 ★

加藤弘之（1836〜1916） 但馬国出石（現、兵庫県豊岡市）藩士の子として生まれた。蕃書調所の教官となりドイツ学を研究。明六社社員だった頃は天賦人権論を唱えたが、自由民権運動が盛んになると、『**人権新説**』などでそれと真っ向から対立する**社会進化論**（◎p.136）の立場へ転向した。

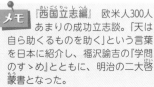
メモ 『**西国立志編**』 欧米人300人あまりの成功立志談。「天は自ら助くるものを助く」という言葉を日本に紹介し、福沢諭吉の『学問のすゝめ』とともに、明治の二大啓蒙書となった。

福沢諭吉（1835〜1901）（◎p.248） 学者は政府の外で私として活動すべきである（学者職分論）として、明六社結成時の社員の中でただ一人、官職に就かず、慶應義塾の経営に専念した。『明六雑誌』の廃刊を提案した。

福沢諭吉 (ふくざわゆきち)

★★ ★ ★ ★

大分県出身
1835～1901

一身独立して一国独立す

年(年齢)	生涯
1835(0)	中津藩士の子として大坂で誕生
1854(19)	長崎に遊学し蘭学を学ぶ
1855(20)	緒方洪庵の適塾に入門
1858(23)	藩命で江戸築地に蘭学塾を開く
1859(24)	横浜を見物し英学に転向
1860(25)	遣米使節の随員として渡米
1862(27)	遣欧使節の随員として欧州巡回
1866(31)	『西洋事情』出版
1867(32)	幕府使節の随員として再渡米
1868(33)	芝に慶應義塾開設
1871(36)	慶應義塾を三田に移す
1872(37)	『学問のすゝめ』初編出版
1873(38)	明六社結成に参加
1875(40)	『文明論之概略』出版
1885(50)	『時事新報』に『脱亜論』発表
1898(63)	『福翁自伝』を書き終える
1901(66)	死去

略伝 豊前(現、大分県)中津藩の下級武士の次男として大坂で生まれた。蘭学を志し19歳で長崎へ出て、翌年、大坂に移り緒方洪庵の適塾に入門した。23歳の時、藩命により江戸で**蘭学塾を開いた**。その後まもなく、開港されたばかりの横浜を見物し、オランダ語がまったく通じないことに衝撃を受け、**英語を独学で学び始めた**。1860年から1867年にかけて幕府の遣欧米使節に3度参加し、『**西洋事情**』などの著作を通じて欧米文化を紹介した。33歳で、**慶應義塾**を開設した。新政府から何度も出仕を求められたが、終始これを固辞した。『**学問のすゝめ**』、『**文明論之概略**』をはじめ多数の論説を発表し、**明六社の結成に参加**するなど、啓蒙思想家として大いに活躍した。自由民権運動とは距離を置き、政府の富国強兵策を支持し、国権主義の立場から**官民調和論**を唱えた。晩年は朝鮮問題に並々ならぬ関心を寄せ、清に対して強硬論を主張した。　　**主著** 『西洋事情』『学問のすゝめ』『文明論之概略』『福翁自伝』

メモ **新語創造の天才**　福沢諭吉は欧米の思想・文化・社会を日本に紹介するにあたって、「自由」「権利」「社会」「会社」「討論」「改良」「不都合」「迷惑」「背広」「汽車」など数多くの言葉を創造した。

福沢諭吉の思想

❶ 福沢諭吉は、日本にどのような社会を実現しようとしたのだろうか。

門閥制度のない実力本位の社会
→ ①、原典資料 ⑤

❷ 日本が独立を維持するためには何が必要だと考えたのだろうか。

国民が実用的な西洋の学問(**実学**)を学んで一身独立し、西洋的文明国へ発展していくこと。
→ ②、③、④、原典資料 ⑥

❸ 晩年、なぜ脱亜論を主張したのだろうか。

日本が清・朝鮮に、日本と同様の開国・近代化を働きかけたにもかかわらず、両国が儒教思想の殻に閉じこもり、それに応えなかったため。　→ 原典資料 ⑥

7

日本の思想

近代日本の思想

原① 封建制度への批判

　学問を志しながら下級武士ゆえに不遇の人生を送った福沢諭吉の父は、はじめ彼を僧侶にしようと考えた。何ごとも身分次第の封建制度のもとで、僧侶だけは出身身分に関係なく栄達の可能性がある職業であった。人間の自由と平等を説き封建制度を憎悪した彼は、晩年「**門閥制度は親の敵でござる**」と自伝で語っている。

解説 **門閥制度のない社会**　1860年、福沢諭吉は遣米使節の随員として幕府の軍艦・咸臨丸で渡米した。初めての異国で彼を驚かせたのはアメリカの豊かさだけではなく、男尊女卑や世襲がほとんどない、自由で実力本位の社会の姿であった。

初代大統領ワシントンの子孫は今、どうしていますか？

さあ？よく知りませんね

ええっ？　ワシントンの子孫ならば皆が知っているに違いないと思ったのに…

原② 実学のすすめ

　西洋を見聞した福沢諭吉は、欧米の制度をただ日本に導入するだけでは日本の近代化は実現できないと考えた。彼は欧米の繁栄の理由を、単に科学技術や法制度ではなく、その社会の根底にある欧米人の思考様式、すなわち「文明の精神」にあるととらえた。そして、「**東洋の儒教主義と西洋の文明主義と比較してみるに、東洋になきものは、有形において数理学(実学)と、無形において独立心と、この二点である**」と述べ、旧来の漢学(儒学)に替えて、修めるべき学問として実学を奨励した。

解説 **実学**　実学とは、読み書きそろばんをはじめ、地理学、究理学(物理学)、経済学などの「**人間普通日用に近き実用的学問**」のことである。特に「**天地万物の性質を見てその働きを知る学問**」である究理学に代表される科学的合理的思考こそ、日本人が身につけなければならないものであった。

入試に ○×チャレンジ　[121] 福沢諭吉は、人間は生まれながらに平等であるとしながらも、現実の人間には貴賤上下の差があることを認めた。このような差は生まれついてのものではなく、学問するか否かによって生じると考えた。(2017年追試)

原6 ③「一身独立して一国独立す」

　欧米諸国の発展と植民地主義を自分の目で確かめた福沢諭吉にとって、日本が近代国家として独立することこそが最重要課題であった。諭吉はそのために、まず日本国民一人ひとりが国家の独立を政府や他人任せにせず、自らが独立の一翼を担っているという気概を持つことが大切だとした。その上で、国民が学問（**実学**）を志すことによって一身の独立をめざし、それによって一国を豊かに強くすることができれば、西洋人の力など恐れることはないとして、「**一身独立して一国独立す**」と主張した。

解説　一身の独立　福沢諭吉の言う独立とは、「他人の財に依らざる独立」と「他人の知恵に依らざる独立」の二つからなる。彼は、政府や他人に依存せず、自ら判断し行動することを人々に求め、**独立自尊**を説いた。

原6 ④ 文明の物差し

文明	ヨーロッパ諸国、アメリカ
↑ 進歩	
半開	トルコ、清、日本などアジア諸国
↑ 進歩	
野蛮	アフリカやオーストラリアなど

解説　文明と独立　福沢諭吉は『文明論之概略』で文明を進化論的にとらえた。進歩を招くのは人民の智徳であるが、特に智の力は大きいという。彼はこうした文明観から、西洋文明を現時点でとしながらも世界の頂点に置き、各国の文明を文明、半開、野蛮の三つに分け、相対的尺度で位置づけた。そして半開の国である日本の進むべき道は、文明国となることであり、そのことによってのみ独立が保たれると説いた。

原典資料

⑤ 天賦人権論　出題

　封建制度を批判した福沢諭吉は、人の賢愚や貧富の差は学問をするか否かによってできると説いた。

　「天は人の上に人を造らず人の下に人を造らず」と言えり。されば天より人を生ずるには、万人は万人みな同じ位にして、生まれながら貴賤上下の差別なく、万物の霊たる身と心との働きをもって天地の間にあるよろずの物を資り、もって衣食住の用を達し、自由自在、互いに人の妨げをなさずしておのおの安楽にこの世を渡らしめ給うの趣意なり。されども今、広くこの人間世界を見渡すに、かしこき人あり、おろかなる人あり、貧しきもあり、富めるもあり、貴人もあり、下人もありて、その有様雲と泥との相違あるに似たるはなんぞや。その次第ははなはだ明らかなり。『実語教*』に、「人学ばざれば智なし、智なき者は愚人なり」とあり。されば賢人と愚人との別は学ぶと学ばざるとによりてできるものなり。

（『学問のすゝめ』「日本の名著33」中央公論社）

⑥ 脱亜論

　日本の独立を維持するためには、清・朝鮮に対して欧米列強と同様の姿勢（侵略）で臨むしかないと主張した。

　我日本の國土は亜細亜の東辺に在りと雖ども、其國民の精神は既に亜細亜の固陋を脱して西洋の文明に移りたり。然るに爰に不幸なるは近隣に國あり、一を支那と云ひ、一を朝鮮と云ふ。……我国は隣國の開明を待て共に亜細亜を興すの猶豫ある可らず。寧ろ其伍を脱して西洋の文明國と進退を共にし、其の支那朝鮮に接するの法も隣國なるが故にとて特別の会釈に及ばず、正に西洋人が之に接するの風に従て処分す可きのみ。悪友を親しむ者は共に悪名を免る可らず。我れは心に於て亜細亜東方の悪友を謝絶するものなり。

（『脱亜論』「福沢諭吉選集 第7巻」岩波書店）

解説　学問のすゝめ　『学問のすゝめ』は全17編からなり、1872（明治5）年から約5年にわたり出版され、ベストセラーとなった。冒頭の有名な「天は…人を造らず」の部分は、アメリカ独立宣言の"all men are created equal"の部分をもとにしたといわれている。福沢諭吉は天賦人権論を唱え、出身身分によって機会が制限される封建制度を否定して「機会の平等」を重要視した。どんなに貧しい家に生まれようとも、自分の学問次第、努力次第で人生を切り開くことができるということである。

＊**実語教**　江戸時代に寺子屋で使われた教科書。

解説　脱亜入欧　1885年、諭吉は自らが主宰する『時事新報』で「**脱亜論**」を発表した。日本の独立維持のためには、清・朝鮮の開明を待って連帯を進める時間的余裕はない。むしろ欧米列強的姿勢でアジアに接するべきだと唱えた。1894年、日清戦争が勃発すると、軍費にあてるようにと私財を投じて寄付を行い、その戦勝に酔いしれた。

日本の思想

(1) 明治の啓蒙思想

コラム　「独立自尊」と『修身要領』

　福沢諭吉は晩年、「教育勅語」とは別に、慶應義塾の主唱する修身（道徳）のテキストを作りたいと考えていた。この思いに応えるべく慶應義塾の高弟数名が、諭吉の思想を「独立自尊」の4文字に集約して表現し、この言葉をキーワードとして編纂したものが、1900年に発表された『修身要領』である。その後、諭吉はこの「独立自尊」という言葉を好んで用いた。

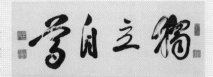

▲福沢諭吉の遺墨「独立自尊」

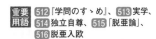

君民共治を説いた「東洋のルソー」

中江兆民（なかえちょうみん）

★☆☆☆☆

高知県出身
1847〜1901

わが日本、古より今にいたるまで哲学なし

年(年齢)	生涯
1847(0)	土佐藩に誕生
1871(24)	司法省留学生としてフランスに留学(〜74)
1874(27)	仏学塾創設、ルソーの『社会契約論』を書き下し文で翻訳
1881(34)	「東洋自由新聞」の主筆となる
1882(35)	『民約訳解』(ルソーの『社会契約論』の漢文訳)出版
1887(40)	『三酔人経綸問答』出版 保安条例により東京から追放
1890(43)	第1回衆議院議員選挙に当選
1891(44)	衆議院議員辞職
1901(54)	『一年有半』『統一年有半』執筆。喉頭がんで死去

 奇人兆民 中江兆民は、奇行が多く奇人としても知られた。「兆民」は号で、「億兆の民」(平民)の意味である。

略伝 1847年、土佐藩(現、高知県)の足軽の子として生まれる。藩の留学生として長崎、江戸でフランス語を学んだ。長崎では坂本龍馬と出会い、その人となりに魅せられた。24歳の時、司法省の留学生としてフランスに留学し、民主共和の思想を学ぶ。帰国後、仏学塾を創設し、ルソー(◯p.116)の『社会契約論』などを翻訳して教え、東洋のルソーと呼ばれた。34歳で「東洋自由新聞」を創刊し主筆となり、精神・行動の自由や「君民共治」を唱え、自由民権運動の理論的指導者として活躍した。40歳の時、藩閥政府の横暴を批判し、保安条例*により2年間の東京追放処分を受けた。43歳で第1回衆議院議員選挙に当選したが、議会に失望して「無血虫の陳列場」と痛烈に批判し、翌年「アルコール中毒」を理由に辞職した。以後、実業に手を出すがことごとく失敗した。1901年4月、54歳の時に喉頭がんで余命1年半と宣告され、執念で『一年有半』『統一年有半』を執筆し、同年12月に死去した。

主著 『民約訳解』『三酔人経綸問答』『一年有半』『統一年有半』

*保安条例 自由民権運動の弾圧のため、治安を妨害する恐れのある者を皇居から3里(約12km)以外に追放した条例。

中江兆民の思想

❶ 日本のあり方としてどのような政治体制を志向したのだろうか。

イギリスのような君主主権の政体でありながら、実質的には人民主権の「君民共治」の政治体制。

→ 1 、原典資料3

❷ どうすれば日本に「君民共治」の政治体制が実現すると説いたのだろうか。

「恩賜的民権」を「回(恢)復的民権」に実質的に変えていくことで実現できると説いた。 → 2 、原典資料3

❸ なぜ日本人には確固たる主義主張がないと考えたのだろうか。

日本の思想はすべて他国からの借りもので、日本には独自の哲学がないため。 → 原典資料4

原 1 「君民共治」論

中江兆民はルソーの**人民主権論**を継承したが、フランス流の共和主義をめざす革命的民主主義の立場をとらなかった。彼は「君民共治之説」(「東洋自由新聞」社説)で、「政体の名称」には立憲、専制、立君、共和など数種あるが、名称ではなく実質を問題にするべきだと説いた。立君というのも政権を「全国人民ノ公有物」とするときは共和であり、「君主ノ有無」は問題ではない。イギリスに国王はいるが、宰相を選ぶのも、法律を作るのも人民である。兆民はこのように述べ、当面する日本のあり方として、君主はいるが実質は人民主権である**君民共治**の政治体制を主張した。

解説 **政府の敵となる** 大久保利通は「立憲政体に関する意見書」(1873年)で君民共治論を展開し、イギリスをモデルにしようと試みていた。しかし、1878年に大久保が暗殺され、明治十四年の政変(1881年)で、政府が大久保の試みを否定して専制を選んだため、中江兆民は政府の敵となる道を選んだ。

原 2 「恩賜」と「回復(恢復)」

出題

中江兆民は藩閥政府主導による憲法制定を前にして、『三酔人経綸問答』で2種類の民権があると説いた。革命を経て獲得されたイギリス、フランスの民権は、「**回(恢)復的民権**」であって、下から進んで取るものである。一方、「**恩賜的民権**」は上から与えられるものだから、その分量は自分たちの自由にはならない。しかし、恩賜的民権がいかに少なくても、民権の本質は変わらないのだから、よく「護持」し「珍重」し、「養ふ」ことで自由・平等の権利(「回復的民権」)に発展させることができると主張した。

解説 **憲法点閲** 『三酔人経綸問答』出版の2年後、大日本帝国憲法が発布されたが、兆民は「通読一遍苦笑するのみ」とした。衆議院議員となった彼のねらいは、憲法点閲(審議)を行い、「**恩賜的民権**」を「**回復的民権**」に移行させることにあった。しかし、憲法点閲どころか予算審議で政府に切り崩される議会に失望し、議員を辞職した。

入試に◯×チャレンジ 122 フランスに留学した中江兆民は、帰国後に自由民権論を展開し、民権には人民が自ら勝ち取ったものと、為政者が人々に恵み与えるものがあり、このうち、日本の現状では、まず恩賜的民権を守り育てていくべきであると説いた。(2017年本試)

3 政治の本質

> 🔍 中江兆民は政治の本質を国民の利益増進だと考えた。

　南海先生は、またもやぐっと一杯やって、「紳士君は、もっぱら民主制度を主張されるが、どうもまだ、政治の本質というものをよくつかんでいない点があるように思われます。政治の本質とはなにか。国民の意向にしたがい、国民の知的水準にちょうど見あいつつ、**平穏な楽しみを維持させ、福祉の利益を得させることです。**もし国民の意向になかなかしたがわず、その知的水準に見あわない制度を採用するならば、平穏な楽しみ、福祉の利益は、どうして獲得することができましょう。

（『三酔人経綸問答』桑原武夫・島田虔次訳「日本の名著36」中央公論社）

4 日本に哲学なし

> 🔍 日本人は自分自身で作った哲学を持たないために、確固たる主義主張がないと指摘した。

　わが日本、古より今にいたるまで**哲学なし。**……そもそも、国に哲学がないのは、ちょうど床の間に掛け物がないようなものであり、国の品位をおとしめることは確実である。カントやデカルトは、実にドイツ、フランスの誇りである。この二国の床の間の掛け物である。この二国の人民の品位に自然に関係しているのだ。……**哲学なき人民は、なにをしても深い意味がなく、浅薄さをまぬがれない。**（『一年有半』飛鳥井雅道訳「日本の名著36」中央公論社）

> **メモ** 兆民のフランス留学　幸徳秋水の『兆民先生』によれば、中江兆民は留学先のフランスで、フランス語を学ぶためにまず小学校に入れてもらったが、子どもが騒がしくてたまらないので、諦めて弁護士について学んだという。

解説 『三酔人経綸問答』　徹底した民主化と軍備撤廃を主張する「洋学紳士君」と、富国強兵を説き他国侵略も厭わない「東洋豪傑君」が、西洋のブランデーを携えて、奇論で知られる「南海先生」を訪ねる。しかし2人は、南海先生の対外的には平和外交、対内的には漸進的立憲制というあまりにも平凡な主張にあきれてしまうという構成の著作。資料の部分では、兆民の考える政治のあり方が具体的に語られている。

解説 『一年有半』　『一年有半』は、不治の病をえた中江兆民の社会・人物批評である。日本および日本人を厳しく批判し、日本に独自の哲学がないことがすべての病根だと主張した。そして兆民が、残された時間で、自らの哲学大系の一部をまとめたものが**『続一年有半』**（別名「無神無霊魂」）である。この中で彼は唯物論の立場をとった。

★ 植木枝盛
うえきえもり
（1857〜92）

略伝 土佐（現、高知県）藩士の家に生まれる。17歳の時、同郷の板垣退助の演説に刺激され、明六社（➡p.247）の演説会に参加するなどして独学で民権思想を学んだ。1877年、板垣の立志社に参加、1879年には**『民権自由論』**を著して民権が国を強くする基礎であると述べた。1881年、私擬憲法（憲法私案）の**『東洋大日本国国憲按』**を起草した。中江兆民らとともに第1回衆議院議員選挙に当選したが、胃潰瘍の悪化により35歳の若さで死去した。その突然の死から、毒殺説もある。

> **メモ** 第1回衆議院議員選挙　当選者には著名な者が多く、中江兆民・植木枝盛のほか、憲政の神様と呼ばれた尾崎行雄、足尾銅山鉱毒事件の解決に奔走した田中正造（➡p.257、284）、のちに首相となった犬養毅らがいた。

5 天賦人権論

　ルーソーといふ人の説に、人の生るるや自由なりとありて、人は自由の動物と申すべきものであります。されば人民の自由は縦令社会の法律を以て之を全うし得るとは申せ、本と天の賜にて人たるものの必ずなくてならぬものでござろう。……皆さん卑屈することは

ない。自由は天から与へたのじゃ。とんと民権を張り自由をお展べなさいよ。若し又自由が得られずとならば、寧そ死んでおしまひなさい。自由がなければ生きても詮はありません

（『民権自由論』「明治文化全集 第二巻」日本評論社）

解説 民権思想の啓蒙書　植木枝盛の『民権自由論』は、人間には生まれながらに基本的人権が与えられているという**天賦人権論**や人民主権論などを一般の人々にわかりやすく説き、民権思想の普及に大きな役割を果たした。

6 東洋大日本国国憲按

第七十条　政府国憲ニ違背スルトキハ日本人民ハ之ニ従ハザルコトヲ得。

第七十一条　政府官吏圧制ヲ為ストキハ日本人民ハ之ヲ排斥スルヲ得。

第七十二条　政府恣ニ国憲ニ背キ擅ニ人民ノ自由権利ヲ残害シ建国ノ旨趣ヲ妨グルトキハ日本国民ハ之ヲ覆滅シテ新政府ヲ建設スルコトヲ得。

（『東洋大日本国国憲按』「日本近代思想大系9」岩波書店）

解説 抵抗権と革命権　「東洋大日本国国憲按」は、当時の政府による激しい言論・思想弾圧を背景として、人権に関する規定をきめ細かく保障している。さらに、これを担保するための**抵抗権・革命権**（➡p.115）を認めていることなどの点に特徴があり、自由主義的・民主主義的性格がみられる。

（2）キリスト教

「二つのJ」に生涯を捧げたキリスト者

内村鑑三 （うちむらかんぞう）

★★☆☆☆

群馬県出身
1861〜1930

> 愛すべき名とては天上天下唯二つあるのみであります、
> 其一つはイエスでありまして、其他の者は日本であります

年（年齢）	生涯
1861（0）	高崎藩士の子として誕生
1877（16）	札幌農学校に入学
1878（17）	受洗しキリスト教徒となる
1884（23）	結婚・破婚、私費で渡米
1886（25）	回心
1888（27）	帰国
1891（30）	不敬事件により、第一高等中学校を辞職
1893（32）	『基督信徒のなぐさめ』出版
1897（36）	万朝報入社
1900（39）	雑誌『聖書之研究』創刊
1901（40）	足尾銅山鉱毒事件に奔走する
1903（42）	日露戦争に対する非戦論を発表
1904（43）	◆日露戦争
1930（69）	死去

略伝 高崎（群馬県）藩士の子として生まれた。1877年、16歳で札幌農学校に第2期生として入学した。初代教頭のクラーク*博士（●p.246写真）はすでに帰国していたが、彼の残した「イエスを信ずる者の誓約」に署名、洗礼を受けてキリスト教徒となった。23歳の時、最初の結婚の破綻を機に、アメリカに私費留学した。アメリカの金銭崇拝と人種差別に失望したが、アーモスト大学総長シーリーの感化により回心を体験し、不動の信仰心を確立した。帰国後、第一高等中学校の教壇に立ったが、1891年、教育勅語奉戴式で最敬礼を拒み、井上哲次郎（●p.255）ら国家主義者の攻撃で辞職に追い込まれた（**不敬事件****）。36歳で万朝報に入社し英文欄主筆となった。足尾銅山鉱毒事件で田中正造を支援するなど、社会運動家としても活躍した。1904年に勃発した日露戦争に際しては**日露非戦論**を展開し、開戦論の立場をとった万朝報を退社した。以後、自らが創刊した雑誌『聖書之研究』を中心に**無教会主義**を唱え、一キリスト者として聖書の研究と執筆活動を続けた。

主著『基督信徒の慰め』『余は如何にして基督信徒となりし乎』

*クラーク　1876年に赴任し、8か月の滞在ののち、「少年よ大志を抱け」の言葉を残して帰国した。

**不敬事件　教育勅語に対する最敬礼は、天皇が神であり勅語は神の言葉であることを認めることになり、内村鑑三はキリスト教徒として同意できなかった。

内村鑑三の思想

❶内村鑑三は、キリスト者としてどのようなあり方をめざしたのだろうか。

「二つのJ」（イエスと日本）に生涯をささげることを誓い、自らの信念を「**武士道に接木されたるキリスト教**」と表現した。　→②、原典資料⑤、⑥

❷なぜ日露戦争に反対したのだろうか。

「汝殺すなかれ」という聖書の教えに基づいた**絶対平和主義**の立場から**日露非戦論**を唱えた。　→③

❸「無教会主義」とはどのような立場だろうか。

制度としての教会やその儀式を否定し、聖書による個人の内面的信仰を重視した立場。　→④

二つのJ

① キリスト教再伝来

明治政府は発足当初、キリスト教を邪宗門として禁止していた。欧米諸国からの抗議を受けて、禁止令が解かれたのは、1873（明治6）年のことであった。しかし、幕末にはすでに開港地にプロテスタントの宣教師が来日しており、1872年には横浜に日本最初のプロテスタント教会が設立されていた。以後、プロテスタントが日本で教勢を拡大していった。

解説 **日本のプロテスタント**　江戸時代、キリシタンとして禁制となっていたのはカトリックであり、日本人はプロテスタントを別物ととらえた。プロテスタントの英米人宣教師は、教師・技術者・医師の資格で「お雇い外国人」として政府や各地の県庁に任用され、社会からの信頼が厚かった。青年たちは、彼らを通してキリスト教にふれ、目を世界に向けて開いていった。

原⑤ ② Jesus と Japan　[出題]

武士の子である鑑三は、神とそれを信じる自分との関係を、主君と兵士との関係としてとらえた。さらに、アメリカでの回心後の鑑三は、「日本のために働く」という使命感をより鮮明に意識していった。彼にとっての日本は、固有の歴史的使命を持ち、世界と人類のために存在する神聖な実存であった。こうして彼の愛は「イエス（Jesus）」と「日本（Japan）」、すなわち「二つのJ」に向けられ、それ以外のものに向けられることはなかった。

メモ **回心**　鑑三は渡米後、自身の利己心に悩んでいたが、シーリー総長の「内村君、自分の内なる罪を見ることをやめよ。十字架上に君の罪を贖い給うた主イエスを仰ぎ見よ。」という言葉によって、魂の平安を得た。

入試に○×チャレンジ　123 内村鑑三は、イエスと日本は矛盾するものではなく、近代化の中で混迷する日本人の精神的再生のために、イエスへの純粋な内面的信仰の大切さを説いた。（2007年本試）

日本の思想

7

近代日本の思想

③ 非戦論

内村鑑三は日清戦争を、朝鮮を従属国化させ、その開国と近代化を妨げる清に対する「義戦」であると支持したが、その後この戦争が日本の「欲戦」であったことを知り、深く恥じることとなった。日露戦争に際しては**非戦論**を貫き、戦勝に酔う国民に対して厳しい批判を加え続けた。彼の非戦論は「汝殺すなかれ」という聖書の立場を貫いた**絶対平和主義**であり、その後ますます強まる軍国主義に対する彼の闘いは、69歳で亡くなるまで続いた。

④ 無教会主義 出題

内村鑑三は、「**真性の教会は実は無教会であります。天国には実は教会なるものはないのであります**」(『無教会論』)として、制度としての教会やその儀式を否定し、聖書による個人の内面的信仰を重視した**無教会主義**を唱えた。また、彼のキリスト教は、外国の教会と宣教師に無批判に従い、その財政援助に甘んずるキリスト教ではなく、日本の精神的伝統を重んじ、内発的にイエスに向き合う自主独立のキリスト教であった。

原典資料

⑤ 二つのJ

> イエスと、日本人の道徳的に優れた国民性を愛した鑑三は、「二つのJ」に生涯をささげることを固く誓った。

我々は我らに固有の天与の賜物をもって、神と世界に仕えるよう努めねばならぬ。神は2000年の鍛錬によってもたらされたわが国民性が、挙げて、欧米思想にとって替えられるのを欲したまわぬ。キリスト教の美点は、神が各国民に与えたもうたそれぞれに固有の特質を、あますところなく聖めうるところにある。(『**余は如何にして基督信徒となりし乎**』「日本の名著38」中央公論社)

私共に取りましては愛すべき名とては天上天下唯二つあるのみであります、其一つは**イエス**でありまして、其他の者は**日本**であります、是れを英語で白しますれば其第一は Jesus でありまして、其第二は Japan であります、二つとも J の字を以て始まって居りますから私は之れを称してTwo J's 即ち**二つのジェーの字**と申します、イエスキリストのためであります、日本国のためであります、**私共は此二つの愛すべき名のために私共の生命を献げやうと欲ふ者であります**……私共の信仰は国のためでありまして、私共の愛国心はキリストのためであります、私共はキリストを離れて真心を以て国を愛することが出来ないやうに、赤国を離れて熱心にキリストを愛することは出来ません、私共が基督教を信じた第一の理由はそれが私共の愛する此日本国を救ふ唯一の能力であると信じたからであります、……

(『**失望と希望**』「近代日本思想大系６」筑摩書房)

⑥ 武士道とキリスト教 出題

> 内村鑑三は、自らのキリスト教をどのように表現したのだろうか。

武士道は日本国最善の産物である、然し乍ら武士道其物に日本国を救ふの能力は無い、**武士道の台木に基督教を接いだ物、其物は世界最善の産物**であって、之に日本国のみならず全世界を救ふの能力がある、今や基督教は欧洲に於て滅びつゝある、而して物質主義に囚はれたる米国に之を復活するの能力が無い、茲に於てか神は日本国に其最善を献じて彼の聖業を扶くべく要求し給ひつゝある、日本国の歴史に深い世界的の意義があった、神は二千年の長きに渉り世界目下の状態に応ぜんがために日本国に於て武士道を完成し給ひつゝあったのである、世界は畢竟基督教に由て救はるゝのである、然かも武士道の上に接木されたる基督教に由て救はるゝのである。

(『**武士道と基督教**』「内村鑑三全集22」岩波書店)

武士道

解説 **イエスと日本**　内村鑑三にとって、イエスと日本とは矛盾するものではなかった。彼は、イエスへの内面的信仰によって、急速な近代化の過程で方向を見失った日本人の精神的再生を図ろうとした。

To be Inscribed upon
my Tomb.
―――
I for Japan;
Japan for the World;
The World for Christ;
And All for God.

▲**聖書に書かれた墓碑銘**　鑑三が聖書の見返しに書き残した文字。アーモスト大学時代に書かれたといわれる。多磨霊園(東京都)に眠る彼の墓碑銘になっている。

〔訳〕我が墓に刻印されるべきこと。
　　　我は日本のため、
　　　日本は世界のため、
　　　世界はキリストのため、
　　　そしてすべては神のため。

解説 **武士道に接木されたるキリスト教**　内村鑑三は、アメリカの現世的成功重視、金銭尊重の風潮を批判した。そして、清廉潔白で金銭にとらわれない徳を持つ日本の武士道精神こそが、イエスの真理と正義を実現する土台になると考えた。

メモ **勇ましく高尚な生涯**　内村鑑三は「後世への最大遺物」という講演で、後世への最大遺物は「勇ましい高尚なる生涯」であるとし、その例として二宮尊徳(○p.239)らをあげた。尊徳は武士ではないが、尊徳の生きざまに武士道に通じるものをみたのであろう。

新渡戸稲造　にとべいなぞう （1862〜1933）

略伝 南部（現、岩手県）藩士の子として生まれた。1877年に札幌農学校第2期生として入学し、内村鑑三（●p.252）らとともにキリスト教徒となった。札幌農学校卒業後、東京帝国大学に入学。この時の面接試験で将来の希望を聞かれ、**「太平洋の橋になりたい」**と答えた。1884年、東大を中退しアメリカに留学、**クエーカー**＊教徒になった。1891年に帰国し、札幌農学校教授となるが、激務で体調を崩しアメリカで療養、この間に『**武士道**』を英文で書き上げた。その後、第一高等学校校長、東京帝国大学教授、東京女子大学長などを歴任。一貫して「人格教育」を重視し、学生に常識（コモンセンス）の重要性を説いた。1920年、58歳で国際連盟の事務局次長となり、世界平和のために尽くした。

＊クエーカー　17世紀にイギリスで生まれたキリスト教プロテスタントの一派。

原典資料 ………………… 新渡戸稲造

7 道徳としての武士道

　武士道（シヴァリー）はその表徴（ひょうちょう）たる桜花と同じく、日本の土地に固有の花である。それは古代の徳が乾（ひ）からびた標本となって、我が国の歴史の腊葉（さくよう）集中に保存せられているのではない。それは今なお我々の間における力と美との活（い）ける対象である。それはなんら手に触（ふ）るべき形態を取らないけれども、それにかかわらず道徳的雰囲気を香らせ、我々をして今なおその力強き支配のもとにあるを自覚せしめる。それを生みかつ育てた社会状態は消え失せて既に久しい。しかし昔あって今はあらざる遠き星がなお我々の上にその光を投げているように、**封建制度の子たる武士道（シヴァリー）の光はその母たる制度の死にし後にも生き残って、今なお我々の道徳の道を照らしている。**

（『武士道』矢内原忠雄訳　ワイド版岩波文庫）

▲『BUSHIDO』表紙
1900年にアメリカで出版された。

解説 **武士道論**　『武士道』は、江戸時代の「士道」としての武士道を根幹として、正義、勇気、礼節、名誉、忠義などの徳目を、ヨーロッパ思想と関連させながら詳しく記述したものである。日清・日露戦争に勝利を収めた新興国日本を知るための格好の入門書として、欧米でベストセラーとなった。日露戦争の講和会議を斡旋（あっせん）したアメリカのセオドア・ローズヴェルト大統領も、講和条約の締結前に購入していたといわれる。

メモ **ユネスコと新渡戸稲造**　世界遺産の登録・保護機関として知られるユネスコ（国際連合教育科学文化機関）は、稲造が設立に尽力した国際連盟の国際知的協力委員会を前身としている。この会は、哲学者のベルクソンを議長とし、アインシュタイン（●p.302）やマリ・キュリーらが委員として参加した。

新島襄　にいじまじょう （1843〜90）

略伝 安中（あんなか）（現、群馬県）藩士の子として生まれた。1864年、アメリカに密航し、ボストンで洗礼を受けた。1870年、アーモスト大学卒業。1872年、アメリカ訪問中の岩倉使節団に随行して欧米の教育制度を視察し、1874年に帰国した。キリスト教に基づく自由教育を唱え、1875年に京都に同志社英学校、1877年には女学校を設立した。

メモ **いろいろな縁**　新島はアーモスト大学在学中にクラークの授業を受けており、この縁でクラークは来日することとなった。内村鑑三にアーモスト大学入学を勧めたのも新島である。アーモスト大学は同志社大学の有力なモデルとなった。

植村正久　うえむらまさひさ （1857〜1925）

略伝 旗本の長男として現在の千葉県（一説に東京）に生まれた。横浜の英学塾でキリスト教にふれ、1873年、日本最初のプロテスタント教会・日本基督公会で洗礼を受けた。1887年に番町一致教会（現、富士見町教会）を設立し、生涯その牧師を務めた。天皇を神格化しようとする国家主義的風潮に対しては、信教の自由と政教分離を理由に激しく抵抗した。その上で、キリスト教こそが近代日本にふさわしい進歩に基づく愛国を行うことができると主張した。日本人伝道者を養成するため、1904年に東京神学社を創設した。

コラム 国際結婚の先駆者 ──『武士道』の原点

　札幌で聖書を読んで祈るだけの素朴な礼拝しか経験していなかった新渡戸稲造は、アメリカの教会の荘厳（そうごん）な建物や信者のきらびやかな服装などに違和感を覚えた。そうした彼を救ったのがクエーカーの人々との出会いであった。質素な建物につつましい服装。礼拝も信者が瞑想（めいそう）し、宗教的感動が心に生じた者が、立って短い感想を述べるだけ。メリー・エルキントンは、このクエーカーの熱心な信者であった。二人は、周囲の反対を押し切り結婚した。白人の上流階級の娘が、当時のアメリカ人から見てアジアの未開社会である日本人と結婚し、それも妻が夫の国へ嫁（とつ）ぐという決断はセンセーショナルであり、フィラデルフィアの地元紙にも取り上げられた。日本人を欧米人に正しく理解してほしい、との思いが後年の'Bushido; The Soul of Japan'『武士道』執筆へとつながった。

▲新渡戸稲造と万里（メリー）

入試に○×チャレンジ　124 三宅雪嶺は、政府の欧化主義を批判し、日本固有の風土や文化に即して西洋文明を取捨選択すべきとする国粋主義（国粋保存主義）を唱えた。（2018年本試）

（縦書き左側）日本の思想　7　近代日本の思想

（3）社会思想

国家意識の高まり

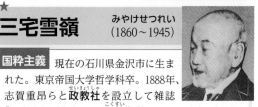
▶欧化政策の象徴・鹿鳴館（ろくめいかん）

① ナショナリズムの台頭　出題▶

明治政府の欧化政策（1880年代）への批判
政府が条約改正交渉のためにとった欧化政策は、あまりの欧米追随ぶりが国民の反発を招いた

ナショナリズム論の台頭

近代的民族主義
国民の幸福は国家の独立や国民性の統一が前提

国粋主義（国粋保存主義）
三宅雪嶺・志賀重昂の政教社（1888）
雑誌『**日本人**』

国民主義
陸羯南の新聞『日本』
（1889）

━ 論争 ━

平民的欧化主義（**平民主義**）
政府の貴族的欧化政策に反対。国民生活向上のための欧化主義

徳富蘇峰の民友社（1887）
雑誌『**国民之友**』

国家主義
国家を最高の価値あるものとみなし、個人よりも国家に絶対的優位性を認める考え方。

井上哲次郎 哲学者。東京帝国大学教授。教育勅語の解説書『勅語衍義』を執筆。不敬事件（◯p.252）をきっかけにキリスト教を国体に反するものとして攻撃した。

対外進出論・国家主義の台頭

西村茂樹
『**日本道徳論**』（1887）

教育勅語（1890）
忠君愛国を説き、学校教育の基本となる

日清戦争（1894〜95）・**三国干渉**（1895）
国家主義は軍国主義・侵略主義と結びつき、思想の主流となる

北一輝の超国家主義（昭和初期）

解説　明治中期のナショナリズム　政府の極端な欧化政策への反発から始まった明治中期のナショナリズムは、その後の独善的・狂信的な国家主義とは異なるものであった。

徳富蘇峰

とくとみそほう（1863〜1957）

平民主義　現在の熊本県益城町に生まれた。1887年に**民友社**を設立し、『**国民之友**』『**国民新聞**』を発刊した。明治政府の表面的な欧化政策を批判し、実業に従事する民衆（平民）に基盤を置く近代化（**平民主義**）を唱えた。日清戦争の頃から皇室中心の強硬な国家主義に転向、人道主義に立つ小説家の弟、徳冨蘆花と不和となった。

岡倉天心（おかくらてんしん）（1863〜1913）

東京帝国大学でアメリカ人の**フェノロサ**に学び、ともに日本の伝統美術の復興に努めた。ボストン美術館東洋部長となり、『東洋の理想』や『茶の本』などの英文著作で、東洋美術の神髄を世界に紹介・普及した。「Asia is One（**アジアは一つ**）」と唱え、日本美術はアジア文化が融合して発展したと論じた。

三宅雪嶺

みやけせつれい（1860〜1945）

国粋主義　現在の石川県金沢市に生まれた。東京帝国大学哲学科卒業。1888年、志賀重昂らと**政教社**を設立して雑誌『**日本人**』を創刊した。**国粋主義**を唱え、政府の極端な欧化政策を批判した。日本および日本人の持つ優れた個別性（国粋）を欧化の中でも失わず、むしろ積極的に伸ばすことによってこそ、世界の文明進歩に貢献できるはずだと主張した。

志賀重昂
しがしげたか（1863〜1927）

国粋主義　現在の愛知県岡崎市に生まれた。札幌農学校卒業。1886年、軍艦筑波に便乗し南太平洋諸国を歴訪、その体験をふまえて南洋への進出を主張した。1888年、**政教社**設立に参加し**国粋主義**を唱えた。『日本風景論』（1894年）で、日本の風土がいかに欧米に比べて優れているかを熱く語った。このことが、日本人の景観意識を一変させるきっかけとなった。

陸羯南

くがかつなん（1857〜1907）

国民主義　現在の青森県弘前市に生まれた。政府の欧化政策に反対して官職を辞し、1889年、**新聞『日本』**[*]を発刊した。**国民主義**と称して、日本の国情や伝統の美点を保持しつつ、緩やかな改革を進めるべきだと訴えた。外に対しては国家の独立を、内においては国民の統一を唱え、自国固有の文化こそ自主独立の基礎であると主張した。天皇の徳を実現する憲政の運用を求め、天皇大権を盾に議会の意向を無視する藩閥政府を批判した。

[*]**新聞『日本』**　日本新聞社から発行された新聞。俳人の正岡子規は日本新聞社に入社し、新聞『日本』において俳句の革新運動を展開した。

北一輝
きたいっき（1883〜1937）

超国家主義　現在の新潟県佐渡市に生まれた。1906年に『**国体論及び純正社会主義**』を自費出版して、独自の社会主義論を説いた。1923年、『**日本改造法案大綱**』を刊行し、天皇と国民が直結する国家への改造を唱えた。1936年に起こった二・二六事件（陸軍の青年将校によるクーデタ）の首謀者として処刑された。

日本の思想

（3）社会思想

直接行動を説いた革命家

幸徳秋水 (こうとくしゅうすい)

高知県出身
1871～1911

世界人類の平和を愛し、幸福をおもんじ、進歩をねがう志士・
仁人は、立ちあがれ

年（年齢）	生　涯
1871(0)	土佐中村の薬種商の家に誕生
1888(17)	大阪で中江兆民に師事
1898(27)	万朝報に入社。社会主義研究会結成
1901(30)	『廿世紀之怪物帝国主義』出版。社会民主党の結成に参加。中江兆民死去
1903(32)	『社会主義神髄』出版万朝報退社、『平民新聞』を発行し非戦論を唱える
1905(34)	投獄され、出獄後、渡米
1910(39)	大逆事件で逮捕、翌年刑死

* **大逆事件** 1910(明治43)年、明治天皇の暗殺を計画したとして、社会主義者が処罰された事件。26名が大逆罪で起訴されて秋水ら12名が死刑となり、社会に大きな衝撃を与えた。

略伝 自由民権運動の盛んな高知県の現、四万十市に生まれる。本名は伝次郎。17歳で中江兆民（●p.250）に師事し、その自由民権の思想から深く学び、秋水の号も授かった。1898年、兆民の紹介で万朝報の記者となった。1901年、『廿世紀之怪物帝国主義』を刊行、**社会民主党の結成に参加**（直ちに禁止）した。1903年、『社会主義神髄』を著して社会主義思想の普及に力を尽くした。日露開戦論に反対し、開戦論の立場をとった万朝報を堺利彦とともに退社。**平民社を設立して『平民新聞』で非戦論を唱えた**。1905年、新聞紙条例違反で投獄され、5か月間の獄中生活の中で**無政府主義**に傾斜し、出獄後に渡米した。翌年帰国し、世界の革命運動の潮流は無政府主義的な直接行動の方向へ変わっていると説き、議会政策による堅実で緩やかな改革を主張する片山潜らと対立した。1910年、**大逆事件***で捕らえられ、翌年、処刑された。

主著 『廿世紀之怪物帝国主義』『社会主義神髄』

幸徳秋水の思想

❶ 幸徳秋水はどのような経緯で社会主義者となったのだろうか。

中江兆民の民権思想を継承し、さらに社会主義へと思想を深めていった。 →①

❷ 秋水は帝国主義をどのように分析したのだろうか。

帝国主義は愛国心と軍国主義から成立すると指摘し、その好戦的で略奪的な性格を明らかにした。 →原典資料③

❸ 直接行動論とはどのような主張だろうか。

万人自由の社会実現のために、議会を通してではなく労働者自身が直接行動することを唱えたが、暴力革命は否定した。 →②

① 日本の社会主義運動とキリスト教　出題

日清戦争後の日本では、産業化と都市化が進む中で様々な社会のひずみが生まれた。特に、労働問題や都市に住む「下層社会」の問題が社会問題として意識され、これを解決する新思想として注目されたのが**社会主義**であった。日本の初期の社会主義運動は、幸徳秋水のように自由民権運動の流れから社会主義に転じた者もいたが、それ以上にキリスト教と深く結びついていた。キリスト教を通じて近代市民社会の自由・平等観を身につけた人々は、急速に進む貧富の拡大を前にして、社会主義にひきつけられていった。

解説 **社会民主党** 1901年、日本で最初の社会主義政党「社会民主党」が結成された。参加者は**片山潜**、**安部磯雄**、**幸徳秋水**、**木下尚江**、河上清、西川光二郎の6名で、幸徳秋水以外の5名がキリスト教徒だった。社会民主党は結成届を提出したが、前年に制定された治安警察法により直ちに禁止となった。のちに大逆事件が起こると、社会主義運動は「冬の時代」を迎えた。

② 無政府主義と直接行動論

幸徳秋水は、大逆事件で入獄中に記した弁護士への手紙の中で、自らのめざすところは暴力革命ではないと主張した。無政府主義者は、「武力・権力に強制されない万人自由の社会の実現」を望むだけで、皇室とは矛盾しない。直接行動とは、議員を介する間接運動ではなく、労働者自身が「工場の設備を完全にするにも、労働時間を制限するにも……直接に工場主に談判する。聞かれなければストライキをやる」などというもので、「直接行動ならなんでもやる、というのではありません」、と述べた。しかし、彼の主張は裁判で退けられ、暴力革命を企てたとして死刑となった。

解説 **アナルコ・サンディカリズム** 幸徳秋水は渡米前、ロシアのクロポトキン（1842～1921）らの無政府主義（国家、政府、議会の権力を否定する思想）の影響を受け、アメリカで**無政府主義（アナーキズム）**と労働者の直接行動を説く労働組合主義（サンディカリズム）を合わせたアナルコ・サンディカリズムを学び、帰国後、直接行動論を主張した。

入試に○×チャレンジ 125 幸徳秋水は社会主義の立場から、当時の帝国主義を、愛国心を経とし軍国主義を緯とする20世紀の怪物と呼び、批判した。（2009年本試）

3 帝国主義

> 帝国主義の本質を明らかにし、日本の対外進出政策を厳しく批判した。

帝国主義は、愛国心を経とし、いわゆる軍国主義を緯として、織りあげた政策ではないか。すくなくとも、愛国心と軍国主義とは、列国現在の帝国主義に共有する条件ではないか。……

わたくしは、断言する。帝国主義なる政策は、少数の欲望のために、多数の福利をうばうものである。野蛮的感情のために、科学的進歩を阻害するものである。人類の自由・平等を殲滅し、社会の正義・道徳を殺害し、世界の文明をぶちこわす破壊者である、と。

（『廿世紀之怪物帝国主義』「日本の名著44」中央公論社）

4 社会主義とは何か

> 生産手段の公有こそが社会問題解決の鍵であると唱えた。

多数人類が飢えと寒さにおびやかされているのは、富の分配の不公平にあり、富の分配の不公平は、生産物を生産者の手にわたさないことにある。生産物を生産者の手にわたさないのは、地主・資本家なる少数階級の掠奪するところとなっているからである。地主・資本家の掠奪するところとなるのは、土地や資本やいっさいの生産機関を、はじめから地主・資本家の手中に占有させているからである。

……「いっさいの生産機関を地主・資本家の手からうばって、これを社会・人民の公有とする」もの、いいかえれば、地主・資本家なる徒手・遊食の階級を廃絶するのは、実に「近代社会主義」、一名「科学的社会主義」の骨髄とするところではないか。

……立ちあがれ。世界人類の平和を愛し、幸福をおもんじ、進歩をねがう志士・仁人（革命家・ヒューマニスト）は、立ちあがれ。立ちあがって、社会主義の普及と実行に、つとめてもらいたい。わたくしも、十分な働きはできないが、諸君のあとからついていこう。

（『社会主義神髄』「日本の名著44」中央公論社）

解説 **帝国主義の二つの軸** 幸徳秋水は愛国心と軍国主義を二つの軸として、レーニンの『帝国主義論』より15年も早く、帝国主義の野蛮で残虐で、好戦的な姿を描いた。そして、科学的社会主義で野蛮的軍国主義を滅ぼし、兄弟愛の世界主義で、略奪的帝国主義を掃討することができると述べた。また、当時の日本の対外進出政策を厳しく批判した。

解説 **「科学的社会主義」の啓蒙書** 「社会主義とは、なにか」で始まる『社会主義神髄』は1903年に刊行され、たちまちベストセラーとなった。マルクス、エンゲルスらの思想を要約的にまとめあげ、「科学的社会主義」の理論と運動を紹介したもので、明治期の社会主義の理論的な礎となった。

メモ **田中正造と秋水** 田中正造は、1890年の第1回総選挙で衆議院議員に当選し、以後、議会内外で一貫して足尾銅山鉱毒問題に取り組んだ。1901年には議員を辞職し、明治天皇に銅山の操業停止を直訴したが、政府はこれを「発狂」として顧みなかった。彼の懇願でこの直訴文を起草したのが名文家として知られる幸徳秋水である。●p.284

社会主義のおもな思想家

キリスト教人道主義 出題

▲社会民主党結成の記念写真

❶**片山潜**(1859〜1933) 現在の岡山県久米南町に生まれた。25歳で渡米、帰国後労働運動に取り組んだ。**社会民主党結成メンバー**。議会政策による漸進主義を主張したが、大逆事件後の1914年に、アメリカへ亡命した。ロシア革命後はコミンテルンに参加し、国際的共産主義者として活躍した。

❷**安部磯雄**(1865〜1949) 現在の福岡市に生まれた。同志社で学び、新島襄（●p.254）の手で洗礼を受けた。**社会民主党結成メンバー**。議会制社会主義を主張し、1924年には日本フェビアン協会（●p.144）結成に参加した。

賀川豊彦(1888〜1960) 兵庫県神戸市に生まれた。若き日に神戸のスラムに身を投じ、貧しい人々の救済に専念した。その体験をもとにした小説『死線を越えて』はベストセラーとなった。1922年に**日本農民組合**を設立した。

自由民権思想

堺利彦(1870〜1933) 現在の福岡県みやこ町に生まれた。日露戦争に際して、『平民新聞』で幸徳秋水とともに非戦論を唱えた。大逆事件の難を逃れ、社会主義運動の指導者として活躍した。1922年の日本共産党結成に参加したが、のち社会民主主義（●p.144）の道を進んだ。

マルクス主義 頻出

河上肇(1879〜1946) 現在の山口県岩国市に生まれた。京都帝国大学教授時代、人道主義の立場から貧困の現状・原因・解決策を論じた『貧乏物語』を社会主義者に批判され、科学的社会主義の研究を深めてマルクス主義経済学の草分けとなった。京大教授辞職後、日本共産党に入党し政治実践の場に身を投じた。

メモ **『蟹工船』** 小林多喜二が1929年に発表した、蟹工船の中で働く労働者が、監督の酷使に対抗して一斉に立ち上がる物語。社会主義の影響を受けた**プロレタリア文学**の代表的作品で、派遣労働者の解雇などが問題となった近年、再び注目されている。

インフォメーション 幸徳秋水広場（高知県四万十市役所 Web サイト） 市役所内の市立図書館には幸徳秋水資料室がある。　**答** p.254 124 ○

重要用語 534 社会民主党、535『平民新聞』、536 無政府主義（アナーキズム）、537 大逆事件

257

日本の思想

(3) 社会思想

（4）近代的自我の確立

西洋への幻想を捨てた最初の日本人

夏目漱石 （なつめそうせき）

★★★★★

東京都出身
1867～1916

> 私はこの自己本位という言葉を自分の手に握ってからたいへん強くなりました

年（年齢）	生涯
1867（0）	江戸牛込に誕生
1893（26）	東京帝国大学英文科を卒業
1895（28）	松山中学（愛媛）に赴任
1896（29）	第五高等学校（熊本）の教授となる
1900（33）	イギリスへ留学
1903（36）	帰国。東京帝国大学の講師となる
1905（38）	『吾輩は猫である』連載開始
1907（40）	朝日新聞社入社
1908（41）	『三四郎』連載
1910（43）	胃潰瘍が悪化、一時危篤状態となる
1911（44）	文学博士号辞退。講演「現代日本の開化」
1914（47）	『こゝろ』連載、講演「私の個人主義」
1916（49）	『明暗』連載中に死去

略伝 江戸牛込（現、東京都新宿区）の名主の末っ子として生まれた。本名は金之助。1893年、東京帝国大学英文科を卒業。松山中学の教師を経て、熊本の第五高等学校の教授となった。1900年にイギリスのロンドンへ留学し、強度の神経症に陥りながら**自己本位**の立場を確立した。帰国後、東京帝大英文科の講師となる。雑誌「ホトトギス」に連載した『**吾輩は猫である**』で文壇に登場し、1907年に教職を辞して朝日新聞社に入社し、専属作家となった。『三四郎』『それから』『門』（前期三部作）などを発表し、日本の近代社会に潜む矛盾や葛藤を正面から描いた。1910年、胃潰瘍で入院し、療養先の伊豆修善寺で数日間生死の間をさまよった。その後は、『彼岸過迄』『行人』『こゝろ』（後期三部作）など、自我と孤独への思いをテーマにした作品を描き、講演活動も精力的に行った。**則天去私**の境地を作品としたといわれる『**明暗**』に取りかかったが、胃潰瘍が悪化し未完のまま世を去った。

主著『三四郎』『それから』『門』『こゝろ』『明暗』『私の個人主義』

メモ **漱石の親友** 俳人の正岡子規は、漱石の親友であった。彼の有名な「柿食えば鐘が鳴るなり法隆寺」という俳句は、漱石の「鐘つけば銀杏ちるなり建長寺」という句を受けて詠んだといわれている。

夏目漱石の思想

❶ 自己本位とはどのような生き方なのだろうか。

他に流されず、自己の内面的欲求に基づいて生きる主体的な生き方。
→ ①、②、原典資料⑤

❷ 夏目漱石の個人主義にはどのような特徴があるのだろうか。

自他の存在を尊重し、自らに**我執**（エゴイズム）を越える高い倫理性を求めた。 → ②、原典資料⑤

❸ 晩年に到達した則天去私とはどのような境地なのだろうか。

小さな「私」を去って、自然の道理に従って生きる東洋的・宗教的境地をさす。 → ②

原⑤ ① ロンドン留学と自己本位の確立 出題

文部省の命により英文学研究のためロンドンに留学した夏目漱石であったが、いくら文学書を読んでも、まず「文学とは何か」がわからなかった。さらに、日々実感する西洋との隔絶感などから、強度の神経症に陥った。しかしその後、これまでの自分は他人本位で、「根のない浮き草」のように漂っていただけであったことに気づき、「この時私は初めて文学とはどんなものであるか、その概念を根本的に自力で作り上げるよりほかに、私を救う途はない」ことを悟った。こうして漱石は、他に流されず自分の考え信じるところに従う主体的な自己本位を確立した。

メモ **不評だった？漱石の授業** ロンドンから帰国後、漱石は東京帝大講師となり英文学の授業を担当したが、前任者の小泉八雲（ラフカディオ・ハーン）と比較され、学生の評判はあまりよくなかったといわれる。

原⑤ ② 自己本位に根ざす個人主義

夏目漱石は**自己本位**（自我の内面的欲求に基づいて生きる）に根ざす**個人主義**を主張した。それは、自分の存在を尊重すると同時に他者の存在を尊重することで、自分と他者、それぞれの自己本位を認める生き方であった。そのために、自らに**我執（エゴイズム）**を越える高い倫理性を求めた。しかし、エゴイズムの克服は漱石自身にとっても容易ではなく、晩年には、**自然の道理に従って生きることに救済**を見いだし、その東洋的・宗教的境地を**則天去私**（天に則って、私を去る）という言葉で表した。

西洋	内発的開化 →自己本位
日本	外発的開化 →他人本位

自己本位に根ざす個人主義
＊自己も他者も尊重する生き方 → 則天去私の境地
＊東洋的・宗教的境地

入試に○✕チャレンジ [126] 夏目漱石は晩年になって、むやみに自我を主張するのではなく、現実的な世俗社会の中で生きる自己をありのままに受け入れ、そこに安んじようとする考え方を求めた。（2011年本試）

③ 『三四郎』

> 🔍 漱石は自身の作品を通して、人々に何を訴えかけようとしたのだろうか。

　髭の男は、……「いくら日露戦争に勝つて、一等国になつても駄目ですね。……あなたは東京が始めてなら、まだ富士山を見た事がないでせう。今に見えるから御覧なさい。あれが日本一の名物だ。あれより外に自慢するものは何もない。」……と云つて又にやにや笑つてゐる。三四郎は日露戦争以後こんな人間に出逢ふとは思ひも寄らなかつた。……「然し是からは日本も段々発展するでせう」と弁護した。すると、かの男は、すましたもので、「亡びるね」と云つた。

（『三四郎』「漱石全集 第５巻」岩波書店）

④ 日本の開化　出題▶

> 🔍 漱石は明治日本の開化を、外国文明の圧力によって開始された急激な文明開化ととらえた。

　西洋の開化（すなわち一般の開化）は内発的であって、日本の現代の開化は外発的である。ここに内発的というのは内から自然に出て発展するという意味でちょうど花が開くようにおのずから蕾が破れて花弁が外に向かうのをいい、また外発的とは外からおっかぶさった他の力でやむをえず一種の形式を取るのをさしたつもりなのです。……これを一言にしていえば現代日本の開化は皮相上滑りの開化であるということに帰着するのである。

（『現代日本の開化』「日本の名著42」中央公論社）

⑤ 個人主義

> 🔍 漱石の唱えた自己本位に根ざす個人主義には、義務と責任が伴う。

　私はこの自己本位という言葉を自分の手に握ってからたいへん強くなりました。……

　自白すれば私はその四字から新たに出立したのであります。そうして今のようにただ人の尻馬にばかり乗って空騒ぎをしているようでははなはだ心もとないことだから、そう西洋人ぶらないでも好いという動かすべからざる理由を立派に彼らの前に投げ出してみたら、自分もさぞ愉快だろう、人もさぞ喜ぶだろうと思って、著書その他の手段によって、それを成就するのを私の生涯の事業としようと考えたのです。

　その時私の不安はまったく消えました。私は軽快な心をもって陰鬱なロンドンを眺めたのです。　（『私の個人主義』「日本の名著42」中央公論社）

森鷗外　もりおうがい　(1862〜1922)

略伝　現在の島根県津和野町に生まれた。本名は林太郎。東京帝国大学医学部卒業後、軍医となりドイツに留学。1907年、陸軍軍医総監という軍医として最高の職に就いた。公務のかたわら、小説家、評論家として活躍した。墓石に肩書きなどを入れず、「森林太郎墓」の文字のほか１字も彫るな、と遺言した。

⑥ 諦念(resignation)　出題▶

　森鷗外は最初の小説『舞姫』で、自我にめざめた近代知識人の苦悩と挫折を、自身に重ねながら描いた。鷗外は軍医（陸軍官僚）の公務のかたわら、作家として活躍した。鷗外の諦念（レジグナチオン）とは、個人と社会の矛盾に遭遇したとき、あくまで自己を貫くのではなく、自らの社会的な立場を冷静に引き受けながらも、なおそこに自己を埋没させまいとする立場である。

解説　明治の文明批評

『吾輩は猫である』に始まる夏目漱石の作品を貫くものは明治の文明批評であり、日本社会に対する憂いである。資料は『三四郎』の冒頭、熊本の高校を卒業した三四郎が、大学に入学するため東京に向かう列車で隣に座った男（広田先生）との会話である。漱石の分身としての広田先生が言う「亡びるね」という言葉は、明治の社会に対する痛烈な警句であり、現代にも通じる鋭さがある。

解説　外発的開化と内発的開化

夏目漱石は1911年に行ったこの講演で、一般に文明の開化（進歩・近代化）が必ずしも人間の苦痛や不安を減少させるものではないことを論じたのちに、日本の開化は外発的で、「皮相上滑り*の開化」であることを指摘した。そして、もし滑りたくなければ、一人ひとりが神経衰弱にならない程度に内発的に変化するしか策はないと述べた。

＊皮相上滑り　うわっつらだけで深みがないこと。

解説　義務と責任

資料は、1914年に学習院で行った講演の一節である。当時の学習院は、華族など上流階級の子弟が通う閉鎖的なエリート学校だった。夏目漱石は自身の個人主義を紹介しながら、権力には義務が、財力には責任が伴うことを指摘した。そして、「じつをいうと私はイギリスを好かないのです」と前置きをした上で、イギリスの自由と秩序を褒め称え、その背後には義務という観念がしっかりと存在していることを強調した。

⑦ かのように

　大逆事件（➡p.256）の発生とその後の社会的・思想的な状況は、すでに高級官僚となっていた森鷗外に、新たな形で個人と社会秩序の対立という問題の解決を迫った。その解答として利用したのがドイツの哲学者ファイヒンガーの、「かのようにの哲学」である。鷗外は小説『かのように』で、事実ではない神話を事実であるかのように扱うことで、社会秩序と矛盾しない歴史学を構想する主人公の歴史家を描いた。

⑧ 歴史への回帰

　明治天皇の死に対してなされた将軍乃木希典夫妻の殉死は、鷗外の晩年における創作活動に大きな影響を与えた。彼は明治の社会において衰えつつあった日本人の伝統的倫理観に目を向けるようになり、以後、歴史小説や史伝の執筆に没頭していった。

近代日本の文学

▶『みだれ髪』表紙

1 浪漫(ロマン)主義運動

明治20年代初頭、近代化が進行する中で、個性や自我を封建的風土から解放し、尊重しようとする浪漫主義運動が生まれた。この動きは雑誌『文学界』の登場によって一つの文学運動にまで成長した。

■北村透谷(1868〜94) 詩人・評論家

現在の神奈川県小田原市に生まれた。自由民権運動に加わったが、過激化した運動に失望し文学に転向した。「実世界」(現実世界)を批判して「想世界」(精神世界)を重視し、1893年、『文学界』を創刊した。肉体的な外部生命に対して精神的な内部生命の存在を主張し、近代的な自我の確立を訴え、そのために信仰と恋愛の重要性を説いた。文学によって自由民権の理想を達成しようとしたが、理想と現実のくいちがいに絶望し、25歳で自殺した。

> **メモ** ペンネーム 北村透谷は、東京数寄屋橋(銀座)の泰明小学校に通った。「すきや」に透(すき)谷(や)の字をあてたものをペンネームとした。

■与謝野晶子(1878〜1942) 歌人・詩人★

現在の大阪府堺市に生まれた。与謝野鉄幹が創刊した雑誌『明星』に短歌を掲載。大阪を訪れた鉄幹と恋に落ち、家出して上京した。1901年、歌集『みだれ髪』で情熱的で大胆な官能の解放を歌い反響を呼んだ。同年に鉄幹と結婚し、その後12人の子どもを生んだ。晶子の歌を中心とする華麗で浪漫的な『明星』の作風は、明星調・星菫調と呼ばれ、明治30年代の後期浪漫主義の母胎となった。国家主義的な風潮の中で、日露戦争に従軍していた弟を案じて詠んだ詩『君死にたまふこと勿れ』は日露戦争を批判するもので、文壇で大論争を巻き起こした。1921年の文化学院創立への参加、女性問題・教育問題への積極的発言など、短歌以外にも幅広い分野において活躍した。

> やは肌のあつき血汐にふれも見で
> さびしからずや道を説く君 (『みだれ髪』)

▲『みだれ髪』収録の歌 『みだれ髪』は、与謝野鉄幹との恋愛の過程から生まれた情熱的な歌を中心に、399首を収めた晶子の初の歌集である。恋をすることさえ非難された時代に奔放な情熱を歌い上げた衝撃の歌集であり、一躍、世の注目を浴びた。

2 自然主義文学 出題▶

日露戦争以後、資本主義化・工業化の進展とともに社会の矛盾が深刻化していく中で、西欧自然主義*に影響を受けた文学運動が力を得てきた。しかし、日本の自然主義作家は、しだいに社会の現実から目を背けるようになり、自分の心の動きや欲望をあからさまに告白することこそ人間の真実だと考えるようになった。小説の素材は、作家の身の回りの出来事に狭まり、やがて私小説となっていった。

*西欧自然主義 19世紀後半のフランスを中心に起こった、現実を理想化せず、社会・人間・自然を醜いものも含めて、ありのままに描写しようとする立場。

■島崎藤村(1872〜1943) 詩人・小説家

旧中山道の馬籠宿(現在の岐阜県中津川市に所在)に生まれた。明治学院在学中に洗礼を受け、キリスト教徒となった。『文学界』創刊に参加、詩集『若菜集』を発表して、浪漫主義詩人として活躍した。1906年、最初の長編小説『破戒』で、部落差別の現実を先駆的に描き出し、自然主義文学の代表的作家となった。

■石川啄木(1886〜1912) 詩人・歌人 ★★

現在の岩手県盛岡市に生まれた。『明星』から出発し、若き天才詩人の名を得た。一家の生活が破綻し、貧しい実生活を詠んだ『一握の砂』(1910)で自然主義の歌人として認められた。大逆事件(●p.256)に衝撃を受け、『時代閉塞の現状』を著し、国家と対決する社会主義の道を選んだが、苦しい生活の中で病んだ肺結核がしだいに進み、26歳の生涯を終えた。

原典資料 .... 石川啄木

3 時代閉塞の現状

かくて今や我々青年は、この自滅の状態から脱出するために、遂にその「敵」の存在を意識しなければならぬ時期に到達しているのである。それは我々の希望やないしその他の理由によるのではない、実に必至である。我々は一斉に起ってまずこの時代閉塞の現状に宣戦しなければならぬ。自然主義を捨て、盲目的反抗と元禄の回顧とを罷めて全精神を明日の考察——我々自身の時代に対する組織的考察に傾注しなければならぬのである。 (『時代閉塞の現状・食うべき詩他』岩波文庫)

4 白樺派 出題▶

白樺派は、学習院出身の武者小路実篤、志賀直哉、有島武郎らを中心に、1910年に創刊された同人雑誌『白樺』に集まった文学者たちをいう。豊かな家庭に育った彼らは、ロシアの作家トルストイ(1828〜1910)の影響を受けた理想主義的な人道主義と、夏目漱石の倫理的な個人主義の立場を楽天的に受け継ぎ、自己に忠実に生き、個性を伸ばすことを主張した。このほか同人に柳宗悦(●p.270)がいる。

■武者小路実篤(1885〜1976) 小説家 ★

現在の東京都千代田区に生まれた。白樺派の中心として活躍し、『お目出たき人』『友情』などで、楽天的で明るい自己肯定の世界を描き出した。1918年、人道主義的理想の実現をめざし、農業共同体「新しき村」を宮崎県に建設した。

 入試に○×チャレンジ 127 北村透谷は、自己とは政治的な世界において実現されるものではなく、具体的な現実を離れ、想世界の充実を通じて内面的に確立されると論じた。このような自己へ至る方法として**本能**を重視した。(2013年本試)

平塚らいてう （ひらつからいちょう）

東京都出身
1886～1971

元始、女性は実に太陽であった

年(年齢)	生　涯
1886(0)	東京に誕生
1905(19)	禅修行を始める
1906(20)	日本女子大学家政科を卒業
1908(22)	心中未遂事件
1911(25)	青鞜社結成。『青鞜』創刊
1914(28)	奥村博史と共同生活を始める
1918(32)	与謝野晶子と母性保護論争
1920(34)	新婦人協会設立
1930(44)	消費組合「我等の家」設立
1941(55)	奥村との婚姻届提出
1966(80)	ベトナム話し合いの会結成
1971(85)	死去

略伝 現在の東京都千代田区に生まれた。父は高級官吏、母は徳川御三卿の田安家に仕えた医師の娘。日本女子大学を卒業。1911年、女流文芸雑誌『青鞜』を創刊し、「**元始、女性は実に太陽であった**」と宣言。家制度や良妻賢母主義からの女性の解放を訴え、大きな反響を呼んだ。1913年、『中央公論』に「**新しい女**」を発表し、処女評論集『円窓より』を発行したが、伝統的な家族制度の破壊につながると批判されて発禁処分となった。当時の結婚制度に反対し、画家の奥村博史と事実婚の関係で2児を育てた。第一次世界大戦後、市川房枝らと**新婦人協会**を設立し、婦人参政権運動への道を開いた。昭和初期には、居住地の成城で消費組合を設立し、組合長として活動に専念した。第二次世界大戦後は平和運動に尽力した。**主著**『円窓より』『現代の婦人の生活』『女性の言葉』

平塚らいてうの思想

❶ 当時の女性を取り巻く状況を理解しよう。
❷ 日本の女性解放運動の歴史を調べてみよう。

1 母性保護論争

1918年から翌年にかけて、**平塚らいてう**は**与謝野晶子**との間で**母性保護論争**を繰り広げた。晶子が女性の経済的独立を主張する立場から、母性保護を国家に求めることを否定したのに対し、らいてうは育児が重要な国家事業であるとする立場から「母体に妊娠、分娩、育児期における生活の安定を与えるよう国庫によって補助すること」を求めた。

のちに**山川菊栄**がこれに加わり、社会主義の立場から、社会変革につながらない両者の主張が女性問題の根本的解決とならないことを指摘した。

2 新婦人協会

1920年、平塚らいてうは母性を尊重する立場から社会改造をめざし、**市川房枝**、**奥むめお**らとともに**新婦人協会**を設立した。女性の政治結社加入を禁止する治安警察法第5条の修正を求める運動を行ってその一部改正に成功。これにより、女性の政治演説会への参加・発起が認められるようになり、**婦人参政権運動**への道を開いた。らいてうの病気と市川の渡米、協会内の意見対立により新婦人協会は1922年に解散した。

原典資料

3 『青鞜』創刊の辞　出題▶

元始、女性は実に太陽であった。真正の人であった。

今、女性は月である。他に依って生き、他の光によって輝く、病人のような蒼白い顔の月である。…… 私どもは隠されてしまった我が太陽を今や取戻さねばならぬ。……しからば私の希う真の自由解放とは何だろう、いうまでもなく潜める天才を、偉大なる潜在能力を十二分に発揮させることにほかならぬ。……私はすべての女性と共に潜める天才を確信したい。ただ唯一の可能性に信頼し、女性としてこの世に生れ来って我らの幸を心から喜びたい。（『青鞜』「平塚らいてう評論集」岩波書店）

▶『青鞜』創刊号　『青鞜』のネーミングは、18世紀イギリスのサロンで文学を論じた女性たちが、一般の女性が黒い靴下を履いていたのに対して、青い靴下（ブルーストッキング）を履いたことに由来する。『青鞜』は、良妻賢母主義のもとで、男性に従属することを余儀なくされていた日本の女性たちが、初めて独力で作り上げた文芸雑誌であった。

市川房枝（1893～1981）　女性運動家

現在の愛知県一宮市生まれ。1920年、平塚らいてうらと新婦人協会を設立して、女性の権利拡張運動に乗り出した。第二次世界大戦後は参議院議員を通算5期務め、87歳で、「女権主義も母権主義もイデオロギーもなく、一途に婦人の地位の向上、権利獲得」を望んだ人生を閉じた。

BOOK 『平塚らいてう 孫が語る素顔』（奥村直史、平凡社新書）
人間味溢れる等身大のらいてうを、孫が率直に語る。

答 p.258
126 ×

重要用語 542 浪漫(ロマン)主義、543 内部生命論、544 新婦人協会、545『青鞜』、546 母性保護論争

大正デモクラシーの代表的論客

吉野作造（よしのさくぞう）

宮城県出身
1878～1933

国家の主権の活動の基本的の目標は政治上人民にあるべし

年（年齢）	生涯
1878（0）	宮城県に誕生
1898（20）	キリスト教に入信
1904（26）	東京帝国大学政治学科を卒業
1910（32）	欧米留学（～1913）
1914（36）	東京帝大教授に就任
1916（38）	「憲政の本義を説いて其有終の美を済すの途を論ず」を発表
1924（46）	東大教授辞職。朝日新聞社を経て、東大講師となる。明治文化研究会を組織する
1929（51）	『明治文化全集』が完成
1933（55）	死去

略伝 現在の宮城県大崎市に生まれた。1897年、第二高等学校（仙台）に入学し、在学中にキリスト教に入信した。1904年、東京帝国大学政治学科を卒業。1909年、東京帝大助教授に就任した。翌年から3年間欧米へ留学し、デモクラシーが世界の大勢であると確信した。1914年、36歳で教授に昇任し政治史を担当。この年から『中央公論』に次々と政治評論を発表し、1916年1月号の「**憲政の本義を説いて其有終の美を済すの途を論ず**」では、デモクラシーを**民本主義**と訳し、大正デモクラシーの代表的な論客となった。1924年、大学を辞して朝日新聞社に入社したが、枢密院*無用論を唱えた講演や論文が政府に警戒され、4か月で退社を余儀なくされた。その後は母校の講師を務めながら、明治文化史の研究に力を注いだ。

＊枢密院　1888年に設置された天皇の最高諮問機関。

吉野作造の思想

❶民本主義の思想を理解しよう。
❷大正デモクラシーにおいて吉野作造の果たした役割を考えてみよう。

1 大正デモクラシー

　第一次護憲運動（1912年）に始まる、**大正時代に起こった自由主義・民主主義的風潮、およびその運動を大正デモクラシー**という。背景として、産業の発展に伴って形成された都市中間層の政治的自覚、第一次世界大戦前後の世界的なデモクラシーの気運の高まり、ロシア革命などがあげられる。明治以来の藩閥・官僚政治に反対して、護憲運動・普通選挙運動が展開され、労働運動・農民運動・社会主義運動などが高揚した。

2 民本主義

　吉野作造は、デモクラシーという言葉には二つの意味があるとした。一つは「国家の主権は法理上人民に在り」という**民主主義**である。もう一つは「国家の主権の活動の基本的目標は政治上人民に在るべし」というもので、これを彼は**民本主義**と名づけた。そしてこの民本主義としてのデモクラシーは、君主制と何ら矛盾しないと説明した。民本主義は二つの内容からなる。第一は、政治の目的が一般民衆の幸福と利益（福利）にあるということ、第二は、政策の決定が一般民衆の意志によるということである。そしてその実現のために普通選挙を行い、人々の意見を政治に反映させ、軍部や貴族院の権限を制限すべきだと主張した。

原典資料

3 民本主義に対する誤解

　いわゆる民本主義とは、法律の理論上主権の何人にありやということはおいてこれを問わず、ただその主権を行用するにあたって、**主権者はすべからく一般民衆の利福ならびに意向を重んずるを方針とすべし**という主義である。すなわち国権の運用に関してその指導的標準となるべき政治主義であって、**主権の君主にありや人民にありやはこれを問うところでない。**……しかるに世間には、民本主義と君主制とをいかにも両立せざるものなるかのごとく考えて居る人が少なくない。これは大いなる誤解といわなければならぬ。

（『憲政の本義を説いて其有終の美を済すの途を論ず』「日本の名著48」中央公論社）

解説 **民本主義** 吉野作造の民本主義は、主権の所在は問わないとしたことで、堺利彦（◯p.257）ら社会主義者から批判された。しかし、民本主義、デモクラシーという言葉は、たちまちのうちに時代の理想を表現する用語として広がっていった。

美濃部達吉と天皇機関説事件

　天皇機関説とは、国家は君主と国民が機能を分担する生物のような有機体であり、統治権を持つのは君主ではなく国家であるとし、天皇はその最高機関だとする憲法学説である。東京帝国大学教授の美濃部達吉（1873～1948）は、1912年に発表した『憲法講話』において、天皇機関説に基づく政党内閣制が明治憲法下で最も望ましいと主張し、大正デモクラシーの風潮の中で広く支持された。しかし1935年、美濃部の学説が貴族院で取り上げられ、天皇を侮辱するものだと一大政治問題に発展した。

入試に○×チャレンジ　128 吉野作造は「民本主義」を提唱し、憲法の規定内で民本主義を貫徹させるには、国民の意思がより反映する普通選挙の実施と政党内閣制の実現が望ましいと主張した。（2002年追試）

東京駅

8 現代日本の思想

概観 明治末から昭和にかけて、独創的な思想や学問が形成された。哲学者の西田幾多郎と倫理学者の和辻哲郎は互いに刺激し合いながら、西洋思想の上に東洋思想を導入した独自の思想を作り上げた。また、柳田国男は民俗学という日本では新しい学問分野を開拓した。1931年の満州事変を契機に国家主義の影響が強くなり、社会主義、共産主義だけでなく、自由主義的な学問・思想に対する圧迫も強くなった。第二次世界大戦後の民主主義を代表する丸山真男は、日本を戦争に向かわせた戦前の国家体制の分析をもとに、日本の進むべき道をさし示した。

要点の整理　　□ は入試重要用語

```
西洋思想の受容───────→ 西田哲学       現代の思想
東洋・日本の伝統思想         和辻倫理学    ─→ 様々な思想の
民衆の生活文化の見直し─→ 日本民俗学の展開─→  雑居状態
```

1 日本哲学の確立

❶**西田幾多郎**(1870～1945) ➡p.264

　　 主著 『善の研究』『働くものから見るものへ』

　　西洋思想と東洋思想・日本思想を融合させた独創的哲学

　　純粋経験……**主客未分**(主観と客観の分離以前)の直接的な経験　例：音楽に没入

　　善……人格の実現。真の自己を知り、自己を完成すること

　　絶対無……物事が有る／無いという場合の無を超えた、**すべての存在の根拠となる無**

❷**和辻哲郎**(1889～1960) ➡p.197、➡p.266　　 主著 『人間の学としての倫理学』『風土』『倫理学』

　　間柄的存在……人は、人と人との関係(間柄)においてのみ人間たりうる間柄的存在

　　風土……単なる自然環境ではなく、人間の精神構造の中に刻み込まれた自己了解の仕方

　　　　　自然環境と人間の文化を**風土と結びつけて三つに分類**(モンスーン型・沙(砂)漠型・牧場型)

　　西洋近代思想の個人主義的倫理学を批判→倫理とは人と人との間柄の問題である

❸**鈴木大拙**(1870～1966) ➡p.268　仏教哲学者　**禅と日本文化を海外へ紹介**　　 主著 『日本的霊性』

　　霊性……民族の生活に根を下ろした真の宗教意識

　　　　　日本では鎌倉時代の浄土系思想と禅に姿を現した(**日本的霊性**)

　　即非の論理……「A、即非A、是名A」(Aとは、Aという実体が無い、ゆえにAといわれているだけにすぎない)

2 民俗学の展開

❶**柳田国男**(1875～1962) ➡p.197、➡p.269　**日本民俗学の創始者**　 主著 『遠野物語』『民俗伝承論』『海上の道』

　　民俗学……**文献史料に記録されない無名の人々の生活と信仰**を明らかにしようとする学問

　　常民……**民間伝承を保持している基層文化の担い手である階層**

❷**折口信夫**(1887～1953) ➡p.197、➡p.270　国文学・民俗学・芸能史を研究　 主著 『古代研究』

　　まれびと……古代日本の神の基本的性格。神は「常世」より来訪し、人々の歓待を受けて帰っていく

❸**柳宗悦**(1889～1961) ➡p.270　**民芸運動の創始者**。日用品の中に美が豊かに宿ることを発見　 主著 『民芸四十年』

❹**南方熊楠**(1867～1941) ➡p.271　博物学・民俗学者　**神社合祀反対運動**で鎮守の森の生態系と伝統的祭礼習俗を守る

❺**宮本常一**(1907～81) ➡p.271　民俗学者　日本全国各地を歩き回り**人々の生活を記録**　 主著 『忘れられた日本人』

3 さまざまな思想

❶**宮沢賢治**(1896～1933) ➡p.272　詩人・童話作家　 主著 『農民芸術概論綱要』『銀河鉄道の夜』

　　科学と法華経信仰を基礎にすべての生命の幸福を求める

4 現代の思想

❶**小林秀雄**(1902～83) ➡p.273　近代批評(批評を通じて自らの主観を表現する)の確立者　 主著 『様々なる意匠』

❷**坂口安吾**(1906～55) ➡p.273　小説家。権力が作り出した価値観を否定、『堕落論』で人間性の回復を訴える

❸**丸山真男**(1914～96) ➡p.274　政治学者。戦後民主主義をリード　 主著 『増補版 現代政治の思想と行動』『日本の思想』

　　大日本帝国の精神構造……日本で戦争を主導した人々の、主体性の欠如、**無責任の体系**を指摘

　　日本の思想状況……共通の基盤を持たない**様々な思想が閉鎖的に雑居**している、底の浅いタコツボ型と表現

　　　　　　　　→雑居を雑種という新たな個性に高める必要性を説く

❹**加藤周一**(1919～2008) ➡p.275　高い見識と卓越した知性による文明批評　 主著 『雑種文化』『日本文学史序説』

　　日本文化の雑種性に積極的な意味を認め、雑種性の持つ可能性を説いた。

❺**竹内好**(1910～77) ➡p.275　魯迅の研究・翻訳、近代日本文化を批判。　 主著 『近代の超克』『方法としてのアジア』

❻**吉本隆明**(1924～2012) ➡p.275　大衆とともに歩んだ「知のカリスマ」　 主著 『言語にとって美とは何か』『共同幻想論』

　　国家とは共同の幻想であり、個人としての思考の自立を説いた。

日本の思想

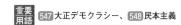

西洋を乗り越えようとした独創的な哲学者

西田幾多郎（にしだきたろう）

★☆☆☆☆

石川県出身
1870〜1945

> 真の純粋経験は何らの意味もない、事実そのままの
> 現在意識あるのみである

年（年齢）	生涯
1870（0）	石川県に誕生
1890（20）	第四高等中学校を中途退学
1891（21）	東京帝国大学哲学科選科に入学
1895（25）	石川県の尋常中学校教諭となる
1896（26）	第四高等学校講師となる
1897（27）	本格的に禅の修業を始める
1899（29）	山口高校教授となるが、第四高校教授に転任し金沢に戻る
1910（40）	京都帝国大学助教授となる
1911（41）	『善の研究』出版
1913（43）	京都帝国大学教授となる
1927（57）	『働くものから見るものへ』出版（論文『場所』を収録）
1928（58）	京都帝国大学を定年退職
1945（75）	死去

略伝 現在の石川県かほく市に生まれた。石川県専門学校に入学したが、同校が第四高等中学校と改称され、「規則ずくめ」で「武断的」な校風となったため、学校としばしば衝突し中途退学の道を選んだ。21歳の時、東京帝国大学哲学科に入学した。しかし、高校中退により正規の本科ではなく選科への入学だったため、図書室を自由に使えないなど差別的な待遇を受けた。大学卒業後、石川県能登尋常中学校七尾分校教諭を経て、金沢の第四高等学校講師となった。この頃から家庭内の不和もあり禅への傾倒が始まった。1899年には、第四高等学校教授となり、この時期の思索が、京都帝国大学に転じた翌年の1911年に出版された『善の研究』に結実した。以後、多数の著作を発表し、「**西田哲学**」と呼ばれる**独創的な哲学体系**を打ち立てた。京都帝大を定年退職した後も、厳しい時代の中で研究と思索を続けたが、第二次世界大戦終戦の直前に死去した。　**主著**『善の研究』『働くものから見るものへ』

西田幾多郎の思想

❶ 純粋経験とは何だろうか。

主客未分の直接的経験であり、疑うことのできない「真の実在」である。
→ ②、原典資料 ⑤

❷ 西田は善をどのようなものとして考えたのだろうか。

善とは真の自己を知ることであり、人格の実現であると考えた。
→ ③

❸ 「絶対無の場所」とはどういうものなのだろうか。

相対的な有・無の対立を超える、すべての存在の根拠となるもの。
→ ④

① 独創的な哲学の出発点

西田幾多郎の哲学は、**西洋哲学を取り入れながらも、根本理念に禅などの東洋思想や日本の伝統思想をすえ、西洋哲学を越えようとした独創的な**ものであった。彼の哲学は、「真の実在とは何か」という問いを出発点とした。一般に西洋哲学では、精神（主観）と物質（客観）とをそれぞれ独立したものととらえ、精神が物質を認識するとか、主体が物事を経験するなどと考える。その上で、真の実在は精神であるとか、物質であるなどと論じる。しかし彼は、物心の独立的存在など、疑えばいくらでも疑えると考え、西洋哲学とは異なる立脚点から、真の実在を解明しようとした。

解説 ▶ **西田の疑い**　例えば、目の前にある机の形や感触は、私の目や皮膚の感覚であり、机そのものの客観的な状態ではない。自分の心そのものについても、私たちが知ることができるのは知情意*の作用であって、心そのものではない。西田はこのように精神や物質の存在に疑いの目を向けた。

＊知情意　知性と感情と意志。人間の持つ三つの心の働き。

原② 純粋経験　[頻出]

西田幾多郎は『**善の研究**』で、主観と客観とが区別される以前の、少しも思慮や分別の加えられていない、真に経験そのままの最も直接的な意識現象を**純粋経験**と呼び、これこそが、**疑いようのない真の実在**だと論じた。それは、例えば美しい音楽に心を奪われたり、画家が描くことに没入（没頭）しているときの状態をさしている。つまり、この美しい音は何か、という判断をする以前の、私（主観）と音楽（客観）とが一体となった意識現象が純粋経験である。そして、「**個人あって経験あるにあらず、経験あって個人あるのである**」と述べ、先に個人としての自己があって経験するのではなく、個人としての自己は、この**主客未分の純粋経験**を通して初めて現れてくると説明した。

入試に○×チャレンジ ▶ 129 西田幾多郎によれば、主客の根底を問うて「場所」の論理を求めた。それは有と無の対立を超えて、事物事象そのものを可能にする「絶対他力」に基づくものであった。（2013年本試）

③ 善

『善の研究』によれば、**善とは人格の実現**である。人格の実現とは、自己の最も深い要求であり、真の自己を知り、自己を発展完成することである。それは、純粋経験を成り立たせている、私たちの意識の根本的な統一力(主客合一する力)に従うことである。西田幾多郎は、あらゆる実在は対立と矛盾という関係で成立しており、宇宙(神)とはそれを統一する唯一の実在だという。人格の実現とは、小さな自己を否定して、この宇宙(神)の働きと一体となって理想を実現することでもある。そして、「**真の自己を知ればただに(単に)人類一般の善と合するばかりでなく、宇宙の本体と融合し神意と冥合*するのである**」と説いた。

*冥合　知らず知らずに一つになること。

解説　自己実現　西田の言う人格の実現とは自己実現のことである。各人が社会の常識や私利私欲に惑わされることなく、心の底から納得するように振る舞うことが、「人類一般の最上の善」であり宇宙(神)の意にかなう生き方だと彼は説いた。

原典資料

⑤ 純粋経験

> 自分がしていることを忘れるほど、集中したことはないだろうか。これが純粋経験であり、この主客未分の直接的な経験が真の実在であると西田は考えた。

純粋経験においてはいまだ知情意の分離なく、唯一の活動であるように、またいまだ主観客観の対立もない。主観客観の対立はわれわれの思惟の要求より出でくるので、直接経験の事実ではない。直接経験の上においてはただ独立自全の一事実あるのみである、見る主観もなければ見らるる客観もない。あたかもわれわれが美妙なる音楽に心を奪われ、物我相忘れ、天地ただ嚠喨たる一楽声のみなるがごとく、この刹那いわゆる真実在が現前している。これを空気の振動であるとか、自分がこれを聴いているとかいう考えは、われわれがこの実在の真景を離れて反省し思惟するによって起こってくるので、このときわれわれはすでに真実在を離れているのである。

（『善の研究』「日本の名著47」中央公論社）

⑥ 絶対矛盾的自己同一

> 現実の世界は、多くの個物から構成され一つのものであり、個物と個物が相互に絶対的に矛盾する世界である。

現実の世界は何処までも多の一でなければならない、個物と個物との相互限定の世界でなければならない。故に私は現実の世界は**絶対矛盾的自己同一**というのである。……矛盾的自己同一の世界は、いつも現在が現在自身を限定すると考えられる世界でなければならない。……現在を単に瞬間的として連続的直線の一点と考えるならば、現在というものはなく、従ってまた時というものはない。……**現在の矛盾的自己同一として過去と未来とが対立し、時というものが成立するのである**。而してそれが矛盾的自己同一なるが故に、時は過去から未来へ、作られたものから作るものへと、無限に動いて行くのである。

（『絶対矛盾的自己同一』「自覚について　他四編」岩波書店）

私と汝とは絶対に他なるものである。私と汝とを包摂する何らの一般者もない。しかし私は汝を認めることによって私であり、汝は私を認めることによって汝である、私の底に汝があり、汝の底に私がある、……

（『私と汝』「場所・私と汝　他六編」岩波書店）

④ 「絶対無の場所」の論理

絶対無の場所の論理とは、昭和期の西田幾多郎の哲学の中心概念で、1926年の論文「場所」で初めて説かれた。場所とは、個物と個物、意識とその対象とが、そこに於いて存在し、またそこに於いて関係する、そうした全体のことである。個物と個物とが存在し関係する場所が「有の場所」であり、それを我々が意識の内容として映し出す場所が「意識の野」（有に対立する相対的無の場所）である。さらに西田は、これらを包み込む無限大の一般者（すべてがそこに於いて存在する場所）を想定し、それを相対的な有と無の対立を超えた**絶対無の場所**と呼び、すべての存在はこの絶対無の場所の自己限定によって成立すると考えた。

解説　西田哲学　「絶対無の場所の論理」は、西田幾多郎による東洋的な無の思想の哲学的論理化であり、西田哲学の本格的展開はここから始まった。絶対無の場所は最初、主観の奥底に考えられたが、その後、主観と客観の双方の背後にあって、両者を統合する弁証法的一般者とされた。これはさらに、絶対矛盾的自己同一という構造を持つものと考えられていった。

解説　西田哲学の原点　西田幾多郎は、西洋哲学の伝統的な二元論的世界観を批判し、主観客観の対立や知情意の分離が起こる以前の、最も直接的な意識現象としての**純粋経験**を真の実在と考え、それを自らの哲学の根本原理とした。彼の思想には、10年間にわたり打ち込んだ坐禅によって体得した伝統的な東洋思想的真理(◆p.213〜215)が大きく影響している。

解説　後期西田哲学の主要概念　西田幾多郎は、絶対無の場所の自己限定によって成立する現実の歴史的世界は、絶対に矛盾するもの、対立するものが、矛盾や対立はそのままに、全体として一つのまとまりを保っている「絶対矛盾的自己同一」の世界だと考えた。

例えば、時間とは、独立した一瞬一瞬の流れ(**非連続の連続**)であり、現在とは、絶対的に矛盾・対立する過去と未来によって成り立っている。時は「**永遠の今**」が自己を限定したもので、私も汝も「永遠の今」に於いてある。したがって、我々の自己も非連続の連続として考えられる。一瞬前の私と今の私は非連続の連続として統一されている。さらに、私と汝は完全に別の人格でありながら、互いに応答し合うことによって、初めて私は私自身を知るのであり、汝は汝自身を知るのである。

人と人との「間柄」を重視した倫理学者

★★★★★★

和辻哲郎 (わつじてつろう)

兵庫県出身
1889〜1960

> 倫理そのものは倫理学書の中にではなくして人間の存在自身の内に
> ある。倫理学はかかる倫理を自覚する努力にほかならない

年(年齢)	生涯
1889(0)	兵庫県の医者の家に誕生
1909(20)	東京帝国大学哲学科入学
1919(30)	『古寺巡礼』出版
1925(36)	京都帝国大学助教授となる
1927(38)	ドイツ留学(翌年帰国)
1931(42)	京都帝国大学教授となる
1934(45)	『人間の学としての倫理学』出版、東京帝国大学教授となる
1935(46)	『風土』出版
1937(48)	『倫理学』出版
1949(60)	東大を定年退職
1950(61)	日本倫理学会設立、初代会長に就任
1960(71)	死去

略伝 現在の兵庫県姫路市に医者の子として生まれた。旧制第一高等学校時代から作家の谷崎潤一郎らと交流し、文学者を志した時期があった。東京帝国大学哲学科を卒業した後、『ニイチェ研究』、『ゼエレン・キェルケゴオル』を執筆するなど、初めは西洋哲学を研究していた。その後、しだいに日本古代の仏教文化や古美術へ関心が移り、大和路(奈良)旅行の印象記である『古寺巡礼』は当時の若者の愛読書となった。36歳の時、西田幾多郎(◯p.264)の推薦で京都帝国大学に招かれ、仏教倫理思想史や西洋の倫理学などの研究を本格的に始めた。1927年にはドイツに留学してハイデガー(◯p.154)の『存在と時間』に接し、翌年帰国した。1934年に東京帝国大学に転任し、『倫理学』全3巻をまとめた。1949年に東大を定年退職し、翌年に設立した日本倫理学会の会長を終生務めた。1960年に死去し、西田幾多郎も眠る鎌倉の東慶寺に葬られた。 主著 『古寺巡礼』『人間の学としての倫理学』『風土』『倫理学』

和辻哲郎の思想

❶ 和辻哲郎は人間存在をどのように理解したのだろうか。

人間は間柄的存在、すなわち、互いに否定的関係にある個人と社会が弁証法的に統一された存在である。
→ 1 、原典資料 4

❷ 風土とはどのようなものだと和辻は唱えたのだろうか。

単なる自然環境ではなく、人間が間柄的存在である自己を見いだす契機であり、文化を生み出す土台である。
→ 2 、原典資料 5

❸ 和辻は倫理をどのようなものとして定義したのだろうか。

倫理とは間柄的存在である人間のあり方(人倫の理法)にほかならないとし、個人主義的倫理観に基づく西洋の倫理学を批判した。**→ 3**

原4 1 人間は間柄的存在

　和辻哲郎は、西洋近代思想に特徴的な個人主義的人間観を批判した。彼によれば、人間とは、文字通り「人の間」であり、人と人との関係(間柄)においてのみ人間たりうる**間柄的存在**である。このことは、人間が個人と社会の二面性を備えた存在であるということを意味している。個人なしの社会、社会なしの個人は存在しないように、個人と社会とは相互の関係においてのみ存在する。個人は社会の全体性を否定しようとし、社会は個人の個別性を否定しようとするが、二つは弁証法的に統一されて間柄的存在である人間となる。和辻は、人間の存在構造を、このように否定的に対立し合う個人(個別性)と社会(全体性)の弁証法的構造に見いだしたのである(◯ 原典資料4)。

解説 「空」の哲学　和辻哲郎の思想には仏教の影響が大きい。個人と社会の相互依存的な関係は縁起説(◯p.63)を思い起こさせる。個人と社会はそれ自身、実態のない「空」である。

原5 2 風土と間柄

出題

　『風土』は、人間を間柄的存在とする和辻哲郎独自の人間学的立場から生み出された文化論である。彼によれば、**風土とは土地の気候、地形、景観などの総称**である。しかしそれは、単なる自然環境ではなく、**人間の精神構造の中に刻みこまれた自己了解の仕方**である。「寒さ」という気候現象を例にすれば、客観的な寒気があり、それが感覚を刺激し、主観としての私たちが寒さを経験するのではない。寒気は私たちが寒さを感じることによって生じるのである。そして、個人ではなく私たちがともに感じることによって、私たちは間柄的存在としての自己を見いだし、さらに、私たちがともに感じることによって、寒さを言い表す言葉は日常の挨拶(文化)になる。このように和辻は考え、ドイツ留学での船旅の体験に基づいて、**モンスーン型、沙(砂)漠型、牧場型という風土の3類型**(◯p.196、197)を唱えた。

入試に◯×チャレンジ ▷ 130 和辻哲郎は、人間のあり方は、個人を否定して社会を実現し、社会を否定して個人を実現する動的なもので、個人と社会はそれ自体では存在しないと論じた。そのうえで、人間が個人か社会かの一方にとどまるのは望ましくないとした。(2017年追試)

③ 人間の倫理　出題

　和辻哲郎は、個人主義的倫理観に基づく西洋の倫理学（エシックス、ethics）を批判した。彼によれば、漢字の「倫」とは「なかま」を、「理」とは「ことわり」「すじみち」を意味し、倫理とは本来、人と人との間柄の問題なのである。個人は社会の中に置かれながら、社会の全体性を否定することによって独立した個人としての自分自身を自覚する。同時に、自分自身の個別性も否定して（否定の否定）、社会全体をよりよく創造しようとする。倫理の根本は、こうした否定の運動の繰り返しにあり、この運動が停滞すると、利己主義や全体主義に陥る。このように和辻は、倫理とは個人と社会の関係で人倫の理法として成立すると説いた。

解説　「人間の学」としての倫理学　和辻哲郎は、西洋思想における問題意識とその学問方法を自らのものとし、儒教や仏教、さらに日本の伝統的思想に対する深い理解をふまえ、**「人間の学」と呼ばれる独自の倫理学**を生み出した。

コラム **有名人が眠る東慶寺（とうけいじ）**

　鎌倉にある東慶寺は、江戸時代、幕府公認の「縁切寺（えんきりでら）（駆けこみ寺（かけこみでら））」として知られ、夫と離縁したい多くの女性が東慶寺に駆け込んだ。明治になって衰退したが、釈宗演（しゃくそうえん）*が寺を復興した。寺の裏山には、鈴木大拙（**→**p.268）が収集した仏教書を収めた松ヶ岡文庫がある。東慶寺には、西田幾多郎、和辻哲郎、鈴木大拙、小林秀雄が眠るなど、文化人の墓が多いことでも有名である。

▲東慶寺の山門とそれにいたる石段

インフォメーション 東慶寺へのアクセス
神奈川県鎌倉市
JR 横須賀線北鎌倉駅より徒歩4分
境内（けいだい）の撮影は自由（堂内は不可）

*釈宗演（1860〜1919）　臨済宗の僧侶。禅を「ZEN」として海外に伝えた。

原典資料

④ 間柄的存在

🔍 人間を個人と社会が弁証法的に統一された存在であるととらえた。

　我々はかくも意義深い「人間」という言葉を所有する。この語義の上に我々は人間の概念を作ったのである。**人間とは「世の中」であるとともにその世の中における「人」である。だからそれは単なる「人」ではないとともにまた単なる「社会」でもない。ここに人間の二重性格の弁証法的統一が見られる。人間が人である限りそれは個別人としてあくまでも社会と異なる。それは社会でないから個別人であるのである。**従ってまた個別人は他の個別人と全然共同的でない。自他は絶対に他者である。しかも人間は世の中である限りあくまでも人と人との共同態であり社会であって孤立的な人ではない。それは孤立的な人でないからこそ人間なのである。従って相互に絶対に他者であるところの自他がそれにもかかわらず共同的存在において一つになる。社会と根本的に異なる個別人が、しかも社会の中に消える。人間はかくのごとき対立的なるものの統一である。この弁証法的な構造を見ずしては人間の本質は理解せられない。

（『**倫理学**』「倫理学（一）」岩波書店）

⑤ 歴史的風土　出題

🔍 和辻は風土と歴史の関係をどのようにとらえたのだろうか。

　風土の現象について最もしばしば行なわれている誤解は、我々が最初に提示したごとき常識的な立場、すなわち自然環境と人間との間に影響を考える立場であるが、それはすでに具体的な風土の現象から人間存在あるいは歴史の契機（かんしょうき）を洗い去り、それを単なる自然環境として観照する立場に移しているのである。人間は単に風土に規定されるのみでない、逆に人間が風土に働きかけてそれを変化する、などと説かれるのは、皆この立場にほかならない。それはまだ真に風土の現象を見ていないのである。我々はそれに対して風土の現象がいかに人間の自己了解の仕方（しかた）であるかを見て来た。**人間の、すなわち個人的・社会的なる二重性格を持つ人間の、自己了解の運動は、同時に歴史的である。従って歴史と離れた風土もなければ風土と離れた歴史もない。**が、これらのことは人間存在の根本構造からしてのみ明らかにされ得るのである。

（『**風土**』岩波書店）

個人と社会の相互否定的関係

組織とその成員の場合

間柄的存在

人間存在の構造

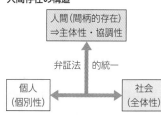

解説　『風土』　和辻哲郎はドイツ留学中に、ハイデガーの『存在と時間』を読み、人間存在の時間性と個人性が重視され、その空間性と社会性が軽視されていることに不満を抱いた。そこで、時間性と空間性（「風土」性）、個人性と社会性（「間柄」性）を統合する独自の人間学的立場を打ち出し、『風土』を著した。和辻にとって風土とは、単なる自然現象ではない。人間が間柄的存在としての自己を見いだすところであり、衣食住の生活様式や習俗など特色ある文化が形成される土台である。簡単に考えれば、「風土＝自然環境＋人間（間柄的存在）＋歴史」となり、和辻の風土は歴史的風土である。

BOOK 『和辻哲郎 文人哲学者の軌跡』（熊野純彦、岩波新書）
和辻の生涯を追いながら思想を解説していく。

答 p.264 ╳ 129

重要用語 392 風土、553 間柄的存在、554 人間の学

日本の思想

(1)

日本哲学の確立

267

世界に知られる一禅者

鈴木大拙 （すずきだいせつ）

★★★★★

石川県出身
1870～1966

> 東洋の心は無心になる事。どこまでいっても無限で
> 天地の分かれがない

撮影 井上正道

年（年齢）	生涯
1870（0）	石川県金沢市に誕生
1888（18）	第四高等中学校に入学するが、家計の事情で中途退学
1891（21）	東京専門学校に学ぶ。鎌倉円覚寺に参禅し修行に熱中する
1892（22）	東京帝国大学選科に入学
1897（27）	渡米
1909（39）	帰国。学習院、東京帝国大学講師、翌年、学習院教授となる
1921（51）	真宗大谷大学教授となる
1944（74）	『日本的霊性』出版
1945（75）	鎌倉に松ヶ岡文庫を設立
1966（95）	死去

＊居士　出家をせずに仏教の修行をする信者。安土桃山時代の茶人・千利休も居士の号を与えられた。

略伝　現在の石川県金沢市に生まれた。石川県専門学校（のちの第四高等中学校）時代に西田幾多郎（◯p.264）と出会い、生涯の友となった。家計の事情で中途退学し、小学校高等科の英語教師となった。上京して、東京専門学校（のちの早稲田大学）に学んだが、西田の誘いにより、東京帝国大学選科に入学した。この頃から本格的に坐禅に取り組み始め、鎌倉円覚寺（◯p.267）から「**大拙**」の居士＊号を受けた。1897年に渡米し、仏教、特に禅の思想を海外に紹介した。アメリカで11年間活動した後、ヨーロッパに渡り、1909年に12年ぶりに帰国した。西田の推薦で真宗大谷大学（現、大谷大学）教授となり、89歳まで務めた。日本と欧米を行き来しつつ、仏教の研究と普及に精力を注いだ。晩年は鎌倉の**松ヶ岡文庫**（◯p.267）に居を移し、95歳で天寿をまっとうした。

主著　『禅と日本文化』『日本的霊性』

鈴木大拙の思想

❶鈴木大拙が唱えた「日本的霊性」の特質を理解しよう。
❷人が禅に求めるものを考えよう。

1 日本的霊性　出題

　鈴木大拙の言う**霊性**とは、精神の奥底にある、精神と物質とを包み込む働きであり、民族の大地（生活の場）に深く根を下ろした宗教意識である。霊性は民族に初めから自覚されているわけではなく、その覚醒には時間と契機を必要とする。日本人が霊性（**日本的霊性**）にめざめたのは鎌倉時代である。それ以前の仏教は、大地を踏んでいない貴族に支えられたものであり、本当の意味での宗教ではなかった。日本的霊性は、鎌倉時代に、大地に足を着けた農民と、百姓をじかに支配した武士によって現れた。その日本的霊性の慈悲の面を代表するのが浄土系思想であり、智恵の面を代表するのが禅であるという。

コラム　漱石作品のモデル？

　夏目漱石（◯p.258）の『門』は、1894年末から翌年初めまで漱石が円覚寺の帰源院に宿泊して、釈宗演に参禅した体験をもとにしている。『門』に登場する「剽軽な羅漢のような顔をしている気楽そうな男」とは鈴木大拙ではないかといわれている。

2 浄土系思想と日本的霊性

　鈴木大拙は法然（◯p.208）や親鸞（◯p.210）らが説く他力思想における慈悲を、「絶対者の大悲は悪によりてもさえぎられず、善によってもひらかれざるほどに、絶対に無縁 ── すなわち分別を超越している」と考察した。浄土系思想では、この世の生活を罪業と感じる衆生が無上尊（阿弥陀如来）の慈悲を求めて、媒介者なしで、念仏によって直接に交渉する。彼は、この直接性こそ日本的霊性の特質であると主張した。

3 即非の論理と禅

　鈴木大拙によれば、大乗仏教の論理は**即非の論理**である。彼はそれを、『金剛経』にある「**仏説般若波羅蜜、即非般若波羅蜜、是名般若波羅蜜**」という言葉で説明した。これを「仏説」を除いて公式化すると「Ａ、即非Ａ、是名Ａ」となり、「Ａは、非Ａにして、ゆえにＡといわれる」となる。非Ａというのは、実体が無いという「空」を示し、「Ａというものは、Ａという実体が無い、ゆえにＡといわれているだけにすぎない」と解釈することができる。したがって、意味としては『般若心経』（◯p.67）の「**色即是空、空即是色**」と同様のことを述べている。大拙はこの即非の論理を、日本的霊性の論理であり、禅の般若（智恵）を直接把握する論理であるとして「般若の論理」と名づけた。

メモ　**ユングと鈴木大拙**　心理学者ユング（◯p.165）は、大拙の思想に多大な影響を受けている。大拙の著書『禅仏教入門』のドイツ語訳（1939年）の序文は、ユングが書いたものである。

日本の思想

8

現代日本の思想

入試に◯×チャレンジ　131 柳田国男は、先祖の霊は、住み慣れた集落近くの山に留まっているので、子孫は正月やお盆に自分の家に先祖の霊を招いて、共食の儀礼を行う、と考えた。（2008年追試）

日本民俗学の創始者

柳田国男 (やなぎたくにお)

★☆☆☆☆

兵庫県出身
1875〜1962

同胞国民の多数者の数千年間の行為と感想と経験とが、かつて観察し記録しまた攻究せられなかったのは不当だ

年（年齢）	生　涯
1875(0)	兵庫県に誕生
1900(25)	東京帝国大学法科を卒業。農商務省農務局に勤務
1910(35)	『遠野物語』出版
1913(38)	雑誌「郷土研究」創刊
1914(39)	貴族院書記官長となる
1920(45)	東京朝日新聞客員となる
1921(46)	国際連盟委任統治委員に就任
1935(60)	民間伝承の会設立。雑誌「民間伝承」創刊
1949(74)	日本民俗学会初代会長に就任
1961(86)	『海上の道』出版
1962(87)	死去

＊新国学　柳田らは本居宣長・平田篤胤の国学を批判的に継承しようとした。

略伝 現在の兵庫県福崎町に生まれた。東京帝国大学法科を卒業後、農商務省に入り、農村の実状に即した農政論を主張した。視察・講演を通して各地に残る民間習俗への関心を深めた。1910年に出版された『遠野物語』は、柳田民俗学の出発を記念する作品である。44歳で貴族院書記官長を最後に官界を辞し、自由に旅をさせることを条件に東京朝日新聞社客員となった。1921年、新渡戸稲造（◯p.254）に請われてジュネーヴの国際連盟委任統治委員に就任したが、1923年の関東大震災を機に辞任した。1935年、60歳で**民間伝承の会**（1949年に**日本民俗学会**に改称）を設立し、無名の**常民**の生活文化を研究対象とする学問として**民俗学**を樹立した（柳田と折口信夫（◯p.270）は自分たちの学問を**新国学**＊とも呼んだ）。第二次世界大戦後は沖縄研究に情熱を注ぎ、1961年に**日本人のルーツを探る**『海上の道』を発表し、翌年、87歳で静かにこの世を去った。

主著『遠野物語』『明治大正史世相篇』『海上の道』

柳田国男の思想

❶柳田国男の民俗学と既存の歴史学との違いを理解しよう。
❷日本人の死生観について考えてみよう。

1 民俗学

頻出

民俗学は、**文献史料に記録されることのない無名の人々の生活と信仰を明らかにしようとする学問**である。19世紀のイギリスでフォークロア（folklore）として始まった。日本では、昭和前期に柳田国男を中心に確立された。研究対象は村落および親族・家族の構成、衣食住、人生儀礼・年中行事、信仰と芸能、口承文芸など広範囲に及び、そのいずれにおいても実地調査に基づく資料の収集・分析を基本とする。

メモ **民族学** 民族学は諸民族の文化を比較研究する学問で、民俗学とは異なるものである。

2 常民

出題

常民は柳田国男の造語である。彼が民俗学の研究対象とした民間伝承を保持している階層を意味し、例えば村人の多数を占める「ごく普通の百姓」をさす。柳田は、真に日本の歴史を支えてきたのは常民であり、彼らの日常生活に根ざした文化こそ、日本の基層文化であると主張した。

メモ **柳田国男の出発点** 柳田の農政学・民俗学の出発点には、少年期の飢饉の体験から生まれた「なぜ農民は貧しいのか」という問いがあった。

『遠野物語』と日本人の死生観

「**新盆の迎え火**」（「朝日新聞」天声人語 2011年8月8日）

きょうは民俗学の父とされる柳田国男の命日。名高い「遠野物語」に、津波で死んだ妻の霊に、夫が夜の三陸の渚で出会う話がある。名を呼ぶと振り返って、にこと笑った。だが妻は二人連れで、やはり津波で死んだ人と今は夫婦でいるという。「子どもは可愛くはないのか」と問うと、妻は少し顔色を変えて泣いた。そして足早に立ち去り見えなくなってしまう。珠玉の短章だが、怪異な伝承に投影された、生身の人間の切なさを思えば胸がつまる。柳田は三陸海岸をよく歩きもした。ある集落では、明治の津波に襲われた夜、助かった人は薪を盛大に焚いたそうだ。闇に燃える火を目印に、呑まれた海から泳ぎ着いた者が何人もいたなどと、見聞きした話を別の著作に書き留めている。時は流れて、平成の大津波の犠牲者にはこの夏が新盆＊となる。救援の火ならぬ、霊を迎える火が方々で焚かれよう。門火、精霊流し、茄子の牛。帰省しての一族再会。迎え火から送り火までの数日は、日本人の情念が最も深まるときだ。人の生も、人の死も、自然や共同体という、人を包んでくれる世界の中でこそ完結する。しかし近年はそれを壊し、つながりを断ち切る方向にアクセルを踏んできた。その功と罪を、震災後の夏はあらためて問いかけてくる。……

＊新盆　人が亡くなって最初に迎える盆。

解説 **『遠野物語』** 『遠野物語』は、岩手県遠野地方に伝わる民話を柳田国男が筆記・編纂したもの。天狗、河童、座敷童子など妖怪にまつわるものや、神隠し、死者などに関する怪談や年中行事などの不思議な話が119話にまとめられている。

日本の思想

（2）様々な思想

民俗学の思想

▶地蔵菩薩像(木喰作、日本民藝館蔵)

★ 折口信夫 おりくちしのぶ (1887〜1953)

略伝 現在の大阪市浪速区に生まれた。中学生の頃から古典を精読し、友人らとともに短歌創作に励んだ。國學院大學国文科卒業後、中学校の教員となった。民俗学に関心を深め、**依代***という言葉と概念を日本の民俗学に導入した。1919年、32歳で國學院大學講師となり、のち教授となり終生、國學院の教職にあった。柳田国男(➡p.269)の勧めで1921年と1923年に沖縄を訪れ、そこに息づく来訪神信仰を目の当たりにして、日本人の神事観を**まれびと**という概念で論じた。『古代研究』3部作は、古代日本をめぐる国文学・民俗学・芸能史におよぶ折口の研究をまとめたものである。釈迢空の名で歌人としても活躍した。

* **依代** 折口の造語。神が降臨する(よりつく)ための目印。樹木や自然石、あるいは幣串など種類は多い。

1 まれびとと信仰　　[頻出]

折口信夫は、海の彼方の**常世**から神がやってくるとする沖縄の来訪神信仰に着目し、そうした来訪神である**まれびと**(客人・稀人)が古代日本の神の基本的性格であるとした。そして、この外なる神とそれを迎える土地の精霊や人間との関わり合いから、文学・芸能・祭祀が発生したと主張した。常世の所在は折口が終生持ち続けた課題であった。まれびとは初めは海の彼方、後には天上から来臨すると考え、さらに「地上のある地域からも来ると思う様になった」、と変化していった。

解説 ▶**よく知られたまれびとは？** 有名な秋田県男鹿半島の「ナマハゲ」はまれびと信仰に基づいた伝統行事である。このように、まれびとは時として異様な風体で訪れる。節分も元来は、まれびとである鬼がやってきて、悪いものを追い払ってくれる行事であったといわれている。

[原][典][資][料]・・・・・・・・・・・・・・・・・折口信夫

2 「まれびと」の意義

私は此章で、**まれびとは古くは、神を斥す語であつて、とこよから時を定めて来り訪ふことがあると思はれて居た**ことを説かうとするのである。幸にして、此神を迎へる儀礼が、民間伝承となつて、賓客をあしらふ方式を胎んで来た次第まで説き及ぼすことが出来れば、望外の欣びである。……私の考へるまれびとの原の姿を言へば、神であつた。第一義に於ては古代の村々に、海のあなたから時あつて来り臨んで、其村人どもの生活を幸福にして還る霊物を意味して居た。

（『国文学の発生（第三稿）』「折口信夫全集1」中央公論社）

★ 柳宗悦 やなぎむねよし (1889〜1961)

写真提供日本民藝館

略伝 現在の東京都港区に生まれた。1910年、学習院高等科卒業の頃に、文芸雑誌『白樺』の創刊に参加した(➡p.260)。1913年、東京帝国大学哲学科を卒業。その後、朝鮮陶磁器の美しさに魅了され、当時日本の植民地だった朝鮮半島にたびたび渡り、朝鮮の日用工芸品の中に民族固有の美を見いだした。朝鮮総督府による光化門(旧朝鮮王宮の正門)の取り壊しに反対し移築を実現させるなど、民族の固有性を葬り去ろうとする日本の朝鮮政策を批判し続けた。日本国内においては、**木喰仏***の発見・調査をきっかけに、各地に残る手仕事の調査・収集を始めた。1925年、それまでの**下手物****という言葉に替えて**民芸**という新語を作り、以後、**民芸運動**を本格的に展開していった。1936年、**日本民藝館**を開設し初代館長に就任した。晩年には、仏教の他力本願の思想に基づく独創的な仏教美学を提唱した。

▲染付秋草文面取壺 〔朝鮮半島〕(日本民藝館蔵)

* **木喰仏** 全国を巡り歩いた江戸時代中期の僧の木喰(1718〜1810)が彫った仏像。その数は千体を超える。
** **下手物** 普段使う、素朴で大衆的な器物。⇔高級品(上手物)

解説 ▶**民芸** 柳宗悦は、それまで美の対象として顧みられることのなかった日用品の中に、「健康な美」や「平常の美」といった美が豊かに宿ることを発見した。

[原][典][資][料]・・・・・・・・・・・・・・・・・柳宗悦

3 雑器の美

それらの多くは片田舎の名も知れぬ故郷で育つのである。または裏町の塵にまみれた暗い工房の中から生れてくる。たずさわるものは貧しき人の荒れたる手。拙なき器具や粗き素材。売らるる場所とても狭き店舗、または路上の蓆。用いらるる個所も散り荒さるる室々。だが摂理は不思議である。これらのことが美しさを器のために保障する。それは信仰と同じである。宗教は貧の徳を求め、智に傲る者を誡めるではないか。素朴な器にこそ驚くべき美が宿る。

（「雑器の美」「民藝四十年」岩波書店）

伊波普猷 いはふいう (1876〜1947)

沖縄出身の民俗学者。「沖縄学の父」といわれる。『古琉球』(1911年)によって沖縄学を樹立し、沖縄の古謡集『おもろさうし』の研究に没頭した。柳田国男とも親交が深かった。

[入試に⭕❌チャレンジ] [132] 折口信夫は、伝承された習俗や信仰を手がかりに民俗学的な視点から国文学を研究し、人々と神の交流を通じて文芸や芸能が発生したと考えた。(2018年追試)

南方熊楠

みなかたくまぐす
（1867〜1941）

略伝 現在の和歌山市に生まれた。上京して大学予備門（のちの旧制第一高等学校）に入学した。しかし、授業に興味を覚えず中途退学して帰郷した。19歳で渡米し、フロリダなどで動植物の採集調査を実施し、25歳の時にロンドンへ渡った。大英博物館に毎日のように通い、収蔵されている古今東西の貴重な書物を読みふけり、『ネイチャー』などの学術誌に天文・植物・民俗などの学術論文を投稿した。1900年、14年ぶりに帰国し、和歌山県田辺に居を構え、亡くなるまで37年間をこの地で過ごした。柳田国男と頻繁に書簡を交換し、海外の民俗学研究の動向を伝えた。明治末期に起きた**神社合祀**の動きには敢然と反対の意を唱え、身を挺して鎮守の森の生態系を守った。

（写真所蔵：南方熊楠顕彰館）

4 神社合祀反対運動 出題

全国の神社を1町村1社を標準として合祀*し、神社の国家管理と町村のまとまりの強化を狙った**神社合祀政策**は、和歌山県では特に強引に推進された。人々は身近な信仰や憩いの場を失い、貴重な動植物の暮らす鎮守の森は伐採された。熊楠は怒りを爆発させ、身柄を拘束されながらも自然保護を訴え続けた。彼のひたむきな情熱はしだいに世論を動かし、1920年、神社合祀は貴族院で「無益」と決議され終息した。彼の努力によって、那智山をはじめ、数多くの古社、山林が荒廃を免れ、2004年のユネスコによる「紀伊山地の霊場と参詣道」の世界遺産登録につながった。

*合祀 神社に祀られている神を、他の神社に移して一緒に祀ること。神社合祀政策では、神を移された神社は廃社とされた。

解説 「エコロジスト」熊楠 南方熊楠は、神社合祀に反対して和歌山県知事へ送った手紙で「**エコロギー**」という言葉を使い、自然環境を保つ生物同士の密接なつながりの大切さを説いた。熊楠の取り組みは、エコロジー運動の先駆けとして高く評価されている。

コラム COLUMN 熊楠のキャラメル箱

1929年、南方熊楠は昭和天皇の和歌山への行幸時に進講の機会を得て、粘菌*に関する講義を行い森林保護の重要性を説いた。その際、110点あまりの粘菌の標本を、何とキャラメルの箱に納めて献上して、天皇を微笑させた。写真は、熊楠が標本を納めて献上したのと同型のキャラメル箱。普通のキャラメル箱が60箱も入る大きなもので、土蔵の2階には標本を入れたキャラメル箱があちこちに置いてあった。

*粘菌 動物と植物の中間の性質を持つ下等な菌類。

（写真所蔵：南方熊楠顕彰館）

宮本常一

みやもとつねいち
（1907〜81）

略伝 現在の山口県周防大島町に生まれた。大阪府天王寺師範学校卒業後、大阪府下の小学校の教師をしながら、民俗学に強い関心を持った。1939年に上京し、渋沢敬三*が自宅に設けた**アチック・ミューゼアム**（のちの**日本常民文化研究所**）の研究員となった。以後、第二次世界大戦終戦前後の一時期を除き、渋沢邸を拠点とし、民俗調査のために全国各地を歩き回り、著書や論文・報告書の執筆に精力的に取り組んだ。なかでも、民俗を継承してきた村の長老たちから直接話を聴いてまとめた『忘れられた日本人』（1960年）は、宮本民俗学の代表作である。73年の生涯に、地球をちょうど4周する16万kmもの道のりを旅し、泊まった民家は千軒以上にも及んだ。

*渋沢敬三（1896〜1963） 明治を代表する実業家の渋沢栄一の孫。日銀総裁、大蔵大臣を務めた。渋沢は宮本の業績を称して「日本の白地図の上に宮本くんの足跡を赤インクで印していったら、日本列島は真っ赤になる」と言ったとされる。

原典資料 ·················· 宮本常一

5 宮本民俗学

実は私は昭和三十年頃から民俗学という学問に一つの疑問を持ちはじめていた。ということは日常生活の中からいわゆる民俗的な事象をひき出してそれを整理して並べることで民俗誌というのは事足りるのだろうか。神様は空から山を目じるしにおりて来る。そういうことをしらべるだけでよいのだろうか。なぜ山を目じるしにおりて来るようになったのだろうか。海の彼方からやって来る神もある。土地そのものにひそんでいる精霊もある。それらはわれわれとどのようなかかわりをもっているのであろうか。さらにまたいろいろの伝承を伝えて来た人たちは何故それを持ち伝えなければならなかったのか。それには人びとの日々いとなまれている生活をもっとつぶさに見るべきではなかろうか。**民俗誌ではなく、生活誌の方がもっと大事にとりあげられるべきであり、また生活を向上させる梃子になった技術についてはもっとキメこまかにこれを構造的にとらえてみることが大切ではないかと考えるようになった。**

（『民俗学の旅』日本図書センター）

解説 旅する巨人 宮本は単に古い伝承を調べて歩く民俗学者ではなかった。絶えず民衆と接触しながら人々の生活を記録し、そこから得た知恵と知識を常に社会に還元しようとし続けた。

メモ 春一番 春の訪れを告げる春一番。宮本常一が長崎県壱岐を訪れ採集した「春一番」という語を、1959年に『俳句歳時記』で紹介したのをきっかけに、新聞などで使われるようになり、一般に広まったとされる。

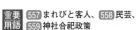

科学と宗教を結合した独自の宇宙観を描いた作家

宮沢賢治 (みやざわけんじ)

岩手県出身
1896～1933

まづもろともにかがやく宇宙の微塵（みじん）となりて、無方の空に
ちらばらう

年（年齢）	生　涯
1896（0）	岩手県花巻市に誕生
1914（18）	盛岡中学校卒業、島地大等編「漢和対照妙法蓮華経」に感銘を受ける
1920（24）	盛岡高等農林学校研究科修了、国柱会に入会する
1921（25）	上京するが、妹トシの病気の報で帰郷。稗貫農学校教諭となる
1922（26）	妹トシ死去
1926（30）	農学校を退職し、羅須地人協会を設立
1928（32）	急性肺炎になり自宅で療養生活
1931（35）	東北砕石工場技師となるが、上京中に発熱。病床で手帳に「雨ニモマケズ」を書き記す
1933（37）	死去

略伝 現在の岩手県花巻（はなまき）市に、裕福な質屋の長男として生まれた。盛岡中学校から盛岡高等農林学校（現、岩手大学）、同校研究科に進んだ。『法華経（ほけきょう）』を信仰し、研究科修了後、日蓮宗（にちれんしゅう）の国柱会（こくちゅうかい）に入会した。1921年、家族に無断で上京し、国柱会の先輩の勧めで文芸による大乗仏教の布教を決意した。同年、妹トシ重態の報で帰郷し、稗貫農学校教諭となる。翌年トシが死去し、悲痛な思いを「永訣の朝（えいけつ）」などの詩にうたった。教師生活を通して農民の実情を知り、1926年に農学校を退職。自ら開墾・耕作しながら羅須地人協会（らすちじん）を設立して農民の啓発活動を始めた。1928年、32歳の時に厳しい自然と過労で急性肺炎を発症し、実家で療養生活を送ることとなる。1931年、病状が一時快復し、東北砕（さい）石工場の技師となり、石灰肥料の改良と販売に奔走（ほんそう）した。しかし、再び病状が悪化し療養生活に入る中、枕元の手帳に「雨ニモマケズ」を書き記した。「国訳の法華経を千部印刷して、知己（ち）友人にわけてください」と花巻弁で遺言し、37歳で没した。

主著『農民芸術概論綱要』『銀河鉄道の夜』

宮沢賢治の思想

❶宮沢賢治の幸福観を理解しよう。
❷宮沢賢治が詩や童話に込めた世界観を考えてみよう。

[1]『銀河鉄道の夜』

　『銀河鉄道の夜』は、宮沢賢治による長編の童話で、最愛の妹トシを亡くした悲しみを乗り越えるために書いたといわれている。1924年頃の作とされるが、その後も推敲（すいこう）が重ねられ、未完成のまま死後に発見された。孤独な少年ジョバンニが、友人カムパネルラと銀河鉄道の旅をし、本当の幸福を求めようとする姿を描いている。巨大な銀河系宇宙を舞台に、科学を媒介（ばいかい）にして自らの宗教観を描いた幻想的な作品である。

解説 **宮沢賢治の世界**　生前の賢治は、地方の無名作家だった。没後、詩人の草野心平（くさのしんぺい）によって世に紹介され評価が高まった。賢治の作品には、殺生（せっしょう）してしか生きられない「いのちの悲しみ」と、それゆえに願う「いのちの尊さ」があふれている。人間の果てしない物欲を振り返り、自然と人間とが一つになって生かされていく道を、私たちに示している。

◀「雨ニモマケズ」の詩が書かれた**手帳**　10ページにわたり、詩が書き連ねられている。賢治の死後、遺品の大きな革トランクの内ポケットから発見された。

原典資料

[2] 宮沢賢治の幸福論

おれたちはみな農民である　ずゐぶん忙がしく仕事もつらい
もっと明るく生き生きと生活をする道を見付けたい
われらの古い師父たちの中にはさういふ人も応々あった
近代科学の実証と求道者たちの実験とわれらの直観の一致に於て論じたい
世界がぜんたい幸福にならないうちは個人の幸福はあり得ない
自我の意識は個人から集団社会宇宙と次第に進化する
この方向は古い聖者の踏みまた教へた道ではないか
新たな時代は世界が一の意識になり生物となる方向にある
正しく強く生きるとは銀河系を自らの中に意識してこれに応じて行くことである
われらは世界のまことの幸福を索（たず）ねよう　求道すでに道である

（『農民芸術概論綱要』「筑摩現代文学大系14」筑摩書房）

解説 **仏教的幸福論**　宮沢賢治は羅須地人協会に農民を集めて、無料で農業技術や芸術の講義をした。『農民芸術概論綱要』は、その講義用に執筆した文章である。世界全体の幸福とは、生きとし生けるものすべての幸福である。自分自身の意識が宇宙へと進展して、世界が一つの意識になり、一つの命となって生かされていくことに、賢治は本当の幸福のあり方を見いだした。

日本の思想　8　現代日本の思想

入試に○×チャレンジ　[133]宮沢賢治は、世界全体の幸福なくして個人の幸福はないので、宇宙万象とのつながりを自覚することで、他者への共感を強めていくことが重要であると考えた。（2012年追試）

近代批評の確立者

小林秀雄 <small>(こばやしひでお)</small>

東京都出身
1902〜83

若い人々から、何を読んだらいいかと訊ねられると、僕はいつも
トルストイを読み給えと答える

年（年齢）	生　涯
1902(0)	東京都に誕生
1928(26)	東京帝国大学仏文科を卒業
1929(27)	『様々なる意匠』が雑誌「改造」の懸賞論文に入選
1932(30)	明治大学文芸科の講師に就任
1935(33)	『私小説論』出版
1942(40)	『当麻』『無常といふ事』などの日本古典論を発表（〜1943）
1946(44)	評論集『無常といふ事』出版
1947(45)	『モオツァルト』出版
1958(56)	『近代絵画』出版
1964(62)	エッセイ集『考えるヒント』出版
1977(75)	『本居宣長』出版
1983(80)	死去

略伝 現在の東京都千代田区に生まれた。1928年、東京帝国大学仏文科を卒業。翌年、27歳で雑誌「改造」の懸賞論文に『様々なる意匠』が入選し文壇に登場した。1935年には『私小説論』を発表し、日本の近代文学にいかにして真の個人主義を根づかせるかを論じた。こうした批評活動を通して、詩や小説の付属物ではない、自己表現としての創造的な批評という近代批評の原理を確立した。第二次世界大戦中は、文学と政治は相容れないものとする立場から時事的発言を控え、古典の世界に深く没頭し、『当麻』『無常といふ事』『徒然草』などの評論を発表した。戦後、批評活動の中心は音楽・絵画・哲学などに移り、『モオツァルト』『ゴッホの手紙』『近代絵画』、哲学者ベルクソン（◎p.166）を論じた『感想』、エッセイ集『考えるヒント』などを相次いで発表した。1977年の刊行までに12年を要した大作『本居宣長』は、宣長の評伝を通じて自身の思想を集大成した作品である。

主著 『様々なる意匠』『無常といふ事』『考えるヒント』『本居宣長』

小林秀雄の思想

❶ 小林秀雄が確立した近代批評の立場を理解しよう。
❷ 小林秀雄が批評を通して私たちに訴えようとしたことは何か、考えてみよう。

原典資料

1 「近代批評」の樹立宣言

　例えばボオドレエルの文芸批評を前にして、舟が波に掬われる様に、繊鋭な解析と潑剌たる感受性の運動に、私が浚われて了うという事である。この時、彼の魔術に憑かれつつも、私が正しく眺めるものは、嗜好の形式でもなく尺度の形式でもなく無双の情熱の形式をとった彼の夢だ。それは正しく批評ではあるが又彼の独白でもある。人は如何にして批評というものと自意識というものとを区別し得よう。彼の批評の魔力は、彼が批評するとは自覚する事である事を明瞭に悟った点に存する。批評の対象が己れであると他人であるとは一つの事であって二つの事でない。批評とは竟に己れの夢を懐疑的に語る事ではないのか！

（『様々なる意匠』「昭和文学全集第9巻」小学館）

解説　小林批評の原点　小林秀雄は文学の自主性を唱え、当時全盛だったプロレタリア文学を、政治的「意匠」（デザイン）をまとったものと批判した。文学とは作者の「言葉」による純粋な自意識の表現でなければならず、それと通い合う批評もまた同様であるべきだと主張した。それまで作品の付属物だった批評の価値を独立した文学作品に高めたのは、彼の功績といわれる。

コラム 受験生の壁

　1970年代半ば頃まで、大学入試の国語問題には、夏目漱石（◎p.258）と並んで小林秀雄の作品の出題が圧倒的に多かった。文科系・理科系を問わず、難解な文章は受験生の前に壁のように立ちふさがり、小林秀雄を制する者は大学入試を制するとさえいわれていた。

「美しい「花」がある、「花」の美しさという様なものはない。」（『当麻』）

★ 坂口安吾 <small>さかぐちあんご（1906〜55）</small>

略伝 新潟市に生まれた。型破りな性格で新潟中学校を放校となり、東京の豊山中学校に編入。卒業後、小学校の代用教員*を務めたのち、東洋大学印度哲学科に入学した。第二次世界大戦終戦の翌年に発表した評論『堕落論』や小説『白痴』により、一躍、流行作家となった。

撮影：林忠彦
新潟市所蔵
（「安吾 風の館」協力）

＊代用教員　第二次世界大戦以前の旧制小学校で、教員免許を持たずに勤めた教員。

解説　堕落論　戦前戦中の倫理観は、欲しいものを欲しいと言い、厭なものを厭だと言う、きわめて人間らしいあり方を「堕落」として否定した。坂口安吾は、戦争が終わり人間は堕落した、人は「堕ちる道を堕ちきることによって、自分自身を発見し、救わなければならない」と訴えた。

丸山真男 (まるやままさお)

大阪府出身
1914〜96

自己を歴史的に位置づけるような中核あるいは座標軸に当る
思想的伝統はわが国には形成されなかった

年(年齢)	生涯
1914(0)	大阪で誕生
1937(23)	東京帝国大学法学部卒業
1940(26)	同学助手を経て助教授となる
1945(31)	広島の陸軍船舶司令部で被爆
1946(32)	「超国家主義の論理と心理」発表
1950(36)	東京大学法学部教授となる
1960(46)	安保条約反対文化人集会で「選択のとき」講演
1961(47)	ハーバード大学客員教授として渡米。『日本の思想』出版
1968(54)	東大紛争*。全共闘の学生が法学部研究室を封鎖
1971(57)	東大教授を病気で早期退職
1996(82)	8月15日(終戦の日)に死去

*東大紛争 東京大学で、1968〜69年にかけて起こった大学紛争。混乱で1969年の東大入試は中止となった。

略伝 ジャーナリストを父として、大阪市に生まれた。1937年に東京帝国大学法学部を卒業し、その後助手を経て助教授となった。20代の頃、のちに『日本政治思想史研究』(1952)にまとめられる諸論文を発表し、荻生徂徠（おぎゅうそらい）から本居宣長（もとおりのりなが）へと至る系譜に「近代的なもの」を見いだした。30歳の時に召集され、陸軍2等兵として朝鮮半島に派遣された。翌年再召集され、広島で被爆した。1946年に発表した「超国家主義の論理と心理」で、天皇制を支えた権威主義の精神構造を**無責任の体系**と指摘して注目された。36歳で東京大学法学部教授となり、**戦後民主主義思想の展開に指導的役割**を果たして若者のオピニオン・リーダーとなった。1960年の安保闘争でも積極的に発言する一方で関心は日本思想史研究へと向かい、**様々な思想が雑居する日本の思想状況を無構造の伝統ととらえた**。福沢諭吉（◎p.248）を日本近代を代表する思想家として高く評価した。終戦の日の8月15日に、82歳で死去した。

主著 『日本政治思想史研究』『現代政治の思想と行動』『日本の思想』

丸山真男の思想

❶丸山真男は日本の思想的・社会的状況をどのように分析したのか理解しよう。
❷丸山真男の思想から民主主義社会のあり方を考えよう。

1 大日本帝国の精神構造 出題

　丸山真男は「超国家主義の論理と心理」で、ナチスの指導者が開戦への決断に明確な意識を持っていたのに対し、「然（しか）るに我が国の場合は、……我こそ戦争を起したという意識がこれまでの所、どこにも見当らないのである。何となく何物かに押されつつ、ずるずると国を挙げて戦争の渦中に突入したというこの驚くべき事態は何を意味するか」と、日本で戦争を主導した人々の、主体性の欠如、**無責任の体系**を指摘した。そしてそれは、政治家や軍人を含め誰もが、道徳と権力の源泉である天皇への距離の近さによってしか自己の立場を正当化しえないという構造を持つ、大日本帝国の「体制」そのものに起因していると分析した。

▶**原爆投下3日後の広島の惨状** 被爆24年後の1969年、丸山真男は初めて被爆体験を語り、自らの政治学に原爆体験の思想化が欠けていた事実を懺悔（ざんげ）した。そして自身が撮影に同行した原爆記録写真を公開した。

2 日本の思想状況 出題

西洋 ササラ型	共通の思想的基盤を持つ文化
	先の方はバラバラでも根元はつながっている
日本 タコツボ型	伝統：新しい思想を、ただ次々と受け入れる
	結果：思想が「対決」と「蓄積」の上に構造化されてこなかった
	現状：様々な思想が閉鎖的に並存し、それぞれが高度に専門化している

解説 **雑居から雑種へ** 丸山真男は『日本の思想』(1961)で、共通の基盤を持たない様々な思想が閉鎖的に雑居している日本の思想状況を**タコツボ型**と表現した。この雑居という状況を、雑種という新たな個性に高める必要性を説き、そのためには、それぞれが閉鎖的なタコツボから出て、多様な思想が内面的にまじわらなければならないと主張した。

原典資料

3 民主主義とは

　民主主義というものは、人民が本来制度の自己目的化——物神化——を不断に警戒し、制度の現実の働き方を絶えず監視し批判する姿勢によって、はじめて生きたものとなり得るのです。　（『日本の思想』岩波書店）

解説 **「である」ことと「する」こと** 丸山は、制度を固定的に「である」ととらえるのではなく、その働きを監視し批判「する」必要性を訴えた。さらに私たちは、身分や家柄によって相手を評価する封建的・閉鎖的な「である」論理ではなく、相手の人物が何を「する」かを評価の基準とする、近代的・開放的な「する」論理で生きるべきだと主張した。

入試に○×チャレンジ 134 丸山真男は、「何となく何物かに押されつつ、ずるずると」開戦に至り、戦争をやめることができなかった戦前・戦中の日本社会に、無責任の体系を見いだし、批判的な検討を加えた。そして、戦後の社会において、近代的主体による民主的な市民社会の形成を唱えた。(2014年追試)

日本の思想

8

現代日本の思想

加藤周一 かとうしゅういち (1919〜2008)

略伝 東京に生まれた。1943年、東京帝国大学医学部を卒業。1951年に留学生としてフランスに渡り、医学研究のかたわら西欧各国の文化を吸収した。1955年、帰国直後に「日本文化の雑種性」を発表して大きな反響を呼んだ。1958年に医業を廃し、以後、文学、美術、政治など東西文化に通じた旺盛（おうせい）な評論・創作活動を展開した。被爆直後の広島を医学調査団の一員として訪れた経験などから、時事的発言では、軍国主義復活の危険性と民主主義の徹底を訴えた。

原典 資料 ‥‥‥‥‥‥‥‥‥‥‥‥‥ 加藤周一

4 日本文化の雑種性

英仏の文化を純粋種の文化の典型であるとすれば、日本の文化は雑種の文化の典型ではないかということだ。……**日本の文化は根本から雑種である**、という事実を直視して、それを踏まえることを避け、観念的にそれを純粋化しようとする運動は、近代主義にせよ国家主義にせよいずれ枝葉のかり込み作業以上のものではない。……**ほんとうの問題は、文化の雑種性そのものに積極的な意味をみとめ、それをそのまま生かしてゆくときにどういう可能性があるかということであろう。**

（『雑種文化』講談社文庫）

解説 **雑種の可能性** 加藤は日本文化を、日本古来のものと海外からの要素との両者が混在している「**雑種文化**」と表現した。日本文化は根本から雑種であり、西洋近代を理想として日本的なものを否定することも、外来思想を排し日本的なものに純化しようとすることも不可能である。日本文化の外来思想を独自に消化していくあり方を積極的に評価した加藤は、キリスト教と個人主義を前提として成り立った西洋の民主主義の模倣ではない、日本文化の雑種性を自覚した民主主義の実現を期待した。

竹内好 たけうちよしみ (1910〜77)

略伝 長野県に生まれた。東京帝国大学文学部支那（しな）文学科卒。1937年から2年間、北京に留学した。応召前に書き上げた『魯迅』（ろじん）が1944年に刊行された。戦後、魯迅の翻訳を続けながら、評論活動を活発に行った。西洋的近代と封建的中国との間で苦悩しながら、新たな中国の近代文学を切り開いた魯迅のように、西欧的なものに対して「抵抗」する過程の中にしか、アジアがめざすべき近代は生まれないと主張した。そして西欧に対する抵抗を放棄して新しい思想を次々と取り入れてきた日本のあり方を批判した。1953年に東京都立大教授に就任したが、60年安保の強行採決などに抗議して辞職した。その後、雑誌『中国』を創刊し中国問題への発言を続け、『魯迅文集』の訳注にも打ち込んだ。

吉本隆明 よしもとたかあき (1924〜2012)

略伝 東京・月島の船大工の息子として生まれた。1947年、東京工業大学を卒業。工場で勤務しながら詩集を発表し、のちに評論活動を始めた。プロレタリア文学者らの戦争責任を追及し、左翼運動家らが戦後にそれまでの主張を変えた転向の問題を鋭く批判して注目を集めた。60年安保では学生たちの先頭となり国会に突入した。1968年の大学紛争時には、代表作『共同幻想論』を発表し、個としての思考の自立を説き、大学生たちの圧倒的な支持を得た。1980年代以降は宗教や戦争、サブカルチャーなどにも評論の対象を広げ、日本の思想界・文学界に影響を与え続けた。

5 大衆の原像

若者を中心に多くの人を惹（ひ）きつけた吉本の思想の根底には、「大衆の原像」と呼ばれる理念があった。大衆の原像とは、各時代、各場所における最も平均的な生活者の存在のしかたと意識のあり方である。この大衆の原像と乖離した知識や思想は、それがいかに高度であっても、単なる自己満足にすぎない。吉本は、「大衆の原像を絶えず自己の中に繰り込んでいくこと」が、自らも含めた知識人の思想的課題だと訴えた。吉本は、自らは大学や研究機関などにあって、大衆を啓蒙する知識人ではなく、常に在野の立場にあって、一貫して時代と格闘し、「大衆」とともに歩んだ「知のカリスマ」であった。

原典 資料 ‥‥‥‥‥‥‥‥‥‥‥‥‥ 吉本隆明

6 『共同幻想論』

国家は共同の幻想である。風俗や宗教や法もまた共同の幻想である。もっと名づけようもない形で、習慣や民俗や、土俗的信仰がからんで長い年月につくりあげた精神の慣性も、共同の幻想である。人間が共同のし組みやシステムをつくって、それが守られたり流布されたり、慣行となったりしているところでは、どこでも共同の幻想が存在している。そして国家成立の以前にあったさまざまな共同の幻想は、たくさんの宗教的な習俗や、倫理的な習俗として存在しながら、ひとつの中心に凝集していったにちがいない。

（『共同幻想論』角川文庫版のための序　角川書店）

解説 **新しい社会・国家論** 自らの戦争体験をふまえ吉本は、『遠野物語』や『古事記』などに手がかりを得つつ、人間のあり方や戦後の大衆の問題を根源的にとらえ直そうとした。我々の間には世界と関係するための観念、幻想領域があるとし、それは文学や芸術に示されている自己幻想、家族や男女の問題に示される対幻想、国家、法、宗教などの問題に示される共同幻想という三つの軸の相互関係としてとらえられると考えた。

1 生命倫理

私たちは、家族の誕生をどのように迎え、自らはどのような生き方をし、最期を迎えるのか。生命科学が進歩し続ける今日、私たちは自ら決定しなくてはならない。

▶臓器移植手術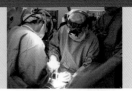

要点の整理

は入試重要用語、 **1**~**11** は資料番号

1 生命工学(バイオテクノロジー)と生命倫理(バイオエシックス)

- バイオテクノロジーの発達……医学への応用(**クローン技術**、**ヒトゲノム解析**による遺伝子レベルでの病気の診断や治療、医薬品の開発) **遺伝子操作**(遺伝子組換え)、**ゲノム編集**→生態系への影響**2**
- 再生医療の発達……**ES細胞**(胚性幹細胞)**1** は胚を解体する問題→ **iPS細胞**(人工多能性幹細胞)**3** への期待
- 生命倫理(バイオエシックス)の問題……生命を直接的に操作→従来の生命観、人間観では対処できない問題 **クローン技術1** →ヒトクローンは倫理的な問題→**クローン技術規制法**(2000年制定)

2 生殖革命と倫理的問題

- 生殖技術の発達……人工授精、体外受精、**着床前(受精卵)診断**、**出生前診断4** →生殖革命
- **代理出産5** ……生まれてくる子どもの親権や代理母の尊厳をめぐる問題
- **リプロダクティブ・ヘルス/ライツ6** ……性と生殖に関する健康・権利

3 脳死と臓器移植

- **脳死7** ……脳幹を含むすべての機能が停止し、回復不可能な状態であるが、心臓は動いている
- **臓器移植法9** (1997年制定、2009年改正)…**臓器移植8** のために臓器を摘出する場合に限り、脳死を人の死とする

4 新しい死生観と自己決定の医療

- **パターナリズム**(父権的温情主義)→**インフォームド・コンセント**(説明と同意)
- 生命の神聖さ(尊厳)(**SOL**:Sanctity of Life)と**生命の質、生活の質**(**QOL**:Quality of Life)**10**
- **尊厳死、安楽死11** を選択するか→意志を示しておく**リヴィング・ウィル**
- 末期患者のための医療のあり方→**ホスピス**
- どのような生き方をして、最後を迎えるかを選ぶ**自己決定の医療**へ

1 クローン技術と医療 [頻出]

病気やけがにより失われた臓器や組織を再生させる**再生医療**が発達してきている。これと密接に結びついた技術が、ある個体とまったく同じ遺伝子を持つ個体を作ることができる**クローン***技術である。再生医療研究には、**ES細胞**(胚性幹細胞)や、体細胞、iPS細胞などが用いられる。ES細胞は作成過程で受精卵を破壊することになるため、倫理的な問題が指摘されてきた。しかし、現在は、無限に増殖して人体のあらゆる細胞になりうるES細胞株を、不妊治療で余った受精卵から作成し、研究に活用する取り組みが進められている。なお、体細胞を使う場合であっても、クローン個体を作成する際に卵子を用いるため、倫理的な問題が指摘されている。

▶クローン羊「ドリー」

***クローン** ギリシャ語で「小枝」という意味。

解説 ▶**クローン人間は規制** 体細胞を用いたクローン技術の場合、遺伝子が100%同じクローン人間を作ることも可能となる。しかし、クローン人間は、人として人格を持つことなどから倫理的な問題が多い。日本ではクローン人間の作製は、人間の尊厳を守る観点から**クローン技術規制法**で禁止されている。

2 遺伝子操作の是非 [出題]

遺伝子は、私たちの遺伝情報であり生命の設計図とも呼ばれている。2003年には、人の遺伝子の総体である**ヒトゲノムの解析が完了**した。こうした遺伝情報の解明によって、私たちは生命を直接的に操作できるようになってきている。

遺伝子治療……病気の原因となっている遺伝子の一部を置き換えて正常にするために、新たな遺伝子を投与する治療。ガンなど難病の治療法として期待されているが、安全性や副作用について懸念が残っている。

オーダーメイド(テーラーメイド医療)……患者の遺伝子タイプに合わせて最も適した予防法や治療法を可能とする医療。

デザイナー・ベビー……ゲノム編集技術を用いて、受精卵の段階で遺伝子に手を加えて、親が望むような性質を持たせた子ども。遺伝子を操作することによる弊害は予想できていない。

遺伝子診断……遺伝性疾患の発症を予防しようとして、今日急速に広がりつつある。診断の結果は、その人と家族の選択や決断を支える一方で、就職や保険加入、結婚などの際に差別を生んでしまう危険性もある。

遺伝子組換え技術……例えば、除草剤に耐性があり、害虫にも強い品種の作物が作られるようになっている。しかし、安全性の問題や、生態系を崩してしまう危険性が指摘されている。

入試に○×チャレンジ [135] 遺伝情報は、究極のプライバシーとも言われるように、慎重な取扱いを必要とする。遺伝子診断は、個人の将来の病気のかかりやすさが予測されることで、就職や保険加入や結婚の場面での差別を生み出す危険性がある。(2016年本試)

③ iPS 細胞 〈出題〉

iPS 細胞（人工多能性幹細胞）は、神経や筋肉などになる細胞へと分化し、ほぼ無限に増殖できる万能細胞である。患者自身の細胞から作ることができるため、分化した細胞を患者に移植しても拒絶反応は起きない。また ES 細胞と異なり受精卵（胚）を利用せずに得られることから、倫理的な問題が少ないといわれる。これらを受けて、臨床研究も急速に進んでいる。

再生医療の分野では、2014年、患者自身の iPS 細胞から作った網膜細胞を移植する手術が行われた。また、創薬（薬の研究・開発）の分野では、患者自身から作った iPS 細胞由来の細胞で病状を再現できるなど、安全な実験による成果が期待されている。ほかに、難病患者からの iPS 細胞により、治療の糸口が見つかる可能性も指摘される。

このように臨床研究が進む今日、一方では安全性や倫理面での基準づくりが急務となっている。

iPS 細胞を利用した再生医療

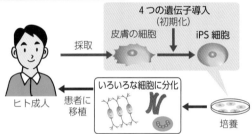

解説　再生医療の救世主　2006年に京都大学の山中伸弥教授らが、マウスの皮膚細胞から世界で初めて iPS 細胞を作り、翌年には、ヒトの皮膚細胞からのヒト iPS 細胞の作製にも成功した。山中教授はこの業績により2012年、ノーベル生理学・医学賞を受賞した。

④ 着床前診断と出生前診断 〈頻出〉

着床前（受精卵）診断	体外受精した受精卵が子宮に着床する前に、その細胞を採取し、遺伝子や染色体の異常の有無を調べること。異常が判明した場合に受精卵を排除することも可能となる。
出生前診断	受精卵や胎児の異常を調べること。羊水検査、超音波検査などいくつかの種類がある。染色体異常や先天性の病気などが調べられる。

着床前診断では胚の選別は許されるのか、出生前診断では胎児の先天異常を理由に中絶は許されるのかという問題を抱えている。また、両者ともに生命を選別することにつながるのではないかという指摘がある。さらに、「優秀」とされる者の子孫だけを残そうとする**優生思想**につながるのではという批判もある。

解説　変わっていく診断方法　着床前診断は、日本産婦人科学会の指針により、重い遺伝病などに限り認められている。出生前診断は、2013年から、妊婦の血液を調べることにより胎児の異常がわかる診断方法が実施されるようになった。実施する医療機関にはカウンセリング体制の充実などが求められている。

⑤ 代理出産とその問題点 〈出題〉

代理出産とは、子どもを持てない女性が別の女性（**代理母**）に出産してもらうことである。代理出産には、生まれた子どもと代理母との間に遺伝上の関係がない場合と、遺伝上も母子になる場合がある。何らかの事情で子どもを持てない夫婦にとって、子どもを持ちたいという願いをかなえる方法であるが、問題点も多い。

代理出産のしくみ
＊それぞれ一例であり、この他にも様々なケースがある。

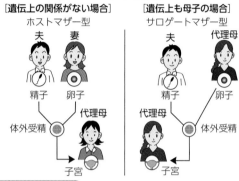

代理出産の問題点

❶**金銭の問題**……謝礼などに高い費用がかかる。また、妊娠・出産が賃金労働と同様に扱われてしまう危険性がある。

❷**愛情の問題**……依頼した女性は愛情が持てない可能性があり、代理母は愛情が生まれてしまう可能性がある。

❸**親子関係の問題**……卵子・精子ともに第三者から提供されると、子どもに対して遺伝上の両親、依頼した育ての両親、産みの母親という5人の親が存在するなど、複雑な親子関係となる。親権や養育権をめぐる争いが生じる懸念や、出自を知りたい子どもにどう対応するのかという問題がある。

❹**契約中の諸問題**……妊娠中、依頼者が離婚、死亡するなどした場合、生まれた子どもが誰の子どもとなるか。

解説　日本では自主規制　日本では現在、代理出産は日本産科婦人科学会の自主規制などにより原則的に実施されておらず、まだ法整備もなされていない。そのため、日本人の夫婦が海外へ渡り、代理出産を依頼するケースもある。

⑥ リプロダクティヴ・ヘルス/ライツ 〈頻出〉

リプロダクティヴ・ヘルス/ライツ（性と生殖に関する健康・権利）とは、性や健康（身体的、精神的、社会的健康）を基本的な権利として尊重し、妊娠や出産が差別や強制、暴力を受けることなく、子どもを持つか持たないか、いつ持つか、何人持つかといった生殖に関する決定を行える権利を保護しようとする考え方であり、1994年、カイロで開かれた国際人口・開発会議で提唱された。

世界では、差別的な社会意識の下、多くの女性が自分の性と生殖について限られた権利しか持てないでいる。日本でも生殖技術が進歩する中で、女性は「子どもを産んで一人前」という社会意識がかえって維持・強化されていないか、多様なはずの生き方が押さえ込まれていないか考え直す必要がある。

BOOK　『はじめて学ぶ生命倫理』（小林亜津子、ちくまプリマー新書）自分の生命の決定権について多くの問いが投げかけられ、読み解いていく。

答　p.274 ○
[134]

重要用語　563 生命倫理、564 クローン技術、565 ES 細胞、566 遺伝子組換え、567 iPS 細胞、568 代理出産

7 脳死は人の死か 出題

　長い間、人類にとって死は、心臓が止まった状態（**心臓死**）であった。これに対して脳死は、脳は死んでいるが心臓やその他の臓器は動いている状態である。植物状態のようにも見えるが、脳死と植物状態には違いがある。

脳死と植物状態の違い

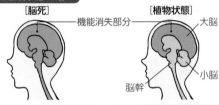

［脳死］
- 機能消失部分
- ①脳幹を含む脳全体の機能停止
- ②脳の機能回復の可能性はない
- ③自発呼吸ができず、人工呼吸器をつけないと短時間で心臓が停止

［植物状態］
- 大脳
- 小脳
- 脳幹
- ①脳幹の機能は活動
- ②脳の機能回復の可能性あり
- ③自発呼吸ができる。十分な医療を受ければ、長期間生き続けることができる

解説 　**技術の発展で生まれた「新しい死」**　脳死という状態は、人工呼吸器の登場により、自発呼吸の止まった人に強制的に酸素を補給し呼吸を続けさせることができるようになって生まれた。人の死を、従来のように心臓が止まった状態とするならば、脳死は死ではないことになるため、脳死を人の死と認めるかについては議論がある。

8 臓器移植とは

　臓器移植は、働きが失われた（あるいは近い将来失われる）臓器の代わりに、**他から臓器を移植することにより、失われた機能を取り戻そうとする医療**である。他者からの臓器移植は臓器提供の時期により、大きくは三つに分けられる。

臓器移植の三つの方法

❶**生体移植**……生きている人からの移植。腎臓や肝臓の移植で行われる。

❷**心臓死移植**……心臓停止後の移植。心臓や肺、肝臓の移植は不適で困難。

❸**脳死移植**……心臓停止前の脳死段階での移植。心臓や肺、肝臓の移植に適する。

　心臓死移植と脳死移植では、臓器を摘出する時期が違う。臓器の提供を受ける側（**レシピエント**）は脳死移植を希望する場合が圧倒的に多い。その理由として、①心停止後の移植では移植可能な臓器が限定されてしまうこと、②移植の成功率が低くなること、などがある。しかし、提供者（**ドナー**）のことも考慮すべきである。生体からの提供であれば、健常な身体を傷つけて臓器を取り出すのはドナーに対して医療行為といえるのかという問題があり、亡くなった人からの提供であれば、生前の意思や遺族の感情にも十分配慮する必要がある。

現代の諸課題と倫理

1

生命倫理

9 臓器移植法改正 出題

臓器移植法改正（2009年）のポイント

	改正前	改正後
脳死判定と臓器提供の要件	本人の書面による意思表示があり、家族が書面で承諾する時	本人の意思が不明な場合でも、家族が書面で承諾する時
親族への臓器の優先提供	できない	できる（本人の意思表示などの条件あり）
年齢制限	15歳以上の者の書面による意思表示が有効	家族の書面での承諾により、15歳未満の子どもからの提供が可能

　2009年に改正された臓器移植法の施行後、本人の意思が不明でも、家族の承諾があれば脳死での臓器提供が可能になった。また家族の承諾により、15歳未満の子どもからの移植もできるようになったが、その子どもが虐待を受けていなかったかなどを慎重に確認する必要がある。さらに臓器を、親族（配偶者、子ども、親）に優先提供する意思を表示できるようになった。ただし、医学的に親族への移植ができない場合、他の患者へ移植される。これらを受けて、ますます移植を担う医療現場の体制整備や、適切な情報公開などが求められる。なお今回の改正によっても、脳死は臓器を提供する場合に限り人の死とされ、一律に脳死が人の死と変更されたわけではない。

解説 　**臓器移植法改正の背景**　1997年施行の臓器移植法後も、ドナーは少なく、日本の患者が相次いで海外渡航し臓器移植を受けていた。こうした中、海外各国もドナー不足は深刻化していた。また2008年には国際移植学会が、移植を必要とする患者の命は自国で救う努力を求める宣言を出し、2010年に世界保健機関が、必要な臓器は各国内で確保する努力を求める指針を出したことが影響して、国内で脳死による移植の見直しと、この法改正につながった。

臓器提供意思表示カード
厚生労働省・（公社）日本臓器移植ネットワーク

ドナー情報用全国共通連絡先　0120-22-0149
臓器移植に関するお問い合わせ：（公社）日本臓器移植ネットワーク
フリーダイヤル 0120-78-1069 http://www.jotnw.or.jp

《 1．2．3．いずれかの番号を○で囲んでください。》

1. 私は、脳死後及び心臓が停止した死後のいずれでも、移植の為に臓器を提供します。

2. 私は、心臓が停止した死後に限り、移植の為に臓器を提供します。

3. 私は、臓器を提供しません。

《 1 又は 2 を選んだ方で、提供したくない臓器があれば、×をつけてください。》
【 心臓・肺・肝臓・腎臓・膵臓・小腸・眼球 】

〔特記欄：　　　　　　　　　　　　　　　　　　〕

署名年月日：　　　　　年　　　月　　　日

本人署名（自筆）：＿＿＿＿＿＿＿＿＿＿＿＿

家族署名（自筆）：＿＿＿＿＿＿＿＿＿＿＿＿

▲ **臓器提供意思表示カード**　臓器提供意思表示は、インターネットでの登録も可能となっている。現在では、健康保険証や運転免許証、マイナンバーカードにも意思表示欄が設けられている。臓器を提供する意思表示は15歳以上が有効とされるが、臓器提供をしない意思は、15歳未満でも有効である。

臓器提供の流れ

臓器提供意思表示カード

①意思表示カードなどによる本人の意思表示、あるいは家族からの申し出

②移植コーディネーターによる説明

③家族の意思決定

④脳死判定（6時間以上おいて2回行う）

⑤移植を受ける患者の選択

⑥臓器の摘出・搬送

⑦臓器の移植

10 キュアからケアへ ［頻出］

現代まで医師や看護師たちは、患者を死から救う、死を遠ざける治療（**キュア、Cure**）に最善を尽くしてきた。これは古代からの、命は尊い（**生命の神聖さ＝SOL**）という考えによる。かつては、患者の意向とは関わりなく、最善とされる医療行為が施され、患者は医師たちに判断を委ねるものと考えられていた。これを**パターナリズム**（父権的温情主義、父権主義）という。

しかし今や、**自己決定権**が尊重され、患者の**QOL（生命の質、生活の質）**を高める医療が必要であると考えられるようになっている。具体例として、**インフォームド・コンセント**がある。これは患者が病状や治療法などについて医師からよく説明を受け理解してから、治療法を自由に選択する取り組みである。

それでもやってくる死を前に医療現場は、延命治療の先には患者や家族に何をすればよいのかという問いに立ち返るようになった。この答えの一つとして、**ケア（Care、世話や気配り）**を主体とする**ターミナルケア**（終末期医療）が広がっている。

緩和ケア（緩和医療）……患者の身体的・心理社会的な苦痛、さらにはスピリチュアルな苦痛（生きる意味を見失うことによる苦痛）をやわらげ、患者とその家族のQOLを改善しようとする取り組み。

ホスピス……最期のときを穏やかに過ごすため、苦痛をやわらげる治療やケアを行う施設。日本では1990年に緩和ケア病棟への定額支給制度が導入された。

解説　緩和ケア　ガン治療の専門医とターミナルケアをめざす人たちにより生まれた。QOLを重視し、末期患者が苦痛に耐えるだけでなく、残る人生を有意義に過ごし、死を迎えることをめざしている。

BOOK　『医療倫理の扉』（小松奈美子、北樹出版）　キーワードや、ソクラテス、釈迦、イエスなどの先哲を取り上げ、生命倫理の問題について丁寧に説明。

11 安楽死と尊厳死 ［頻出］

現代に生きる私たちにとって安らかな死、人間として尊厳ある死とはどのようなものだろうか。

今日、自らの死のあり方を、自分で決めたいと願う人が増えている。その中には、本人の意思による作成のみ認められている**リヴィング・ウィル**（延命治療の拒否を表明した文書）を記しておこうとする動きもある。

ただ、延命治療を拒否して死を選ぶ背景には、社会保障が不十分で、延命治療を長く受ければ家族に負担をかけてしまうと患者が心配していることもある。このため、患者が尊厳死などを選ぶ場合には、その「選択を余儀なくされた」面がないか、考慮する必要がある。

積極的安楽死　患者が死により痛みから解放されたいとの望みを表明した時、死をもたらして苦痛を取り除く方法。東海大安楽死事件*の裁判で横浜地裁は、積極的安楽死が認められる要件として、以下の4つを示した。
①患者に耐えがたい肉体的苦痛があること
②患者の死は不可避で、切迫していること
③患者の肉体的苦痛の除去・緩和に尽くし、ほかに代替手段がないこと
④患者に生命の短縮を承諾する明確な意思表示があること

間接的安楽死　苦痛を感じる意識レベルそのものをしだいに下げて苦痛を取り除き、苦痛を感じない状態を作り、その結果として死に至らしめるという方法である。

尊厳死　回復の見込みがなく末期状態の患者本人の意思表示がある時、延命治療を中止し、死に至らしめる方法である。本人が治療を終わりにする自由を認めることが患者の尊厳を保つことになると考える。

＊**東海大安楽死事件**（1991年）　不治の病に苦しむ患者をみかねた家族から懇願された医師が、独断で薬剤を注射して患者を死亡させた事件。この事件においては、患者は昏睡状態で意思の表示はなかった。

コラム　メダリストの安楽死の選択

2019年、ベルギーの車いす陸上女子選手で、パラリンピックメダリストのマリーケ・フェルフールトさんが40歳で安楽死を選んで死去した。フェルフールトさんは、2012年ロンドン大会や2016年リオデジャネイロ大会で金メダルなどを獲得した。

フェルフールトさんは筋力が衰える進行性の脊髄の病を抱え、下半身不随の状態で、絶え間ない痛みと発作に苦しめられていた。治療は不可能であり、鎮痛剤と精神安定剤などの服用による闘病生活を送りながら、競技生活を送っていた。ベルギーでは2002年から安楽死が法的に認められており、フェルフールトさんは2008年に安楽死に関する書類にサインをしていた。

いまを考える

命の選別〜出生前検査

すべての人間に関わる妊娠と出産のあり方が、技術の進歩により揺さぶられている。私たちは技術的には、生命の始まりを決定したり生命を選別したりできるようになり、出生前診断などを通して、人間という生命の設計にも関わるようになっている。私たちは、進歩を続ける生殖技術とどう向きあっていくべきだろうか。

出生前診断

女性が妊娠中に受ける出生前診断には、全妊娠期間にわたって実施可能で広く知られている超音波検査（エコー検査）がある。これは、胎児の発育状態を調べる検査で、胎内で早期治療を行ったり、中絶を避けたり、高度な医療機関で分娩できるようにしたりと、胎児を患者として扱い、適切に対処できるという意味がある。なお、この検査では胎児の形態から性別がわかるため、諸外国では、希望されない性の胎児が中絶されることが問題視されている。

そのほかの検査としては、羊水診断がある。これは妊娠15〜18週頃の妊婦の腹部から羊水を採取して、例えばダウン症候群のような染色体異常や遺伝子異常を診断するものである。この検査には、カップルに、子どもを生むか生まないかを選択するための情報を与えるという意味もある。仮に陽性の結果を受け取った場合、カップルはどう考え、判断すればよいのだろうか。なお、この検査は診断時期が遅く、中絶することへの心理的抵抗が大きくなる。

ほかにも、技術的に難しいが早い時期に実施可能な絨毛検査や、母体からの採血によって胎児の遺伝子情報を調べる新型出生前診断（NIPT）などがある。NIPT は検査方法が手軽で、母体への負担も少ない。

着床前診断が持つ意味

出生前診断に対して、母体の子宮に着床する前の受精卵を検査する着床前診断もある。体外受精を前提とするこの検査では、胚から細胞を取り出し、染色体の検査や遺伝子の解析を行う。その結果から、異常のない胚を選んで子宮に着床させる。

着床前診断の流れ

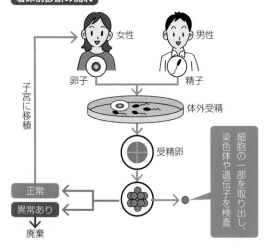

例えば、遺伝病が原因で流産を繰り返すために子どもを諦めていたカップルの出産可能性を高めたり、中絶の負担を軽くしたり、ということが可能である。また、この検査は、遺伝病の有無にかかわらず男女を産み分けることも技術的に可能にした。しかし、日本産科婦人科学会は、遺伝的問題がある場合にのみこの検査を認め、男女の産み分け目的での検査を認めていない。

着床前診断の抱える倫理的問題はほかにも指摘される。この検査では、問題があると選別された胚は廃棄されることになるが、その胚には人の生命の神聖さ（SOL）はないのか、選別は生命の製品化につながるのではないか、社会にとって望ましくない人間の出生を防ぐという優生思想（◐ p.277）が背景にあるのではないか、などという問題である。

命の選別

こうした高度な生殖技術である出生前診断や着床前診断に対して、私たちはどのように対応していけばよいのだろうか。

今日の私たちは、自然にまかせ、生まれてくる子どもを受け入れるというだけでなく、急速に進んだ科学技術を利用し、疾患の有無などにより命を選別することもできる。自然に授かった受精卵を、技術的に可能だからといって、障害を持っていると不幸だからという価値観により、操作してよいのだろうか。

生殖技術に対する私たちの価値判断が未来をひらく

自然によってではなく、人間の大人によって命を選択されてしまう胚や胎児、生まれた子どもの尊厳に考えを巡らせる必要はないだろうか。またカップルの意思をふまえ、各検査や中絶手術、様々な選別や操作に関わることになる医師や看護師、医療スタッフの意思や負担のことは考えなくてもよいのだろうか。患者側の利益となる治療を考えるということは、ひたすらカップルの自己決定に従うことであり、人間の尊厳に関わる疑問を差しはさむべきでないとしてもよいのだろうか。

出生前診断や着床前診断を、命の選別をするためのものとするか、芽生えたばかりの生命を危機から守り、生み出すためのものとするかは、カップル、医療スタッフ、広く社会生活を営む私たちそれぞれの価値判断と行動に委ねられている。生殖技術の利用に対する各立場からの価値判断の積み重ねが、お互いの命を大切にする未来を切りひらくことにつながる。私たちがより幸せに生きていける社会をつくり出すことへとつながっている。

入試に ◯×チャレンジ　137 着床前診断を用いることにより、受精卵が胎児に成長した段階で、胎児の遺伝子や染色体に異常がないかどうかを検査することができるが、親が望まない子の出産を控えるなど、命の選別をもたらす、という批判がある。（2019年本試）

代理出産は認められるべきなの？

ベンサムとカントから読む

　生殖技術が進歩し、人工授精が世界的に広がる中、自分たちで妊娠・出産できない夫婦が、他の女性に妊娠・出産してもらう代理出産が技術的に可能となり、認められている国もある。代理出産を依頼する夫婦や、代理母、そしてその双方の間にはどのような問題があるのだろうか。

倫子

代理出産を依頼する夫婦は、自分たちの子どもがほしいと強く願い、代理母も出産を希望している。みんなの幸福につながる行為を善とする功利主義の考え方に立てば、認めていいんじゃないかな。

視点　ベンサムらの功利主義

理生

代理母には命の危険もあるのに、代わりに妊娠・出産した赤ちゃんは、依頼した夫婦の子どもになるんだよね。それは、自分たちの目的のために代理母を手段として扱うことではないのかな。

視点　カントの目的の国

代理出産は認められるか

花村先生：代理出産は、日本では自主規制がされている段階だけれど、今後、認められるべきだと思いますか？　イギリスでは代理母がボランティアである場合に限って認められています。アメリカでは州によって異なっていて、ドイツやフランスは全面禁止です。

倫子：私は、代理出産という方法をとってでも、自分たちの子どもを生んで、育てていきたいという夫婦の願いは、可能な限り尊重してあげていいと思います。

理生：代理母のこともよく考えないといけないんじゃないかな。自分のお腹を痛めて出産しても、自分の子どもとして育てることはできないんだよ。つらいはずだよ。それを考えると、日本では認めない方がいいんじゃないのかな。

倫子：でもきっと代理母には、依頼した夫婦に協力して、子どもを持ってもらいたいという思いがあると思う。子どもを切望する夫婦、協力したい代理母、それをよく理解している医師がいて、代理出産が成り立つと思うな。ベンサムの功利性の原理（●p.132）に当てはめれば、代理母も含めて、一人ひとりの幸福をすべて合わせた、社会全体の幸福を増大させることなんじゃないかな。

代理母の尊厳

花村先生：たしかに代理出産を頼んだ夫婦は、待ち望んだ子どもを授かることができれば幸せでしょう。でも、代理母は、本当に幸せだといえるのかな。代理母が少しでもつらい思いをするのなら、ベンサムの考え方では、それもマイナスの要素として考慮する必要がありますね。

理生：それに、代理出産が失敗した場合のことも考えなくちゃいけないと思います。依頼した夫婦もだけど、代理母が肉体的にも精神的にもずいぶん傷つくよ。

倫子：でも、代理母はそのリスクもわかっていて、それでも代理母となることを、自分で選ぶんじゃないかな。

理生：代理母となる人が望んだことだとしても、代理母に妊娠や出産に伴う負担を引き受けさせるのなら、代理母を子どもを産む手段として扱うことになるんじゃないかな。たしかカントは、**人格を手段として扱うべきではない**と言っていたよね（●p.122）。

倫子：相手を決して単に手段としてのみ扱わないようにして、常に目的として尊重するべきだという主張だね。

理生：そう。それが大切な考え方のように思えるな。

花村先生：二人に知ってほしいのは、現実に、代理母による出産が法的に認められている国に行って、高額な代理母への謝礼などを支払って、出産を依頼する夫婦もいるということです。

理生：そうなんですか！そうなるとお金のために、仕方なく代理母となる女性がいるかもしれないよね。

倫子：たしかにそうですね。でも、たとえお金のためだとしても、望んだお金が得られるのであれば、代理母の希望は充たされているということになりませんか？

理生：僕は、少なくともお金のやりとりは認めない方がいいと思うな。それだと代理母を、本当に手段としてのみ扱うことになるよ。実際に日本で代理出産を認める法律が制定されても、それだけは禁止するべきだよ。カントは、いつどこでも誰にでもあてはまる普遍的な道徳法則に従って行為しなさいとも言っていたよね。

花村先生：私たちはどうしたらよいか、何をしてはいけないのか、もっと考えてみることが大切ですね。

▶「代理出産ハウス」
（インド）　途上国では、貧しい女性がお金を得るために代理母となることも多い。この代理出産ハウスは、代理母が出産まで衛生的な環境で共同生活を送る場所である。

現代の諸課題と倫理

2 環境倫理

大量の資源やエネルギーを消費する私たちの生活は、様々な地球環境問題を引き起こしてきた。環境を守り、のちの世代に伝えていくために、私たちに何が求められているのだろうか。　▶知床でのエコツアー（北海道）

要点の整理
▓は入試重要用語、**1**～**9**は資料番号

1 環境と環境問題
- 環境→人間の生命・生活、**生態系（エコシステム）**の一員
  宇宙船地球号……地球を宇宙船に見立て、生態系の有限性を強調
- 地球環境問題**1 2**……地球温暖化、オゾン層破壊、酸性雨、熱帯林の減少、砂漠化など

2 環境倫理**5 8 9**

地球の有限性	有限の空間である地球での私たちの生活は、必ず他者に影響を及ぼす。
世代間倫理	現在に生きる私たちは、未来の世代の生存可能性に対しても責任がある。
自然の生存権	人間だけでなく、生物や**生態系**、自然そのものの生存権を認め、人間にはそれを守る義務がある。

- **土地倫理**……土地（生態系）とそこで生きる人間、動植物の関係全体に倫理が必要。レオポルドが提唱
- 環境問題への取り組み**3**　国連人間環境会議（1972年）　**国連環境開発会議（1992年）**……**持続可能な開発**
  地球温暖化防止京都会議（1997年）
  予防原則……深刻な環境被害が生じる恐れがあれば、科学的に確実でなくても予防的措置をとるべき
  ナショナル・トラスト運動6、リデュース・リユース・リサイクル（3R）を基本とする**循環型社会**への転換
  ←→環境に関する「**南北問題**」**4**　先進国と途上国の対立　環境を大切にする消費者：グリーン・コンシューマー
- **生物多様性7**……生物の豊かな個性とつながり→**遺伝子**の多様性、種の多様性、環境の多様性

1 地球環境問題

◀干上がった
アラル海
（ウズベキスタン）

◀酸性雨の被害を受けた銅像
（フランス）

- 中・北ヨーロッパ（酸性雨）
- 北海（海洋汚染）
- 中央アジア（砂漠化）
- アメリカ北東部（酸性雨）
- モルディブ諸島（水没の危機）
- 東アジア（酸性雨）
- サヘル地帯（砂漠化）
- ペルシャ湾（海洋汚染）
- アメリカ中西部（砂漠化）
- ツバル（水没の危機）
- アフリカ中部（熱帯林の破壊）
- マラッカ海峡（海洋汚染）
- 東南アジア（熱帯林の破壊）
- アマゾン（熱帯林の減少）

熱帯林の破壊　砂漠化　酸性雨　水没の危機

解説 **地球上に広がる環境問題**　現在、世界規模で環境破壊が深刻化し、様々な問題が発生している。

2 地球の外から人類を1日観察すると…

人口	水・食料	自動車
約37万人が誕生、16万人が死亡⇒22万人増加	淡水を150km³使い、その大部分で800万tの食料を生産⇒その少なくない部分を廃棄	20万台製造。古くなった12万台を廃棄

原油	生き物
8,000万バレル*を消費（100年前の80倍）	熱帯林の開発などにより生き物のすみかを奪い、1日約100種が絶滅

＊1バレル＝約160リットル
（環境省『環境白書』2010年版をもとに作成）

解説 **経済成長と地球の危機**
地球規模でみると、経済成長の一方で数多くの危機が生じている。人口問題、水資源問題を含めた資源・エネルギー問題、熱帯林の破壊など、人類がより多くの利益を得ようと経済活動を続けた結果、経験したことのない危機を迎えている。豊かな環境と成長が両立する社会を実現し、次世代に引き継ぐことが、今を生きる私たちに求められている。

現代の諸課題と倫理

2

環境倫理

入試に○×チャレンジ　138「宇宙船地球号」という比喩は、その乗組員として人類が一体であり、閉じた環境としての地球の未来について責任を共有しているという意識の現れである。（2008年本試）

3 日本と世界の環境問題への取り組み

頻出

国連人間環境会議(ストックホルム)
「**かけがえのない地球**(only one earth)」をスローガンに「**人間環境宣言**」を採択。国連環境計画(UNEP)設立を決定。

国連環境開発会議(リオデジャネイロ)
「**持続可能な開発**[*]」という理念に基づき、**リオ宣言**、**アジェンダ21**、**気候変動枠組条約**、**生物多様性条約**を採択

[*]**持続可能な開発** 将来の世代の欲求を満たしつつ、現在の世代の欲求も満足させるような開発。

地球温暖化防止京都会議
先進国に二酸化炭素などの温室効果ガスの排出削減を義務づける**京都議定書**が採択された。削減の目標は、1990年を基準として、日本-6%、アメリカ-7%、EU-8%などである。

年	できごと
1959	南極条約採択
1962	『**沈黙の春**』出版 ➡p.284
1967	公害対策基本法制定
	四大公害訴訟の提訴(1967~69)
1971	環境庁発足
	ラムサール条約採択
	⇒水鳥とその生息地である湿地の保護
1972	ローマクラブが『**成長の限界**』発表
	国連人間環境会議
1973	ワシントン条約採択
	⇒絶滅のおそれのある動植物の保護
1985	ウィーン条約採択⇒オゾン層の保護
1987	モントリオール議定書採択⇒フロン規制
1988	気候変動に関する政府間パネル(IPCC)設立
1989	バーゼル条約採択⇒有害廃棄物の移動規制
1991	資源リサイクル法制定
1992	**国連環境開発会議(地球サミット)**
1993	**環境基本法**制定
1996	『**奪われし未来**』出版 ➡p.284
1997	**地球温暖化防止京都会議**
2001	環境省発足
2002	持続可能な開発に関する世界首脳会議
2004	ワンガリ・マータイがノーベル平和賞を受賞
2010	生物多様性条約第10回締約国会議(名古屋)
2012	国連持続可能な開発会議(リオデジャネイロ)
2015	COP21、**パリ協定採択**
2018	COP24、全世界統一の実施指針採択

年表の赤字…日本の取り組み

『成長の限界』
民間研究団体ローマクラブが発表した報告書。その当時のペースで人口増加や環境破壊が続けば、100年以内に人類の成長は限界に達すると訴えた。地球は有限であるとの認識にたって、経済のあり方を見直すよう提言した。

ワンガリ・マータイ(1940~2011、ケニア)

環境保護活動家ワンガリ・マータイさんは、アフリカの環境保護と住民の生活向上をめざして、森林や土壌を守る植林活動を展開した。来日した際に知った「もったいない」を環境問題を考える上で重要な言葉として世界に紹介した。

気候変動枠組条約第21回締約国会議(COP21)
2020年以降の法的枠組みとなるパリ協定を採択。協定には、世界の平均気温上昇を産業革命前から2℃未満に抑える、すべての国が削減目標を5年ごとに提出・更新することが盛り込まれた。

Think Globally Act Locally
「地球規模で考え、地域で行動する」という世界的なスローガン。環境と自分との関わりについて認識を深め、足元から取り組むことを求めている。地球環境は地域環境が影響し合い構成されている。一人ひとりの日常生活で積極的な取り組みが必要である。

解説 **地球環境を守るために** 地球環境問題では、対策の内容や程度により各国の意見が対立することも少なくない。今日、こうした立場の違いを乗り越えて、地球環境の保全と持続可能な開発という国際社会に共通の課題に対処するため、様々な条約や枠組みが作られ、国際的な努力が続けられている。

---

4 環境に関する「南北問題」

このままでは、地球環境は悪化する一方だ。地球環境を守るためには世界各国が協力していかなくてはならない。資源の消費を抑制し、途上国の開発も、地球環境が持続可能な程度にしてもらうしかない。

先進国

これほどまで地球環境が悪化したのは、今まで先進国が勝手にどんどん資源を使い、環境を破壊し続けたせいである。先進国はそれによって発展し、豊かな生活を送っているのに、私たちが経済発展をめざす時になって、開発を抑制するべきだというのは不公平だ。

途上国

解説 **環境の南北問題** 地球環境問題への取り組みをめぐっては、上のような主張に基づく先進国と途上国の対立が問題となることが多い。こうした対立により、温室効果ガス排出量の削減目標を定めた**京都議定書**では、途上国には削減義務が課されなかった。例えば中国は途上国とされ、CO₂排出量が世界一なのに削減義務がないなど、対策の実効性が問題となっていた。環境問題にも先進国と途上国の格差という「**南北問題**」の視点が必要となっており、先進国も途上国もともに責任を担いつつ、それぞれ異なる程度で具体的な努力を行う、「**共通だが差異ある責任**」という考え方が提唱されている。しかし、途上国の中にも格差が生まれており、問題は複雑化している。

コラム **共有地(コモンズ)の悲劇**

地球環境問題を考える上で示唆に富む例え話に「共有地の悲劇」がある。その話は、以下のようなものである。

あるところに、すべての人に開放された共有地である牧草地があった。そこに牛を放牧すると、その牛から上がってくる利益はすべて、放牧した人のものとなる。その場合、人々は自分の利益を最大にするため、どんどん牛を放牧する。1頭の牛を放牧すれば1頭分の牧草(エサ)は減るが、それは放牧をしている人全員の損失なので、自分の損失は頭割りされ、少なくてすむからである。その結果、牛の数は増え続け、ついに牧草はなくなってしまう……。各自が最大の利益を追求すると、結局は、すべての人に破滅がやってくるのである。

この話は、各人、各国が地球の資源を好きなだけ利用し続ければ、環境破壊が進んでしまうことを考えさせる。資源を守るためには、資源を使う人々が皆で協力して、それぞれどこまで資源を使ってよいのか考え、乱用を規制していかなくてはならない。

現代の諸課題と倫理

BOOK 『自然保護を問いなおす』(鬼頭秀一、ちくま新書) 環境倫理の思想の流れをつかみ、自然との関係を問い直す。

答 p.280 137 ✕

重要用語 579環境倫理、580地球環境問題、583酸性雨、585国連環境開発会議、586持続可能な開発、587気候変動枠組条約

283

レオポルド（米、1887〜1948）★　人間と自然の関係は支配関係でなく、平等関係だとし、自然利用を認めつつも、人間の利益のみを重視するのでなく、生態系を重視した**土地倫理**を説いた。

主著『野生のうたが聞こえる』(1949年)

カーソン（米、1907〜64）★★　海洋生物学者。1962年に『沈黙の春』を出版し、アメリカの農薬DDTや殺虫剤の大量使用による生態系の破壊に警鐘を鳴らした。人間も自然環境に支配されていることを理解し、その不思議さに驚嘆する感性を持つよう訴えた。

ボールディング（米、1910〜93）　宇宙船地球号というイメージを用いてこれからの経済学のあり方を説いた。資源の制約があるこれからの「閉じた経済」において、人間は循環する生態系の中にいることを理解できるとする。

主著『来るべき宇宙船地球号の経済学』(1966年)

ハーディン（米、1915〜2003）　比喩として先進国のボートに途上国を乗せるかと問い、人道的行為に固執して共倒れになることのないよう、途上国への援助より、先進国の次世代の権利を守ることを主張し批判を浴びた。

論文『共有地の悲劇』(1968年)

シンガー（オーストラリア、1946〜）　人間と動物の違いを認めながら、苦痛を感じる能力がある動物には配慮を拡大するよう説く。工場畜産や動物実験など動物の道具的利用を批判する。

主著『動物の解放』(1975年)

ヨナス（ドイツ、1903〜93）★　科学技術文明により、今や自然は危機的なまでに破壊されている。これからの人間には傷つきやすくなってしまった自然を保護する責任、さらに未来の世代への責任（**世代間倫理**）があると説いた。主著『責任という原理』(1979年)

ネス（ノルウェー、1912〜2009）　従来の環境問題への科学技術的な対応を浅い（シャロー）エコロジー*運動と呼び、社会の構造や根底にある価値観から問い直し、変えていく深い（ディープ）エコロジー運動を主張した。

主著『エコロジー・共同体・ライフスタイル』(1989年)

コルボーン（米、1927〜2014）　観察調査を通して、環境中にある内分泌かく乱質が（環境ホルモンのように）野生生物やヒトの生殖や成長に影響を与えていることを明らかにし、警鐘を鳴らした。

主著『奪われし未来』(1996年)

＊エコロジー　生物と環境の相互関係を扱う研究分野としてドイツで生まれた。今日では環境保護の思想や運動の意味も含む。

田中正造（1841〜1913）　1891年、帝国議会で足尾銅山の鉱業停止要求。1901年には「**民を殺すは国家を殺すなり**」と訴え、議員を辞職して、明治天皇に銅山の操業停止を直訴した。

石牟礼道子（1927〜2018）　1969年に『苦海浄土—わが水俣病』を著して公害を告発。水俣を拠点に被害者救済に尽力。自然との共生をテーマに創作活動を続けた。

6 ナショナル・トラスト運動

　ナショナル・トラスト運動とは、自然環境を破壊から守るため、土地を市民の活動により買い上げたり、自治体に買い取りと保全を求めたりする活動のことである。19世紀末にイギリスで始まり、日本では、1964年、鎌倉市御谷地区を乱開発から守ろうとした住民が土地を購入したことが新聞に掲載され、広く知られるようになった。

狭山丘陵のナショナル・トラスト取得地　狭山丘陵は、映画『となりのトトロ』の舞台のモデルとなったといわれている。緑の多い自然豊かな場所だが、開発が及びそうになったため、寄付によるナショナル・トラスト運動が始まった。

7 生物多様性と生態系

　生物多様性とは、生き物の豊かな個性とつながりのことである。40億年という地球の歴史の中で、3,000万種ともいわれる多様な生き物が生まれ、環境に適応して進化してきた。これらの生命それぞれに個性があり、すべて直接、間接的に支え合って生きている。多様性には、**遺伝子の多様性、種の多様性、環境の多様性**などがある。しかし近年、環境の悪化や人間による森林伐採、乱獲などで種の絶滅が起こり、生物多様性が失われつつあり、生物資源の持続可能な利用の観点からも、その保全が課題となっている。

レッドリスト

　絶滅の危機に瀕している野生生物の種のリスト。世界では国際自然保護連合（IUCN）によるもの、日本では環境省によるものなどがある。環境省版レッドリスト2020では、3,716種が絶滅危惧種と評価されている。

入試に○×チャレンジ　139　ハンス・ヨナスは、科学技術の発展により地球環境や人類の存続が脅かされている今日、現在世代は未来世代の存続に対する一方的な責任を負っていると説いた。(2016年本試)

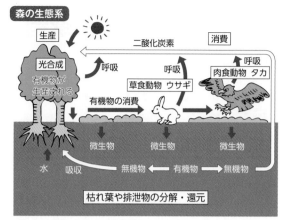

森の生態系

生産

光合成
有機物が
生産される

二酸化炭素

消費

呼吸　呼吸　　呼吸
草食動物 ウサギ　肉食動物 タカ

有機物の消費

微生物　　微生物　　微生物

水　吸収　無機物 ← 有機物 → 無機物

枯れ葉や排泄物の分解・還元

▲特定の地域に生息する生物群と、それを取り巻く環境が作り出している、一定のバランスのとれたまとまりを**生態系(エコシステム)**という。地球も全体で一つの生態系と考えられる。

解説 **生物多様性保全の取り組み**　人間は、食べ物や、様々な生き物から作られる医薬品など、多様な生き物の恩恵を受けている。生物の多様性が損なわれれば、その恩恵を受けることができなくなるため、生物多様性の保全は、人類が取り組まなければならない課題である。このため1992年、**生物多様性条約**が採択され、1993年に発効した。また、2010年には名古屋でこの条約の第10回締約国会議が開かれ、遺伝資源の採取・利用に関する国際的な取り組みを定める**名古屋議定書**が採択された。

8 「自然の権利」とは　頻出

　自然の権利とは、自然物(生物だけでなく無生物も含む)には生態系の一員として、人間が利用する以外に、固有の価値、内在的価値があるとし、ありのままで存在する権利があるという考え方。人間中心主義に対抗する自然中心主義の理論である。これによれば自然環境は、人間が利用するために保全・保護するだけでなく、そのままで保存すべきものともなる。

　今日世界的に、この考え方に基づく裁判が行われ始めている。人間以外のものに法的人格を与えるケースは他にもある(学校法人など)。アメリカでは、動物や自然物を原告に含めた開発差し止めや、環境保護を求める訴訟がなされ、原告が勝訴する例も増えている。

　日本でも例えば、1995年に奄美大島(鹿児島)のゴルフ場開発に対する訴訟がある。特別天然記念物のアマミノクロウサギのほか4種の動物が原告団に名を連ねた。訴えは原告適格が認められず却下されたが、このまま自然が人間のために存在するものと考えてよいかどうか、国民が検討すべき課題が提起された。

解説 **「動物の権利」と「種差別」**　「自然の権利」や「自然の生存権」と近い考え方として「動物の権利」がある。これは動物にも固有の価値があるとし、人間による支配や利用への批判や動物保護の主張の論拠となる。人間と種が異なる動物への扱いは異なっても構わないという主張は「種差別」と批判する。

9 私の世代には夢がある　出題

　私の世代には、夢があります。いつか野生の動物たちの群れや、たくさんの鳥や蝶が舞うジャングルを見ることです。でも、私の子どもたちの世代は、もうそんな夢をもつこともできなくなるのではないか？　あなたたちは、私ぐらいの歳のときに、そんなことを心配したことがありますか。……あなたたち大人にも知ってほしいんです。あなたたちもよい解決法なんてもっていないっていうことを。オゾン層にあいた穴をどうやってふさぐのか、あなたは知らないでしょう。死んだ川にどうやってサケを呼びもどすのか、あなたは知らないでしょう。絶滅した動物をどうやって生きかえらせるのか、あなたは知らないでしょう。そして、今や砂漠となってしまった場所にどうやって森をよみがえらせるのか、あなたは知らないでしょう。

　どうやって直すのかわからないものを、こわしつづけるのはもうやめてください。

（『あなたが世界を変える日』セヴァン・カリス=スズキ　学陽書房）

解説 **12歳の少女の伝説のスピーチ**　資料は、1992年の国連環境開発会議(◉p.283)で、12歳のカナダ人の少女セヴァン・カリス=スズキらが、子どもたちの代表として世界各国の代表者の前で行い、絶賛されたスピーチである。私たちが、未来の世代の生存に対しても責任があること(**世代間倫理**)、人間だけでなく、生き物や、自然そのものの生存権を守る義務があること(**自然の生存権**)などが明確に訴えられている。

10 SDGsとは

　SDGs(Sustainable Development Goals、**持続可能な開発目標**)は、2015年9月の国連総会で採択された「持続可能な開発のための2030アジェンダ(通称2030アジェンダ)」に基づいて提唱された、持続可能な社会を実現するための国際目標である。「誰一人取り残さない」という基本理念のもと、先進国・途上国の区別なく、全世界で解決すべき課題として、17の目標とそれに対応する169項目のターゲットが示されている。これまでは国際機関や各国政府が中心となって目標達成をめざしていたが、今後は、学術機関や民間企業、市民団体の協力が不可欠とされており、あらゆる利害関係者(ステークホルダー)が課題解決の役割を果たす**「グローバル・パートナーシップ」**が求められている。

解説 **SDGsと環境保全**　環境保全はSDGsでも重要な課題として考えられており、17の目標の中でも特に下の4つは環境保全に関わる目標としてあげられている。

いまを考える

動物倫理〜野生動物やペット、家畜

私たちの身の回りでは、肉や卵などの食品をはじめ、動物に由来する商品が数多く扱われている。また、ペットブームの陰で捨てられたり殺処分されたりする動物がいる。野生動物は鳥獣保護管理法などにより保護される一方で、一部は害獣として駆除されている。動物に対して、人間はどう向き合えばよいのだろうか。

野生動物の駆除

イノシシ、シカ、サルなど、日本の野生動物による農作物被害は、営農意欲の減退、耕作放棄、希少植物の食害など様々な悪影響をおよぼしている。また、人間によって意図的に持ち込まれた外来生物も、従来の生態系を破壊するなど大きな問題となっている。そのため、害獣としての動物は、猟師などの狩猟免許を持つ者が捕獲して駆除しているが、ここに倫理的な問題はないのだろうか。

たしかに、農作物を食い荒らされ甚大な被害を受ければ捕殺する理由もありそうだが、例えば、動物の愛護及び管理に関する法律（動物愛護管理法）は、私たち人間が、「動物は命あるもの」であることを認識し、虐待のないよう、また人間と動物が共生する社会をめざし、動物を適正に扱うよう定めている。ならば、野生動物も例外ではないだろう。こうなると、絶えず害獣として捕殺しなければ成り立たない地域での農業自体を考え直すことも倫理的には考えられる。

また、環境倫理も考慮すれば、生態系を守るという視点もある。捕殺によって個体数を管理することは、複雑なネットワークと絶妙なバランスの上に成り立つ生態系を保ち、野生動物の幸福を守ることにつながる。ならば、人間が捕殺を含め個体数を管理することは、倫理的に意味のあることになる。

捨てられるペット

野生動物以上に身近に感じるのは、ペットとしての動物である。長寿社会を迎えている日本社会では、イヌやネコを家族として大事に飼う人がいる一方で、飼えなくなったという理由で動物愛護センターにペットを持ち込む人も後を絶たない。地方自治体は、動物愛護管理法により、これを引き取らなければならない。行き場のないペットたちは、動物愛護管理法の改正や動物愛護団体の協力などにより減少傾向にはあるものの、殺処分され続けている。

▲捕獲された野生のイノシシ

ペットとしてかわいがったかと思えば、都合次第で突如その命を奪うというのは、人間にとっても決して幸福なことではないだろう。ならば、飼い主が病気に倒れたときや、天災などで生活が一転したときでさえも、動物愛護センターにペットを持ち込むことは、倫理的に問題があるのだろうか。個人としてだけでなく、社会全体としてどうすればよいかを考える必要があるだろう。

食品としての動物・家畜

動物の命を考えるとき、あまりにも身近な存在として、家畜としての動物の存在がある。飼育されている家畜の数は莫大であり、現代人の食生活と切り離せない。家畜をどうとらえればよいか、また毎日の肉食をどう考えればよいかという倫理的問題がある。

大事に飼っているイヌやネコも、食肉として加工する牛や豚も、同じ動物である。ペットを虐待してはならないのに、家畜は食肉処理してよいのはなぜか、という疑問は倫理的な問題となるだろう。ストレスの生じない適切な環境で飼育され、決して苦痛が生じないよう食肉処理されるならば、食肉として利用することに問題はないという考え方もある。それでも、過剰なまでの食肉加工や消費は許されるのだろうか。

現在では、大豆などを主原料とする植物性代替肉や、動物の細胞組織を培養してつくる培養肉などの研究が進んでいる。代替肉の研究が進めば、畜産動物の犠牲や環境負荷を減らすことが可能になるとともに、世界で深刻化している食糧問題の解決につながるとも言われる。このような代替肉を利用することは、人間としての幸福な生活にどのような意味をもたらすのだろうか。

人間として動物のことをどう考えていくか

これまで考えてきたとおり、私たちは動物と緊密な生活をしており、動物をどうとらえ、どう関わるべきかは、大きな問題である。日常的に生じる動物との関わり方を考えるには、各法律を守ることは必要だが、ほかの倫理的問題と同様に、人間として何が正しく、何が幸福であるのかという視点が重要である。さらに、動物に対する次の対極的な考え方が手がかりとなるだろう。一方は、すべての動物の生命を価値あるものとして尊重すべきという考え方である。もう一方は、人間以外の動物は理性をともなわない存在であり、人間のように配慮する必要はないという考え方である。では、どのように動物を理解し、関わればよいのだろうか。まずは、日々習慣化してしまっている様々な動物との関わり方について問い直してみよう。

入試に○×チャレンジ 140 環境問題の一つとして、人間による動物の取扱い方の問題があるが、ピーター・シンガーは、動物には権利を認めずに人間のみを特別扱いするのは種差別だとして、「動物の権利」を主張した。（2020年追試）

テツガクで読む

人間は自然環境とどう付き合えばいいの？

東洋の宗教的世界観と、機械論的自然観から読む

動植物は環境に順応・適応するだけだが、人間は自らの判断により、生活にとってよりよい環境を作ろうとする。しかし、地球は私たちだけのものではない。私たちはこの地球、自然の一部であるともいえる。これからも「宇宙船地球号」が順調に航海を続けるためには、自然を管理し、保全していくという考え方だけでなく、自然と調和していくという考え方もある。

倫子（りんこ）

私たちは、自然の恐ろしさというか、偉大さ（いだい）を感じなくなり、畏敬（いけい）の念をなくしているような気がする。仏教や神道では、もっと自然を大切に考えていたと思うんだけど。

視点 **仏教や古代日本の思想など東洋の宗教的世界観**

たしかに、自然は簡単にはコントロールできないよ。でも、ベーコンの言うように、自然の法則を導き出して、人間がより生活しやすい環境に変えていく努力は続けていくべきじゃないかな。

理生（りお）

視点 **ベーコンらの機械論的自然観**

私たちにとって自然とは何か

花村先生：最近各地で大規模な自然災害が起きていますね。自然は豊かな恵み（めぐみ）を与えてくれるだけでなく、人間を脅かすとても恐ろしいものだと感じます。私たちは自然とどう付き合っていけばいいと思いますか？

理生：自然をすべて思うようにコントロールするのは無理かもしれません。でも、人間は自然災害に遭うたびに、それをよく観察して、克服（こくふく）しようと工夫してきたよね。

倫子：私は、どこまで科学が進んでも、自然は人間がどうすることもできない力を持っていると思います。自然は克服の対象になりうるのかな。人間が自然の中でしか生きられないことを自覚して、自然の恐ろしさや恩恵を感じて生きるべきじゃないかな。

理生：たしかに日本では昔から、人々が自然と人間の区別や対立がないと感じていたとは思うよ。

花村先生：そうですね。日本最古の和歌集である『万葉集』（まんようしゅう）にも、そういったことを伺える（うかがえる）歌が多いね。

倫子：現代人は、人間はいつも自然の中にあるということを忘れて環境問題を起こしているんじゃないかな。アニメ映画『風の谷のナウシカ』を観た時にもそう思ったよ。

人間は自然環境とどう付き合えばいいのか

花村先生：人間は自然の中でしか生きられないから、自然と対立し、克服するということではなくて、自然としっかり向き合っていく必要はないかな？

理生：そういえば、ベーコン（●p.104）は「**自然とは、これに従うことによらなくては征服されない**」と自然を観察して知り、その上で利用する必要性を説いていたし、同時代のデカルト（●p.107）は、自然を機械のようなものととらえて、その動きを知ろうと考えていました。こうした自然観や人間観を背景にして、近代の自然科学が発達し、産業社会も繁栄してきたんですよね。

倫子：産業社会の繁栄は、私たち人間の繁栄だけど、それだけでいいのかな。人間だけでなく、すべての生き物が生きていくために、自然を一方的に利用するのではなく、自然環境を守るという考え方もあるんじゃないかな。例えば日本仏教には、「**山川草木ことごとく皆成仏す**」（さんせんそうもく・じょうぶつ）といって、山川や草木さえ仏性を持っていて仏になるという考え方がありましたよね。

花村先生：そうですね。それに、最近の環境倫理では、人間だけではなく自然にも「自然の生存権」があって、人間はそれを守らなくてはならないと主張する人もいる。

理生：でも、環境を守るためにも、自然のしくみを知る必要がありますよね。それには、ベーコンの帰納法（●p.105）（きのうほう）が役に立つんじゃないかな。人間は環境悪化を食い止める技術も創造してきました。僕たちは技術を使って、環境の改善に取り組み続けるべきだと思うんです。

花村先生：ドイツが環境先進国になったのも、技術を環境を守るために使ってきたからともいえるね。

理生：日本も、高度経済成長期に深刻な公害問題を抱えていたけど、技術を発展させて、問題を少しずつ解決してきたんですよね。その、自然環境を守る技術を、世界に伝えることもできるんじゃないでしょうか。

倫子：私は、それに加えて自然とともに調和して生きようとし、自然を人間のために利用する時にも必要な分にとどめてきた日本人の古来からの、自然に対する謙虚（けんきょ）で豊かな知恵を世界にもっと知ってほしいな。

花村先生：そうですね。私たちはどんな知恵を使って自然と付き合うのか、私たちにできることは何か、考えていかないとね。

▶**鎮守の森とその前に立つ鳥居**（ちんじゅ・とりい）
森が神聖視されて神社が作られ、鎮守の森として残っていることも多い。日本人は古来より、自然のあらゆるものに神の存在を感じ、敬って（うやまって）きた。

3 福祉

誰もが安心して暮らせる社会の実現には何が必要だろうか。家族や地域社会、多様性をキーワードに考えよう。
▶家族

要点の整理　　■は入試重要用語、**1**～**8**は資料番号

1 変容する家族関係
- **核家族**（夫婦のみ、親と未婚の子ども）**化**の進行**1** ⟷ 伝統的な拡大家族（結婚後も両親と同居、兄弟姉妹も同居）
- 家族をめぐる問題……児童虐待、DV（ドメスティック・バイオレンス）、育児ノイローゼ、ひきこもりなど
- 日本で進むどの国も経験したことのない急速な**少子高齢化2**→**社会保障制度の見直し**の議論
- 家族の役割の変化……子どもの社会化は学校、介護は病院などに任せる→**家族機能の外部化3**
- 女性の社会進出……共働き世帯の増加**4**、職場などへの社会進出←価値観の多様化、**性別役割分業意識の変化5**
- **ワーク・ライフ・バランス**（仕事と生活の調和）の実現が急務

2 多様性のある社会
- 子育てや介護を支える場、NPO の活動**6**、**ノーマライゼーション7**
- ダイバーシティ（多様性）、ソーシャル・インクルージョン（社会的包摂）**8**、**アメニティ**（快適な環境）

1 変わる家族形態　　頻出

　かつて日本では、祖父母、父母、子どもという3世代が同居する家族も多かった。しかし、経済発展に伴って地方から都市へと若者が移動し、そこで結婚して夫婦と子どものみの家庭を築く人が増えた。現在では、全世帯の約6割が**核家族**世帯となっている。近年、核家族世帯の中でも、夫婦と子どもからなる世帯の割合は低下し、夫婦のみの世帯の割合が増えている。また、**単独世帯**（世帯人員が一人）も増えており、今日の日本の家族形態は多様化している。

世帯構成の変化　＊家族形態には、親が1組の子ども夫婦と同居する直系家族もある。

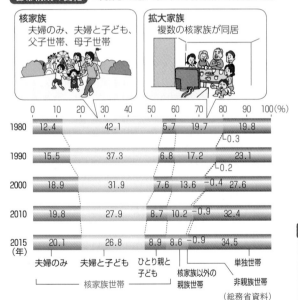

核家族
夫婦のみ、夫婦と子ども、父子世帯、母子世帯

拡大家族
複数の核家族が同居

(年)	夫婦のみ	夫婦と子ども	ひとり親と子ども	核家族以外の親族世帯		単独世帯	非親族世帯
1980	12.4	42.1	5.7	19.7	0.3	19.8	
1990	15.5	37.3	6.8	17.2	0.2	23.1	
2000	18.9	31.9	7.6	13.6	0.4	27.6	
2010	19.8	27.9	8.7	10.2	0.9	32.4	
2015	20.1	26.8	8.9	8.6	0.9	34.5	

└───核家族世帯───┘
（総務省資料）

解説　家族形態の変化の背景　グラフを見ると、核家族の中で、夫婦のみの世帯が増えていることがわかる。これは、子どもを持たない夫婦が増えたことだけでなく、子どもが独立した後、夫婦二人で暮らす人々が増えたことも原因と考えられる。また、単独世帯については、夫や妻を亡くした高齢者が増えており、家族形態の変化にも、高齢化が影響を及ぼしている。

様々な家族の形態

ディンクス（DINKS；Double Income No Kids）
……共働きで子どもを持たない夫婦
ステップ・ファミリー……再婚などにより血縁のない親子関係や兄弟姉妹関係を含んだ家族形態

2 少子高齢化　　出題▶

出生数と合計特殊出生率の推移

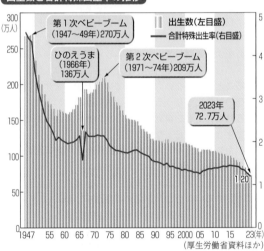

第1次ベビーブーム（1947〜49年）270万人

ひのえうま（1966年）136万人

第2次ベビーブーム（1971〜74年）209万人

2023年72.7万人

出生数（左目盛）
合計特殊出生率（右目盛）

1.20

（厚生労働省資料ほか）

解説　止まらない少子高齢化　平均寿命の伸びや出生率の低下により、少子高齢化が急速に進んでいる。日本の合計特殊出生率＊は1970年代半ばから低下が始まり、2005年には最低の1.26となった。一方で、高齢化率＊＊は高まり続けている。死亡数よりも出生数が少ないため、日本の総人口はすでに減少に転じているが、2055年には8,993万人まで減少し、その内、高齢者は40.5％を占めるという予測もある。少子化を食い止めるためには、出産や育児に対する公的なサポートなどが必要であるが、実際には進んでいないのが現状である。

＊**合計特殊出生率**　1人の女性が一生の間に産むと想定される子どもの人数
＊＊**高齢化率**　65歳以上の高齢者人口が総人口に占める割合

不要

入試に○×チャレンジ　141　現在の日本では、事実婚（非法律婚）による夫婦や子をもたない共働き夫婦など、夫婦の形態が多様化する一方、結婚しない人も増えている。（2019年本試）

現代の諸課題と倫理

3

福祉

③ 家族機能の外部化

家族機能は、家族が社会や個人に対して果たす役割である。一般的に①子どもの社会化機能、②経済機能、③情緒安定機能、④福祉機能(保健医療機能)などがあげられる。しかし、現代の家族においては、これらの機能が企業や行政によって肩代わり(**外部化**)され、家族機能が縮小している。

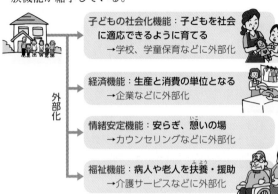

外部化

子どもの社会化機能：**子どもを社会に適応できるように育てる**
→学校、学童保育などに外部化

経済機能：**生産と消費の単位となる**
→企業などに外部化

情緒安定機能：**安らぎ、憩いの場**
→カウンセリングなどに外部化

福祉機能：**病人や老人を扶養・援助**
→介護サービスなどに外部化

解説 **縮小する家族機能** **家族機能の外部化**は、生産と消費に関わる経済機能、福祉機能(保健医療機能)で先行して進んだ。第2次・第3次産業の従事者が増えることで、家庭が生産を担わなくなったり、医療の発達により、病気にかかった人は病院で診てもらうようになったりしたためである。一方、子どもの社会化機能と情緒安定機能は、なお家庭に期待されているが、これらも高度消費社会、高度情報化、価値観の多様化、個人主義化といった社会の変化のなかで揺らいでいる。

④ 共働きなどの世帯数の推移 [頻出]

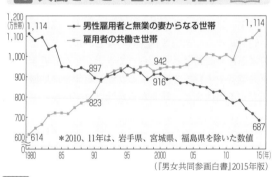

(『男女共同参画白書』2015年版)

解説 **共働き世帯が増加** 共働き世帯数は、1997年には片働き世帯数を上回った。背景には**男女雇用機会均等法**(1985年)、**男女共同参画社会基本法**(1999年)、育児や介護をする労働者の支援を図る**育児・介護休業法**(1999年)などにより、女性の社会進出や、仕事と子育ての両立に対する意識が変化したことがある。また、無業の妻を扶養する収入を得られない男性が増えたことなども考えられる。国際的には、女性の所得の増加が財政や社会保障の担い手を増やし消費の活性化につながるとして、女性の経済への参画を推進する動きが活発化している。2015年、企業に女性の登用を促す**女性活躍推進法**が制定された。

▶**病気・病後の子どもを預かるために改装した保育園**(2010年、岐阜県) 共働きの世帯の増加にともない、それを支えるサービスも増えてきている。

⑤ 性別役割分業意識 [出題]

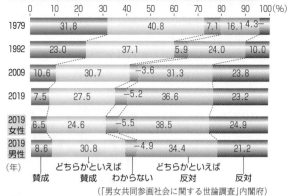

夫は外で働き、妻は家庭を守るべきであるという考えに…

(年)	賛成	どちらかといえば賛成	わからない	どちらかといえば反対	反対
1979	31.8	40.8	7.1	16.1	4.3
1992	23.0	37.1	5.9	24.0	10.0
2009	10.6	30.7	−3.6	31.3	23.8
2019	7.5	27.5	−5.2	36.6	23.2
2019 女性	6.5	24.6	−5.5	38.5	24.9
2019 男性	8.6	30.8	−4.9	34.4	21.2

(「男女共同参画社会に関する世論調査」内閣府)

解説 **分業には賛成？反対？** 「夫は外で働き、妻は家庭を守るべきである」という考え方に対して「賛成」、「どちらかといえば賛成」とする人の割合は減少傾向にあり、夫婦がともに働き、ともに家事や育児などをすべきと考える人が増えていることがわかる。ジェンダー*に基づく性別役割分業意識は、男女の多様な生き方の選択を狭めてしまうおそれがある。ジェンダーという枠組みにしばられず、一人ひとりが自分の望む生き方を選択できる社会をつくることが大切である。

*ジェンダー 生物学的な性差ではなく、「男らしさ」「女らしさ」といった社会的・文化的に作られた性差。

⑥ 地域社会の役割 [頻出]

高齢者が住み慣れた地域で自分らしく暮らし続けるには、生活支援や介護支援などのサービスの充実や、生きがいを持って積極的に社会参加できるような生涯学習や再雇用の場が求められる。こうした地域づくりを進めていくには、行政だけでなく、NPOやボランティアとも積極的につながることが重要となる。

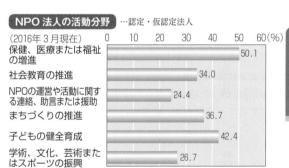

NPO法人の活動分野 …認定・仮認定法人

(2016年3月現在)

	(%)
保健、医療または福祉の増進	50.1
社会教育の推進	34.0
NPOの運営や活動に関する連絡、助言または援助	24.4
まちづくりの推進	36.7
子どもの健全育成	42.4
学術、文化、芸術またはスポーツの振興	26.7

一つの団体が複数の活動をする場合があるため、合計は100%にならない。
(内閣府資料)

解説 **増えるNPO法人** NPOはNon-profit Organizationの略で、**非営利組織**と訳される。社会貢献活動や慈善活動を行うが、収益を得てもNPOの構成員に分配することはせず、その後の活動の資金にあてることが企業との違いである。日本では、1998年に施行された**特定非営利活動促進法(NPO法)**によって、NPOが法人格を取得することができるようになった。NPO法人は年々その数を増やしており、具体的にはまちづくり、雇用支援、子育て支援などの様々な分野で、場合によっては行政と協力しながら活躍している。

BOOK 『少子社会日本』(山田昌弘、岩波新書) 豊富な統計資料をもとに、少子化という現代社会の課題について追究。

答 p.286 140 ○

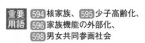

7 ノーマライゼーション 頻出

　ノーマライゼーションとは、すべての人が不自由や困難を感じずに生活し、活動できる社会をめざす考え方である。今日では社会福祉のあらゆる分野に共通する世界的な理念となっている。具体的には、物理的・精神的な障壁をなくすバリアフリーや、どのような人でも利用できるデザインの製品を作るユニバーサルデザインといった取り組みが進められている。

▶バリアフリーのノンステップバス　車いすでも乗り降りしやすい。こうしたバスにはベビーカーも乗せやすいなど、車いすの人だけでなく、様々な人にとって便利である。

◀握力の弱い人も使えるボールペン　このボールペンは、足の指でつかんだり、口にくわえて書くこともできるユニバーサルデザインである。

コラム COLUMN　LGBTQって？

　LGBTQとは、レズビアン(Lesbian、女性同性愛者)、ゲイ(Gay、男性同性愛者)、バイセクシュアル(Bisexual、両性愛者)、トランスジェンダー(Transgender、性自認が出生時に割り当てられた性別とは異なる人)、クエスチョニング(Questioning、性自認や性的指向が決まっていない人)またはクィア(Queer、規範的な性のあり方以外をさす)の頭文字をとった言葉。本来、セクシュアリティ(性のあり方)は、身体の性(生物学的な性)、心の性(自分自身が認めている性、性自認)、好きになる性(性的指向)が織りなしたものである。したがって、「このあたりが普通」だと物差しではかれるようなものではない。LGBTQにも境界があるわけではない。セクシュアリティを尊重し合う社会が求められる。

　日本では2003年、トランスジェンダーの人が法令上の性別変更を請求できる法律が制定されたり、2015年には、東京都渋谷区で同性カップルを結婚に相当する関係として認める条例が成立するなど、国や自治体による権利保障の動きや、企業や教育現場による性の多様性に対する理解を促す動きが出ている。

8 ダイバーシティとインクルージョン

(1) ダイバーシティ

　ダイバーシティ(diversity)とは「多様性」を意味する。人の多様性の要素(属性)には、年齢、性別、障害、宗教、信条、人種・民族、性的指向、言語、社会的あるいは文化的背景などがある。これらは多くの場合、その人らしさに関わり、変えることが難しい。複合的な要素から生み出される人の多様性は、豊かな社会の原動力となる。

(2) インクルージョン

　インクルージョン(inclusion)とは、エクスクルージョン(exclusion、排除・隔離)の対義語で、「包摂・包括」といった意味がある。障害や貧困などの困難を有するすべての人々、制度の谷間にあって社会サービスの行き届かない人々を、孤独や孤立、排除や摩擦から援護し、健康で文化的な生活が営めるよう、地域社会の構成員として包み支え合うという考え方を、ソーシャル・インクルージョン(社会的包摂)という。

　従来、貧困は、障害者や持病のある人、高齢者、社会的規範からの逸脱者(犯罪者)など、排除された人々による社会問題ととらえられてきた。しかし近年、若年失業者や子育てで孤立する女性、定年後に地域から孤立する男性など、社会から排除されていると感じる人々が増大している。

　ソーシャル・インクルージョンは、誰も差別されたり排除されたりしない、相互共生的な社会が構築されることが重要であるという考え方に立っており、ノーマライゼーションの真の姿ともいえる。

ダイバーシティ
多様な人材が
集まっている状態

インクルージョン
多様な人材が集まり、
相互に機能している状態

◀大阪市立大空小学校のインクルーシブ教育

解説　▶インクルーシブ教育とは　障害の有無にかかわらず、誰もが望めば合理的な配慮のもと普通学級で学ぶしくみ。障害のある子どものためだけでなく、すべての子どもが互いに尊重し、価値を認め合うことが目的とされている。

入試に〇✕チャレンジ　142 ノーマライゼーションとは、障害の有無や年齢などに関係なく、誰もが同じ市民として共生できる社会を目指すべきだ、という考え方を意味する。(2020年本試)

いまを考える

夫婦別姓

日本では民法により、婚姻の際に夫又は妻のどちらかの姓を名乗らなければならない。しかし、結婚に際して姓を変更した方は、仕事や人間関係など社会生活での不都合が生じたり、アイデンティティを見失ったりする場合がある。夫婦がそれぞれの姓を称することは許されないのだろうか。何のために同姓が求められているのだろうか。

夫婦別姓に対する国民の意見と国の判断

現在の日本では、民法により、夫婦は必ず同じ姓（法律上は氏）を名乗ることになっている。2020年時点では、婚姻届を提出するとき夫の姓に改姓している女性が95％にものぼる。

これに対して、夫婦が別々の姓を名乗ることもできる選択的夫婦別姓制度の導入を求める意見がある。選択的ということなので、もちろん同じ姓を名乗っても構わない。この制度の導入に賛成する理由として、①姓を変更することで現実の不利益があるから、②姓は個人のアイデンティティに関わるから、③夫婦同姓を強要されることが結婚の障害になる可能性があるからなどがあげられる。一方で反対する理由としては、①夫婦同姓が日本の社会に定着しているから、②姓は個人の自由の問題ではなく、公的な制度の問題だから、③同姓により夫婦・家族の一体感が生まれ、子の利益にもつながるからなどがあげられる。

法務省は、選択的夫婦別姓制度を導入するかどうかは、婚姻制度や家族のあり方と関係する重要な問題であるから、国民の理解のもとに進めるべきという姿勢を示している。最高裁判所では、二度にわたって夫婦同姓は憲法に違反していないと判断しつつ、夫婦の姓については国会で論じ、判断されるべきとしている。

夫婦の姓に関する各国の制度 （毎日新聞社資料）

イギリス、アメリカ	姓の変更は基本的に自由
オーストラリア、フランス	同姓、別姓、結合姓のいずれも可
ドイツ	同姓が原則。別姓、結合姓も可
中国	別姓が原則。同姓、結合姓も可
イタリア	夫は自分の姓、妻は自分の姓または結合姓
韓国	別姓が原則

※結合姓……自分の姓を相手の姓の前または後に置いたもの。

▲夫婦別姓訴訟の判決を聞くために最高裁に向かう申立人と弁護団 (2021年)

日本国憲法の定める夫婦のあり方

日本では明治以降、夫婦は同じ姓を名乗ることになってきた。夫婦のあり方について、日本国憲法第24条1項では「婚姻は、両性の合意のみに基いて成立し、夫婦が同等の権利を有することを基本として、相互の協力により、維持されなければならない」と定めている。また同条2項では、婚姻や家族に関する事項について、法律は、個人の尊厳と両性の本質的平等に立脚して制定するものとされている。

したがって、本質的に、また権利においても平等であるはずの夫婦により、家族としてのあり方や姓について自由に意思決定することが求められている。別の見方をすれば、夫婦や家族のあり方について、憲法ではそれ以上のことは定められていないとも言える。

夫婦とは何か？　家族とは何か？

こうして整理してみると、日本が選択的夫婦別姓制度を導入するかしないかは、これから私たち国民が描き出すあるべき夫婦や家族の姿によるということがわかる。政府や裁判所も、国民の実情をふまえながら、国会でより深い議論がなされることを求めている。

では、夫婦や家族とはいったい何なのだろうか。例えば、夫婦には子どもが2人いるのが理想的だといったイメージがあるならば、どうしてそれが望ましい家族像だと考えられるのだろうか。そういった家族構成が日本社会の維持につながるからだろうか。ならば夫婦というものは、社会の維持を目的に、子どもを生み育てるためにあるのだろうか。夫婦には、子どもに教育を受けさせる義務だけでなく、子どもを生む社会的な責任まであるのだろうか。もし、夫婦に子どもを生む責任があるというのなら、子どもを持ちたくないと考える夫婦や、子ども生むことのできない夫婦は社会的に責められることになってしまう。そもそも、子どもを生むかどうか、生むとしたらいつ生むか、何人生むかといったことは、他者に干渉されるべきことではない。人格を手段としてのみ扱うべきでないというカント（●p.121）の考え方から見ても問題がある。

その一方で、現実に発生しつつある問題への対応についても考えておく必要がある。それは、あまりにも多くの夫婦が子どもを持つことを望まなくなり、実際に子どもを生まなくなったらどうするかということである。日本の合計特殊出生率は減少傾向にあり、少子高齢化は深刻な問題となっている（●p.288）。このような視点からも、夫婦・家族のあり方や、選択的夫婦別姓制度について考えてみよう。

4 科学技術

科学技術の急速な進展は、私たちに便利さをもたらした反面、想定を超えた様々な問題を引き起こしている。

▶情報端末で学習する小学生

要点の整理
　　　　　　は入試重要用語、**1**〜**14**は資料番号

1 科学技術の進展に、個人・国家・世界はどのように向きあっていけばよいのか

2 情報社会の出現……大量生産・大量消費社会の進展とともにマス・メディアが巨大化→社会的影響力の拡大
- 従来型マス・メディア(新聞、雑誌、ラジオ、テレビなど)の特徴と問題点**1**
　①一方的な情報伝達……擬似環境を作り出し**ステレオタイプ 1**の反応を誘発する → 思考・ライフスタイルの画一化
　②商業主義・扇情主義……マスコミが作り出した**擬似イベント 1** → **世論操作**の危険性

3 **IT革命と高度情報社会 2**……インターネットの発達と携帯情報端末の普及
〈コンピュータネットワークの進化〉
- 情報の双方向性……ブログ、SNS(Social Networking Service)、動画共有サイト、口コミサイトなど
- Society 5.0 **5**……サイバー空間とフィジカル空間を高度に融合させた超スマート社会
〈高度情報化社会の問題点〉
- あふれる情報→**情報(メディア)リテラシー 4**(情報を主体的・批判的に活用する能力)の重要性
- ビッグデータの活用 **9**……個人を特定できる情報の適切な取り扱いに不安
- 巧妙化する**ネット犯罪 3 7**……システムのセキュリティ強化と法整備が課題
- **デジタル・デバイド 3**の顕在化……情報機器の所有と活用能力の有無によって生じる格差の拡大
- ネットワークの**匿名性**……犯罪や個人攻撃などにつながりやすい→高い倫理性(**情報倫理**)が求められる **13**
- インターネット上の情報……拡散すると削除も訂正も非常に難しい **14**
〈進化するAI(人工知能)〉
- 人間とAIが共存するには、AIの特性を理解した活用が必要 **10**
- ディープラーニング(深層学習)によって、AIが人間の知能を超えようとしている **11**

1 情報化の進展とメディア論
　　　　　　　　　　　　　　　　　　　　　　頻出

リップマン (1889〜1974) ★

アメリカのジャーナリスト。『世論』(1922年)で、マス・メディア(当時は新聞)には、人の心の中に現実とは違うイメージ(**擬似環境**)を生み出す力があると指摘した。もともと新聞の印刷に関する用語だった**ステレオタイプ**という言葉を、「パターン化したイメージ」という意味で初めて用い、ステレオタイプには、大量の情報を処理する際の「思考の節約」というプラスの側面と、多数派の先入観や偏見に依存しやすいというマイナスの側面があると指摘した。情報の送り手と受け手とは、互いにステレオタイプという主観的なレンズを通して結びついていると考察し、世論は必ずしも事実に基づいてはおらず、マス・メディアによるステレオタイプの操作により左右されると主張した。

ブーアスティン (1914〜2004) ★

アメリカの歴史学者。『幻影の時代』(1962年)で、マスコミが製造する事実を**擬似イベント**と呼んだ。例えば、製造されたニュース、広告産業の戦術とその効果、作り出された英雄としての有名人、セットされた旅としての観光旅行などである。この擬似イベントは、大衆自身が積極的にそれを期待して受け入れようとするものであり、人々は現実よりもメディアが提供する擬似イベントに魅了されている。

コラム 科学者と国家—明と暗

　第二次世界大戦末期、ドイツから発射された弾道ミサイルV-2ロケットは、ロンドン市民を恐怖に陥れた。生みの親のヴェルナー・フォン・ブラウンは、戦後アメリカ政府に招かれ、大陸間弾道ミサイルの開発に携わった後、人類を月に送り込むアポロ計画の中心として、世界中の人々に夢を与えた。

　1946年に、ソ連のミハイル・カラシニコフが開発したAK-47自動小銃は、シンプルな設計で、耐久性・操作性に優れ、世界で約1億丁が生産され、現在も紛争地域で使用されている。2009年に、カラシニコフには、ロシアで最高位の勲章「ロシア連邦英雄」が授与された。

　2002年に、東京大学助手の金子勇が公開したファイル共有ソフトWinnyは、P2P(ピア・ツー・ピア)と呼ばれる通信方式を利用することで、サーバーを介さずにユーザー同士で直接データのやり取りを行う画期的なものであった。しかし、著作権侵害や情報漏えいを起こす利用者が続出したことで社会問題となり、2004年に金子は「著作権法違反ほう助」の疑いで逮捕・起訴された。裁判では、例えば「殺人に使われた包丁を作った職人は罪に問われるのか」が争点になった。2011年には、最高裁により金子の無罪が確定したものの、この事件により、日本のP2P技術、ひいてはソフトウェア開発全体が萎縮したと言われる。

入試に◯×チャレンジ 　**143** ブーアスティンによれば、現代のメディアが提供しているのは、物語としての迫真性をそなえた「本当らしい」出来事にすぎず、視聴者の側はメディアから流される情報に関心をもたなくなっている。(2017年本試)

2 IT革命と高度情報社会の到来 出題▶

インターネットを基盤とした**IT**（情報技術）のめざましい発達により**IT革命**が起こり、情報と個人との関係は、それまでのメディアを通しての一方向的なものから、**インタラクティブ**（双方向的）なものへ急速に変化していった。初期のインターネットを利用した情報サービスは、ホームページによる一方的な情報提供が中心であった。しかしその後、ショッピング、ホテルや航空券の予約などが可能となり、さらに**ブログ**や**SNS**、動画共有サイトなどが登場し、双方向型の情報交流ツールとして、誰もが気軽に情報を発信できるサービスが続々と提供されるようになった。

解説　ICTとIT　ICT(Information and Communication Technology)は、「情報通信技術」と訳される。IT (Information Technology)にC (Communication)が加えられ、情報の共有化が強調された表現となっている。海外ではすでにITではなくICTの方が一般的で、日本でも徐々に定着しつつある。

3 情報化の進展 ── 光と影

（1）情報化の進展

インターネットの爆発的な普及に伴い、社会経済活動の様々な分野で、情報化が著しく進展している。インターネットの利用形態も、パソコンだけではなくスマートフォンや、ネットワーク対応機能を持つ家電製品（情報家電）など多様化が進んでおり、**高度情報社会**が出現している。日本では2021年にデジタル社会形成基本法が施行され、デジタル庁が発足した。

（2）高度情報社会の影 出題▶

インターネットの普及に伴い、システム障害による社会的混乱の可能性、巧妙化する**ネット犯罪**や後を絶たない**個人情報の流出**などが問題となっている。また、情報機器を購入できない人や、高齢者など**ITを使いこなせない人が社会から取り残される**という**デジタル・デバイド**（情報格差）の顕在化、出会い系サイトなど青少年に悪影響を与える有害情報の氾濫など、高度情報社会の影の部分も多様化・深刻化している。

4 情報（メディア）リテラシー 頻出

❶ メディアを主体的に読み解く能力
❷ メディアにアクセスし、活用する能力
❸ メディアを通じてコミュニケーションする能力。特に、情報の読み手との相互作用的（インタラクティブ）コミュニケーション能力

解説　三つの構成要素　インターネットを中心に情報が氾濫する高度情報社会では、情報を主体的・批判的に活用する能力の重要性がこれまで以上に高まっている。総務省によれば、情報リテラシーとは上の三つの要素から構成される複合的な能力である。

5 Society 5.0

Society 5.0とは、政府が2016年に「我が国がめざすべき未来社会の姿」として提唱した概念で、サイバー空間（仮想空間）とフィジカル空間（現実空間）を高度に融合させた「超スマート社会」である。経済発展と、社会的課題の解決が両立する、人間中心の社会であるともいわれる。Society 5.0は、狩猟社会(Society 1.0)、農耕社会(Society 2.0)、工業社会(Society 3.0)、情報社会(Society 4.0)に続く新たな社会である。Society 4.0では、人々がサイバー空間の情報の中から、必要な情報を自力で入手し分析して活用するが、Society 5.0では、サイバー空間に集積した膨大な情報（ビッグデータ）を人工知能(AI)で解析し、結果はさまざまな形でフィジカル空間にフィードバックされる。

Society 5.0

（内閣府資料）

解説　ユビキタスとIoT　**ユビキタス社会**とは、社会の至る場所にある、あらゆるモノにコンピュータを埋め込み、それらをネットワークによって結ぶことにより実現される社会である。近年、こうした社会が現実化する中で、より様々なモノをネットワークにつなげ、より幅広い活用をめざすという意味で、**IoT**(Internet of Things)という言葉が盛んに用いられている。

6 知的財産権の分類

産業財産権	特許権	「発明」を保護
	実用新案権	物品の形状等の考案を保護
	意匠権	物品のデザインを保護
	商標権	商品・サービスで使用するマークを保護
著作権		文芸、学術、美術、音楽、プログラムなどを保護
回路配置利用権		半導体集積回路の回路配置の利用を保護
育成者権		植物の新品種を保護

解説　著作権の保護　**知的財産権**とは、人々の知的活動で生み出された成果を、生み出した人の財産として、その権利を保護するものである。知的財産権のうち、産業財産権は登録をしなければ権利が発生しないが、**著作権**は権利を得るための手続きを必要としない。情報社会で使われるデジタルデータはアナログデータと比べてコピーが容易で劣化しにくく、著作権を侵害する不正コピー問題が深刻化している。

７ インターネット関連のおもな法律

施行年	法律名	内容
2000	不正アクセス禁止法	コンピュータへの不正アクセスを禁止する
2002	プロバイダ責任制限法	プライバシーを侵害する情報の削除や、発信者情報の開示請求ができる
2002	特定電子メール送信適正化法	希望しない広告宣伝メール（迷惑メール）を規制する
2003	出会い系サイト規制法	出会い系サイトの利用によって起こる犯罪から児童を保護する
2003	個人情報保護法	個人情報を取り扱う事業者の守るべき義務などを定める
2008	青少年インターネット環境整備法	携帯電話会社とパソコンメーカーに、18歳未満の青少年が有害サイトを閲覧できないようにするフィルタリングサービスの提供を義務づける
2011	刑法改正	コンピュータウイルスの作成や提供に対する罰則が設けられた
2012	著作権法改正	違法と知りながらインターネットから動画や音楽をダウンロードする行為に対し罰則が設けられた。
2015	サイバーセキュリティ基本法	サイバー攻撃対策に関する国の責務などを定める

解説 ▶**遅れる法整備** インターネット関連の急速な技術の進歩と、それに伴う社会の変化に法の整備が追いつかないのが現状である。近年、企業が管理する顧客の個人情報流出や政府機関などを標的としたサイバー事件が相次いでいる。今後さらなるサイバー犯罪対策や法整備が求められている。

８ 知る権利と情報公開制度 出題

　行政機関が都合の悪い情報を隠してしまうと、国民は政治について正しい判断を行うことができない。したがって、国民は行政機関の行為について**知る権利**があり、行政機関は国民に知らせる義務がある。知る権利は、憲法が保障する**表現の自由**から導かれる新しい人権で、この権利を実現するために、多くの地方自治体が条例などにより情報公開制度を実施しており、1999年には国も**情報公開法**を制定し、知る権利は認められてきた。

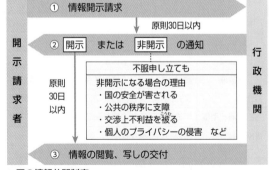

▲国の情報公開制度

解説 ▶**情報公開法** 1999年に成立した、中央省庁に行政文書の原則公開を義務づける法律。申請や閲覧には手数料が必要。個人のプライバシーや国の安全保障に関わる情報などは公開の対象外とされた。また、公開文書にあたるかどうかの判断は省庁側に委ねられているなどの問題点も指摘されている。

９ ビッグデータ

　インターネット上に蓄積されている様々な種類の膨大なデジタルデータ（**ビッグデータ**）を活用することによって、ビジネスや産業、医療、学術研究に役立てようとする試みが盛んに行われている。AIもこのビッグデータを学習することによって日々進化している。一方で、こうしたインターネット上の個人情報を含むデータが、Googleやfacebook(Meta)など一部の巨大プラットフォーム企業に集中し、データと利益の寡占状態が起きている現状を懸念する声がある。

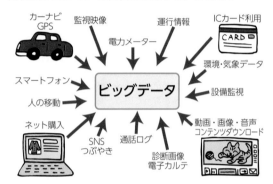

10 進化する人工知能

　近年、人工知能(artificial intelligence、AI)が驚異的な進化を続けている。囲碁や将棋の世界では、トップ棋士がAIに負け続け、医療分野では、内視鏡診断システムやX線の画像診断技術の開発などが進んでいる。乗用車の完全自動運転の実現も近いといわれる。将来、現在ある職業の半数ほどが、AIで代替可能になるという予測もある。これらは専門分野に特化したAIだが、人間と同じように思考する汎用型のAIもある。この汎用型AIが進化を続ければ、いずれ人間の知能を超える時がくる。この時点を「シンギュラリティ（技術的特異点）」と呼ぶ。そのときAIは、人間のように感情的になったり、暴走したりしないのだろうか。人間はAIとどのように共存していけばよいのだろうか。

解説 ▶**ロボット工学三原則** SF作家アイザック・アシモフが、ロボットが従うべきとして示した以下の原則。
第1条　ロボットは人間に危害を加えてはならない。また、人間に危害が及ぶのを見過ごしてはならない。
第2条　ロボットは第1条に反しない限り、人間の命令に服従しなければならない。
第3条　ロボットは、前掲第1条および第2条に反しない限り、自己を守らなければならない。

▶**映画『I, Robot』**(2004年製作、アメリカ)に登場する進化した人工知能「ヴィキ」は、人類は戦争や環境破壊など愚かな行いで自らを滅ぼそうとしていると考え、組み込まれたロボット工学三原則を拡大解釈し、人類を支配することで守ろうとする。

現代の諸課題と倫理
4
科学技術

入試に○×チャレンジ　144 ソーシャルメディアなどの普及により、情報のインタラクティブ（双方向的）な発信が、旧来のメディアよりも活発に行われるようになった。(2016年追試)

⓫ AI のブラックボックス問題

　AI は、ディープラーニング（深層学習）によって人間の判断力や思考を超えようとしている。この技術にはさらなる発展・応用の可能性が期待されているが、同時に「AI は本当に信用できるのか？」という不安も生み出している。これまでのコンピュータは、人間が処理手順を定義したプログラムに従って判断していた。そのため、判断に至った筋道をさかのぼれば、その根拠を知ることができた。しかし、現在の AI は、自ら膨大なデータを学習し自律的に答えを導き出すという特性上、その思考のプロセスが人間にはわからない、という問題が生じている。この問題は、ブラックボックス問題と呼ばれる。思考のプロセスがわからなければプログラムの改善も困難で、AI が出した結論が論理的・倫理的に間違いを起こせば、私たちの生活や命、人生にも影響を及ぼしかねない。

思考のプロセスがわからない

出力　←　❓　←　入力

> **解説**　**AI のホワイトボックス化をめざして**　AI のブラックボックス問題を克服するために、XAI（Explainable AI、説明可能な AI）の研究が進められている。XAI は、結果のみならず、その判断に至った過程・理由を人間が理解し検証できるようにした AI である。この研究が進めば、これまで AI の利用が難しかった人命・安全に関わる分野や、人道的倫理観が必要とされる分野への利用拡大が望めるようになると期待されている。

⓬ 『1984年』── 監視社会の恐怖

　『1984年』は、イギリスの作家ジョージ・オーウェルが1949年に発表した、1984年の世界を舞台にした SF 小説である。オーウェルはこの作品で、偉大な兄弟（ビッグ・ブラザー）と呼ばれる人物を中心とした一党独裁国家の統制の下、テレスクリーン（映像と音声による双方向の通信手段）が街中至る場所、住居の中にまで設置され、人々を監視し、思想や言語から性生活に至るまでを管理する、自由のない社会を描いた。

◀ **映画『1984』**（1956年製作、イギリス）　テレスクリーンにはビッグ・ブラザーが映し出され、下には独裁国家の三つのスローガンが掲げられている。「戦争は平和である、自由は隷従である、無知は力である。」

> **解説**　**1984年─パソコン時代の幕開け**　1984年、Apple 社の Macintosh（通称 Mac）が発売された。Mac は、アイコンなどの画像を使用し、マウスによって操作する機能を備え、コンピュータが一気に人々の身近な存在となった。

⓭ インターネット上の人権侵害

　SNS などのプラットフォームサービスの普及に伴い、私たちはインターネット上で、気軽に自由なコミュニケーションを行うことができるようになった。一方で、ネット上の書き込みは匿名でできる場合が多いため、相手の気持ちを考えず、一方的に誹謗中傷するケースが多い。インターネット上で人権侵害を受けた場合は、プロバイダ責任制限法に基づき、インターネット接続事業者（プロバイダ）や SNS の運営会社などに発信者の情報を開示するよう請求できる。ただし、手続きに時間がかかり、事業者側が応じない場合は提訴する必要がある。

インターネットを利用した人権侵犯事件

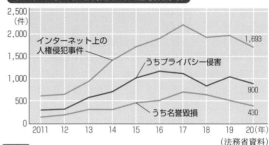

インターネット上の人権侵犯事件　1,693
うちプライバシー侵害
うち名誉毀損　900
430

2011　12　13　14　15　16　17　18　19　20（年）
（法務省資料）

> **解説**　**侮辱罪の厳罰化**　2020年に、インターネット上で激しい誹謗中傷を受けていたプロレスラーの女性が命を絶った。この事件が議論のきっかけとなり、2022年にはインターネット上の誹謗中傷対策として刑法が改正され、侮辱罪が厳罰化された。侮辱罪は、事実の摘示を要する名誉毀損罪とは異なり、具体的な事実を示さずとも公然と人の社会的評価を下げるような言動をし、侮辱すれば成立する。

⓮ デジタルタトゥー

　入れ墨（タトゥー）は一度身体に入れると完全に消すことが難しい。現代では、ネット上に書き込まれ、拡散された情報を完全に消し去ることは難しく、その多くが半永久的にデジタルタトゥー（入れ墨）としてネット上に残されている。近年、有名人や組織の過去の不祥事や不適切な言動をネット上で探し出し、SNS などで糾弾して不買運動を起こしたり、放送中の番組を中止させたりすることで、その対象の社会的地位を失わせたり社会から排除しようとする動きが広まり問題となっている。

> **解説**　**忘れられる権利**　インターネット上に過去の犯罪歴などの不都合な情報がいつまでも残り続け、個人や企業を悩ませる場合がある。そこで注目されるようになったのが「忘れられる権利（Right to be Forgotten）」である。これは、検索事業者に対して、インターネット上にある個人情報を検索結果から削除するよう要請できる権利のことである。ヨーロッパでは法制化が進んでいるが、表現の自由が重視されるアメリカでは法制化に対して慎重な考えが強い。日本では2017年に最高裁が、検索サイト側の表現の自由と、表示される側のプライバシー保護を比べて、プライバシーの保護が「明らかに優越する」場合のみ削除を要請できるという基準を示した。そして、2022年に最高裁は、twitter でつぶやかれた個人の逮捕歴のツイートについて削除命令を下した。

いまを考える

科学技術の難題

源流思想の時代以来変わらない倫理のテーマもあれば、各時代特有のテーマもある。前者の代表が、徳や愛や正義だとすれば、後者である現代特有のテーマは、問題解決のために理性が生み出したはずの科学や科学技術そのものが逆に解決されるべき課題となってしまったという事実である。これを解決するには、科学の知以上の知が必要となる。

トランス・サイエンスから見た原子力

トランス・サイエンスとは「科学によって問うことはできるが、科学によって答えることはできない問題群」である。それは、科学が問うだけではなく科学自身から生み出されたが、もはや科学だけでは解決できないものとなった問題でもある。その代表は、核に関わる科学や科学技術であるといえないだろうか。

アインシュタインが発見した相対性理論を基礎にして、原爆や水爆が開発されたことはよく知られている。その核兵器開発の技術の拡散を防ぐために、核兵器拡散防止条約（NPT）が結ばれた。しかし、国連安全保障理事会の常任理事国だけに核兵器を持つことが認められているという不条理や、さらに実際にはそれら以上に核兵器が拡散してしまっているという現実がある。また、核の平和利用として世界で進められてきたのが原子力発電であるが、いったん事故が起きれば甚大な被害をもたらす。人間の知恵が生み出したはずの科学が、人間に対して難題を突きつけている。核開発に限らないこのような問題に対して、科学者だけに責任を負わせることは正しいのだろうか、あるいは科学者はこのことに無頓着でもよいのだろうか。19世紀までの科学研究にはなかった問いである。

科学的合理性と社会的合理性

科学技術社会論研究者の藤垣裕子は、次のように科学的合理性と社会的合理性の区別の必要性を説いている。「単純に科学的合理性＝社会的合理性と信じられてきた時代においては、科学的事実＝唯一の判断根拠と考えられてきた」。その結果、不幸を増大させた事例として、水俣病訴訟がある。そこでは、原告である患者側にも被告である会社側にも科学者が証人として呼ばれ、それぞれの立場で科学的根拠をあげた。科学の結論として有機水銀が原因物質であると特定されるまでに長い年月が費やされ、その結果、患者が増えてしまった。

科学的に因果関係を明らかにするための科学的合理性と、社会的な問題を解決するための社会的合理性は区別されなくてはならない。そのような社会的合理性を示すものとして、予防原則がある。予防原則とは、科学的根拠が不十分であることを、規制措置の実施を控える理由とすべきではない、とする原則である。これは、温暖化問題を考える場合にも取り上げられる。予防原則に代表される社会的合理性は、科学的合理性とは別の方法で保証されなくてはならない。例えば、意思決定に必要な情報の開示、意思決定のための選択肢の多様性を保障すること、多様な利害関係者の参加の原則が守られること、各利害関係者の「代表性」の

担保、議論過程の透明性の担保、意思決定に至る手続きの明確化などがある。

AI兵器の登場

科学技術は、軍事用研究の成果が民生用に利用される場合も、その逆もある。このような軍民両用のテクノロジーをデュアルユースと呼ぶ。軍事から民生用に転用されたものとしては、ロケット、コンピュータ、インターネットなどがあり、反対に民生用に開発されたものが軍事に転用されたものとしては、古くは飛行機や戦車、最近ではロボット兵器やレーザー兵器などがある。インターネットは元々、軍事における情報伝達の特殊性と速度向上の必要から開発されたが、民生用に転用され、現在ではインターネットなしに市民生活が成り立たないまでに普及している。また、ロボット開発は工業生産、商品管理にとどまらず、家庭用ロボットなどの形で市民生活に浸透している。一方で、介護ロボットの技術は、ロボット兵器に転用可能である。介護ロボットは、被介護者の状態を適切に把握した上で効果的な介護対応を行う。これをロボット兵器に転用すると、戦場で、敵の位置や状態を適切に把握した上で効果的な攻撃を行えるようになる。

ところで、インターネットもロボットもコンピュータ開発から始まったAI（人工知能）と技術的に結びつく。さらに、デュアルユースのより明確な例がドローンであろう。その技術の基礎内容に、民生用と軍事用の区別はない。しかも、それにAIの進歩が加われば、人が遠隔操作するものから、機械が自律的に判断して対応したり攻撃したりすることが可能になる。私たちは、機械にすべての判断を委ねてよいのだろうか。また、軍事用と民事用の線引きは誰がどこで引くべきだろうか。いまだに答えが出ていない問題である。

▲**自動飛行する無人攻撃機**　AI兵器は、攻撃側の人的被害が防げる一方で、人間による制御が難しくなるのではないかといった懸念がある。

入試に○×チャレンジ　[145] デジタル・デバイドの具体例として、ネット上では、本人の同意なく個人情報が書き込まれ、しかもそれが容易には削除されない、という問題が起こっている。（2022年本試）

インターネットの普及は高度情報社会をもたらし、私たちの生活を大きく変化させた。現代の高度に情報化された監視社会において、フーコーが説いた近代社会の権力のしくみは、どのように変化したのだろうか。また、高度情報社会において私たちは何を得て、その代償に何を失ったのだろうか。

倫子：日本のある自治体が防犯カメラの設置数を増やしたら、犯罪件数が半減したという新聞記事を読みました。

花村先生：フーコー（● p.181）のパノプティコン（● p.133）を思い起こさせる記事ですね。

倫子：パノプティコンとは、もとはイギリスの功利主義者であるベンサムが考案した円形の監獄のことでしたね。

花村先生：ベンサムは、囚人の更生と社会復帰は社会の幸福を増大させるためと考え、この監視装置を思いつきました。そして、フーコーが『監獄の誕生』で、パノプティコンを、少数の権力者が多数の個人を監視する近代の管理社会の起源とみなして、その名が広く知られるようになりました。パノプティコンの特徴は、看守からは囚人が見えるけれど、囚人からは看守が見えず、自分が監視されているかどうかわからないこと。だから、囚人は常に監視されていることを前提に生活しなければなりません。また、看守側からすると、常時監視していなくても監視しているのと同じ効果があるといえます。

倫子：先ほどの新聞記事の事例は、24時間作動している防犯カメラを多数設置し、常に監視の目があると人々に意識させることで、犯罪が減ったということですね。

花村先生：そうですね。でも、現代の情報化された監視社会は、フーコーの想定を超えたものとなっています。

理生：どういうことですか？

花村先生：以前の社会では、「監視」というと、国家や企業などの権力を持つ側による監視というイメージで、監視される側もある程度特定されていました。

理生：たしかフーコーも、近代では人々を同じ場所に集め、規律訓練するシステムが形成されたと考えていましたね。監獄がその典型で、ほかにも学校・工場・軍隊・病院・寄宿舎などが同様の形式になっていて、近代人はこうした集団のなかで権力によって規律訓練され、社会的な秩序を維持していくと考えたんでしたね。

花村先生：しかし今では、コンビニなどの私たちが日常的に使う場所にも防犯カメラが設置されているし、車のドライブレコーダーや、個人が持つスマートフォンのカメラなども、時として監視カメラの役割を果たしています。

理生：権力を持つ者だけでなく、一般の人々も監視者として、不特定多数の人たちを監視しているわけですね。

倫子：記録されたデジタル情報は、意図的に消去しない限りいつまでも残りますよね。そして、AIの画像認識技術を活用すれば、個人を特定することも可能になっています。さらに、悪意や興味本位などで、情報がインターネット上に流出してしまったら、情報は一気に拡散し、拡散してしまった情報は削除することも訂正することも非常に難しいですね。

花村先生：そうですね。そして、もう一つの現代の情報社会の特徴は、フーコーの考えた、「監視によって人々が規律訓練されて社会的な秩序を維持していく」というシステムが成立しづらいことです。

理生：たしかに最近では、インターネットの匿名性を利用して、SNS上で激しい誹謗中傷をしたり、インターネット犯罪が巧妙化したりしていますね。

花村先生：ところで、SNSのような便利なサービスが無料で利用できるって、ちょっと不思議だと思ったことはないですか？

倫子：うーん、画面に企業の広告が表示されることはありますが……。

花村先生：たしかに画面に表示される広告は、ソーシャルメディアのサービスを提供している企業の収入になっています。でもそれ以上に、企業は自社のサービスによって、私たちの日常生活や購買行動、興味を持っているものなどのデータを収集・解析し、様々な広告と効果的に結びつけることで収益を生み出しているんです。

理生：ソーシャルメディアにとって「客」とはあくまでも広告主であり、私たちユーザーは企業が利益を得るための手段となっているわけですね。

倫子：ポイントカードも同じ理屈で、ポイントをもらえる対価として、私たちは購買履歴などの情報を提供しているといえそうですね。

理生：自由やプライバシーの価値が、以前の社会と比べて相対的に下がっているようにも思えます。

花村先生：もしも今フーコーが生きていたとしたら、大切な自由やプライバシーをそんなに簡単に手放してよいのか、と訴えるかもしれませんね。
改めて、情報社会における生き方について考えてみましょう。

◀街に設置された防犯カメラ　私たちは、安全や便利さと引き換えに、大切なものを手放してはいないだろうか。

BOOK　『デジタル・シティズンシップ』（坂本旬ほか、大月書店）
ネットの危険性を教え込むのではなく、デジタル技術や課題
解決能力を身につけ、社会を主体的につくる学びへと誘う。

答 p.294
144　○

現代の諸課題と倫理

297

グローバル化が進展する今日、多様な文化との交流の機会は飛躍的に増大している。私たちは異なる文化や宗教を持つ人々とどのように共存していけばよいのだろうか。

▶多様な人々が行きかう街(ロンドン)

要点の整理

■は入試重要用語、**1**～**8**は資料番号

1 文化の意義……人間のアイデンティティの中核的要素**1** **2**

2 文化としての宗教

● 日本の宗教観:「**無神論**」「**無宗教**」が多い**3**……実は日本人も日常に組み込まれた宗教を生きている

3 グローバル化と多文化共生

国境を越えて人やモノが交わる**グローバル化**■の時代が到来

異文化接触**5**の増加は他文化への反発(**エスノセントリズム**〈**自民族中心主義**〉)**7**の広がりなどを生んでいる。

4 多文化主義と文化相対主義

多文化が共生する枠組みを模索(**多文化主義**)**6**⇒文化相対主義が必要

＊**文化相対主義****6**……すべての文化が固有の価値を持ち、人々は互いの文化を尊重すべきであるという考え方

1 人間にとっての文化

文化とは、ある人間の集団において常識だとされ、人々が意識的無意識的に従う行動の仕方、考え方や価値観をいう(例えば宗教、道徳、言語、慣習)。カナダの政治哲学者テイラーによれば、人間にとって文化とは物事を判断する際に不可欠な思考の枠組みを提供するものであり(例えば宗教は善悪の判断基準を与える)、そのため個人のアイデンティティの中核的な要素である。こうした重要性ゆえに、人間は容易に自らの文化を手放せないし、自らの文化を他者から否定されることを嫌う(承認を求める)のである。

原典資料

2 アイデンティティとしての文化

「私は何者か?」……私たちが本当にこの問いに答えるためには、私たちにとって何が決定的に重要であるかを理解しておかねばならない。私が何者であるかを知ることは、私がどこに位置するかを知ることの一種である。私のアイデンティティは、枠あるいは地平を提供するコミットメントと帰属によって定義される。その地平の境界の内側で、私はさまざまな場合に、何が善いのか、何が価値あるものか、何をなすべきか、私は何を承認し何に反対するかといったことを決定しようと試みることができる。言い換えれば、私はその境界線の内側で、一つの明確な位置をとることができるのである。

(テイラー『自我の源泉』下川 潔・桜井 徹・田中智彦訳、名古屋大学出版会)

解説 枠と地平
枠と地平とは、人間が物事を認識し、判断する際に無意識のうちに影響を受ける文化のことである。こうした主張から、テイラーはコミュニタリアニズム(○p.174)の思想家に分類される。彼の政治的立場は、文化がその価値を相互に承認し共存する多文化主義である。

3 文化としての宗教

世界の諸宗教の宗教人口

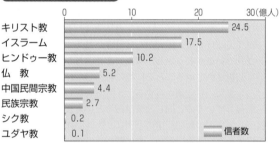

宗教	信者数(億人)
キリスト教	24.5
イスラーム	17.5
ヒンドゥー教	10.2
仏教	5.2
中国民間宗教	4.4
民族宗教	2.7
シク教	0.2
ユダヤ教	0.1

(『ブリタニカ国際年鑑』2022年版)

世代による宗教意識の違い —— 信じていること

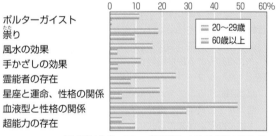

凡例:■20～29歳 ■60歳以上

- ポルターガイスト
- 祟り
- 風水の効果
- 手かざしの効果
- 霊能者の存在
- 星座と運命、性格の関係
- 血液型と性格の関係
- 超能力の存在

(石井研士『プレステップ宗教学』p.147 弘文堂より作成)

解説 日本人の意識の変化
宗教は文化の重要な要素であり、世界には多様な宗教が存在している。私たち日本人は70%が信仰を持たないと考えているとされるが、それは世界的にみれば少数派である。しかし、日本人が本当に「無宗教」かといえばそうではなく、キリスト教のような内面の信仰(心のあり方)を重視する宗教性ではなく、神仏や来世との関わりを組み込んだ日常生活(行動)を重視する宗教性を生きているともいえる。また、近年になって宗教的な伝統行事は衰退しているものの、その一方で若い世代には新しい宗教意識が現れつつある。時代や地域の違いにより、宗教意識は多様である。

入試に○×チャレンジ [146] 自民族や自文化の価値観を絶対視せず、他の民族や文化にも積極的な価値を認めようとする考え方は、エスノセントリズムと呼ばれる。(2013年追試)

現代の諸課題と倫理

5 文化と宗教

4 進むグローバル化

観光客の増加

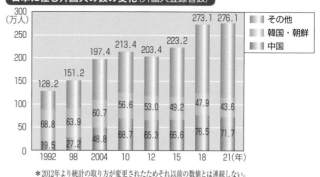

```
1990年
1,000万人突破

2,008

── 日本人海外旅行者数
── 訪日外国人数

(万人)
3,600
3,200
2,800
2,400
2,008
2,000
1,600
1,200
800
400
0
1965 70 75 80 85 90 95 2000 05 10 15 19(年)
(法務省資料)
```

日本に住む外国人の数の変化(外国人登録者数)

```
(万人)
300          273.1 276.1
250
200              197.4 213.4 203.4 223.2
150    151.2
100 128.2
50
0  1992  98 2004  10  12  15  18  21(年)
```

凡例: その他 / 韓国・朝鮮 / 中国

年	1992	98	2004	10	12	15	18	21
その他	128.2	151.2	197.4	213.4	203.4	223.2	273.1	276.1
韓国・朝鮮	68.8	63.9	60.7	56.6	53.0	49.2	47.9	43.6
中国	19.5	27.2	48.8	68.7	65.3	66.6	76.5	71.7

＊2012年より統計の取り方が変更されたためそれ以前の数値とは連続しない。

(法務省資料)

5 異文化接触―異種混交と均質化

グローバル化は文化の交流を生む。その結果、異文化を自文化の文脈に置き換えて吸収する**異種混交(ハイブリッド)化**が起き、より多様な文化が生まれていくことがしばしば起こる。そもそもすべての文化は純粋なものではなく、多様な文化の異種混交の中から生まれてきた。例えば日本語は、日本列島に存在した多様な言語が混交し、また中国から漢字が流入したり、英語からカタカナ語が作られたりすることで形成されてきた。ただし、文化接触が世界の文化を均質化し、地域の文化を脅かすと指摘されることもある。

6 多文化主義と文化相対主義

文化の対立を回避するために、しばしば**多文化主義**の重要性が指摘される。これは、多様な文化が共存できるように、特に少数文化を保護する考え方や政策である。ただし、多文化主義に対しては、「個人の人権を抑圧する文化も保護されかねない」「多様な文化が相互に交渉なく共存するだけでは社会の分裂を招く」といった危惧が指摘される。また一方で、その実態は少数派に対する、多数派文化への同化の強制となっているとの批判もある。

こうした問題を克服するためにも、自らの文化を絶対化しない、**文化相対主義**が必要だといえる。文化は決して不変ではなく、他文化との接触の中で変容する可能性があることを認めた上で、文化間での粘り強い対話を重ねていく必要があるといえるだろう。

解説 『ぼくはイエローでホワイトで、ちょっとブルー』 著者のブレイディみかこは、息子がイギリスの小学校で、これからの時代には「エンパシー」が重要だと学んだことを知る。これは、「自分と違う理念や信念を持つ人や、別にかわいそうだとは思えない立場の人々が何を考えているのだろうと想像する力」のことだという。多様な人々が交錯する社会では、感情に流されるのではなく、知性や想像力を忍耐強く働かせた他者理解が欠かせない。

◀エジプトのカイロにあるケンタッキーフライドチキンの店舗

▼タイのバンコクにある、あいさつのポーズをとるマクドナルドのキャラクター

解説 **グローバル化の象徴・ファストフード** アメリカ資本のファストフード店は、中国やイスラーム圏にも進出している。ファストフード店には効率性やマニュアルを重視する原理が貫かれており、このような文化がグローバル化し、文化の均質化を生んでいると指摘される。

7 エスノセントリズム 出題▶

グローバルな人の流れや文化の流入に対する反発が世界各地で相次いでいる。文化接触の増加が、自民族の文化を守ろうという動きを生んでいるのだ。そして、これが過激化すると、**エスノセントリズム(自民族中心主義)**となり、ときに暴力的な排外主義となってしまう。ナチスによるユダヤ人虐殺は排外主義の典型例である。日本社会でも、こうした排外的な動きが「ヘイトスピーチ」(憎悪表現)として表れているという指摘もある。

▲ナチス・ドイツにより強制収容所に連行されるユダヤ人たち

解説 **ヘイトスピーチ** 特定の人種や民族・宗教に向けて行われる侮辱的な表現・差別表現をいう。こうした表現の広まりは、被害者の精神に重大なストレスを与えるだけでなく、ヘイトクライム(差別に基づく暴力などの犯罪)を人々に促すといった問題も指摘される。ただし、表現の自由との兼ね合いで規制が難しいという議論もある。国内では2016年に、禁止規定や罰則規定のないヘイトスピーチ解消法が成立した。

いまを考える 多文化共生

グローバル化する世界の中で、さまざまな文化や宗教の共存が求められる一方で、多くの衝突や混乱も生じている。多文化共生のかかえる難しさは、どこからきているのだろうか。それを克服するために必要な倫理とは何だろうか。

スカーフ論争

聖典『クルアーン』に、女性の髪や肌は親族以外の人には隠すべきだと読める記述があるため、イスラームの女性は時代・地域ごとに多様な服装を発展させつつ、戒律を守っている（◯p.58）。ところが、1989年に、フランスのある中学校でスカーフを着用して登校したムスリムの女子生徒3人が、退学処分となる事件が起こった。フランスでは、20世紀初めに確立した国家の非宗教原則（ライシテ）をふまえて、公的領域が非宗教的であることを義務づけているためである。人は家庭などのプライベートな場では、自分の宗教的経験を自由に享受してよいが、それを公の場で人に押しつけることは許されない。それを認めれば、個人の信仰の自由が侵害されてしまう、という論理である。ここにはフランス革命以降、カトリックの公的な場への影響を脱するため、苦闘を重ねてきた歴史・経験が反映されている。

この処分をめぐって、フランスでは大きな議論が巻き起こったが、2004年には法律が制定され、現在では、学校でのスカーフを含む宗教的なシンボルの着用が禁止されている。多くの近代国家においても、フランスほど徹底はしていなくとも、リベラリズム（◯p.174）の観点から、多かれ少なかれ公的領域の中立性＝非宗教性が求められている。また、女性のスカーフ着用という習俗は、女性の自由を奪う抑圧の象徴だとするスカーフ批判もある。これも、多様な生き方を保障するリベラリズムの原理に反するという主張である。

「世俗」は中立的か？

ムスリムは、スカーフ批判に対して次のように反論する。スカーフ着用の禁止こそ、むしろ信仰や表現の自由の侵害である。単なる着用が、他者への宗教の押しつけだという理屈も理解できない。それをいうなら、一見宗教や文化から「中立的」とされる公的な制度自体に、実は有力な集団の文化が反映していて、それを人々に押しつけているではないか。例えば、公用語や特定の文化的意味を持つ祝日の存在には、多数派の文化や宗教の影響を否定できないだろう。聖書や十字架といったキリスト教の様々な象徴が公的な場で活用されている国も多い。そして、こうしたダブルスタンダードは、結局はイスラモフォビア（イスラーム嫌悪）の表れでないのか、と。

▲公立学校でのヒジャブ着用禁止に反対するデモ（フランス）

翻訳の暴力性

アメリカで活躍する、サウジアラビア生まれの文化人類学者のタラル・アサドは、宗教改革で誕生した近代の世俗主義という考え方を批判する。世俗主義とは、内面での信仰と外面での公共生活とは分離可能であり、宗教的な主張は公共的な場においては、非宗教的な言語に翻訳されるべきだという主張である。しかし、アサドに言わせれば、例えば『クルアーン』に書かれている言葉は、それ自体が神聖なものであり、また、信者の儀礼や日常生活と一体化していて、他の言葉で翻訳することは不可能である。世俗主義は「信仰は内面的なものであるべき」という特定の宗教観に暗黙の裡に立ち、そう考えない他者を、自分たちに理解可能な存在に矮小化して理解しているのである。こうした共存の「暴力性」を告発する声に、どのように応答すればよいのだろうか。

◀『クルアーン』を読む子ども
（バングラデシュ）

希望と絶望のはざまで

たしかに、安易な翻訳は、しばしば他者の姿を矮小化する無自覚な暴力をともなう。しかし、翻訳は他者を理解しようという必死の努力でもありうる。そして、他者を理解しようと自らの言葉と格闘することで、自らのあり方や文化や制度も変容していく。私たちは、自分たちの持つ制度や思考の枠組みが安易な翻訳（他者理解）に居直っていないか、たえずかえりみる必要があるだろう。そして、知性と想像力を駆使して、他者を理解しようと努め続けること、それでもなお必ず残る他者の理解しがたさを認めた上で、それを尊重すること、また、共存の枠組みや私たち自身のあり方が変わることを受け入れること。これが、グローバル化する世界で求められる倫理かもしれない。

300

入試に○×チャレンジ 147 どの文化もそれぞれに固有の価値をそなえており、互いの間に優劣の差をつけることはできないとする考え方は、文化相対主義と呼ばれる。（2013年追試）

共生のルール作りに必要なことって？

ロールズから読む

理生：自分たちと違う民族や文化を侮辱する言葉をネットでたびたび目にするのですが、もっと厳しく取り締まれないのでしょうか？　見ていて嫌な気分になります。

花村先生：いわゆるヘイトスピーチですね。たしかにそうした言葉は差別対象とされた人の心を傷つけるし、一部の狂信的な差別主義者によるテロを煽る危険性もあるし、大きな問題です。とはいえ、表現の自由との兼ね合いがあって、取り締まりは簡単ではないんです。

理生：他者に「不寛容」な人に対して「寛容」である必要はないと思いますけど。

花村先生：そういう考え方もありますね。例えばロールズは「寛容」を重要な原理と認めていない人は、「不寛容」の対象になっても不平を言う資格はないと言っていますね。

理生：ロールズの言うとおりだと思います。

花村先生：でも、ロールズは、不寛容な人に対して不寛容になること自体には意外と慎重です。不寛容な人々を排除できるのは、人々が安全や安心、そして自由が危機にさらされていると、理由を持って信じられる場合だけだと言っていますよ。

理生：不快な思いをする人がいる、それだけで「理由」なんて十分じゃないですか？

花村先生：それはどうでしょう？　例えば、ある表現が不快だという理由だけでその表現を禁止するという不寛容を選ぶなら、「私は同性愛者だ」という表現を不快に感じる人たちのためにも不寛容になって同性愛を禁止したり、排除したりしなければいけなくなりますね。実際に、昔はヨーロッパなどで、同性愛を不快に感じる人はたくさんいました。

理生：つまり、同性愛者だと告白することも禁止されるということですか？　それはおかしいと思います。そう考えると、不快という理由で簡単に禁止したりするのはよくないのでしょうか？

▲ヘイトスピーチに反対するデモ

花村先生：そうですね。ルールというのは、誰もがどんなときにでも従うべき普遍的なもの。つまり、自分も「不寛容」の対象になりうるということを忘れてはならない。だから、自分が排除される側に回っても納得できる理由を、様々なケースを想定して明らかにしなくてはいけないんです。

理生：あれ？　それって授業で習ったロールズの「無知のヴェール」（● p.172）の議論に似ていますね。人間はどうしても自分の立場で物事を考えがちだけど、自分の立場をヴェールで覆い隠して、いろいろな立場で、どのような社会のあり方に賛成するか想像することで、公正な社会のあり方を導き出す、というものでしたね。

花村先生：「自他の立場を交換した場合においても、自らの主張が受け入れ可能かチェックする」という発想は、カントの定言命法（● p.122）にも通じますね。実際、ロールズはカントから大きな影響を受けていますし。

理生：人を傷つけることを言ったりSNSに書き込んだりする人たちとも立場を交換しなければならないのでしょうか？　そういう人たちとは、結局わかりあえない気がするんです。

花村先生：私たちの住む世界には、基本的な人権の価値を共有しえない人たちがいることはたしか。でも、そういう人は少数であることも事実。そもそもロールズが「理由」を重視するのは、私たちが何かを判断している際に、何に基づいているか、普段は不明瞭だという認識があるからなんです。だからこそ、「理由」を言語化し明確にして熟慮し、あるいは議論して、自分の判断の正当性を確認しようという目的があるわけです。おそらくそうすれば、多くの人々の道徳的な判断は一致するのではないか、と。

理生：たしかに私たちは、自分の行動や価値判断の根拠なんてあまり考えないで生きていますね。

花村先生：ウィトゲンシュタイン（● p.185）は、「言葉の意味は生活形式に根差した言語ゲームにより確定するし、それを共有するから私たちは言葉の意味を理解しあえる」って言っていましたよね。ロールズはウィトゲンシュタインの影響も受けていて、私たちの善悪の意味、つまり善悪の判断も、人間一般の生活形式によって決まると考えたんです。

理生：ということは、生活形式が大きく異なるわけでなければ、冷静に考えれば、善悪の判断も一致しうるということなんですね。

花村先生：たしかに世界は複雑化していくけど、人間はわかりあえる。そんな希望を持って、他者を悪魔化することなく熟慮と対話を続けていきたいですね。

現代の諸課題と倫理

国際連合の旗は、平和の象徴オリーヴの葉で世界地図を囲んでいる。人類共通の願いである平和を実現するために、私たちに何ができるだろうか。

▶国連の旗を掲げる国連平和維持活動の兵士

UN Photo/Basil Zoma

要点の整理

は入試重要用語、**1**〜**7**は資料番号

1 国際平和
- 二度の世界大戦の反省→「人の心の中に平和のとりでを築かなければならない。」(**ユネスコ憲章**■)
- 戦争の廃絶を訴える**ラッセル・アインシュタイン宣言**2→宣言を具体化……パグウォッシュ会議開催
- カント『永遠平和のために』(○p.124)……平和実現のための具体案を提唱
- ヴァイツゼッカー「過去に目を閉ざす者は結局現在にも目を開かなくなる」3
  (西ドイツ大統領、「荒れ野の40年」演説、1985年)

2 人類の福祉
- 冷戦終結……地域紛争、民族紛争の表面化3
  →**難民**(戦争や迫害により祖国を離れた人々)→**国連難民高等弁務官事務所(UNHCR)**の活動
  →**子どもの権利条約**……子どもに対する人権侵害を防ぐ
- **NGO(非政府組織)**・**NPO**の活動……国境なき医師団6、地雷禁止国際キャンペーン(ICBL)、ペシャワール会7など
- 先進国との経済格差→途上国の貧困　○**ODA(政府開発援助)**の事業→**青年海外協力隊**

1 ユネスコ憲章前文

　この憲章の当事国政府は、その国民に代(か)って次のとおり宣言する。

　戦争は人の心の中で生れるものであるから、人の心の中に平和のとりでを築かなければならない。

　相互の風習と生活を知らないことは、人類の歴史を通じて世界の諸人民の間に疑惑と不信をおこした共通の原因であり、この疑惑と不信のために、諸人民の不一致があまりにもしばしば戦争となった。

　ここに終りを告げた恐るべき大戦争は、人間の尊厳・平等・相互の尊重という民主主義の原理を否認し、これらの原理の代りに、無知と偏見を通じて人間と人種の不平等という教義をひろめることによって可能にされた戦争であった。

　文化の広い普及と正義・自由・平和のための人類の教育とは、人間の尊厳に欠くことのできないものであり、且つすべての国民が相互の援助及び相互の関心の精神をもって果さなければならない神聖な義務である。……

解説 平和と安全をめざして　ユネスコ(国際連合教育科学文化機関)は、国連の経済社会理事会の下に置かれた専門機関である。教育、科学、文化の発展と、それを通じて諸国民の協力を促進し、平和と安全に貢献することを目的としている。

◀ユネスコ憲章の理念に基づいて活動している日本ユネスコ協会連盟が進める「世界寺子屋運動」の様子(ネパール)

2 ラッセル・アインシュタイン宣言 出題

　およそ将来の世界戦争においてはかならず核兵器が使用されるであろうし、そしてそのような兵器が人類の存続をおびやかしているという事実からみて、私たちは世界の諸政府に、彼らの目的が世界戦争によっては促進されないことを自覚し、このことを公然とみとめるよう勧告する。したがってまた、私たちは彼らに、彼らのあいだのあらゆる紛争問題の解決のための平和的な手段をみいだすよう勧告する。

▲アインシュタイン

解説 平和へ、核兵器廃絶を訴える　ラッセル・アインシュタイン宣言は、イギリスの哲学者**ラッセル**とアメリカの物理学者**アインシュタイン**(1879〜1955)を中心とする、科学者11名の連名による宣言である(1955年発表)。核兵器開発により人類が絶滅の危機にあること、核の脅威(きょうい)から逃れるには戦争廃絶しかないことを訴えた。これに呼応して1957年、カナダのパグウォッシュ村で核兵器と戦争の廃絶をめざす科学者の国際会議、第1回**パグウォッシュ会議**(1995年ノーベル平和賞受賞)が開催された。

★ ラッセル

B.Russell
(1872〜1970)

略伝 イギリスの名門貴族の家系に生まれた。名づけ親はJ.S.ミル(○p.134)。分析哲学の基礎を築いた哲学者として知られ、ウィトゲンシュタイン(○p.185)は彼の教えを受けている。社会問題の領域にも強い関心を持ち、本来、真理を探究し、それに基づいて人間に福祉を提供するはずの科学が、殺戮(さつりく)と破壊を生み出す、人間にとって不合理な存在となっている状況を批判した。第二次世界大戦後は反核運動に力を入れた。1950年、ノーベル文学賞を受賞。

入試に○×チャレンジ　148 ラッセルは、核戦争によってもたらされる人類絶滅の危機を回避するために、著名な科学者とともに核兵器廃絶を訴え、平和に対する科学者の責任を説いた。(2016年本試)

3 冷戦後のおもな国際問題・紛争

出題▶

北アイルランド紛争
バスク独立運動
ボスニア・ヘルツェゴビナ内戦
コソボ紛争
チェチェン紛争
クルド問題
カシミール紛争
パレスチナ紛争
中東戦争
スーダン内戦
チベット独立運動
アフガニスタンでの米英軍の軍事行動
ミンダナオ紛争
西サハラ紛争
ソマリア内戦
スリランカ民族紛争
東ティモール独立運動
コンゴ(旧ザイール)内戦
ルワンダ内戦
アチェ独立運動
イラクでの多国籍軍の軍事行動
フォークランド紛争

▲地雷の危険性を子どもたちに説明する男性(アフガニスタン) 1997年、地雷禁止国際キャンペーンなどの運動によって**対人地雷全面禁止条約(オタワ条約)**が採択された。

紛争により増加する難民

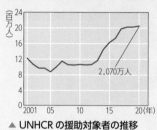

▲ UNHCRの援助対象者の推移
2,070万人
(百万人) 24 20 16 12 8 4 0　2001　05　10　15　20(年)

難民とは、戦争や内戦、政治的な迫害などにより、祖国からの移住を余儀なくされた人々をいう。難民は大きな戦争や紛争が起こると増加する。難民を受け入れる国にも紛争がある場合が多く、国際的な支援が必要である。そのため、難民の基本的権利や自由を定めた**難民条約**や、難民を保護・支援する機関である**国連難民高等弁務官事務所(UNHCR)**がある。なお、日本の難民受け入れ数は毎年数十人程度で、その少なさを課題と考える意見もある。

解説▶ **終わらない紛争** 冷戦終結後も、世界各地で紛争が絶えない。1990年代以降、それまで冷戦下で抑えられていた宗教や民族、経済格差などによる対立が表面化し、世界各地で紛争が頻発している。また、イスラーム過激派によるテロの脅威を消滅させようとするアメリカによる軍事行動も行われた。これにより、多くの命が失われている。

4 演説「荒れ野の40年」

　問題は過去を克服することではありません。さようなことができるわけはありません。後になって過去を変えたり、起こらなかったことにするわけにはまいりません。しかし**過去に目を閉ざす者は、結局のところ現在にも盲目**となります。非人間的な行為を心に刻もうとしない者は、またそうした危険に陥りやすいのです。
　……若い人たちにお願いしたい。他の人びとに対する敵意や憎悪に駆り立てられることのないようにしていただきたい。
　……たがいに敵対するのではなく、たがいに手をとり合って生きていくことを学んでいただきたい。
　……われわれ政治家にもこのことを肝に銘じさせてくれる諸君であってほしい。そして範を示してほしい。
　　　　　　(『新版 荒れ野の40年』永井清彦訳、岩波書店)

▲ヴァイツゼッカー

解説▶ **過去の克服** 西ドイツ(現ドイツ)の**ヴァイツゼッカー大統領**は、1985年5月8日、連邦議会において、敗戦後40年の記念演説を行った。彼の演説は、負の歴史に向き合うドイツの姿勢を強く印象づけたが、1945年5月8日をナチスからの「解放の日」と位置づけて、ナチズムと戦後ドイツの非連続性を強調した。

5 オバマ広島演説

　なぜ私たちはここ、広島を訪れるのでしょうか。
……国家が成立するとき、犠牲と協力の下に人民を結束させる物語が語られ、偉大な行為が可能になります。しかし、まさにその同じ物語が、自分たちとは異なる者たちを抑圧し、その人間性を奪うのに利用されることも、あまりにも多かったのです。……
　……科学技術の進歩は、人間社会の制度においても同じだけの進歩がなければ、人類を破滅に導きかねません。原子を分裂させるに至った科学革命は、同時に倫理的な革命を必要とするのです。
　だから私たちはこの場所に来るのです。……あの爆弾が落ちた瞬間を想像することを自らに強いるのです。目にした光景に混乱した子どもたちの恐怖を、自ら進んで感じようとするのです。声なき叫びに耳を傾けるのです。
　(『オバマ広島演説』朝日出版社)

▶被爆者で歴史研究家の森重昭さんと抱き合うオバマ米大統領(2016年5月、広島市、平和記念公園)

解説▶ **倫理観の転換を！** アメリカの現職大統領として初めて被爆地広島を訪問したオバマは、世界の人々には、戦争そのものに対する考え方(倫理観)の転換を図るよう、また自国のような核保有国には、「恐怖の論理」から自由になり、「核なき世界」を追求する勇気を持つよう訴えかけた。

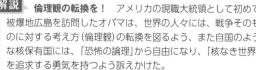

BOOK 『平和構築・入門』(藤原帰一他編、有斐閣コンパクト) 平和を創り、支えていくためには何が必要か。　　答 p.300 ○ 147　　重要用語 612 ラッセル・アインシュタイン宣言　　**303**

6 1冊の本、1本のペン

親愛なる兄弟姉妹の皆さん、何百万もの人が貧困、不正、無知に苦しんでいることを忘れてはなりません。何百万もの子どもたちが学校に通えていない現実を忘れてはなりません。私たちの兄弟姉妹が、明るく平和な未来を待ち望んでいることを忘れてはならないのです。

ですから、本とペンを手に取り、全世界の無学、貧困、テロに立ち向かいましょう。それこそ私たちにとって最も強力な武器だからです。

1人の子ども、1人の教師、1冊の本、そして1本のペンが、世界を変えられるのです。

教育以外に解決策はありません。教育こそ最優先です。

（出典：国際連合広報センター）

▲マララ・ユスフザイさん

解説 **すべての子どもたちに教育を！** パキスタンの少女マララ・ユスフザイさんが行った2013年の国連本部でのスピーチ。彼女はテロに屈することなく女性が教育を受ける権利を訴え続け、2014年、史上最年少の17歳でノーベル平和賞を受賞した。

7 ペシャワール会

ペシャワール会は、中村哲医師を支援する国際NGOである。中村医師は、1984年にパキスタンのペシャワールで診療活動を始め、アフガニスタン東部へと活動範囲を拡大した。疾病の背景に慢性的な栄養失調があるとの認識から、砂漠化した農地の再生のため、井戸の掘削やカレーズ（地下水路）の修復を始め、全長27kmの灌漑用水路を完成させた。3,000haの農地が復活して難民が戻り、農村社会の要であるモスクとマドラサ（伝統的なイスラーム学校）を建設した。2019年、中村医師はアフガニスタンで銃撃を受けて亡くなったが、ペシャワール会は現在も各地で灌漑事業を続けている。

▲中村哲医師

解説 **砂漠を緑に変えた医師** 中村医師は、アフガニスタンとパキスタンで人道・復興支援に尽力した。天台宗の開祖である最澄（⊙ p.203）の「一隅を照らす」（自分が今いる場所で最善を尽くす）という言葉を好んで用いた。

8 国境なき医師団 頻出

国境なき医師団（MSF）は非営利で国際的な民間の医療・人道援助団体である。医師、看護師をはじめとする海外派遣スタッフと現地スタッフの約4万6,000人が、72の国と地域で活動している（2021年度）。1971年にフランスの医師とジャーナリストにより設立され、誰からも干渉や制限を受けず、また人種や政治、宗教にかかわらず、分け隔てなく医療を届けている。独立・中立・公平の原則に基づく人道援助活動が評価され、1999年度にはノーベル平和賞を受賞した。

憲章
国境なき医師団は苦境にある人々、天災、人災、武力紛争の被災者に対し人種、宗教、信条、政治的な関わりを超えて差別することなく援助を提供する。

国境なき医師団は普遍的な「医の倫理」と人道援助の名のもとに、中立性と不偏性を遵守し完全かつ妨げられることのない自由をもって任務を遂行する。……

©MSF
妊婦を診察する国境なき医師団海外派遣スタッフの助産師（スーダン）

コラム COLUMN 人間の安全保障 出題▶

東西冷戦が終結するまで、おもに人間の安全は、国家が「他の国家による攻撃から国民を守る」という形で保障されるものと考えられてきた。しかし、冷戦が終結した後、国家間の戦争の可能性が低くなる一方、紛争、貧困、飢餓、人権侵害、災害など、一つの国家だけでは解決が難しい問題が、人々の生活を脅かすようになった。

このような事態に対し、国家ではなく、人間一人ひとりを生存や尊厳に対する脅威から守り、人生の可能性の実現をめざす「**人間の安全保障**」という考え方が提唱されている。具体的には、紛争などの解決だけでなく、教育の機会や医療を受ける機会を保障することなどがあり、日本もこの考え方に基づく支援を行っている。2001年には日本の提案により、「人間の安全保障委員会」が創設された。その共同議長には、インドの経済学者セン（⊙ p.178）とともに、日本人で国連難民高等弁務官を務めた緒方貞子が就任した。教育の機会などについては、支援する日本のNGOも数多い。そうしたNGOへの募金などを通じ、私たちも貢献することができる。

入試に ○× チャレンジ 149 ノーベル平和賞を受賞したマララ・ユスフザイは、女性と子供の権利確立、および女性の自立の実現のために、世界中の全ての子供に対して質の高い教育が保障されるよう、訴えている。（2020年本試）

理生：世界中で発生している紛争の状況を見聞きすると、軍事技術が進んで、ますます平和な世界を実現するのは難しいと思ってしまいます。

花村先生：そうですね。アインシュタイン（◯p.302）もそれを憂慮して「人間を戦争というくびきから解き放つことはできるのか？」とフロイト（◯p.164）に手紙で相談していた。『ひとはなぜ戦争をするのか』という本に、二人の手紙のやり取りが掲載されていますよ。

理生：へえ。二人は第二次世界大戦の直前に手紙のやりとりをしていたんですね。

倫子：私は自由に自分らしい生き方をしたいと思っているけど、それは今の日本が平和だからできることであって、現在でも紛争が続いている国があることを考えれば、自分勝手な考え方なんでしょうか。

花村先生：戦争や紛争が起きていなければ、それだけで平和と言えるかな？　例えば、貧困、飢餓、差別、抑圧などの社会的な問題がなくなってようやく平和だ、という考え方もあります。この考え方からすれば、日本もまだまだ平和ではない、と考える人もいるかもしれません。

理生：そうなると、平和を実現するのはますます難しそうですね。イギリスの哲学者ホッブズ（◯p.112）は、自然状態は「万人の万人に対する闘争状態」になると言っていましたよね。人間の本性を考えると、平和は実現できないものなのかな。

花村先生：平和を実現する方法を考えたり、平和のために実際に行動したりした哲学者や思想家もいました。誰だかわかりますか？

理生：ラッセルやアインシュタインは、核兵器の廃絶を求める宣言（◯p.302）を出しましたよね。

倫子：カントは、著書『永遠平和のために』（◯p.124）で、永遠平和のための確定条項の一つとして国家の連合体を作ることを説いていましたね。この考え方は、現在の国際連合にも通じるものがあります。さらに、国の政治は共和制であることや、従来の国家法や国際法とは異なる世界市民法を作ることなども求めていたんですよね。カントは、永遠平和を実現できると考えていたということでしょうか。

永遠平和のための確定条項　（◯p.124）

第1条項	各国家における市民的体制は、共和的でなければならない。
第2条項	国際法は、自由な諸国家の連合制度に基礎を置くべきである。
第3条項	世界市民法は、普遍的な友好をもたらす諸条件に制限されなければならない。

（『永遠平和のために』宇都宮芳明訳　岩波文庫）

花村先生：永遠平和の実現は、決して容易ではないと考えていたようです。カントは、自然状態を敵対行為が常に生じている状態ではないにしても、敵対行為によって絶えず脅かされている状態と考えていたようです。

倫子：それじゃあカントは、いったい何のために永遠平和について具体的に書いたんでしょう？

花村先生：カントは、本の最後に、「永遠平和は空虚な理念ではなく、われわれに課せられた使命である。」と書いています。人間の絶え間ない努力を求めたということですね。

倫子：平和を実現できるかどうかではなく、平和の実現のために、人間は行動すべきだということでしょうか。そういえばカントは行動について、義務に従って善をなそうとする善意志を重視していましたよね。

花村先生：そう。勇気や知恵といった一般的に「よい」とされていることも、善意志に基づかなければ、悪い方向に使われてしまう可能性もあるということですね。

理生：実際に、知恵に基づいている科学技術が、核兵器のような大量殺戮兵器をつくるために使われてしまっていますね。平和の実現に直接つながるかはわからなくても、私たちが持っている知恵や勇気は、善意志に基づいて平和のために使うべきだということですね。

倫子：そうですね。一人ひとりがそれぞれ自分の持っている能力を、平和のために生かしていくことが大切だよね。でも、たった一人の行動にどれだけ意味があるのかと考えると心細いなあ……。

花村先生：それでも皆が力を出し合えば、違うんじゃないかな？　エラスムス（◯p.92）は、条約でも武力でも復讐でもなく、危険に対する保障として、和解的な精神や善意をつくり出せば、「好意は好意を生み、善行は善行を招く」と考えていました。また、時の君主には、武力によらず、法の支配により国を統治するよう求めていたようです。

理生：『ひとはなぜ戦争をするのか』には、フロイトからアインシュタインへの返事もありますね。「文化の発展が生み出した心のあり方と、将来の戦争がもたらすとてつもない惨禍への不安」の二つが戦争をなくす方向に人間を動かしていくんじゃないか、と書いています。

倫子：戦争の惨禍をよく理解することで、戦争を避けて、平和の文化を発展させるようになるということだね。

花村先生：その成果は、もうこの日本にあるんじゃないかな？　私たちは平和学習などを通じて、小さいころから平和について考えてきましたよね。それに、平和主義を掲げた日本国憲法もあります。このような視点から、国際平和に対する日本の役割についても考えてみましょう。

 『入門 人間の安全保障 増補版』（長有紀枝、中公新書）　人間の安全保障のエッセンスを解説。　　答 p.302 148 ◯　　 重要用語 372 人間の安全保障　　**305**

現代の諸課題と倫理

「小論文」上達のための **7つ**のポイント

これからの進学や就職に小論文は必要です。まずは小論文のポイントを学習し、実際に書いてみましょう。

1 作文と小論文はどこが違う？

作 文	自分の経験や感想を述べたもの。 ● 自分の経験や感想が中心 ── 主観的
小論文	提示された問いについて、自分の考えを筋道をたてて論理的にまとめたもの。 ● 理由から結論に至る道筋を論理的に（明確に）まとめる ── 客観的

2 小論文を書く3つのポイント

①何が問われているのかを理解し、正確に答える。

　問われていることを正しく読み取り、それに正確に答えることが重要。課題の要求に正確に答えなければ、評価してもらえない。

②読み手を納得させるように書く。

　言いたいことをわかりやすく書き、読み手に納得してもらうことが大切。以下の点に留意する。
　●一文一文をわかりやすく書く。
　●文から文、段落から段落へ、筋道を立てて書く。
　●なぜそのように考えたのかという理由・根拠を、具体例をあげて明確に書く。

③読み手の反論も予想して書く。

　読み手が反論しそうなことをあらかじめ「〜という意見もあるだろう。」として提示しておき、それを乗り越える文を書くことで、より説得力が増す。

小論文の出題形式

　小論文の出題形式は、以下の3つに分けることができる。出題形式ごとにポイントを押さえておこう。

①課題文型小論文
★課題として示されている文章に基づいて書く形式。
　まず文章の内容を読み取ること、次に、それをふまえた自分の意見を書くことが求められる。課題文の内容を正しく理解し、論点を見抜くことが大切。

②テーマ型小論文
★「〜について述べよ」というように、テーマが示され、それに従って自分の意見を書く形式。
　書くテーマがはっきりしていて、比較的自由に書くことができるが、主張の根拠や背景となる知識を持っていることや、発想力などが求められる。

③データ型小論文
★統計資料や写真・絵などに基づいて書く形式。
　資料を正確に読み取り、比較したり、関連づけたり、総合したりすることが大切。

出題形式を理解して、それに合わせて考えないと、うまく答えられないんだ。

3 小論文を書くプロセス

　実際に小論文をどのように書いていけばよいだろう。基本的なプロセスを踏んで書くと、読み手にとって理解しやすい小論文になる。

①課題の要求（問い）を正確に読み取る。

②述べるべき自分の意見をはっきりさせる。
　●主題になりそうな自分の意見をいくつか書き出してみるとよい。

③自分の意見の理由・根拠を考える。
　●なぜそう言えるのか理由を考える。
　●様々な角度から考え、いくつか用意したい。

④おおまかな「あらすじ」、文章の流れを考える。

⑤段落構成を考える。序論⇒本論⇒結論の3段落が基本だが、本論を2つに分けてもよい。

⑥下書きをする（時間があれば）。

⑦読み直して、書き直してみる（推敲）。

⑧清書し、読み直す。

考えを書いたらすぐに完成、というわけにはいかないんだ。

4 小論文の基本的な段落構成

①主題提示型

　冒頭とまとめで自分の意見（主題）をはっきり書く型
　第1段落　自分の意見（主題）の提示
　第2段落　自分の意見の根拠について論理的に説明。具体例をあげると効果的
　第3段落　主題の再提示（結論）

②問題解決型（青字は具体例）

　冒頭で問題点を示し、それを解決する方策を書く型。
　課題「環境問題に対する消費者の役割について述べよ。」

　第1段落　問題点の提示
　　環境によいといわれて行われていたことが、新たな問題を生むケースがある。

　第2段落　問題点の現状や原因について、具体例を提示して考察
　　割り箸は間伐材の需要を高め、森林環境を改善させるとされたが、一度の使用で焼却されるなどの課題も生じている。

　第3段落　問題解決策を提示
　　環境によいという評価をうのみにせず、商品の実際の環境への影響に気を配りながら、購入、消費することが必要である。

「私は〜と考える。なぜなら、第一に〜」、「第二に〜」というようにまとめると、ポイントがわかりやすくなるね。

小論文

⑤✏️ 小論文を書くルール

> 伝えたい自分の意見を、相手が読みやすく書くためのルールだよ。

① 丁寧に書く。誤字・脱字も減点の対象。
② 文体を「〜だ」「〜である」調に統一する。
③ 制限された字数を守る。
- 字数が制限されている場合、制限字数の90％以上、つまり、1000字であれば、900字以上でまとめる。制限字数を1字でも超えないこと。

④ 一文を簡潔明瞭にし、むやみに長く書かない。
⑤ 単調にならないよう、似た文の連続としない。
- 「〜だろうか」といった疑問文を混ぜたりする。また、同じ語句を繰り返し使わない。

ココにも注意

① 主語と述語を対応させる。文章がねじれないように。
② 読点の打ち方に留意する。
- 厳密な決まりはないが、読みにくさや、誤解を避けるために打つことに留意する。

③ 助詞（て、に、を、は）を正しく使う。
④ 副詞の対応に注意する。
- 「決して」「必ずしも」は、「〜しない」と打ち消しで受けるなどの約束事に注意する。

⑤ 文法的な誤りに注意する。
- 特に「ら」抜きことばは使ってしまいやすい。

⑥ 一人称は「私」を使う。
- 「僕」「自分」などは使わない。

⑦ 「げん界」「高よう」などのように漢字とひらがなの混ぜ書きはせず、基本的な言葉は漢字で書く。
⑧ 俗語や流行語は使わない。
- 「マジで」「ガチ」など。

⑨ 話し言葉やくだけた表現は使わない。
- 「でも」「やっぱり」「だから」など。

> 書き言葉と話し言葉は違うってことに注意。新聞の文章が参考になるね。

⑥✏️ こんな答案は点数が低い

① あれもこれもと、ありったけの知識を並べ立てているだけの答案。自分の意見がない。
② 「一人ひとりが努力をすれば解決できる」、「みんなが力を合わせれば大丈夫」など、具体的、現実的でない結論に終わっている答案。
③ 問題点の羅列だけで、自分の意見（つまり「答え」）がない答案。
④ 論点がずれていたり、すり替っていたりする答案。
⑤ 課題文型の場合
- 課題文の繰り返し、焼き直しに終わっている答案。独自性がないとされてしまう。
- あまりにも飛躍しすぎた答案。

原稿用紙の使い方

❶ 書き出し：各段落の初めは、1マス空ける。
❷ 句読点：1字分マス目をとる。ただし行の始めには入れず、行末に文字と一緒に入れる。
❸ カタカナ書き：カタカナは原則として外来語だけ。
❹ かぎかっこ：会話文や強調したい語、引用文には「 」を用いる。『 』は書名の時か、「 」でくくりたい文中に「 」がある場合に使う。
❺ 数字：縦書きでは、原則として漢数字を用いる。

> ❶二〇〇九年に「❹臓器移植法」が改正され、臓器を提供することになる本人の提供の意思が不明な場合でも、❷家族の承諾があれば臓器提供が可能になった。それにより一五歳未満❺の子どもからの臓器の提供もできるように❷なった。これは国内で臓器移植を待ち望み、❷臓器移植ネットワーク❸に登録している人たちにとっては喜ばしいことである。そこで、国内で移植を待つ人たちのために、ドナーを増やすための啓蒙活動を行うことが必要になっている。

⑦✏️ 上達するためには

① 文章をたくさん書こう。とにかく書いてみないと力は身につかない。
② 他の人に読んでもらおう。自分では、気づかない間違いや問題点を見つけてもらおう。
③ ②をふまえて書き直してみよう。間違いや問題点をなくしていこうとすることで、実力がつく。
④ 社会に対する問題意識（「なぜ？」「どうして？」「どのように？」）をいつも持とう。そして、関連する情報を調べたり、自分の意見をまとめたりしてみよう。
⑤ 志望学部・学科に関連する知識を増やして、適切に使用しよう。そうすれば、読み手（採点者）を納得させる小論文が書ける。

本書専用サイト「プラスウェブ」(p.3参照)には、第5章の倫理課題を題材に小論文の書き方の具体例をまとめた「小論文にチャレンジ」を収録！

重|要|用|語

第1章　人間の心と自己形成

□**1** 第二反抗期（◎p.9）★

　青年期に自我にめざめて自己主張していく中で、親や周りの大人の無理解や、大人との考え方の違いから、反抗的な態度をとるようになることをいう。幼児期の第一反抗期の次の反抗期。

□**2** 第二の誕生（◎p.9）★

　フランスの思想家ルソーが著書『エミール』の中で、母親から生物学的に誕生したのちに、青年期に自我にめざめ、それまでとは違う新たな「自分」として誕生することを例えた言葉。

□**3** 心理的離乳（◎p.9）★

　青年期に親から精神的に自立することを乳児の離乳に例えた言葉。

□**4** 通過儀礼（イニシエーション）
　　　　　　　　　　（◎p.9、11）★

　誕生、成人、結婚など、人生の節目に区切りとして行われる儀礼で、ある社会的地位・役割から他の社会的地位・役割へ変化することを保障する意味を持つ。

□**5** 境界人（marginal man、周辺人）
　　　　　　　　　（◎p.9、10）★★★

　青年期に、子どもでも大人でもなく、その境界、周辺に位置し、どちらの集団にも属さない中間的な存在となった人をいう。ドイツの心理学者レヴィンによる用語。

□**6** 第二次性徴（◎p.10）★

　生まれつきの性差（第一次性徴）に対して、思春期から性ホルモンの働きが活発になって、身体各部に生じる性差。

□**7** 発達加速現象（◎p.10）

　身体的成長が早まる現象。身長や体重の増大と、第二次性徴の低年齢化などがある。栄養状態の改善、生活様式の欧米化、都市化による刺激などの影響による。

□**8** アイデンティティ（identity）
　　　　　　　　　　　　　（◎p.10）★

　青年期の発達課題。自己同一性、自我同一性などと訳される。「この自分でよい」「これからもこの自分でやっていける」「この自分は周りから受け入れられている」などの感覚。エリクソンによる用語。

□**9** 劣等感（◎p.10、14）★

　他者や理想の自分と比較して、自分が劣っていると思い悩むこと。特に青年期に経験する心理。劣等感を克服しようとすることは成長の原動力となる。

□**10** モラトリアム（moratorium）
　　　　　　　　　　　　　（◎p.11）★

　青年期は生き方を模索し、大人への準備をするために、社会的な役割や義務を猶予されている期間であるという意味。エリクソンによる用語。

□**11** 適応（◎p.12）

　家庭や学校、職場などの環境に対応しな

がら、自らの欲求も満たすこと。一方、**不適応**は、環境と不調和な状態で、欲求が満たされないことをいう。

□**12** 欲求不満（フラストレーション）
　　　　　　　　　　　　　（◎p.12）

　欲求が何らかの理由で阻止され、満たされないこと。この状態が続くと、不安や苛立ちが募ったり、攻撃的になったりする。

□**13** 欲求階層説（◎p.12、15）★★

　人間の欲求を5段階に分類し、低次の欲求が満たされれば、さらに高次の欲求を満たそうとして行動するとした説。アメリカの心理学者マズローが唱えた。なかでも、人間が生きるための生理的欲求を一次的欲求といい、それが満たされて生まれる心理社会的欲求を二次的欲求という。最も高次な欲求は自己実現の欲求である。

□**14** 葛藤（conflict）（◎p.13）★

　二つ以上の欲求が同時にあり、選択に迷って適切な行動ができなくなっていること。①接近―接近型（どちらもしたい）、②回避―回避型（どちらもしたくない）、③接近―回避型（したいがしたくない）の三つに分類される。

□**15** 防衛機制（◎p.13）★★

　欲求不満や葛藤によって生じた不安や緊張などをやわらげ、自我を守ろうとする心の働き。フロイトが解明した。抑圧や昇華、同一視などがある。

□**16** ヤマアラシのジレンマ（◎p.14）★★

　自立と相手との一体感という二つの欲求によるジレンマ。2匹のヤマアラシが身を寄せ合って暖め合いたいが、針が刺さるので近づけないという、ドイツの哲学者ショーペンハウアーの寓話に由来する。

□**17** 個性（◎p.16）

　人の特有の性質。パーソナリティ（人格）が、ある人の全体的な特徴を意味したり、人間の心に共通の構造を意味したりする場合があるのに対し、個性は、特に他の人と異なった性質を意味する。

□**18** キャラクター（性格）（◎p.16）

　行動に表れる意志や感情の特徴、行動傾向。他に、小説などに登場する人物や動物などの性質のこと。今日、様々なものが擬人化されキャラクター化されている。

□**19** パーソナリティ（◎p.16）

　知能や記憶、価値観などを含む包括的な概念。性格や個性とほぼ同じ意味で用いられる。語源は、ラテン語のペルソナ（舞台役者のかぶる仮面）。

□**20** ビッグファイブ（◎p.16、17）

　人間の性格を5つの特性（外向性、協調性、勤勉性、情緒不安定性、開放性）によって説明しようとする仮説。

□**21** 発達課題（◎p.21）★★★

　人間が幼児から成人へと発達していく各発達段階で、達成しなければならない課題。ハヴィガーストが提唱した。アメリカの心理学者エリクソンは、青年期の発達課題をアイデンティティの確立であるとした。

□**22** ライフサイクル（人生周期）（◎p.21）

　人間の一生をいくつかの段階によるサイクルと考えるもの。エリクソンは、人間の一生を8つの発達段階に区分し、課題の達成により**自己実現**をしていくと考えた。

□**23** フリーター（◎p.22）

　アルバイトやパートタイマーなど、正社員以外の就労形態で働いて生計を立てている15～34歳の者をいう。フリーアルバイターともいわれる。

□**24** ニート（Not in Education、Employment or Training/NEET）（◎p.22）

　学校に行かず、仕事にも就かず、職業訓練も受けていない状態を意味する。日本では若年無業者ともいわれ、15～34歳の非労働力人口のうち、家事も通学もしていない者と定義される。

□**25** パラサイト・シングル（◎p.22）★

　学校を卒業しても親と同居し、生活費や食費などの生活条件を親に依存している未婚者をさす。非正規雇用のために収入が少ないなど、やむをえずパラサイト・シングルになっている者もいる。

□**26** ボランティア活動（◎p.23）★

　自発的に、他者や社会のため、報酬や見返りを求めずに行う活動のこと。先駆的、創造的な活動もみられる。活動に参加する人の自己実現の場ともなりうる。

第2章　源流の思想

1　ギリシア思想

□**27** 哲学（フィロソフィア）（◎p.26）

　「哲学」と訳される語の元は英語のphilosophyであるが、それはギリシア語の「知恵（sophia）」を「愛する（philein）」に由来する。西周はそれを「希哲学」・「希賢学」とも訳すことを試みたが、結局「哲学」という訳に落ち着き一般にも定着した。

□**28** 自然哲学者（◎p.26）

　紀元前6世紀頃に登場した、自然界の変化のおおもとを探究する学問（**自然哲学**）を行った哲学者。神話（ミュトス）ではなく、論理的な言語活動（ロゴス）を重視したことから、後世に哲学の始まりといわれた。タレスに始まる。

□**29** ロゴス（◎p.26）

　ギリシア語で「言葉」という意味。言葉は論理や理性的なものをつかさどるため、ギリシア人はのちにこの言葉に論理や理性、法則という意味も持たせるようになった。

□**30** アルケー（根源・原理）（◎p.26）★

　ギリシア語で、本来「始まり」を意味し、そこから「原因」「根源」「原理」という意味を持つようになった。自然哲学は自然界すべてを作り出す「一つの何か」であるアルケーを探究する学問で、最初の自然哲学者のタレスはそれを水であるとした。

□**31** ソフィスト（◎p.28）

　ギリシアのポリスを巡り、弁論術や政治的な知識を教え、その対価として金銭を得

【重要用語の使い方】チェック欄、通し番号、重要用語、参照ページ、解説、という構成になっています。概観のページと合わせて読むと、学習事項が一通り確認できます。参照ページはおもなページを示しています。

たとされる人々。その弁論術はソクラテスやプラトンによって批判された。

□32 弁論術 (○p.28)
裁判や民会などにおいて相手を言葉で説得する技術。民主制が確立したアテネにおいて求められ、ソフィストはこれを教えるとされた。自然哲学の場合とは異なり、人を説得する手段としてのロゴスのあり方が追究された。

□33 相対主義 (○p.28)
すべての価値の基準は国や時代によって異なり、普遍的な価値の基準は存在しないとする考え方。ソフィストは相対主義に立ったが、ソクラテスはそれを批判した。

□34 ピュシス (○p.29)
ギリシア語でありのままの自然の本性を意味し、ノモスのような人為的なものとは異なる。自然哲学者たちはピュシスの根源であるアルケーを探究した。

□35 ノモス (○p.29)
ギリシア語で人為的なものを意味し、社会の法律や制度、さらには道徳という意味になった。ソフィストはノモスをピュシス（自然）と対立的にとらえ、ノモスは価値にかかわるものであり、相対的であるとした。

□36 万物の尺度は人間 (○p.29)★
プロタゴラスの言葉。価値の相対主義を言い表すものと理解されている。尺度とは、本来個々人を離れて客観的に設定されているはずであるが、ある人にとって善とされることが、他者にとってもそうとは限らない。人が変わり国が変わり時代が変われば、価値の尺度は変わる。客観的な善や正義の基準を否定する考えであると解釈されている。

□37 デルフォイの神託 (○p.30)
デルフォイは、アポロン神を祀る神殿があったギリシアの地名。そこに仕える巫女を通してアポロン神のお告げが伝えられる神託の場所として有名であった。ソクラテスの友人もここで神託を受けた。

□38 無知の知 (○p.30)★★
自分が知っていると思っていることが思い込みでしかなく、自分が実は無知であることを自覚すること。ソクラテスは、神託「ソクラテス以上の知者はいない」ということの意味を探究する中で気づき、問答法によって相手にも気づかせようとした。

□39 汝自身を知れ (○p.30)★
デルフォイの神殿の柱に刻まれていた言葉。「身のほどをわきまえろ」という意味の教訓として理解されていたが、それをソクラテスは自己の無知を自覚せよという意味にまで深めてとらえた。

□40 善美の事柄 (○p.30)
よいことは同時に美しいという考え方。ソクラテスは金銭や地位や名誉ではなく、生き方においてよく美しいあり方を追究すべきであると考え、それが哲学の目的だとした。

□41 問答法 (助産術) (○p.31)★
相手に問い、その答えにさらに問うことを繰り返すことによって、相手に自分の考え方を吟味させて自分の無知に気づかせ、その無知の知から相手自身に真理を見いださせようとするソクラテスの真理探究の方法。相手が自分自身で真理を見いだすのを助けることから、ソクラテスの母の職業にちなんで**助産術**ともいう。

□42 エイロネイア (○p.31)
皮肉を意味する英語の irony の語源。ギリシア語では本来、心に思うことと反対の発言をすることを意味し、また、無知を装うことを意味した。この態度によって、ソクラテスは相手に問答法をしかけた。

□43 魂 (プシュケー) (○p.31)
ギリシア語で本来「息」を意味し、それから生命、さらに人間の魂を意味するようになった。ソクラテスは、魂に倫理的生き方の主体としての意味を持たせた。

□44 魂への配慮 (○p.31)★
魂がよくなるように配慮＝世話をすること。ソクラテスは魂のよさを徳であると考え、魂への配慮の必要性を主張した。

□45 徳 (アレテー) (○p.28、31)
本来、様々な物・事柄の最もよいあり方を意味する言葉。そこから、人間そのものの最もよいあり方を意味するようになった。ソクラテスは、徳を魂のよさと認識した。

□46 福徳一致 (○p.31)
徳が何であるかを知り、それに基づいて正しく生きることは、魂を安全に保ちその人を幸福にするというソクラテスの考え方。一方、徳が何であるか知らず、不正を行うことは自らの魂を傷つけ不幸にするという。

□47 知徳合一 (○p.31)
徳とは何であるか正しい知識を持つことが、魂のよさとしての徳がそなわるために必要である。さらに徳を知っていれば徳に反する生き方をするはずないとソクラテスは考え「徳は知である」と唱えた。

□48 知行合一 (ソクラテス) (○p.31、33)
徳が何であるかを知れば、人はそれに基づく正しい生き方ができるはずであるとするソクラテスの考え方。

□49 普遍的な定義 (真理) (○p.32)
普遍的とは、いつでも、どこでも、また誰に対しても成り立つことを意味する。ギリシア哲学においてロゴスは、自然哲学以来、物事の普遍的な定義、つまり真理を発見する能力として理解されていた。

□50 アカデメイア (○p.34、35)
プラトンが設立した学園。ソクラテスが刑死したのち、アテネ郊外に若者の教育のために設立された。

□51 イデア (○p.34〜37)★★
プラトンが考えた真の実在で、プラトンの哲学の中心となる考え方。本来は物の姿形という意味であったが、プラトンは、感覚ではなく理性によってとらえられる真の実在という意味で用いた。感覚の対象は変化するものであり、常に不変に存在するものはないが、イデアは対象の本質であり、永遠不変である。

□52 イデア界 (○p.34)★
多様で不完全な三角形の図形に対応して三角形のイデア、多様で不完全な美しいものに対応して美のイデア、「不正」や現実の「正義」のようなものに対してイデアとしての正義…。こういったイデアの集合体としてプラトンはイデア界を想定した。その世界の秩序の中心に善のイデアがあると考えた。

□53 善のイデア (○p.34、35)★
よいものをよいものとして存在させている善そのもの。プラトンは、善のイデアはイデアの中で最高のイデアだと考え、それがこの世の秩序を形作っているとした。

□54 想起 (アナムネーシス) (○p.34〜36)
イデア界の記憶を想起する（思い起こす）こと。プラトンは、人間の魂はかつてイデア界にいて、その時の記憶が魂の奥にあるが忘れているため、想起が哲学の課題であると考えた。

□55 エロース (○p.35、36、72)
本来は、ギリシアにおける恋愛の神または恋愛を意味するが、プラトンは、人間の魂が完全なもの・価値あるものを求める愛、イデアに向かう思いとしてとらえた。

□56 魂の三部分説 (○p.35、36)★
魂をその機能に即して三つに区分して議論するプラトンの立場。①理性的な部分、②欲望の部分、③気概の部分（怒る部分）を考えた。これら三つの部分がそれぞれの徳をそなえれば、全体として調和が実現することから**四元徳**を考えた。

□57 四元徳 (○p.35、50)★★★★
知恵・勇気・節制に正義を加えた基本的な四つの徳。プラトンは魂の三部分に対応させて論じた。理性がそなえるべき徳として知恵、気概がそなえるべき徳として勇気、欲望を含む三つがそなえるべき徳として節制をとらえ、さらにこの三つの部分がそれぞれにその徳をそなえ全体として調和が実現した時、魂全体に正義という徳がそなわると考えた。

□58 哲人政治 (○p.35、36、40)★★
プラトンが理想とした政治のあり方で、哲学者が政治を行うというもの。プラトンは、魂と同様に、国家も三つに区分してとらえた。善のイデアを認識し、知恵という徳をそなえた人物が統治者階級として政治をつかさどり、防衛者階級が勇気の徳をそなえ、生産者階級を含む三つの階級が節制の徳をそなえることによって、国家の全体に正義の徳がそなわり、理想の国家が実現すると考えた。

□59 形相 (エイドス) (○p.38)★
本来、姿形という意味。アリストテレスは物の存在の原因を形相と質料（ヒュレー）の二つから考えた。形相とは物に内在し、それが何であるかを規定する本質であり、イデアのように現実の世界にある物を超越して存在するのではない。

□60 質料 (ヒュレー) (○p.38)★★
本来、材料という意味。物の存在の原因

重要用語

のうち材料にあたるもの。形相と結びついて具体的な物を形成する。

□**61 観想（テオーリア）**（○p.38）★
ギリシア語で本来「観る」という意味。それが、実用を離れ、理性的に考えて物事の本質・真理を「観る」という意味にまで深められた。英語の theory（理論）の語源。アリストテレスは、物事の真理を追究する**観想的生活**こそ人間に最もふさわしい幸福な生活であると考えた。

□**62 知性的徳**（○p.39、40）★★
知恵（ソフィア）や**思慮（フロネーシス）**などからなる。教育や学習によってそなわる。なかでも思慮は、性格的徳を指導し、過度を避け何が中庸であるかを判断する能力。

□**63 性格的徳（習性的徳・倫理的徳）**（○p.39、40）★★
人間の人柄としてのよさで、習慣的な繰り返しでそなわる徳。知性的徳とは異なり、よいこととしてわかったからといってそなわるわけではなく、わかったうえでそれが習性となり習慣（**エートス**）とならなければならない。アリストテレスにとって、倫理学はよきエートスとは何であるかを問うものであった。

□**64 中庸（メソテース）**（○p.39、40）★★★
どのようなことが性格的徳（習性的徳・倫理的徳）としてそなえるべきものかという判断基準になるもの。アリストテレスは物事の過度と不足を避け、ちょうど真ん中を選び、そなえるべきだとした。

□**65「人間は自然本性的にポリス的動物である」**（○p.8、39）★
アリストテレスによる人間の定義。アリストテレスは個人の行動とともに社会のあり方を重視し、最高の生活はポリスという共同体で実現され、人間はその中で生きる動物であるとした。

□**66 友愛（フィリア）**（○p.39、40、72）★★
友情における愛。恋愛と異なり、友愛は相互的なもので、人々を情緒的に結びつける、ポリスに不可欠な徳である。

□**67 正義**（○p.39）★★
ポリスにおいて人々を理性の面で結びつける徳。アリストテレスは、正義を**全体的正義**と**部分的正義**に分類し、さらに部分的正義を**配分的正義**と**調整的正義**に分けた。

□**68 世界市民（コスモポリテース）**（○p.41）
ポリスと一体化した個人ではなく、世界国家の一員としての個人。アレクサンドロス大王の東方遠征開始以降、ギリシアでは個々のポリスの独立が失われ、地中海周辺世界での人々の交流が盛んになった。そのようなヘレニズム時代には、世界市民の生き方を探究する倫理が求められた。

□**69 アタラクシア**（○p.41、42）★
ギリシア語のタラクシアに否定のアを付けたもので、煩いのない状態を表す。快楽が幸福であり、人生において追求されるべき善であるという**快楽主義**に立つエピクロ

スは、心に煩いがなく、平静な状態であるアタラクシアを幸福と考え、それが快楽であり、そのような状態を実現する生き方をよしとした。

□**70 情念（パトス）**（○p.42）★
英語の passion の語源。古代ギリシア人は、人間の魂にはロゴスの部分とパトスの部分があり、パトスはロゴスに対立すると考えた。

□**71 アパテイア**（○p.42）
ギリシア語のパトスに否定を表すアが付いたもの。情念（パトス）のない状態を表す。外界からの刺激によって心が乱されないこと。ストア派が理想とした境地としたもの。

□**72 ストア派**（○p.42）★★★★★
紀元前3世紀にゼノンによって始められた学派。ロゴスを人間の理性のみならず自然を貫く理法としてとらえ、人間も自然もロゴスを共有しているとする。人間はこのロゴス（理性、理法）に従って生きることが善であり、また幸福であるが、それを妨げるものが情念である。そのためパトスに縛られない状態であるアパテイアを理想の境地とした。

□**73 禁欲主義**（○p.42）★
理性や意志によって感情や欲望をコントロールし、理想の境地に達しようとする考え方。ストア派はこの立場に立つ。

□**74 新プラトン主義**（○p.42）★
3世紀後半から6世紀にかけてヘレニズム世界やローマ帝国で盛んとなった思想。プラトンのイデア論を受け継いだ。プロティノスによって確立され、究極原因である一者との合一を説き、キリスト教の教父哲学にも影響を与えた。

2 キリスト教

□**75 ユダヤ教**（○p.44、47、53）★★
古代イスラエルの民が、神（ヤハウェ）から特別に選ばれて結んだとされる「契約」を基盤とする宗教。『旧約聖書』、『タルムード』を聖典とし、そこに記された律法（トーラー）と預言書の教えを重視する。

□**76『旧約聖書』**（○p.44、45）★
ユダヤ教、キリスト教、イスラームの聖典。紀元後90年頃にパレスチナで成立。39書からなり、ユダヤ教では「律法」（トーラー、モーセ五書）、「預言者」、「諸書」の3つに分類される。「旧約」とはキリスト教徒から見た表現。

□**77 ヤハウェ**（○p.44）★
ユダヤ教における唯一絶対の神。天地万物の創造主。他の神や偶像の崇拝を禁じ、ヤハウェのみを神とするように命じた。キリスト教、イスラームも同じ唯一神を基盤とする。

□**78 選民思想**（○p.44）★★
ユダヤ教にみられる、多くの民族の中から、神によってイスラエルの民が特別に選ばれたという思想。ユダヤ教徒は、神の特別な選びに応えるためとして、様々な迫害

の中でも神の契約を信じ、神の教えである律法を遵守してきた。

□**79 預言者**（○p.44）★
神から特別の使命を授けられ、神の言葉を預かり、人々を導く存在。サムエル、イザヤ、ホセア、エレミヤ、エゼキエルらがいる。その活動と教えは『旧約聖書』の預言書などに記されている。

□**80 十戒**（○p.44、157）★★
もとは「十の言葉」を意味する。神がモーセを指導者に選び、エジプトからイスラエルの民を脱出させた際に、石版に刻んで民に授けた十の教え。偶像崇拝の禁止や安息日の遵守などが記されている。

□**81 律法（トーラー）**（○p.44）★★★★
イスラエルの民が神との契約を信じて生きるために神が授けた教え。「モーセ五書」（「創世記」、「出エジプト記」、「レビ記」、「民数記」、「申命記」）にまとめられた。

□**82 救世主（メシア）**（○p.44、46）★
ヘブライ語のマーシアハに由来し「油を注がれた者」という意味。注油は、祭司、預言者、王に授けられる特別な儀式であった。現実の王に失望した古代イスラエルの人々は、神の派遣する理想の王（メシア）による救済を待望した。メシアはギリシア語では「キリスト」といい、イエス・キリストとは、「イエスがキリスト（救い主）である」という信仰告白でもある。

□**83 律法主義**（○p.46、49）★★
律法を、宗教的場面だけでなく、社会・政治・文化・生活のあらゆる事柄に適用される原理・規則・基準とし、律法を忠実に守る人間だけが救われるという考え。ユダヤ教徒は迫害により故郷や神殿を失い、律法によって独自の共同体を維持していた。

□**84 神の愛（アガペー）**（○p.46、50、72）★
アガペーはギリシア語で愛を意味する言葉。キリスト教では特に、神の愛を意味する。人間の優秀さや美しさにひきつけられる愛（エロース）ではなく、人間の弱さや汚さを受け入れ、包み込む**無償の愛**である。隣人愛もアガペーと呼ぶ場合がある。

□**85 神の国**（○p.46）
本来は神の支配を意味する。イエスは、この世の権力の支配ではなく、神の支配による神の国がこの世に実現すると教えた。それは神の愛に満ちた世界の実現であり、神を信じる者の心の中に実現するという。

□**86 福音**（○p.46、47）★★
ギリシア語のエウアンゲリオンに由来する言葉で、「よき知らせ」を意味し、イエスの教えをさす。イエスの教えは『新約聖書』に、マタイ、マルコ、ルカ、ヨハネによる4つの福音書として残されている。

□**87 隣人愛**（○p.46～48）★★
「隣人を自分のように愛しなさい」という教え。この教えはすでにユダヤ教の律法にあったが、イエスはその「隣人」の範囲を同じ民族や血縁者・仲間にとどめず、外国人・敵対者にまで拡大した。

重要用語

□88 **山上の説教**（◎p.47）★

イエスがガリラヤ湖畔の丘で人々に授けた教え。「心の貧しい人々は幸いである」とし、神以外に何も頼るもののない、貧しく、弱く、迫害される者こそが神の国に受け入れられると教え、祝福を与えた。

□89 **黄金律**（◎p.47、73、134）★

人間の倫理の根本原理のこと。通常、「人にしてもらいたいことを人にしなさい」、「隣人を自分のように愛しなさい」という、イエスの教えをさす。イギリスの功利主義の思想家J.S.ミルは、これを功利主義道徳の理想として重視している。

□90 **『新約聖書』**（◎p.47）★

「福音書」、「使徒言行録」、「書簡」、「ヨハネの黙示録」からなる。新約は新しい契約という意味で、以前のイスラエルの民との古い契約（旧約）を改め、全人類をイエスによって救う、神の新しい契約を意味する。

□91 **パリサイ派**（◎p.49）★

サドカイ派、エッセネ派と並ぶ、イエス誕生当時のユダヤ教の一派。「モーセ五書」だけでなく口伝律法も含めた、複雑で厳格な律法遵守を主張した。福音書ではイエスの論争相手として登場する。

□92 **復活**（◎p.46、49）★★

イエスはユダヤ教の指導者層に疎まれ、ローマ総督に反逆者として引き渡されて十字架刑に処せられた。しかし、その死の3日後に復活し、弟子たちの前に姿を現したと信じられた。

□93 **原罪**（original sin）（◎p.45、50）

人類の祖であるアダムとエヴァ以来、すべての人間が生まれながらに持つ根源的な罪のこと。神の愛、隣人愛を認めず、他者を妬み排斥する心などに現れる。

□94 **贖罪思想**（◎p.50）★★★

イエスが十字架上で死を遂げたのは、全人類に代わりすべての罪を背負って犠牲となり、罪を償うためであったとする考え方。贖罪とは罪を償うこと。パウロが説いた。

□95 **三位一体**（Trinity）（◎p.51）★

父と子と聖霊の三つが唯一の神であるという教え。イエスは神の子であり、父なる神と同じく神である。父と子には愛の交流があり、この愛が聖霊なる神である。父と子と聖霊は独立し互いに関係し合う、三にして一なる神であるとされる。

□96 **教父**（◎p.51）

2～8世紀頃にかけて、キリスト教会の正しい教えをまとめた哲学者・神学者。キリスト教をギリシア・ローマの哲学・文化と対決・融合させながら、キリスト者の信仰を導き、その思想は**教父哲学**と呼ばれる。

□97 **恩寵**（Grace）（◎p.51）★★★

もとは無償という意味。神が人間に対して無償で与える賜物全体を意味し、生命、罪の赦し、信仰、義しい生き方、特別な能力などが神の恩寵としてとらえられる。アウグスティヌスは、人間は神の恩寵によってのみ救われると説いた。

□98 **スコラ哲学**（◎p.52）

スコラはラテン語で学校という意味。西欧中世の学校、特に大学で行われた学問研究をスコラ学といい、その哲学部門をスコラ哲学と呼ぶ。哲学は理性によって、倫理、自然、神、言語の全体を扱う学問であった。

3 イスラーム

□99 **イスラーム（イスラム教）**
（◎p.54、68）★★★★★

イスラームとはアラビア語で、神に服従することを意味する。7世紀にムハンマドが開いた、厳格な一神教。

□100 **メッカ**（◎p.54、55）★

イスラームの聖地。ムハンマドの出身地。礼拝はメッカにあるカーバ神殿の方向（キブラ）に向かって行われる。**ハッジ**と呼ばれる巡礼の目的地となっている。

□101 **アッラー**（◎p.55）★★★★★

アラビア語で神という意味。ムスリムにとって唯一の神。「アッラー」は固有名詞ではないので、キリスト教の神もユダヤ教の神も、アラビア語では「アッラー」と訳す。

□102 **『クルアーン』**（al-Qur'ān）
（◎p.55、57）★★★★★

ムハンマドが授かったアッラーの言葉を記したもの。アラビア語で「読誦されるべきもの」という意味。最初、ムハンマドの言葉は信徒により記憶されていたが、7世紀中頃、ほぼ現在の形に編纂・文書化された。

□103 **ヒジュラ（聖遷）**（◎p.55）

アッラーの言葉を授かったムハンマドはメッカで宣教を始めた。しかし、部族神・多神教を否定したため迫害され、622年にメディナに逃れた。これをヒジュラと呼び、この年がイスラーム暦の紀元となっている。

□104 **カリフ**（Khalifah）（◎p.55）★★★

アラビア語で代理者を意味するハリーファに由来。正しくは「アッラーの使徒の代理人」のこと。ムハンマドの後継者であり、ウンマの宗教・政治指導者。初代から4代までの時期を「正統カリフ時代」と呼ぶ。

□105 **六信**（◎p.55）★★★

信仰の基本となる次の6つの教義のこと。①神（アッラー）、②神と人を結ぶ天使、③聖典（『クルアーン』、『旧約聖書』など）、④預言者（ムハンマドは最後の預言者）、⑤来世（天国と地獄）、⑥天命。

□106 **共同体（ウンマ）**（◎p.55、56）★★★

ムハンマドは当時の部族社会や血縁関係による共同体を否定して、アッラーの前にすべての人間は平等であるとする宗教的共同体を作った。これをウンマと呼ぶ。

□107 **五行**（◎p.56）★★★★★

ムスリムは信仰を右段上の表にまとめた5つの実践で行動・態度に示さなければならない。

信仰告白（シャハーダ）	「アッラーのほかに神はなし」と「ムハンマドはその使徒なり」という、イスラームの最も根本的な信条の宣言。
礼拝（サラート）	1日5回の礼拝。信徒の義務であり、「アッラーは偉大なり。アッラーのほかに神はなし」の朗誦から始まる。
喜捨（ザカート）	収入と貯蓄に課せられる救貧税。ウンマの連帯と信仰を高めるためのもの。貧者、困窮者、改宗者、旅人のほか、借金で奴隷となった人の解放のためにも使われる。
断食（サウム）	日の出一時間前から日没まで飲食を断ち、身を慎むこと。イスラーム暦9月（ラマダーン）の断食は義務であり、その他の時期に任意の断食を行うこともある。子どもや高齢者、病人などは免除される。
巡礼（ハッジ）	メッカのカーバ神殿と周辺にある聖所への巡礼。一生に1度行えばよく、イスラーム暦12月に行われる。

□108 **ムスリム**（Muslim）
（◎p.54、56、58）★★★★

イスラームの教えによって神に帰依する者という意味。六信を受け入れ五行を実践する誓いを立てる。ムスリムの中では、年齢、性別、人種、信仰経歴、地位・財産などによる差別はない。

□109 **シャリーア（イスラーム法）**
（◎p.56）★★★

もとは「水場への道」、「従うべき正しい道」の意味で、信徒が従うべき様々な定めのこと。『クルアーン』、**ハディース**（伝承）に記録された**スンナ**（ムハンマドの言行）などを根拠として成立している。

□110 **スンナ派**（◎p.56）

スンナと『クルアーン』を信仰の基盤とする、イスラームの多数派。初代から4代目のカリフを認める。

□111 **シーア派**（◎p.56）

シーアとは党や派を意味し、もとは「シーア・アリー（アリー派）」という。ムハンマドの娘婿のアリーとその子孫を、ムハンマドの正統な後継者と考える。

□112 **ジハード（聖戦）**（◎p.57）★★

もとはアラビア語で「努力すること」を意味する。イスラームでは「神のために努力すること」をさす。ヨーロッパで翻訳される際に「聖戦」と訳され、「異教徒との戦い」が強調されるようになった。

□113 **ハラール**（◎p.58）

イスラーム法において合法なもののこと。非合法なもののことをハラームという。ムスリムは、ハラールに処理された食品を食べて生活している。イスラーム法に則って処理がされていない食肉はハラームとなる。

重要用語

☐ 114 **バラモン教(ヴェーダの宗教)**

(📖p.60、68) ★★

聖典『ヴェーダ』を中心とする宗教。近年ではヴェーダの宗教ともいう。司祭階級であるバラモン(ブラーフマナ)を頂点とする身分秩序を説き、バラモンがヴェーダに基づく祭祀を行い、様々な利益をもたらそうとすることを特徴とする。

☐ 115 **ヒンドゥー教**(📖p.60、68)

バラモン教に民間信仰などを取り込んで形成された宗教。シヴァ神やヴィシュヌ神などの神がおり、インドを中心に多くの信者を持つ。東南アジアにも広まっている。

☐ 116 **ヴァルナ**(📖p.60)

バラモン、クシャトリヤ、ヴァイシャ、シュードラの4つのヴァルナで形成。この中に、職業や地縁による世襲の社会集団であるジャーティを位置づけることで、10世紀前後にヴァルナ・ジャーティ制が成立した。

☐ 117 **『ヴェーダ』**(📖p.60)★

バラモン教の中心となる聖典。祭祀に関する文章などを集めたもので、神々への賛歌や、呪詞などがある。広義のヴェーダはインド哲学における文献の大半をさすが、通常はサンヒター(本来)と呼ばれる4つのヴェーダをいう。

☐ 118 **『ウパニシャッド』**(📖p.60、61)★

ヴェーダの真意や呪術の秘法などがまとめられたもの。「ウパニシャッド」とは、もともと「近くに坐る」という意味で、子弟の間に口伝された秘密の教えを意味するようになった。言葉と事物の関係や世界の原理など、扱う内容は多岐にわたり、のちに**ウパニシャッド哲学**が構築され、インド哲学の基盤を形成した。

☐ 119 **輪廻(輪廻転生)**(📖p.60、61)★★★

限りない生と死の連続のこと。前世が原因となり、結果として現世のあり方が決まり、現世が原因となって来世のあり方が決定するという、因果関係の連鎖でもある。『ウパニシャッド』では、人が死んで天に昇り、雲となり雨となって地上に降り、樹木がそれを吸い上げて果実を生み、それを人間が食べて子ができるという輪廻(生まれ変わり)の理論が構築された。

☐ 120 **業(カルマ)**(📖p.60)★

人々の行為という意味。現世の中で、過去の業が現在の状況を決定し、現在の業が未来の状況を決定する。同様に、前世の業が現世のあり方を決定し、現世の業が来世のあり方を決定するとされ、自業自得、因果応報ということである。このように、現世の中でも輪廻の中でも因果関係を考えるのがインド思想の特徴である。

重要用語

☐ 121 **解脱**(📖p.60)★

輪廻の世界から離れ解放されること。インド哲学や仏教の最終目的。迷いや苦しみ、束縛といったものから解放されることが宗教の目的とされる場合が多いが、インド哲学や仏教においては、その究極が解脱であ

るといえる。

☐ 122 **ブラフマン(梵)**(📖p.61)★★

宇宙の根本原理にして世界の創造原理。「力」を意味する語の派生語で、世界を変化させる力、ひいては根本原理という意味になった。『ヴェーダ』において、神々はブラフマンから派生したと述べられている。

☐ 123 **アートマン(我)**(📖p.61)★★

生命・自己の本質で、魂のようなもの。もともとは呼吸という意味だったが、それが生命の意味になり、他と自分を区別する本質という意味になった。

☐ 124 **梵我一如**(📖p.61)

梵(ブラフマン)と我(アートマン)が同一・一体であるという思想。ブラフマンは宇宙の原理であり現世を超越しているため、輪廻の主体であるアートマンがブラフマンと一体になることは現世を超越することであるから、それが解脱であると考えられるようになった。

☐ 125 **ジャイナ教**(📖p.61、68)★

開祖は**ヴァルダマーナ**(マハーヴィーラ)で、アヒンサー(不殺生)をはじめとする厳しい戒律と苦行を特徴とし、霊魂の不滅を説く宗教。白衣派と空衣派の二派がある。多数派は穏健派の白衣派で、出家者は純白の衣のみ身に着けてよいとされ、所有物として托鉢用の鉢のみ認める。空衣派は、無所有という戒律を徹底するため、全裸で何も持たない。信者数は少ないが、在家の信者は宝石商や金融業を営む者が多く、社会的影響力が強い。

☐ 126 **四苦八苦**(📖p.62)★★

生・老・病・死という根本的な苦である四苦に、①愛別離苦(愛する者との離別)、②怨憎会苦(恨み憎む者に出会う)、③求不得苦(欲望が満たされない)、④五蘊盛苦(現実を構成する要素は苦につながるので、生きているだけで自然に苦が発生する)の四つを加えてゴータマ・シッダッタが説いた苦を四苦八苦という。この苦から解放される方法が解脱である。

☐ 127 **四法印(一切皆苦・諸行無常・諸法無我・涅槃寂静)**(📖p.62、64)★

法印とは法(真理)の要約という意味で、仏教の本質は次の4点にまとめられ、四法印と呼ばれた。①この世のすべては苦である(一切皆苦)、②あらゆる現象は常に変化する(諸行無常)、③どのような存在も不変の本質を持たない(諸法無我)、④煩悩が消えた悟りの世界は静かな安らぎの境地である(涅槃寂静)。

☐ 128 **涅槃(ニルヴァーナ)**(📖p.62)

煩悩の炎が消された安らぎの境地。悟りの境地に等しいとされる。また、生命の炎が消されたということで、死去、入滅という意味にもなる。さらには、煩悩がなくなり、この世から離れるということで、解脱という意味でもある。

☐ 129 **煩悩**(📖p.63)★

心身を乱し、正しい判断を妨げる心の働き。本能的な欲望や感情、無知がそのおも

な要素である。煩悩は自己中心的な考え方や執着から生じるともいわれる。

☐ 130 **我執**(📖p.64)

自分自身や周りの物には永遠不変の自我・魂(アートマン)が実在すると考えて執着すること。自分の考え、行為、目的などに執着することは、真実を見失うことにつながるため、仏教では我執をいかにして克服するかが追求された。

☐ 131 **縁起**(📖p.63)★

因果関係のことで、現象は何らかの条件に応じて(依存して)生じるという意味。この世の様々な現象は無常であり、常に生滅変化し続けるが、その変化はまったくの偶然であるわけではなく、一定の条件の下で、一定の変化を起こすと説かれた。

☐ 132 **無明**(📖p.63)

真実に対する無知をさす。これがもとになって固定的な見方や考え方が起こり、様々な煩悩が発生する。原始仏教には、無明こそが最大の汚れであるという考え方がある。

☐ 133 **初転法輪**(📖p.63、64)

ゴータマ・シッダッタが鹿野苑(サールナート)において、初めて仏教教義を説いたことをいう。そこでは、**四諦**と**八正道**の教えが説かれたといわれている。「法輪」とは仏教教義のことで、それを伝えることを「転」という。「輪」は古代インドの武器(チャクラム)のことで、破邪を意味する。

☐ 134 **四諦(苦諦・集諦・滅諦・道諦)**

(📖p.63、65)★

四諦とは4つの真理という意味。①この世のすべては苦しみであるという苦諦、②煩悩は苦を招き集める原因であるという集諦、③煩悩・執着を捨てることが苦の消滅であるという滅諦、④八正道の実践が苦の消滅に向かう道だとする道諦からなる。

☐ 135 **中道**(📖p.63、64)★

快楽主義と苦行主義という両極端を否定するとともに、妥協的な態度を許さない姿勢を意味する。仏教の中道は、現世利益の追求という極端と、苦行の徹底という極端を厳しく批判したところに生まれた。この中道を具体的に示したものが八正道である。

☐ 136 **三毒**(📖p.63)★

貪・瞋・癡の三つで、人間が克服すべき最も根本的な煩悩のこと。貪は貪欲のことで、欲望を抑制せずむさぼること。瞋は瞋恚ともいわれ、感情を抑制せず怒り憎むこと。癡は愚癡ともいわれ、真理に対する無知のことである。この三毒を打ち消すための具体的実践例が八正道である。

☐ 137 **八正道**(📖p.63、65)★★

解脱に向かうための8つの正しい修行の方法。①無常を認める正見、②欲から離れ慈悲に溢れる意志である正思、③言葉で人を傷つけない正語、④生活・命を傷つけない正業、⑤人のために役目を果たす正命、⑥至らないところを克服する正精進、⑦自分を見失わない正念、⑧ありのままを見つめる正定がある。

□**138 慈悲**（**○**p.63）

衆生（生きとし生けるもの）を輪廻の苦しみから解脱させようとする心。生けるものすべてに平安を与える（与楽）ことである「いつくしみ」と、苦しみを取り除く（抜苦）ことである「あわれみ」である。大乗仏教で特に強調され、慈悲に基づく利他行の重要性が盛んに説かれた。

□**139 仏陀**（**○**p.63）

仏陀とは「目覚めた者、悟りを開いた者」という意味。多くの仏教部派ではゴータマ・シッダッタをさし、悟りを得たその他の人は、阿羅漢などと称された。のちに大乗仏教の時代になると、ゴータマ・シッダッタ以外にも多くの仏陀が存在すると説かれるようになった。

□**140 自利・利他**（**○**p.66）★★

自らの悟りのために修行し、解脱に向かうことを自利といい、自己を犠牲にしてでも人々を救い導くことを利他という。大乗仏教では、自利と利他は両方重視され、「上求菩提 下化衆生」といい、自利のために悟りを求め、利他のために衆生を導くことが重視された。利他行は成仏の条件でもあるので、利他行は自利行の意味も持つ。

□**141 菩薩**（**○**p.66）★★

悟りを開いてもなお現実に留まり、在家の人々を導きともに歩み救おうとする人。菩薩は慈悲、つまり他者に対する慈しみと他者の苦しみに同情し救済しようとする心を持って、一切衆生のためにまず行動する存在であるとされる。大乗仏教における理想の姿として、人々の信仰を集めた。

□**142 六波羅蜜**（**○**p.66）★★★

大乗仏教における6つの実践徳目。①財物を与え、真理を教え、安心を与える布施、戒律を遵守する持戒、②堪え忍び怒りを捨て慈悲の心を持つ忍辱、③絶えず努力を続ける精進、④心を集中させ安定させる禅定、⑤智慧を開き真相を究める智慧からなる。

□**143 部派仏教**（**○**p.66）

ゴータマ・シッダッタの死去から100年ほどのちに、戒律の解釈をめぐる意見対立が起き、仏教教団は保守的な上座部と革新的な大衆部に分裂した（根本分裂）。さらに両派内でも分派活動が行われ、多くの諸部派が発生したという。これら諸部派に分かれた当時の仏教を部派仏教という。

□**144 上座部**（**○**p.66）★

根本分裂によって派生した仏教の保守派。上座部はゴータマ・シッダッタの時代の仏教を保存しようとしてきたとされ、特に説一切有部はインドで最大勢力を誇った。その教義は『倶舎論』にまとめられている。

□**145 大衆部**（**○**p.66）★

根本分裂によって派生した仏教の諸派で、インド中部から南インドに広まったが、勢力はさほど大きくなかったという。大乗仏教のルーツであるという説がある。

□**146 大乗仏教**（**○**p.66）★

自分の解脱を求めるだけではなく、輪廻の苦しみにあえぐ衆生を救いたいと思う菩

提心を起こし、それを実践する利他行を重視する仏教の宗派。大乗とは大きな乗り物という意味で、自分だけでなく衆生と一緒に悟りの彼岸へ行こうとすることを意味している。大乗仏教は中央アジアを経由し、おもに東アジアに広く伝わった。**北伝仏教**とも呼ばれる。

□**147 上座仏教**（**○**p.66）

出家して修行に打ち込み、苦に満ちたこの世からの解脱をめざすことを重視する、仏教の保守的な立場。上座部の流れをくむ。インドにおいて様々な部派が発生し、教義の研究がなされた。スリランカから東南アジアに広がり、**南伝仏教**と呼ばれる。

□**148 阿羅漢**（**○**p.66）

原始仏教や上座仏教において、修行者の到達しうる最高の存在で、尊敬や施しを受けるにふさわしい人という意味。中国や日本では、仏法を守ることを誓った16人の仏弟子が十六羅漢といわれ、信仰を集めている。一方、大乗仏教では自利のみを求める存在として批判の対象とされる。

□**149 五戒**（**○**p.67）★★

出家をしない在家信者が守るべき基本的な5つの戒律。①生き物を殺さない不殺生、②人のものを盗まない不偸盗、③不倫をしない不邪淫、④嘘をつかない不妄語、⑤酒を飲まない不飲酒からなる。

□**150 無自性・空**（**○**p.67）★★

確定・限定ができないことを無自性といい、無自性は空と等しい。ナーガールジュナ（竜樹）によって理論化された思想。万物には本質がなく、そのためすべては確定・限定ができない（無自性）。このような無自性が空であるとナーガールジュナは考え、それが世界の本質であると説いた。

□**151 唯識思想**（**○**p.67）★

外界の事物は実在せず、すべて心の働きである識の作用によって実在するように思われるものにすぎないとする思想。空の思想を継承しながらも、心の作用は仮に存在するとして、修行を通じて心を変化させ、悟りを得ようとする。アサンガ（無著、無着）、ヴァスバンドゥ（世親）兄弟によって大成された。

□**152 『般若心経』**（**○**p.67）

空の思想を中心に大乗仏教の神髄がわずか三百字たらずでまとめられ、日本でも一般的に広く読まれている経典。日本では真言宗、臨済宗、曹洞宗が日々読経すべきものとしており、他宗でも重視されている。

□**153 「色即是空 空即是色」**（**○**p.67）★

『般若心経』の有名な一節で、世界の本質を表す言葉。「色即是空」は、事物は無自性だから、実体として存在するのではないということ。一方、その事物は諸条件に依存して発生し、その諸条件は常に同じというわけではなく、確定・限定ができない。そのため、無自性・空から事物が発生するということで、「空即是色」という。

□**154 六師外道**（**○**p.68）★

ゴータマ・シッダッタと同時代に活躍し

た6人の思想家を、仏教の立場から異端視した呼称。ジャイナ教開祖のヴァルダマーナ、唯物論のアジタ・ケーサカンバリンとパクダ・カッチャーヤナ、道徳否定論のプーラナ・カッサパ、決定論のマッカリ・ゴーサーラ、懐疑論のサンジャヤ・ベーラッティプッタがいる。

5 中国の思想

□**155 諸子百家**（**○**p.70）

春秋戦国時代に現れた思想家や学派の総称。現実の政治のあり方や、乱世に対処する方法を中心に思想を展開した。後漢の学者の班固は『漢書』で、儒家・墨家・法家・道家・陰陽家・名家・縦横家・農家・雑家（道家思想を基本として諸家の説を様々に取り入れたもの）の9つに分類している。これに兵家を加えたものが一般的である。

□**156 道教**（**○**p.69,81）

道（タオ）と一体となることを目的とし、不老不死の霊薬である丹を練り、不老不死を得た人である仙人となることを理想とする。漢民族の民間の宗教がルーツであり、神仙思想や仏教に対抗するために、老子を教祖とし、道家の思想や書物を取り入れつつ経典整理が行われた。

□**157 法治主義**（**○**p.70）★★★

法家の韓非子によって提唱された。人は利己的で常に打算的なので、法や刑罰など外面的な矯正によって社会秩序を維持しなければならないという思想で、信賞必罰を特徴とする。戦国時代において、人間を冷徹にとらえた考え方である。

□**158 儒家**（**○**p.70）★

古の聖人君子を理想とし、仁・義・礼の道を実践し、地縁・血縁に基づく秩序をめざした思想家の集団で、徳によって秩序を維持すべきであるとした。孔子の死後、8つの派に分かれ、特に孟子と荀子につながる流れが知られている。

□**159 『論語』**（**○**p.71,227）★★

孔子とその弟子の言行を、孔子の死後、弟子たちがまとめた書物。儒教において四書の一つ（他は『孟子』『大学』『中庸』）として尊ばれる。のちに様々な注釈が作られ、東アジア思想に大きな影響を及ぼし続けている。キリスト教宣教師によってフランスに伝わり、ヴォルテールやモンテスキューにも影響を与えた。

□**160 道**（**○**p.71）

もとは、人や物が行き通うべき所、始まりでもあり終わりでもあるもの、という意味である。ここから様々な意味が派生した。儒教における道は、人の道・道徳という場合の道で、人間関係や社会に関する道理という意味。この意味で道という言葉を初めて用いたのは孔子だといわれている。

□**161 仁**（**○**p.71）★★★★★

人に対して自然に発生する親愛の情。孔子が最も重視した徳目。仁は家族的な親愛の情を基本とする愛で、人間関係のあるべ

き姿を考えるにあたって欠かせない徳目だとされた。具体的に**孝悌**などがある。

□**162 孝**(◯p.71)
　親によく従うことをさす。生命の連続に対する畏敬の念で、仁の基礎となるもの。血縁を基礎とした社会秩序を重んじた孔子は、孝を守る振る舞いを高く評価した。のちに道徳の根源、宇宙の原理として論じられるようになった。

□**163 悌**(◯p.71)★
　兄によく従うこと。血族の年長者に対する敬愛の情。孝とともに語られ、仁の根本とされた。孟子は、親や年長者を敬う孔子の考え方を継承し、孝悌を基礎として親・義・別・序・信という**五倫**を実践することを重視した。

□**164 忠**(◯p.72)★
　偽りのない誠実なまごころのこと。特に君臣間において重視された徳目。孔子は仁の内容として忠を説いた。忠と孝は時に対立するものとされ、中国や朝鮮半島では忠よりも孝が大事だとされたが、日本では朱子学の伝来以来、忠がより大切なものとされ、武士道に影響を与えた。

□**165 恕**(◯p.72)
　他人を心から思いやること、他人の立場になって赦すこと。よく忠とともに説かれる。恕だけでは、相手の誤りをただ甘受するだけになり、甘えを誘うことにもなりかねないので、偽りのない誠実さである忠によって過ちを正すことを加える必要があると考えられた。

□**166 礼**(◯p.72)★★
　社会規範に従うことをさす。仁という内面が具体的行動・実践となって表れたもの。儒教では、これが他人を愛するに等しいこととされた。伝統的な法制度や共同体のしきたりなどを、孔子は秩序の基本だとしており、礼はもともと祖先や自然の神を祀る共同体に欠かせない祭式儀礼であったため、血縁・地縁を重視する儒教では重要な徳目とされた。

□**167 克己復礼**(◯p.72)★
　感情や欲望を抑えて他人を尊重する態度をとり社会規範に従うことは、他人を愛するに等しいということ。孔子は政治や社会の混乱は礼を欠くことから発生すると考えた。礼が廃れるのは仁の裏づけがなくなっているからであって、他人への敬意と思いやりの心があれば自然と礼を尽くすことになり、秩序は回復されるという。

□**168 聖人**(儒教)(◯p.72)★
　過去の偉大な統治者、徳をそなえた理想的な人物。聖人君子ともいわれる。最も理想とされる聖人が中国の伝説上の君主である堯・舜で、夏王朝の祖である禹、殷の祖である湯王、周の祖である武王と周公旦、孔子が聖人として位置づけられ、人々がめざすべき姿とされた。

□**169 小人**(◯p.72)
　教養や道徳心に欠ける人。『大学』には「小人閑居して不善を為す」という有名な言葉があり、小人は他人の目がないと悪事をしでかすとされ、一人でいる時にも必ず慎み深くある君子と対比され、小人からいかに脱却するかが追求された。

□**170 徳治主義**(◯p.72)★★
　為政者が学問修養によって徳を積み、人々の模範となる態度を示して徳を周囲に及ぼすことにより、人々に道徳を身につけさせ、統治を行うことをめざす政治思想。秩序は、徳によって維持できるとされる。**修己治人**という形で強調された。

□**171 墨家**(◯p.70、75)
　墨子を中心とする思想家集団。兼愛・非攻を説き、防衛戦のプロ集団として各地で活躍したとされる。戦国時代には儒家をしのぐ最大勢力を築いたとされるが、秦の始皇帝による中国統一とともに防衛戦の必要がなくなり、勢力が衰えて消滅したという。

□**172 兼愛**(◯p.75)★
　兼く愛せよ、という意味で、自分と同様に他者を愛すべきであるという考え方。儒家の仁と対比され、儒家の愛は血縁や地縁を重視して家族や年長者を優先する、限定的な愛(偏愛)であり差別的な愛(別愛)であるとして非難した。

□**173 交利**(◯p.75)★
　墨家が重視した徳目で、互いに利益が出るよう調整すること。人々が対立し紛争が発生する原因は、自分の利益を優先することにあるとされ、心情的なものを超えて相手を尊重し、互いの利害調整を行う交利が説かれた。

□**174 節用**(◯p.75)
　質素倹約を重んじ、利害対立を発生させないようにすること。儒家は音楽や儀礼を重視するが、そうしたことにお金や時間をかけることは、無駄を助長し、結果として身分の高い一部の人間たちが世の中の資源を思うままに利用することになり、一般庶民との格差を生んで紛争の火種となると墨家は主張した。

□**175 非攻**(◯p.75)★
　墨子による、他国への侵略戦争を否定する考え方。ただし、防衛戦争は否定しなかった。戦争は生活基盤を破壊し、無益な殺戮をもたらすものであり、殺人が罪ならば戦争はなぜ肯定されるのかと問い、侵略戦争の不義を説いた。

□**176 性善説**(孟子)(◯p.76)★
　人には生まれながらにして善の素質がそなわっているという考え方で、孟子の思想の核をなしている。人間の本性が善であるのは水が低い所に向かって流れるのと同じで、自然と善へと向かうような性質がそなわっているからであるとする。

□**177 仁義**(◯p.76)
　孟子が道徳の中心とした徳目。仁は他人を思いやる親愛の情、義は正しい行いを守り、悪事を働かないことで、世の中の道理や正義のようなものである。義は、人を愛する仁の心が人間関係に応じて具体化したもので、孟子にとって仁と義は切り離せな

いものであった。この仁義に基づく統治が王道政治である。

□**178 四端**(◯p.76)★★★
　四端とは４つの端緒という意味で、①惻隠(自然に生まれる同情)、②羞悪(悪を憎み我が身を恥じる)、③辞譲(遠慮・謙遜)、④是非(正否の判断)からなり、徳を身につける際の兆しとなる道徳感情のこと。人間は生まれながらに完璧な存在なのではなく、学問や道徳修養によって四端を育てなければならないとされた。四端を育てると、それぞれ**仁、義、礼、智の四徳**となる。

□**179 浩然の気**(◯p.76)★
　四端を育てて四徳を身につける中で生まれる、徳の実践へ向かう強い意志・精神力。浩然の気に満ちれば、人生のどのような局面においても動じない偉大な人物になれると孟子は説いた。

□**180 大丈夫**(◯p.76)
　浩然の気に満ち、徳の実践に向かう強い意志を持つ理想的な人物のこと。「立派な人物」という意味から、「しっかりしている」、「健康である」、「間違いない」という意味が派生し、現代ではこちらの意味で用いられる言葉となっている。

□**181 王道政治**(◯p.77)★
　仁義に基づき、人々の意志や福利を最優先に考えれば、人心をつかんで安定した統治ができるという考え方。民も性は善であるから道理に感じ入る心を持っているので、王が仁政を行えば、民は自分の父母のように王を仰ぎ、従うようになるとし、「仁者敵無し」と説いた。

□**182 易姓革命**(◯p.77)★
　中国には、神としての天が、徳のある人物を選んで命を与え(天命)、地上の統治者(天子)とするという考え方がある。それに基づき、孟子は天子(統治者)が人々の生活を苦しめて支持を失った場合、天命は改まり(革命)、新たな天子が誕生し、王朝の姓が替わる(易姓)という易姓革命の思想を唱えた。王朝交代は王道政治と関連づけて論じられ、易姓は天子にふさわしい有徳者へ平和裏に位が譲られる禅譲によって行われるべきだとしたが、場合によっては武力によって暴君を打倒する放伐も認めた。

□**183 覇道政治**(◯p.77)★
　武力によって天下を治めようとすることをいう。孟子は覇道政治を否定しなかったが、武力による抑圧は軋轢を生み、他者に対する思いやりを欠く場合があるなど道理に合わない部分があり、結果として破綻すると考えた。

□**184 五倫**(◯p.77)★
　基本的な人間関係を規定する５つの徳目。①父子の**親**(親愛の情)、②君臣の**義**(相互の慈しみ)、③夫婦の**別**(役割分担)、④長幼の**序**(上下の序列)、⑤朋友の**信**(信頼関係)からなる。孟子はこれらを道徳的法則として実践すべきだと主張した。

□**185 五常**(◯p.77)
　四徳である仁・義・礼・智に信を加えた

重要用語

もの。前漢武帝の時代、儒学を国家教学とするよう献策した董仲舒は、四徳に「信」（誠実であること）を加えて五常とし、人が常に実践すべきものとした。

□186 **性悪説**（◯p.78）

人間の本性は悪で、利己的で、嫉妬心を持ち、勝手気ままな傾向があるという**荀子**の主張で、孟子の性善説とよく対比される。人間の本能や欲望を無視せず、そこに人間の本性をみた荀子は、この悪を礼や教育によって矯正する必要性を説いた。

□187 **朱子学**（◯p.79、220）★

朱子によって体系化された、儒教の新しい学派。普遍的な原理・法則である理を追究することを特徴とし、自分と社会、そして宇宙は理によってつながっていると説く。この理は自己修養によって獲得することができ（修己）、それにより秩序をもたらすことができる（治人）とされた。日本には鎌倉時代にもたらされ、江戸時代には幕藩体制の秩序を裏づけるものとして重視された。

□188 **理気二元論**（◯p.79）

万物は理と気の二つの原理により構成されるとする理論。常に生成変化する気に対して秩序を与えるのが理である。両者はまったく異なる原理だが、互いに独立して存在することができないとされた。

□189 **理**（◯p.79）★

法則、物事の道理、秩序の源。自分も社会も宇宙も、この理によって秩序づけられている。己の心を正せば（修身）、家が整い（斉家）、国を治めることができ（治国）、平和な世が実現する（平天下）と説かれ、人としての理を追究することは、社会や宇宙の理を追究することと等しいと考えられた。

□190 **気**（◯p.79）

世界を構成する要素。生命活動の象徴である息が起源だとされており、ここから、流動的に変化し万物を構成する要素という意味になった。

□191 **性即理**（◯p.79）

人間の心の本性は天が授けた理そのものであるという考え方。心には理が生まれながらにそなわっており（本然の性）、それが仁や義などの五常となって具体化する。しかし、ひとたび気（物質的要素）にふれると情や欲が発生し、心は霧に覆われてしまう（気質の性）ので、常に心を本来の性に戻す努力が必要だと説かれた。

□192 **格物致知**（◯p.79）

朱子はこれを「知を致すは物に格（いた）るに在り」と読み、学問によって気を秩序づけている物事の理を窮め、天の理を体得するべきであると説いた。心の乱れ、社会の乱れを正すための方法が格物致知であるとされる。

□193 **居敬窮理**（◯p.79、221）★★

情や欲を抑え慎み（居敬）、万物を貫く客観的な理を追究すること。学問による理の追究だけではなく、心の乱れは理に反するので、静坐といわれる瞑想などを通じて日常でも心が乱れないようにすることが必要

だとされた。

□194 **四書**（◯p.79、228）

朱子が儒教における基本的な経典とした、『論語』・『大学』・『中庸』・『孟子』を四書という。そのうち『大学』と『中庸』は、朱子が『礼記』にある一つの章を独立させて注釈をつけたもの。『大学』は儒学への入門書という位置づけである。漢代から儒教では五経が重視されていたが、朱子が四書を基本的な経典として以降、四書が儒教の中心となっていった。

□195 **五経**（◯p.79、228）

『易経』・『書経』・『詩経』・『春秋』・『礼記』の総称。朱子によって四書が基本的な経典とされるまで、五経は古くから儒教の根本経典として扱われてきた。四書と五経を合わせて四書五経と呼ぶ。

□196 **陽明学**（◯p.80、224）★

王陽明を創始者とする、明の時代に生まれた儒教の新しい学派。朱子学は情や欲を否定的に考え、人間の心の本性が理であるとしたが、王陽明は情や欲を含む心そのものが理であると主張した。また、人間は生まれながらに道徳に向かう知を持つとし、「満街の人皆是れ聖人」と説いて、万人が等しく聖人であるとした。日本では中江藤樹によって広められた。

□197 **心即理**（◯p.80、224）

心即理とは、心にこそ理があり、外にある事物に理があるのではないという考え方。心にたちあらわれたものを実践に移すと、その実践の場に応じて理が生まれるとする、唯心論的な考え方である。朱子学における性即理に対して説かれた。

□198 **良知**（◯p.80、224）★

正しさを判断する能力。王陽明は、人間には良知が生まれながらにそなわっていると考えた。良知は万人が等しく持つ判断能力であるから、普遍的であり、そのために他者に対する共感が生じるという。

□199 **致良知**（◯p.80、224）★

良知を致すと読み、良知を完全に発揮することを意味する。王陽明は良知にこそ理が存在すると説き、致良知によって理すなわち善を実現できるとした。

□200 **知行合一**（王陽明）（◯p.80、224）★

知識・認識といった心の作用は、それが表面に表れた行為・実践と切り離すことができず、知と行とは表裏一体であるということ。陽明学では、学問に終始するのではなく、実践・行動を重んじる。

□201 **道家**（◯p.70、82）

老子、荘子が代表的な思想家。万物の根源であり、無限の可能性を持っている道（タオ）を至上のものと考える。また、善悪の基準など人為的なものは虚構であるとし、形式的な儀礼や制度を否定した。

□202 **道（タオ）**（◯p.82）★

万物がそこから生まれそこへと帰っていく根源。人間は道自体を確認できないから、道は無であるといわれる。この無は、何も「無い」空っぽの器に様々なものを入れるこ

とができるように、無限の可能性を持っているものである。このような無という性質を持った万物の根源、すべての可能性の源が道であるという。

□203 **黄老思想**（◯p.82）

戦国時代に成立した道家の一学派で、特に政治思想の意味合いが強い。伝説上の君主である黄帝と、老子の教えを経典とする。無為を最もよいものとし、前漢初期に広く受容された。

□204 **無為自然**（◯p.82）★

何事にも人間が何かを加えることなく、自然の道に素直に従うという、老子が理想とした生き方。道は天地に先立って存在するため、人工的・作為的な性質を持つものではないという。そこから、無為自然という生き方が正しいとされた。

□205 **柔弱謙下**（◯p.83）

我を張ったりせず、謙虚でしなやかに生きること。風にも雨にも逆らわず、ただなされるがままにある柳のようにしなやかに柔らかい様子。このように自然に任せ、なすに任せて作為しないことが道と合一する条件となり、人々が互いを育むことにもつながると説かれた。

□206 **小国寡民**（◯p.83）★★

牧歌的で平和な、小さな共同体を理想とする老子の政治思想。小さな共同体は何者かが規則などを定めなくても「おのずから」秩序が形成される。この「おのずから」がまさに無為自然であり、道にかなうあり方であると考えられた。

□207 **万物斉同**（◯p.84）★★★

森羅万象は、是非や善悪といった対立や差別を超えた本来一つで斉しいものであるという考え方。荘子は、あらゆる事象の変化のうちに道があるとした。あらゆる事象に道が遍在しているという汎神論的な見方は、万物の価値は等しいという考え方につながり、万物斉同という世界観に至った。これは、道の神格化をも意味した。

□208 **心斎坐忘**（◯p.84）★★

荘子が説いた、道との一体化を体得するための方法。

心斎	心の斎戒で、心の動きを統一して雑念を去ること。五感や思考によって対象を判断するのではなく、直観的に物事を把握することで道すなわち実在の真相に至ること。
坐忘	一切を忘れ去り、身心にまつわるすべての束縛を脱却し、道と一体になること。

□209 **真人**（◯p.84）★

心を清くし身心ともに自然＝道と一体化して自由を得た人間を、究極的な人間という意味で真人あるいは至人という。心斎・坐忘を通じて得られる境地。

□210 **逍遙遊**（◯p.85）★★

何者にも束縛されることのない自由な状態のこと。逍遙とは心任せという意味である。人為を越えた自然の働きに身を任せ、自由の境地に遊べば、しがらみや限定から

解放され、心を清く保ち、自然と一体化できるという。

第3章　西洋近現代の思想

1　人間の尊厳

☐ 211 **ルネサンス(Renaissance)**
(◎p.91) ★
キリスト教がヨーロッパの文化に影響を与える以前の、古代ギリシアやローマの学問や芸術の復興。ルネサンスとは、「再生」を意味するフランス語。そうした古典文化の研究を通じて、自由で現実的な生き方を追究しようとする運動をも意味し、人間を中心に考える**人間中心主義**が広がった。

☐ 212 **人文主義(ヒューマニズム)**
(◎p.91) ★
古代ギリシア・ローマの古典を研究することで、人間性を回復する試み。ヒューマニズムとは、ラテン語のフマニタス(人間性)という言葉に由来する。人文主義と訳すのは、ルネサンス期には、古典の研究を通して、人間としての教養を身につけることがめざされたためである。

☐ 213 **万能人**(◎p.91) ★★
スイスの歴史家ブルクハルトが、ルネサンスにおける理想的な人間像をさして用いた言葉。**普遍人**ともいう。特定の分野にとどまらず、様々な分野においてその才能を発揮し、自らの才能を伸ばすことに情熱を傾けた人々。代表的な人物にレオナルド・ダ・ヴィンチがいる。

☐ 214 **『人間の尊厳について』**
(◎p.91) ★★★
ピコ・デラ・ミランドラの討論会での演説原稿。彼は、神は人間に他の動物とは異なり自由な意志を与えたとし、人間は、自らの自由意志によって自己を形成していくところに人間の尊厳があると主張した。

☐ 215 **自由意志**(◎p.91) ★★★
ピコ・デラ・ミランドラが『人間の尊厳について』で述べた人間の自由意志は、人間が自らを自由に形成する自由であり、そこに神から与えられた人間の尊厳があると考えた。それは、「万能人」を理想とするルネサンス期の精神につながるものであった。しかしこの自由は、獣にも、神に近い存在にも、何れにもなり得る自由でもあった。その後、エラスムスは人文主義の立場から、『自由意志論』を書き、人間は自由意志によって善悪を選びうるとした。それに反対してルターは『奴隷意志論』を書き、人間にはそのような自由はないと主張した。自由意志の問題は、同時代のルネサンスの精神と宗教改革の精神が衝突する問題であった。

☐ 216 **『ユートピア』**(◎p.92) ★★
トマス・モアの主著。この中で囲い込み運動によって農民が貧困化する様子を、「羊が人間を食う」として批判的に描いた。ユートピアとは、ギリシア語で「どこにもない場所」を意味する。

☐ 217 **『愚神礼讃』(『痴愚神礼讃』)**
(◎p.92) ★
エラスムスの主著。神学者や哲学者の空虚な議論、君主や貴族の名誉心、聖職者の偽善を風刺した。

☐ 218 **『君主論』**(◎p.93) ★★★
マキァヴェリの主著。イタリアの分裂状態を憂えて、君主が強い権力を獲得し維持する方策を論じた。君主や君主の行う政治を道徳や宗教と切り離して論じ、君主は狐のずる賢さと獅子の強さを持たなければならないとした。そこにみられる権謀術数主義は**マキァヴェリズム**と呼ばれる。

☐ 219 **95か条の論題**(◎p.94)
正確には「贖宥の効力についての討論」。贖宥をめぐる問題を、ルターがヴィッテンベルク大学神学教授として、神学的討論に取り上げた際に掲げたラテン文のこと。ドイツ語訳が印刷され注目を集めた。

☐ 220 **宗教改革(Reformation)**
(◎p.94) ★
中世後期から近世の教会改革運動のこと。これにより、プロテスタント諸派が生まれた。ルターによって始められたとされるが、それ以前の、ウィクリフ、フス、サボナローラを宗教改革の先駆者とみる場合もある。

☐ 221 **贖宥状(免罪符)**(◎p.94)
免罪符と訳されることが多いが、正確には贖宥状である。ローマ・カトリック教会が発行した、罪に対する罰を免除する(赦す)証明書。ルターがこれを信仰のためではなく、資金集めのためのものだと批判したことが、宗教改革の発端となった。

☐ 222 **信仰義認説**(◎p.50、94) ★★★★
意志や行いにかかわらず、人は信仰によってこそ救われるという考え。よい意志も行いも自分の努力ではなく、信仰と恩寵によるものであるとする。パウロによって強調され、アウグスティヌス、ルターに大きな影響を与えた。

☐ 223 **聖書中心主義**(◎p.95) ★
教会や信仰に関する事柄を、伝統・慣習によらず、聖書の言葉によって再検討するという、ルターおよびプロテスタントの基本的態度。ギリシア語、ヘブライ語原典による聖書の正確な理解を追究した。

☐ 224 **万人祭司説**(◎p.95)
キリスト者は皆等しく祭司(＝神に仕える人)であるということ。ルター派またプロテスタントの牧師職を否定するのではなく牧師も一般信徒も含む全信徒が一体となって各々の職業・身分において神への奉仕を行うという考え方で、今日では全信徒祭司性とも呼ばれる。

☐ 225 **職業召命観**(◎p.95) ★★
聖職者と一般信徒の間に区別はなく、どの職業・身分も神からの**召命**(Calling)によって与えられた天職・使命であるとするルターの考え。宗教改革では、カトリック教会の聖職者制度を否定し、聖職者と一般信徒の平等を説く際に強調された。カルヴァン派では、さらに、勤勉に仕事に励み

収益・報酬を増大させることが正しいとされ、利潤の追求や富の蓄積が肯定された。

☐ 226 **予定説**(◎p.96) ★★
個人の努力や信仰に関係なく、人は予め神によって救いまたは滅びに定められているとする説。特に、のちのカルヴァン派で強調され、独特の職業召命観と結びついた。

☐ 227 **プロテスタント(protestant)**
(◎p.97)
もとは抗議(protest)する者という意味で、カトリック側からの呼称。カトリック教会を批判し、そこから分離したルター派(福音主義教会)、カルヴァン派(改革派教会)などの諸派をさす。

☐ 228 **『プロテスタンティズムの倫理と資本主義の精神』**(◎p.97) ★
ウェーバーの著書(1904〜05年に成立)。近代資本主義の原点には、カルヴァン派の倫理である禁欲主義や禁欲的な職業召命観があると指摘した。

☐ 229 **モラリスト**(◎p.98) ★
近代フランスにおいて、人間を鋭く観察し、特に人間の心理と道徳を探究した思想家。代表的な人物にパスカル、モンテーニュがいる。フランスのユマニスム(人文主義)と重なるところが多い。

☐ 230 **懐疑主義**(◎p.98) ★
もとは、人間の理性は真理を完全にとらえることができないとする立場をさす。古代ギリシアの哲学の中で、特にストア派にみられる。近代ではモンテーニュの「私は何を知るか」(ク・セ・ジュ)という立場や、デカルトの方法的懐疑に表れる。

☐ 231 **『エセー』(随想録)**(◎p.98) ★
モンテーニュの主著。エセーとは、フランス語で試すことを意味する言葉。読書・人生経験に基づいて吟味した思想、意見・判断を書き記したもの。

☐ 232 **「私は何を知るか」(ク・セ・ジュ)**
(◎p.98) ★
モンテーニュはギリシア語で判断停止を意味するエポケーという言葉を、フランス語で「ク・セ・ジュ(Que sais-je？、私は何を知るか)」と訳し、自らの懐疑主義のモットーにした。それは「私は何事についても確実には知らないのに違いない」という意味で、真理に到達できなければ、独断を避けて判断を停止し、より深く考え続けるべきだとする考えである。なお、エポケーは、のちにフッサールが現象学の用語として用いている。

☐ 233 **考える葦**(◎p.8、99)
人は葦のように儚く弱いが、理性によって無限の宇宙を把握する偉大さを持つ、ということを表現したパスカルの言葉。葦の折れやすい脆さが人間の存在の無力さ、悲惨さを象徴する。考える葦は**偉大さと悲惨さの中間者**としての人間を示している。

☐ 234 **『パンセ』(Pensées)**(◎p.99)
パスカルの遺稿集。キリスト教信仰の意義を明らかにするために著されたもの。人は自分の悲惨さを認識できるが自分を悲惨

重要用語

から救い出せず、信仰を必要とするとした。理性ではなく心情と愛によって内的に深くキリストを知るべきことを説いた。

□**235 中間者**(❶p.100)

パスカルのいう、偉大さと悲惨さの中間者としての人間のこと。人間の偉大さである理性は人間存在の悲惨さを認識するが、神を知ることができず懐疑と絶望に陥る。神を知るためには、理性ではない心情や愛による信仰への飛躍(ひやく)が必要となる。

□**236 幾何学の精神・繊細の精神**

(❶p.100)★★

人間の精神に関するパスカルの用語。

幾何学の精神	客観的原理に基づく推論、抽象的な思考を行う。
繊細の精神	人間探究のために必要な精神。直感(観)的に物事を把握する。

2 科学革命と自然観

□**237『プリンキピア』**(Principia)

(❶p.103)★

ニュートンの著書(1687年)で、ラテン語原題「自然哲学の数学的原理」の略称。慣性の法則、運動方程式、作用反作用の法則の三法則(ニュートン力学)と万有引力を定式化した。

□**238「知は力なり」**(❶p.104)

ベーコンの学問観を表す言葉。知識は何かを制作する力であり、知識＝制作する力によって自然を征服することをめざす。従来、知識は深い思考力と同一視されてきたが、ベーコンは制作力と同一視した。

□**239 イドラ**(idola、先入見・偏見)

(❶p.104)

もとはラテン語で幻像、幻影、盲信の対象を意味する。ベーコンは、①種族のイドラ、②洞窟のイドラ、③市場のイドラ、④劇場のイドラという４つのイドラを考え、退けるべき先入見・偏見とした。

□**240 帰納法**(❶p.105)★★★

古代ギリシアの時代から存在する思考法。個別的事例から一般的法則を導く。ベーコンは従来の帰納法の問題点を指摘し、観察、実験、記録の方法に改良を加えて、個別的な事例の結果から有益な原因の認識に至る確実な帰納法をめざした。

□**241 イギリス経験論**(❶p.106)★

16世紀以降のイギリスで盛んに論じられた、認識の源泉は経験(感覚)にあるとする思想。この立場をとった思想家としてベーコン、ロック、バークリー、ヒュームらがあげられる。

□**242 タブラ・ラサ**(tabula rasa)

(❶p.106)★★★★

ロックは人間の心の初期状態をタブラ・ラサ(「白紙」のようなもの)であるとした。人の心には先天的には何の観念も書き込まれずに「白紙」で生まれてくるのであり、生後の経験によって様々な観念を獲得していくとロックは考えた。

□**243 大陸合理論**(❶p.106)★

16世紀以降のヨーロッパ大陸で盛んとなった、認識の源泉は経験(感覚)に左右されない理性(および理性にそなわる生得観念)にあるとする思想。デカルト以降のヨーロッパ大陸の哲学の主流となった。

□**244 方法的懐疑**(❶p.107)★★

"doute méthodique"(仏)。デカルトが行った、確実な認識を得るために疑う余地があるものをすべて疑うという方法。感覚的認識、数学や論理的真理といったすべてを疑い抜き、その先に、疑っている自分自身の存在は疑いえないという、思考する自己の存在の確実性に到達する。実際にすべてを疑わしいと考えているのではなく、疑う余地があるかを検討する思考実験。

□**245「我思うゆえに我あり」**(cogito、ergo sum)(❶p.107)★

思考する者としての自己は確実であるという認識。方法的懐疑によって到達するこの認識を、デカルトはこの言葉で表現した。「考える我」は身体なしに成立する精神的存在とされる。

□**246 良識**(ボン・サンス、bon sens)

(❶p.108)★★

デカルトが考えた、誰にも等しくそなわる理性的能力で、真偽を判断する力。すべての人が正しく使用しているのではなく、良識(理性)を正しく導き使用するためには、意志と方法が必要となるという。

□**247 演繹法**(❶p.108)★★

確実な原理に基づき、個別的な認識・判断を導き出す思考法。デカルトの場合は、「考える我」を確実な原理として、神の存在、物体(身体)の存在を証明していった。

□**248 心身二元論**(❶p.108)★

精神と身体を二つの異なる実体とする考え。デカルトは「考える我」は身体に関係なく、思考によってのみ成立している精神的実体であるとし、身体は物体的実体であり、精神のない物理的・機械的構造体とした。

□**249 機械論的自然観**(❶p.108)★

精神と身体(物体)の二元論に基づき、すべての自然現象を自然法則(物理法則)に基づいて機械的に説明する、デカルト以降の近代ヨーロッパの自然観。

□**250 高邁の精神**(❶p.109)★

外的刺激から生じ、精神に影響を及ぼす情念(感情)をコントロールする理性的な意志。晩年のデカルトが提唱した。

□**251 汎神論**(万有在神論)(❶p.110)★★

神のうちに自然物(被造物)が存在し、自然物(被造物)のうちに神が存在するという考え方。すべては神のうちに存在し、すべては神のあらわれであるとするスピノザに特徴的な思想。

□**252 モナド**(単子)(❶p.110)★★

モナドはギリシア語で「一なるもの」という意味。ライプニッツは世界がモナドという個的実体から成り立つとした。

□**253 予定調和**(❶p.110)★

個々に独立しているモナドは「窓を持た

ない」とされ、相互の関係を持たないが、神の定めた秩序によって調和し、最善の世界を造っているとするライプニッツの思想。現実をそのまま最善の世界として肯定するため、楽天的すぎるとの批判も受けた。

3 社会契約の思想

□**254 自然法**(natural law)(❶p.111)

自然や人間を支配する普遍的な規範。これを人間の作る法律より上にあるものと理解する古代ギリシア(特にストア派)以降の思想を**自然法思想**と呼ぶ。中世では自然法は神の命令と理解されたが、近代では社会契約の思想家が、宗教とは無関係に理性によって理解可能なものとしてとらえられるようになった。

□**255 社会契約**(social contract)

(❶p.111)★★

国家の存在しない状態(自然状態)では、人々が自己の利益のために互いに契約を結んで国家を作り出すだろうと推論することで、国家の存在意義を説明する思想。

□**256 王権神授説**(❶p.112)

政治権力は王が神から直接授けられたものであり、制限されることのない絶対的な権力であるとする政治思想。中世ヨーロッパに起源を持ち、絶対主義の時代には国王の絶対性を擁護するために用いられた。社会契約の思想家の批判の対象となった。

□**257 自然権**(natural right)

(❶p.112)★★★

人間が生まれながらにして持っているとされる権利。グロティウスやホッブズ、ロックなど17世紀の近代自然法思想の思想家が唱え始めた。ホッブズやロックは自然権を実現するために、社会契約を結んで国家を設立することが必要だと考えた。

□**258 自然状態**(❶p.112)★★★

社会契約思想において想定される、国家・社会が存在しない状態。ホッブズはこれを戦争状態、ロックの場合は比較的平和な状態、ルソーは平和で自由、平等な状態であると想定する。

□**259「各人の各人に対する戦争状態〈万人の万人に対する闘争〉」**(❶p.112)★

ホッブズの考える自然状態。人は互いに攻撃し合う(あるいは攻撃されるという危険を感じる)状態にあり、絶え間ない恐怖と死の危険におののいているとされる。

□**260『リヴァイアサン』**(❶p.113)★★

ホッブズの政治思想の代表作(1651年)。リヴァイアサンとは『旧約聖書』ヨブ記に出てくる海の怪物の名前。

□**261 所有権**(property)(❶p.114)

人が財貨や自らの身体に対して持っている固有権(プロパティ)＝所有権のこと。ロックは、身体やそれと不可分な生命・自由だけでなく、身体を用いて労働を加えたものも、自己に固有の所有物(財産)であると自然法が定めているとし、所有権を擁護した。

□ 262 **抵抗権・革命権**（◎p.115、251）★★
　ロックが認めるべきだと主張した権利。抵抗権とは政府に侵害された人民の権利を回復し擁護する権利で、革命権とは政府（立法府を含む）を別のものに代える権利。

□ 263 **「自然に帰れ」**（◎p.117）
　ルソーの思想を簡潔に表現したものとしてしばしば用いられる言葉。彼が自然状態を自由で平和な理想的状態として描いたことに由来する。なお、ルソー自身はこの言葉を用いてはいない。

□ 264 **一般意志・特殊意志・全体意志**
　　　　　　　　　　　　　　（◎p.117）★★
　ルソーの用語。
● **一般意志**…共通の利益をめざす意志。個人の集合体である主権者の意志をさす。
● **特殊意志**…個人の利害関心。全員の特殊意志が偶然一致した場合は**全体意志**と呼ばれる。しかし、それは一般意志とは異なるとされる。

□ 265 **直接民主主義**（◎p.117）
　ルソーの理想とした民主主義の形態。ルソーによれば、間接民主主義体制における市民は選挙の時にのみ自由であり、それ以外は不自由である。そこで、市民全員が参加して一般意志を形成する市民集会を開き、この意志に基づいて立法が行われるという**直接民主主義**を理想とした。

□ 266 **『百科全書』**（◎p.118）★
　ディドロとダランベールが編集者として、不合理な世界を変革するために、技術・科学から社会・宗教・芸術に至るまでの最先端の知識を集めまとめた事典。ヴォルテール、モンテスキューら当時の著名な科学者、哲学者が多く執筆に参加した。

□ 267 **啓蒙思想**（Enlightenment）
　　　　　　　　　　　　　　（◎p.119）★
　不合理な因習・伝統や不平等な社会制度を批判し、理性によって人間を解放しようとする思想。17世紀の終わりから18世紀後半にかけてイギリスやフランスを中心としたヨーロッパ諸国に広がった。

□ 268 **『法の精神』**（◎p.119）★
　モンテスキューの主著。権力の暴走を防ぐためには三権分立が必要だとする。また、法律のあり方は地域によって多様であることを指摘した。

□ 269 **三権分立**（◎p.119）★★
　モンテスキューが指摘した、行政権、立法権、司法権が相互に独立し抑制するというイギリスの国政のあり方。モンテスキューはイギリスではこれによって自由が守られていると主張した。ロックも権力分立を主張しているが、立法権が執行権と連合権に優越するとした点で、三権の平等を基礎としたモンテスキューとは異なる。現在、多くの国が三権分立を採用している。

4　ドイツ観念論

□ 270 **ドイツ観念論**（◎p.120）
　カント以後、フィヒテ、シェリング、そ

してヘーゲルに至る、ドイツで展開した哲学の潮流。観念論とは、idealism の訳語で、この世界にあるものは観念に裏づけられて存在しているとする考え方。理性や理念、理想を追究する性格が強い。

□ 271 **批判哲学**（◎p.121）★
　理性の能力を批判的に検討することを主題とするカントの哲学。『純粋理性批判』は、理性の能力を越えているにもかかわらず、理性がどうしても問わざるをえない課題（神の存在や道徳の問題、世界の始まりなど）があるということから出発し、人間の認識能力を批判的に分析する。

□ 272 **コペルニクス的転回**（◎p.121）★★
　カントが自らの考える認識論について、それまでの認識論との違いを天文学になぞらえて用いた言葉。カント以前は通常、主観が対象に従う形で認識が成立すると考えてきた。しかし、カントは主観が持つ先天的（ア・プリオリ）な形式（時間や空間、原因－結果などの思考の形式）が現象としての対象にあてはめられ、認識が成立すると考えた。それを、コペルニクスによる天動説から地動説への転回になぞらえて、コペルニクス的転回と呼んだ。

□ 273 **理論理性**（◎p.121）★★
　カントの言う、人間が現象としての対象を認識する時に働く理性。**悟性**とも呼ばれる。感性に与えられた直観（視覚や聴覚など）に対し、思考の形式（原因－結果など）をあてはめて対象を認識する。理論理性がさらに経験を越えた全体的な認識、経験できないもの（世界の始まりなど）を認識しようとすることもあるが、その時、理論理性は経験の領域を超えて純粋になり、判断が**二律背反（アンチノミー）**に陥るため、理論理性は経験の領域にとどまるべきだという。

□ 274 **実践理性**（◎p.121）
　善悪の判断をする理性をさす。カントは、理論理性が経験の領域にとどまるべきであったのに対し、実践理性はむしろ純粋であるべきであるとする。経験の領域を離れて、実践理性は道徳法則に基づいて善悪を判断できるとカントは考える。

□ 275 **道徳法則**（◎p.122）★★★
　いつでもどこでも誰に対しても妥当する、善悪を指定する法則。定言命法の形で表される。自然法則とは異なり、従うか否かを選択できるため、選択を可能にする自由な意志を前提とする。この法則自体が実践理性によって立てられる。

□ 276 **定言命法**（◎p.122）★
　「～せよ」という、道徳法則を表現する場合の形。普遍的にあてはまるものであるため、誰に対しても常に無条件に「～せよ」と命じるものである。いくつかの方式があるが、基本の形は「あなたの意志の格率が、常に同時に普遍的立法の原理となるように行為せよ」である。

□ 277 **仮言命法**（◎p.122）★
　「もし…ならば～せよ」という条件つきの命令。「大学に合格したければ勉強せよ」は

仮言命法である。条件（大学に合格する）を目的としない人には妥当しないため、道徳法則にはなりえない。

□ 278 **格率**（◎p.122）
　個人の行為の主観的な原理。道徳法則とは違い、特定の個人にだけあてはまる。ある個人が生活上こうしようと考え、自己に課している原則。例えば、早朝の方が学習がはかどると考え、早起きを自己に課すこと。

□ 279 **善意志**（◎p.122）★
　義務である道徳法則に従ってよいことを行おうとする意志。カントは、無条件に善であるといえるものは、善意志のみであるという。他のよいものは、意志次第で、場合によっては悪いものになりうる。なお、外部からの規制などによって何かをする時に働く意志は**選択意志**と呼ばれ、善意志とは区別される。

□ 280 **人格**（◎p.122）
　person の訳語。カントは、自由な意志と理性を持つ個々の人をさしてこの言葉を用いた。道徳法則に従って行為する道徳の主体である。

□ 281 **自律**（◎p.122）
　カントは、実践理性が立てた道徳法則に主体的に従うことが意志の自律であり、それこそが道徳的であると考えた。人間が「親や教師が言うから」あるいは「聖書や経典に書いてあるから」としてある行為をするのは**他律**であり、カントの立場からは道徳的とはみなされない。

□ 282 **目的の国**（◎p.122）
　カントが理想として主張した、人々が互いに目的として尊重し合う社会のあり方。定言命法の一つ、「自分の場合であれ、他人の場合であれ、人格の内にある人間性を、常に同時に目的として扱い、決して単に手段としてのみ扱うことのないよう行為せよ」から導かれる。

□ 283 **動機主義**（◎p.123）★
　行為の結果ではなく、動機を重視する考え方。カントは行為の動機が善であることを重視し、動機は不純だが結果的には道徳法則にかなう行為（異性にもてたいから優しくするなど）を**適法性の行為**と呼び、純粋に善なる動機による行為と区別した。

□ 284 **絶対精神**（◎p.125）★
　ヘーゲルの哲学の中心的な考え方。絶対精神とは、個人の精神ではなく、自然や人間の背後にあって、それらを突き動かしている絶対者。その本質は自由であり、自分自身を自分自身でないものに変えたりしながら（**自己外化**）、人類の自由の実現をめざす。絶対精神が自由を実現する手段として、一個人の情熱を利用して自由実現のための働きをさせる**理性の狡知**がある。

□ 285 **弁証法**（◎p.126）★
　本来はソクラテスの問答法を意味し、複数の人間が議論する過程で認識が深まるあり方を意味した。ヘーゲルはそれを、認識のみならず、存在や歴史などのすべてのも

のにおいて働く論理あるいは法則ととらえた。ある命題(**テーゼ、正**)が主張されると、その後それを否定しそれと対立する命題(**アンチテーゼ、反**)が現れる。そして最後にテーゼとアンチテーゼが互いに保存されながらより高い次元に総合され、新たな命題(**ジンテーゼ、合**)となる(アウフヘーベン、止揚)。

□286 **アウフヘーベン**(止揚)(⦿p.126)
ヘーゲルの弁証法における用語。本来、アウフヘーベンには、否定と保存という意味がある。ヘーゲルは、否定されたものが消え去ってしまうのではなく保存され、総合される際に一定の回復をみることを、この言葉で表現した。

□287 **人倫**(⦿p.126)★★
主観的・内面的な**道徳**と、客観的・外面的な**法**が総合・統一されたものをさして、ヘーゲルが用いた言葉。具体的には共同体やそのあり方を意味する。家族は愛を中心とした人倫の出発点であり、市民社会の中で家族的なあり方は否定されるが、その矛盾は国家という人倫で克服されるという。

5 イギリス功利主義

□288 **「見えざる手」**(⦿p.131)★
アダム・スミスが『国富論』で用いた言葉。人々が他者から共感を得られる正義に基づいて、自己の利益を追求して経済活動を行うことが、結果的に公共の利益の実現につながるというメカニズムを意味する。一般的に神の「見えざる手」といわれることが多い。

□289 **功利主義**(utilitarianism)(⦿p.132、134)★★
ベンサムやJ.S.ミルらの倫理学の立場。法や行為の善悪を、それがもたらす快楽と苦痛を数量化し計算することで客観的に判断しようとする。

□290 **快楽計算**(⦿p.132)★
ベンサムら功利主義者が、法や行為の善悪を判断する際に行う計算。法や行為のもたらす快楽・苦痛の「強さ」、「持続性」、「確実性」など7つの要素を計算・考慮し、総計で快楽が多ければ善と判断する。

□291 **「最大多数の最大幸福」**(⦿p.132)★★
できるだけ多くの関係者の快楽を、できる限り増大させること。功利主義においては、これをもたらす行為や法は善であるとされる。また、苦痛の減少は善であり、逆に苦痛の増大・快楽の減少は悪である。

□292 **サンクション**(制裁)(⦿p.133)★
人間に何らかの行動をとらせるための強制力。ベンサムは、サンクションを①物理的、②政治的、③道徳的、④宗教的の4種類に分類した。

□293 **質的功利主義**(⦿p.134)★★★
J.S.ミルがベンサムを批判して確立した功利主義の立場。快楽には質の違いがあることを指摘し、人はよりよい質の快楽をめ

ざすことを重視すべきだとする。

□294 **内的制裁**(⦿p.134)
「良心」を意味する。ミルは、ベンサムが重視した法という外的強制力に加えて内的制裁を重視し、これを人々の心に抱かせるように教育を行うべきだとした。

□295 **『自由論』**(⦿p.135)★★
ミルの主著。民主主義のもたらす多数派の専制の危険性を指摘し、個人の意見や行動が他人に悪影響をおよぼさない限り、社会は個人の意見や行動に干渉してはならないとする**他者危害の原則**を打ち出した。

□296 **実証主義**(⦿p.136)
自然科学の発展が進む19世紀に広まった、自然法則によって表現される知識のみが科学的であるとする考え方。コントによれば実証主義とは、真理の相対性を自覚し、事実の観察と仮説・検証による法則の発見をめざす立場である。

□297 **社会進化論**(⦿p.136)★
自然界における生物進化のメカニズムを社会にあてはめ、その発展のあり方を考える理論。19世紀後半以降、スペンサーらによって提唱された。資本主義の自由競争や、それがもたらす格差拡大などを正当化する役割も果たした。

□298 **『種の起源』**(⦿p.136)★
ダーウィンの主著(1859年)。彼はこの著書の中で、「同種の個体の間で生存競争に有利な個体差を持つ個体がその個体差を遺伝させることで種は進化する」という自然選択説などからなる**進化論**を主張した。

6 社会主義の思想

□299 **空想的社会主義**(⦿p.138)★★
オーウェン、サン=シモン、フーリエらの社会主義思想を意味する言葉。社会問題の原因を個人主義に基づく利己的な競争に見いだし、人々の支え合いを実現することで問題を解決しようとした。マルクスは、彼らの思想には資本主義の科学的分析が欠如していたため、「空想的」と表現した。

□300 **資本主義**(capitalism)(⦿p.138)★
私的所有、市場経済、営利企業の活動などの要素からなる、自由な経済活動を中心とした経済制度・体制。近代では土地や労働力の自由な取り引きが容認されたことで、飛躍的に成長を遂げた。

□301 **労働の疎外**(⦿p.140)★★
マルクスが指摘した、資本主義社会における**労働者**(プロレタリア)が、人や物など様々な関係から切断されることで経験する苦悩。①**生産物からの疎外**、②**生産過程からの疎外**、③**類的疎外**、④**人間疎外**の4つの疎外からなる。

□302 **労働者**(プロレタリア)(⦿p.140)
生産手段(労働に必要な道具や材料)を所有せず、労働力を資本家に売り賃金をもらうことで生活する人々。これに対し、生産手段を所有し、労働者を賃金により雇用する人々を**資本家**(ブルジョワ)と呼ぶ。

□303 **科学的社会主義**(⦿p.141)
マルクスやエンゲルスが自らの社会主義をさして用いた言葉。それ以前の社会主義(「空想的社会主義」)には欠如していた資本主義についての科学(経済学)的分析を行ったため、科学的と称する。

□304 **唯物史観**(史的唯物論)(⦿p.141)★★
経済に規定された階級闘争が人類の歴史を動かしていくという、マルクスが提唱した歴史観。それによれば、**生産関係**という階級同士の関係に代表される**下部構造**が、人々の意識や法律・政治などの精神的活動(**上部構造**)を規定しており、生産関係が階級闘争により変動することで社会は変化し発展するとされる。

□305 **階級闘争**(⦿p.141)★★
唯物史観において、社会の歴史的発展をもたらすと考えられる階級間の衝突。社会発展の各段階において、支配的階級と被支配的階級の関係が、発展する生産力の足かせとなることで生まれる。

□306 **共産主義革命**(⦿p.141)★
マルクスによれば、資本主義社会では資本家が生産力をコントロールできずに恐慌が繰り返される。その結果、計画経済により生産力をコントロールする共産制社会へと必然的に移行するという。この移行を実現する革命を共産主義革命と呼ぶ。20世紀に入り、共産主義革命は1917年のロシア革命をはじめとして実際に遂行された。

□307 **マルクス・レーニン主義**(⦿p.143)★
レーニンがマルクス主義を当時の世界情勢に適用して作り上げた思想。資本主義が**帝国主義**という新たな段階に入ったことを指摘し、マルクス主義の資本主義に対する認識を現実に合わせたとされる。

□308 **帝国主義**(⦿p.143)★
金融資本を中心に独占が進展している段階で、海外に市場・原料や資本の投下先を求めて進出する膨張主義。レーニンによれば、独占資本が資本を輸出して後進地域を支配下に置こうとすることで、世界が先進資本主義国家により分割されてしまい、さらなる植民地争奪を求める帝国主義戦争を生み出す。

□309 **新民主主義論**(⦿p.143)
毛沢東が唱えた、民主主義社会で資本主義を発展させたのちに社会主義へと移行すべきであるとする、**二段階革命論**。毛沢東は、資本主義化が遅れている中国では、まずは社会主義社会ではなく民主主義社会をめざして革命を起こすべきだとし、この革命を新民主主義革命と呼んだ。

□310 **フェビアン協会**(⦿p.144)★
1884年に結成され、バーナード・ショウ、H.G.ウェルズ、ウェッブ夫妻などイギリスを代表する知識人が集った協会。暴力的な革命ではなく、古代ローマの将軍ファビウスの戦法のように、少しずつ社会主義的な目的を達成するという立場に立つことから命名された。のちの**イギリス労働党**の母

体となった。

□311 **社会民主主義**（◎p.144）★★
　マルクス主義とは異なり、革命ではなく、議会制民主主義の枠内で社会主義の理想を追求する社会主義思想。イギリス労働党やドイツ社会民主党の立場。第二次世界大戦後、この考え方を基盤の一つとして福祉国家が生み出された。

□312 **修正主義**（◎p.145）
　ドイツの政治家ベルンシュタインがマルクス主義を批判して打ち出した新たな社会主義のあり方。マルクス主義の唯物史観、資本主義の必然的崩壊論、暴力革命主義、共産党一党独裁を否定し、複数政党による議会制民主主義を通じて漸進的に社会改革を進めるべきだとした。

7　実存主義とプラグマティズム

□313 **実存主義**（◎p.147）
　人間の本来的なあり方を主体的な実存に求める立場。20世紀を代表する哲学の一つ。資本主義の発展や二度の世界大戦がもたらした社会の変容の中で不安や疎外感を抱いた人々に、主体的な自己を回復する道を示した。サルトルによって、**有神論的実存主義と無神論的実存主義**に分類されている。

□314 **実存**（◎p.147）
　主体的に生きる人間のあり方。実存(existence)は existere（外へ ex＋立ちいでる sistere）というラテン語に由来し、日常の中に埋没した自己を超え出て、個人としての主体性を回復するという意味を含んでいる。

□315 **主体的真理**（◎p.148）
　キルケゴールが求めた「**それのために生き、そして死にたいと思うような**」真理。ヘーゲルがその哲学において求めた客観的で普遍的な真理に対立する概念で、実存に生きる主体が求める自分自身にとっての真理をいう。

□316 **美的実存**（◎p.148）★
　刹那的な快楽を「あれも、これも」と追い求める生き方。美的実存が目的とする美や恋愛のような享楽は移ろいやすく、倦怠と退屈をもたらし、絶望に陥らざるをえない。

□317 **倫理的実存**（◎p.148）★★
　結婚と職業生活を自らの義務として選択し、「あれか、これか」と選択肢の中から善の選択を責任を持って果たそうとする倫理的な生き方。しかし、この段階も人間が不完全であり欠陥を持つ存在である限り、普遍的な倫理に従うことはできず、絶望に陥る。キルケゴールは、魂の奥底に暗い不安を持っているがゆえに、倫理的実存の生き方を選択できない者を**例外者**と呼び、著書『あれか、これか』の中で自らを例外者として描いた。

□318 **宗教的実存**（◎p.148）★★★
　普遍的倫理に完全に従うことができないという絶望と不安を超えて信仰に飛躍し、ただ一人の**単独者**として神と向き合う生き方。キルケゴールは、息子を殺してささげよという神の命令に従い、神のために子殺しという倫理に反する行為を行おうとしたアブラハムの信仰の中にこそ、**単独者**として神との間に絶対的な関係を築こうとする宗教的実存の姿があるという。

□319 **「神は死んだ」**（◎p.150）
　ニーチェが、天上の価値を説くキリスト教と、イデアの世界や魂の価値を説くプラトン主義の真理が無根拠であることを表して、著書『ツァラトゥストラはこう言った』の中で用いた言葉。「神の死」の宣言は、ヨーロッパに存在した最高価値としての、ニヒリズムの宣言である。

□320 **ニヒリズム**（nihilism、虚無主義）（◎p.150）
　あらゆる既成の宗教的・道徳的・政治的権威や社会的秩序を否定する立場のこと。ニーチェは、ニヒリズムには精神の衰退と後退としての受動的ニヒリズムと、精神の上昇としての能動的ニヒリズムの両面があると説き、能動的ニヒリズムを重視した。

□321 **ルサンチマン**（怨み、ressentiment）（◎p.150）★★
　弱者が強者に対して持つ怨恨、復讐感情。弱者は、従順や平等、愛や平和などを尊ぶべき価値とする。しかし、この世における実際の強者はそれらに従っていないのだから、いずれ報いを受けると考えて復讐感情を満足させ、溜飲を下げる。ニーチェによれば、キリスト教の道徳はルサンチマンに由来する奴隷道徳であり、それは弱者が天国で力を持つ強者になりたいがための自己正当化でしかない。

□322 **超人**（◎p.151）★
　天国やイデア界など、どこか別の彼岸の価値に希望を持つのではなく、大地に根ざし、人間の卑小さを絶えず克服しながら、力への意志に基づいて新しい価値を創造する存在。ニーチェの理想とする人間像。

□323 **力への意志**（◎p.151）★
　ニーチェの語る生の本質。「我がものとし、支配し、より以上のものとなり、より強いものとなろうとする」意欲。ニーチェは「力への意志」の自覚の徹底によって受動的ニヒリズムを克服できると考えた。

□324 **永劫回帰**（◎p.151）★
　世界の出来事と歴史のすべては目的もなく無限に繰り返される、というニーチェの思想。唯一の実在は、生成としての自然であり、生の唯一の原理は「力への意志」であるとされる。

□325 **運命愛**（◎p.151）★
　永劫回帰の世界において、無意味な繰り返しを苦痛として退けるのではなく、「これが生だったのか。よし。もう一度」と肯定的に決断する生き方。

□326 **限界状況**（◎p.152）★★
　ヤスパースの言う、人間の直面する自分の力では逃れることのできない絶望的な状況のこと。具体的には、①死、②苦悩、③争い、④罪責の４つがあげられる。

□327 **超越者**（◎p.152）★
　限界状況の中で絶望と挫折を直視する時、**自己の有限性**に気づいた実存が自己の存在の根拠としようとするもの。神の哲学的表現。超越者は自らを暗号として自己開示するため、実存にとって世界は解読すべき暗号となる。

□328 **実存的交わり**（◎p.153）★
　客観的に対象化されない自由な存在同士の交わり。実存的交わりにおいては、互いの存在のあり方が問われ、時には弁護だけでなく攻撃が交わされることもある。このような関係を、ヤスパースは**愛しながらの戦い**と表現している。

□329 **現存在**（ダーザイン、Dasein）（◎p.154、155）★
　ハイデガーは人間を、存在作用（ザイン）の場（ダー）になっているという意味で現存在（ダーザイン）と呼び、「現存在が存在を了解するときにのみ、存在はある」ととらえた。つまり、人間がどのように存在を了解しているかを問うことによって、存在ということの意味を明らかにできると考えた。

□330 **被投性**（◎p.154）★★
　人間が事物や他者と関わる中で、自らがあらかじめ世界の中に投げ出されていることを見いだすこと。ハイデガーは現存在のあり方を**世界−内−存在**と規定したが、この世界は現存在である人が作り出したわけではなく、気がついたら人は世界に投げ出され、そこに取り込まれているという。

□331 **ひと**（世人、ダス・マン、das Man）（◎p.154、155）★
　不特定多数の顔のない他者を表すハイデガーの造語。具体的な「このひと」でもなければ「あのひと」でもなく、「そのひと自身」でもなく、「幾人かのひと」でもなければ、また、「すべての人々の総計」でもない「誰か」。このような自己のあり方を**頽落**という。

□332 **死への存在**（◎p.155）★
　ハイデガーが、人間は皆、いずれ死ぬ存在であることに注目して用いた言葉。人間は自身が死への存在であることに向き合うこと（**死への先駆**）で、頽落から引き離され、本来的な自己を生きることができるとし、これを**先駆的決意性**と呼んだ。

□333 **投企**（◎p.156）★
　自己を実現するために、自分自身を未来の可能性に向けて投げ出す人間のあり方。企投と訳されることもあり、ハイデガーやサルトルによって用いられた。

□334 **「実存は本質に先立つ」**（◎p.156）★★
　人間はまず先に実存し、世界の中に姿を現した後で、自己の本質が定義されるということ。サルトルが、人間のあり方を表して用いた言葉。サルトルは無神論的実存主義の立場に立つため、人間の本質を考える神が存在しないのだから、生まれながらの人間の本質などないと主張する。

□335 **対自存在・即自存在**（◎p.156）
　サルトルが存在を区別して用いた言葉。

即自存在	対自存在
それ自体で存在する単なる事物のあり方	未来の可能性に向け、常に現在の自分から逃れ出る脱自的な人間のあり方

□ **336 アンガージュマン(engagement)**
（○p.156、157）★★

「社会参加」「自己拘束」「束縛」などと訳される。どんな場面でも人は自由に行動を選択して社会と関わっており、自由に選択した以上、自分の行動に責任を負わなければならないという、人間のあり方に対するサルトルの考え方。

□ **337「人間は自由の刑に処せられている」**
（○p.157）★★

人間の自由に伴う責任の重さを刑に例えたサルトルの言葉。アンガージュマンにおいては、自分の選択によって人類全体に影響が及ぶとされる。

□ **338 不条理**（○p.158）★

カミュは、何の根拠もなく偶然に存在しているこの世界に対して、人生の意味や価値を見いだそうとする時に生じる状況を不条理と名づけた。この不条理の運命に向き合い続けることを反抗と呼び、反抗を通して連帯する人々の姿を描いた。

□ **339 フェミニズム**（○p.158、171）★

男女同権主義の前提に立ち、女性にとって不利益をもたらす社会制度の是正や女性差別の撤廃を求める女性解放の思想や社会運動をいう。

□ **340 プラグマティズム(pragmatism)**
（○p.159）★

アメリカの開拓者的・実験的な精神風土を反映した哲学。実用主義とも訳される。観念を行為(ギリシア語でプラグマ pragma)との関連の中でとらえる。ヨーロッパ哲学の形而上学的な伝統を廃し、実践的な知性の活動をめざす思想運動。パースによって提唱された。

□ **341 真理の有用性**（○p.160）★★

その観念を信じることによって得られる様々な結果が有用な限りにおいて、観念は真理であるとするジェームズの真理観。例えば神や地獄の存在など、実験で検証できない宗教上の観念であっても、それを信じることが有益であるなら、その限りにおいてその観念は真理であるという。

□ **342 道具主義**（○p.160）★★

人間の思考や知性を、人間がよりよくその環境に適応し、よりよい生活を営むための道具であるとする、デューイの考え方。知性を生活に役立つものとして、実践的にとらえた。

□ **343 進歩主義教育運動**（○p.161）★

デューイによる、児童中心の経験主義教育の方法と、教育を社会の進歩と改革の基本的手段ととらえる教育観を合わせて進歩主義教育という。デューイは新しい教育哲学を確立して、アメリカのみならず、日本をはじめ世界の教育に影響を与えた。

8 現代の思想

□ **344 精神分析**（○p.164）★

フロイトによって体系づけられた方法。対話、連想、夢判断などの方法で意識の表面を分析することによって、精神の深層、つまり潜在意識内のコンプレックス(心のしこり)を発見し、治療しようとするもの。病気治療だけでなく、芸術、宗教など、広く精神現象の理解に応用されている。

□ **345 無意識**（○p.17、164、165）★★

フロイトがその存在を考えた、意識(知覚)に上らず、自覚できない精神の領域。意識に比べて深層にあり、広大である。普段は意識に上らないが努力すれば思い出せる領域は前意識と呼ばれる。

□ **346 自我(エゴ)**（○p.17、165）★

人格のおもに意識的な部分。現実原則に従い、エスと超自我の対立を調停して現実への適応を図る。

□ **347 エス(イド)**（○p.17、165）★

性衝動(リビドー、libido)と攻撃衝動が溜まっている部分。より多く快楽を得られることを選ぼうとする快楽原則に支配される。

□ **348 超自我**（○p.17、165）★

親のしつけや教育によって形成された無意識的な良心。自我を検閲し、禁止や抑圧を行う。

□ **349 集合的無意識**（○p.17、165）★

個人的無意識のさらに下に広がる、人類に共通の無意識。ユングの創始した分析心理学において提唱された。分析心理学は、心理療法に加えて、普遍的無意識内に存在する元型が現れた神話や昔話をも研究することから、芸術、宗教、民俗学などとも関わる心理学である。

□ **350 元型(archetype、アーキタイプ)**
（○p.165）★★

集合的無意識に存在するとユングが仮定した普遍的な型。元型は神話、伝説、妄想、幻覚などに共通して現れる普遍的なイメージとして把握される。

□ **351 生の哲学**（○p.166）

デカルト以来の理性を重視する合理主義に対抗し、非合理的な情意を含む人間の生に基づいた哲学。ベルクソン、ニーチェ、オルテガらが生の哲学者と呼ばれる。

□ **352 エラン・ヴィタール**（○p.166）

ベルクソンは宇宙全体も意識と同じように持続し、進化するという思想を展開した。すべての生命体や万物の起源を宇宙的生の爆発ととらえ、その創造と進化の力を生命の躍動(エラン・ヴィタール)と呼んだ。

□ **353 現象学**（○p.167）

「事象そのものへ」を研究格率とするフッサールの哲学。現象学の方法は、世界の存在を一度括弧に入れて再検討し、意識を、客観的世界を想定したり、存在者の存在の意味が様々に形成される絶対的な場＝純粋意識としてみる(現象学的還元)。これは、世界の中に意識があるとする、それまでの

主観と客観のあり方を転換するものである。純粋意識がとらえる対象や意味がどのように形成されるかについて、主観に現れるがままの意識現象を記述することによって、世界が意識の中に「意味」として現れる状況を明らかにすることをめざす。

□ **354 エポケー(フッサール)**（○p.167）★★

現象学的判断停止ともいう。客観的な世界の実在を素朴に認める自然的態度をひとまず「括弧に入れて」一時中止すること。その上で、自らの意識を純粋に見つめる。

□ **355 フランクフルト学派**（○p.168）★

1930年代以降のドイツ、フランクフルトの社会研究所と、その機関誌『社会研究』に集まった社会思想家らをさす。ユダヤ系が多かったため、ナチスにより亡命を余儀なくされたが、第二次世界大戦後に再建された。学派には、アドルノ、ベンヤミン、フロム、マルクーゼら第一世代に加え、戦後に研究所に参加したハーバーマスらの第二世代も含まれる。ファシズムや、それに従った人々の精神の分析などを行った。

□ **356 道具的理性**（○p.168）★

ホルクハイマーは、単なる技術的な「手段」に成り下がってしまった理性を道具的理性と呼んだ。道具的理性は、自然と人間を支配するための道具になる。そして、資本主義の合理化に反抗する小市民や没落した中産階級の自然的感情が、異質な人間を支配しようとする理性と結びつくことでファシズムが成立したという。

□ **357 権威主義的パーソナリティ**★
（○p.168、169）

ファシズムを潜在的に支える人間の性格。他者の権威に盲従し、柔軟性を持たず、弱者には自らの権威への服従を強要する性格。フロムからアドルノに受け継がれた、大衆の心理を分析する視点である。

□ **358 コミュニケーション的合理性**
（○p.169）

ハーバーマスの用いた言葉。対話や討論などのコミュニケーション行為を通して互いに了解し合い、暴力や強制抜きで合意と公共性を形成しようとする合理性。

□ **359 対話的理性**（○p.168、169）★

ハーバーマスの用語。暴力・抑圧に支配されずに対話を交わし、相互理解に到達し公共性を築こうとする理性。コミュニケーション的合理性でめざされる、公共性の形成に必要なもの。

□ **360 システム合理性**（○p.169）

ハーバーマスはコミュニケーション合理性に対して、政治的な目的合理性や経済的な効率性を原理とする強制的な合理性をシステム合理性と呼んだ。システム合理性によって市民の生活が抑圧される様子を生活世界の植民地化と批判した。

□ **361『全体主義の起原』**（○p.170）

アーレントの著書。反ユダヤ主義と帝国主義に焦点を置いてナチズムやスターリニズムの心理的基盤を分析した。大衆社会が成立する中で、ドイツでは人種主義が、ソ

連では弁証法的唯物論が全体主義のイデオロギーとなり、独裁者は政治的反対者を、暴力による排除や脅迫を背景とした脅しであるテロによって殲滅することで、全体主義的支配を完成させたことを論じた。

□362 **他者の顔** (○p.170) ★★

全体性を超越した他者の存在の無限性をレヴィナスが表現した言葉。レヴィナスは、人間が無限なる神を全体的に把握することが不可能なように、自己が同化吸収できない絶対的「他者」が存在すると考え、全体主義の主体にとって殺人の対象である「他者」は、「顔」という無限性を持ってそれに抵抗するとした。

□363 **原初状態** (○p.172)

ロールズが、著書『正義論』の中で提唱した概念。社会契約説における自然状態にあたる。平等・対等で合理的な人々がおり、無知のヴェールに覆われた状態。

□364 **無知のヴェール** (○p.172)

ロールズが想定した、自分自身がどの階級に属しているか、どの程度の資産を持っているかなど、自分についての情報が遮断されている状況。この状況下において、人々は社会の根本的な仕組みをゲームのルールとして議論する。そこでは当然すべてのメンバーは公正な競争を求めるようになり、許容可能な不平等の範囲を検討し、自分の利害を離れて、すべての人にとって公正なルールを設定することができるという。ロールズは、こうして交わされた契約が公正な分配をもたらすと考えた。

□365 **公正としての正義** (○p.172) ★

ロールズは社会的正義を公正という観点から考察し、正義の二つの原理を提唱した。第一原理は、すべての人々が自由を平等に持つべきであること。第二原理は、不平等が生じる場合、次の二条件を満たすべきこと。(a)最も不遇な立場にある人々の利益を最大化する格差原理。(b)公正な機会の均等を確保すること。

□366 **リベラリズム** (○p.174) ★

社会的平等の実現と、弱者救済や社会的差別の解消のために国家に大きな権限を与える進歩的立場。個人の政治的自由とともに大きな政府による社会的な正義を重視する、ロールズらの政治的立場。

□367 **リバタリアニズム（自由至上主義）** (○p.174) ★

社会的な平等よりも政治的自由と小さな政府による経済的な自由を重視する、ノージックらの政治思想。

□368 **コミュニタリアニズム（共同体主義）** (○p.174) ★

共同体の伝統的価値の中にある共通善を正義と結びつけて重視する、マッキンタイア、テイラー、サンデルらの政治思想。

□369 **官僚制（ビューロクラシー）** (○p.176) ★

会社や工場など大規模な組織を効率的に運営するための仕組み。ウェーバーはその特徴を次のように指摘している。①規則による職務権限の明確な規定、②ヒエラルキーと呼ばれる階層構造、③文書の重視、④専門的訓練の必要性、⑤（フルタイムの）専業、⑥一般的規則による規律。

□370 **他人指向型（性格）** (○p.176) ★★★

アメリカの社会学者リースマンが『孤独な群衆』で、現代社会において広まりつつあると指摘した社会的性格。他者に受け入れられることを、仕事でも私生活でも最高の目標とする性格であるとされる。伝統を生き方の基準とする「伝統指向型」や親から与えられた内面の（勤勉・禁欲といった）価値観を重視する「内部指向型」と比較される。

□371 **潜在能力論** (○p.178) ★

センが提唱した概念。センは福祉を、個人が選択できる生き方の幅（すなわち自由）を広げることであると考え、生活のよさを形作る機能の全体である**潜在能力（ケイパビリティ）**に着目する。この潜在能力を高めることをめざすのが、センの提唱する潜在能力アプローチである。

□372 **人間の安全保障** (○p.178、304) ★

人間の安全保障とは、センらによって提案された、紛争や災害、飢餓、環境破壊、感染症、人権侵害などの脅威から、人間を守るという概念である。なかでも特にセンが重要視したのは、基礎教育の完全実施である。

□373 **構造主義** (○p.180) ★★

レヴィ＝ストロースがソシュールの記号論をモデルにして、文化人類学に導入した構造論的手法。構造主義は、言語や文化には、それを用いる主体である人々の意識とは無関係な**構造**が存在し、それが人々の行為の意味を決定しているとする。近代西欧の理性中心主義と西洋中心主義を批判し、1960年代のフランスで、歴史と人間の主体性を重視するマルクス主義や実存主義に代わる新しい思想として流行した。

□374 **『野生の思考』** (○p.180、181) ★

レヴィ＝ストロースの主著。当時、未開とされていた社会の人々の思考は非合理的なものとみられていた。しかしレヴィ＝ストロースは、それを**野生の思考**や**神話的思考**と呼び、近代西欧の科学的思考に劣ることのない「具体の科学」であり、効率を高めるために栽培種化された西欧の思考とは異なるが、本質的には同じもので、優劣は存在しないと主張した。

□375 **エピステーメー** (○p.181)

フーコーが提唱した、ある時代において、多用な学問を横断し、様々な言説（ディスクール）のレベルで見いだされる連関の総体としての知の規則性（枠組み）のこと。例えば、18世紀のルネサンスの時代には、様々なものの表面的な類似性に着目し、「相似」で物事をとらえるエピステーメーがあった。クーンのパラダイムと類似した意味で使われる場合もある。

□376 **ポスト構造主義** (○p.182)

近代西欧の哲学を批判した構造主義や精神分析の中にも、ヨーロッパの形而上学の伝統や近代的理性の影響があることを指摘した思想をこう呼ぶ。代表的な思想家に、デリダやドゥルーズがいる。

□377 **ポストモダン** (○p.182)

リオタールは近代（モダン）という時代を「大きな物語」が知的活動を支えていたと考える。例えば、ヘーゲルの説いた精神の弁証法やマルクスの説いた労働者の解放など、真理・主体・自由・革命などである。リオタールはこのような「大きな物語」に対する信用が失われた状況をポストモダンと呼んだ。

□378 **脱構築** (○p.182) ★★

デリダが提唱した、形而上学的思考の解体作業の方法。デリダはプラトン以来の形而上学の二項対立的な階層秩序が、西洋的思考の根底にあることを指摘し、批判した。

□379 **オリエンタリズム** (○p.183)

近代西欧社会が「東洋」を後進的でエキゾチックな他者として把握してきたこと。サイードの用語。西洋の人々が書き表してきた東洋は、根源的にヨーロッパとは異質な空間であり、後進性や官能性、敵対性などのイメージが与えられてきた。それは、西洋人が自らの文化的優位を示すために作り上げてきた西洋中心主義的な、実際の東洋とは異なる「オリエント」像で、西洋の東洋支配のための装置であるとする。

□380 **分析哲学** (○p.184) ★

言語の論理的分析によって哲学問題を解決しようとする、現代英米哲学の主流の一つ。ラッセルは日常的な言語を論理的に分析することによって、哲学的な問題が解決できると考え、その弟子ウィトゲンシュタインは『論理哲学論考』によって論理分析の方法に世界観的な基礎づけを与えた。

□381 **言語ゲーム** (○p.185) ★★

ウィトゲンシュタインの後期の思想。言語を物理的な記号配列や、何かに意味を付与する精神作用としてではなく、一定の規則に従って営まれる行為と考える。言語をちょうど駒をやりとりするチェスのように、言葉をやりとりするゲームとしてとらえ、様々な言語ゲームを観察することによって哲学の諸問題を解明しようとした。

□382 **科学哲学** (○p.186)

科学を対象とする哲学的考察を科学哲学という。科学的理論がどのようにして形成されるかについての歴史的・社会的な分析（科学方法論）、科学やその基礎となる数学、論理の本質の分析（メタ科学）、科学のあるべき姿の考察（科学論）などの分野で研究が行われている。

□383 **ホーリズム（全体論）** (○p.186) ★

クワインは、人間の知識と信念はお互いにつながり合った一つの構造体になっていると考えた。この考え方をホーリズム（全体論）という。一つ一つの科学的命題は独立してあるのではなく全体として一つの体系を構成しているため、一つの科学的命題が反証されたからといって、その理論全体が反証されてしまうわけではない。

□384 **パラダイムの転換**(◎p.187)★★

　クーンの提唱した考え方。ある科学領域の専門的科学者の共同体を支配し、その成員たちの間に共有される、①ものの見方、②問題の立て方、③問題の解き方、の総体を**パラダイム**と呼ぶ。そして、科学革命と呼ばれる現象は知の連続的進歩ではなく、パラダイムの転換(**パラダイムシフト**)によって急激に生じると考えた。

□385 **トランス・サイエンス**(◎p.187)

　アメリカの原子核物理学者ワインバーグは、科学によって問うことはできるが、科学によって答えることのできない問題の領域を**トランス・サイエンス**と呼んだ。彼は原子力発電所を安全とみるか、危険と判断するかという点については科学だけでは答えられず、政治的判断が必要であると考えた。

9 現代のヒューマニズム

□386 **非暴力不服従運動**(◎p.190、191)

　ガンディーの展開した運動。死を恐れず、暴力を用いず、支配者の不合理な支配・法に対して服従しない態度を貫く。

□387 **サティヤーグラハ(真理の把握)**★
(◎p.190、191)

　ガンディーの非暴力不服従運動の基礎にある独自の思想。求めるべき**真理**(サティヤー)が人間の内側に存在すると考え、それを把握するために、すべての執着心から解放されることが必要だとする。その手段が、**アヒンサーとブラフマチャリヤ(自己浄化)**である。

□388 **アヒンサー(不殺生)**
(◎p.61、190)★

　サンスクリット語の「ヒンサー」(殺生)に否定辞の「ア」をつけたもの。ジャイナ教に由来する。ガンディーによれば、これは単に暴力を振るわないということではなく、憎悪や邪念を捨て去ることをさす。さらに、敵を許すことで敵を正気に立ち返らせ、真理にめざめさせることもめざす。

□389 **生命への畏敬**(◎p.193)★★

　すべての生命の生きようと欲する意志(「**生きんとする意志**」)を肯定し、尊重すること。シュヴァイツァーが文化の危機の克服に必要不可欠だとした態度。

□390 **公民権法**(◎p.194)

　キング牧師が指導した公民権運動が契機となり、1964年に成立した法律。人種や性別などによる差別を禁止する。

□391 **死を待つ人の家**(◎p.189、195)★

　1952年にマザー・テレサが、インドのカルカッタ(コルカタ)に開設した施設。路上やスラムで死期を迎えた人々を迎え入れ、安らかに最期の時を送ることができるように作られたホスピス。「ニルマル・ヒルダイ」と呼ばれる。

第4章 日本の思想

1 日本固有の思想

□392 **風土**(◎p.197、266)★

　気候や地形など人間を取り巻く自然的・地理的条件。そこに居住する人間の生活様式や文化は、風土的条件の影響を受けるといい、和辻哲郎はこれをモンスーン型・沙(砂)漠型・牧場型の三つに類型化した。

□393 **アニミズム**(◎p.197)

　自然物には霊魂が宿るとして、あらゆる自然を信仰する自然崇拝・精霊信仰。日本では縄文時代からみられ、のちの日本固有の神信仰の原型となった。

□394 **八百万神**(◎p.197)

　古代日本で信仰された多くの神々の総称。日本ではアニミズムの信仰があり、あらゆる自然物や自然現象に神が宿ると考えられたことから、数多くの神が想定された。

□395 **産土神**(◎p.197)

　土地の守護神。産土とは出生地を意味し、そこを守る神をさしたが、やがて同属集団を守る氏神と同義になった。

□396 **祀る神・祀られる神**(◎p.196)

　和辻哲郎の指摘した神の性格。例えば、天照大神は背後にひかえる他の神を祀り、その言葉を人々に告げるが、そのことによって神聖視され、神として祀られるというもの。

□397 **『古事記』**(◎p.198)★

　神代から推古天皇までを扱った日本最古の歴史書。古い伝承を天武天皇が稗田阿礼に暗誦させ、それを元明天皇が太安万侶に筆録させ、712年に完成。物語性が強い。

□398 **『日本書紀』**(◎p.198)★

　神代から持統天皇までを扱った歴史書で、『古事記』と重複する部分が多いが、中国の正史にならって正式な歴史書として編纂された。720年完成。

□399 **罪**(◎p.198)

　古代日本において罪悪とされた、共同体のしきたりを破り社会秩序を乱す行為。病気や自然災害も含まれる。のちに、「天津罪」、「国津罪」と呼ばれるものに分類された。

□400 **穢れ**(◎p.198)

　社会生活を脅かし災厄を招くもの。死の穢れや血の穢れなどがあり、祭祀に支障をきたすものとされた。特に重いとされたのが死の穢れである。

□401 **祓い**(◎p.198)★

　罪を償うために代償物として供物をささげたり、人形(ひとがた)などの寄り代に穢れを付着させて川などに流すことで、身に付いた罪・穢れを祓うこと。

□402 **禊**(◎p.198)★

　川や泉・海などの神聖な水に浸かり、身を清めることにより、罪・穢れを洗い落とす方法。日本では、罪・穢れは比較的簡単に取り去ることができると考えられた。

□403 **清明心**(◎p.199)★★★

　清き明き心ともいう。神に対する時に求められた心のありようで、曇りなく邪なところのない心。**清き心と明き心**からなり、古代日本で最も尊ばれた。

□404 **正直**(◎p.199)★

　せいちょくと読む。正しく真っ直ぐな心。古代の日本人が尊んだ、うそ・偽りのない清明心を引き継ぎ、神道において邪心のない心をいう。中世の武士階級の私欲を抑えた徳も正直といった。

□405 **神道**(◎p.199)★

　日本古来の素朴な神信仰が、仏教の受容などに刺激されて整備・理論化されていったもので、日本固有の宗教とされる。**伊勢神道・唯一神道・垂加神道・復古神道**など様々な神道が生み出されていった。

□406 **日本文化の重層性**(◎p.199)

　和辻哲郎が指摘した、日本文化の特徴。固有の文化に固執せず、外来文化を積極的に受容する。その際、新しい文化が古い文化を駆逐するのではなく、積み重なって層をなし、共存していく形態をとる。

2 日本仏教の受容

□407 **和の精神**(◎p.201)★

　「憲法十七条」の第一条に規定され、のちの日本人の精神に大きな影響を与えた精神。集団における協調性を優先する。

□408 **「憲法十七条」**(◎p.201)★

　604年に聖徳太子によって定められたと『日本書紀』に記されている。現在の国の最高法規としての憲法とは異なり、豪族を国家に仕えさせるため、役人としての心構えを示したもの。仏教・儒教・法家の思想や、日本の伝統思想をもとにしている。

□409 **凡夫**(◎p.201、210)★

　欲望にとらわれた存在としての人間のことで、悟りに到達した仏と対比される。聖徳太子は、仏からみれば人間はみな、凡夫にすぎないとし、互いの優劣を論ずることの無意味さを説いた。のちに親鸞は、悪人を「煩悩具足の凡夫」と表現している。

□410 **三宝**(◎p.201)★

　①仏(悟りを開いた者)、②法(仏の教えとしての真理)、③僧(仏の教えを実践し修行する者)の三つをさす。「憲法十七条」の第二条に「篤く三宝を敬え」と規定されている。

□411 **「世間虚仮、唯仏是真」**
(◎p.201)★★

　「世間は虚仮なり、唯仏のみ是真なり」と読み、この世は虚しく仮のものであり、ただ仏だけが真実であるという意味。中宮寺所蔵の『天寿国繍帳』に記され、聖徳太子の生前の言葉とされる。

□412 **鎮護国家**(◎p.202)★★★

　仏教の力により天下国家の安泰を図ること。古代日本では仏教と国家の結びつきが強く、特に奈良時代の聖武天皇は、国分寺の建立や東大寺大仏の造立など、仏教に頼る政治を行った。平安時代は密教にも鎮護

国家の役割が期待されたといわれる。

□413 **南都六宗**（◯p.202）

奈良時代の①三論宗、②成実宗、③法相宗、④俱舎宗、⑤華厳宗、⑥律宗の６つの仏教学派。後世の宗派とは異なり、仏教教義を研究する学派の性格が強い。この呼称は、平安京に遷都された後、奈良を南都と呼ぶようになったことに由来する。

□414 **本地垂迹説**（◯p.202）★★★

仏が本来のあり方であり、神は人間の前に現れる時の仮の姿とする考え方。平安時代初期にすでにみられる。神を「権現」と呼ぶのは「権（かり）に現れた」という意味からである。

□415 **神仏習合**（◯p.202）★★★

日本固有の神信仰と外来の宗教である仏教を融合してとらえる考え方。奈良時代にはすでにみられる。神社の境内に神宮寺を造ったり、神を仏法の守護神と位置づけたりするなどの事例がある。

□416 **神仏分離令**（◯p.202）★

1868年に出された、神仏の混交を禁止した法令。明治政府は王政復古・祭政一致の立場から神道国教化の方針をとり、神社を寺院から独立させた。これにより、全国的に寺院や仏像を破壊する廃仏毀釈の運動が起こった。

□417 **天台宗**（◯p.203）★★

６世紀の中国僧智顗を始祖とする、法華経を根本経典とする宗派。最澄が日本に伝え、比叡山延暦寺において日本の天台宗を開いた。その特徴は、円（天台）・密教・禅・戒律の四宗融合にある。

□418 **法華経**（◯p.203、216）★★

妙法蓮華経。大乗仏教の経典の一つで、天台宗・日蓮宗の根本経典となった。

□419 **一切衆生悉有仏性**（◯p.203）★★★

「一切の衆生は悉く仏性有り」と読み下し、すべての生きとし生けるもの（衆生）は、皆仏陀となる可能性である仏性を持つ、という意味の、涅槃経にみられる言葉。大乗仏教の根本思想。

□420 **一乗思想（法華一乗）**（◯p.203）

法華経に示された、仏陀の真の教えはただ一つであるという思想。仏陀は方便として様々な教えを説いたが、本質は一つであり、それはすべての人が仏になることができるという教えであるとされる。最澄もこの思想を説き、成仏できない人も存在するという立場の法相宗の僧である徳一と論争になった（**三一権実論争**）。

□421 **真言宗**（◯p.204）

空海が、唐の僧恵果から学んだ密教をもとに開いた宗派。真言とは、マントラという神秘的な仏の言葉をさす。それを唱えることで、根本の仏である大日如来と一体化する**即身成仏**をめざす。

□422 **即身成仏**（◯p.204）★★★

生きたまま仏の境地に達すること。真言密教では、①身に印契を結び（**身密**）、②口に真言を唱え（**口密**）、③心を集中して大日如来を思い浮かべる（**意密**）、という**三密**の

行により大日如来と一体化することをさす。

□423 **大日如来**（◯p.204）★★★

密教の本尊で、宇宙の究極的真理そのものを表す仏。毘盧遮那仏ともいい、諸仏・如来・菩薩を包摂する。すべては大日如来から生まれ、大日如来に還るとされる。東大寺大仏はこの毘盧遮那仏である。

□424 **密教**（◯p.204）★

神秘的な行や秘密の呪法によって悟りを得ようとする教え。もともと密教であった真言宗（東密）だけでなく、のちに天台宗もその影響を受けて密教化していった（台密）。密教に対し、広く民衆に開かれた教義を持ち、学習可能な教えを**顕教**という。南都六宗がそれにあたる。

□425 **曼荼羅（マンダラ）**（◯p.204）★

サンスクリット語で「宇宙の真理を表現したもの」という意味。密教の宇宙観を図式化したもので、仏の慈悲を表す胎蔵界曼荼羅と、行により最高の智を得る金剛界曼荼羅からなり、二つを合わせて両界曼荼羅という。

□426 **加持祈禱**（◯p.204）

災難や病などを取り除くため、仏の加護を祈る呪術で、密教で重視された。加持が仏の力を得ることで、祈禱はそのために行われる。平安時代の仏教では、国家安泰・病気平癒などの現世利益と結びついていき、特に貴族たちからその実現が期待された。

□427 **末法思想**（◯p.206）★

釈迦の没後、①正しい教え・修行・悟りが実現する**正法**の世、②正しい教え・修行は実現するが正しい悟りは実現しない**像法**の世の二期を経て、③正しい教えのみが残り正しい修行も悟りも実現しない**末法**の世に至るとする説。日本では1052年が末法の始まりとされて広まった。特に平安末期には、戦乱や飢饉などにより世相が混乱したため、末法思想は人々に現実感をもって受け止められた。

□428 **浄土信仰**（◯p.206）

煩悩で汚れた凡夫の住むこの世（穢土）に対し、諸仏が作った仏国土を浄土という。その浄土を求め、往生を願うのが浄土信仰で、末法思想の流行を背景に広まった。浄土信仰をもとに、浄土教が発展した。

□429 **浄土教**（◯p.206）

阿弥陀仏にすがることにより、死後、西方極楽浄土に往生することを願う教え。インドの大乗仏教で説かれ、唐代・宋代に盛んとなった。日本では平安時代に流行し、のちの鎌倉仏教のうち、浄土宗・浄土真宗・時宗の成立の基盤となった。

□430 **阿弥陀聖（市聖）**（◯p.206）★

平安中期の市井の僧である空也のこと。民衆に阿弥陀仏への信仰を布教し、社会慈善事業に尽くしたことからこう呼ばれる。浄土信仰の民衆への広まりに大きな役割を果たした。

□431 **念仏**（◯p.206）★★★

仏道修行の一つで、本来は仏の姿を心に思い浮かべること。仏の姿を一心に念じる

観想念仏のほか、仏の名を称える**称名（口称）念仏**があり、やがて一般的に「南無阿弥陀仏」と称えることをさすようになった。

□432 「**厭離穢土・欣求浄土**」（◯p.206）★★

末法のこの世（穢土）を離れ、阿弥陀仏の西方極楽浄土への往生を願うこと。源信の著書『往生要集』の第一章が「厭離穢土」、第二章が「欣求浄土」で、浄土教の教えを象徴する言葉。

□433 『**往生要集**』（◯p.206）★★

源信の著書（985年）。浄土に往生するための教えを多くの経典から集めてまとめたもので、極楽・地獄の様子を著し、浄土信仰の広まりに大きな役割を果たした。

3　日本仏教の展開

□434 **鎌倉仏教**（◯p.208）

平安時代末期から鎌倉時代にかけて起こった仏教改革の運動から生まれた、新しい仏教。易行（易しい修行）・選択（救済方法の選択）・専修（ひたすら打ち込む）を特徴とする。浄土宗などの新宗派が誕生しただけではなく、既存の南都六宗、天台宗、真言宗にも変革が起きた。

□435 **浄土宗**（◯p.208）

法然を開祖とする宗派。阿弥陀仏の本願を信じ、専修念仏によって西方極楽浄土へ往生する（生まれ変わる）ことを説く。『選択本願念仏集』が根本聖典である。成立当初から鎌倉時代にかけては特に旧仏教側から激しい非難を受けたが、のちに、徳川家康によって手厚い保護を受けるようになった。

□436 **弥陀の本願**（◯p.208）★

阿弥陀仏が仏になる前、修行するにあたってかけた四十八の願で、阿弥陀仏の慈悲を意味する。この中の第十八願が重要で、わずか十回でも念仏して西方（極楽）浄土へ生まれ変わることができなければ悟りを開かない、という内容である。ここから、十回でも念仏すれば浄土へ往生できるという教えが生まれた。弥陀の本願を信じることが浄土系諸宗派の基本である。

□437 **専修念仏**（◯p.209）

阿弥陀仏の本願と他力を信じて、ただひたすらに「南無阿弥陀仏」と念仏を称えること。このような易行は、民衆に広く仏教が受け入れられる契機となった。

□438 「**南無阿弥陀仏**」（◯p.209）★

「私は阿弥陀仏に帰依いたします」という意味の言葉で、名号といわれる。衆生が浄土に往生するきっかけとなる言葉であり、特に親鸞や一遍はこの名号自体を本尊として重視した。

□439 **聖道門**（◯p.209）

自力の修行に励んでこの世で悟りを開き解脱をめざす、古くからある教え。自力と難行を特徴とする。対義語は「浄土門」。

□440 **浄土門**（◯p.209）

阿弥陀仏の本願を信じて念仏し、浄土に生まれ、来世に悟りを得ようとする教えで、

重要用語

他力と易行を特徴とする。人々の教えを受け入れる能力が衰えるとされる末法の時代にあって、念仏往生こそが時代にかなう教えだという確信に基づく考え方。

□ **441 浄土真宗** (●p.210)
親鸞を開祖とする宗派。親鸞自身は新たな宗派を作る意志はなかったが、没後に宗派が形成されていった。江戸時代には一向宗とも呼ばれた。本堂に特徴があり、本尊を安置する内陣に比べ、参拝客が礼拝する外陣の方が圧倒的に広い。親鸞の命日の前後に、報恩感謝のために「報恩講」という法要が毎年開かれる。

□ **442 悪人** (●p.210)
煩悩を自らの力で滅ぼすことができず、阿弥陀仏の他力に身を委ねるほかない人のこと。「煩悩具足の凡夫」ともいう。善人は、自力で修行し解脱をめざす自力作善の人のことである。親鸞によれば、自力で往生しようとするのは阿弥陀仏を疑っていることになる。また、人は煩悩にまみれており、善悪の判断基準など各人が勝手に作っているものにすぎないから、根源的にはすべての人が悪人であるという。

□ **443 悪人正機** (●p.210) ★
悪人こそが阿弥陀仏によって救われるとする親鸞の教え。悪人は、阿弥陀仏の光明に照らされて真理にめざめると、自力では解脱などできるはずもないことに気づき、阿弥陀仏を心の底から信じるようになる。それが救いのきっかけだという。しかし、だからといって自堕落になる人は「本願ぼこり」といって戒められた。

□ **444 非僧非俗** (●p.210)
親鸞が越後に流罪となった際に表明した、出家中心の仏教でも世俗の権力のための仏教でもないことを示す立場。当時の僧は国家資格であり、権力によって保護される代わりに、朝廷や貴族のために祈禱を行う存在であった。親鸞は、そのような制度に縛られた僧ではなく、かといって俗人でもない求道者であろうとした。

□ **445 肉食妻帯** (●p.210)
肉食と妻帯は、仏教の戒律では固く禁じられていた。しかし親鸞は、どんな人でも阿弥陀仏の手によって救われることを伝えようと、あえて肉食妻帯してみせたといわれている。また、明治政府が「肉食妻帯勝手たるべし」として、国家が関与しないとする政策をとって以降、日本の仏教全般で肉食妻帯が一般的となった。

□ **446 絶対他力** (●p.211) ★
自らのはからいを完全に捨てて、すべてを阿弥陀仏のはからいに委ねる信仰のあり方。親鸞は悪人は専修念仏という易行すらできない存在であると考え、絶対他力という考えに至った。これは、念仏よりも信心を重視することにつながり、修行ではなく信仰心こそが救いの端緒となることを明確にした。

□ **447 自然法爾** (●p.211) ★
事物が作為を超えて、自然に存在すると

いう意味で、仏教界のみならず思想界で広く用いられていた言葉。親鸞はこの言葉を念仏信仰に当てはめ、人はおのずから自然に、あるがままに身を任せていても阿弥陀仏の手によって救われるとした。なお、法然の名はこの言葉に由来する。

□ **448 踊念仏** (●p.212) ★★
踊りながら太鼓や鉦を打ち鳴らし、仏や教えを誉め称える和讃や念仏を称えること。阿弥陀仏に救われる喜びを共有するために、時宗の開祖である一遍が広めた。踊ることから歌舞音曲と結びつきやすく、芸能を生業とする人の多くが時宗信徒となった。

□ **449 坐禅** (●p.213) ★★
姿勢を正して坐り、精神統一を行うこと。公案を重視し、修行中に与えられた課題を考えながら坐禅を行う看話禅と、一切の思考を断絶してただ坐る黙照禅など、様々な流儀がある。

□ **450 公案** (●p.213) ★
悟りを開くために、修行中に師から与えられる課題で、特に臨済宗で重視されている。修行者は坐禅を組みながら答えを考え、師と禅問答を行う。「両手を打ち合わせると音がするが、片手ではどんな音がしたか答えよ」(隻手の声)といったものがあり、一般的な理屈を超えた、禅や仏説の神髄に迫る解答が求められる。

□ **451 只管打坐** (●p.214) ★★★★
思考や作為をすべて捨てて、ただひたすら坐ること。専心打坐ともいう。これは、ゴータマ・シッダッタが悟りを開いた手段であり、仏道修行の神髄だとされ、曹洞宗の根本的な修行法とされた。

□ **452 『正法眼蔵』** (●p.214)
道元が曹洞禅の思想を論究し、20年以上もかけて著した、87巻に及ぶ大著。当時の仏教書は漢文で書かれていたが、道元は真理を広く誤解なく伝えたいという思いから、仮名を用いた当時の日本語で書き著した。

□ **453 身心脱落** (●p.215) ★★
肉体的な感覚や心の働きをすべて捨てた状態のこと。只管打坐は、身心脱落となっていることと等しいと道元は説いた。身心とは自己のことである。

□ **454 修証一等** (●p.215) ★
修行という手段によって悟るのではなく、修行は悟りそのもので、修行と悟りは不可分だということ。道元の思想の重要な要素。只管打坐という修行は身心脱落であり、それは悟りの境地に等しいという。日常生活も修行ととらえた曹洞宗では、日々生きることがそのまま仏の行いだとされる。

□ **455 日蓮宗** (●p.216)
日蓮を開祖とする宗派で、法華宗ともいう。大乗経典の一つである法華経を最高の経典であるとし、「南無妙法蓮華経」と法華経の題目を唱える唱題の行により救われると説いた。

□ **456 唱題** (●p.216) ★★★
「南無妙法蓮華経」と法華経の題目(表題のこと)を繰り返し唱える修行。成仏のた

めの手段とされた。法華経系の宗派で最も重視される修行法であり、唱題を行えば、経典のすべてを読んで実践することと等しい功徳があるとされる。

□ **457 「南無妙法蓮華経」** (●p.216) ★★
「私は法華経の教えに帰依します」という意味。日蓮宗では、法華経にはゴータマ・シッダッタによって説かれた宇宙の真理があるとされる。法華経に帰依することは、両者に帰依することだから、「南無妙法蓮華経」と唱えれば、真理を体得することができると考えられた。

□ **458 四箇格言** (●p.217) ★★
「念仏無間・禅天魔・真言亡国・律国賊」という、日蓮による他宗批判の言葉。念仏は浄土宗、禅は禅宗、真言は真言宗、律は律宗をさす。日蓮は他宗を厳しく批判し、相手の誤りと思える主張を論破するような激しい布教法を行ったため反感も大きく、迫害・弾圧を受けた。

□ **459 法華経の行者** (●p.217)
迫害を覚悟しながら、法華経の教えを説き実践する人のこと。日蓮は諸宗派やその支持者から激しい迫害を受けたが、法華経を信じるものは迫害を受けると法華経自体に書かれていたため、自らを法華経の行者と考え、かえって使命感を強めたといわれている。

□ **460 御文章(御文)** (●p.218)
蓮如が書いた手紙をまとめたもので、末法思想や他力本願の考え方がわかりやすく説かれている。浄土真宗では聖典として扱われている。

□ **461 黄檗宗** (●p.218)
隠元隆琦によって日本に伝えられた禅宗の一派。自己の中に浄土と阿弥陀仏を見いだそうとする、禅と浄土思想の融合した教えを説く。日本の禅宗にも影響を与えた。本山は萬福寺(京都府宇治市)で、建物や仏像の様式だけでなく、儀式作法や精進料理も中国風である。

4 日本儒学の展開

□ **462 京学** (●p.220)
徳川家康に朱子学を講義した藤原惺窩に始まる学派。土佐の南村梅軒に始まる**南学**に対して**京学**という。江戸幕府のお抱えとなった林家の系統や、優れた弟子を輩出した木下順庵など、多くの朱子学者がこの学派から生まれている。

□ **463 上下定分の理** (●p.221) ★
天地自然に上下の区別があるように、人間社会にも上下の身分差があるのが道理であるとする考え。林羅山が主張した、江戸幕府の身分制度を正当化する思想。この思想により、羅山は幕府に重んじられ、その子孫は代々御用学者となった。

□ **464 存心持敬** (●p.221)
林羅山が主張した、常に心に敬を保ち、上下定分の理を体現すること。敬とはつつしむこと、私利私欲を抑えることであり、

朱子学で最も重視された徳目である。朱子学における居敬にあたる。

□ **465 垂加神道**(⊙p.223)★
山崎闇斎が創始した神道。吉田神道と朱子学を融合し、神儒一致を説いた儒家神道。非合理的であるとして批判されたが、天照大神が子孫である天皇に日本の統治を任せたという、いわゆる「天壌無窮の詔勅」を道とするといった国粋主義的性格が、のちの尊王運動に影響を与えた。

□ **466 水戸学**(⊙p.223、244)
徳川光圀の命による『大日本史』の編纂などを通じ、水戸藩で深められた学問。17世紀後半からの前期と、19世紀の後期の二期に分けられ、水戸学という呼び方は、狭義には後期をさして用いられる。尊王を説き、藩の枠組みを超えて日本全体を天皇をいただく国ととらえ、名分論や国体論などにより、尊王攘夷運動に大きな影響を与えた。

□ **467 孝**(中江藤樹)(⊙p.224)★★
中江藤樹は、儒教において子が親に尽くす徳目とされた孝を、宇宙万物を貫く普遍的な原理としてとらえ直し、親子のみならず、すべての人間関係を成り立たせるものと考えた。藤樹によれば、孝は具体的には**愛敬**の心として現れる。

□ **468 時・処・位**(⊙p.224)★
処は場所、位は身分のことをさす。実践を重視した中江藤樹は、陽明学における致良知(善悪を判断する良知を働かせること)や知行合一を重んじるとともに、孝という道徳も時・処・位に応じて実践されるべきであるとした。

□ **469 古学(古学派)**(⊙p.226)★
朱子学や陽明学のような後世の解釈を排し、孔子・孟子の教えを直接のよりどころとすることを説いた儒教の学派。山鹿素行によって唱えられた。このような立場は中国では生まれず、日本独自の儒教の立場とされる。山鹿素行の古学を特に聖学と呼ぶこともある。

□ **470 士道**(⊙p.226)★
山鹿素行によって確立された武士道。農工商の三民はそれぞれの生業に忙しく、徳を修めることができないので、徳を修め、三民を教え導くのが武士の道であるとする。戦乱の世が終わった後の、泰平の世における武士の倫理を説いたもの。

□ **471 武士道**(⊙p.226)★
武士としてのあるべき生き方やそのための心構え。その起源は鎌倉時代の「武家のならい」・「兵の道」にあるが、戦国時代を経て江戸時代になると、山鹿素行や、山本常朝らによって洗練されていった。明治維新後も、内村鑑三や新渡戸稲造に多大な影響を与えた。

□ **472 古義学**(⊙p.227)★
伊藤仁斎が説いた古学の一派。『論語』、『孟子』といった原典に立ち返り、それらの古義を求め、孔子や孟子の本来の教えを明らかにしようとしたもの。古義とは、『論語』や『孟子』が書かれた当時の言葉の意味

のことをさす。

□ **473 仁**(伊藤仁斎)(⊙p.227)
伊藤仁斎は、儒教の根本的な徳である仁を愛であるとし、それは日常生活でも自然と現れるものであると考えた。この考えに基づき仁斎は、朱子学は形而上学的になりすぎ、孔子や孟子の時代にあった、素朴な人間関係についての倫理を失っていると批判した。

□ **474 誠**(⊙p.227)
自他に対して偽りのない純粋な心情で、真実無偽の心。仁愛を成り立たせているもの。具体的な実践として**忠信**と**忠恕**がある。

仁愛 …日常従うべき道としての愛
↑
成り立たせる
誠 ┬ 忠信……自他に偽らない
　 └ 忠恕……他者の心情を察する

□ **475 古文辞学**(⊙p.228)
荻生徂徠を祖とする古学の一派。古代中国の文章や言葉を古文辞といい、中国の古典や聖人の文章に直接ふれ、正確に読み解くことで古代の聖人の教えや儒教の本義を明らかにしようとするもの。

□ **476 礼楽刑政**(⊙p.228)★
礼は儀礼・社会的規範、楽は音楽、刑は刑罰、政は政治制度をさす。これらは、五経に楽経を加えた六経に示された先王の道である。

□ **477 先王の道**(⊙p.228)★
先王とは堯・舜などの中国古代の聖人のことで、彼らが定めた政治制度を荻生徂徠は先王の道と呼んだ。徂徠によれば、道は朱子学のいうように自然に存在するものではなく、先王が人為的につくったものであるとされる。

□ **478 経世済民**(⊙p.228)
世を経め民を済うこと。荻生徂徠によれば、儒教は個人の徳を高めるためにあるのではなく、経世済民により広く天下を安ずる道であるという。economyの訳語である「経済」という言葉は、この経世済民に由来する。

□ **479 『葉隠』**(⊙p.229)★
佐賀藩鍋島家に仕えた山本常朝の口述を筆記したもので、江戸時代中期に成立。冒頭に「武士道というは、死ぬことと見つけたり」とあるように、主君への忠節と死への不断の覚悟を説いている。

5　国学・庶民の思想

□ **480 国学**(⊙p.231)★★★
儒教や仏教などの外来思想の影響を受けていない、日本固有の純粋な精神を究明しようとする学問。その研究対象は**『古事記』**、**『日本書紀』**、**『万葉集』**などの日本の古典であり、文献学的な研究方法が用いられる。日本古来のあり方を明らかにする点では評価されるが、一方で偏狭な国粋主義に陥る危険性もある。実際に、幕末の尊王攘夷思

想に多大な影響を与えた。

□ **481 高く直き心**(⊙p.231)★
『万葉集』にみられる精神で、賀茂真淵はこれを古代日本人の心情であると唱えた。素朴で高貴、力強くて真っ直ぐな精神。

□ **482 ますらをぶり**(⊙p.231)★
『万葉集』の歌風にみられる男性的でおおらか、荒々しく力強い風格のことで、賀茂真淵はこれを日本人の精神とした。

□ **483 古道**(⊙p.231)★
儒教や仏教といった外来思想の影響を受けていない日本人固有の純粋な精神のもと、日本人のよるべき道。ありのままの自然な感情を重視する。

□ **484 惟神の道**(⊙p.232)★
『古事記』、『日本書紀』にみられる、神々の振る舞いに発する習俗で、日本固有の道。本居宣長は、人為を加えず、神の道に従うことであるとしている。

□ **485 真心**(⊙p.232)★★★
「まごころ」であり「まことのこころ」、「よくもあしくも生まれつきたるままの心」であり、本居宣長が日本固有の精神としたもの。儒教では欲は否定され、抑えなければならないとされるが、宣長は、利欲をも含めた自然な感情を重んじ、真心こそ大和心であるとする。

□ **486 漢意**(⊙p.232)★
儒教や仏教など外来思想の影響を受けた考え方、生き方をさし、賀茂真淵や本居宣長はこれを浅はかな「さかしら」であると批判した。真心に対置されるもの。

□ **487 もののあはれ**(⊙p.232)★
物事にふれた時に人間の心に起こる素直な感動・共感。「あはれ」とは感嘆詞の「ああ」とその後の息継ぎの音「はれ」が短縮された言葉で、本居宣長はこれを文芸の本質とし、「もののあはれ」を知る人を心ある人とした。

□ **488 たをやめぶり**(⊙p.233)
『古今和歌集』の歌風にみられる女性的で優しい様子のこと。賀茂真淵は古代の純粋さを失ったものとしてこの様子に批判的であったが、本居宣長はこの繊細な精神を重視した。

□ **489 復古神道**(⊙p.234)★
平田篤胤が体系化・完成した、国学者によって提唱された神道。儒教や仏教の説を排し、日本固有の純粋な神の道を説く。神の子孫であるとされる天皇の絶対性と日本の諸外国に対する優越性を唱えて庶民の間にも広がり、尊王攘夷論の理論的根拠ともなった。

□ **490 石門心学**(⊙p.235)★★
石田梅岩が提唱した町人の修養のための学問。梅岩自身の生活体験に神道・儒教・仏教・老荘思想などを融合したもので、商人の利潤追求を正当化したところに特徴がある。

□ **491 正直**(石田梅岩)(⊙p.236)★
石田梅岩が説いた町人が守るべき徳目。利己心を離れること。梅岩は商人の利潤追

重要用語

求を肯定したが、暴利を貪ることは戒め、正直であることを説いた。

□ **492 倹約**（◯p.236）★

世間の富を大切にし、身に過ぎた贅沢をしないこと。正直と並んで石田梅岩が町人の徳としてあげたもので、正直と倹約を基本に、**勤勉**に家業に励むことがよいとされた。

□ **493 知足安分**（◯p.236）

石田梅岩が説いた、町人のあるべき生活態度。「足るを知り、分に安んず」という意味で、封建的身分秩序の中で自らの職分に満足し、正直・倹約に生きることをさす。

□ **494 加上説**（◯p.237）★★

富永仲基が唱えた仏教発達史論。大乗仏教は釈迦の教えを説いたものではなく、後の解釈が付け加えられたというもの。釈迦が深い瞑想に入っている間、五百羅漢が釈迦の語った教えを様々に解釈していた。釈迦が悟りを開き瞑想から覚めた後、いずれの解釈が正しいかを釈迦に問うたが、釈迦はいずれの解釈も本意そのものではないけれど、本質に従っているので釈迦の教えとしてよいと認めた。この解釈が大乗仏教の思想である。

□ **495 無鬼論**（◯p.237）

山片蟠桃が唱えた合理的理論。迷信や霊魂、神仏の存在を徹底的に否定したもの。

□ **496 条理学**（◯p.237）★

三浦梅園が唱えた、自然を条理によってとらえる理論。天地万物には気がそなわっており、それらが法則によって現れるが、その法則を条理という。条理は世界のあり方を規定しているという。

□ **497 自然世**（◯p.238）★★

安藤昌益が理想とした**万人直耕**の社会。万人直耕とは、すべての人が直接農業に従事することで、安藤昌益が人間本来の姿としたもの。自然世は上下の身分差がなく、人間はみな平等な社会で、昌益はこれを自然な社会の姿とした。

□ **498 法世**（◯p.238）

人為的な「こしらえた世」のこと。自らは田畑を耕さず、他者の収穫物を貪り食べる**不耕貪食**の徒が法によって世の中を治めている社会を安藤昌益は法世と呼んだ。そのような社会にしたものとして、仏教・儒教・神道が批判された。

□ **499 互性**（◯p.238）

安藤昌益の思想で、天と地や男女など、一見、対立しているように見えるものが、互いに依存して働いている関係をさす。その運動は**自然活真**と呼ばれる。

□ **500 天道・人道**（◯p.239）★★

二宮尊徳によれば、天道は天地自然の営みのことで、作物を育成させたり雑草をはやしたりすることなどをさす。一方、人道は人為的な人間の働きで、天道に従う。尊徳は、農業は天道と人道の双方があって成り立つとした。

□ **501 分度・推譲**（◯p.239）★

二宮尊徳が説いた、農民の守るべき徳目

で、農村復興のための具体的実践。

分度	不相応に財を浪費するのではなく、自分の分を守り、経済力に合った生活設計を行うこと。
推譲	倹約して生まれた余裕を将来の飢饉にそなえて蓄えたり、困窮した者に譲り与えたりすること。

□ **502 報徳思想**（◯p.239）★

天の恵みに感謝し、その恩に報いようとすること。二宮尊徳が農業に従事するにあたり根本においた態度。もともと『論語』にある「徳をもって徳に報いる」に由来するが、尊徳は、農業は天道に感謝し人道を尽くすことであるとし、分度と推譲を実践することを説いた。これによって農村を復興させる方法を**報徳仕法**という。

6 西洋思想との出会い

□ **503 蘭学**（◯p.241）

いわゆる「鎖国」政策を取っていた江戸時代にあって、その中期以降に、オランダ語によって西洋の学術や文化を研究した学問。思想的な研究は制約され、医学・暦学・兵学・物理学・化学など実用的な科学技術の研究が進められた。

□ **504 『蘭学事始』**（◯p.241）

1815年、杉田玄白が83歳の時に著した回想録。『解体新書』翻訳の苦心を中心に、蘭学発展の経緯をまとめたもの。

□ **505 「東洋道徳、西洋芸術」**（◯p.243）★

佐久間象山の言葉。道徳や社会・政治体制の面では伝統を保ちつつ、科学技術の面では西洋のものを積極的に取り入れようとする主張。和魂洋才のあり方を示すもの。

□ **506 和魂洋才**（◯p.243）

日本固有の精神を根底に、西洋の技術を積極的に受容し活用しようとする態度を示す言葉。新井白石の『西洋紀聞』にこれに通じる考えがすでに見られ、さらに幕末に多くの人々が様々な表現で訴え、明治以降も西洋文化受容の基本的態度として引き継がれていった。

□ **507 尊王攘夷論**（◯p.244）

江戸末期に尊王思想（天皇崇拝思想）と攘夷論（外国排斥思想）とが、幕藩体制の矛盾激化と外圧の現実化により結合した政治思想。水戸学や吉田松陰らによって唱えられた。

□ **508 一君万民論**（◯p.244）

吉田松陰の主張。松陰は、「天下は一人の天下」であり「天皇のもとに万民は平等」とし、藩の枠を超えてすべての日本人が天皇に「誠（「功名や利欲を離れた純粋な心情」）」をもって「忠」を尽くすということを主張した。

7 近代日本の思想

□ **509 明六社**（◯p.247）

1873（明治6）年、森有礼の発案により結成された啓蒙思想団体。機関誌『明六雑誌』

を発刊し、西洋近代の思想・文化を紹介して、明治時代初期の国民の啓蒙に指導的役割を果たした。1875年に解散。

□ **510 『日本道徳論』**（◯p.247）★

1887年に出版された西村茂樹の主著。当時進められていた欧化政策に対し、**国民道徳**を再建するために、伝統的な儒教を基本とし、それに西洋哲学の長所を結合させるべきであると説いた。

□ **511 『自由之理』**（◯p.247）★

J.S.ミルの『自由論』を中村正直が翻訳した書物。功利主義に基づき個人の個性と自由の重要性を説き、自由民権運動に影響を及ぼした。

□ **512 『学問のすゝめ』**（◯p.248）★

福沢諭吉が1872から76年にかけて出版した啓蒙書。全17編。人間の平等、学問の尊重、国家の対等、一身一国の独立、学者の覚悟、国法の尊重、学問の目的など、近代化のために必要な考え方を説いている。

□ **513 実学**（◯p.248）★

社会生活に実際に役立つ学問。福沢諭吉は儒学を生活に役立たない観念的な虚学だとして、読み書きそろばんなどの日常的に身近な学問をはじめ、地理学、究理学（物理学）、経済学など西洋の自然科学や社会科学を学ぶべきであると説いた。

□ **514 独立自尊**（◯p.249）

福沢諭吉の思想の核心を表す言葉。何事も独力で行い、自分自身の人格の尊厳を保つことを意味する。諭吉は「一身独立して一国独立す」と述べ、国民一人ひとりが「独立自尊」の気風を確立するところに、一国の独立の基本があるとした。

□ **515 『脱亜論』**（◯p.249）

福沢諭吉が1885年に『時事新報』紙上に発表した論説。清や朝鮮との連携を図るのではなく、「西欧の文明国」と同じ態度をもってこれらの隣国と接することを主張した。

□ **516 脱亜入欧**（◯p.249）

西欧列強の植民地支配から独立を維持するために、後進世界とされたアジアから脱して、欧米諸国の仲間入りを図ること。福沢諭吉の「脱亜論」で提唱された。

□ **517 『民約訳解』**（◯p.250）★

ルソーの『社会契約論』の主要な部分を中江兆民が漢文に訳したもの。社会契約説と人民主権の理論を紹介して自由民権運動に大きな影響を与え、兆民は**東洋のルソー**と呼ばれた。

□ **518 『三酔人経綸問答』**（◯p.250）

中江兆民の著書。民権運動の挫折と明治憲法の制定を前にして、民主化と軍備撤廃を主張する洋学紳士君、他国の侵略による富国強兵を主張する東洋豪傑君、現実的な政策を説く南海先生の3人が、酒を飲み交わしながら日本の進路について議論を重ねるという構成となっている。

□ **519 恩賜的民権**（◯p.250）★

為政者から人民に施しとして与えられた、限定つきの人権。中江兆民の造語で、日本の人権は恩賜的民権であるとされた。

□520 回(恢)復的民権 (⊙p.250) ★

英仏のように市民革命などを経て、人民が自らの手で獲得した権利をさす中江兆民の造語。兆民は恩賜的民権と回(恢)復的人権は本質的には変わらないとし、日本の人民が持つ恩賜的民権を、回(恢)復的人権に発展させていくべきであると説いた。

□521 天賦人権論 (⊙p.251)

近代西欧の自然権思想は、日本では天賦人権論と呼ばれた。自由や平等といった人権は天が人間に生まれながらにして与えたものであるということで、自由民権運動の思想的な裏づけとなった。もとは、福沢諭吉や加藤弘之ら啓蒙思想家によって、封建制を批判する思想として紹介された。

□522 「東洋大日本国国憲按」 (⊙p.251)

植木枝盛が起草した憲法案。思想・信教・言論・出版・集会・結社など広汎な自由を認めるもので、政府の圧政に対する抵抗権・革命権も明記されている。

□523 「二つのJ」 (⊙p.252) ★

イエス(Jesus)と日本(Japan)の頭文字をとって「二つのJ」という。内村鑑三は、この「二つのJ」を愛し、生涯をささげることを誓った。内村は清廉潔白な日本の武士道精神こそが、イエスの真理と正義を実現する土台となると考え、自らの信仰を「武士道に接ぎ木されたるキリスト教」と位置づけた。

□524 不敬事件 (⊙p.252)

1891年、第一高等中学校で教育勅語の奉戴式が行われた際、講師の内村鑑三がキリスト者としての信念に従い、勅語への拝礼を拒んだため、不敬として職を追われた事件。教育勅語の解説書を著した哲学者井上哲次郎は、この事件をきっかけにキリスト教を反国家的宗教として攻撃した。

□525 非戦論 (⊙p.253)

日露戦争時に内村鑑三が唱えた開戦反対論を非戦論と呼ぶ。鑑三は、「汝殺すなかれ」という聖書の教えに基づく絶対平和主義の立場から日露戦争に反対した。

□526 無教会主義 (⊙p.253) ★

内村鑑三の提唱したキリスト教の信仰と主張。制度として形式化・固定化された教会とその儀礼を批判し、聖書と信仰のみを重視する。

□527 「武士道」 (⊙p.254) ★

新渡戸稲造が英語で著した書物。1899年にアメリカで出版され、日本人の精神を世界に紹介した。新渡戸は日本の精神文化は武士道であり、キリスト教と武士道は融合可能な道徳であると主張した。

□528 教育勅語 (⊙p.255) ★

1890年に発布された教育の基本方針を示した明治天皇の勅語。忠君愛国を国民道徳として強調し、学校教育を通じて国民に強制された。第二次世界大戦後の1948年6月に国会決議で失効が確認された。

□529 平民主義 (⊙p.255)

明治20年代、徳富蘇峰が、自らが創設した民友社の雑誌『国民之友』において行った

主張。明治政府の表面的な欧化政策を批判し、実業に従事する民衆である平民に基礎を置く近代化を唱えるもの。しかし、蘇峰は日清戦争後、国家主義に転向した。

□530 国粋主義 (⊙p.255) ★

「ナショナリズム」の訳語の一つ。政府の欧化政策を批判して、日本人の民族的特性(国粋)を保持し、より高めることを主張する思想。1888年創立の政教社の立場に代表される。

□531 政教社 (⊙p.255)

政府の欧化政策に反対する三宅雪嶺、志賀重昂らが1888年に結成した団体。雑誌『日本人』を発刊し、国粋主義を唱えた。陸羯南の新聞『日本』と連携し、平民的欧化主義(平民主義)を主張する徳富蘇峰の『国民之友』と対抗した。

□532 国民主義 (⊙p.255)

陸羯南の唱えた思想。羯南は新聞『日本』を発刊し、国民特性の発揮は世界文明の発達を助けると唱えた。個人の自由・権利の伸張と立憲政治の導入を主張し、明治政府の、国民よりも国家を優先する姿勢を批判した。

□533 超国家主義 (⊙p.255) ★★

国家を精神的権威と政治権力が一体化した最高のものと考え、国家に対する絶対的服従を要求する、極端な国家主義。北一輝は1923年に『日本改造法案大綱』を出版して超国家主義を主張し、天皇を絶対とする国家改造を唱えた。

□534 社会民主党 (⊙p.256) ★

1901年に結成された日本初の社会主義政党。安部磯雄・片山潜・幸徳秋水らがその中心となった。普通選挙実施、貴族院廃止、軍備全廃、土地・資本の公有、労働者の団結の自由などの政策を掲げたが、結成ののち、直ちに禁止とされた。

□535 『平民新聞』 (⊙p.256)

1903年、幸徳秋水・堺利彦が設立した平民社の機関誌。週刊新聞として創刊。日露非戦論、社会主義を唱えた。政府の弾圧で1905年に廃刊となった。

□536 無政府主義(アナーキズム) (⊙p.139、256)

国家、政府、議会など、すべての政治的、社会的権力を否定して、個人の自律性を基礎とする自由な社会の確立をめざす政治・社会思想。幸徳秋水は無政府主義の影響を受けた。

□537 大逆事件 (⊙p.256) ★

1910年、明治天皇の暗殺を計画したとして、幸徳秋水ら社会主義者・無政府主義者が処罰された事件。秋水を含めて12人が死刑となった。以後、社会主義運動は厳しく弾圧され「冬の時代」を迎えた。

□538 自己本位 (⊙p.258) ★

夏目漱石の個人主義の根拠となる概念。他者に合わせて生きる他人本位を否定して、主体的に自我を確立していく生き方。

□539 個人主義 (⊙p.258)

夏目漱石は、自己本位に立脚した個人主

義を唱えた。漱石の個人主義は自己中心主義とは異なり、他者の存在も尊重するもので、そのために自己のエゴイズムを克服する高い倫理性を求め、義務と責任を伴う。

□540 則天去私 (⊙p.258) ★

夏目漱石が晩年に文学・人生の理想とした東洋的・宗教的な境地。自我への執着を乗り越える道を、自然の道理に従って生きることに求めようとしたもの。未完に終わった『明暗』はその実践作とされる。

□541 諦念(レジグナチオン) (⊙p.259) ★

軍医(陸軍官僚)と作家という二元的な生活を生きた森鷗外が、『予が立場』(1909年)で語った自らの立場。自我と社会の矛盾に遭遇した時、自己を貫くのではなく、自己の置かれた社会的な立場を冷静に受け入れながらも、なおそこに自己を埋没させまいとする立場。

□542 浪漫(ロマン)主義 (⊙p.260)

ロマン主義は、18世紀末から19世紀にかけて、ヨーロッパ各地に起こった文学・芸術運動。人間の個性や自我の解放を重んじ、理想の世界を求めて自由に表現することを主張した。日本では明治20年代に文芸雑誌『文学界』の運動として起こり、のちに明星派の詩歌に継承された。

□543 内部生命論 (⊙p.260) ★

北村透谷が1893年に発表した文芸評論の表題。透谷は肉体的な外部生命に対し、人間独自の精神的な内部生命の存在を主張し、人間の内面的世界(想世界)における自由と幸福を重んじた。

□544 新婦人協会 (⊙p.261)

女性の地位向上をめざして活動した団体。日本の女性解放運動は、岸田俊子や景山(福田)英子らが自由民権運動の中で男女同権を訴えたことに始まる。平塚らいてうは市川房枝らと1920年に新婦人協会を設立し、婦人参政権への道を開いた。

□545 『青鞜』 (⊙p.261) ★

1911年、平塚らいてうを中心に創刊された女流文芸誌。創刊の辞でらいてうは「元始、女性は実に太陽であつた。真正の人であつた」と訴え、良妻賢母で従順な嫁であることを求められた、「家制度」の下からの女性解放を求めた。

□546 母性保護論争 (⊙p.261)

1918年に起こった、与謝野晶子と平塚らいてうによる母性保護をめぐる論争。晶子は女性の経済的独立を主張する立場から国家による母性保護を否定し、らいてうは出産・育児は重要な国家事業であるとする見地から国庫による補助を求めた。

□547 大正デモクラシー (⊙p.262)

第一次護憲運動(1912年)に始まる、大正時代に盛り上がった民主主義・自由主義的風潮。吉野作造の民本主義を理論的支柱とし、政党内閣、普通選挙、軍備縮小などを求める政党・民衆運動が起こった。

□548 民本主義 (⊙p.262)

吉野作造が唱えた思想で、天皇制を認めた上で、政治は世論に従って民衆の利益を

はかるべきであるとする。大正デモクラシーを指導した思想であり、普通選挙を基礎とする政党内閣制の理論的根拠となった。

8　現代日本の思想

□ **549 『善の研究』**（●p.264）★
西田幾多郎の最初の体系的著述。1911年出版。東洋的な「主客合一」を「純粋経験」としてすべての基礎に置き、独自の哲学体系を構築した。

□ **550 純粋経験**（●p.264）★★
我と物、主観と客観とが対立する以前の、物心一体、主客未分の状態における経験のこと。西田幾多郎は『善の研究』で、この純粋経験こそが、最も直接的で具体的な真の実在であるとした。

□ **551 主客未分**（●p.264）
すばらしい音楽に心を奪われ聴き入っている時のように、何かに没入（没頭）し、私（主観）と外部の何か（客観）とが一体となった状態。西田幾多郎によれば、この主客未分の状態が純粋経験である。主観と客観、精神と物質の対立が現れるのは、「この音は何か」というように、私たちが純粋経験を分析したり、反省したりして把握する時であるという。

□ **552 「絶対無の場所」の論理**（●p.265）
西田幾多郎の哲学の中心概念。西田の哲学が、西洋哲学から独立し、固有の体系に変貌する端緒となった。絶対無とは、相対的な有と無の対立を超え、あらゆる存在（個物）を包み込む場所であり、絶対無の自己限定から、相互に関係し合う個物が出てくる。

□ **553 間柄的存在**（●p.8, 266）★
和辻哲郎が、人間の存在を言い表した言葉。和辻は人間を、個人として存在するとともに、人と人との間柄（関係）において存在する間柄的存在と考えた。

□ **554 人間の学**（●p.267）★
個人主義的な倫理観に基づく西洋の倫理学を批判した和辻哲郎が、自らの倫理学をさして用いた言葉。人間は間柄的存在であると考えた和辻は、人間の個人的な側面と社会的な側面が互いに否定し合う運動の中に、人間存在の根本的理法が見いだされると主張した。

□ **555 民俗学**（●p.269）★★★
民間に伝えられてきた言語・風習・信仰・芸能などを通して、民族の生活文化の歴史を明らかにしようとする学問。イギリスに起こり、日本では柳田国男、折口信夫らによって学問として確立された。

□ **556 常民**（●p.269）★
柳田国男が、民間伝承を保持している基層文化の担い手としての階層をさして用いた言葉。民俗学の研究対象で、例えば、ごく普通の生活を送る農民らをいう。初めは文字で書かれた史料を残す知識階級の反対語として用いられたが、のちには階層や職業を越えて、日本人全体をさす言葉として使われるようになった。

□ **557 まれびと（客人）**（●p.197, 270）★★
折口信夫の用語。異なる世界（常世）から来訪して、人々に祝福を与え去る神。はるか遠くにある常世から正月・盆などに定期的に訪れ、常駐はしない。折口は「まれびと」の概念をもとに、文学や芸能の発生を考察した。

□ **558 民芸**（●p.270）★★
民衆の作った工芸品を意味する、柳宗悦の造語。柳は、それまで美の対象として顧みられなかった日用工芸品のなかに、健康的な実用としての美が豊かに宿っていることを見いだし、民芸運動を興した。

□ **559 神社合祀政策**（●p.271）★
神社の国家管理などをねらって明治政府が行った、全国の神社を1町村1社を標準として合祀する政策。1872年と1906年に出された神社合祀令により進められた。廃社となった神社の鎮守の森は伐採されることがあったため、南方熊楠は、地域の文化と、鎮守の森の貴重な生態系を破壊から守るために闘った。

□ **560 『様々なる意匠』**（●p.273）
1929年、小林秀雄27歳の文壇デビュー評論。当時流行していた「マルクス主義」「芸術至上主義」「新感覚派」などの文芸理論を、単なる「意匠」（装飾的な工夫）にすぎないと批判した。

□ **561 無責任の体系**（●p.274）★
丸山真男が論文「超国家主義の論理と心理」で指摘した、明治時代から第二次世界大戦に至る天皇制下の日本の政治の特徴。政策決定者に主体性が欠如し、そのために誰が責任を持つのかがはっきりとしない政治のあり方。

□ **562 『雑種文化』**（●p.275）
加藤周一による評論。純粋な西洋文化に対し、日本文化を雑種文化と位置づけて、外来思想を独自に消化していく日本のあり方を積極的に評価し、そこに「希望」を見いだそうとした。

第5章　現代の諸課題と倫理

□ **563 生命倫理（バイオエシックス）**
（●p.276）
医療技術や生命工学の発達により、生命にどこまで人為的な操作が許されるのかを考える必要から成立した倫理。哲学、宗教、道徳、法律、医療、社会学など様々な分野の知識を総合して考える。

□ **564 クローン技術**（●p.276）★★
ある個体とまったく同一の遺伝情報を持つ個体（クローン）を作る技術。クローンはギリシア語で小枝という意味。1996年、イギリスで、ほ乳類初のクローン羊ドリーが誕生した。日本ではクローン技術に関連する法律として、2001年に**クローン技術規制法**が施行された。

□ **565 ES細胞（embryonic stem cell）**
（●p.276）
胚性幹細胞。様々な細胞に分化・増殖させることができ、臓器や組織を作製できる可能性を持つため、再生医療で注目されている。受精卵の初期にあたる胚を用いることによる倫理的問題が指摘されている。

□ **566 遺伝子組換え**（●p.276）★
ある生物から取り出した遺伝子を他の生物の中に組み込み、人為的に新しい性質を与えること。遺伝子組換え技術は農作物への利用など、食料問題の解決も期待されているが、人間や家畜などの生物に対する安全性の問題も懸念されている。

□ **567 iPS細胞（induced Pluripotent Stem cell）**（●p.277）
人工多能性幹細胞。様々な細胞への分化が可能で、ES細胞と同様、再生医療などへの応用が期待されている。人間から体細胞を採取し、それに遺伝子を導入することで、細胞を未分化の状態に戻すという方法で作製される。受精卵を利用せずに得られるため、ES細胞の持つ倫理的問題を解決できると期待されている。2007年に世界で初めてヒトの皮膚細胞からヒトiPS細胞の作製に成功した京都大学の山中伸弥教授は、2012年、ノーベル生理学・医学賞を受賞した。

□ **568 代理出産**（●p.277、281）★
自分の子として育てるために、代理母に妊娠・出産してもらうこと。用いる生殖技術により、いくつかの類型に分けられる。

□ **569 リプロダクティブ・ヘルス／ライツ**
（●p.277）★★
性と生殖に関する健康・権利。カイロで開かれた国際人口・開発会議（1994）で提唱された。特に女性の性や健康を基本的権利として尊重し、妊娠や出産が差別や強制などを受けないよう、その権利を保護しようとする考え方。

□ **570 脳死**（●p.278）★
脳幹を含め、脳全体の機能が失われた状態。人工呼吸器により酸素を送ることで、脳全体の機能が停止しても人工的に生命維持ができるようになり登場した概念。

□ **571 臓器移植法**（●p.278）★
1997年に成立。脳死の人からの臓器の提供を認めた法律。正式には「臓器の移植に関する法律」。日本では、臓器移植法の制定により、臓器移植に関してのみ脳死が人の死とみなされるようになり、脳死者からの臓器提供が認められた。2009年の改正により、本人の意思が不明の場合、家族の承諾のみで臓器提供が可能になった。

□ **572 自己決定**（●p.279）★
自分の生き方や生活について自由に決定すること。憲法の第13条「個人の尊重（尊厳）・幸福追求権」を根拠として自己決定権を主張する動きもある。尊厳死など医療の問題と関連する。

□ **573 SOL（Sanctity of Life）とQOL（Quality of Life）**（●p.279）★
SOLは生命の神聖さ（尊厳）のこと。人間の生命は絶対的な価値を持ち、尊いものであるという考え方。QOLは生命の質、

重要用語

生活の質のこと。おもに医療の場で、患者がどれだけ人間らしく尊厳を保つ生活ができ、自分らしい生活をすることができているかをとらえる概念。二つの立場から、どのような場合でも延命し続けるのか、生命の質を追求するのかが議論されている。

□574 **インフォームド・コンセント**

(◯p.279)★

本人の意志に関わりなく、本人の利益をはかろうとすることを**パターナリズム**（父権的温情主義、父権主義）と呼び、医療の場では、医師が患者の意向に関わりなく、患者の治療方針を決めることをさす。しかし現在では、患者の自己決定が尊重されるようになり、患者が医師から自分の症状や治療方針について十分な説明を受け、それを理解したうえで同意する**インフォームド・コンセント**が主流となっている。

□575 **ホスピス**（◯p.279）★★

終末期の医療・看護を行うターミナル・ケアを実施する施設。在宅のターミナル・ケアのことをさす場合もある。延命治療は行わない。もとはヨーロッパで旅の巡礼者を宿泊させた教会をいう。

□576 **リヴィング・ウィル**

(◯p.279)★★★

延命措置を打ち切るか否か、臓器提供の可否など、自分の死の迎え方について、生前に行われる意志表示のこと。また、その意思表示を記録したもの。

□577 **安楽死**（◯p.279）★★

病気が末期状態にある患者本人の意志に基づいて、安らかな死を迎えさせること。医師が薬物投与などにより積極的に死に至らしめる積極的安楽死と、肉体的苦痛を緩和した結果、副作用などで命を短縮する間接的安楽死がある。積極的安楽死を認める国は限られており、日本では容認に慎重である。

□578 **尊厳死**（◯p.279）★

治癒の見込みがない患者に対して、本人の意志に基づき、人工呼吸器などによる延命措置をやめて、人間として自然な死を迎えさせること。自然死ともいう。

□579 **環境倫理**（◯p.282）

環境破壊への反省から、自然環境に対して、人間がどのような判断、行動をするべきかを考える倫理。地球の有限性、世代間倫理、自然の生存権の三つの視点がある。

□580 **地球環境問題**（◯p.282）★

地球規模で生じている環境問題のこと。発生源や被害を受けている地域が限定されず、国境を越えるなど広域的であり、因果関係も十分に把握されないなど複雑で、国際的な枠組みでの取り組みが必要である。

□581 **オゾン層の破壊**（◯p.282）★★

地表から高度10～50km付近にあるオゾン層で、フロンなどの化学物質によるオゾンの分解が起こり、低濃度の部分が生じるなど、破壊が進んだこと。オゾンは、皮ふガンの原因となるなど有害な紫外線を吸収し、生態系を保護している。

□582 **砂漠化**（◯p.282）

干ばつなどの気候的要因や、森林伐採、過放牧、過耕作、塩害などの人為的な要因によって土地が劣化し、不毛の地になっていくこと。

□583 **酸性雨**（◯p.282）★

化石燃料の燃焼などにより発生する窒素酸化物や硫黄酸化物などによって酸性化した雨。酸性雨が降ると、土壌が酸性化して植物が枯死したり、湖沼の魚類の生育が脅かされたり、建造物が溶けたりするなどの被害が起こる。

□584 **予防原則**（◯p.282）★

1992年のリオ宣言で明文化。環境保護のため各国は予防的取組をすべき、取り返しのつかない深刻な環境悪化を生じる恐れがある場合、科学的に因果関係が確実でなくても、予防的措置をとるべきとする考え方。

□585 **国連環境開発会議**（◯p.283）★★

1992年にブラジルのリオデジャネイロで開催された、世界的な環境に関する会議。**地球サミット**とも呼ばれる。持続可能な開発という理念を掲げ、気候変動枠組条約、生物多様性条約など、その後の環境保全を方向づける重要な条約が採択された。

□586 **持続可能な開発**（◯p.283）★★★

将来の世代の利益を損なわない程度に環境を利用し、開発を行おうとする環境保全の基本的な理念。国連環境計画などが示し、国連環境開発会議での中心的な考え方にもなった。

□587 **気候変動枠組条約**（◯p.283）

地球温暖化防止条約ともいう。温暖化の原因となる大気中の温室効果ガス（二酸化炭素、メタンなど）の排出量を削減し、温暖化を防止することを目的とした条約。

□588 **京都議定書**（◯p.283）★

1997年に京都で開かれた気候変動枠組条約締約国会議で採択された議定書。先進国に温室効果ガス（二酸化炭素など6種）排出量の具体的な削減目標を定めた。

□589 **ナショナル・トラスト**（◯p.284）

自然環境や歴史的名所の保護を目的とし、土地を市民が買い上げたり、自治体に買い取りを求めたりする運動。イギリスで設立されたボランティア団体名に由来し、同様の趣旨での活動や理念そのものをさす。

□590 **生物多様性条約**（◯p.284）

地球の生命維持能力や生物の環境への適応、進化する能力は、様々な生物が生きる生物多様性によるとして、その維持と持続可能な利用を目的に、国連環境開発会議で採択された条約。

□591 **生態系（エコシステム）**（◯p.285）★

ある特定の地域に存在する生物と、それを取り巻く環境とが相互に作用し合っている、一定のバランスのとれたまとまり。生態系内では、物質は例えば食物連鎖のように循環している。

□592 **世代間倫理**（◯p.285）★★★

現在を生きている世代が、未来を生きる世代の生存可能性に対して責任があるとす

る考え方。世代間衡平（性）ともいわれる。ドイツ出身の哲学者ヨナスらが主張した。

□593 **自然の生存権**（◯p.285）★

人間だけでなく生物種、生態系、景観なども生存の権利を持つのであり、保護しなければならないという考え方。

□594 **核家族**（◯p.288）★

夫婦と未婚の子どもからなる家族。第二次世界大戦後、長く標準的な家族形態とされてきたが、現在では高齢者や未婚者の単身生活者、夫婦のみの世帯が増加している。

□595 **少子高齢化**（◯p.288）★

出生率の低下などにより子どもの数が減少する少子化と、平均寿命の伸びにより高齢者の割合が高まる高齢化とが同時に進むこと。総人口に占める65歳以上の割合が7％を超えると**高齢化社会**、14％を超えると**高齢社会**、21％を超えると**超高齢社会**といわれる。

□596 **家族機能の外部化**（◯p.289）

家族機能（社会と個人に対して果たす役割）を、行政や企業が代わりに果たすこと。高度消費社会、高度情報化、個人主義、価値観の多様化などと進行している。

□597 **男女雇用機会均等法**（◯p.289）★

男女の均等な雇用の機会と待遇の確保を図ること、および女性労働者の妊娠、出産後の健康の確保を図ることを目的とする法律。1986年に施行された。

□598 **男女共同参画社会**（◯p.289）

男女が対等に、社会のあらゆる分野の活動に参画する機会が確保され、均等に政治的、経済的、社会的および文化的利益を享受でき、共に責任を担う社会。この社会をめざす**男女共同参画社会基本法**が1999年に施行された。

□599 **ジェンダー（gender）**（◯p.289）★

雄雌を示す生物学的性別（セックス）に対して、社会的・文化的に形成された性別のこと。**性別役割分業意識**などに関連する。

□600 **ノーマライゼーション**（◯p.290）★★

高齢者や障害者が特別に区別されることなく、健常者と一緒に助け合いながら社会で生活していくことをめざす考え方。また、それに基づく社会福祉政策のこと。

□601 **バリアフリー**（◯p.290）★

高齢者や障害者が、普通に生活をしていくうえで、支障となる物理的、精神的な障壁（バリア）を取り除くこと、また、取り除かれた状態のこと。

□602 **ＩＴ革命**（◯p.293）

ＩＴ（Information Technology＝情報技術）の発達に伴い、産業構造、行政のあり方から、個人のライフスタイルまで、社会全体が急激に変化すること。18世紀の産業革命にならい、ＩＴ革命と呼ぶ。

□603 **高度情報社会**（◯p.293）

情報が他の資源と同等の価値を持ち、社会の重要な要素となって機能する社会を情報社会と呼ぶ。さらに、情報伝達システムとして発達したインターネット登場後の社会を、一般に高度情報社会という。

□**604 デジタル・デバイド**（◎p.293）★

パソコン、インターネットなどの情報技術を使うことができる者とできない者との間に生じる、待遇や貧富、機会の格差。個人の間の格差の他に、地域間、国家間の格差もさす。**情報格差**とも呼ばれる。

□**605 情報（メディア）リテラシー**
（◎p.293）★★

テレビや新聞、インターネットなどのメディアの伝える情報を理解し、判断し、メディアを使いこなす能力。メディアからの情報を見極める能力も含む概念。リテラシー（literacy）とは読み書き能力をさす。

□**606 ユビキタス社会**（◎p.293）★

誰もがいつでもどこでもネットワークにつながることができる社会。あらゆる場所のあらゆるモノにコンピュータを埋め込み、それらをネットワークによって結ぶことで実現する。ユビキタスとはラテン語で「至るところにある」という意味。

□**607 知的財産権**（◎p.293）

人間の知的創造活動によって生み出される、表現、アイデア、技術など実体のないものを保護するために、その考案者に与えられる権利。特許権、実用新案権、商標権、意匠権、**著作権**など。

□**608 グローバル化（globalization）**
（◎p.298）

経済、政治、文化など様々な領域で、国境を越えて地球規模での交流が行われること。文化や経済の発展、望ましい価値の広がりなど正の側面とともに、経済的格差の拡大や文化的均質化、環境破壊など負の側面も指摘されている。

□**609 エスノセントリズム**
（ethnocentrism）（◎p.299）★

自民族中心主義。自らの文化、民族、人種を絶対とし、他を蔑視する考え方。暴力的な排外主義につながる危険性を持つ。

□**610 多文化主義**（◎p.299）★

もともと1970年代からカナダやオーストラリアのような多様な民族や文化が存在する社会で、それらの共存・共生をめざすべきだとして唱えられた考え方・制度をいう。グローバル化の進展の中で、他の先進国でも注目されるようになった。ただし一方で、国民国家の分解をもたらすと批判されることもある。

□**611 文化相対主義**
（cultural relativism）（◎p.299）★

すべての文化は固有の価値を持ち、それぞれ対等であり、等しく尊重されるべきであるという考え方。

□**612 ラッセル・アインシュタイン宣言**
（◎p.302）★

第二次世界大戦後の冷戦期、米ソが核開発競争を繰り広げる中、ラッセルとアインシュタインが中心となり、世界的な科学者の連名で核兵器廃絶、科学技術の平和利用を訴えた宣言。1955年に出された。この宣言に呼応して、年に1～2回、核兵器と戦争の廃絶をめざす**パグウォッシュ会議**が開催されている。

□**613 難民**（◎p.303）★

戦争や内戦、政治的な迫害などにより、祖国からの移住を余儀なくされた人々。経済的理由による移民は含まない。国内で避難している人々は、**国内避難民**と呼ばれる。

□**614 国連難民高等弁務官事務所**
（UNHCR）（◎p.303）★

1950年に設立された、難民問題に関する国連総会の補助機関。難民条約に従い、難民を保護したり、帰還の援助を行ったりする。本部はスイスのジュネーヴ。

□**615 NGO・NPO**（◎p.289、304）★

NGOは Non-governmental organization の略称。非政府組織。国連と連携する組織もある。NPOは Non-profit organization で、非営利で社会貢献活動を行う民間組織。日本では、1998年に成立した**NPO法**により、法人格が取得できるようになった。

■ **写真提供者**（敬称略・五十音順）

朝日新聞社、飛鳥園、アフロ、安吾 風の館、茨城県立歴史館、岩波書店、エンターブレイン、大分県、大阪歴史博物館、大塚敦子、岡崎市役所、荻生美智子、小野市観光協会、貝原家、社団法人霞会館、京都安居院西法寺、宮内庁三の丸尚蔵館、熊本市教育委員会、慶応義塾福沢研究センター、ゲッティイメージズ、小石川植物園、公益財団法人三井文庫、講談社、高知市自由民権記念館、興福寺、コーエーテクモゲームス、國學院大學／東丸神社、国際基督教大学、国立劇場、国立国会図書館、国境なき医師団日本、金剛峯寺、佐賀県立名護屋城博物館、佐藤商事、滋賀県観音寺、滋賀県立琵琶湖文化館、時事通信フォト、シーピーシー・フォト、下御霊神社、集英社、松陰神社、小学館、聖衆来迎寺、清浄光寺（遊行寺）、浄土寺、真珠庵、周防大島文化交流センター、全国盲導犬施設連合会、退蔵院、大本山永平寺、高月観音の里歴史民俗資料館、高砂市、高野長英記念館、田原市博物館、知恩院、逓信総合博物館、天理大学附属天理図書館、東映、東映ビデオ、東慶寺、東寺、藤樹書院、東大寺、凸版印刷、トライポット・デザイン、十和田市立新渡戸記念館、中村学園大学、那覇市歴史博物館、奈良市観光協会、新潟市、日本近代文学館、日本臓器移植ネットワーク、日本民藝館、白泉社、PIXTA、備前市立伊里公民館、PPS通信社、平等院、便利堂、法政大学大原社会問題研究所、法隆寺、松代文化施設等管理事務所、萬福寺、三井文庫、南方熊楠顕彰会、明倫舎、本居宣長記念館、ユニフォトプレスインターナショナル、横浜開港資料館、龍谷大学図書館、良寛の里美術館、林風舎、早稲田大学図書館

p.16	映画「リンダ・リンダ・リンダ」：有限会社ビターズエンド 『リンダ リンダ リンダ』パートナーズ		
p.206	地獄草紙：東京国立博物館所蔵 Image：TNM Image Archives	p.210	親鸞：奈良国立博物館 親鸞上人像（熊皮御影）
p.212	踊念仏：東京国立博物館所蔵 Image：TNM Image Archives	p.216	日蓮：妙法華寺蔵 京都国立博物館提供 Image：TNM Image Archives
p.218	一休宗純：東京国立博物館所蔵 Image：TNM Image Archives	p.218	鈴木正三：恩真寺蔵、写真協力豊田市郷土資料館
p.218	蓮如：京都 安居院 西法寺蔵	p.220	藤原惺窩：東京国立博物館所蔵 Image：TNM Image Archives
p.221	林羅山：東京大学史料編纂所所蔵模写	p.223	木下順庵：東京大学史料編纂所所蔵模写
p.231	契沖：東京大学史料編纂所所蔵模写		
p.234	平田篤胤：千葉県文書館提供／立野一郎家所蔵／旧千葉県資料研究財団撮影	p.237	三浦梅園：大分県
p.244	会沢正志斎：個人蔵	p.248	福沢諭吉：東京大学史料編纂所所蔵模写
p.274	原爆投下3日後の広島の惨状：川原四儀撮影／広島平和記念資料館提供		

重要用語

事項索引

336

あなたは何主義者？

「倫理」では、様々な思想家を学ぶ。その中には、あなたが共感できる考え方の思想家もいれば、ちょっと納得できない、と感じる考え方の思想家もいただろう。それでは、あなたの考え方は、どの思想家に似ているのだろうか。質問に答えてチェックしてみよう！

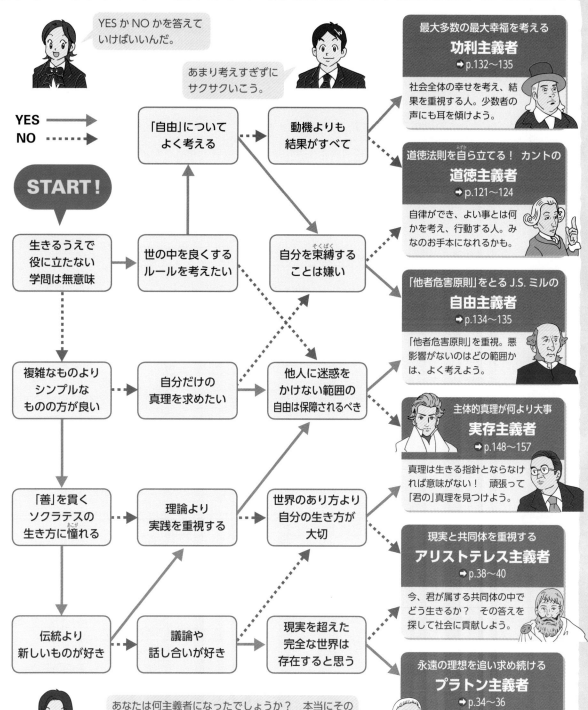

YES か NO かを答えていけばいいんだ。

あまり考えすぎずにサクサクいこう。

YES →
NO ┈▶

START！

生きるうえで役に立たない学問は無意味

世の中を良くするルールを考えたい

「自由」についてよく考える

動機よりも結果がすべて

自分を束縛することは嫌い

複雑なものよりシンプルなものの方が良い

自分だけの真理を求めたい

他人に迷惑をかけない範囲の自由は保障されるべき

「善」を貫くソクラテスの生き方に憧れる

理論より実践を重視する

世界のあり方より自分の生き方が大切

伝統より新しいものが好き

議論や話し合いが好き

現実を超えた完全な世界は存在すると思う

最大多数の最大幸福を考える
功利主義者
➡ p.132〜135
社会全体の幸福を考え、結果を重視する人。少数者の声にも耳を傾けよう。

道徳法則を自ら立てる！ カントの
道徳主義者
➡ p.121〜124
自律ができ、よい事とは何かを考え、行動する人。みなのお手本になれるかも。

「他者危害原則」をとる J.S. ミルの
自由主義者
➡ p.134〜135
「他者危害原則」を重視。悪影響がないのはどの範囲かは、よく考えよう。

主体的真理が何より大事
実存主義者
➡ p.148〜157
真理は生きる指針とならなければ意味がない！ 頑張って「君の」真理を見つけよう。

現実と共同体を重視する
アリストテレス主義者
➡ p.38〜40
今、君が属する共同体の中でどう生きるか？ その答えを探して社会に貢献しよう。

永遠の理想を追い求め続ける
プラトン主義者
➡ p.34〜36
理想の世界に恋いこがれる人。その心を学問や芸術などにぶつけてみよう。

あなたは何主義者になったでしょうか？ 本当にその結果に当てはまるかどうか、参照ページからもう一度学習内容を振り返ってみてください。出てくる用語などもあわせて確認してみましょう！

世紀▶　15　　　　　　1500　　　　　16　　　　　1600　　　　　17　　　　　1700

西洋の思想家

ルネサンス・人文主義
レオナルド・ダ・ヴィンチ(1452〜1519)❾❸
ピコ・デラ・ミランドラ(1463〜94)❾❶
エラスムス(1466〜1536)❾❷
マキァヴェリ(1469〜1527)❾❸
ミケランジェロ(1475〜1564)❾❸
トマス・モア(1478〜1535)❾❷

宗教改革
ルター(1483〜1546)❾❹
カルヴァン(1509〜64)❾❻

科学思想
コペルニクス(1473〜1543)⓰❷
ガリレイ(1564〜1642)⓰❸
ケプラー(1571〜1630)⓰❷
ニュートン(1643〜1727)⓰❸

イギリス経験論
F.ベーコン(1561〜1626)⓰❹
ホッブズ(1588〜1679)⓰❷
ロック(1632〜1704)⓰❹
バークリー(1685〜
ヒュー

大陸合理論
デカルト(1596〜1650)⓰❼
スピノザ(1632〜77)⓰⓪
ライプニッツ(1646〜1716)⓰⓪

啓蒙思想
モンテスキュー(
ヴォルテール
ルソー

モラリスト モンテーニュ(1533〜92)❾❽　パスカル(1623〜62)❾❾

重要事項

● 53 67　92　　17 19　34 36 43 49　62　　90 98　00 03　16 18　40 41　　88　02

グーテンベルク、活版印刷術発明
ビザンツ帝国滅亡
応仁の乱起こる(〜77)
コロンブス、アメリカ大陸到達
ルターの宗教改革始まる
マゼラン一行、世界一周(〜22)
イエズス会設立
コペルニクス、地動説発表
カルヴァンの宗教改革始まる
キリスト教、日本に伝わる
ユグノー戦争(〜98)
豊臣秀吉の全国統一
ナントの王令
イギリス、東インド会社設立
江戸幕府成立
ガリレイの宗教裁判
三十年戦争(〜48)
ピューリタン革命(〜60)
「鎖国」の完成
名誉革命(〜89)
赤穂事件

東洋・日本の思想家

1500　　　　　1600　　　　　1700

朱子学派 藤原惺窩(1561〜1619)⓴⓪
林羅山(1583〜1657)⓴❶
山崎闇斎(1618〜82)⓴❸
木下順庵(1621〜99)⓴❸
貝原益軒(1630〜1714)⓴❸
新井白石(1657〜1725)⓴❸
雨森芳洲(1668〜1755)⓴❸

石門心学
石田梅岩(1685〜174
町人
富永
三

陽明学
王陽明(1472〜1528)⓼⓪

陽明学派 中江藤樹(1608〜48)⓴❹
熊沢蕃山(1619〜91)⓴❺

古学派 山鹿素行(1622〜85)⓴❻
伊藤仁斎(1627〜1705)⓴❼
荻生徂徠(1666〜1728)⓴❽

国学
賀茂真淵(169

農民の思想 安藤昌益(
西洋思想との出会

仏教思想 鈴木正三(1579〜1655)⓴❽

| 中国 | 明 |
| 日本 | 室町　　安土・桃山 |